Guide *de* Charme

HÔTELS ET AUBERGES DE CHARME EN FRANCE

Conformément à une jurisprudence constante (Toulouse, 14/01/1887), les erreurs ou omissions involontaires qui auraient pu subsister dans ce guide, malgré nos soins et les contrôles de l'équipe de rédaction, ne sauraient engager la responsabilité de l'éditeur.

ISBN : 2-7436-1472-2
ISSN : 0991-4781

Guide *de* Charme

HÔTELS ET AUBERGES DE CHARME EN FRANCE

Guide dirigé par
Jean de Beaumont

Guide établi par
Hervé Basset, Jean de Beaumont, Lara Brutinot
Dimitri Espenel, Tatiana Gamaleeff
François Lemarier, Anne-Sophie Brard

Guide établi avec les conseils de
Michelle Gastaut

Rivages

web : http://www.guidesdecharme.com

Cette nouvelle édition 2006 comporte 598 adresses sélectionnées ou confirmées à l'issue d'un travail de terrain très rigoureux mené en toute indépendance. C'est notamment incognito, et sans jamais être invités, que nos auteurs ont réalisé chaque étape nocturne. Grâce à ces enquêtes :

• 52 nouveaux établissements ont été sélectionnés.
• 54 hôtels ont été retirés.
• Toutes les informations pratiques et les textes descriptifs ont été remis à jour.

Conformément à l'idée que nous nous faisons du charme, les auberges sélectionnées sont de catégories diverses allant d'un confort très simple à un luxe de bon aloi. Les niveaux sont donc variables mais la qualité est toujours là.

Nous avons procédé à un classement par régions puis à un classement alphabétique des départements et localités. Le numéro de la page correspond au numéro de l'auberge tel qu'il figure sur l'une des cartes routières, ainsi que dans le sommaire, dans l'index alphabétique et dans l'index des 264 hôtels proposant des chambres à moins de 75 euros la nuit.

Nous avons ajouté au descriptif des hôtels un petit picto-gramme "Coup de cœur" et un autre "Bonne table" ils vous aideront à repérer rapidement quelques auberges qui méritent particulièrement votre attention. Par précaution, les nouvelles adresses sélectionnées ne pourront bénéficier d'un "Coup de cœur" qu'à partir de l'édition 2007.

Il vous reste à trouver l'adresse qui vous correspond le mieux, lisez attentivement son texte descriptif, il en restitue l'ambiance générale et n'hésite pas à mentionner certaines faiblesses.

Ne perdez cependant pas de vue que :

• Les étoiles mentionnées dans les informations pratiques correspondent au classement du ministère du Tourisme et non à une hiérarchie établie par les auteurs de ce guide.

• On ne peut avoir le même niveau d'exigence pour une chambre à 45 euros et pour une chambre à 150 euros et plus.

• Les prix communiqués étaient ceux en vigueur à la fin de l'année 2005 et sont, bien entendu, susceptibles d'être modifiés par les hôteliers en cours d'année.
En ce qui concerne les tarifs des chambres simples, personne supplémentaire ou pension complète, nous n'avons pu, faute de place, vous les indiquer systématiquement. N'hésitez donc pas à questionner l'hôtelier.
Pour les demi-pensions, les prix indiqués sur le guide s'entendent par personne en chambre double, cependant nous vous recommandons de vous en faire préciser les conditions. Celles-ci variant parfois selon la saison et la durée du séjour (il peut également arriver que la demi-pension soit obligatoire lors d'une étape ou en été).

Enfin, il est fréquent que les hôteliers ne tiennent plus compte d'une réservation si le client n'est pas arrivé à 18 heures, il est donc important de prévenir l'hôtel en cas de retard.

Si vous êtes séduit par une auberge ou par un petit hôtel qui ne figure pas dans notre guide 2006 et qui, selon vous, mériterait d'être sélectionné, veuillez nous le signaler pour que nous puissions nous y rendre.
De même, si vous êtes déçu par l'une de nos adresses, n'hésitez surtout pas à nous le faire savoir.

Votre courrier devra être adressé à :

Jean de Beaumont
Éditions Rivages
106, bd Saint-Germain - 75006 Paris
Tél. : 01 44 41 39 90

Vous pouvez également lui laisser un message à :
jeandebeaumont@guidesdecharme.com

Merci d'avance.

Remerciements

Françoise et Robert Mourot
Florence et Hervé Audinet

Crédits photographiques

N° 9 © Luc Berujeau – N° 11 © Gerhardt – N° 18 © A. Wenzelis – N° 20 ©
Julien&Lydie – N° 28 © D. Millot – N° 31 © P. Mignot – N° 54 © G. Miniot –
N° 65 © Tin Clich – N° 68 © S. Amelinck – N° 69 © Patrice Canole – N° 111
© G. Laconche/R. Toulouse – N° 122 © J.L. Bernuy – N° 137 © M. Deroude –
N° 146 © Studio Lautrec – N° 155, 163, 166, 170 © B. Galeron – N° 159 © H.
Herledan – N°190 © J.Vapillon – N° 199 © P. Cornet – N° 205 © Claudio Lazi –
N° 230 © Sylvain Marchand – N° 247 © H. Gaud – N° 261 © D. Faure – N° 288
© Jac'phot – N° 298 © G. Bouquillon – N° 375 © Arnaud & Boulay – N° 412
© J.F. Jaussaud – N° 444 © J.F. Romero – N° 477 © H.Hôte et B.Kellenberger –
N ° 481 © C. Lang – N° 487 © C. Larit – N° 488 © G. Lebois – N° 505 © P.
Giraud – N° 524 © Alain Sauvan – N° 552 © Buscail – N° 569 © P. Jacques –
N° 573 © B. Limbour – N° 589 © J.C. Ligeon

Remerciement particulier à la société

Eliophot

Z.I. Les Milles 13100 Aix-en-Provence
Tél : 04 42 39 93 13

pour les photos Nᵒˢ 10, 14, 21, 48, 70, 77, 88, 90, 98, 174, 248, 330, 426, 531

Partez plus loin avec
www.guidesdecharme.com

· Réservez en temps réel votre séjour dans l'une de nos adresses sélectionnées.

· Visitez en ligne les sites web des hôtels et maisons d'hôtes de charme.

· Découvrez les centres d'intérêt autour de chaque adresse (événements, musées, ...)

· Téléchargez les plans d'accès.

· Recevez la newsletter gratuite des Guides de charme.

● PLUS DE 3.000 ADRESSES EN LIGNE
(FRANCE, ITALIE, ESPAGNE, PORTUGAL)

● DES PROMOTIONS OFFERTES PAR
LES PROPRIÉTAIRES D'ADRESSES

● DES PROPOSITIONS DE SÉJOURS À THÈME

...

SOMMAIRE GENERAL

Sommaire

Carte générale de France

Cartes routières

Hôtels :

SOMMAIRE

ALSACE — LORRAINE

BAS-RHIN

HAUT-RHIN

MEURTHE-ET-MOSELLE

MEUSE

MOSELLE

VOSGES

A Q U I T A I N E

DORDOGNE

GIRONDE

LANDES

LOT-ET-GARONNE

PYRÉNÉES-ATLANTIQUES

A U V E R G N E - L I M O U S I N

ALLIER

CANTAL

BOURGOGNE

B R E T A G N E

MORBIHAN

CENTRE - VAL DE LOIRE

CHER

EURE-ET-LOIR

INDRE

CHAMPAGNE - ARDENNE

AUBE

MARNE

C O R S E

CORSE-DU-SUD

HAUTE-CORSE

I L E - D E - F R A N C E

SEINE-ET-MARNE

YVELINES

ESSONNE

HAUTS-DE-SEINE

LANGUEDOC-ROUSSILLON

AUDE

GARD

HÉRAULT

LOZÈRE

PYRÉNÉES-ORIENTALES

M I D I - P Y R É N É E S

ARIÈGE

AUDE

AVEYRON

HAUTES-PYRÉNÉES

TARN

TARN-ET-GARONNE

N O R D - P I C A R D I E

AISNE

NORD

OISE

PAS-DE-CALAIS

SOMME

N O R M A N D I E

CALVADOS

SEINE-MARITIME

P A Y S   D E   L A   L O I R E

LOIRE-ATLANTIQUE

MAINE-ET-LOIRE

SARTHE

POITOU-CHARENTES

CHARENTE

CHARENTE-MARITIME

PROVENCE-CÔTE D'AZUR

ALPES-DE-HAUTE-PROVENCE

RHÔNE - ALPES

AIN

CARTES

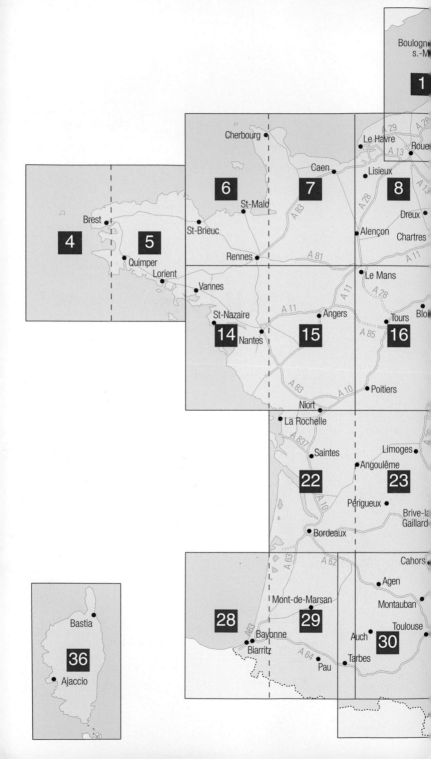

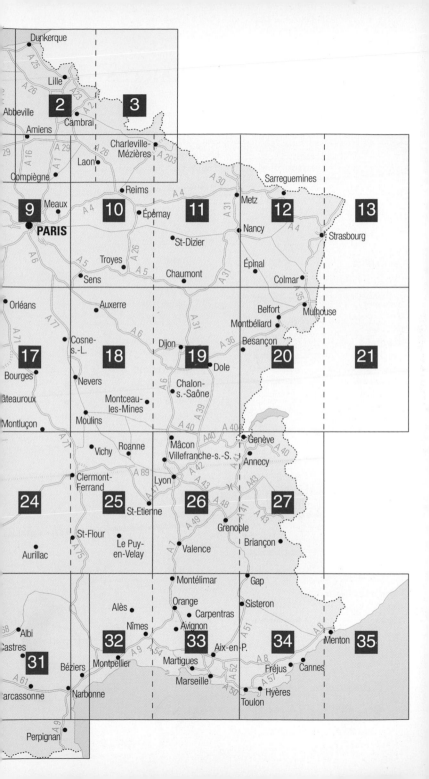

LÉGENDE DES CARTES

échelle : 1/1 000 000

cartes 30 et 31 : échelle 1/1 200 000

AUTOROUTES

A9 - L'Océane

En service

En construction
ou en projet

ROUTES

Voie express

Route à chaussées séparées

Route à 4 voies

Grande route

Route secondaire

TRAFIC

National

Régional

Local

ÉCHANGEURS

Complet

Partiel

BALISES DE KILOMÉTRAGE

Sur autoroute   10

Sur route   10

LIMITES

D'État

De région

De département

AGGLOMÉRATIONS

Masse bâtie

Métropole

Grande ville

Ville importante

Ville moyenne

Petite ville

AÉROPORTS

FORÊTS

PARCS

Limite

Zone centrale
de parc national

Zone périphérique
de parc national
et zone de parc
régional

Cartographie

Sélection
du Reader's Digest

Réalisée par

éditerra

90, rue Nationale
75013 Paris
Tél : +33 (0)1 45 84 30 84

4

163

Plouguerneau

D1

Portsall · Landéda · Lannilis

Ploudalmézeau · · D28 D28

Plouguin

Porspoder · · D27 · Plourin · · Bourg-

D168 · Plabenn

Brélès · · D5 · · D67 · Gouesnou

13

167 · Ouessant

Lampaul

24 · D789

Île Molène

Le Conquet

160

MER

Camaret- · Lanvéoc

s.-Mer · D8 · · Tal-

Crozon 9 · Gro

D'IROISE · · Morgat

Baie de Douarnenez

Poullan-s.-Mer ·

D784 · Pont-Croix · D765

Ile de Sein · Plogoff

Audierne

Plouhinec

Plozévet

Pouldreu

Penmarc

162

169
170
171

Ile de Batz

153

149
150

Plougrescant

Pleubian

Kerbors

154

Ploubazlanec

Trégastel-Pl.
Trégastel
Pleumeur-Bodou
Trébeurden
Beg-Leguer

Perros-
Guirec

Tréguier

9

Paimpol

Brignogan-
Plage

Roscoff

St-Pol-
de-Léon

Carantec

157

Plougasnou

164

Locquirec

Lannion

148

17

D6

D788

La Roche-
Derrien

17

Pommerit-
Jaudy

Pontrieux

20

Plo

Guissény

Plouescat

D10

Cléder

Plestin-
les-G.

Ploumilliau

Brélidy

Ploué

Lesneven

Le
Brennec

Le Folgoët

Lanhouarneau

Croix-
Neuve

Taulé

Lanmeur

Trémel

18

Trégrom

Bégard

10

Goudelin

Lan

Ploudaniel

D788

18

Morlaix

Plouigneau

Plouaret

30

Pédernec

Guingamp

Trég
Plélo

31

E50

Landivisiau

23

N12 (A81)

Plougonven

N12 (A81)

Belle-Isle-
en-Terre

N12

19

17

N165 (A82)

Queff

D764

St-Sauveur

Le Tréhou

Sizun

29

Commana

Lannéanou

Coat-ar-
Henno

Plougonver

D63

St-Péver

Bourbriac

Côtes-d'Armor
22

Kérien

6

Co

Quintin

Iougastel-
Jaoulas

Daoulas

Logonna-
Daoulas

23

Roudouhir

Quimerch

Brasparts

Berrien

Huelgoat

Aulne

Poullaouen

Callac

Locarn

Lanrivain

Corlay

D44

26

Landévennec

Pont-de-Bois

Pleyben

Plonévez-
du-F.

23

Carhaix-
Plouguer

Maël-
Carhaix

19

21

St-Nicolas-
du-Pélem

St-Mayeux

Finistère

Loqueffret

D14

Port-
Carhaix

Canal de

Rostrenen

N164

D35

17

168

15

Châteaulin

18

Châteauneuf-du-F.

Gouarec

23

Mûr-de-B.

12

161

Ste-Anne-
la-Palud

Plomodiern

Cast

24

Gourin

D1

Plouray

191

Silfiac

Douarnenez

D7

Plonévez-Porzay

Briec

Trégourez

Roudouallec

Cléguérec

Neulliac

Poullergat
andudec

Plogonnec

N165

Croix-
Menez-Bris

Coray

Tourch

D15

Scaër

St-Adrien

Craojou

Morbihan
56

Le Faouët

Guéméné-s.-S.

Ploërdut

D782

Kernascléden

Guern

D2

Pontivy

3

Quimper

Rosporden

Meslan

Melrand

20

5

Plonéour-
Lanvern

Combrit

18

14

159

172

Bannalec

16

Arzano

Locunel

Bubry

Pluméliau

Evel

N24

13

Fouesnant

D765

D765

Quernen

Plouay

D2

Pont-
l'Abbé

Bénodet

Concarneau

7

N166 (A82)

Quimperlé

Pont-
Scorff

Inzinzac-
Lochrist

Baud

Loc

Loctudy

Plobannalec

Beg-Meil

Trégunc

155

Pont-Aven

Riec-s.-B.

3

Queven

187

21

Languidic

Landévant

Pluvigner

Brech

Grand-
Champ

Guilvinec

158

Névez

Kerdruc

D45

D224

Moëlan-
s.-Mer

Guidel

Hennebont

11

Ste-Anne-
d'Auray

166

165

Clohars-
Carnoët

Lorient

Lanester

Merlevenez

D19

Auray

Van

Iles de Glénan

Ploemeur

Larmor-
Plage

Riantec

D33

Plouhinec

Belz

15

192

Etel

Ploemel

26

Baden

Locmariaquer

19

D10

Larmor-
Baden

Ile de Groix

188
189

La Trinité-
s.-Mer

Plouharnel

St-Philibert

190

Port
Navalo

Sarze

St-Pierre-
Quiberon

Carnac

193
194

St-Gi
de-R

Quiberon

Ile de Hou

184

Sauzon

14

185

Le Palais

D25

Belle-Ile

Locmaria

Ile de Hoë

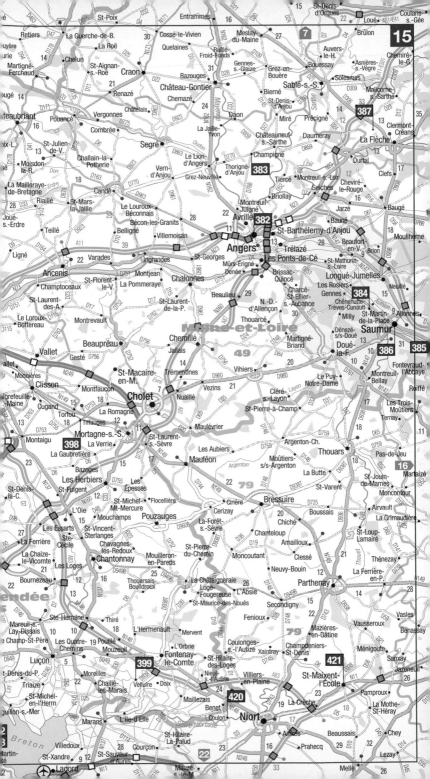

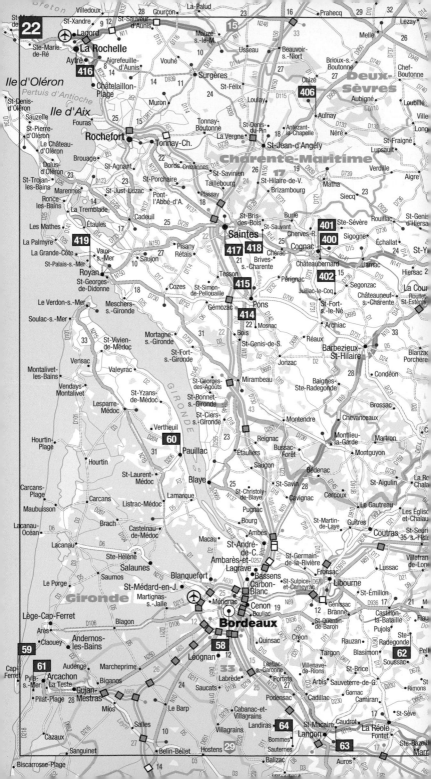

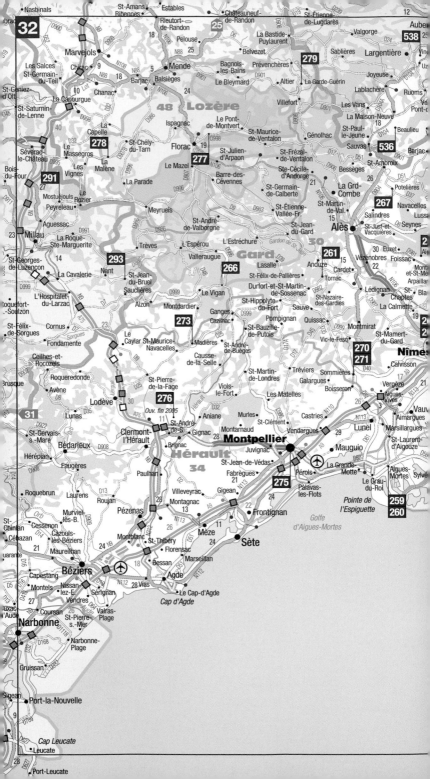

Dogliani

Busca
Centallo
18
20
28
Carru
19
Dronero
Caraglio
Morozzo
Mondovi
9
11
20
Cuneo
Beinette
17
11
Pallare
Celle Ligure
Albissola
Savona
Borgo-s.-Dalmazzo
Chiusa-di-Pesio
Bormida
Mallare
Vado Ligure
26
Demonte
Boves
20
Rialto
40
nadio
Valdieri
23
Certosa-di-Pesio
Gorra
Finale Ligure
Vernante
Limone Piemonte
Verzi
Loano
Terme-di-Valdieri
28
Ormea
Ponte-di-Nava
Albenga
Boréon
Tende
Pornassio
St-Martin-Vésubie
31
Molini-di-Triora
22
25
Roquebillière
Saorge
Badalucco
25
Lantosque
Moulinet
Pigna
Imperia
Peira-Cava
Breil-s.-Roya
21
Taggia
Sospel
Trucco
40
16
441
Coaraze
Levens
Riva-Ligure
L'Escarène
35
451
Contes
San Remo
2
18
La Turbie
Menton
22
Bordighera
19
Ventimiglia
14
Roquebrune-Cap-Martin
15
Monaco
440
Beaulieu-s.-Mer
Gaude
Villefranche
Nice
447
Baie des Anges
453
ntibes
444
445
an-les-Pins
439
de Ste-Marguerite
2

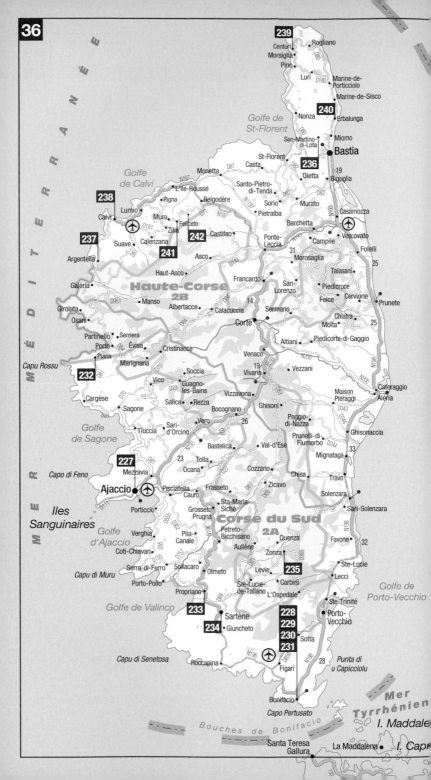

HÔTELS

Zinck Hôtel

67140 Andlau (Bas-Rhin)
13, rue de la Marne
Tél. 03 88 08 27 30 - Fax 03 88 08 42 50
M. et Mme Zinck
E.mail : zinck.hotel@wanadoo.fr - Web : zinckhotel.com

Catégorie ★ ★ ★ Ouverture toute l'année **Chambres** 18 avec tél., s.d.b. ou douche et w.c. ; 1 chambre accessible pour handicapés **Prix** des chambres simples et doubles : 59 à 95 € - Petit déjeuner : 8 €, servi de 8 h à 10 h **Carte de crédit** Visa **Divers** chiens non admis - Parking fermé **Alentour** route des vins ; églises d'Andlau et de Sainte-Marguerite d'Epfig **Pas de restaurant** à l'hôtel.

Original à plus d'un titre, ce petit hôtel de village fut, au XVIIIe, un moulin puis, un siècle plus tard, une bonneterie. Aujourd'hui, il propose dix-huit chambres aux noms évocateurs : "Coloniale", "Jazzy", "Baroque", "Japonaise" ou encore "Alsacienne" développent chacune un thème et occupent la maison principale. A côté, dans un autre bâtiment près du verger se trouvent de superbes chambres au décor contemporain des plus aboutis. Vous retrouverez l'amour du beau matériau (acier, bois clair...), des ustensiles de l'ère pré industrielle (plusieurs vitrines en conservent quelques beaux spécimens) et des ambiances design dans l'ancienne pièce des machines, devenue aujourd'hui une ravissante salle des petits déjeuners. Selon la météo ou votre envie, vous pourrez beurrer vos tartines près de l'impressionnante roue à aube ou dehors en terrasse. Enfin, vous pourrez aussi profiter du verger à votre disposition pour lire en compagnie du chant des oiseaux. Pas de restaurant sur place, mais pour vos repas voici quelques bonnes winstub voisines : à Andlau, *Le Bœuf Rouge* (magnifique tête de veau ravigote), le *Relais de la Poste* et *Le Caveau Val d'Eléon.*

Accès (carte n° 12) : A 352, direction Sélestat, sortie n° 13 à Mittelbergheim.

Les Prés d'Ondine

Rathsamhausen-le-Haut 67600 Baldenheim (Bas-Rhin)
5, route de Baldenheim
Tél. 03 88 58 04 60 - Fax 03 88 58 04 61 - M. Dalibert
E.mail : message@presdondine.com - Web : presdondine.com

Ouverture toute l'année **Chambres** 8 et 4 suites avec tél., s.d.b. ou douche, w.c. et t.v. satellite ; 1 chambre accessible pour handicapés **Prix** des chambres doubles : 62 à 100 € ; suites : 115 à 130 € - Petit déjeuner : 10 €, servi de 7 h à 12 h - Demi-pension : 85 à 105 € **Carte de crédit** Visa **Divers** chiens admis sur demande - Jacuzzi, hammam, sauna - Garage (15 €) **Alentour** route des vins, Haut Koenigsbourg **Restaurant** en table d'hôtes pour les résidents, service à 20 h - Fermé du 15 janvier au 15 février et les mercredi soir et dimanche soir - Menu : 30 €, vin compris - Spécialités : coq au riesling ; filet de truite fumée.

Cette opulente maison de caractère se cache dans un petit hameau à l'est de Sélestat, sur la berge de l'Ill. Très récemment rénové avec beaucoup de goût mais aussi un sens particulier du confort, ce petit hôtel a choisi de laisser souffler un vent de poésie derrière ses vieux murs. C'est ainsi que chacune des douze très confortables chambres rend hommage à un poète de renom à travers une décoration subtilement inspirée de leurs vers épiques ou lyriques ("Les amours de Cassandre", "Etoile filante", "Les roses de Saadi", "La belle matineuse", "La corbeille des heures", "Le rêve a besoin d'eau"...). Jolies teintes unies, mobilier de style, fauteuils capitonnés et tissus élégants en constituent le charme principal. Pas de restaurant sur place mais une conviviale formule de table d'hôtes servie dans une belle salle à manger aux boiseries de planches couleur de miel donnant sur la rivière. Et pour se détendre en fin de journée, un jacuzzi et un sauna sont à votre disposition dans cette sympathique et très accueillante adresse que nous n'hésitons pas à vous recommander pour un séjour.

Accès (carte n° 12) : A 35 sortie n° 16 ZI nord de Sélestat, vers Sélestat centre. Au 1ᵉʳ feu à gauche, suivre Muttersholtz. A Rathsamhausen, à droite vers Baldenheim.

Le Moulin

67110 Gundershoffen (Bas-Rhin)
7, rue du Moulin
Tél. 03 88 07 33 30 - Fax 03 88 72 83 97 - M. François Paul
E-mail : sarl.lecygne@wanadoo.fr - Web : hotellemoulin.com

Catégorie ★ ★ ★ **Fermeture** du 20 février au 5 mars **Chambres** 8 et 2 suites avec tél., s.d.b., w.c., t.v. câble, minibar et coffre-fort ; 1 chambre handicapés **Prix** des chambres : 85 à 200 € ; suites : 150 à 220 € - Petit déjeuner : 10 à 12 €, servi de 7 h à 10 h 30 **Cartes de crédit** acceptées **Divers** chiens admis (10 €) - Parking gardé **Alentour** citadelle de Bitche ; ligne Maginot ; Strabourg ; route des vins - 5 golfs à proximité **Restaurant** *Le Cygne*, service de 12 h à 14 h, 19 h à 21 h - Fermé dimanche soir, lundi et jeudi soir - Menus : 40 à 80 € - Carte - Spécialité : fricassée de grenouilles fraîches.

A Gundershoffen, la table hautement gastronomique du restaurant *Le Cygne* méritait déjà un large détour, mais c'était toujours avec un petit regret que l'on en repartait : celui de ne pouvoir dormir sur place... La famille Paul vient d'y remédier en aménageant, à trois cents mètres, cet ancien moulin à grain construit en 1823 sur un domaine de trois hectares avec sa rivière et son bief. La rénovation du lieu est exemplaire, plutôt contemporaine mais avec quelques solides références classiques ; elle joue sur un très beau travail de patines (gris bleu gustavien, vieux rose, terre de sienne), la mise en valeur de quelques matériaux anciens comme certains pans à colombages ou portes d'armoires, la complémentarité de superbes tissus en rideaux ou couvre-lit, l'adjonction de parquets teintés, etc. Dans cet univers apaisant et très confortable, les salles de bains ne sont pas en reste, au contraire ! pas plus que la salle des petits déjeuners (excellents) avec ses fenêtre plongeantes sur l'eau et la perspective d'un petit pont de bois. Un vrai petit bijou alsacien, accueillant et chaleureux, à découvrir pour sa table comme pour ses chambres.

Accès (carte n° 13) : à Haguenau, N 62 direction Niederbronn, faire 8 km, puis à droite sortie Gundershoffen.

Hôtel Arnold

67140 Itterswiller (Bas-Rhin) - 98, route du Vin
Tél. 03 88 85 50 58 - Fax 03 88 85 55 54
M. et Mme Simon - M. Arnold
E.mail : arnold-hotel@wanadoo.fr - Web : hotel-arnold.com

Catégorie ★ ★ ★ **Fermeture** le 24 et le 25 décembre **Chambres** 28 et 1 duplex (3 chambres séparées) avec tél., s.d.b. ou douche, w.c., t.v. satellite et minibar **Prix** des chambres doubles : 77 à 111 € ; duplex : 115 à 320 € - Petit déjeuner-buffet : 12 €, servi de 7 h 30 à 10 h 30 - Demi-pension : 74 à 94 € **Cartes de crédit** Amex, Visa **Divers** chiens admis avec supplément - Parking **Alentour** route des vins, de Marlenheim à Thann ; églises d'Andlau et de Sainte-Marguerite d'Epfig **Restaurant** service de 12 h à 14 h, 19 h à 21 h - Fermé lundi ; dimanche soir du 1er novembre au 30 juin - Menus : 23 à 48 € - Carte saisonnière - Spécialités : foie gras d'oie maison ; filet de sandre au riesling ; choucroute ; baeckeofe.

C'est au cœur du vignoble alsacien que se trouve l'*Hôtel Arnold*. Il se compose de trois bâtiments construits dans un pur style alsacien. Fenêtres et balcons débordent de fleurs. Capitonnée de bois, l'entrée donne le ton de cette demeure chaleureuse. Les couloirs, la salle du petit déjeuner et le salon (au premier étage) sont très joliment décorés dans des tonalités à dominante jaune orangé et vieux rouge. Totalement rénovées et plaisamment aménagées, les chambres sont très confortables, lumineuses et plutôt grandes. La plupart, c'est là leur point fort, donnent sur le vignoble et profitent d'un grand balcon. La famille Arnold-Simon, soucieuse de conserver les traditions alsaciennes, vous propose de bonnes spécialités régionales servies sur la terrasse fleurie en été ou dans une winstub au beau décor rustique rythmé par deux imposantes vis de pressoir en guise de colonnes. A côté, la petite boutique propose vins, foie gras et divers autres produits alsaciens.

Accès (carte n° 12) : à 41 km au sud de Strasbourg par A 35, sortie Mittelbergheim, puis suivre direction Villé jusqu'à Itterswiller.

Hôtel Gilg

67140 Mittelbergheim (Bas-Rhin)
1, route du Vin
Tél. 03 88 08 91 37 - Fax 03 88 08 45 17
M. Gilg
E.mail : info@hotel-gilg.com - Web : hotel-gilg.com

Catégorie ★★ **Fermeture** du 9 janvier au 1er février et du 26 juin au 13 juillet ; le mardi et le mercredi **Chambres** 15 avec tél., s.d.b., w.c. et t.v. **Prix** des chambres doubles : 48 à 68 € - Petit déjeuner : 7 €, servi de 7 h 30 à 10 h **Cartes de crédit** acceptées **Divers** chiens admis - Parking **Alentour** Barr ; églises d'Andlau et de Sainte-Marguerite à Epfig ; mont Sainte-Odile **Restaurant** service de 12 h à 14 h, 19 h à 21 h - Menus : 20 à 68 € - Carte - Spécialité : nage crémeuse de homard et saint-pierre aux pointes d'asperges vertes, jeunes légumes et champignons.

Voici l'une des plus anciennes winstub d'Alsace et c'est un plaisir de voir que la famille Gilg a su lui conserver tout son caractère sans jamais céder aux injonctions de la mode. Un superbe escalier à vis réalisé en 1614 par les sculpteurs de pierre de la cathédrale de Strasbourg conduit aux chambres alors que, sur chaque palier, quelques vieilles et imposantes armoires de famille accueillent les générations de voyageurs qui se succèdent ici. Calmes, parfaitement tenues, les chambres sont souvent vastes et décorées dans un style classique, sobre et gai (celles du second sont petites mais chaleureuses). Beau décor traditionnel dans la grande salle à manger avec ses tables espacées, joliment nappées de blanc, ses chaises alsaciennes sculptées, ses plafonds bas et antiques fenêtres. Vous y dégusterez une excellente cuisine tout en saveur et en finesse. L'accueil et les multiples qualités de cet hôtel en font une adresse appréciable au cœur du vignoble et à proximité des splendides villages alsaciens.

Accès (carte n° 12) : à 37 km au nord de Colmar, A 35, sortie n° 13.

Relais des Marches de l'Est

67280 Oberhaslach (Bas-Rhin) - 24, rue de Molsheim
Tél. 03 88 50 99 60 - Fax 03 88 50 91 26 - Mme Weber
E-mail : weber.benedicte@wanadoo.fr

Catégorie ★★ **Ouverture** toute l'année **Chambres** 9 avec tél., s.d.b. ou douche, w.c. et t.v. **Prix** des chambres simples et doubles : 29 à 55 € - Petit déjeuner : 7 à 9 €, servi de 7 h à 10 h 30 - Demi-pension : 47 à 52 € **Cartes de crédit** non acceptées **Divers** chiens admis - Stages de sculpture ou de dessin - Parking **Alentour** Barr ; cascades du Nideck - Golf club de La Wantzenau **Restaurant** réservé aux résidents à partir de 19 h sur réservation - Menus : 12,21 à 24,39 € - Spécialités : tarte flambée (samedi et dimanche soir) ; choucroute ; baeckeofe sur commande.

Comme si elle redoutait qu'on la remarque trop vite, la discrète façade de cette maison de village n'attire pas particulièrement le regard. Il en va tout autrement à l'intérieur, car le *Relais des Marches de l'Est* est un univers original, le lieu de vie et d'accueil d'un couple de sculpteurs qui réussissent ici le mariage de deux activités. Chaleureux, l'intérieur exprime une ambiance joliment rétro dans les pièces du rez-de-chaussée (où l'on peut découvrir quelques œuvres de Sylvain) comme dans les chambres qui conservent souvent un pan de pierres apparentes. Armoires anciennes, tissus aux tonalités souvent chaudes et mini salles de bains en caractérisent l'aménagement (choisissez celles ouvrant sur le jardin où fleurs, arbres et sculptures se donnent la réplique). Chaque matin, la salle à manger rustique sert pour les petits déjeuners, près du four à pain qui délivre chaque week-end baeckeofe et autres tartes flambées (en semaine, la cuisine est plus basique, pour le week-end les baeckeofes sont à réserver d'avance). A part quelques petits problèmes de présence et de disponibilité parfois (les prix pratiqués ne permettent pas un personnel nombreux), l'accueil reste agréable à cette adresse aussi charmante qu'originale.

Accès (carte n° 12) : à 40 km à l'ouest de Strasbourg, direction Saint-Dié.

Hôtel A la Cour d'Alsace

67210 Obernai (Bas-Rhin)
3, rue de Gail
Tél. 03 88 95 07 00 - Fax 03 88 95 19 21 - M. Ernest Uhry
E-mail : info@cour-alsace.com - Web : cour-alsace.com

Catégorie ★ ★ ★ ★ **Fermeture** du 24 décembre au 24 janvier **Chambres** 42 et 1 suite, avec tél., s.d.b. ou douche, w.c., t.v. câble, coffre-fort et minibar ; ascenseur **Prix** des chambres doubles : 110 à 179 € ; suite : 273 € - Petit déjeuner-buffet : 16 €, servi de 7 h à 10 h 30 - Demi-pension : 209 à 249 € (pour 2 pers.) **Cartes de crédit** acceptées **Divers** chiens non admis - Parking **Alentour** route des vins ; mont Sainte-Odile ; massif Vosgien et lacs ; Strasbourg ; Colmar ; églises romanes - Golf club de La Wantzenau ; Golf du Kempferhof **Restaurant** service de 12 h à 14 h, 19 h à 21 h - Menus : 29 à 78 € - Carte - Spécialités : choucroute aux neuf viandes ; sandre aux asperges du pays.

Neuf petites maisons reliées entre elles, organisées autour d'une très ancienne cour dîmière et adossées aux remparts d'Obernai constituent ce magnifique ensemble. Que l'on soit dans la "Petite France" ou la "Petite Suisse", on profite toujours de chambres élégantes, classiquement modernes, très confortables et aux dimensions variables (ce qui justifie les différences tarifaires). Teintes claires aux reflets jaune pâle ou beiges, meubles et lambris en bois naturel, couettes blanches, etc., caractérisent leur style et ne sont pas étrangers à l'ambiance raffinée qui s'en dégage. Pour déjeuner ou dîner, vous choisirez entre le restaurant gastronomique décoré de superbes lithographies originales (Picasso, Miro, Chagall...) ou la sympathique winstub. A l'arrière, un jardin savamment fleuris, se cache dans les anciennes douves et accompagne l'hôtel sur toute sa longueur. On peut s'y détendre, boire un verre et même y prendre ses repas en été. Une adresse impeccable, au luxe de bon aloi et où vous êtes assurés de trouver un accueil professionnel, attentif et souriant. En projet pour cette année : de nouvelles suites et un petit centre de remise en forme.

Accès (carte n° 12) : à 24 km au sud de Strasbourg.

7

Hôtel Anthon

67510 Obersteinbach (Bas-Rhin) - 40, rue Principale
Tél. 03 88 09 55 01 - Fax 03 88 09 50 52 - Mᵐᵉ Flaig
E-mail : info@restaurant-anthon.fr - Web : restaurant-anthon.fr

Catégorie ★ ★ **Fermeture** en janvier ; mardi et mercredi **Chambres** 7 et 1 suite avec tél., s.d.b. (1 avec douche), w.c. et 4 avec minibar **Prix** des chambres doubles : 58 € ; suite : 98 € - Petit déjeuner : 10 €, servi de 8 h à 10 h **Carte de crédit** Visa **Divers** chiens admis - Parking **Alentour** étang de Hanau ; châteaux de Lützelhardt et de Falkenstein - Golf 18 trous de Bitche **Restaurant** service de 12 h à 14 h, 18 h 30 à 21 h - Menus : 24 à 61 € - Carte - Spécialité : assortiment de glaces à la bière d'Uberach.

Petit village pittoresque, au cœur du parc naturel des Vosges du Nord, Obersteinbach doit beaucoup à cette véritable auberge à l'ancienne, connue depuis longtemps pour la qualité de sa table (aujourd'hui sous la responsabilité du fils, ex-chef de partie chez Bernard Loiseau). Vous y trouverez des chambres plaisantes, d'une belle simplicité et qui seront bientôt toutes rénovées. Plutôt que de leur imposer un lifting luxueux et inapproprié, on a préféré en renforcer le côté campagne, alors on décole peu à peu les moquettes pour ressusciter les parquets en pin, on met en scène quelques meubles rétros, on joue la clarté des murs et des rideaux. Toutes donnent sur le jardin où il n'est pas rare de surprendre quelques chevreuils venus grappiller au pied des arbres fruitiers avant de regagner les pentes boisées des Vosges. Très spacieuse, la salle à manger déploie une architecture en rotonde vitrée qui donne l'impression de dîner directement dans un jardin fleuri (quelques tables sont d'ailleurs installées dehors). Sous l'œil fixe d'une tête de sanglier, le ballet des serveurs distribue des plats simples aux cuissons ultra-précises et qui accompagnent toujours fidèlement les saisons. Un hôtel tranquille et accueillant, idéal pour les séjours de repos.

Accès (carte n° 13) : à 66 km au nord de Strasbourg par A 4 et D 44 jusqu'à Haguenau, puis D 27 jusqu'à Lembach, et D 3 jusqu'à Obersteinbach.

Hôtel A la Ferme

67150 Osthouse (Bas-Rhin)
10, rue Château
Tél. 03 90 29 92 50 - Fax 03 90 29 92 51 - M. et Mme Hellmann
E-mail : hotelalaferme@wanadoo.fr - Web : hotelalaferme.com

Ouverture toute l'année **Chambres** 2 et 5 suites, climatisées, avec tél., s.d.b., w.c., t.v. et minibar **Prix** des chambres : 80 € ; suites : 140 € - Petit déjeuner : 13,50 € **Carte de crédit** Visa **Divers** chiens admis (10 €) - Parking privé **Alentour** Le Ried - Golf à Plobsheim **Restaurant** *A l'aigle d'or*, service de 12 h à 14 h, 19 h à 20 h 30 - Fermé lundi et mardi ; 3 semaines en août - Menus : 30,50 à 66 €.

Dans la plaine sud de Strasbourg, entre les berges du Rhin et les contreforts des Vosges, Osthouse cache deux merveilles : le restaurant l'*Aigle d'Or* et l'hôtel *A la Ferme*. Deux merveilles et une même famille dont l'amour pour la tradition et l'intérêt pour la modernité s'expriment avec un égal bonheur au restaurant (superbes créations bien ancrées dans le terroir et réglées comme une horloge sur les meilleurs produits de saison) et à l'hôtel. Récemment créé, ce dernier occupe une ancienne ferme à colombages du XVIIIe et propose de délicieuses chambres réparties entre la maison principale (armoires et meubles de famille, parquets, beaux tissus à carreaux, luminaires design) et les anciennes écuries. De ce côté-là, le décor se fait plus épuré et les volumes plus vastes pour une ambiance élégante et contemporaine des plus réussies. Dès les beaux jours, le petit déjeuner se prend au jardin près des fleurs et des parterres de plantes aromatiques. Mais l'hiver a aussi ses charmes et c'est un vrai plaisir de déguster près du poêle en faïence les excellentes productions maison (petits pains, viennoiseries, *kugelhopf*, terrines, saumon fumé...) qui font des petits déjeuners à *La Ferme* un vrai moment de plaisir. Une accueillante adresse de grand charme.

Accès (carte n° 13) : autoroute Strasbourg-Colmar, prendre la sortie n° 7 en venant de Strasbourg ou n° 14 en venant de Colmar, puis suivre la direction Osthouse. Le village est à 1,5 km.

A l'Ami Fritz

67530 Ottrott-le-Haut (Bas-Rhin)
8, rue des Châteaux
Tél. 03 88 95 80 81 - Fax 03 88 95 84 85 - M. et Mme Fritz
E-mail: ami-fritz@wanadoo.fr - Web: amifritz.com

Catégorie ★★★ **Fermeture** 2 semaines en janvier **Chambres** 19, 2 suites et 1 appartement (10 climatisées), avec tél., s.d.b., w.c. et t.v. satellite **Prix** des chambres doubles: 67 à 100 €; suites: 106 à 118 €; appartement: 140 € - Petit déjeuner: 11 €, servi de 8 h à 10 h - Demi-pension: 70 à 100 € **Cartes de crédit** acceptées **Divers** chiens admis (11 €) - Garage (8 €) **Alentour** mont Sainte-Odile; château d'Ottrott **Restaurant** service de 12 h à 14 h, 19 h à 21 h - Fermé le mercredi - Menus: 22 à 62 € - Carte - Spécialités: caille farcie au foie gras en cocotte; salade tiède de cochon de lait.

Au pied du mont Sainte-Odile, Ottrott fait partie des beaux villages viticoles de la vallée du Rhin. Il compte aussi parmi les villages gourmands grâce au travail de Patrick Fritz, chef talentueux et qui a renouvelé cette auberge familiale bien connue dans la région. Très confortables et classiquement modernes avec leur beau mobilier de chêne intégré, les chambres sont gaies, particulièrement bien agencées, dotées de très agréables salles de bains. Typiquement alsacienne, la salle du petit déjeuner contribuera à débuter gaiement la journée. Celle du restaurant, ornée de boiseries et de tableaux choisis, est à la hauteur des repas que l'on y sert (avec parfois, des viandes en rotation et autres rôtissages dans la grande cheminée du kaminstub), mais, dès qu'il fait beau, la terrasse lui fait concurrence avec ses fleurs et son joli nappage. Précisons qu'à quelques centaines de mètres *Le Chant des Oiseaux*, un petit hôtel repris par la famille, offre quelques chambres d'un bon confort à prix encore plus doux.

Accès (carte n° 12): à 25 km au sud de Strasbourg. A Obernai, D 426 jusqu'à Ottrott; l'hôtel se trouve dans le haut du village, après l'église, sur la droite.

La Belle Vue

67420 Saulxures (Bas-Rhin)
Tél. 03 88 97 60 23 - Fax 03 88 47 23 71 - Valérie Boulanger
E-mail: labellevue@wanadoo.fr - Web: la-belle-vue.com

Catégorie ★★★ **Fermeture** 1 semaine fin mars, début juillet et fin novembre **Chambres** 4 et 7 suites avec tél., s.d.b., t.v. satellite et minibar; 1 chambre handicapés; ascenseur **Prix** des chambres et des suites: 82 à 158 € - Petit déjeuner: 10,50 €, servi de 8 h à 10 h **Cartes de crédit** Visa, Amex **Divers** chiens admis (6 €) - Parking **Alentour** Obernai - GR dans les Vosges **Restaurant** service de 12 h à 14 h, 19 h à 21 h - Fermé mardi et mercredi sauf demi-pension - Menus: 19,50 à 51 € - Carte.

Jusqu'à présent, c'était la table qui entretenait l'excellente réputation de *La Belle Vue*. Une table parfaite au demeurant, moderne sans excès, très fine, très goûteuse et qui justifie toujours de lui consacrer un large détour. Ce sera également l'occasion de parcourir un beau paysage de moyenne montagne, verdoyant à souhait, et d'apprécier les progrès considérables de la partie hôtelière. Certes, la nouvelle modernité de la façade agrandie d'une verrière anguleuse sur deux niveaux peut légitimement choquer, mais, dans la salle à manger, on en comprend mieux tout l'intérêt. Rythmées par de chaleureux voilages orangés, les baies vitrées captent le soleil, de sorte que la vaste pièce au parquet couleur miel joue avec la lumière et offre de multiples points de vue sur la campagne. Mobilier de qualité en bois exotique, élégant nappage... Une réussite! Y compris dans les chambres (mezzanines familiales pour certaines) avec leurs belles teintes délavées, tissus et tableaux contemporains de Daniel Gerhardt, épaisses couettes blanches et salles de bains rutilantes. Un style contemporain chaleureux et un accueil familial particulièrement agréable pour cette belle adresse à découvrir!

Accès (carte n° 12): de Strasbourg N 40, 10 km avant le col de Saales à droite vers Saulxures. De Nancy/Saint-Dié, N 40 vers Strasbourg, à gauche 10 km après le col de Saales.

11

Hôtel Neuhauser

Les Quelles 67130 Schirmeck (Bas-Rhin)
Tél. 03 88 97 06 81 - Fax 03 88 97 14 29
M. Neuhauser
E-mail : hotelneuhauser@wanadoo.fr - Web : hotel-neuhauser.com

Catégorie ★ ★ **Fermeture** du 15 au 30 novembre et vacances scolaires février **Chambres** 10, 3 chalets et 2 suites, avec tél., s.d.b. ou douche, w.c. et t.v. **Prix** des chambres simples et doubles : 60 à 77 € ; chalets et suites (2 à 4 pers.) : 119 à 148 € - Petit déjeuner : 10 €, servi de 8 h à 10 h - Demi-pension : 65 à 95 € (3 jours min.) **Cartes de crédit** Visa, Diners **Divers** chiens admis (7 €) - Piscine couverte chauffée (sauf l'hiver) - Parking **Alentour** belvédère de la Chatte-Pendue **Restaurant** climatisé, service de 12 h à 14 h, 19 h à 21 h - Menus : 20 à 45 € - Carte.

À flanc de coteaux, cernés de tous côtés par les prés et la forêt, l'hôtel et les quelques maisonnettes qui occupent le site bénéficient d'une paix totale. Aménagées dans un style traditionnel (meubles de style rustiques, poutres…), les chambres de la maison principale associent audacieusement divers tissus aux motifs variés. Récemment moquettées et tapissées dans des tonalités parfois vives, elles ne sont pas sans charme et ont l'avantage de prix très abordables. D'autres occupent un bâtiment récent. Suffisamment vastes pour permettre l'installation d'un canapé rustico-moderne et de gros fauteuils assortis, elles disposent toujours d'une belle terrasse surplombant la campagne. S'y ajoutent trois petits chalets parfaits pour les familles. La cuisine, servie dans une salle à manger panoramique dominant une petite combe, est copieuse et variée. La carte des vins mérite aussi votre attention, tout autant que les eaux-de-vie et les liqueurs produites sur place. Une agréable adresse agrémentée d'une piscine couverte pour profiter, même en demi-saison, de ce superbe site.

Accès (carte n° 12) : à 56 km au sud de Strasbourg par A 35, A 352, puis N 420 ou D 392. A Schirmeck suivre Les Quelles par Labroque-Albet.

Hôtel du Dragon

67000 Strasbourg (Bas-Rhin)
2, rue de l'Ecarlate
Tél. 03 88 35 79 80 - Fax 03 88 25 78 95 - Jean Zimmer
E-mail : hotel@dragon.fr - Web : dragon.fr

Catégorie ★★★ **Ouverture** toute l'année **Chambres** 32 avec tél., s.d.b., w.c. et t.v. satellite ; accès handicapés **Prix** des chambres simples : 69 à 105 €, doubles : 79 à 115 €, triples : 129 à 145 € - Lit suppl. : 12 € - Petit déjeuner : 10,90 €, servi de 6 h 30 à 11 h **Cartes de crédit** acceptées **Divers** chiens non admis - Parking gardé (7,20 €) **Alentour** route des vins - Fête de la Bière et fête des Vendanges ; foire aux vins - Golfs 18 trous à Illkirch-Graffenstaden et à Plobsheim **Pas de restaurant** à l'hôtel.

Résolument contemporain, l'*Hôtel du Dragon* mérite cependant son qualificatif "de charme", tant il s'attache à créer ici une ambiance personnelle et plaisante. Derrière les murs de sa maison XVIIIᵉ, la décoration intérieure en camaïeu de gris et les meubles design se marient à l'abstraction bleu Klein des sculptures et tableaux de Robert Stephan (en vente sur place). Très bon confort et tenue absolument irréprochable dans les chambres qui donnent sur une des rues calmes du quartier historique. Agréables petits déjeuners servis très aimablement dans la jolie vaisselle du café Coste. Pour vos repas, faites confiance au choix de Jean Zimmer, mais n'oubliez pas de passer *Au Clou*, l'un des bars à vin les plus appréciés de la ville, et au *Pont Corbeau* ainsi qu'à *La Maison des Tanneurs* pour l'une des meilleures choucroutes de Strasbourg. L'atmosphère de l'hôtel, l'accueil très prévenant de M. Zimmer et une situation centrale, proche de la "Petite France", font du *Dragon* l'une des adresses les plus appréciées du petit monde européen qui fréquente régulièrement Strasbourg.

Accès (carte n° 13) : dans le centre-ville par le quai Saint-Nicolas et le quai Charles-Frey.

Hôtel Gutenberg

67000 Strasbourg (Bas-Rhin)
31, rue des Serruriers
Tél. 03 88 32 17 15 - Fax 03 88 75 76 67 - M. Hyboux
E-mail : hotel.gutenberg@wanadoo.fr - Web : hotel-gutenberg.com

Catégorie ★★ **Ouverture** toute l'année **Chambres** 42 (28 climatisées) avec tél., s.d.b., w.c. et t.v. ; ascenseur **Prix** des chambres : 65 à 98 €, triples : 100 € - Petit déjeuner : 8,50 €, servi de 7 h à 10 h **Carte de crédit** Visa **Divers** chiens admis - Parking public à proximité **Alentour** cathédrale ; La Wantzenau ; route des vins - Golfs 18 trous à Illkirch-Graffenstaden **Pas de restaurant** à l'hôtel.

Au cœur du vieux Strasbourg, tout près de la "Petite France" et de la cathédrale, le *Gutenberg* est particulièrement bien situé. Avec sa façade XVIIIᵉ en grès rose rythmée de belles fenêtres, il anticipe le classicisme élégant des pièces de réception. Belle déclinaison sur le mobilier et les tentures de l'harmonie grise, céladon, verte et brun-rouge du papier peint panoramique qui occcupe de centre du hall. Mobilier ancien, y compris dans l'espace petit déjeuner (excellents) où un vieux vaisselier ciré et une horloge prolongent le charme provincial du salon d'entrée. Entièrement rénovées, insonorisées, et climatisées pour certaines, les chambres affichent une taille variable selon les niveaux. Au cinquième, installées en duplex en soupente (poutres apparentes), elles jouissent d'une charmante vue sur les vénérables toits et sur l'enchevêtrement des vieilles rues du quartier. Dans les étages inférieurs, leurs volumes sont plus classiques, certaines étant vastes comme "l'Alsacienne" ou la "Baldaquin" (deux fenêtres et porte-fenêtre sur le balcon central et sa guirlande de géraniums). Partout, la décoration est plaisante : papiers peints unis à frise, épaisse moquette ou parquet, vieilles gravures… Accueil très aimable de la nouvelle direction.

Accès (carte n° 13) : dans le centre-ville, près de la cathédrale. Accès uniquement par la place du Corbeau en direction du parking Gutenberg.

Hôtel Suisse

67000 Strasbourg (Bas-Rhin)
2-4, rue de la Râpe
Tél. 03 88 35 22 11 - Fax 03 88 25 74 23
Mme Edith Beckers
E-mail : info@hotel-suisse.com - Web : hotel-suisse.com

Catégorie ★★ **Ouverture** toute l'année **Chambres** 24 et 1 junior-suite, avec tél., s.d.b., w.c., t.v. satellite et wifi; ascenseur **Prix** des chambres doubles : 59 à 89 € ; suite : 89 à 99 € - Petit déjeuner-buffet : 7,50 €, servi de 7 h à 10 h 30 **Cartes de crédit** Amex, Visa, **Divers** chiens admis - Parking public à 300 m (7€) **Alentour** cathédrale ; château des Rohan, Petite France, La Wantzenau ; route des vins - Golfs 18 trous à Illkirch-Graffenstaden, Kempferhof et La Wantzenau **Pas de restaurant** à l'hôtel - *Café Suisse* ouvert de 7 h 30 à 19 h 30.

Mitoyen du somptueux palais Rohan (l'un des plus riches musées des beaux-arts de province), cet hôtel est également à quelques petits mètres des berges de l'Ill et de la cathédrale. Il offre donc une magnifique base pour découvrir Strasbourg et ses innombrables richesses. Amoureusement tenu et restauré par sa nouvelle propriétaire, l'*Hôtel Suisse* propose dix-sept très petites chambres, confortables, chaleureuses et particulièrement bien agencées. A l'inverse, huit autres sont vraiment grandes (parmi elles, la 25 est absolument immense). Au rez-de-chaussée, la jolie entrée tendue de tissus rouge-orangé à décor de poutres et de colombages donne sur un salon de thé intimiste avec ses plafonds bas, son capitonnage de bois et ses petites fenêtres. Ce dernier devrait prochainement se transformer en un vrai restaurant, nous attendons donc la suite... Excellent accueil et prix raisonnables.

Accès (carte n° 13) : A 4 et A 35 sortie n° 4. Suivre place de l'Etoile puis centre-ville - cathédrale. Suivre les indications "Embarcadère", traverser le pont Sainte-Madeleine. L'hôtel est à côté du château des Rohan.

Le Colombier

68000 Colmar (Haut-Rhin)
7, rue Turenne
Tél. 03 89 23 96 00 - Fax 03 89 23 97 27 - Anne-Sophie Heitzler-Gérard
E-mail : info@hotel-le-colombier.fr - Web : hotel-le-colombier.fr

Catégorie ★ ★ ★ **Fermeture** vacances de Noël **Chambres** 26 et 1 suite, climatisées, avec tél., s.d.b., t.v. satellite, minibar et coffre-fort ; 2 chambres handicappés ; ascenceur **Prix** des chambres doubles : 78 à 155 € ; suites et appartements : 185 à 235 € - Petit déjeuner : 10,50 €, servi de 6 h 45 à 10 h 30 **Cartes de crédit** acceptées **Divers** chiens admis - Garage (10 €) **Alentour** vieille ville de Colmar ; musées d'Unterlinden et Bartholdi ; route des vins ; forteresse du Haut-Koenigsbourg **Pas de restaurant** à l'hôtel.

Ce bel édifice renaissance est situé dans la "Petite Venise" où canaux et maisons à colombages composent à chaque tournant des vues de carte postale. De son origine subsistent les murs qui encadrent le patio et un bel escalier hélicoïdal. Pour le reste, c'est un esprit contemporain qui souffle sur le *Colombier*. En demi-niveau par rapport au hall d'accueil, l'élégante salle des petits déjeuners (qui fait aussi office de bar en soirée) tourne autour d'une cheminée contemporaine : moelleux sièges carrés, verre dépolis, nuances céladon, rose pâle, brun-gris... Une ambiance apaisante pour démarrer en douceur la journée. Dans les chambres on vient d'installer des lits ultra larges avec couettes blanches, chevets-cubes et luminaires design. Les sols sont en parquet ou moquette, les salles de bain en marbre gris moucheté. Deux nouvelles chambres ultra-confortables et au design hight-tech offrent un accès de plain-pied sur la cour. Enfin, les œuvres d'art moderne qui ornent l'établissement et l'accueil très prévenant donnent au *Colombier* une personnalité attachante. Pas de restaurant sur place, heureusement seraient-on tentés de dire puisqu'à vingt mètres, au bord d'un canal, se trouve l'époustouflant *J'YS*, restaurant de Jean-Yves Schillinger, à découvrir sans faute !

Accès (carte n° 12) : à Colmar, dans le quartier de la Petite-Venise.

La Maison des Têtes

68000 Colmar (Haut-Rhin)
19, rue des Têtes
Tél. 03 89 24 43 43 - Fax 03 89 24 58 34 - M. et Mme Rohfritsch
E-mail : les-tetes@calixo.net - Web : maisondestetes.com

Catégorie ★★★★ **Fermeture** vacances de février **Chambres** 21 avec tél., s.d.b. (parfois jacuzzi), w.c., t.v. satellite, coffre-fort et minibar ; 1 chambre handicapés ; ascenseur **Prix** des chambres : 95 à 230 €, triples et duplex : 195 à 269 € - Petit déjeuner : 14 €, servi de 7 h 30 à 10 h - Demi-pension : 120 à 175 € **Cartes de crédit** acceptées **Divers** chiens admis - Parking privé fermé **Alentour** retable d'Issenheim ; route des vins ; Neuf-Brisach - Golf 18 trous à Ammerschwihr **Restaurant** service de 12 h à 14 h, 19 h à 21 h 30 - Fermeture dimanche soir et lundi - Menus : 27 à 60 € - Carte.

Cent cinq masques de grotesques rythment la façade à pans de bois de cette maison Renaissance, justifiant son nom et son classement monument historique. Nous sommes au centre du vieux Colmar, à proximité du musée d'Unterlinden (retable d'Issenheim, époustouflant chef d'œuvre de Grünewald) et des canaux de la Petite Venise. Appuyé sur le mur fortifié (XIIIe) de la ville, l'hôtel est constitué d'une partie ancienne, sur rue, et d'une autre récente, l'ensemble s'organisant autour d'une cour pavée ombragée par une treille vénérable. Murs blancs enduits à l'ancienne, meubles en sapin ; l'ambiance chic et feutrée des chambres joue sur le miel et le beige, ravivée par les teintes chaleureuses des tissus. Beaucoup de confort aussi, tant en matière d'insonorisation et de literie qu'au niveau des superbes salles de bains à la tenue impeccable (les chambres bénéficient de prestations égales, leurs prix ne varient qu'en fonction de leur surface). *La Maison des Têtes*, c'est aussi un restaurant régional bien coté, capitonné de claires boiseries XIXe où vous dînerez très agréablement. Une très belle adresse de ville pour une étape touristique aussi bien que pour un séjour professionnel.

Accès (carte n° 12) : dans le centre du vieux Colmar.

17

L'Hostellerie du Château

68420 Eguisheim (Haut-Rhin)
2, rue du Château-Saint-Léon-IX
Tél. 03 89 23 72 00 - Fax 03 89 41 63 93
M. et Mme Wagner
E-mail : info@hostellerieduchateau.com - Web : hostellerieduchateau.com

Catégorie ★★★ Ouverture toute l'année **Chambres** 10 et 1 suite avec tél., s.d.b., w.c., t.v. et minibar ;
Prix des chambres : 63 à 155 € - Petit déjeuner : 10 €, servi de 8 h à 12 h **Cartes de crédit** acceptées
Divers chiens admis **Alentour** vieil Eguisheim ; retable d'Issenheim à Colmar ; route des vins - 2 Golfs
18 trous à Ammerschwihr et à Rouffach **Pas de restaurant** à l'hôtel.

Installé près d'une fontaine et de l'étonnant petit château des comtes d'Eguisheim, cet hôtel vous permettra de profiter de l'un des plus charmants villages de la route des vins. Plutôt que de recréer un intérieur ancien dans un édifice où rien n'était récupérable, on a opté ici pour un style résolument moderne. Avec souvent de beaux papiers recyclés unis teintés de vert, de corail ou de turquoise, des lits ultra confortables à couettes blanches et un mobilier intégré en bois composite, les petites chambres sont très réussies (superbes salles de bains carrelées de dalles italiennes en ciment teinté). Récemment repris par M. et Mme Wagner, l'hôtel conserve son intérieur contemporain mais l'élégant dépouillement initial se trouve désormais, ici où là, tempéré par l'apport d'objets ou de tableaux personnels (aquarelles figuratives, batiks africains, etc.). Il y perd donc un peu de son homogénéité initiale mais y gagne un accueil prévenant et chaleureux des plus agréables. Pas de restaurant sur place mais l'excellent *Caveau d'Eguisheim* se trouve juste de l'autre côté de la place, et quelques pas seulement suffiront pour satisfaire votre gourmandise.

Accès (carte n° 12) : à 5 km de Colmar, rocade ouest, sortie Eguisheim.

La Clairière

2006

68970 Illhaeusern-Guémar (Haut-Rhin)
50, route de Guémar
Tél. 03 89 71 80 80 - Fax 03 89 71 86 22
Candice et Philippe Loux
E-mail : hotel.la.clairiere@wanadoo.fr - Web : hotel-la-clairiere.com

Catégorie ★★★ **Fermeture** janvier et février **Chambres** 25 et 2 suites avec tél., s.d.b., w.c., t.v. satellite, minibar et coffre-fort ; ascenseur **Prix** des chambres doubles : 107 à 202 € ; suites : 240 à 286 € - Petit déjeuner : 13 €, servi de 7 h 30 à 10 h **Carte de crédit** Visa **Divers** chiens admis (10 €) - Piscine chauffée, tennis **Alentour** route des vins ; château du Haut-Kœnigsbourg ; musée d'Unterlinden - Golf 18 trous à Ammerschwihr **Pas de restaurant** à l'hôtel.

En lisière de forêt cette imposante maison des années 60 fait face à la plaine d'Alsace encadrée par le Rhin et les pentes viticoles des contreforts vosgiens. Presque totalement rénové, l'intérieur de cet accueillant hôtel prend peu à peu des petits airs de maison privée, ce qui donne aussi quelques juxtapositions cocasses (comme celle du mélaminé faux bois du bureau d'accueil qui voisine avec le beau mobilier ancien, les objets et les tableaux du salon). Toujours différentes, les chambres jouent sur un décor classique revisité par les tendances déco du moment. Un mobilier choisi, des lits confortables, de beaux tissus coordonnés souvent assemblés en mini-baldaquins leur donnent un agréable côté pimpant et soigné (à noter, une suite, absolument immense). Chaque matin, le buffet des petits déjeuners est dressé dans la très vaste salle à manger dont la décoration se cherche encore un peu, quant aux dîners, ils ne sont pas proposés sur place mais la proximité du village (où vous trouverez l'une des plus grandes table d'Alsace, l'*Auberge de l'Ill* ainsi qu'un autre restaurant, plus simple mais de bonne qualité) pallie cet inconvénient.

Accès *(carte n° 12)* : *A 35 puis N 83, prendre la sortie n°20, puis D 106.*

Hôtel-Restaurant Le Chambard

68240 Kaysersberg (Haut-Rhin)
9-13, rue du Général-de-Gaulle
Tél. 03 89 47 10 17 - Fax 03 89 47 35 03 - Olivier et Emmanuel Nasti
E-mail : info@lechambard.com - Web : lechambard.com

Catégorie ★★★ **Ouverture** toute l'année **Chambres** 15 et 5 suites, avec tél., s.d.b., w.c., t.v. et minibar ; ascenseur **Prix** des chambres : 109 à 127 € - Petit déjeuner : 13,50 €, servi de 7 h 30 à 10 h - Demi-pension : 111,75 à 138,53 € **Cartes de crédit** Visa, Amex **Divers** chiens admis (8 €) - Parking **Alentour** Colmar ; route des vins - Golf 18 trous à Ammerschwihr **Restaurant** service de 12 h à 13 h 15, 19 h à 21 h - Fermé lundi, mardi midi et mercredi midi - Menus : 44,80 à 71 € - Spécialité : baeckeofe de foie gras d'oie au lard paysan.

Campé au milieu de trésors médiévaux et Renaissance, au cœur du vignoble alsacien, *Le Chambard* propose vingt chambres tout juste rénovées dans un style contemporain qui joue la sobriété et l'élégance : moquette sombre et murs champagne, mobilier en chêne wengé, couettes blanches et rideaux écrus. Avec la jolie touche de fantaisie des tissus zébrés de certains fauteuils… Attention amusante : sur un panneau mural face aux lits, un artiste a été convié à proposer une création sur un thème unique : "Je vous aime". Certaines chambres sont équipées de terrasses sur le vignoble et le château, au-delà d'un parking privé (particulièrement bienvenu dans ce village touristique). Les parties communes aussi ont été rénovées, comme la grande salle à manger gastronomique où vous vous régalerez de la cuisine délicate et magnifique d'Olivier Nasti, qui appelle la franchise de vins d'Alsace rouges ou blancs. Dans la seconde salle à manger, en demi-sous-sol, une belle collection d'eaux-fortes de Raymond Waydelich égaient des murs de pierre brute (l'hôtel dispose également d'une petite winstub). Une adresse confortable et accueillante.

Accès (carte n° 12) : A 35 sortie n° 23 puis suivre Kaysersberg.

Auberge Les Alisiers

68650 Lapoutroie (Haut-Rhin) - 5, rue Faude
Tél. 03 89 47 52 82 - Fax 03 89 47 22 38 - M. et Mme Degouy
E-mail : hotel@alisiers.com - Web : alisiers.com

Catégorie ★★★ **Fermeture** janvier **Chambres** 18 avec tél., s.d.b. ou douche et w.c. **Prix** des chambres : 50 à 122 € - Petit déjeuner-buffet : 8,70 €, servi de 7 h 45 à 9 h 45 - Demi-pension : 58 à 88 € **Carte de crédit** Visa **Divers** chiens admis sur demande - Parking **Alentour** Colmar ; route des vins - Golf 18 trous à Ammerschwihr **Restaurant** non-fumeur, sur réservation, service de 12 h à 13 h 30, 19 h à 20 h 30 - Fermé le lundi et le mardi (sauf en saison pour les clients en demi-pension) - Menus : 15 à 46 € - Carte.

Adossée à la pente, à sept cent mètres d'altitude, l'auberge fait face au massif des hautes Vosges et domine la vallée de la Béhine. Pour profiter de cette magnifique vue, l'hôtel propose cinq chambres récemment aménagées. Parquet clair, mobilier intégré en érable, enduits jaune pâle et larges baies vitrées : c'est d'évidence, la lumière et l'espace que l'on a voulu privilégier ici, le confort aussi, notamment grâce à de superbes salles de bains. Les autres chambres, nettement plus simples (préférez celles du premier étage), devraient prochainement être rénovées. Les matins d'hiver, une belle flambée anime la salle des petits déjeuners (kouglof, confitures maison...) chaleureusement traitée dans un esprit winstub. A côté la salle à manger panoramique permet de goûter à la cuisine saine et goûteuse de Marcel Lanthermann. Produits du terroir ultra frais, gibier en saison, veau sous la mère, saumon préparé et fumé maison, autant de merveilles dont on profite aussi en demi-pension, formule intéressante et qui offre toujours plusieurs choix alternatifs. Réservée aux non-fumeurs, voici une adresse de qualité et tournée vers l'avenir, Mathias Degouy vient en effet de rejoindre ses parents et veille désormais avec eux à la bonne marche de l'auberge.

Accès (carte n° 12) : à 19 km au nord-ouest de Colmar par N 415 ; à Lapoutroie, prendre à gauche devant l'église et suivre le fléchage pendant 3 km.

Auberge et Hostellerie Paysanne

68480 Lutter (Haut-Rhin)
Tél. 03 89 40 71 67 - Fax 03 89 07 33 38
Christiane Litzler

Catégorie ★★ **Fermeture** 3 semaines fin janvier, début février et 15 jours début juillet **Chambres** 16 avec tél., s.d.b. ou douche, w.c. et t.v. **Prix** des chambres : 38 à 68 € - Petit déjeuner : 6,50 €, servi de 7 h à 9 h 30 - Demi-pension : 46 à 70 € **Carte de crédit** Visa **Divers** chiens admis - Parking **Alentour** Bâle ; musées de Mulhouse ; GR **Restaurant** service de 11 h 30 à 14 h, 18 h 30 à 21 h - Menus : 9 et 10 € (midi) ; 23 à 48 € - Carte.

A quelques minutes de la frontière suisse et au pied des premiers contreforts du Jura, voici deux auberges en une seule, dirigées avec amour, humour et énergie par Christiane Litzler et sa fille Carmen. Au cœur du bourg, la maison principale cache derrière une façade sans grand charme (heureusement égayée par une dégringolade de géraniums aux fenêtres) le bon restaurant où l'on déguste une cuisine traditionnelle à prix très avantageux. A l'étage se trouvent quelques chambres, très simples, parmi lesquelles nous préférons les 6 et 7 et déconseillons les 4 et 5. Les plus agréables sont à deux cents mètres, dans une ancienne ferme du Sundgau (XVIIe) sauvée de la démolition et transportée depuis son lieu d'origine jusqu'à ce champ et ce verger en bordure de village. Desservies par un long balcon de bois en coursive, elles restent basiques mais sont plus jolies, plus confortables aussi avec leurs éléments de bois et leurs plafonds bas. Seule contrainte, les petits déjeuners sont servis à l'auberge. Mais une petite promenade le long d'un ruisseau bordé d'arbres n'est-elle pas le meilleur moyen de s'ouvrir l'appétit ?

Accès (carte n° 21) : autoroute Mulhouse-Bâle, sortie Hesingue-Saint-Louis puis Folgensbourg, Bettlach, Oltingue, Lutter.

Hôtel Le Clos Saint-Vincent

68150 Ribeauvillé (Haut-Rhin)
Route de Bergheim
Tél. 03 89 73 67 65 - Fax 03 89 73 32 20 - Famille Chapotin

Catégorie ★★★★ **Fermeture** du 15 novembre au 15 mars (sauf les week-ends de novembre et décembre) **Chambres** 19 et 5 appartements, avec climatisation, tél., s.d.b., w.c., t.v., coffre-fort et minibar **Prix** des chambres doubles : 90 à 230 € ; appart. : 175 à 250 € - Petit déjeuner : 14 €, servi de 8 h 15 à 10 h 30 - Demi-pension : 160 à 242 € (pour 2 pers.) **Carte de crédit** Visa **Divers** chiens admis (6 €) - Piscine couverte - Parking **Alentour** Hunawihr ; centre de reproduction des cigognes ; Riquewihr ; route des vins - Fête des ménestriers en septembre ; festival de musique ancienne en septembre et octobre - Golf 18 trous à Ammerschwihr **Restaurant** ouvert le soir, menu unique : 33 à 41 €.

Au cœur des vignes qui donneront le riesling, le *Clos Saint-Vincent* domine le plateau d'Alsace tandis qu'au loin se dessinent la Forêt-Noire et, plus à l'est, les Alpes. L'hôtel est construit sur trois niveaux. Au premier étage se trouvent la réception et la salle de restaurant. Celle-ci est très agréable, avec sa décoration harmonieuse et sa magnifique vue panoramique omniprésente. On y propose désormais chaque soir, et pour les résidents, un menu unique du marché (2 ou 3 plats) basé sur de très bons produits cuisinés avec simplicité et précision. Rénovées dans leur grande majorité, les chambres, au mobilier souvent de style Directoire, sont lumineuses, très confortables et d'un calme parfait. Les tissus, toujours bien choisis chez de grandes marques, apportent une note essentielle à leur décoration. Les dernières nées sont évidemment les plus belles avec leur parquet, leur très élégant mobilier classique et, pour beaucoup, leur vaste terrasse de plain-pied. Très belle piscine couverte avec terrasse solarium parquetée. Accueil agréable et professionnel.

Accès (carte n° 12) : à 19 km au nord de Colmar par N 83 et D 106 direction Ribeauvillé, puis D 1b direction Bergheim (suivre fléchage).

Hostellerie des Seigneurs de Ribeaupierre

68150 Ribeauvillé (Haut-Rhin)
11, rue du Château
Tél. 03 89 73 70 31 - Fax 03 89 73 71 21
Mmes Barth

Catégorie ★ ★ ★ **Fermeture** du 23 décembre au 10 mars **Chambres** 10 avec tél., s.d.b. ou douche et w.c.
Prix des chambres doubles : 115 à 145 € ; suites : 145 à 165 € - Petit déjeuner compris, servi de 8 h à
11 h **Cartes de crédit** Amex, Visa **Divers** animaux non admis - Parking privé sur demande **Alentour**
Hunawihr ; centre de reproduction des cigognes ; ruines du château de Saint-Ulrich ; route des vins ;
Haut-Kœnigsbourg - Golf 18 trous à Ammerschwihr **Pas de restaurant** à l'hôtel.

Sur la route des vins, Ribeauvillé fait incontestablement partie des plus
beaux villages d'Alsace. Un peu à l'écart du centre, cette très belle maison
du XVIIIe propose quelques délicieuses chambres aménagées avec le souci
constant d'en respecter l'authenticité et les volumes. Vieux meubles régionaux,
lits moelleux, boiseries et colombages aux tonalités claires et parfois un coin-
salon très cosy... Toutes donnent sur les rues du village et rivalisent de charme.
Au rez-de-chaussée se trouve un tout petit salon avec une cheminée d'angle
souvent en service sur fond de musique classique et, quelques marches plus bas,
la salle des petits déjeuners installée dans l'ancien caveau (fins et copieux, ils
peuvent se transformer sur demande en un véritable brunch). Une très agréable
adresse bien représentative de l'Alsace traditionnelle et où l'on est accueilli
dans la bonne humeur par deux sœurs très dynamiques. Restaurants conseillés :
la *Winstub Zum Pfifferhüs* (restaurant typique réservé aux non-fumeurs), le
Haut Ribeaupierre (gastronomique), plus simple l'*Auberge Zahnacker* et sinon
l'excellent *Chambard* à Kaysersberg.

Accès (carte n° 12) : à 19 km au nord de Colmar par N 83 et D 106 direction
Ribeauvillé, dans le village direction Haute-Ville, église paroissiale Saint-Grégoire.

Hôtel A l'Oriel

68340 Riquewihr (Haut-Rhin)
3, rue des Ecuries-Seigneuriales
Tél. 03 89 49 03 13 - Fax 03 89 47 92 87 - Mme Wendel
E-mail : info@hotel-oriel.com - Web : hotel-oriel.com

Catégorie ★★★ **Ouverture** toute l'année **Chambres** 22 avec tél., s.d.b. ou douche, w.c., t.v. et minibar **Prix** des chambres doubles : 67 à 97 € ; duplex : 142 € ; suite : 155 € - Petit déjeuner : 9,50 €, servi de 8 h à 12 h **Cartes de crédit** acceptées **Divers** chiens admis (9 €) - Parking fermé (2,50 €) **Alentour** Riquewihr ; Hunawihr ; route des vins, de Marlenheim à Thann ; Le Haut-Kœnigsbourg - Golf 18 trous à Ammerschwihr **Pas de restaurant** à l'hôtel.

Les fortifications de Riquewihr sont impuissantes face aux hordes de touristes venus prendre d'assaut cc célèbre village médiéval. Evitez donc de visiter le site en pleine journée mais préférez la stratégie du cheval de Troie en vous laissant enfermer derrière ses vieux murs à la tombée du jour et en choisissant d'y dormir pour arpenter ses ruelles en toute quiétude, lorsque les derniers cars auront levé le camp. *A l'Oriel* se trouve un peu en retrait de la rue principale, il s'agit d'une vieille maison XVIe aménagée dans un style traditionnel. Organisées autour d'une petite cour à colombage (pour prendre un verre en été), les chambres y sont simples, petites et plaisantes avec leurs papiers peints clairs, unis ou à petits motifs, et leur mobilier, parfois ancien, parfois en merisier de style Louis-Philippe. Amusant bar en sous-sol égayé par des murs orangés et par un beau nappage coloré. Dans la maison jaune d'en face, la propriétaire propose également une suite et deux chambres très confortables, plus spacieuses, et particulièrement réussies. Pour dîner, nous vous recommandons l'excellent *Chambard* à Kaysersberg. Accueil simple et sympathique.

Accès (carte n° 12) : à 19 km au nord de Colmar par N 83, sortie Riquewihr.

Hôtel Au Moulin

68127 Sainte-Croix-en-Plaine (Haut-Rhin)
Tél. 03 89 49 31 20 - Fax 03 89 49 23 11
M. et Mme Wœlffle

Catégorie ★★ **Fermeture** du 3 novembre à fin mars **Chambres** 16 et 1 suite, avec tél., s.d.b., w.c. et t.v.; ascenseur; accès handicapés **Prix** des chambres simples et doubles: 42 à 80 € - Petit déjeuner: 8 €, servi de 8 h à 10 h **Carte de crédit** Visa **Divers** chiens admis (5 €) - Parking **Alentour** Colmar; Eguisheim; Munster; Trois-Epis - Golf 18 trous à Ammerschwihr **Restaurant** *La Table du Meunier* réservé en priorité aux résidents, service le soir uniquement - Fermé le dimanche - Carte: 25 à 30 €.

C et ancien moulin céréalier est situé en plaine, sur la vieille Thur, appelée aussi canal des douze moulins (deux fonctionnent encore). Il fut construit au XVIᵉ siècle et fortement rénové puis transformé en hôtel à partir de 1982. Il s'agit d'une grande bâtisse blanche aux fenêtres égayées de géraniums. La famille Wœlffle habite les maisons mitoyennes; l'ensemble s'organise autour d'une jolie cour intérieure dont les buissons fleuris et les petits massifs entourent un beau puits en pierre près duquel sont servis les petits déjeuners en été. Les chambres donnent sur les Vosges ou sur les champs (sauf trois, installées dans un autre bâtiment ouvert sur la cour). Décorées de manière simple et généralement assez gaie, la plupart sont spacieuses et toutes sont très bien tenues. Nos préférences vont à la 401, blanche et bleue, avec une large vue, et à la 402. Une adresse familiale et plaisante, qui pratique des tarifs raisonnables et où vous trouverez un accueil discret mais agréable. Nouvellement installé, *La Table du Meunier*, joli petit restaurant traditionnel réservé aux résidents, conviendra parfaitement à ceux qui ne souhaitent pas ressortir.

Accès (carte n° 12): à 6 km au sud de Colmar par N 422, puis D 1, direction Sainte-Croix-en-Plaine. Sur A 35, sortie n° 27 direction Herrlisheim.

Auberge La Meunière

68590 Thannenkirch (Haut-Rhin)
30, rue Sainte-Anne
Tél. 03 89 73 10 47 - Fax 03 89 73 12 31 - M. Dumoulin
E-mail: info@aubergelameuniere.com - Web: aubergelameuniere.com

Catégorie ★★ Fermeture du 20 décembre au 25 mars **Chambres** 23 avec tél., s.d.b. ou douche, w.c. et t.v.; ascenseur **Prix** des chambres doubles: 46 à 70 € - Petit déjeuner-buffet: 7 €, servi de 8 h à 9 h 30 - Demi-pension: 45 à 60 € **Cartes de crédit** Amex, Visa **Divers** chiens admis (5 €) - Health center et sauna (23 € pour 2 pers.), VTT, billard - Parking **Alentour** Haut-Kœnigsbourg; Ribeauvillé; Riquewihr; Kaysersberg - Golf 18 trous à Ammerschwihr **Restaurant** service de 12 h 15 à 14 h, 19 h 15 à 21 h - Menus: 17 à 35 € - Carte - Spécialités: filet d'omble chevalier à la crème de courgettes; tournedos de canard aux myrtilles.

Impossible de ne pas remarquer la façade typiquement alsacienne de cette auberge qui borde la rue principale du petit village de Thannenkirch. Récemment agrandi et rénové, l'établissement propose des chambres parfois très vastes avec souvent un balcon sur la vallée. Les dernières nées sont évidemment les plus belles, leur décor de poutres, de briques et leurs superbes salles de bains chaleureusement aménagées dans un espace vitré à colombage les rendent irrésistibles. Au rez-de- chaussée, la salle à manger affiche une coquette ambiance avec ses poutres de bois clair, son nappage vert amande et sa cheminée. Accordez un peu d'attention à la rarissime collection de vieux moulins à café du meuble-vitrine (moulins que vous retrouverez transformés en lampe de table, clin d'œil à *La Meunière* de la famille Dumoulin). L'été, on sert aussi sur une grande terrasse qui domine la vallée avec son alternance de prairies et de sapins, l'ensemble surmonté au loin par la forteresse du Haut-Kœnigsbourg. Accueil très agréable et imbattable rapport qualité-prix de la demi-pension.

Accès (carte n° 12): à 25 km au nord de Colmar par N 83 jusqu'à Guémar, puis N 106 et D 42.

Auberge du Brand

68230 Turckheim (Haut-Rhin)
8, grand'rue
Tél. 03 89 27 06 10
Christian Zimmerlin
E-mail : info@aubergedubrand.com - Web : aubergedubrand.com

Catégorie ★★ **Ouverture** toute l'année **Chambres** 8 et 1 suite avec tél., s.d.b., w.c. et t.v. **Prix** des chambres selon la saison : 40 à 85 € ; suite : 85 à 100 € - Petit déjeuner-buffet : 9 €, servi de 8 h à 10 h **Cartes de crédit** acceptées **Divers** chiens admis sur demande **Alentour** musée Unterlinden ; vieux Colmar ; château du Haut-Kœnigsbourg ; village de Kientzeim ; écomusée d'Ungersheim - Golf 18 trous à 5 km **Restaurant** service de 19 h à 21 h 30 - Menus : 24 à 42 € - Spécialités : foie gras mi-cuit parfumé à l'eau-de-vie de coing ; joue de porc confite au pinot noir ; cassolette d'escargot au pinot gris et à l'estragon.

Tenue par un fin amateur en vins, cette toute petite auberge est un lieu simple du bien-vivre et du bien-manger. On y accède par une ruelle latérale, la façade sur rue étant dédiée à un charmant petit restaurant rustique et chaleureux. Car l'*Auberge du Brand*, c'est d'abord une table saine et de qualité, toujours basée sur des produits frais, et agrémentés de vins très intéressants (dont quelques vieux millésimes à prix raisonnables). De taille variable, claires, fonctionelles et parfois agrémentées d'un meuble peint, les plus anciennes chambres sont fréquemment rafraîchies et offrent l'avantage de tarifs très abordables. D'autres, plus récentes, jouent sur un décor modernisé et des volumes plus vastes. Signalons aussi l'exiguïté des salles de bains du troisième étage (les chambres n'en sont pas moins charmantes) et, à l'inverse, la belle taille de la suite familiale (belle terrasse privative) située dans l'annexe. Une sympathique petite adresse dans l'un des beaux villages de la route des vins.

Accès (carte n° 12) : à 6 km à l'ouest de Colmar. Sur la D 417 vers Munster.

Hôtel des Deux Clefs

68230 Turckheim (Haut-Rhin)
3, rue du Conseil
Tél. 03 89 27 06 01 - Fax 03 89 27 18 07
Mme Martin et M. Rochdi
E-mail: reservation@2clefs.com - Web: 2clefs.com

Catégorie ★★★ **Fermeture** du 2 janvier au 28 février **Chambres** 41 avec tél., s.d.b., w.c. et t.v.; ascenseur **Prix** des chambres: 69 à 180 € - Petit déjeuner-buffet: 12 €, servi de 8 h à 11 h **Cartes de crédit** acceptées **Divers** chiens admis - Parking gardé (5 €) **Alentour** vieux Colmar; parc naturel des ballons d'Alsace; château du Haut-Kœnigsbourg; route des vins - Golfs d'Ammerschwir et de Rouffach **Pas de restaurant** à l'hôtel.

Difficile de ne pas être conquis par ce village fortifié de la route des vins (égayé du 1er mai au 31 octobre par la ronde du veilleur de nuit qui fait revivre en chantant cette ancienne pratique). Et comment ne pas l'être aussi par cette belle hostellerie qui, depuis le XVIe siècle (sa façade ouvragée est un véritable chef d'œuvre !) n'a cessé de remplir son rôle ? Très en vogue à la fin du XIXe, le style Renaissance alsacien trouve ici quelques rares témoignages, comme la série des boiseries peintes de la salle à manger représentant des lacs et paysages régionaux. A côté, l'enfilade de salons en velour cramoisi ménagent de nombreux coins intimes, éclairés de bougies en soirée. A dominante jaune ou orangé, les chambres réussissent à conserver une partie de leur charme ancien et sont toutes différentes. Le confort y est d'un bon niveau, seule l'insonorisation intérieure laisse à désirer (ce qui n'a pas empêché le séjour de bon nombre de personnalités, dont le général de Gaulle). Généreux buffet du petit déjeuner, accueil attentif et souriant.

Accès (carte n° 12): à 7 km à l'ouest de Colmar. A la sortie de Colmar, prendre le CD 11 en direction de Munster.

Château d'Adoménil

Rehainviller 54300 Lunéville (Meurthe-et-Moselle)
Tél. 03 83 74 04 81 - Fax 03 83 74 21 78
M. Million
E-mail : adomenil@relaischateaux.com - Web : adomenil.com

Catégorie ★★★★ **Fermeture** du 2 janvier au 6 février **Chambres** 8 et 4 duplex, climatisés, avec tél., s.d.b., w.c., t.v. et minibar **Prix** des chambres : 160 à 195 € ; duplex et suites : 220 à 260 € - Petit déjeuner : 18 €, servi de 8 h à 10 h 30 - Demi-pension : à partir de 180 € **Cartes de crédit** acceptées **Divers** chiens admis - Piscine - Parking **Alentour** château de Lunéville ; musée du Cristal à Baccarat ; place Stanislas et musées de Nancy **Restaurant** service de 12 h 15 à 13 h 15, 19 h 30 à 21 h 15 - Fermé de dimanche soir à mardi midi, du 1er novembre au 15 avril ; lundi et mardi midi, du 16 avril au 31 octobre - Menus : 45 à 90 € - Carte - Spécialité : cornets craquants de pavots bleus à la mirabelle.

En quelques années, M. Million a réussi à faire d'*Adoménil* l'un des plus beaux établissements de la région. Ses talents de chef et la cuisine gastronomique qu'il réalise ici contribuent beaucoup à cette réputation dont on peut juger le bien-fondé dans des salles à manger joliment capitonnées de boiseries et donnant sur le parc. La qualité des chambres n'en est pas oubliée pour autant. Vous aurez le choix entre celles du château, ravissantes, classiquement décorées et agrémentées de beaux meubles régionaux, et celles installées dans les anciennes écuries. Très luxueuses, elles mêlent avec brio mobilier ancien et néoclassique, beaux tissus et subtils éclairages. Certaines ont été entièrement refaites dans le même style avec des tissus précieux et dotées de belles salles de bains confortables, proches du luxe. Dehors s'étend un beau parc de sept hectares, et la petite ligne de chemin de fer à proximité ne dérange qu'épisodiquement le calme des lieux. Excellents petits déjeuners généreusement pourvus en viennoiseries et accueil des plus sympathiques.

Accès (carte n° 12) : à 30 km au sud-est de Nancy par N 4 jusqu'à Lunéville ; à 3 km au sud de Lunéville par D 914.

Hôtel Crystal

54000 Nancy (Meurthe-et-Moselle) - 5, rue Chanzy
Tél. 03 83 17 54 00 - Fax 03 83 17 54 30
M. et Mme Gatinois
E-mail : hotelcrystal.nancy@wanadoo.fr - Web : bestwestern.fr/hotelcrystal

Catégorie ★★★ **Fermeture** du 24 décembre au 2 janvier **Chambres** 56 et 2 junior-suites, climatisées, avec tél., Internet, s.d.b., w.c., t.v. satellite, coffre-fort et minibar ; 1 chambre handicapés **Prix** des chambres : 77 à 156 € - Petit déjeuner : 9,50 €, servi de 6 h 30 à 10 h 30 **Cartes de crédit** acceptées **Divers** chiens admis (8 €) - Parking public à proximité **Alentour** place Stanislas ; château d'Haroué ; cristalleries **Pas de restaurant** à l'hôtel.

Non loin de la très célèbre place Stanislas, chef-d'œuvre d'architecture et de ferronnerie XVIIIe, voici le petit hôtel idéal pour faire étape à Nancy. Il s'agit d'un édifice début de siècle, apparemment classique, mais très intelligemment rénové. Résolument contemporains, l'aménagement et la décoration intérieure jouent sur une alternance de lignes droites ou courbes, l'association de couleurs gaies, jaune ou vert (murs), à des bois sombres, ébène ou merbau (mobilier et portions de sol). Près du bar et du puits de lumière traité en jardin d'hiver, le tissu écossais bleu et vert rayé de jaune (Kenzo) des fauteuils résume le soin apporté aux couleurs que l'on retrouve dans les jolies chambres en bleu-vert, jaune-orangé ou brun-mauve. Même les plus petites sont très confortables avec leur moquette épaisse, leur mobilier design réalisé sur mesure par l'architecte du lieu, Jean-Philippe Nuel, et leurs irrésistibles salles de bains. Enfin, un efficace double vitrage les isole du bruit de la rue et préserve la quiétude de vos nuits. De nombreuses qualités à découvrir, d'autant que l'accueil est des plus agréables et que les nombreux restaurants à proximité (dont la célèbre brasserie 1900 *Excelsior* et l'excellent *Cap-Marine*) offrent la perspective d'agréables soirées.

Accès (carte n° 12) : A 31 sortie Nancy-Centre, puis direction Centre-Gare.

A l'Orée du Bois

Futeau 55120 Clermont-en-Argonne (Meuse)
Tél. 03 29 88 28 41 - Fax 03 29 88 24 52 - M. et Mme Aguesse
E-mail : oreedubois@free.fr - Web : aloreedubois.fr

Catégorie ★★★ **Fermeture** décembre et janvier ; lundi et mardi hors saison **Chambres** 13 et 1 appart. indépendant, avec tél., s.d.b., w.c. et t.v. **Prix** des chambres : 78 à 130 € ; appart. (3 à 5 pers.) : 120 à 150 € - Petit déjeuner : 11 à 12 €, servi de 8 h à 11 h - Demi-pension obligatoire en été : 86 à 106 € **Carte de crédit** Visa **Divers** chiens admis (8 €) - Parking **Alentour** forêt d'Argonne, Varennes-en-Argonne, abbaye de Lachalade **Restaurant** service de 12 h à 13 h 30, 19 h à 21 h - Fermé dimanche soir, lundi et mardi hors saison ; lundi, mardi, mercredi, le midi en saison - Menus : 20 € (en semaine le midi) ; 26 à 65 € - Carte - Spécialité : homard bleu en coque, champignons de la forêt.

A quelques minutes d'une sortie d'autoroute, ce petit hôtel rural domine légèrement un paysage de pâturages, de bois et de collines. Vous y apprécierez la tranquillité autant que l'accueil plein de bonne humeur. A l'intérieur, un buffet et une vieille armoire apportent quelque caractère à la décoration. Colorées et meublées à l'ancienne, nos chambres préférées occupent la maison voisine. Ne négligez pas pour autant celles installées dans l'aile. De style rustique, égayées de tissus fleuris, elles ont toute une belle vue d'autant plus que leurs portes-fenêtres peuvent s'ouvrir en grand sur la campagne. Pour vos repas, deux salles à manger sont à votre disposition (celle qui est cernée de baies vitrées offre la plus belle vue et jouit d'une très agréable luminosité). On ne présente plus la cuisine de M. Aguesse, et notre dernier passage fut une fois encore l'occasion d'en apprécier toute la maîtrise et la finesse (de son côté, son épouse conseille les vins avec compétence et passion). Une adresse sérieuse pour faire étape aussi bien que pour un séjour.

Accès (carte n° 11) : A 4, sortie Sainte-Menehould ; puis N 3 direction Verdun jusqu'aux Islettes, puis D 2 sur la droite, direction Futeau.

Hôtel de la Cathédrale

57000 Metz (Moselle)
25, place de la Chambre
Tél. 03 87 75 00 02 - Fax 03 87 75 40 75 - M. Tahar Hocine
E-mail: hotelcathedrale-metz@wanadoo.fr - Web: hotelcathedrale-metz.fr

Catégorie ★ ★ ★ **Ouverture** toute l'année **Chambres** 18 et 2 suites, avec tél., s.d.b., w.c. et t.v. satellite **Prix** des chambres: 68 à 85 €; suites (pour 3 pers.): 95 et 105 € - Lit suppl.: 10 € - Petit déjeuner: 11 €, servi de 7 h à 10 h **Cartes de crédit** acceptées **Divers** chiens admis (8 €) - Parking public à proximité **Alentour** cathédrale; musées; berges de la Moselle **Pas de restaurant** à l'hôtel.

Depuis le XVIIᵉ, cet hôtel n'a presque jamais cessé d'accueillir les voyageurs, ses vieux murs conservent même le souvenir du passage de Chateaubriand et de Mᵐᵉ de Staël. Puis il connut des heures moins heureuses avant que M. et Mᵐᵉ Hocine ne lui rendent tout son lustre. Amateurs de jolies choses, anciennes de préférence, ils ont aménagé chaque pièce comme s'il s'agissait de leur maison. Pourtant la minuscule entrée ne laisse pas prévoir toutes les qualités qui se révèlent peu à peu: un ravissant patio fleuri au premier étage dans les parties communes, quelques meubles anciens (volontiers baroques), des tableaux, vitraux, bouquets... Chaque chambre est différente. Souvent parquetées et décorées dans des tonalités chaudes, elles affichent un très beau choix de tissus subtilement coordonnés. Le fer forgé des lits fait référence à la sublime rampe de l'escalier; les meubles sont patinés de jaune pâle; certains plafonds sont en bois naturel. Idéalement situé dans le plus beau quartier de Metz, face à la cathédrale et à ses exceptionnels vitraux, l'hôtel ne dispose pas de restaurant (mais la meilleure table de la ville se trouve tout près). En revanche vous y dégusterez d'excellents petits déjeuners avec jus d'oranges pressées et confitures maison. Accueil très sympathique.

Accès (carte n° 12): dans le centre-ville.

Hostellerie des Bas-Rupts et Chalet Fleuri

Les Bas-Rupts 88400 Gérardmer (Vosges)
Tél. 03 29 63 09 25 - Fax 03 29 63 00 40 - Familles Philippe et Witdouck
E-mail: bas-rupts@relaischateaux.com - Web: bas-rupts.com

Catégorie ★★★★ **Ouverture** toute l'année **Chambres** 22 et 3 suites, avec tél., s.d.b. ou douche, w.c. et t.v. **Prix** des chambres: 120 à 180 € ; suites: 200 à 480 € - Petit déjeuner: 18 €, servi de 7 h à 10 h - Demi-pension: 135 à 323 € **Cartes de crédit** Amex, Visa **Divers** chiens admis (18 €) - Tennis, 2 piscines (couverte et extérieure chauffée) - Parking, garages **Alentour** saut des Cuves; lacs de Retournemer et de Longemer - Golf 18 trous à Epinal **Restaurant** service de 12 h à 14 h, 19 h à 21 h 30 - Menus: 35 à 95 € - Carte - Spécialités: émietté de Tourteau, quenelles de brochet pochées.

Autrefois lieu de villégiature cossu où Alsaciens et Lorrains venaient jouer au casino, Gérardmer c'est l'alliance magique de la montagne vosgienne et du grand lac. Depuis plusieurs générations, cet hôtel fait partie des plus beaux établissements de la région, passé maître dans l'art de s'adapter aux nouvelles exigences de la clientèle sans jamais rompre avec la tradition. Cette année, grâce à un nouveau superbe chalet utilisé notamment comme salon d'accueil (cheminée, piano-bar), le trait d'union est fait entre les deux anciens bâtiments de part et d'autre du jardin. Toutes les chambres s'ouvrent sur un paysage de montagnes arrondies et de prairies pentues. Décor feutré, beaux éléments de bois, bien choisis, les chambres affichent un luxe actuel de bon aloi. Côté cuisine, Michel Philippe surveille toujours les fourneaux, relayé aujourd'hui par sa fille Sylvie et par François Lachaux (Meilleur Ouvrier de France) et c'est une réussite, dans un registre classique toujours aussi bien exécuté (tarifs intéressants pour les plats en demi-portion). Enfin, le service comme l'accueil en salle de Gislain Witdoucks allient professionnalisme et grande gentillesse.

Accès (carte n° 12): à 56 km à l'ouest de Colmar par D 417 et D 486, direction La Bresse (à 3 km de Gérardmer).

Le Manoir au Lac

88402 Gérardmer (Vosges)
59, chemin de la Droite-du-Lac
Tél. 03 29 27 10 20 - Fax 03 29 27 10 27
Mme Marie-Luce Valentin
E-mail : contact@manoir-au-lac.com - Web : manoir-au-lac.com

Catégorie ★★★★ **Ouverture** toute l'année **Chambres** 12 et 2 suites, avec tél., s.d.b., w.c., coffre-fort, minibar et t.v. satellite **Prix** des chambres simples et doubles : 150 à 305 €; suites (2 pers.) : 290 à 400 € (pers. supp. : 40 €) - Petit déjeuner : 20 € **Cartes de crédit** acceptées **Divers** chiens non admis - Piscine couverte, hammam et sauna - Parking couvert et fermé **Alentour** lac de Gérardmer ; cathédrale de Saint-Dié ; Epinal - Ski en hiver - Golf 18 trous à Epinal **Restaurant** menu unique : 30 €.

A u siècle dernier, Guy de Maupassant aimait à séjourner ici, et l'on imagine aisément l'écrivain passant des heures sur la terrasse de l'hôtel à contempler le lac qui s'étend paresseusement quelques dizaines de mètres en contrebas. Depuis, le petit hôtel a fait totalement peau neuve, s'adonnant à un luxe de bon aloi qui préserve un côté chaleureux et "maison" du meilleur effet. Les chambres, décorées dans un goût classique et actuel (mobilier de style, parquets, couettes épaisses), se répartissent sur deux niveaux. Extrêmement confortables, parfaitement tenues, elles bénéficient toutes d'une excellente insonorisation, rendue nécessaire par la proximité invisible, mais un peu bruyante, de la route. Certaines sont très vastes, d'autres un peu plus petites, et la moins chère, installée en soupente, n'est pas la moins jolie même si elle est un peu sombre. Au rez-de-chaussée, un très agréable salon avec une bibliothèque généreusement pourvue se prolonge par une véranda donnant de plain-pied sur la terrasse. Selon l'heure, vous y prendrez un verre ou votre petit déjeuner tout en lisant, pourquoi pas ? quelques nouvelles de Maupassant…

Accès (carte n° 12) : à la sortie de Gérardmer, sur la route de Remiremont.

Auberge de la Vigotte

88340 Le Girmont-Val-d'Ajol (Vosges)
Tél. 03 29 61 06 32 - Fax 03 29 61 07 88 - M.et Mᵐᵉ Bouguerne-Arnould
E.mail: courrier@lavigotte.com - Web: lavigotte.com

Catégorie ★★ **Fermeture** du 1ᵉʳ novembre au 20 décembre **Chambres** 19 avec tél., s.d.b. et w.c. **Prix** des chambres: 55 à 70 € - Petit déjeuner: 7 € - Demi-pension: 55 à 60 € **Cartes de crédit** Visa, Amex **Divers** chiens admis (4 €) **Alentour** ferme équestre; tennis; raquette; VTT; thermes de Plombières - Golf 18 trous d'Epinal **Restaurant** service de 12 h 15 à 13 h 45, 19 h 15 à 21 h - Fermé mardi et mercredi - Menus: 25 à 38 € - Carte - Spécialités: magret de canard aux dates, brioche perdue à la rhubarbe.

Sept cents mètres d'altitude, une vue immense sur les sapins, les étangs en contrebas, un village au loin avec ses cheminées fumantes : ici les Vosges expriment ce qu'elles ont de plus beau et de plus préservé. Pour favoriser les contemplatifs, l'hôtel a aménagé une charmante terrasse de teck et de rotin, poteries vernissées et grandes jardinières fleuries. La maison elle-même garde peu de traces de son origine fermière (1750) car les années 60 sont passées par là, mais les propriétaires œuvrent pour en gommer les témoignages. De même, ce sont eux qui en ont rénové l'intérieur dans un goût frais et actuel. Murs aux enduits essuyés pastel, mobilier peint ou en bois naturel, fer forgé, tissus simples. Le résultat est plaisant y compris dans les salles de bains impeccablement design. Autre point fort de *La Vigotte*, le restaurant, avec ses meubles patinés et ses doux éclairages, permet d'apprécier une cuisine traditionnelle, sagement revisitée par la modernité (et quelques incontournables comme le foie gras maison, le tartare de saumon au gingembre ou la brioche perdue à la rhubarbe). En été, une autre nouvelle terrasse en teck permet de dresser quelques tables à l'exterieur, inutile de dire le plaisir que l'on a à dîner face au panorama baigné par les derniers rayons du soleil. Une très charmante adresse, accueillante et sereine.

Accès (carte n° 20): à Remiremont, D 23 vers Le Val-d'Ajol. Faire 2,5 km et prendre à gauche, D 57 vers Le Girmont-Val-d'Ajol. Après 5,2 km, tourner à droite.

Hôtel de la Fontaine Stanislas

Fontaine-Stanislas 88370 Plombières-les-Bains (Vosges)
Tél. 03 29 66 01 53 - Fax 03 29 30 04 31
M. et Mme Bilger
E-mail : hotel.fontaine.stanislas@wanadoo.fr - Web : fontaine-stanislas.com

Catégorie ★★ **Fermeture** du 15 octobre au 31 mars **Chambres** 16 avec tél., s.d.b. ou douche, w.c. (2 avec w.c. extérieur) et t.v. **Prix** des chambres : 38 à 58 € - Petit déjeuner : 7 €, servi de 7 h 30 à 9 h 30 - Demi-pension et pension : 51 à 57 €, 57 à 65 € **Cartes de crédit** acceptées **Divers** chiens admis (5 €) - Parking **Alentour** vallées de l'Augronne et de la Semouse ; cascade de Guéhard ; la Feuillée nouvelle **Restaurant** service de 12 h 15 à 14 h, 19 h 30 à 21 h - Menus : 17 à 39 € - Carte - Spécialités : truite braisée à l'oseille ; cuisse de sautret au riesling ou aux morilles ; salade tiède à l'andouille du val d'Ajol.

Quatre générations se sont succédé à la tête de cet hôtel perdu dans la nature qui réussit à nous rendre charmant l'esprit des années 50 et dont les caractéristiques méritent quelques développements. Notons d'abord la cuisine vraiment saine et bonne (accompagnée de vins d'âge à prix raisonnables), servie dans une salle à manger de caractère avec son mobilier en bois clair, ses immenses baies vitrées, ses hauts plafonds parquetés et son beau nappage. Côté chambres, l'impression est plus contrastée : fermez les yeux sur le mobilier, sur certains rideaux et couvre-lits un peu ternes et rouvrez-les sur la splendide vue dominante qui embrasse le site forestier. Les sanitaires ont fait de récents progrès, les couloirs se sont égayés, partout la tenue est irréprochable. Pour l'instant, nous vous recommandons en priorité les chambres 2, 3, 4, 7, 11, 20 et la 18 pour les familles. Agréable service en terrasse avec la vallée en contrebas, et accueil d'une inoubliable gentillesse.

Accès (carte n° 20) : à 30 km au sud d'Epinal par D 434. A Xertigny D 3, D 63 et D 20. A Granges-de-Plombières, route forestière à gauche, direction Ruaux, et 1re à gauche.

Auberge du Val Joli

88230 Le Valtin (Vosges)
Tél. 03 29 60 91 37 - Fax 03 29 60 81 73
M. Laruelle
E-mail : contact@levaljoli.com - Web : levaljoli.com

Catégorie ★ ★ ★ **Fermeture** mi-novembre à début décembre et 1 semaine en mars **Chambres** 7 et 3 suites avec tél., s.d.b. ou douche, w.c., t.v., minibar et coffre-fort **Prix** des chambres simples et doubles : 75 à 155 € - Petit déjeuner : 10 €, servi de 8 h à 10 h - Demi-pension : 107 à 212 € **Cartes de crédit** Amex, Visa **Divers** chiens admis (5 €) - Tennis - Parking et garage (5 €) **Alentour** cathédrale de Saint-Dié ; lac de Gérardmer - Golf 18 trous à Epinal **Restaurant** service de 12 h 30 à 14 h, 19 h 30 à 21 h - Fermé dimanche soir, lundi soir et mardi midi (sauf vacances) ; lundi midi toute l'année (sauf fériés) - Menus : 18 à 60 € - Carte - Spécialités : truite fumée maison ; pâté lorrain ; pigeon et foie gras en feuilleté ; truffes en saison.

Le petit village du Valtin ne compte qu'une centaine d'habitants. Son maire est aussi le propriétaire de cette auberge située au creux de l'une des plus jolies vallées des Vosges. La porte à peine ouverte, l'ambiance est donnée : plafonds bas, grosses poutres, carrelage et cheminée créent une atmosphère tout à fait authentique. La salle à manger est très attrayante avec ses petites fenêtres et son beau plafond en bois parqueté. Prolongée par un vaste espace vitré, elle permet parfois d'apercevoir à la tombée du jour quelques chevreuils qui s'aventurent hors de la forêt. Après un grand programme de rénovation, les chambres sont à présent toutes jolies, gaies et confortables avec leur petit balcon donnant sur la nature, et nous vous les recommandons désormais sans restriction. Une auberge de qualité qui a su s'améliorer tout en préservant l'accueil chaleureux et naturel qui en a fait le succès

Accès (carte n° 12) : à 40 km à l'ouest de Colmar par D 417 (col de la Schlucht). Au lieu-dit Le Collet, prendre à droite par D 23 jusqu'au Valtin.

Hôtel Clément V

24170 Belvès (Dordogne)
15, rue Jacques-Manchotte
Tél. 05 53 28 68 80 - Fax 05 53 28 14 21 - Anne Gardini
E-mail: clement.V@wanadoo.fr - Web: clementV.com

Catégorie ★★★ Fermeture de novembre à mars **Chambres** 8 et 4 suites, climatisées, avec s.d.b., w.c., et 5 avec t.v.; 1 chambre handicapés **Prix** des chambres et suites : 75 à 180 € - Petit déjeuner : 8,50 à 12,50 €, servi de 8 h à 11 h **Cartes de crédit** Visa, Diners **Divers** chiens admis - Parking **Alentour** vallées de la Dordogne, de la Vézère et du Lot; vignobles de Cahors **Pas de restaurant** à l'hôtel.

Ce sont ici deux maisons de village réunies, en partie du XVIIᵉ, avec quelques éléments encore plus anciens. L'ensemble a été entièrement rénové – les pierres, les poutres et les briques frottées, récupérées, mêlées à des carreaux de béton mimant la terre cuite dans chacune des chambres, mais aussi couloirs et salons. Les cloisons, neuves, ont été parées de peintures aux teintes peu communes – une gamme de tons mats, élégants, de l'olive au ciel de traîne, en passant par la pistache, la framboise nuagée de crème… Parfois ce sont des tissus tendus qui jettent leur note baroque à l'horizon : à chaque pièce c'est une surprise, un détail subtil qui enjoue l'œil, ravit les sens d'une esthétique assurée. Anne Gardini a réussi à faire de cet hôtel un lieu magique et enivrant, simple et raffiné à la fois. Au sous-sol, les "Appartements du Pape" se louent comme une grande suite aménagée dans une cave voûtée (à côté de la salle des repas et petits déjeuners, ouvrant sur un petit jardin). Au premier, la "Suite des Consuls" offre de l'espace, à côté de la chambre "Retour des Colonies", ravissante, du "Boudoir", très intime, et de la "Pagode", en bleu de Chine. Au second, deux chambres mansardées et une suite sont plus exiguës mais restent plaisantes. Salles de bains neuves, couvertes de zelliges multicolores. Une bien jolie découverte.

Accès (carte n° 23) : A 20 sortie Souillac, puis direction Sarlat / Beynac / Saint-Cyprien.

Les Griffons

Le Bourg 24310 Bourdeilles (Dordogne)
Tél. 05 53 45 45 35 - Fax 05 53 45 45 20
M. et Mme Lebrun
E-mail : griffons@griffons.fr - Web : griffons.fr

Catégorie ★★★ **Fermeture** du 16 octobre au 8 avril **Chambres** 10 avec tél., s.d.b., w.c. et t.v **Prix** des chambres : 80 à 116 € - Petit déjeuner : 9 €, servi de 8 h 15 à 10 h - Demi-pension : 76 à 84 € **Carte de crédit** Visa **Divers** chiens admis (6 €) - Parking **Alentour** clocher de l'église abbatiale, Brantôme ; dolmen Peiro-Levado ; Bourdeilles ; grottes de Villars ; châteaux de Puymarteau, de Saint-Jean-de-Côle ; abbaye de Chancelade ; domaine de Saltgourde ; Marsac - Golf 18 trous à Périgueux **Restaurant** service de 12 h 30 à 14 h, 19 h 30 à 21 h - Fermé le midi en basse saison (sauf week-end et fériés) et, en haute saison, le lundi midi et le vendredi midi - Menus : 15 à 38 € - Carte - Spécialités : magret de canard mariné au pécharmant ; risotto de filets de rouget.

L
a Dronne coule paisiblement au pied de ce superbe village dominé par l'un des plus beaux châteaux de la région. En contrebas, à l'entrée d'un pont datant du XIIIe siècle, l'hôtel profite d'un emplacement des plus séduisants qu'il réussit à embellir encore par l'aménagement et le fleurissement des berges immédiates de la rivière. A l'intérieur, on a laissé la part belle aux pierres de taille lisses et blanches et aux vieux éléments de bois. La salle à manger, de style rustique, ouvre sur une jolie terrasse où l'on sert en été face à la rivière. Récemment rénovées, les chambres sont aménagées sobrement dans un esprit très traditionnel. On y retrouve toujours des murs unis aux teintes pastel, des petites appliques colorées, un mobilier de style et, dans certaines, des poutres et une belle cheminée en pierre. Une accueillante adresse très sérieusement tenue.

Accès (carte n° 23) : à 22 km au nord de Périgueux, à 9 km de Brantôme par CD 78 - Bourdeilles. Sur A 10, sortie Angoulême, sur A 20, sortie Limoges.

Hôtel du Manoir de Bellerive

24480 Le Buisson-de-Cadouin (Dordogne)
Route de Siorac
Tél. 05 53 22 16 16 - Fax 05 53 22 09 05 - M. Clevenot
E-mail: manoir.bellerive@wanadoo.fr - Web: bellerivehotel.com

Catégorie ★ ★ ★ ★ **Fermeture** du 3 janvier au 15 mars **Chambres** 22 climatisées, avec tél., s.d.b. ou douche, w.c., t.v. et minibar **Prix** des chambres: 150 à 235 € - Petit déjeuner: 18 €, servi de 8 h à 11 h - Demi-pension: 130 € à 170 € **Cartes de crédit** acceptées **Divers** chiens admis (12 €) - Sauna et hammam (55 €), piscine, tennis - Parking **Alentour** Le Bugue; grotte de Bara-Bahau et gouffre de Proumeyssac; musée de la Préhistoire aux Eyzies - Golf 18 trous à Siorac **Restaurant** service de 12 h à 14 h, 19 h 30 à 22 h - Fermé à midi les lundi, mardi et mercredi - Menus: 30 à 90 € - Carte - Spécialités: canette cuite au four; escalope de foie gras aux pêches.

Comme son nom le suggère, ce charmant petit manoir Napoléon III se trouve sur une rive de la Dordogne qui baigne d'un cours nonchalant le beau parc à l'anglaise du domaine. Conformément à l'époque, l'intérieur a quelque chose de théâtral, et les courbes de l'escalier à double révolution semblent attendre une descente de crinoline ou l'arrivée d'un orchestre de chambre. Pour ne pas rompre cette magie, les rénovations des pièces de réception reproduisent quelques fresques et trompe-l'œil romantiques qui leur donnent un air de fête. Fête aussi dans l'assiette, tant la cuisine d'Eric Barbé est excellente, fine, audacieuse sur ses fondements classiques et terroirs. Joyeusement classiques, souvent agrémentées de meubles et objets anciens, les chambres offrent un confort feutré et des volumes variables: vastes au premier étage, plus cosy au second. Vous pourrez également dormir dans l'orangerie (note plus moderne ou légèrement exotique). Excellents petits déjeuners servis l'été sur la terrasse en surplomb de la rivière. Accueil attentif, très professionnel. Une maison de grande qualité.

Accès (carte n° 23): à 47 km au sud-est de Périgueux par N 89 jusqu'à Niversac, puis D 710 jusqu'au Bugue et D 31.

Manoir d'Hautegente

24120 Coly (Dordogne)
Tél. 05 53 51 68 03 - Fax 05 53 50 38 52
Famille Hamelin
E-mail : hotel@manoir-hautegente.com - Web : manoir-hautegente.com

Catégorie ★ ★ ★ **Fermeture** de novembre au 10 mars **Chambres** 17 (dont 10 chambres ou duplex climatisés) avec tél., s.d.b., w.c., t.v. satellite et minibar **Prix** des chambres doubles et duplex : 83 à 219 € - Petit déjeuner : 13,50 €, servi de 8 h 30 à 10 h - Demi-pension souhaitée : 90 à 160 € **Cartes de crédit** Visa, Amex **Divers** chiens admis - Piscine chauffée, parcours de pêche - Parking **Alentour** grotte de Lascaux ; abbaye de Saint-Amand-de-Coly ; manoir d'Eyrignac ; jardin de l'Imaginaire ; Hautefort ; Sarlat **Restaurant** service à 19 h 30 - Menus : 45 à 60 € - Carte.

Propriété de la même famille depuis près de trois siècles, cet ancien moulin à draps et forge de l'abbaye des moines guerriers de Saint-Amand-de-Coly offre une halte raffinée dans cette belle vallée où noyers et chênes s'alignent avec élégance. La rivière qui y serpente se brise en chantonnant devant le manoir. Des canards se promènent près des rives, attendant de finir en confits ou foies gras, mis en vente à la réception. A l'intérieur, les belles pièces de réception en enfilade allient l'authenticité du mobilier ancien à un beau choix décoratif. Vous retrouverez ce même soin dans les superbes chambres (ravissants tissus tendus, objets et mobilier de famille), que celles-ci se trouvent dans le manoir, le pigeonnier ou les dépendances. *Hautegente,* c'est aussi une bonne table, bien ancrée dans son terroir, un accueil attentif et agréable ; autant de qualités qui justifient ce coup de cœur périgourdin.

Accès (carte n° 23) : à 35 km au sud-ouest de Brive par N 89 vers Périgueux. Au Lardin-Saint-Lazare, D 704 puis D 62 vers Sarlat-Souillac.

2006

Hôtel Le Cro-Magnon

24620 Les Eyzies (Dordogne)
54, avenue de la Préhistoire
Tél. 05 53 06 97 06 - Fax 05 53 06 95 45 - M. et Mme Besse
E-mail : hotel.cro.magnon.les-eyzies@wanadoo.fr
Web : hostellerie-cro-magnon.com

Catégorie ★★★ **Ouverture** toute l'année **Chambres** 13 et 2 suites, avec tél., s.d.b., t.v. câble, minibar et coffre-fort **Prix** des chambres : 60 à 90 € ; suites : 80 à 130 € - Petit déjeuner : 9 €, servi de 8 h à 10 h **Cartes de crédit** acceptées **Divers** chiens admis - Parking **Alentour** musées de la Préhistoire ; grottes de Lascaux et de Font-de-Gaume ; gouffre de Proumeyssac - Canoë, randonnées **Restaurant** service de 12 h à 13 h 45 ; 19 h à 20 h 45 - Menus : 23 à 39 € - Carte - Spécialités : pigeon en cocote, façon dodine, petit jus au foie gras ; dos de cabillaud rôti, jus au safran et thym-citron.

Voici l'un des tout premiers hôtels à s'être ouvert aux Eyzies, à l'époque des grandes découvertes préhistoriques. Il ressemble à une imposante villa 1900, mais de l'intérieur on découvre sa construction à flanc de roche – apparente dans les couloirs du bâtiment. L'ensemble a été intégralement rénové il y a quelques années, décoré dans des teintes vives et colorées, avec des moquettes épaisses, des literies neuves, des rideaux assortis suspendus aux grandes baies vitrées. Les chambres côté rue sont un peu bruyantes au premier, plus tranquilles sur le côté ou au second. Nous vous conseillons plus particulièrement la 1 et la 2, leur mobilier est plus actuel, alors que celui des chambres de 3 à 8 reste néo rustique. Les suites (9 et 11) sont agréables, tout comme la chambre 10. Au deuxième étage, la 14 a un lit de 140 à l'orientale, original, et une salle de bains au soleil – tout comme la 16, rose, à deux lits. Au jardin en été, et devant le feu en hiver, on vous servira chaleureusement quelques spécialités : foies, cèpes, pigeon et lapin – et parfois des rougets, cuisinés en fine ratatouille…

Accès (carte n° 23) : à 45 km. sud-est de Périgueux par N 89, D 710, puis D 47.

Le Moulin de la Beune

24620 Les Eyzies-de-Tayac (Dordogne)
2, rue du Moulin-Bas
Tél. 05 53 06 94 33 - Fax 05 53 06 98 06 - M. et Mme Soulié
E-mail : contact@moulindelabeune.com - Web : moulindelabeune.com

Catégorie ★★ **Fermeture** du 1er novembre au 1er avril **Chambres** 20 avec tél., s.d.b. ou douche et w.c. **Prix** des chambres doubles : 58 à 78 € - Petit déjeuner : 6,50 €, servi de 8 h à 9 h 30 - Demi-pension : 68 € **Cartes de crédit** acceptées **Divers** chiens admis - Parking **Alentour** Les Eyzies : grottes et musée national de la Préhistoire ; Le Bugue : gouffre de Proumeyssac et grotte de Bara-Bahau ; Bournat ; Limeuil ; grotte de Lascaux à Montignac - Golf 18 trous au Bugue **Restaurant** service de 12 h à 14 h, 19 h à 21 h - Fermé le mardi midi, mercredi midi et samedi midi - Menus : 29 à 55 € - Carte - Spécialité : truffe entière en croûte de sel et tartines de foie gras mi-cuit.

Sur le site hautement touristique des Eyzies, l'hôtel s'est installé, il y a déjà de nombreuses années, près d'un ancien moulin à eau, dans lequel il a ouvert un restaurant de gastronomie régionale. Les deux bénéficient ainsi de la rivière qui serpente parmi les arbres, les pelouses aménagées pour les clients avec quelques fauteuils et bains de soleil. On y savoure l'heure du thé, entre une visite au musée de la Préhistoire, une autre à Lascaux. Les chambres sont toutes d'une grande sobriété, décorées dans des tons de crème et de vanille, avec un ou deux petits tableaux discrets tout au plus. Aux étages, des moquettes – beiges ou taupe – recouvrent le sol ; quant au rez-de-chaussée, c'est un carrelage de terre cuite. Les salles de bains sont simples et bien équipées, assez petites néanmoins – excepté celles des chambres 16 et 20. Ces dernières jouissent en prime de deux fenêtres ouvrant en angle sur la rivière. Au deuxième étage, la chambre 9 se loue en famille, mais il peut y faire un peu plus chaud en été, sous les toits. L'accueil est ici des plus sympathiques, à la fois chaleureux et compétent.

Accès (carte n° 23) : à 45 km au sud-est de Périgueux par N 89 et D 710, puis D 47 ; au cœur du village.

Domaine de la Barde

24260 Le Bugue-sur-Vézère (Dordogne) - Route de Périgueux
Tél. 05 53 07 16 54 - Fax 05 53 54 76 19 - P. Dubourg
E-mail: hotel@domainedelabarde.com - Web: domainedelabarde.com

Catégorie ★★★ Fermeture du 2 janvier au 16 mars **Chambres** 18 avec tél., s.d.b., w.c., coffre-fort et t.v. satellite; 2 chambres handicapés ; ascenceur **Prix** des chambres: 90 à 250 € - Petit déjeuner: 15 €, servi de 8 h à 10 h 30 **Cartes de crédit** Visa, Amex **Divers** chiens admis (7 €) - Piscine, tennis, fitness, sauna, VTT - Parking **Alentour** Sarlat ; grottes de Lascaux ; Les Eyzies ; Padirac **Restaurant** service de 12 h à 14 h, 19 h à 21 h - Fermé le lundi et à midi : mardi, mercredi, jeudi - Menu : 36 € - Carte.

Au carrefour des routes touristiques du Périgord, le domaine se présente comme un lieu enchanteur : une belle demeure périgourdine du XIIIᵉ, remaniée aux siècles suivants, avec une façade XVIIIᵉ au sein d'un vaste parc (quatre hectares) traversé par un ruisseau. Neuf chambres occupent le manoir : celles du premier étage offrent de beaux volumes, de la hauteur sous plafond. Taille et luminosité varient ensuite d'une chambre à l'autre, de même que le mobilier qui suit les différentes époques, du style Louis XIV à nos jours. Toutes ont un très bon niveau de confort : moquettes neuves, bonnes literies et salles de bains modernes. En souvenir de leurs années passées en Afrique, les propriétaires ont décoré une des chambres du second avec statuettes, meubles et bibelots ethniques. Les huit autres chambres de l'ancien moulin à noix sont plus fraîches, bâties sur l'eau, avec du carrelage au sol. La dernière chambre se trouve dans l'ancienne forge, très joli bâtiment de style Mansart. On attend du restaurant un peu plus de justesse, d'équilibre et de gourmandise – mais le cadre, la gentillesse de l'accueil et le délicieux "vin bio mystère" nous font patienter avec bonheur...

Accès (carte n° 23) : A 20 sortie Brive-sud, puis N 89 et A 89. Vers Boulazac prendre N 221 puis, au rond-point, la N 89. Au second rond-point, à droite, prendre la D 710. Entrez dans Le Bugue sur 1,1 km, le domaine est sur la droite.

La Métairie

24150 Mauzac (Dordogne)
Tél. 05 53 22 50 47 - Fax 05 53 22 52 93
M. Heinz Johner
E-mail: metairie.la@wanadoo.fr - Web: la-metairie.com

Catégorie ★★★ **Fermeture** de début novembre au 15 mars **Chambres** 10 avec tél., s.d.b., w.c. minibar et t.v. **Prix** des chambres doubles: 110 à 150 €; suites: 175 à 235 € - Petit déjeuner: 15 €, servi de 8 h à 10 h 30 - Demi-pension: + 48 € **Cartes de crédit** acceptées **Divers** chiens admis - Piscine, vélos - Parking **Alentour** vallée préhistorique de la Vézère; châteaux de la vallée de la Dordogne; vignobles de Bergerac; Les Eyzies - Golf 18 trous de la Croix-de-Mortemart au Bugue **Restaurant** service de 12 h à 14 h, 19 h à 21 h 30 - Menus: 25 à 45 € - Carte.

C'est à quelques kilomètres du fameux méandre en fer à cheval du Cingle de Trémolat, dans cette belle vallée où les grandes boucles de la Dordogne traversent une mosaïque de cultures, que se trouve *La Métairie*. Installé dans une belle maison de campagne et aménagé avec goût, cet hôtel profite d'une jolie vue et d'un jardin particulièrement soigné avec une piscine autour de laquelle vous pourrez, en été, déjeuner légèrement. Les chambres sont réparties dans les différentes ailes de la maison; toutes sont agréables, simples et confortables. Si certaines ont été rénovées dans un esprit campagne anglaise où la toile de Jouy et les rayures ajoutent un côté très cosy, d'autres bien classiques attendent un changement de décor. Quelques-unes donnent de plain-pied sur le jardin et elles s'agrémentent alors de petites terrasses séparées entre elles par des haies vives. A côté de la salle à manger, un salon est souvent réchauffé par le feu qui crépite dans la cheminée. L'accueil est agréable et plein d'humour, et la cuisine du restaurant, parfumée et appétissante, achèvera de vous ravir sur la terrasse par beau temps.

Accès (carte n° 23): à 68 km au sud de Périgueux par N 89 et D 70 jusqu'au Bugue, puis D 703 et bifurcation pour Mauzac.

Hôtel de La Ferme Lamy

Lamy 24220 Meyrals (Dordogne)
Tél. 05 53 29 62 46 - Fax 05 53 59 61 41 - Christine et Michel Duneau
E-mail: ferme-lamy@wanadoo.fr - Web: ferme-lamy.com

Catégorie ★★★ **Ouverture** toute l'année **Chambres** 12 (2 climatisées) avec tél., s.d.b. ou douche, w.c., t.v. et minibar; 1 chambre handicapés **Prix** des chambres doubles: 95 à 200 €; "La Villa": 315 €- Petit déjeuner: 10 à 15 € **Cartes de crédit** acceptées **Divers** chiens admis (10 €) - Piscine - Parking **Alentour** Sarlat; vallée de la Vézère, Lascaux (route préhistorique); châteaux de la vallée de la Dordogne; triangle d'or des Bastides; vignobles de Bergerac; Les Eyzies; musée du Tabac à Bergerac - Golfs 9 trous de Rochebois et 18 trous de Mortemart **Pas de restaurant** à l'hôtel.

Les nouveaux propriétaires de cette ancienne ferme XVIIᵉ transformée en petit hôtel ont conservé l'esprit du lieu, avec ce souci de l'accueil, qu'un nombre de chambres réduit permet de préserver. Actuellement, douze chambres sont ouvertes aux hôtes. La décoration de la plupart est sobre et soignée, pour d'autres elle demande peut-être une remise au goût du jour – mais tout cela fait partie des projets de Christine et Michel Duneau. Les prix varient selon la taille, le niveau de confort : les 6, 7 et 8 sont plus petites, sur l'arrière, avec douche, les 2, 3, 4 et 5 sont plus lumineuses, les plus belles étant les 11 et 12, vastes et situées sous les toits de la maison principale. Les petits déjeuners sont servis dans une belle salle rustique, où brûle, en hiver, un feu de cheminée. On cuit le pain aux noix maison chaque matin, à moins que cela ne soit un brioche ou un pain au lait, qu'accompagne un jus d'oranges pressées, des fruits frais, et sur demande un yaourt, des œufs. Ouverte sur les bois et les collines, une piscine à débordement vous invite alors à la baignade. Au fil des mois, des séjours à thème sont organisés : astronomie, montgolfière, art roman, truffes et autres trésors…

Accès (carte n° 23) : à 12 km à l'ouest de Sarlat direction Périgueux par D 6 puis D 47, au lieu-dit Bénivès, à gauche, par C 3 direction Meyrals.

La Roseraie

24290 Montignac-Lascaux (Dordogne)
11, place d'Armes
Tél. 05 53 50 53 92 - Fax 05 53 51 02 23 - M. et Mme Nourrisson
E-mail: laroseraie@fr.st - Web: laroseraie.fr.st

Catégorie ★★★ **Fermeture** de la Toussaint à Pâques **Chambres** 16 avec tél., s.d.b. ou douche, w.c. et t.v. **Prix** des chambres doubles: 80 à 160 € - Petit déjeuner: 11 € - Demi-pension obligatoire en été: 78 à 125 € (choix à la carte) **Cartes de crédit** acceptées **Divers** chiens admis (8 €) - Piscine - Garage fermé (8 €) **Alentour** grotte de Lascaux; abbaye de Saint-Amand-de-Coly; Sarlat; manoir d'Eyrignac; Hautefort - Golf 18 trous à Brive **Restaurant** service de 12 h à 14 h, 19 h 30 à 21 h 30 - Fermé le midi hors saison (sauf week-ends) - Menus: 19 (midi) à 43 € - Carte - Spécialité: demi-pigeon rôti et servi sur une tartine d'abats, mille-feuille de pommes de terre, jus aux noix.

Tel Janus, La Roseraie offre deux visages: celui, presque austère, d'une opulente demeure XVIIIe côté place d'Armes, et, côté rivière, celui d'une avenante maison avec terrasse ombragée, piscine, roseraie... Particulièrement agréables de ce côté (comment se passer du spectacle de la Vézère qui coule paisiblement à quelques mètres), les chambres sont toujours différentes, bien décorées avec un beau choix de tissus et un mobilier ancien ou peint à la main (côté rivière, deux d'entre elles sont idéales pour les familles). Principalement orientées vers le jardin (où l'on sert les repas en été), les pièces de réception affichent le même caractère raffiné, on y trouve les deux salles à manger, dont une, avec verrière, permet de profiter au mieux de la nature quand le temps est incertain, et un petit salon très agréable. Alléchante cuisine réalisée par Sébastien Imbert, le nouveau chef de la maison. Accueil courtois et très professionnel.

Accès (carte n° 23): à 37 km au sud-ouest de Brive-la-Gaillarde par N 89 direction Périgueux jusqu'au Condat, puis suivre direction Lascaux.

Château les Merles

Tuilières 24520 Mouleydier (Dordogne) - 3, chemin des Merles
Tél. 05 53 63 13 42 - Fax 05 53 63 13 45 - M. Jan Van Grinsven
E-mail: info@lesmerles.com - Web: lesmerles.com

Ouverture toute l'année **Chambres** 12 et 3 suites avec tél., s.d.b., w.c., t.v. satellite et coffre-fort;
1 chambre handicapés **Prix** des chambres: 90 à 150 €; suites (3 pers.): 155 à 175 € - Petit déjeuner:
12 €, servi de 8 h à 10 h 30 - Demi-pension: + 17,50 € **Carte de crédit** Visa **Divers** chiens admis
(15 €) - Piscine, tennis - Golf 9 trous - Parking **Alentour** Bergerac; Périgueux; Creysse - Pêche; kayak;
promenades en gabare sur la Dordogne ou la Vezère **Restaurant** service de 12 h à 14 h 30, 18 h 30 à
22 h 30 *La Bruyère Blanche* - Menus: à partir de 29 € (fermé le mardi) - *Bistrot Château les Merles* -
Menus: à partir de 18,50 €

Après avoir sillonné les mers pendant sept ans, Jan Van Grinsven et sa famille ont troqué leur rêve d'aventure au long cours pour celui d'un enracinement dynamique au cœur du bergeracois. Leur choix s'est porté sur *Les Merles*, et le petit château des XVII et XIXe siècles n'en revient toujours pas de son nouveau look: subtil mariage d'un décor contemporain et d'antiques volumes parfaitement remis en valeur. C'est ainsi que les teintes ébène des huisseries et du mobilier des chambres tracent quelques lignes pures dans la blancheur des tissus et des murs avec, comme petit gimmick, l'éclat doré d'un miroir rococo ou l'acidulé d'un fauteuil Napoléon III recouvert d'un velour de soie pistache ou fuchsia. Même ambiance reposante dans les salles de bains, toutes blanches elles aussi, excepté les étagères laquées noir, support de belles vasques rectangulaires très "tendance". Impossible non plus d'ignorer la remarquable cuisine d'Albert Kooy ultra-sensible, novatrice et en tous points excellente (à découvrir dans la sophistication dépouillée de l'ancienne grange ou, en terrasse, à l'ombre de grands parasols noirs). Une magnifique et accueillante adresse entourée d'un golf et de la nature à perte de vue.

Accès (carte n° 23): à 12 km de Bergerac, à gauche sur D 660 vers Lalinde.

49

La Plume d'Oie

24250 La Roque-Gageac (Dordogne)
Au Bourg
Tél. 05 53 29 57 05 - Fax 05 53 31 04 81
Mark et Hiddy Walker
E-mail : laplumedoie@wanadoo.fr

Fermeture 7 janvier à début mars, 1er au 23 août et 20 novembre au 20 décembre **Chambres** 4 sur réservation, non-fumeur, avec tél., s.d.b., w.c., t.v. et minibar **Prix** des chambres simples et doubles : 70 à 80 € - Petit déjeuner : 12 €, servi de 8 h à 9 h 30 **Carte de crédit** Visa **Divers** chiens admis (4 à 6 €) **Alentour** vieille ville et maison de La Boétie à Sarlat ; châteaux de Puymartin et de Commarques ; Carsac ; grottes de Lascaux et Font-de-Gaume - Golf 9 trous à Vitrac **Restaurant** service de 19 h 30 à 21 h 30 et déjeuner sur réservation - Menus : 38 à 60 € - Carte.

Les pieds dans la Dordogne, adossées à une gigantesque falaise, les maisons de La Roque-Gageac se serrent les unes contre les autres et forment un splendide décor. Vous trouverez *La Plume d'Oie* le long de l'unique rue qui sert aussi de digue. Il s'agit d'un excellent restaurant dont la réputation justifiée dépasse largement les limites locales et auquel on a ajouté quatre petites chambres charmantes (uniquement réservables pour ceux qui dînent à l'hôtel). Lumineuses, modernes et très simplement aménagées avec un mobilier de bois clair et des tissus crème parfois rehaussés d'une touche de couleur. Trois s'ouvrent sur la rivière, à peine séparée d'elle par la largeur de la route. Cette situation exceptionnelle a son revers car l'on entend la circulation, ce qui peut poser problème en juillet, août… (côté rocher, la quatrième chambre est plus calme). Succulents petits déjeuners et accueil des propriétaires plein de caractère… et parfois d'humour.

Accès (carte n° 23) : à 8 km au sud de Sarlat-la-Canéda.

Hôtel L'Abbaye

24220 Saint-Cyprien-en-Périgord (Dordogne)
Rue de l'Abbaye-des-Augustins
Tél. 05 53 29 20 48 - Fax 05 53 29 15 85
M. et Mme Schaller
E-mail : hotel@abbaye-dordogne.com - Web : abbaye-dordogne.com

Catégorie ★★★ Fermeture du 20 octobre au 20 avril **Chambres** 24 avec tél., s.d.b. ou douche, w.c., t.v., minibar et coffre-fort **Prix** des chambres doubles : 70 à 140 € ; suite : 140 € - Petit déjeuner-buffet : 12 €, servi de 8 h à 10 h **Cartes de crédit** Amex, Visa **Divers** chiens admis - Piscine - Parking **Alentour** gouffre de Proumeyssac ; Sarlat ; Le Bugue ; châteaux de Beynac, Castelnaud, Campagne ; Les Eyzies - Golf 9 trous de Rochebois **Pas de restaurant** à l'hôtel.

Toute la beauté du Périgord noir semble se concentrer dans le paysage de Saint-Cyprien. Sur un horizon de collines et de forêts, la petite cité médiévale s'accroche au flanc du coteau qui descend jusqu'à la Dordogne. L'ancienne abbaye des Augustins a donné son nom à cette grande maison bourgeoise du XVIIIe où la pierre noble a été conservée à nu. Ce choix se retrouve dans le salon (qui est l'ancienne cuisine du bâtiment d'origine), avec la pierre apparente des murs, de la cheminée, mais aussi du sol initial. Les chambres sont toutes d'un bon confort, chacune ayant sa propre personnalité. Dans l'une des annexes, certaines peuvent éventuellement se combiner en appartements et dans le nouveau bâtiment il en est de grand standing. Terrasse et jardins agréables, avec piscine. Cuisine de qualité préparée par Yvette Schaller, accueil prévenant et chaleureux.

Accès (carte n° 23) : à 54 km au sud-est de Périgueux par N 89 et D 710 jusqu'au Bugue, puis D 703 et D 35 jusqu'à Saint-Cyprien.

Chartreuse du Bignac

2006

Le Bignac - 24520 Saint-Nexans (Dordogne)
Tél. 05 53 22 12 80 - Fax 05 53 22 12 81 - Brigitte et Jean-Louis Viargues
E-mail : INFO@ABIGNAC.COM - Web : abignac.com

Ouverture toute l'année **Chambres** 10 et 1 suite, avec tél., s.d.b. et t.v. câble **Prix** des chambres : 110 à 135 € ; suite : 210 à 225 € - Petit déjeuner : 12 €, servi de 7 h 45 à 10 h 30 **Cartes de crédit** Amex, Visa **Divers** chiens non admis - Piscine, vtc, pêche - Parking **Alentour** Bergerac ; Montbazillac ; bastides et villages médiévaux **Restaurant** service de 19 h 45 à 21 h - Menus : 27 à 32 €

Ni hôtel, ni maison d'hôtes, la *Chartreuse du Bignac* se veut une demeure privée, agencée depuis toujours pour accueillir confortablement ses invités. C'est ainsi que vous serez reçus ici, dans ce manoir de campagne du XVIIIe, bâti sur le site d'une maison forte du XIIe devenue château. Mme Viargues a veillé personnellement à la décoration de l'ensemble – les chambres sont à la fois sobres et chaleureuses, restaurées avec de beaux matériaux, simples et naturels, et égayées de dessus de lit, de tapis et de tableaux colorés, dans les tendances actuelles, mais originales néanmoins. Rien de standard, mais des détails, des soins particuliers apportés au linge, aux draps de lit brodés pour l'été et aux couettes pour l'hiver. Au rez-de-chaussée, les deux chambres des anciens chais sont un peu fraîches, au sol carrelé, on leur préfère peut-être celles de l'étage – la Chambre Rose, la Voyage et l'Ecossaise, intimes et mansardées, avec une très belle literie, des livres à lire et une atmosphère. La Turquoise et la Jaune, à côté, ont un lit plus petit mais sont tout aussi agréables, avec leurs poutres lasurées. Dans l'ancien bâtiment des oies, la chambre Beige côtoie la Rouge, familiale, avec une chambre pour les enfants. On apprécie tout autant les salons, aux carreaux et parquets anciens, splendides, ainsi que la piscine, le home cinéma…

Accès (carte n° 23) : N 21 sortie Bergerac, route d'Agen, après l'aéroport, prendre à gauche D14 vers Saint-Nexans, puis D19 vers Faux, puis à droite, C204.

Hostellerie Saint-Jacques

24470 Saint-Saud-Lacoussière (Dordogne)
Tél. 05 53 56 97 21 - Fax 05 53 56 91 33 - M. et Mme Babayou
E-mail: hostellerie.st.jacques@wanadoo.fr - Web: hostellerie-st-jacques.com

Catégorie ★★★ **Fermeture** fin novembre à fin février; le dimanche soir, lundi et mardi hors saison **Chambres** 13 et 2 appartements climatisés, avec tél., s.d.b., w.c., t.v. satellite et minibar **Prix** des chambres simples et doubles: 57 à 92 €; appartements: 132 € - Petit déjeuner: 9,50 € - Demi-pension: 59 à 80 €; en appart. (2 adultes et 2 enfants): 234 € **Cartes de crédit** Amex, Visa **Divers** chiens admis - Piscine chauffée, tennis, jacuzzi - Parking fermé **Alentour** abbaye de Brantôme; Saint-Jean-de-Côle - Golf 18 trous de Saltgourde **Restaurant** service de 12 h 30 à 13 h 30, 19 h à 21 h 30 en juillet-août - Menus: 25 à 61 € - Carte - Spécialités: Saint-Jacques aux truffes, réduction de lait de parmesan; soupe de cèpes au foie gras poêlé.

Dans la même famille depuis trois générations, l'*Hostellerie Saint-Jacques* a conservé les vastes proportions d'une maison périgourdine XVIIIe siècle. Les chambres, toujours personnalisées par de jolis tissus aux teintes fraîches et un mobilier de qualité, sont confortables, gaies, lumineuses, décorées avec goût et recherche. Dans certaines, on a installé un petit coin-salon et les bibliothèques, dignes d'Arsène Lupin, s'ouvrent pour vous permettre d'accéder à la salle de bains. En bas, la salle à manger, généreusement ouverte sur le jardin (où l'on sert dès les beaux jours à l'ombre des érables), permet de goûter à une cuisine de qualité, aussi à l'aise avec les produits de la mer qu'avec les incontournables du périgord. Fine, audacieuse (carpaccio de pieds de porc au foie gras, croustillants d'huîtres au tourteau, sorbet maïs citron) ou tout simplement bonne (tronçon de turbot aux asperges et artichauts, beurre blanc), elle n'est pas étrangère à l'envie de revenir très vite dans cette attachante maison et de retrouver l'accueil tout en gentillesse de la famille Babayou.

Accès (carte n° 23): à 58 km au nord de Périgueux par N 21 jusqu'à La Coquille, puis D 79.

La Maison des Peyrat

Le lac de la Plane 24200 Sarlat (Dordogne)
Tél. 05 53 59 00 32 - Fax 05 53 28 56 56 - Martine et Jean-Luc Ginestet
E-mail : hoteldecharme@maisondespeyrat.com - Web : maisondespeyrat.com

Catégorie ★★ **Fermeture** du 15 novembre au 1ᵉʳ avril **Chambres** 11 avec tél., s.d.b., w.c. et t.v. **Prix** des chambres selon saison : 47 à 95 € - Petit déjeuner : 8 €, servi de 8 h 30 à 10 h - Demi-pension : 50,50 à 74,50 € **Cartes de crédit** acceptées **Divers** piscine d'eau salée - Parking privé **Alentour** grotte de Lascaux ; jardins d'Eyrignac et de Marqueyssac ; vallées de la Dordogne et de la Vézère - Centre équestre - Golf 9 trous de Rochebois **Restaurant** sur réservation et pour résidents uniquement, service de 19 h 30 à 20 h 30 - Fermé mercredi et dimanche - Menu : 20 €.

Qu'il est agréable, quand la canicule pèse sur la plaine, de rejoindre la fraîcheur ombragée de *La Maison des Peyrat*, sur cette colline boisée qui domine Sarlat ! Si l'endroit a du caractère, ce n'est rien au regard de celui de la patronne : ici, point de chichis, on fait comme on aime. Et quand on aime, on finit par rester… Il faut dire que les chambres, simples, belles et claires, ouvrent leurs fenêtres au cœur d'une glycine géante, que le contact du sol en jonc de mer est agréable et sain, que les salles de bains, qui viennent d'être refaites à la manière Art déco, sont équipées d'élégants lavabos et tapissées d'inattendus rectangles de faïence biseautés évoquant irrésistiblement les couloirs… du métro ! Il faut souligner que les nouveaux propriétaires, tout en aménageant lentement l'endroit à leur idée, ont su conserver le meilleur du caractère des lieux. Il faut enfin faire remarquer que les dîners, à l'inverse de la majeure partie des établissements de Sarlat, sont des repas très simples mais, nous assure-t-on, élaborés exclusivement avec des produits frais transformés sur place… Bref, une adresse toujours sympathique et à prix encore raisonnables.

Accès (carte n° 23) : à Sarlat prendre direction Sainte-Nathalène jusqu'à la gendarmerie de Sarlat. Panneaux face à la gendarmerie, sur la droite en montant.

Le Chaufourg en Périgord

24400 Sourzac (Dordogne)
Tél. 05 53 81 01 56 - Fax 05 53 82 94 87
M. Dambier
E-mail : info@lechaufourg.com - Web : lechaufourg.com

Ouverture toute l'année (l'hiver sur réservation) **Chambres** 5 et 4 suites (5 climatisées, 5 avec minibar), avec tél., s.d.b., w.c., t.v., coffre-fort **Prix** des chambres : 160 à 265 € ; suites : à partir de 320 € - Petit déjeuner : 16 €, servi de 8 h à 11 h **Cartes de crédit** acceptées **Divers** chiens admis sur demande - Piscine, billard, barques - Parking fermé **Alentour** Saint-Emilion ; Brantôme ; Bergerac ; forêt de la Double ; Aubeterre ; abbaye de Chancelade ; vallées de la Dordogne, de la Dronne et de la Vézère - Golf 18 trous à Périgueux **Restaurant** réservé aux résidents, sur réservation - Carte.

Une très belle adresse que cette élégante demeure familiale du XVIIe, qui n'est pas vraiment un hôtel. M. Dambier a en effet restauré la maison de son enfance "afin d'y créer le décor raffiné dont il rêvait pour mieux recevoir ses amis". Ainsi, vous trouverez au *Chaufourg* tout ce dont vous pouvez rêver en voyage : un très grand confort, un accueil de qualité, et ces nombreux "plus" qui font la différence, à savoir une décoration (qui a fait les belles pages des magazines spécialisés), où meubles anciens se mêlent aux objets personnels, de nombreux petits détails tels que des revues, des livres, un billard… Sans oublier tous les secrets à connaître pour mieux profiter de ce coin de Périgord. Le jardin surplombant l'Isle est merveilleux et promet d'excellents moments, qu'il s'agisse de paresser au bord de la piscine, de lire ou de rêver sous les ombrages du parc, ou encore de flâner en barque le long de la rivière. Dîner sur réservation, avec une carte qui accorde une large part à la cuisine périgourdine.

Accès (carte n° 23) : à 30 km au sud-ouest de Périgueux par N 89, direction Mussidan.

Hostellerie l'Imaginaire

24120 Terrasson (Dordogne) - Place du Foirail
Tél. 05 53 51 37 27 - Fax 05 53 51 60 37
Delphine et Eric Samson
E-mail : limaginaire@club-internet.fr - Web : hotel-limaginaire.com

Catégorie ★★★ **Fermeture** du 1er au 10 mars et du 15 au 30 novembre **Chambres** 7 climatisées, avec tél., s.d.b., w.c., t.v. satellite, minibar et coffre-fort **Prix** des chambres : 76 à 105 € - Petit déjeuner : 12 €, servi de 7 h 30 à 10 h 30 - Demi-pension : 89 à 103 € **Cartes de crédit** Visa, Amex **Divers** chiens admis (10 €) - Parking **Alentour** jardin de l'Imaginaire, manoir d'Eyrignac ; château d'Hautefort ; grottes de Lascaux - Canoë sur la Vézère - Golf 18 trous de Brive à 15 km. **Restaurant** service de 12 h 15 à 14 h, 19 h 30 à 21 h 30 - Fermé du dimanche soir au mardi midi en basse saison - Menus : 31 à 58 € - Carte.

Petite bourgade sur les berges de la Vézère, Terrasson est connue pour son exceptionnel *jardin de l'Imaginaire* (dessiné par Katrin Gustavson). C'est juste à côté du guichet d'entrée que l'auberge du même nom vient d'ouvrir ses portes. Nous connaissions déjà Eric Samson pour avoir enchanté nos papilles dans son restaurant étoilé du *Château de Courcelles*, c'est donc avec bonheur et confiance que nous le retrouvons ici, dans cette maison aux murs vénérables, face à une place ombragée qui descend vers la rivière. Au rez-de-chaussée, plaisirs de la table obligent, la meilleure part est réservée au restaurant (pavage de pierre, meubles anciens, ambiance rustique-raffinée) et à son élégant prolongement en terrasse. Inutile de préciser que l'on s'y régale d'une carte réduite et magistralement cuisinée. Les chambres sont à l'étage, (murs en pierre apparente, lin naturel très "tendance", couvre-lits en piqué paré de coussins colorés, mobilier rétro patiné de gris perle et belles salles de bains avec douches à l'italienne et vasques design), tout comme la salle des petits déjeuners, ouverte sur un jardinet où il est prévu d'installer une seconde terrasse. Du confortable, du beau, du très bon… Non ça n'est pas un rêve, seulement *L'Imaginaire*…

Accès (carte n° 23) : A 20 sortie Brive, puis N 89 vers Bordeaux-Périgueux.

Le Vieux Logis

24510 Trémolat (Dordogne)
Tél. 05 53 22 80 06 - Fax 05 53 22 84 89
M. Giraudel
E-mail: vieuxlogis@relaischateaux.com - Web: vieux-logis.com

Catégorie ★★★★ **Ouverture** toute l'année **Chambres** 25 avec tél., s.d.b., w.c., t.v. et minibar **Prix** des chambres simples et doubles: 163 à 313 €; suites: 335 € - Petit déjeuner: 12 et 18 €, servi de 8 h à 11 h **Cartes de crédit** acceptées **Divers** chiens admis - Piscine - Parking **Alentour** musée du Tabac à Bergerac; Lanquais; bastides de Beaumont, Issigeac et Monpazier - Golf 18 trous l'Olivarie à Siorac, golf 9 trous de la Marterie à Mortemart **Restaurant** service de 12 h à 13 h 30, 19 h à 21 h - Menus: 30 à 75 € - Carte - Bistrot, menus: 11,90 à 25,80 €.

Depuis quatre siècles, la même famille habite cette superbe propriété transformée en hôtel par la mère de M. Giraudel. Les nombreux bâtiments qui la composent sont tous plus charmants les uns que les autres. Il y a, outre le corps principal, le séchoir à tabac, la maison du jardinier, le logis des champs... Pas une chambre qui soit semblable à une autre mais des points communs: l'extrême confort, le calme, et une décoration raffinée jusque dans le détail où meubles anciens s'accordent à merveille aux tissus Souleiado. Avant de rejoindre le restaurant, vous pourrez profiter d'un beau jardin à la française. Les deux salles à manger sont magnifiques. Petite avec des boiseries très claires pour l'une, immense et surmontée par un salon à balustrade (l'ancien fenil) pour l'autre. Les gourmets y trouveront leur bonheur, les esthètes aussi. Aux salons s'ajoute désormais un bar-fumoir contigu à la salle à manger; l'occasion donnée aux amateurs de profiter sereinement des plaisirs du tabac.

Accès (carte n° 23): à 54 km au sud de Périgueux par N 89 jusqu'à Niversac, puis D 710 jusqu'au Bugue et D 81.

La Maison Bord'eaux

33000 Bordeaux (Gironde)
113, rue du Docteur-Albert-Barraud
Tél. 05 56 44 00 45 - Fax 05 56 44 17 31
Brigitte Lurton et Jean-Marc Domingo
E-mail: contact@lamaisonbord-eaux.com - Web: lamaisonbord-eaux.com

Fermeture du 31 décembre au 15 février **Chambres** 5 et 1 suite, avec tél., s.d.b., w.c., t.v. (satellite et Canal +) et coffre-fort **Prix** des chambres : 116 à 188 € ; suite : 188 € - Petit déjeuner compris, servi de 7 h 30 à 11 h **Cartes de crédit** acceptées **Divers** chiens non admis - Parking (15 €) **Alentour** vignobles (visites privées de châteaux viticoles) **Restaurant** uniquement sur réservation.

Voici enfin l'adresse de charme qui manquait à Bordeaux ! Proche des allées Tourny et des quais, cet hôtel particulier vient de faire totalement peau neuve dans le but de s'ouvrir aux hôtes de passage. Derrière sa lourde porte cochère, la cour pavée ménage un grand rectangle de verdure au centre et, latéralement, un bel aménagement d'arbustes et de fleurs. On y sert d'excellents petits déjeuners non loin des anciennes écuries où vous attendent trois chambres dont une de plain-pied. Les autres se trouvent dans la maison principale. Ambiance high-tech, teintes franches, acidulées ou chaudes, parquet, mobilier minimal, superbes salles de bains… Une grande réussite. Au rez-de-chaussée, le bar à vin joue l'association du noir et du bordeaux avec quelques touches dorées sur le mobilier japonisant, alors que la salle à manger et ses grandes toiles contemporaines affiche une neutralité pâle et apaisante. Partout les volumes ouverts, les jeux de lumière et les harmonies de couleurs délivrent une agréable impression d'élégance et d'espace. Forte de toutes ses qualités, cette accueillante maison, intime et confidentielle, semble anticiper les nouvelles tendances qui transparaissent derrière les grands travaux urbains du nouveau Bordeaux.

Accès (carte n° 22) : dans le centre-ville à proximité des allées Tourny.

La Maison du Bassin - Le Bayonne

Lège 33970 Cap-Ferret (Gironde)
5, rue des Pionniers
Tél. 05 56 60 60 63 - Fax 05 56 03 71 47
M. et Mme Gomes
E-mail : lmdb.wnj@wanadoo.fr - Web : lamaisondubassin.com

Fermeture de début janvier à début février **Chambres** 11 avec tél., douche et w.c. **Prix** des chambres : 80 à 200 € - Petit déjeuner : à partir de 10 €, servi jusqu'à 11 h 30 **Cartes de crédit** Amex, Visa **Divers** petits chiens admis **Alentour** réserve banc d'Arguin ; Bordeaux ; le Bordelais - Golf 18 trous de Lacanau **Restaurant** *Le Bistrot du Bassin*, service de 20 h à 23 h - Fermé le mardi (sauf juillet-août) - Menu : 39 €.

Après Saint-Tropez et l'île de Ré, Cap-Ferret, refuge d'été des familles bourgeoises bordelaises, devient à son tour une station mode. *La Maison du Bassin* constitue l'adresse idéale pour un magazine de décoration. Derrière sa façade en bois, bien dans la tradition de ce quartier ostréicole, les chambres ont chacune des objets et un mobilier anciens qui évoquent un thème. Il y a "Louisiane", "Cabane de pêcheur", "Maison du bassin"... Notre préférence va à la numéro 3 "Cabine de bateau" d'où l'on peut apercevoir le bassin. Toutes offrent un confort particulièrement raffiné. Le charme de ce petit hôtel où vous trouverez un accueil très informel, c'est aussi son bon restaurant qui propose des spécialités locales et un superbe chariot de desserts. C'est également son bar, *Le Tchanqué*, qui s'inspire des ambiances coloniales et où l'on ne peut rater l'alignement de bocaux où macèrent différentes et subtiles variétés de punch. Autres adresses à ne pas manquer : *Fredelian*, le célèbre pâtissier glacier pour ses cannelets, *Le Sail Fish* pour sa bonne cuisine et son ambiance après minuit ou encore, pour déjeuner ou prendre un verre, l'inévitable *Pinasse Café*.

Accès (carte n° 22) : à 65 km au sud-ouest de Bordeaux.

Château Cordeillan-Bages

33250 Pauillac (Gironde)
Tél. 05 56 59 24 24 - Fax 05 56 59 01 89 - M. Thierry Marx
Web : cordeillanbages.com

Catégorie ★★★★ **Fermeture** mi-décembre à mi-février **Chambres** 25 et 4 appartements avec tél., s.d.b., w.c., t.v. satellite et minibar ; accès handicapés ; ascenseur **Prix** des chambres : 132 à 270 € ; appartements : 282 à 420 € - Petit déjeuner : 16 à 20 €, servi de 7 h 30 à 10 h 30 **Cartes de crédit** acceptées **Divers** chiens admis - Parking clôturé **Alentour** Médoc ; Bordeaux - Golf 36 trous du Médoc **Restaurant** service de 12 h 30 à 14 h, 19 h 30 à 21 h 30 - Fermé samedi midi, lundi, et mardi midi - Menus : 45 à 100 € - Carte - Spécialités : foie gras poêlé sur pêches confites et cordon de porto réduit.

Le Médoc déroule ses vignes centenaires tout autour de cet hôtel de grande élégance ; il l'enserre dans son maillage de cépages chlorophylles, et l'isole parfaitement de la route qui permet de rejoindre les prestigieux domaines, de Pauillac à Margaux… Autrefois chartreuse, la bâtisse est aujourd'hui intégralement réaménagée en hôtel-restaurant. Elle a été restaurée avec un soin tout particulier : les pierres blanches ont été préservées, délicatement brossées, et elles offrent un fond clair et reposant à une décoration très design. La gamme chromatique du mobilier se cantonne à l'épure : beaucoup de gris (perle, anthracite, ardoise…) avec un peu de rouge vif, de prune mûre. Et une très belle sélection de tableaux contemporains, de toutes tailles, de toutes factures. Dans les salles de bains, douches à l'italienne, avec petits carreaux de mosaïque gris mat, découpes de verre en rectangle et vasques ovoïdes – une véritable déclinaison géométrique dans l'espace. Quant à la table, elle mérite un très large détour grâce au travail de Thierry Marx, l'un des meilleurs chefs d'Aquitaine, qui signe ici une cuisine ébouriffante de créativité et de saveurs. Accueil plein de gentillesse par une équipe jeune et passionnée.

Accès (carte n° 22) : à 45 km au nord-ouest de Bordeaux, A 10 vers Mérignac, sortie n° 7 direction Le Verdon ; à la sortie d'Ezines D 2 "Route des Châteaux".

Côte du Sud

33115 Pyla-sur-Mer (Gironde)
4, avenue du Figuier
Tél. 05 56 83 25 00 - Fax 05 56 83 24 13 - M. Henry
E-mail : reservation@cote-du-sud.com - Web : cote-du-sud.com

Catégorie ★★ **Fermeture** du 1er décembre au 31 janvier **Chambres** 8, climatisées avec tél., s.d.b., w.c., t.v., minibar et coffre-fort **Prix** des chambres : 59 à 120 € - Petit déjeuner : 6,50 €, servi de 7 h 30 à 11 h **Cartes de crédit** acceptées **Divers** chiens admis **Alentour** dune du Pyla ; Arcachon ; les Landes - 3 golfs 18 trous (Arcachon, Gujan, Biscarosse) **Restaurant** service de 12 h à 15 h, 19 h 15 à 23 h - Menus : 21,50 à 28 € - Carte.

Malgré les apparences, ce petit hôtel de construction récente n'est pas un banal établissement balnéaire, sans autre charme que sa situation en bord de plage au cœur d'un quartier résidentiel noyé dans les pins. Il est aussi bien plus que ce restaurant suractif et très à la mode où vedettes et quidam viennent goûter à une cuisine bien troussée. Pour nous, sa première qualité tient à huit délicieuses chambres desservies par un couloir rouge brique dallé de gros galets lisses et brillants. Agréable décoration, un rien "tendance", avec sols parquetés, plafonds en roseau tressé et objets en rapport avec le thème dominant ("L'asiatique", "La marocaine", "L'ostréicole", "L'africaine"…). Ajoutez-y une vue (de biais) sur la mer, souvent un grand balcon où l'on peut prendre le petit déjeuner, de superbes salles de bains en ciment teinté avec des lavabos en chrome et verre dépoli, et même la climatisation pour s'assurer calme et fraîcheur quand les soirées estivales rendent un peu bruyante la gaieté des clients du restaurant. Un vrai petit hôtel de vacances à prix sages pour découvrir les richesses du bassin.

Accès (carte n° 22) : autoroute A 63 puis bretelle Arcachon (A 660), sortie Hôpital-Jean-Hameau, direction Pyla-sur-Mer jusqu'au rond-point du Figuier.

Château de Sanse

33350 Sainte-Radegonde (Gironde)
Tél. 05 57 56 41 10 - Fax 05 57 56 41 29 - M. Harris et Mme Méot
E-mail : contact@chateaudesanse.com - Web : chateaudesanse.com

Catégorie ★★★ **Fermeture** de décembre à fin février **Chambres** 12 et 4 suites, avec tél., s.d.b. ou douche, w.c. et t.v. satellite ; 2 chambres handicapés **Prix** des chambres : 100 à 135 € ; suites : 165 à 195 € - Petit déjeuner : 12 €, servi de 7 h 30 à 10 h 30 - Demi-pension : 81 à 124 € **Cartes de crédit** acceptées **Divers** chiens admis (14 €) - Piscine extérieure chauffée - Parking **Alentour** Saint-Emilion et la route des vins - Canoë-kayak, montgolfière - Golf 18 trous à 25 km **Restaurant** service de 12 h à 14 h, 19 h 30 à 22 h - Fermé le dimanche soir et le lundi d'octobre au 14 mars - Menus : 25 à 35 € - Spécialités : baluchon de saumon frais et de homard au soja ; suprême de volaille grillé côté peau, riz basmati et son jus à la mangue.

Reprise il y a deux ans, cette propriété viticole, aux pierres blondes, de l'entre-deux-mers conserve les qualités qui nous avaient incités à la retenir parmi nos précédentes sélection. Vastes, les suites et les chambres sont des plus agréables, même si leur mobilier thaïlandais et leurs sièges en paille tressée n'ont pas le même caractère que les vieux murs de la maison. Lits larges, couettes blanches, salles de bains rutilantes et parfois très originales… On aime leur confort et leur ambiance (certaines peuvent communiquer pour devenir des suites familiales). Nouveauté : désormais une grande véranda à l'ancienne occupe une partie de la terrasse et permet, les jours incertains, de dîner presque dehors tout en profitant de la splendide vue sur les collines. La cuisine permet de goûter aux produits régionaux de saison, travaillés avec justesse, tant dans les assaisonnements que dans les cuissons, parfaitement maîtrisées. Les légumes restent croquants et savoureux, les viandes sont à la fois moelleuses et dorées. En contrebas, la piscine et l'ancien bassin parachèvent le plaisir de ce lieu très calme.

Accès (carte n° 22) : N 89 sortie Libourne-est. D 936 jusqu'à Castillon. D 17 jusqu'à Pujols, puis D 18 vers Gensac. 1 km avant Gensac D 15, 1re à droite.

Les Feuilles d'Acanthe

33490 Saint-Macaire (Gironde) - 5, rue de l'Eglise
Tél. 05 56 62 33 75 - Fax 05 56 63 24 65
Natacha Guindeuil et Christelle Bielsa
E-mail : info@feuilles-dacanthe.com - Web : feuilles-dacanthe.com

Catégorie ★★ **Fermeture** janvier **Chambres** 11 et 1 suite, climatisées, avec s.d.b., w.c. et t.v. ; ascenseur ; 1 chambre handicapés **Prix** des chambres : 60 à 80 € ; suite (2 à 4 pers.) : 120 € - Petit déjeuner : 8 €, servi de 8 h à 10 h **Cartes de crédit** Visa, Diners **Divers** chiens admis (10 €) - Jacuzzi, solarium **Alentour** demeures de François Mauriac et de Toulouse-Lautrec ; route des vins - Golf **Restaurant** service de 12 h à 14 h 00, 19 h 30 à 21 h 30 - Menus : 18 et 29 €.

Dans le bourg médiéval de Saint-Macaire, fief des tonneliers bordelais, deux sœurs, Christelle et Natacha, réaménagent depuis cinq ans cette maison bourgeoise du XVIe siècle. Voici donc *Les Feuilles d'Acanthe*, un charmant petit hôtel baptisé en l'honneur des motifs végétaux qui ornent délicatement ses fenêtres à meneaux. Les chambres se dispersent sur deux niveaux selon la géographie incertaine des anciennes demeures. Toutes sont très sobres mais plaisantes : murs en plâtre patiné, meubles en chêne vieilli, sols en terre cuite à damier rouge et beige, lits très confortables, éclairages indirects. Les salles de bains modernes ont des carreaux jaune foncé et jaune beige soulignés par une frise de feuilles de vigne (vins oblige). Les suites dans le même décor optent pour un mobilier en fer forgé et lit à baldaquin à voilages blancs. Les petits déjeuners se prennent pour le moment en chambre ou dans la petite cour intérieure judicieusement fleurie d'acanthes. L'hôtel possède également un immense jacuzzi en mosaïques, lieu de détente à savourer avant ou après la terrasse plein soleil. Accueil jeune et charmant. Cuisine vive et goûteuse, d'un rapport qualité-prix imbattable.

Accès (carte n° 22) : A 62 sortie n° 3 puis N 13 direction Agen.

Relais du Château d'Arche

33210 Sauternes (Gironde)
Tél. 05 56 76 67 67 - Fax 05 56 76 69 76
E-mail : chateaudarche@wanadoo.fr - Web : chateaudarche-sauternes.com

Ouverture toute l'année **Chambres** 9 avec tél., s.d.b., w.c., t.v. et coffre-fort ; 1 chambre handicapés **Prix** des chambres : 120 à 160 € - Petit déjeuner : 10 €, servi jusqu'à 11 h **Carte de crédit** Visa **Divers** chiens admis **Alentour** vignobles du Sauternais et des Graves - VTT, canoë-kayak sur le Ciron - Golf 18 trous des Graves et du Sauternais **Pas de restaurant** à l'hôtel.

Le *Château d'Arche* était connu pour son grand cru classé de Sauternes. Il le sera désormais aussi pour le relais qui vient d'être ouvert dans la belle et longiligne chartreuse du XVIIe, au cœur de la propriété viticole. Un long couloir (aux murs appareillés de grands carrés de plâtre qui donnent l'impression de voyager à travers une maison de nougat) permet d'accéder à des chambres à la fois luxueuses et dépouillées. La grande qualité des matériaux choisis résume le décor : moquettes épaisses, meubles cirés, tissus tendus et carreaux immaculés pour les salles de bains. Dans toutes les chambres, de larges et profonds matelas, cerclés de tours de lit assortis, arborent des housses de couettes en satin de coton. Les deux chambres qui occupent des tours d'angle revêtent cependant un caractère à part. La première, avec son tissu lie-de-vin et ses grandes fleurs impressionnistes, se niche au sommet d'un escalier de pierre qui cache la salle de bains. La seconde, que nous n'avons pas vu finie, dresse son grand lit sur une estrade et offre, à travers ses fenêtres à meneaux, une vue reposante sur le vignoble. Le chic sobre, le charme discret d'un confort de grande classe : pour dormir à même un célèbre terroir et sillonner le vignoble, en rêvant de marier foie gras et breuvages délicats.

Accès (carte n° 22) : A 62 sortie n° 3 direction Langon puis Sauternes. Le château se trouve à la sortie de Sauternes sur la route de Bommes.

Le Couvent des Herbes

40320 Eugénie-les-Bains (Landes)
Tél. 05 58 05 06 07 - Fax 05 58 51 10 10
Georges Mootz et Ysabelle Marty
E-mail: reservation@michelguerard.com - Web: michelguerard.com

Catégorie ★★★★ **Fermeture** du 3 janvier au 10 février **Chambres** 4 et 4 appartements climatisés, avec tél., s.d.b., w.c., t.v. satellite et Canal +, minibar et coffre-fort **Prix** des chambres: 300 à 380 € ; appartements (2 à 4 pers.): 390 à 500 € - Petit déjeuner: 30 €, servi de 7 h 30 à 10 h 30 **Cartes de crédit** acceptées **Divers** chiens admis (30 €) - Piscine, tennis, *Ferme Thermale* - Parking gardé **Alentour** Bachen: visite du château et du chai classé; musée des Faïences de Samadet; cloître des Jacobins à Saint-Sever - Golf 9 trous à 1,5 km **Restaurant** service de 12 h à 14 h, 20 h à 21 h 45 - Fermé mardi soir et mercredi (sauf du 12 juillet au 28 août et jours fériés) - Menu: 42 € - Spécialité: viandes rôties à la broche dans la cheminée - *Les Prés d'Eugénie*, menus de 90 à 185 €.

Autre magnifique réalisation de Christine et Michel Guérard, cet ancien couvent XVIIIe (il fut aussi pensionnat de jeunes filles) propose huit exquises chambres-salons, si belles, vastes et si superbement meublées d'ancien que l'on voudrait les essayer toutes: "Temps des cerises" pour mieux goûter le parfum des roses anciennes, "Belle Nonnette" pour sa belle charpente de chêne ou "Jardin secret" qui donne sur le jardin d'herbes. Partout, le mobilier, les objets et tableaux ont été chinés spécialement pour créer dans chacune un décor d'harmonie et de douceur. Pour dîner vous aurez le choix entre les célèbrissimes *Prés d'Eugénie* pour découvrir l'inventivité Guérard ou *La Grande Auberge* plus orientée vers la cuisine du terroir. Enfin, si une semaine de remise en forme fait partie du programme de vos vacances, la *Ferme Thermale* (réaménagement d'une ferme landaise XVIIIe) est l'une des plus belles réponses qui soient pour associer efficacité et raffinement.

Accès (carte n° 29): à 25 km au sud de Mont-de-Marsan par D 124, direction Pau.

Les Logis de la Ferme aux Grives

40320 Eugénie-les-Bains (Landes)
Tél. 05 58 05 05 06 - Fax 05 58 51 10 10 - M. et Mme Guérard
E-mail: reservation@michelguerard.com - Web: michelguerard.com

Catégorie ★ ★ ★ ★ **Fermeture** du 3 janvier au 10 février **Chambres** 4 logis suites, avec tél., s.d.b., w.c., t.v. et minibar **Prix** des chambres: 250 à 500 € - Petit déjeuner: 28 €, servi de 8 h 30 à 10 h **Carte de crédit** Visa **Divers** chiens admis (30 €) - Piscine, tennis, *Ferme Thermale* - Parking **Alentour** cathédrale; musée de faïences de Samadet; cloître des Jacobins à Saint-Sever - Golf 9 trous à 1,5 km **Restaurant** service de 12 h à 14 h, 20 h à 21 h 45 - Fermé mardi soir et mercredi (sauf du 12 juillet au 28 août et jours fériés) - Menu: 42 € - *Les Prés d'Eugénie*, menus de 90 à 185 €.

Au cœur des Landes de Gasgogne, Eugénie-les-Bains doit sa célébrité à deux familles: l'une impériale la mit à la mode au XIXe, quand l'impératrice Eugénie venait y "prendre les eaux"; l'autre, les Guérard, donne avec génie son renom actuel. Autour des *Prés d'Eugénie*, internationalement connu pour la cuisine de Michel Guérard, les améliorations ne se contentent pas de transcender le parc, foisonnant de palmiers, de bananiers, de magnolias, mais s'étendent aux édifices voisins. D'un coup de baguette magique, les voici *Ferme thermale*, restaurant de campagne (telle cette ancienne ferme en gros galets roulés de l'Adour avec ses grandes cheminées et ses sols en terre cuite avec "Le café du village" pour vous régaler du plat du jour arrosé d'un bon vin régional et "La grande auberge" à l'alléchant menu qui met à l'honneur les recettes de famille) ou maison de maître, comme ces "logis" où Christine Guérard ressuscite l'atmosphère d'une aristocratique demeure de campagne. Résultat époustouflant: vieux matériaux savamment patinés, cheminées, tapis, meubles, tableaux et objets anciens qui semblent n'avoir jamais quitté la maison et salles de bains belles comme des salons.

Accès (carte n° 29): à 25 km au sud de Mont-de-Marsan par D 124, direction Pau, puis D 11 à Grenade-sur-Adour.

Pain, Adour et Fantaisie

40270 Grenade-sur-Adour (Landes)
14-16, place des Tilleuls
Tél. 05 58 45 18 80 - Fax 05 58 45 16 57 - M. Garret

Catégorie ★★★ **Fermeture** fin novembre à début décembre **Chambres** 11 (9 climatisées) avec tél., s.d.b. (9 avec jacuzzi), w.c., t.v., coffre-fort et minibar; accès handicapés **Prix** des chambres: 64 à 122 €; suites: 228,70 € - Petit déjeuner: 11,40 € - "Week-end de charme" ou "Soirée Fantaisie": 218 à 420 € (pour 2 pers.) **Cartes de crédit** acceptées **Divers** chiens admis (7,63 €) - Parking, garage (7,63 €) **Alentour** parc régional des Landes; circuit des bastides; chais du bas Armagnac et du Madiran - Golf 18 trous à Mont-de-Marsan **Restaurant** service de 12 h à 13 h 30, 20 h à 21 h 30 - Fermé dimanche soir, lundi et mercredi à midi (sauf jours fériés) - Menus: 35 à 82 € - Carte.

L'adresse est surtout réputée pour sa cuisine, inventive et gaie, jouant sur les textures, les couleurs, les saveurs accordées – mais elle offre également quelques chambres très confortables, d'une grande sobriété. Le bâtiment date du XVIIème siècle, et l'on retrouve dans certaines chambres des volumes assez hauts de plafond (remaniés aux XVIIIe et XIXe), avec cheminée classique et quelques belles pièces de mobilier ancien. D'autres sont doucement mansardées, avec d'épaisses moquettes au sol, quelques fauteuils moelleux, et toutes disposent d'une salle de bains moderne et grande, carrelée de gris et blanc. Elles donnent sur la place du village, la rivière ou le patio – où un éclairage discret met en valeur la végétation. La salle des petits déjeuners possède elle aussi une atmosphère douce et feutrée, dans les tons jaune orangé, à côté d'un salon-bar où sont élégamment disposés bergères, fauteuils et tapis d'Orient. Les repas sont servis soit dans l'une des petites salles à manger XVIIe, soit sur la terrasse qui surplombe l'Adour – un réel enchantement. On y est accueilli avec simplicité et bonne humeur, dans une ambiance toute en attentive délicatesse.

Accès (carte n° 29): à 15 km au sud de Mont-de-Marsan par N 124. Aéroports: Pau 65 km; Bordeaux 120 km.

Les Hortensias du Lac

40150 Hossegor (Landes) - 1578, avenue du Tour-du-Lac
Tél. 05 58 43 99 00 - Fax 05 58 43 42 81
Frédéric Hubert
E-mail: reception@hortensias-du-lac.com - Web: hortensias-du-lac.com

Catégorie ★ ★ ★ ★ **Fermeture** du 15 novembre au 15 mars **Chambres** 11 et 13 suites, duplex ou appartements, avec tél., s.d.b., w.c., t.v. satellite, minibar (boissons offertes) et coffre-fort; 2 chambres handicapés **Prix** des chambres: 110 à 175 €; suites, duplex et appartements (2 à 6 pers): 135 à 365 € - Petit déjeuner-buffet: 18 € **Cartes de crédit** acceptées **Divers** chiens bien élevés admis (16 €) - Accès direct au lac, piscine panoramique chauffée - Parking privé clos **Alentour** forêt et plages de l'océan à 400 m - Site de la coupe du monde de surf à 500 m - 2 golfs 18 trous à 3 km **Pas de restaurant** à l'hôtel - Thé ou café offert dans les salons de 16 h à 18 h; carte-room et lounge service.

Comment ne pas être séduit par l'allure et la situation de cette magifique maison basco-landaise des années 30 ? Edifiée en bordure du lac salé d'Hossegor, elle jouit d'un calme absolu, parfois troublé par le vent dans les pins ou le très léger clapotis de l'eau. L'âme de la maison se trouve au salon-bar, magnifique avec ses canapés et fauteuils blancs ou gris, son grand tableau des années 30 et, bien sûr, sa vue sur les reflets changeants du lac. Chaleureux aussi avec son coin bibliothèque et ses bouteilles engageantes. Réparties entre la maison principale et une dépendance, les chambres sont toutes parfaites de confort et d'esthétisme : harmonie des couleurs, justesse des éclairages, beauté des matières et du mobilier asiatique, balcon souvent orienté vers le lac… Nous vous les recommandons toutes sans la moindre restriction. Une merveilleuse adresse au luxe de bon aloi, accueillante et particulièrement adaptée aux paresseux: le buffet du petit déjeuner vous attend jusqu'à midi ! et la longue piscine bleu marine avec ses transats en résine moulée fait partie des plus belles qu'il nous ait été donné à voir.

Accès (carte n° 28): A 63 sortie Bennesse-Maremne puis Hossegor centre.

Domaine de la Haute Lande

40120 Maillas (Landes)
Tél. 05 56 65 90 60 - M. Fabars
E-mail: domaine-haute-lande@libertysurf.fr

Catégorie ★★ **Ouverture** toute l'année **Chambres** 9 (6 climatisées), avec tél., s.d.b. ou douche, w.c., t.v. satellite, minibar et coffre-fort; 1 chambre handicapés **Prix** des chambres doubles: 60 à 110 € - Petit déjeuner compris **Carte de crédit** Visa **Divers** chiens admis - Chasse; parcours "nature" à la découverte des grands animaux - Parking **Alentour** écomusées de Marquèze; circuit des vins de Grave et du sauternais **Restaurant** service de 12 h à 14 h, 19 h à 22 h - Fermé le dimanche soir et le lundi - Menus: 21 € (le midi), 30 à 40 € - Carte - Spécialités: gibier en saison; terrine de foie gras mi-cuit et pain perdu.

Sept cent hectares de pinèdes, un étang, des ruisseaux, des cascades… Et, pour s'approprier le domaine, cette grande ferme landaise cachée dans une clairière. Depuis ce lieu exceptionnel, les promenades à la rencontre des grands animaux de la forêt offrent d'infinies possibilités dûment balisées, de sorte qu'écouter le brame des cerfs ou surprendre une colonie de sangliers ne relève plus simplement du hasard. Dans le beau décor rustique de la maison principale se trouve le restaurant et un coin salon avec fauteuils club face à la cheminée. La cuisine y est d'un excellent rapport qualité-prix, en période de chasse elle propose en plus un choix de venaison à marier avec l'un des bons bordeaux proposés à la carte. Bien intégrés au site, les bâtiments annexes accueillent les chambres et les suites familiales. Très vastes, elles offrent un remarquable niveau de confort et une décoration simple mais plaisante. Enfin deux palombières perdues au milieu des pins (ambiance plus rustique) feront le bonheur des inconditionnels de la nature. Ambiance simple et très agréable avec, parfois, la visite de trois cerfs en cours d'apprivoisement.

Accès (carte n° 29): A 62 sortie Langon, puis D 932 direction Bazas, Roquefort. A Captieux, D 114. Fléchage à Maillas.

Auberge des Pins

40630 Sabres (Landes)
Route de la Piscine
Tél. 05 58 08 30 00 - Fax 05 58 07 56 74 - M. et Mme Lesclauze
E-mail: aubergedespins@wanadoo.fr - Web: aubergedespins.fr

Catégorie ★ ★ ★ **Fermeture** 15 jours en janvier; dimanche soir, lundi en basse saison **Chambres** 25 avec tél., s.d.b. ou douche (8 avec bain balnéo), w.c., t.v.; 1 chambre handicapés **Prix** des chambres: 60 à 85 €; suites: 120 € - Petit déjeuner: 8 €, servi de 7 h 30 à 10 h - Demi-pension: 60 à 75 € **Cartes de crédit** Amex, Visa **Divers** chiens admis - Parking **Alentour** écomusée de Marquèze; parc régional des Landes - Canoë-kayak sur la Leyre **Restaurant** service de 12 h à 14 h, 19 h 30 à 21 h - Menus: 20 à 61 € - Carte - Spécialité: blanc de turbot, crémeux de carottes.

Au cœur de l'immense pinède des Landes, au bout d'une de ces longues lignes droites qui n'en finissent plus, l'*Auberge des Pins* est une étape bienvenue où l'on perpétue de génération en génération la meilleure tradition hôtelière. Les chambres sont réparties entre le bâtiment principal et l'annexe (un ajout datant d'une vingtaine d'années, mais assez bien intégré au site). Même si toutes sont confortables, nous vous recommandons surtout celles qui ont été rénovées et redécorées. Grandes, lumineuses, elles affichent un décor traditionnel rajeuni et de belles salles de bains. Certaines profitent d'une terrasse ou d'un petit balcon. Près d'un ravissant salon, la salle à manger invite à prolonger les plaisirs de la table: vieux meubles, cuivres, faïences encadrent une cheminée et sa collection de vieux armagnacs. Une ambiance chaleureuse à l'image de la cuisine de Michel Lesclauze, qui sait mettre en valeur les meilleurs produits locaux pour des repas gastronomiques respectant toujours les saveurs naturelles (les menus sont d'un rapport qualité-prix nettement plus avantageux). Une très utile adresse forestière à proximité immédiate de l'incontournable écomusée de la Grande Lande.

Accès (carte n° 29): à 40 km à l'est de Mimizan, par D 44.

La Villa de l'Etang Blanc

40510 Seignosse (Landes)
Tél. 05 58 72 80 15 - Fax 05 58 72 83 67 - M. et Mme Nadal
Web : letangblanc.com

Fermeture du 1er janvier au 15 mars **Chambres** 8 et 2 suites, avec tél., s.d.b., w.c. et t.v. satellite **Prix** des chambres et suites : 60 à 110 € - Petit déjeuner : 11 €, servi de 7 h 30 à 11 h **Cartes de crédit** acceptées **Divers** petits chiens admis - Promenade en barque - Parking **Alentour** plages à 5 km ; école de pêche - Golf à 4 km **Restaurant** service de 12 h à 13 h 30, 19 h 30 à 21 h - Fermé le lundi en été et le dimanche soir, lundi et mardi en hiver - Menu : 27 à 40 € - Carte - Spécialité : salade de lentille au foie gras poêlé.

Sur les berges paisibles de l'étang Blanc, cette accueillante villa du même nom fait oublier les tumultes des villes côtières pourtant si proches. Isolé dans la pinède, l'hôtel s'ouvre sur un paysage d'aquarelle ; lac bleu, rythmé par les grandes verticales de pins et les nappes blondes et vertes des prairies humides, ponctué de loin en loin par les affûts de branchages posés sur l'eau qui reprennent du service en période de chasse. D'inspiration landaise, la villa offre des chambres douces, en demi-teintes grisées, greige, mauve pâle relayées par le voile transparent d'un rideau ou le bouti du couvre-lit (deux petites, avec balcon ouvrent sur le lac, les autres, sur un canal verdoyant). Jolies appliques design, mobilier minimal, cet ensemble épuré se complète par d'impeccables salles de bains douillettement pourvues d'un épais linge de toilette et de bons produits d'accueil. Largement ouverts sur la sérénité du paysage, la salle à manger vitrée (fines chaises en fer forgé, sol en jonc de mer) et la terrasse participent pleinement aux plaisirs de la table. On s'y régale d'un cuisine simple, très maîtrisée, aux saveurs franches qui ne doivent rien au hasard mais à la maîtrise d'un chef formé aux côtés de Jean-Marie Amat et de Pierre Maximin. Enfin, à titre de promenade digestive, pourquoi pas une balade en barque à travers les roseaux ?

Accès (carte n° 28) : A 10 sortie Capbreton-Hossegor puis route de Seignosse-bourg. A Seignosse, suivre fléchage "Etang Blanc".

Hôtel-Château des Jacobins

47000 Agen (Lot-et-Garonne)
Tél. 05 53 47 03 31 - Fax 05 53 47 02 80
M. Stéphane de Capmarty-Bujan et Mme Bujan
E-mail : hotel@chateau-des-jacobins.com
Web : chateau-des-jacobins.com

Catégorie ★★★★ **Ouverture** toute l'année **Chambres** 15 avec tél., s.d.b. ou douche, w.c. et t.v. **Prix** des chambres doubles : 70 à 130 € - Petit déjeuner : 12 à 14 €, servi de 7 h 15 à 9 h 45 - Demipension : 66 € **Cartes de crédit** Visa, Amex **Divers** chiens admis sur demande (10 €) - Parking **Alentour** église des Jacobins (XIIᵉ et XIIIᵉ) ; musée des Beaux-Arts - Ski nautique - Golf 18 trous à proximité **Pas de restaurant** à l'hôtel.

Construit en 1830, au cœur du vieil Agen, face à la superbe église des Jacobins (XIIᵉ et XIIᵉ), l'hôtel particulier des comtes de Chassaigneau qui fut aussi le siège de la Banque de France devint en 1977 hôtel de charme grâce à l'impulsion de la famille Bujan qui a su lui conserver son petit air de maison privée tout en lui apportant discrètement le meilleur confort hôtelier. C'est aujourd'hui Mme Bujan et son petit fils qui tiennent l'hôtel et font que l'on se sent ici beaucoup plus dans des chambres d'amis que dans l'univers standard d'un hôtel de centre-ville. Témoins, les meubles et objets anciens (XVIIIᵉ et XIXᵉ) que l'on trouve un peu partout, aussi bien dans le salon de lecture, romantique à souhait, que dans les confortables chambres au classicisme de bon aloi (les plus vastes donnent côté jardin). Servi dans la salle à manger, près du vieux vaisselier ou sur la terrasse verdoyante, le petit déjeuner est excellent. Pour le reste, l'hôtel ne faisant pas restaurant, vous trouverez à proximité quelques bonne tables (*La fleur de sel* et *Las Aucos* notamment). Accueil plein de courtoisie et d'attention.

Accès (carte n° 30) : Dans le centre-ville, à proximité de l'église des Jacobins.

Le Square

47220 Astaffort (Lot-et-Garonne)
5, place de la Craste
Tél. 05 53 47 20 40 - Fax 05 53 47 10 38
M. Latrille
E-mail: latrille.michel@wanadoo.fr - Web: latrille.com

Catégorie ★★★ **Fermeture** trois semaines en novembre, une semaine en mai; le dimanche soir (sauf juillet-août) **Chambres** 14 climatisées, avec tél., s.d.b., w.c., t.v. et minibar; 1 chambre handicapés; ascenseur **Prix** des chambres simples et doubles: 57 à 120 € - Petit déjeuner: 11 €, servi de 7 h à 10 h **Cartes de crédit** acceptées **Divers** petits chiens admis **Alentour** Agen; Lectoure, Condom, Nérac - Manifestation locale: marché fermier le lundi à Astaffort **Restaurant** service de 12 h à 13 h 30, 19 h 30 à 21 h 30 - Fermé dimanche soir, lundi et mardi midi - Menus: 23, 37 et 56 € - Carte.

Michel Latrille est l'un des meilleurs chefs du Lot-et-Garonne, son pigeonneau rôti aux épices et au miel ou ses raviolis de langoustines aux truffes suffisent à eux seuls pour provoquer le détour vers Astaffort, mais il faut aussi absolument rester dormir au *Square*. Ce réjouissant hôtel sur la route du Gers et des Pyrénées est un hymne aux couleurs et au confort. Les premières se retrouvent sur les murs, les tissus de marque, les faïences des superbes salles de bains ou encore l'émail des tables en terrasse. Le second s'exprime dans l'atmosphère feutrée des deux salles du restaurant avec leurs sièges houssés design, dans la qualité de la literie, l'insonorisation, l'aménagement des salles de bains. Et puis, il y a le charme qui ne se met pas en équation, mais qui se trouve dans l'entrelac du chèvrefeuille et de l'ampélopsis qui mangent peu à peu la pergola, où encore dans la lumière du soir qui baigne le panorama et provoque nos rêves en terrasse, alors que deux petits vol-au-vent atterrissent par miracle dans notre assiette pour accompagner un verre de gaillac.

Accès (carte n° 30): à 16 km au sud d'Agen par N 21. Par A 62 sortie n° 7 Agen.

Château de Lassalle

Brimont 47310 Laplume (Lot-et-Garonne)
Tél. 05 53 95 10 58 - Fax 05 53 95 13 01 - Mme Colette Chevalier
E-mail : info@chateaudelassalle.com - Web : chateaudelassalle.com

Catégorie ★★★ Ouverture toute l'année **Chambres** 17 avec tél., s.d.b., w.c. et t.v. (satellite et Canal +);
1 chambre handicapés **Prix** des chambres : 99 à 169 € ; suites (3 pers.) : 159 à 219 € - Petit déjeuner :
10 €, servi de 7 h 30 à 10 h 30 - Demi-pension : 93 à 151 € **Cartes de crédit** acceptées **Divers** chiens
admis en chenil - Tir à l'arc ; ball-trap ; quad ; piscine - Parking gardé gratuit **Alentour** prieuré de Moirax ;
cloître de la Romieu ; vignobles ; grottes de Frontirou ; Nérac - Golf 9 trous **Restaurant** service de 12 h à
13 h 30, 19 h à 21 h 30 - Fermé dimanche soir et lundi midi, hors saison - Menus : 19,50 à 55 € - Carte.

Aux portes du Gers, cette belle maison de maître XVIIe est entourée par huit
hectares de parc vallonné. Le château se révèle au bout d'une allée de chênes,
la dernière petite touche, plus méridionale, étant donnée par les cyprès et les
palmiers de la cour d'honneur. Partout, l'alliance d'un beau mobilier ancien,
d'objets de brocante et d'éléments plus contemporains s'effectue avec bonheur,
notamment dans le très beau salon billard ou dans la salle à manger (excellent
buffet des petits déjeuners sur fond de boiseries). Immenses ou plus intimes,
fastueuses ou plus simples, les confortables chambres ont chacune leur style, leur
couleur et toujours une vue plaisante. Deux, plus petites avec terrasse privée,
mélangent bois, fer forgé et briques, vous les trouverez en face du restaurant-
véranda installé dans l'orangerie plus moderne. Menus "tout foie gras", "tout
truffe" ou "tout champigons" : le terroir est de mise avec quelques créations moins
monochromes et intéressantes comme le sandre au fenouil et son risotto aux noix
du jardin ou encore l'œuf cocotte en ramequin aux cèpes. Belle piscine en
contrebas du jardin. Accueil plein de gentillesse.

*Accès (carte n° 30) : A 62, sortie n° 7 vers Agen, direction Agen/Auch, au rond-
point à droite, prendre Auch/Moirax(N 21), faire 3 km, puis à droite direction
Moirax (D 268), traverser le village et continuer sur 5 km.*

Château de Scandaillac

Saint-Eutrope-de-Born 47210 Villeréal (Lot-et-Garonne)
Tél. et Fax 05 53 36 65 40
M. et Mme Woehe
E-mail : info@scandaillac.com - Web : scandaillac.com

Fermeture de fin octobre à mars **Chambres** 6 non-fumeurs, avec s.d.b., w.c. et téléphone portable **Prix** des chambres doubles : 90 à 98 € - Petit déjeuner-buffet : 9,90 €, servi de 9 h à 10 h 30 - Demi-pension : 81,90 à 85,90 € **Cartes de crédit** Visa, Amex **Divers** chiens admis sur réservation - Piscine, vélos - Parking **Alentour** Montflanquin ; château de Biron ; Monpazier ; Bastides ; Cadouin ; Bonaguil ; Bergerac **Restaurant** service à 20 h - Fermé le mardi soir - Menu : 27 €.

L e petit pont-levis d'opérette qui donne accès à la cour intérieure de *Scandaillac* illustre bien l'ambiance de ce château énergiquement rénové qui a conservé cependant une aile authentiquement Renaissance avec une chapelle du XIIe siècle, transformée en confortable salon, et beaucoup d'autres vestiges : fenêtres à meneaux, poutres et sols d'origine… Le mobilier ancien et de style souvent Louis XIII a quelque chose de théâtral et de gai, les chambres aux tissus élégants sont d'un confort parfait et d'une tenue irréprochable, la vue superbe… Avec en prime une piscine donnant sur les collines, qu'il faudra cependant quitter avant 19 h, pour profiter de l'apéritif puis du repas, orchestré de main de maître par Maren et Klaus Woehe. Efficaces et courtois, ils sauront faciliter votre séjour : précieux conseils pour découvrir la région, réservation d'un restaurant ou d'une activité touristique, préparation d'un remarquable buffet du petit déjeuner…

Accès (carte n° 23) : à 50 km au nord d'Agen direction Villeneuve-sur-Lot ; à Cancon, route de Montflanquin, puis D 153 jusqu'à Saint-Vivien où l'hôtel est fléché. A 30 km au sud de Bergerac.

La Ferme Ostalapia

64210 Ahetze (Pyrénées-Atlantiques)
Tél. 05 59 54 87 42 - Fax 05 59 54 98 85 - M. Christian Duplaissy
E-mail: ostalapia@wanadoo.fr - Web: ostalapia.com

Ouverture toute l'année **Chambres** 5 avec s.d.b., w.c. et t.v. Canal + **Prix** des chambres: 65 à 155 € - Petit déjeuner compris, servi de 8 h 30 à 10 h 30 **Carte de crédit** Visa **Divers** chiens non admis - Parking **Alentour** Biarritz; Anglet; Saint-Jean-de-Luz et Ciboure; villages basques - 7 golfs dans un rayon de 8 km **Restaurant** service de 12 h à 14 h, 20 h à 22 h 30 - Fermé le mercredi et le jeudi hors saison - Carte: 27,50 € environ.

En pleine campagne, un peu à l'écart de l'axe Biarritz - Saint-Jean-de-Luz, cette ancienne ferme rénovée est l'illustration de ce qui se fait de mieux aujourd'hui lorsqu'il s'agit de marier tradition, modernité et régionalisme. On aime le choix des meubles, objets anciens, tableaux basques, le jeu des éclairages, la qualité des matériaux (coco, lin, pierres apparentes dans les cinq belles chambres meublées dans un mélange de design et de rétro des années 30 ou 40). Vous dormirer dans le calme et le confort, profiterez de ravissantes salles de bains mosaïquées, rêverez face au splendide paysage de la Rhune qui se déploie derrière votre fenêtre ou dans le prolongement de votre terrasse privative. On en oublierais presque la vocation gourmande de la ferme ! Car vous êtes chez Christian Duplaissy qui avait fait de son ancien restaurant, *La Tantina de Burgos*, un incontournable de la côte basque. Même qualité donc à la table d'*Ostalapia* où l'on retrouve les délicieux chipirons sautés, les savoureux confits, le carpaccio de thon et la fameuse tarte sucrée à la crème brûlée et aux pommes. Autant de simples merveilles à déguster dans la chaleureuse salle à manger ou en terrasse pour un tête-à-tête avec les collines et la montagne.

Accès (carte n° 28): sur la N 10 entre Guéthary et Saint-Jean-de-Luz, prendre direction Ahetze par D 855, la ferme est à 2 km.

Hôtel Ithurria

64250 Aïnhoa (Pyrénées-Atlantiques)
Tél. 05 59 29 92 11 - Fax 05 59 29 81 28
Famille Isabal
E-mail: hotel@ithurria.com - Web: ithurria.com

Catégorie ★★★ **Fermeture** de novembre à Pâques **Chambres** 27 climatisées avec tél., s.d.b., w.c. et t.v. satellite; ascenseur **Prix** des chambres: 115 à 135 € - Petit déjeuner: 10 €, servi de 8 h à 10 h - Demi-pension: 99 à 110 € **Cartes de crédit** acceptées **Divers** chiens admis - Piscine, sauna, salle de fitness - Parking **Alentour** Biarritz; Anglet; Arcangues; Bidart; villages basques; forêt d'Iraty - Golfs 18 trous de Biarritz, le phare et de Chiberta à Anglet **Restaurant** service de 12 h à 14 h, 19 h à 21 h - Fermé le mercredi toute la journée et le jeudi midi (sauf juillet-août) - Menus: 29 à 48 € - Carte.

Situé au cœur de l'un des "plus beaux villages de France" tout rouge et blanc, au sein des doux vallons du Pays basque, *Ithurria* est une belle auberge qui s'ouvre sur la place de l'Eglise, laquelle est aussi celle du fronton où l'on joue à la pelote. Ici, tradition familiale et plaisir des vacances s'allient au calme, à l'accueil et à la gastronomie. Une vingtaine de chambres ainsi que la suite ont été rénovées. Qu'elles soient dans les tons bleus, jaunes ou verts, toutes sont impeccables avec moquettes, climatisation et meubles de style ancien. Elles donnent sur les toits du village, la campagne, ou encore la route, peu passagère la nuit. Quant aux salles de bains modernes, elles affichent des tons rappelant la chambre. Dans la grande salle à manger, l'atmosphère locale est donnée par de belles tomettes à chevrons, par la cheminée et par le bois sculpté des portes à claire-voie; on y sert, avec le sourire, une très goûteuse cuisine régionale créative. Ajoutez à cela un délicieux petit bar et une immense piscine au fond du jardin, vous comprendrez alors pourquoi *Ithurria* connaît un franc succès parmi les bons vivants.

Accès (carte n° 28): à 25 km au sud de Saint-Jean-de-Luz par D 918.

Hôtel Laminak

64210 Arbonne (Pyrénées-Atlantiques)
Route de Saint-Pée
Tél. 05 59 41 95 40 - Fax 05 59 41 87 65 - M. et Mme Basin
E-mail : info@hotel-laminak.com - Web : hotel-laminak.com

Catégorie ★★★ Fermeture du 14 novembre au 5 décembre **Chambres** 12 avec tél., s.d.b. ou douche, w.c., t.v. et minibar ; accès pour handicapés **Prix** des chambres : 69 à 98 € - Petit déjeuner : 10 €, servi de 7 h à 11 h **Cartes de crédit** Amex, Visa **Divers** chiens admis (8 €) - Piscine - Parking **Alentour** forêt de Chiberta ; Arcangues ; Bidart ; Saint-Jean-de-Luz ; villages basques ; musée Guggenheim de Bilbao (1 h 30) - Golf 18 trous d'Arcangues **Pas de restaurant** mais petite collation sur demande.

Repris en 2004 avec beaucoup de motivation, le *Laminak* promet d'être une nouvelle adresse de charme à prix doux, dans l'arrière-pays de cette côte basque qui prend parfois des parfums de Côte d'Azur… Aux beaux jours, vous entendrez les cigales chanter avec force depuis le petit jardin attenant, face aux collines – où vous pourrez prendre un copieux petit déjeuner, avant d'aller inaugurer la toute récente piscine. Pour les temps moins cléments, une salle aux allures de jardin d'hiver vous accueillera (couleurs claires, avec bois peint en gris et beaucoup de lumière). Les chambres sont réparties entre le premier étage de la maison principale et une petite dépendance. Les premières sont plus intimes, avec moquette, dessus de lit aux couleurs chaudes et fleuries, coussins unis, petits tableaux et rideaux assortis (salles de bains plutôt petites mais bien agencées). Les chambres d'à côté sont plus grandes et plus fraîches, carrelées, avec quelques meubles rustiques, assez classiques. Très accueillants, M. et Mme. Basin proposent une petite restauration simple à base de charcuteries locales et de légumes frais. Deux belles tables à proximité : *Le Moulin d'Alotz*, nouvellement étoilé au Michelin, et *La Ferme Ostalapia*.

Accès (carte n° 28) : à 4 km au sud de Biarritz. Sur A 63 sortie n° 4 Biarritz-la Négresse, puis D 255 direction Arbonne.

Chez Chilo - Auberge de Barcus

64130 Barcus (Pyrénées-Atlantiques)
Tél. 05 59 28 90 79 - Fax 05 59 28 93 10 - M. et Mme Chilo
E-mail: martine.chilo@wanadoo.fr - Web: hotel-chilo.com

Catégorie ★★★ **Fermeture** du 8 janvier au 24 janvier et du 15 au 30 mars; le dimanche soir, lundi et mardi matin en basse saison **Chambres** 11 et 1 appartement, avec tél., s.d.b. ou douche, w.c. et t.v. **Prix** des chambres doubles: 45 à 140 € - Petit déjeuner: 8 € - Demi-pension: 109 à 154 € (pour 2 pers.) **Cartes de crédit** acceptées **Divers** chiens admis - Piscine - Parking fermé **Alentour** chemins de Saint-Jacques-de-Compostelle; châteaux de Moumour, de Mauléon, d'Aren - Randonnées, sports d'eaux vives **Restaurant** service de 12 h à 14 h, 19 h 30 à 21 h 30 - Fermé dimanche soir, lundi, mardi midi en basse saison - Menus: 18 à 62 € - Carte - Spécialités: cannelloni de bœuf de Soule au fondant de fromage de brebis; fricassée de homard et ris d'agneau, crème de vieux jambon.

Barcus se trouve à la frontière du Béarn et du Pays basque. Relief vallonné, couleur tendre des verts pâturages, villages préservés – parmi lesquels Aramits et Lanne-Porthau, deux fiefs mousquetaires immortalisés par Alexandre Dumas: l'environnement de l'auberge fleure bon l'authenticité et le bien-vivre. Vous retrouverez ces deux qualités *Chez Chilo*, une belle maison traditionnelle rénovée, agrandie et parfaitement tenue par une famille très motivée. Classiques, joliment aménagées et très bien tenues, les chambres conservent le charme des auberges de campagne. Côté cuisine, les produits du terroir sont à l'honneur et bien travaillés par M. Chilo. Selon les saisons, la carte donne un vertige de gourmandise, avec ses suggestions de ris d'agneau fondants, pièces de bœuf au gingembre, et autres foies, jambonneaux, poissons atlantiques... Une belle et accueillante adresse.

Accès (carte n° 29): à 16 km à l'ouest d'Oloron-Sainte-Marie. A Oloron, prendre "Toutes directions"; après le centre Leclerc, à gauche direction "Polyclinique" puis faire 15 km direction Mauléon-Licharre. L'hôtel est dans le village de Barcus.

Château du Clair de Lune

64200 Biarritz (Pyrénées-Atlantiques)
48, avenue Alan-Seeger
Tél. 05 59 41 53 20 - Fax 05 59 41 53 29 - Mme Beyrière
E-mail : hotel-clair-de-lune@wanadoo.fr - Web : chateauduclairdelune.com

Catégorie ★★★ **Ouverture** toute l'année **Chambres** 17 avec tél., s.d.b., w.c., t.v. et minibar **Prix** des chambres : 70 à 120 € (+ 20 % en juillet-août) ; 4 pers. : 120 à 150 € - Petit déjeuner : 10 €, servi de 8 h à 10 h 30 h **Cartes de crédit** acceptées **Divers** chiens admis (10 €) - Parking **Alentour** Bayonne ; Saint-Jean-de-Luz ; villages basques ; musée Guggenheim à Bilbao (1 h 30) - Thalassothérapie - Nombreux golfs **Restaurant** sur la propriété.

Il vous faudra parcourir une très longue allée de graviers afin de parvenir devant l'entrée de cette très accueillante maison de la fin du XIXe, qui semble s'être prise au jeu de réveiller vos souvenirs d'enfance. A grand renfort de charmants raffinements, comme ces gravures belles et amusantes sur la plupart des murs, les pièces de réception et les chambres séduisent avec leur petit côté fin de siècle revu au goût du jour. Les salles de bains ont des proportions d'un autre temps et conservent baignoires, lavabos et carrelages anciens. A l'inverse des chambres aménagées dans le pavillon de chasse, équipées et décorées de manière beaucoup plus "tendance", et qui toutes bénéficient d'une terrasse. Au rez-de-chaussée du château, un vaste salon, gai et lumineux, s'ouvre sur un immense parc arboré où l'on collectionne les rosiers et qui recèle de multiples coins de tranquillité : terrasses isolées, fontaines ou pelouses accueillantes. Pas de restaurant sur place mais il vous suffira de traverser l'allée et rejoindre l'excellent *Campagne et Gourmandises*. Au clair de lune ou non, cette adresse est celle d'un hôtel de charme dans toute sa splendeur : un endroit de caractère, un site splendide… et une hôtesse charmante.

Accès (carte n° 28) : à 4 km au sud du centre-ville par le pont de la Négresse et D 255 (route d'Arbonne).

Hôtel Edouard VII

64200 Biarritz (Pyrénées-Atlantiques)
21, avenue Carnot
Tél. 05 59 22 39 80 - Fax 05 59 22 39 71 - M. et Mme Boulineau
E-mail : contact@hotel-edouardVII.com - Web : hotel-edouardVII.com

Catégorie ★ ★ ★ **Ouverture** toute l'année **Chambres** 18 climatisées, avec tél., s.d.b. ou douche, w.c., t.v. (câble et Canal +), minibar et coffre-fort **Prix** des chambres doubles : 78 à 128 € ; chambres familiales (2 adultes et 2 enfants) : 127 à 137 € - Petit déjeuner : 9,50 €, servi de 7 h 30 à 10 h 30 **Cartes de crédit** acceptées **Divers** chiens admis (9 €) **Alentour** musée de la Mer ; musée du Chocolat ; le petit train de la Rhune - Plage et sports nautiques - Golf 9 et 18 trous à proximité **Pas de restaurant** à l'hôtel.

Parfaitement situé à cinq minutes de la côte des Basques, l'*Edouard VII* vient d'être intégralement rénové et redécoré dans un goût sagement actuel. C'est ainsi qu'au salon les teintes reposantes de blanc et d'écru mettent en valeur le marbre noir de la cheminée et son étonnante glace trumeau compartimentée, ou l'éclat acidulé d'une bergère Louis XVI quelque peu revisitée. Pas une chambre ne ressemble à sa voisine. Tapis en fibre naturelle et mobilier design en rotin pour celles du rez-de-chaussée (petite terrasse fermée mais pas de vue) ; Couleurs chaudes bien dosées dans les étages avec parquet clair, jolies tentures et chaises capitonnées. Partout calme, tenue et confort sont absolument parfaits et l'on appréciera d'autant plus la qualité de la climatisation qu'elle permet de conserver une insonorisation hermétique en pleine saison estivale. A taille humaine, ce petit hôtel cache une autre qualité qui ne se révèle qu'à l'usage : celle d'un accueil aimable et disponible qui renforce le charmant petit côté "maison" de l'*Edouard VII*.

Accès (carte n° 28) : A 63 sortie Biarritz Parme puis direction centre-ville, 1re à gauche après la station-service Shell.

Maison Garnier

64200 Biarritz (Pyrénées-Atlantiques)
29, rue Gambetta
Tél. 05 59 01 60 70 - Fax 05 59 01 60 80
Yves Gelot
E-mail: maison-garnier@hotel-biarritz.com - Web: hotel-biarritz.com

Catégorie ★★★ **Ouverture** toute l'année **Chambres** 7 avec tél., s.d.b., w.c. et t.v. câble **Prix** des chambres doubles: 85 à 125 € - Petit déjeuner: 9 €, servi de 8 h à 11 h **Cartes de crédit** acceptées **Divers** chiens admis **Alentour** Bayonne; Saint-Jean-de-Luz; villages basques - Thalassothérapie - 8 golfs 18 trous de Chiberta à Anglet sur 50 km **Pas de restaurant** à l'hôtel.

Elle n'a pas l'air de grand-chose, cette petite villa début XIXᵉ à proximité des halles de Biarritz. Pas de jardin, pas vraiment de vue… Pourtant, on aurait tort d'ignorer la *Maison Garnier* car elle vaut beaucoup mieux que cette impression fugitive. Ainsi, le nombre limité de chambres donne à chacun l'impression d'être ici chez lui, sentiment confirmé par la gentillesse de l'accueil et la qualité de la décoration intérieure. Récemment repris par Yves Gelot, l'hôtel affiche une ambiance sobre et élégante: parquet ébène, murs blancs, tissus crème, mobilier rétro, encadrement de cartes postales sépia du vieux Biarritz… Le ton est donné, mélange d'esprit 1930 teinté de style colonial. Vous le retrouverez aussi bien dans les confortables chambres que dans la salle du petit déjeuner où l'on se régale de viennoiseries, céréales, oranges pressées, confitures. Seul le petit salon Napoléon III fait exception avec ses velours rouges et verts, sa collection de phares miniatures et ses tableaux marins. A deux pas du vieux port, de la Grande Plage et du rocher de la Vierge, la *Maison Garnier* est une petite perle à découvrir.

Accès (carte n° 28): dans Biarritz, près des halles, la rue Gambetta débute place Clemenceau.

Auberge Ostapé

Chahatoenia 64780 Bidarray (Pyrénées-Atlantiques)
Tél. et Fax 05 59 37 91 91 - M. François Ricau
E-mail: contact@ostape.com - Web: ostape.com

Catégorie ★★★★ **Ouverture** toute l'année **Chambres** 22 suites climatisées, avec tél., s.d.b., w.c., t.v. (satellite et Canal +), coffre-fort et minibar; 2 chambres handicappés **Prix** des suites: 220 à 620 € - Petit déjeuner: 15 €, servi de 7 h 30 à 11 h 30 **Cartes de crédit** acceptées **Divers** chiens non admis - Piscine, sauna, hammam, fitness - Parking **Alentour** Saint-Jean-Pied-de-Port; fôret d'Irraty; grottes de Sare et Oxocelhaya - Rafting, vol à voile - 3 golfs 18 trous à proximité **Restaurant** service de 12 h à 14 h 30, 19 h 30 à 22 h - Menu: 50 €.

Préfigurant ce que sera le vrai grand luxe des siècles prochains, Alain Ducasse vous offre… Un paysage, un vrai, un très rare : tumulte de collines à pâturages, balayées par les fêtes et les caprices du ciel, palette vivante où se déclinent, selon la saison, toutes les nuances possibles de vert, de brun, d'or… Et rien pour casser le rêve, pas une ligne haute tension, ni de construction anarchique, rien que quelques fermes basques et une poignée de moutons. Vous prendrez le pont de Bidarray, grimperez le long d'un torrent, puis l'étroite route deviendra chemin pour finir devant cette magnifique ferme basque XVIIᵉ et ses petites sœurs du même style où se répartissent les chambres. La décoration intérieure touche à la recherche obsessionelle de l'authenticité et de l'harmonie (poutres et murs chaulés, lin, chêne brut, mobilier ancien, œuvres d'art, objets patiemment chinés, superbes tapis) sans tomber dans cet autre standard que sont les clichés de la "déco-tendance". Chambres vastes et d'un confort parfait, magnifique enchainement salon-salle à manger-terrasse (inutile de dire que la cuisine promet d'être magnifique) et piscine panoramique…

Accès (carte n° 28) : *A proximité de Cambo-les-Bains prendre à droite D 918 sur 13 km. A Pont-Noblia prendre à droite D 349, à Bidarray suivre Ostapé.*

La Ferme de Bassilour

64210 Bidart (Pyrénées-Atlantiques)
Rue Burruntz
Tél. 05 59 41 90 85 - Fax 05 59 41 87 62
E-mail: bassilour@wanadoo.fr - Web : domainedebassilour.com

Catégorie ★★★ **Ouverture** toute l'année **Chambres** 10, avec tél., s.d.b., w.c. et t.v. **Prix** des chambres : 85 à 125 € ; lit suppl.: 15 € - Petit déjeuner: 10 €, servi de 8h30 à 10h30 **Carte de crédit** Visa **Divers** chiens admis (10 €) - Tennis. stages de cuisine - Parking **Alentour** plage à 3 km ; Biarritz ; Saint-Jean-de-Luz et Ciboure ; villages basques - 7 golfs dans un rayon de 8 km **Pas de restaurant** à l'hôtel.

Une authentique ferme basque XVIIIᵉ, bordée par une petite route, des pâturages, quelques lisières boisées et, plus loin, les contreforts valonnés de la Rhune… Difficile d'imaginer que, juste derrière, se trouve Bidart, ses habitations, commerces, zones d'activités (et aussi sa belle plage à 3 kilomètres) ! Voilà déjà l'un des premiers atouts de la *Ferme* : authenticité et verdure au cœur du pays basque balnéaire. Mais elle en a bien d'autres… A commencer par l'exceptionelle qualité d'une rénovation tout juste achevée qui a su mettre en valeur le vieux dallage de pierre, les deux grosses colonnes cylindriques de l'immense salon-salle à manger, ou encore le parquetage brut à claire-voie de l'ancienne charpente qui surplombe le palier d'étage. Elégance discrète des matériaux d'origine décapés, cirés, parfois légèrement teintés, décoration actuelle, sobre et claire dans les ravissantes chambres campagnardes (mobilier rétro sans excès, superbes salles de bains à l'ancienne ponctuées de quelques touches design). On aime aussi l'accueil naturel, les petits déjeuners sous l'auvent du jardin ou près de la grosse cheminée… Et aussi les prix, plutôt doux pour une telle qualité et une aussi belle situation.

Accès (carte n° 28): A 63 sortie Biarritz-la-Négresse. N 10 vers Bidart jusqu'au rond-point de Jardiland puis suivre fléchage "Domaine de Bassilour".

Hostellerie des Frères Ibarboure

Guéthary 64210 Bidart (Pyrénées-Atlantiques)
Chemin de Ttalienea
Tél. 05 59 47 58 30 - Fax 05 59 54 75 65
Philippe Ibarboure
E-mail : contact@freresibarboure.com - Web : freresibarboure.com

Fermeture du 15 novembre au 7 décembre et du 5 au 20 janvier **Chambres** 8 climatisées, avec tél., s.d.b., w.c., t.v., minibar et coffre-fort ; ascenseur ; 1 chambre handicapés **Prix** des chambres doubles : 130 à 230 € (selon saison) - Petit déjeuner : 13 €, servi jusqu'à 11 h **Cartes de crédit** Visa, Amex **Divers** chiens non admis - Piscine - Parking **Alentour** mer à 2 km, montagne à 7 km, Espagne à 15 km **Restaurant** service de 12 h 30 à 14 h, 19 h 30 à 21 h 30 - Fermé dimanche soir et mercredi - Menus : 46 à 95 € - Carte.

On ne présente plus les frères Ibarboure, Philippe aux fourneaux, Martin à la pâtisserie, et leurs épouses en salle, car ce célèbre restaurant installé sur les hauteurs de Guéthary est l'une des plus grandes références de la gastronomie en Pays basque. Mais on ne sait pas forcément que l'établissement propose, depuis peu, quelques belles chambres installées dans un bâtiment moderne bien marié à la nature environnante. Le site, une clairière bordée par la forêt à quelques minutes des plages, justifie leurs intitulés : "Reflets d'Atlantique", "Orée du bois", notamment. Volumes généreux, terrasses privatives donnant sur la nature et la piscine, aménagements contemporains ultra-confortables… Les plus exigeants devraient trouver leur bonheur dans ces chambres aussi élégantes que bien conçues. Asssociées à une table d'exception et à un accueil agréable et concerné, elles participent au succès mérité de ce très bel ensemble.

Accès (carte n° 28) : A 63 sortie n° 4, N 10 jusqu'à Bidart puis D 355, fléchage sur la droite après le pont sous l'autoroute.

L'Hacienda

64210 Bidart (Pyrénées-Atlantiques)
Route d'Ahetze - Chemin de Bassilour
Tél. 05 59 54 92 82 - Fax 05 59 26 52 73 - Delphine Charon
E-mail : contact@hotel-hacienda.fr - Web : hotel-hacienda.fr

Catégorie ★ ★ ★ **Fermeture** de novembre à mars **Chambres** 10 et 4 suites, avec tél., s.d.b., w.c. et t.v. ;
1 chambre handicapés **Prix** des chambres : 95 à 175 € ; suites (2 à 4 pers.) : 195 à 240 € - Petit
déjeuner : 12 €, servi de 8 h à 10 h 30 **Carte de crédit** Visa **Divers** chiens admis sous réserve (10 €) -
Piscine chauffée - Parking **Alentour** Bayonne ; villages basques - Thalassothérapie - 8 golfs 18 trous
de Chiberta à Anglet sur 50 km et golf d'Illbaritz à 5 minutes **Pas de restaurant** à l'hôtel ; salon de thé.

Pas de chevaux, ni d'indiens, ici. Pas même de grands cactus marquant, de loin en loin, une savane sèche et déserte… Au contraire, l'endroit est plutôt vert, fleuri et bien protégé du soleil sous de grands acacias et quelques pins qui font un écran à la rumeur de l'autoroute côtière. Si cet hacienda hispanico-basque peut évoquer parfois l'Amérique latine, c'est à une thématique bien plus variée que vous invitent les chambres : pimpantes et parfumée pour "Pivoine", "Miel", ou "Pavotine", exotique pour "Lagon", montagnarde chez "Marmotte"… Pour chacune (et aussi pour les pièces de réception), Delphine Charon a dévalisée les boutiques déco-cadeaux. N'y cherchez donc pas l'authenticité des vieux meubles, elle est ici remplacée par un onirisme multicolore plein de bonne humeur. Le confort est également bien présent (litterie parfaite, impeccables salles de bains) dans ce lieu inattendu où l'on vous proposera une impressionnante carte de petits déjeuners et une liste des bonnes tables alentour, testées par les jeunes et très accueillants propriétaires !

Accès (carte n° 28) : A 63 sortie Biarritz-la-Négresse. N 10 vers Bidart jusqu'au rond-point de Jardiland. A gauche direction Ahetze. Au carrefour, à gauche après la carrosserie, direction Bassilour.

Hôtel Villa L'Arche

64210 Bidart (Pyrénées-Atlantiques) - Chemin Camboénéa
Tél. 05 59 51 65 95 - Fax 05 59 51 65 99
E-mail : villalarche@wanadoo.fr - Web : villalarche.com

Catégorie ★★★ **Fermeture** de mi-novembre à mi-février **Chambres** 7 et 1 suite, avec tél., s.d.b., w.c., t.v. satellite, coffre-fort et minibar, modems dans 6 chambres **Prix** des chambres doubles : 95 à 190 € ; suite : 170 à 260 € - Petit déjeuner : 12,50 €, servi jusqu'à 11 h **Carte de crédit** Visa **Divers** chiens admis (13 €) - Parking couvert gratuit **Alentour** Biarritz ; Anglet ; Saint-Jean-de-Luz et Ciboure ; villages basques - 7 golfs dans un rayon de 8 km **Pas de restaurant** à l'hôtel.

Avec son mur d'enceinte chaulé de blanc, son escalier dans la petite cour et ses fleurs, ses buis, ses haies aux reflets verts et gris, on se croirait sur une île grecque, dans une enclave de Méditerranée… Pourtant, passé le seuil, on mesure la proximité de l'Atlantique et au bout de la terrasse soudain on l'aperçoit – le turquoise pimpant, avec le grondement des vagues en contrebas de la falaise, les nuages d'embruns salés et les cris des goélands. Un escalier mène directement à la mer… Les jours de grand vent, on peut opter plutôt pour l'une des chaises longues en bois exotique et se gorger de soleil à l'abri d'un buisson. Récemment repris, l'hôtel affiche une décoration plus contemporaine, avec beaucoup de bois brut, naturel ou peint en gris taupe. Les numéros de chambres sont peints couleur lagon et font écho aux quelques toiles qui ornent les murs des couloirs. Petit à petit, les chambres sont rénovées ; chacune avec une salle de bains spacieuse, carrelée d'un blanc brillant, et une terrasse pontée en teck d'où l'on voit plus ou moins largement l'Océan. Pas de restaurant à l'hôtel (excellent petit déjeuner en revanche), mais les bonnes adresses ne manquent pas dans les proches environs : *La Tantina de la playa* (à 50 m. en passant par le jardin et la plage), *Les Frères Ibarboure*, *La Ferme Ostalapia* ou l'excellent *Moulin d'Alotz*.

Accès (carte n° 28) : Dans Bidart centre, rue de l'Uhabia vers les Embruns.

Lehen Tokia

64500 Ciboure (Pyrénées-Atlantiques)
Chemin Achotarreta
Tél. 05 59 47 18 16 - Fax 05 59 47 38 04 - M. Personnaz
E-mail : info@lehen-tokia.com - Web : lehen-tokia.com

Catégorie ★★★ **Fermeture** du 15 novembre au 31 janvier **Chambres** 7 avec tél., s.d.b. ou douche, w.c., t.v. et minibar **Prix** des chambres simples et doubles : 80 à 150 € ; suite : 155 à 215 € - Petit déjeuner : 10 €, servi de 8 h 30 à 10 h 30 **Cartes de crédit** acceptées **Divers** chiens non admis en haute saison - Piscine, sauna **Alentour** Saint-Jean-de-Luz ; corniche basque par le sémaphore de Socoa ; villages basques ; Bayonne ; Biarritz ; musée Guggenheim de Bilbao (1 h 30) - 7 golfs dans un rayon de 20 km dont le golf de Nivelle à 5 min **Pas de restaurant** à l'hôtel.

Il en a fallu de la tenacité pour sauvegarder les splendeurs de cette villa unique, les protéger des décisions réalistes, les écarter des aménagements fonctionnels… Certes, il n'est pas toujours simple de déplacer un radiateur Art déco pour le nettoyer ou le repeindre. Mais quel style ! En entrant dans cette maison, vous irez de charmes en surprises : dans l'escalier, la verrière signée Grüber amène la lumière douce de ses vitraux rêveurs ; au sol, des marches de marbre opalescent, ou des mosaïques au motif complexe. Sur les murs, fusains et sanguines rappellent le temps où cette partie de la côte basque, autour de Ciboure, était le rendez-vous de la haute société et du bon goût. Dans les chambres, dont certaines disposent d'une vue unique sur le golfe de Socoa et la piscine aux contours étranges, on a tenté de conserver les formes proposées par cette belle maison classée monument historique. Ainsi des tables d'appoint, de certaines lampes, ou des salles de bains, admirablement habillées, pour certaines, de contours galbés en iroko. Une adresse admirable, un souvenir… de collection.

Accès (carte n° 28) : A 63, sortie Saint-Jean-de-Luz-sud, puis fléchage à Ciboure.

Hôtel Etchemaïté

64560 Larrau (Pyrénées-Atlantiques)
Tél. 05 59 28 61 45 - Fax 05 59 28 72 71 - Pierre Etchemaïté
E-mail : hotel.etchemaite@wanadoo.fr - Web : hotel-etchemaite.fr

Catégorie ★★ **Fermeture** du 8 janvier au 14 février **Chambres** 16 avec tél., s.d.b., w.c. et t.v. **Prix** des chambres : 42 à 58 € - Petit déjeuner : 8 €, servi de 8 h à 11 h - Demi-pension : 43,50 à 52,50 € **Carte de crédit** Visa **Divers** chiens non admis - Parking gardé **Alentour** gorges de Kakouetta ; forêt d'Iraty ; passerelle d'Holzarté, pic d'Orhy - Ski à 30 km **Restaurant** service de 12 h à 14 h, 19 h 30 à 21 h 15 - Menus : 18 à 54 € - Spécialités : agneau de lait des Pyrénées ; bœuf et veau de Soule.

Même si vous n'êtes pas perché sur une bicyclette, les mollets tendus par l'effort et la sueur au front, le voyage qui vous ménera "chez Maïté" est une mise en bouche de qualité. Dans ces splendides paysages de haute Soule, la route qui longe le gave de Larrau évolue dans un ravin habillé de forêts de châtaigniers et de sapins, au pied de rondeurs pelées et de prés à bétail. L'hôtel lui-même est accroché à la pente face à une falaise vertigineuse où s'ébattent des chèvres que l'on prend d'abord pour des isards… Confortables et gaies avec leurs enduits teintés, les chambres affichent des têtes de lit en chêne clair, de jolis tissus coordonnés et s'enrichissent parfois d'une belle armoire ancienne ou d'un petit meuble rétro, qui font écho à la frise colorée de salles de bains impeccables. Mais c'est en rejoignant la grande salle à manger, face à la vallée, que vous finirez d'être séduit : sur ces tables revêtues d'admirable linge basque au coton épais, on vous servira une délicieuse cuisine de terroir, interprétée avec finesse et créativité. En témoignent ce parmentier de boudin au piment d'Espelette ou cet artichaut farci, qui laissent comme une saveur de nostalgie lorsqu'il s'agit de redescendre dans la plaine, à portée de regard de la forêt d'Iraty. Une très belle adresse et un grand repas, pour une addition modeste et un franc sourire.

Accès (carte n° 29) : A 64 sortie n° 4 vers Bidache, puis D 11 et D 23 jusqu'à Mauléon, puis D 918 jusqu'à Tardets et D 26 jusqu'à Larrau.

Hôtel Arcé

64430 Saint-Etienne-de-Baïgorry (Pyrénées-Atlantiques)
Tél. 05 59 37 40 14 - Fax 05 59 37 40 27 - M. Arcé
E-mail : reservation@hotel-arce.com - Web : hotel-arce.com

Catégorie ★★★ **Fermeture** de mi-novembre à mi-mars **Chambres** 23 avec tél., s.d.b. ou douche, w.c. et t.v. **Prix** des chambres simples et doubles : 71 à 135 € ; suites : 200 à 215 € - Petit déjeuner : 10 €, servi de 7 h 45 à 10 h 30 - Demi-pension : 95 à 125 € **Cartes de crédit** Visa, Diners **Divers** chiens admis (16 € par séjour) - Piscine chauffée, tennis - Parking **Alentour** vallée de la petite Nive ; Saint-Jean-Pied-de-Port ; dolmens, cromlechs - Golf 18 trous de Souraïde **Restaurant** service de 12 h à 13 h 45, 19 h 30 à 20 h 45 - Fermé lundi et mercredi midi du 15 septembre au 15 juillet (sauf jours fériés) - Menus : 24 à 36 € - Carte.

Cette superbe auberge basque bénéficie d'une situation particulièrement privilégiée sur les berges de la Nive, dont la fraîcheur et les agréables murmures impriment une atmosphère très montagnarde à l'ensemble. C'est dans un vivier caché dans son lit que sont acclimatées les truites qui rejoindront votre assiette à la demande. La salle à manger aux grandes baies vitrées est désertée aux beaux jours pour les longues terrasses sous les platanes, à proximité de la passerelle qui enjambe la rivière et mène à la piscine. Les chambres donnant sur le torrent ont été décorées dans un style contemporain et chaleureux. Celles donnant sur la verdure, à l'arrière du bâtiment principal blanc et grenat, sont équipées d'un mobilier ancien classique et disposent, pour certaines, d'un petit coin-salon. Dans la petite villa au-dessus de l'eau, les belles chambres rouges, roses, ou jaunes profitent d'un balcon perché sur l'onde… Partout, des livres et des fleurs, toujours un accueil informel et souriant. Une adresse attachante pour un très joli site, idéal pour un séjour.

Accès (carte n° 28) : à 50 km au sud-est de Bayonne par D 932 et D 918 jusqu'à Saint-Martin-d'Arossa, puis D 948 jusqu'à Saint-Etienne-de-Baïgorry.

Les Almadies

64500 Saint-Jean-de-Luz (Pyrénées-Atlantiques)
58, rue Gambetta
Tél. 05 59 85 34 48 - Fax 05 59 26 12 42 - M. Jean-Jacques Hargous
E-mail : hotel.lesalmadies@wanadoo.fr - Web : hotel-les-almadies.com

2006

Fermeture 3 semaines à partir de mi-novembre **Chambres** 7 avec tél., s.d.b. ou douche, t.v. et coffre-fort **Prix** des chambres simples et doubles : 75 à 120 € - Petit déjeuner : 10 €, servi de 8 h à 10 h 30 **Carte de crédit** Visa **Divers** chiens non admis - Parking et garage (10 €) **Alentour** église Saint-Jean-Baptiste de Saint-Jean-de-Luz ; corniche basque par le sémaphore de Socoa ; la Rhune ; Bayonne ; Biarritz ; Ciboure ; musée Guggenheim de Bilbao (1 h 30) - 2 Golfs 18 trous à Saint-Jean-de-Luz **Pas de restaurant** à l'hôtel.

Installé dans une petite maison basque du centre de Saint-Jean, cet hôtel est à la fois simple et très confortable, décoré dans les tonalités de mastic et de taupe ponctué de beige, d'ivoire et de crème. Longtemps résidents en terres africaines, les propriétaires se sont amusés à mêler mobilier exotique, meubles traditionnels basques et design contemporain. Les chambres sont ainsi d'une grande sobriété, mais sans être ni froides ni impersonnelles, avec des literies d'excellente qualité et de belles la salle de bains (céramique blanche et bois exotique). Au matin, vous prendrez le petit déjeuner dans une petite pièce baignée de soleil, traitée à la manière d'un ponton de bateau et se prolongeant par une terrasse. Nappes de coton basque à rayures multicolores, dans les teintes acidulées, et original service de porcelaine blanche pour savourer un assortiment de petites baguettes fraîches au levain, viennoiseries, fruits secs et fromage blanc. Accueil très chaleureux dans cette adresse qui permet de profitter des ruelles animées de l'ancien quartier des pêcheurs.

Accès (carte n° 28) : A 63, sortie Saint-Jean-de-Luz nord, direction centre-ville par N 10, boulevard Victor-Hugo puis en face du marché, rue d'Ellissagaray.

Château d'Urtubie

64122 Saint-Jean-de-Luz (Pyrénées-Atlantiques)
Urrugne
Tél. 05 59 54 31 15 - Fax 05 59 54 62 51
Laurent de Coral
E-mail: chateaudurtubie@wanadoo.fr - Web: chateaudurtubie.fr

Fermeture du 15 novembre au 15 mars **Chambres** 10 climatisées, avec tél., s.d.b. ou douche, w.c. et t.v. satellite **Prix** des chambres: 65 à 140 € - Petit déjeuner: 10 €, servi de 8 h à 10 h 30 **Cartes de crédit** Visa, Amex **Divers** chiens non admis - Piscine, tennis - Parking **Alentour** Biarritz; Bayonne; Espagne - Plages; randonnées dans la Rhune - 10 golfs 18 trous à proximité **Pas de restaurant** à l'hôtel.

Magnifique édifice des XIVe, XVIe et XVIIIe siècles, *Urtubie* se cache dans la verdure... en contrebas de la route. Même si le bruit des voitures se fait nettement entendre dans une partie du parc, ne négligez pas pour autant cette superbe adresse à quelques minutes de la frontière espagnole et de Saint-Jean-de-Luz. En effet, l'insonorisation intérieure est parfaite et la climatisation des chambres vous permettra de dormir dans un calme total. Décorées avec bon goût et de beaux meubles anciens (XVIIIe et XIXe), celles-ci ont tout des chambres d'amis d'autrefois, le confort étant, quant à lui, bien actuel. Connu pour son architecture et le faste grand siècle de ses salons, *Urtubie* est ouvert au public, le fait de dormir ici vous permet, *de facto*, d'en faire la visite, souvent en compagnie du propriétaire (dont la famille occupe les lieux depuis 1341). Bons petits déjeuners servis dans une chaleureuse petite salle à manger. Enfin, le magnifique parc avec piscine et tennis ajoute des possibilités de détente supplémentaires à celles, déjà très nombreuses, offertes par la mer et la montagne toutes proches.

Accès (carte n° 28): A 63 sortie Saint-Jean-de-Luz sud puis prendre 1re à gauche N 10 Urrugne.

La Devinière

64500 Saint-Jean-de-Luz (Pyrénées-Atlantiques)
5, rue Loquin
Tél. 05 59 26 05 51 - Fax 05 59 51 26 38
Bernard Carrère et Pascal Etcheverria
E-mail : la.deviniere.64@wanadoo.fr - Web : hotel-la-deviniere.com

Catégorie ★★★ Ouverture toute l'année **Chambres** 8 avec tél., s.d.b. et w.c. **Prix** des chambres : 110 à 160 € - Petit déjeuner : 10 €, servi toute la matinée **Carte de crédit** Visa **Divers** chiens admis sous réserve (10 €) **Alentour** église Saint-Jean-Baptiste de Saint-Jean-de-Luz ; corniche basque par le sémaphore de Socoa ; Bayonne ; Biarritz ; Ciboure ; musée Guggenheim de Bilbao (1 h 30) - Golfs 18 trous de la Nivelle et de Chantaco à Saint-Jean-de-Luz **Pas de restaurant** à l'hôtel.

En plein cœur de Saint-Jean-de-Luz, ce lieu de charme, de goût et de raffinement est un hôtel hors normes. Les huit chambres sont ravissantes, meublées de belles antiquités, tout comme le salon et la bibliothèque mis à la disposition des clients dans la journée mais fermé le soir. L'accueil peut paraître inattendu : en effet, en même temps que les clés de la maison, on vous donne un petit "règlement" dont il faut percevoir l'humour plus que le dirigisme. La rue piétonne et le jardin assurent en plein cœur de la ville des nuits paisibles. Un salon de thé qui propose pâtisseries maison, thés et chocolat à l'ancienne, ouvert l'après-midi de 16 h à 19 h, sert aussi de salle de petits déjeuners. Pas de restaurant, mais Saint-Jean-de-Luz compte quelques bonnes adresses authentiques comme *Chez Pablo*, pour ses piperades et ses chipirons, *Le Petit Grill Basque* ou encore *Chez Dominique* à Ciboure.

Accès (carte n° 28) : à 15 km au sud-ouest de Biarritz, dans le centre-ville.

Hôtel Arraya ♡

64310 Sare (Pyrénées-Atlantiques) - Place du Village
Tél. 05 59 54 20 46 - Fax 05 59 54 27 04 - M. et Mme Fagoaga
E-mail : hotel@arraya.com - Web : arraya.com

Catégorie ★★★ **Fermeture** début novembre à fin mars **Chambres** 23 avec tél., s.d.b. ou douche, w.c. et t.v. satellite. **Prix** des chambres simples et doubles : 62 à 120 € - Petit déjeuner : 9 €, servi de 8 h à 10 h 30 - Demi-pension : 124 à 200 € (2 pers.) **Cartes de crédit** Amex, Visa **Divers** chiens non admis - Parking privé **Alentour** Villa Arnaga à Cambo ; Espelette ; Ascain ; Saint-Jean-de-Luz ; musées Basque et Bonnat à Bayonne - Golfs 18 trous de Souraïde, de la Nivelle et de Chantaco **Restaurant** service de 12 h à 13 h 30, 19 h 30 à 22 h (en haute saison) - Fermé le dimanche soir et lundi midi du 3 avril au 27 juin et du 17 septembre au 23 octobre (sauf jours fériés) - Menus : 21 à 31 € - Carte.

S olidement ancré à un angle de la place du village, ce superbe hôtel est formé de la réunion de trois très anciennes maisons rassemblées autour d'un jardin qui échappe aux regards. Au rez-de-chaussée, de beaux salons et une salle à manger confortable doivent une part de leur charme à la patine des meubles rustiques et à l'éclat de gros bouquets de fleurs. Les chambres, toutes différentes, bénéficient de la même attention, notamment en ce qui concerne les draps et les superbes cache-couvertures. Quelques-unes ouvrent côté jardin, d'autres, plus spacieuses, regardent l'activité du village (trois nouvelles sont irrésistibles avec leurs grands volumes, leurs bois décapés, leurs très beaux tissus à fleurs et leurs salles de bains design). Ajoutez-y les vieux escaliers de bois, les couloirs tortueux, l'antique poutraison et vous comprendrez pourquoi l'*Arraya* est un lieu unique. Au restaurant, la carte est longue et variée, les recettes régionales restant les meilleures réalisations. Enfin, une petite boutique au rez-de-chaussée propose de bons produits locaux à emporter ou à déguster sur place.

Accès (carte n° 28) : à 28 km au sud de Bayonne par A 63, sortie Saint-Jean-de-Luz-nord, D 918 jusqu'à Ascain et D 4 jusqu'à Sare.

Grand Hôtel Montespan Talleyrand

03160 Bourbon-l'Archambault (Allier)
2-4, place des Thermes
Tél. 04 70 67 00 24 - Fax 04 70 67 12 00 - M. Livertout
E-mail : hotelmontespan@wanadoo.fr - Web : hotel-montespan.com

Catégorie ★★★ **Fermeture** fin octobre à début avril **Chambres** 40 et 2 appartements, avec tél., s.d.b. ou douche, w.c. et t.v. ; ascenseur **Prix** des chambres (2 à 4 pers) : 60 à 112 € ; appart. : 120 à 155 € - Petit déjeuner : 10 €, servi de 7 h 30 à 10 h 30 - Demi-pension : 56 à 80 € **Cartes de crédit** Amex, Visa **Divers** piscine, fitness - Garage **Alentour** château des ducs de Bourbon, prieuré de Souvigny ; triptyque du Maître de Moulins à la cathédrale de Moulins - Golfs 9 et 18 trous **Restaurant** service de 12 h 30 à 13 h 30, 19 h 30 et 21 h - Menus : 22,50 à 46 € - Carte - Spécialités : filet de bœuf charolais ducs de Bourbon ; fondu de lapin à la moutarde de Charroux.

L'hôtel tire son nom des hôtes illustres venus séjourner ici et profiter des célèbres thermes. Il s'agit de quatre maisons de ville, reliées entre elles et dotées de chambres bien aménagées, certaines avec balcon. "Sévigné" et "Talleyrand" sont très vastes, meublées d'ancien. "Capucine" a la vue sur les jardins, des meubles en rotin et d'élégants tissus fleuris. Au rez-de-chaussée se trouvent les pièces de réception : salon entièrement refait dans des couleurs claires avec canapés accueillants et meubles indiens, vaste salle à manger, avec sièges houssés et plafonds à la française, donnant sur la verdure (pour les petits déjeuners d'été) et où l'on déguste une excellente cuisine familiale. Autre atout, l'immense terrasse-jardin accrochée à la muraille et flanquée d'une tour médiévale. On y a installé une piscine et une salle de fitness, aménagé quelques rocailles fleuries, disposé tables et chaises longues. Une chaleureuse et très accueillante adresse à prix plus que raisonnables.

Accès (cartes n°s 17 et 18) : à 20 km à l'ouest de Moulins. A 71 sortie Montmarault ou Saint-Amand-Montrond puis D 953.

Château de Boussac

Target 03140 Chantelle (Allier)
Tél. 04 70 40 63 20 - Fax 04 70 40 60 03
M. et Mme de Longueil
E-mail : longueil@wanadoo.fr - Web : chateau-de-boussac.com

Fermeture du 16 novembre au 31 mars **Chambres** 5 chambres d'hôtes avec s.d.b. et w.c. **Prix** des chambres simples et doubles : 125 à 145 € ; suites : 175 à 200 € - Petit déjeuner : 10 €, servi de 8 h à 10 h - Demi-pension : 245 € (pour 2 pers., 5 jours min.) **Carte de crédit** Visa **Divers** chiens admis avec supplément - Parking **Alentour** prieuré de Souvigny ; triptyque du Maître de Moulins à la cathédrale Notre-Dame à Moulins - Golf 18 trous du Val-de-Cher à Montluçon **Restaurant** dîner en table d'hôtes : 45 à 50 € (vin et alcools compris) sur réservation.

Boussac est un ravissant édifice aux multiples facettes mêlant l'austérité médiévale à la grâce du XVIIIe siècle. Dans ce lieu rare, perdu dans la campagne bourbonnaise, les maîtres de maison vous recevront en amis et vous feront tout naturellement partager leur noble existence rurale. Chaque chambre, très confortable, est superbement décorée de meubles anciens (souvent Louis XV ou Louis XVI), souvenirs de famille, belles étoffes. Les salons ont conservé leur aménagement et leur fraîcheur de toujours pour restituer, sans aucune mise en scène, l'ambiance d'autrefois. Enfin, la grande table de la salle à manger est le théâtre de dîners conviviaux très prisés des amateurs de gibier en saison de chasse. L'argenterie, les mets, la conversation, tout participe à faire de chaque soirée une fête hors du temps.

Accès (cartes n°s 18 et 25) : à 40 km au sud de Moulins par A 71, sortie n° 11 Montmarault puis D 46 directions Saint-Pourçain, D 642 direction Chantelle. Environ 500 m après le pont de l'autoroute, prendre à droite et suivre fléchage.

Le Grenier à Sel

03100 Montluçon (Allier)
10, rue Sainte-Anne
Tél. 04 70 05 53 79 - Fax 04 70 05 87 91 - M. Morlon
E-mail: info@legrenierasel.com - Web: legrenierasel.com

Fermeture 20 jours en février et 8 jours aux vacances de la Toussaint **Chambres** 7 climatisées, avec tél., s.d.b. ou douche, w.c. et t.v. **Prix** des chambres simples et doubles: 80 à 120 € - Petit déjeuner: 9 €, servi à partir de 7 h 30 - Demi-pension sur demande (3 jours min.) **Cartes de crédit** acceptées **Divers** chiens admis (5 €) - Parking **Alentour** forêt de Tronçais; Evaux-les-Bains et le viaduc de Tardes (Eiffel); châteaux de Boussac et de Culan **Restaurant** service de 12 h 30 à 13 h 30, 19 h 30 à 21 h 30 - Fermé samedi midi, dimanche soir et lundi (sauf jours fériés et juillet-août); lundi midi en juillet-août - Menus: 21 à 64 € - Carte - Spécialités: chausson de morilles; canette fermière à la Duchambais.

Le vieux Montluçon conserve encore quelques espaces verdoyants et calmes, c'est le cas du jardin de cette jolie maison XVIe couverte de vigne vierge et devenue restaurant réputé puis hôtel de charme. C'est en effet après être passé dans les cuisines de quelques grands chefs français, que Jacky Morlon est revenu dans sa région d'origine pour ouvrir, avec son épouse, *Le Grenier à Sel*. Volontairement aménagé comme une maison particulière, l'intérieur fait la part belle aux meubles anciens, aux tableaux, tissus et objets bien choisis. Le résultat est chaleureux, on s'y sent un peu comme chez des amis, et le nombre restreint de chambres ajoute encore à cette impression. Vastes volumes au premier étage, plus intimes au second, les chambres sont toutes parfaitement décorées, confortables, gaies et agrémentées de belles salles de bain contemporaines. Beaucoup de qualités, somme toute, pour cette très accueillante maison qui mérite votre visite et fait tout pour vous satisfaire.

Accès (carte n° 17): à 332 km au sud de Paris par A 10 jusqu'à Orléans et A 71, direction Bourges. Dans la ville médiévale, à proximité du théâtre.

Le Tronçais

03360 Saint-Bonnet-Tronçais (Allier)
Avenue Nicolas-Rambourg
Tél. 04 70 06 11 95 - Fax 04 70 06 16 15
Sophie et Frédéric Huet
E-mail : contact@letroncais.com - Web : letroncais.com

Catégorie ★★ **Fermeture** du 15 décembre au 15 janvier ; dimanche soir, lundi et mardi midi en basse saison **Chambres** 12 avec tél., s.d.b. ou douche, w.c. et t.v., lecteur DVD **Prix** des chambres : 53 à 70 € - Petit déjeuner : 7,70 €, servi de 8 h à 10 h - Demi-pension : 51 à 60 € **Carte de crédit** Visa **Divers** chiens admis dans les chambres uniquement - Tennis - Parking **Alentour** forêt et étangs de Tronçais ; châteaux d'Ainay-le-Vieil et de Meillant - Golf 18 trous de Nassigny **Restaurant** service de 12 h à 13 h 30, 19 h 30 à 21 h - Fermé du 15 novembre au 15 mars et du dimanche soir au mardi midi en basse saison - Menus : 22 à 35 € - Carte - Spécialité : rable de lapin aux épices.

Cette ancienne maison bourgeoise du maître des forges de Tronçais est située dans un parc en bordure d'étang, à la lisière de l'une des plus vastes et des plus célèbres forêts domaniales de France. A l'intérieur, tout y est très calme et plaisant. Les chambres sont soignées, confortables, souvent vastes, excepté celles de l'annexe, petites mais agréablement renovées. Face à l'hôtel se trouve un grand jardin et une jolie terrasse semée de graviers où l'on sert les apéritifs. La cuisine, légère et savoureuse, est servie dans une charmante salle à manger. Contigu à celle-ci, un salon dans les tons jaune d'or accueillera vos moments de repos. Depuis les berges de l'étang attenant au parc, il est possible de tremper sa ligne. Mais ce sont les balades en forêt, la rencontre des biches, des cerfs ou des sangliers, ou encore la découverte de chênes plusieurs fois centenaires, hauts comme des cathédrales, qui constituent l'attrait principal de ce site.

Accès (carte n° 17) : à 45 km au nord de Montluçon. Sur A 71 sortie Forêt-de-Tronçais puis N 144 et D 978-A, au lieu-dit Tronçais.

Château d'Ygrande

Le Mont 03160 Ygrande (Allier)
Tél. 04 70 66 33 11 - Fax 04 70 66 33 63 - M. et Mme Tissier
E-mail : reservation@chateauygrande.fr - Web : chateauygrande.fr

Catégorie ★★★ **Fermeture** janvier et février **Chambres** 16 avec tél., s.d.b., w.c. et t.v. satellite **Prix des chambres :** 105 à 195 € - Petit déjeuner : 12 €, servi de 7 h à 11 h - Demi-pension : 108 à 148 € **Cartes de crédit** acceptées **Divers** chiens admis - Piscine chauffée, billard, sauna, jacuzzi, VTT, centre équestre (promenades, initiation, perfectionnement) - Parking **Alentour** forêt de Tronçais - Golf 18 trous de Nassigny **Restaurant** service à partir de 12 h et 19 h 30 - Menus : 20 € (déjeuner) à 62 €.

Quelques kilomètres après la forêt de Tronçais, la route longe d'immenses paddocks, puis débouche sur la cour du château. Hennissement d'un cheval saluant l'arrivant, crissement du gravier... Le hall d'entrée ne manque pas d'allure, mais c'est surtout le sublime panorama s'étirant à perte de vue qui attire le regard ; rien que des prés, des bois, des lacs. Pour en profiter, quelques tables permettent de prendre un verre avant de passer au restaurant où l'on goûte à une délicieuse cuisine pleine de saveur et de finesse. Côté décor, après une rénovation totale, l'ambiance générale est plutôt raffinée : mobilier de style (souvent fin XVIIIe et début XIXe), boiseries à réchampi doré encadrant des panneaux de soie, revues, objets... Au premier étage, les chambres affichent de nobles volumes et des meubles choisis, parfois anciens. Confortables, lumineuses, ce sont nos préférées. Ne négligez cependant pas celles du second, également très recommandables avec leur poutraison et leur beau choix de tissus colorés. Belle piscine chauffée, logée près des arbres fruitiers du potager et à proximité d'une superbe cour d'écuries récemment remise en activité. Une remarquable et très accueillante adresse.

Accès (cartes n°s 17 et 18) : Du nord, A 71 sortie Saint-Amand-Montrond, N 144 et D 978. Du sud, A 71 sortie Montmarault, N 145 et D 945. A Ygrande, fléchage.

Auberge de Concasty

15600 Boisset (Cantal)
Tél. 04 71 62 21 16 - Fax 04 71 62 22 22
Martine et Omar Causse-Adllal
E-mail : info@auberge-concasty.com - Web : auberge-concasty.com

Catégorie ★★★ **Fermeture** du 1er décembre au 31 mars **Chambres** 13 avec tél., s.d.b., w.c. et t.v. **Prix** des chambres doubles : 62 à 118 € - Petit déjeuner-buffet : 16 €, servi de 9 h à 11 h - Demi-pension : 63 à 96 € **Cartes de crédit** acceptées **Divers** chiens admis (5,50 €) - Piscine chauffée, jacuzzi, hammam, billard - Parking **Alentour** vallées du Lot et de la Truyère ; Conques ; Maison de la châtaigne ; musée Champollion à Figeac - Golf 18 trous de la haute Auvergne **Restaurant** sur réservation - Service de 20 h à 21 h - Menus : 32 à 42 €.

Entièrement restaurée, cette ancienne maison de maître se trouve dans un magnifique paysage vallonné où l'élevage bovin demeure une valeur sûre. S'il reste simple, le confort n'est pas négligé, aussi bien dans les agréables chambres pastel à la tenue parfaite (elle se répartissent entre la maison principale et une dépendance qui abrite également un billard), que dans le salon avec cheminée ou dans la salle à manger au nappage teinté de jaune safran et d'ocre rouge. A *Concasty*, Mme Causse-Adllal vous concoctera une bonne cuisine de saison où les produits locaux (cèpes, foie gras) sont privilégiés. Bon petit déjeuner-buffet auvergnat servis l'été sur la terrasse en surplomb de la piscine. Une accueillante adresse de séjour pour découvrir le Cantal et ses nombreuses richesses.

Accès (carte n° 24) : à 25 km au sud-ouest d'Aurillac. A Aurillac, direction Figeac-Cahors par N 122 ; environ 20 km, et à gauche direction Manhès. A 500 m suivre le CD 64 et fléchage.

Hôtel Beauséjour

15340 Calvinet (Cantal)
Tél. 04 71 49 91 68 - Fax 04 71 49 98 63 - M. Puech
E-mail : beausejour.puech@wanadoo.fr - Web : cantal-restaurant-puech.com

Catégorie ★★ Fermeture du 5 janvier au 15 février **Chambres** 12 avec tél., s.d.b. ou douche, w.c. et t.v. satellite **Prix** des chambres : 50 à 80 € - Petit déjeuner : 10 €, servi de 9 h à 11 h 30 - Demi-pension : 55 à 70 € **Carte de crédit** Visa **Divers** chiens admis - Parking fermé **Alentour** Aurillac ; vallées du Lot et de La Truyère ; musée Champollion à Figeac ; Conques **Restaurant** service de 12 h 30 à 14 h, 20 h à 21 h 30 - Fermé dimanche soir (hors saison), lundi et mardi midi - Menus : 25 à 60 €.

Chef cuisinier à la renommée désormais bien assise, Louis-Bernard Puech n'a pas laissé son étoile lui monter à la tête, il reste attaché à sa région natale, et l'hôtel tout simple créé par ses parents vaut plus pour lui que tous les châteaux en Espagne. Cette sincérité et l'amour de son terroir, vous les retrouverez dans l'assiette pour un festival de saveurs et un subtil jeu d'alliances qui, à coup sûr, vous laisseront un inoubliable souvenir. Et parce que tout le monde doit pouvoir venir à la fête, les prix restent petits au regard de la qualité, tant au restaurant que dans les chambres. Côté ambiance, le décor contemporain de la salle à manger (murs brique, vitrines, éclairages bien pensés, élégant mobilier, vastes fenêtres dominant la verdure et quelques maisons du village) se trouve désormais en harmonie avec les chambres tout juste rénovées grâce au concours d'artisans locaux. Teintes pastel rehaussées par le velour vif des couvre-lits ou des tentures, parquets pâles, mobilier ondulant en bois ou en acier brossé, fauteuils d'osier tressé, superbes salles de bains aux vasques design... rien n'a été négligé pour que le bonheur soit total et que l'accueillant *Beauséjour* devienne l'adresse de référence pour découvrir cette superbe région.

Accès (carte n° 24) : à 34 km au sud d'Aurillac, direction Rodez, D 920 jusqu'à Lafeuillade, puis Calvinet-Conques par D 601.

Auberge du Vieux Chêne

15270 Champs-sur-Tarentaine (Cantal)
34, route des Lacs
Tél. 04 71 78 71 64 - Fax 04 71 78 70 88
Mme Moins
E-mail : danielle.moins@wanadoo.fr - Web : http://advc.free.fr

Catégorie ★★ **Fermeture** du 1er novembre au 30 mars ; le dimanche soir et le lundi (sauf en juillet et août) **Chambres** 15 avec tél., s.d.b. ou douche, t.v. et w.c. **Prix** des chambres doubles : 55 à 80 € - Petit déjeuner : 8,50 €, servi de 8 h à 11 h - Demi-pension : 50 à 66 € **Cartes de crédit** Diners, Visa **Divers** chiens admis - Parking **Alentour** Bort-les-Orgues ; barrage de Bort et château de Val ; les gorges de la Dordogne, de Bort au barrage de l'Aigle (3 heures) - Golf 9 trous du Mont-Dore **Pas de restaurant** à l'hôtel mais restauration légère sur demande.

Au bord de la route, dans un village du Cantal peu couru, cette auberge, installée dans une ancienne ferme, est un bâtiment tout en long, dont les beaux murs couverts de grimpantes sont depuis peu mis en valeur dès la nuit par de petits projecteurs cachés dans la végétation. Devant la façade de l'hôtel, face à un pré où s'ébattent des chevaux, une terrasse abritée se prolonge par un petit parc de verdure : c'est là que l'on prendra son petit déjeuner ou son dîner (le repas de midi n'est proposé que le week-end). La carte, peu sophistiquée, propose une cuisine bien faite et joliment présentée. Les chambres, qui occupent deux longs couloirs, sont tendues de toile jaune sur une moquette imprimée ; les fenêtres de certaines d'entre elles donnent sur un magnifique rosier grimpant. Pierre, bois et terre cuite dominent à l'intérieur, où la grande salle à manger, parfois égayée par un âtre crépitant, se prolonge par un salon confortable et chaleureux.

Accès (carte n° 24) : à 93 km au nord d'Aurillac par D 922 jusqu'à Bort-les-Orgues puis D 979 et D 679.

L'Auberge Fleurie

15120 Montsalvy (Cantal) - Place du Barry
Tél. 04 71 49 20 02 - Fax 04 71 49 29 65 - M. Courchinoux et Mme Barbance
E-mail: info@auberge-fleurie.com - Web: auberge-fleurie.com

Catégorie ★★ **Ouverture** toute l'année **Chambres** 7 avec tél., s.d.b. ou douche, w.c. et t.v. **Prix** des chambres doubles: 39 à 53 € - Petit déjeuner: 6 €, servi de 7 h à 10 h - Demi-pension: 91 à 107 € (2 pers.) **Carte de crédit** Visa **Divers** chiens admis - Parking **Alentour** Conques; Laguiole; Salers; puy Mary; Garabit; gorges de la Truyère; monts d'Aubrac - Ski au Lioran; rafting - Golf 18 trous de Vezac **Restaurant** service de 12 h à 14 h, 19 h 30 à 21 h 30 - Fermé dimanche soir (sauf juillet-août) - Menus: 12 (déjeuner en semaine) à 35 € - Carte - Spécialité: pavé de cerf, gratin de navets à la muscade.

A priori, cette auberge couverte de vigne vierge en bordure de route n'attire pas particulièrement le regard et l'on serait tenté de poursuivre son chemin, perdant ainsi l'occasion d'une charmante étape. En effet rien ne permet de deviner la jeune et sympathique ambiance qui caractérise le lieu. Rénové de fond en comble, l'intérieur joue pourtant avec goût sur les tonalités brunes du bois naturel, blanches des murs, grises ou vieux rouge des tissus et des tableaux. C'est ainsi que la représentation en gros plan de tomates rubicondes ferme gaiement la perspective de la salle à manger et ressort sur la blancheur des murs de cette pièce au parquet rutilant où la modernité de chaises en osier gris tressé se marie à quelques vieux éléments (cheminée XVIIIe en pierre sculptée, vénérable vaisselier…). Egalement parquetées, confortables à souhait et de taille variable, les chambres sont toujours différentes avec leur lits souvent anciens drapés de tissus modernes et leurs impeccables salles de bains. Une belle adresse d'étape (s'il y avait un jardin, nous la recommanderions pour un séjour…) également réputée pour la qualité de sa table.

Accès (carte n° 24): du nord, prendre A 75 sortie n° 23 (Massiac-Aurillac) puis N 122 et D 920 direction Rodez. Du sud, A 75 sortie n° 43, puis N 88 et D 920.

Auberge des Montagnes

15800 Pailherols (Cantal)
Tél. 04 71 47 57 01 - Fax 04 71 49 63 83 - Mme Combourieu
E-mail: info@auberge-des-montagnes.com - Web: auberge-des-montagnes.com

Catégorie ★★ **Fermeture** 12 octobre au 20 décembre **Chambres** 22 avec tél., s.d.b., w.c., 9 avec t.v. et minibar; 1 chambre handicapés **Prix** des chambres: 45 à 56 € - Petit déjeuner: 6,50 €, servi de 8 h à 9 h 30 - Demi-pension: 42,50 à 50,50 € **Carte de crédit** Visa **Divers** chiens admis - 2 piscines, extérieure et intérieure chauffées, hammam, sauna, salle de musculation, ski de fond, VTT - Parking **Alentour** monts du Cantal; gorges de la Truyère; Salers; Garabit; Conques. **Restaurant** service à 12 h 30 et 19 h 30 - Menus: 13,50 à 23 €; menu découverte sur commande: 30 € - Carte.

Paysage de creux, de bosses, de murets, d'herbe rase et de bois, le plateau de Pailherols est d'une beauté sauvage. Situé entre la chaîne des Puys et l'Aubrac, il semble appartenir aux vaches de Salers et à quelques maisons coiffées de lauzes. L'hôtel occupe le centre du village et comporte plusieurs bâtiments. La maison principale est consacrée au restaurant décoré dans des tonalités chaudes et gaies (on y vient de loin pour se régaler d'une gastronomie régionale à l'imbattable rapport qualité-prix) et à quelques jolies chambres rénovées dans une chaleureuse ambiance montagnarde. Plus soignées encore, celles du *Chalet de Jean* associent un capitonnage en vieux chêne à de superbes boutis (irréprochables salles de bains). En sortie de bourg, celles du *Clos des Gentianes* occupent un petit manoir construit à l'ancienne il y a huit ans, elles font face à un étang, affichent des tonalités blanches et de vastes volumes parfaits pour venir en famille. Ajoutez-y une salle de billard, deux piscines (dont une couverte et chauffée), d'inombrables possibilités de découvertes sportives ou naturelles et vous comprendrez pourquoi cette auberge gourmande à l'accueil d'une gentillesse rare s'impose comme un lieu de séjour idéal.

Accès (carte n° 24): à 21 km à l'est d'Aurillac par Vic-sur-Cère puis D 54 jusqu'à Pailherols.

Château de Varillettes

15100 Saint-Georges (Cantal)
Tél. 04 71 60 45 05 - Fax 04 71 60 34 27
M. Philippe Savry
E-mail : varillettes@leshotelsparticuliers.com - Web : chateaudevarillettes.com

Catégorie ★★★ **Fermeture** du 1er novembre au 1er avril **Chambres** 11, 1 duplex et 1 pavillon, avec tél., s.d.b. et w.c. ; 1 chambre handicapés **Prix** des chambres : 82 à 125 € ; duplex (1 à 4 pers.) : 125 à 170 € ; pavillon (1 à 4 pers.) : 205 à 250 € - Petit déjeuner : 13 €, servi de 7 h 30 à 10 h 30 **Cartes de crédit** acceptées **Divers** chiens admis (10 €) - Tennis - Parking **Alentour** viaduc de Garabit ; vieille cité de Saint-Flour ; gorges de la Truyère **Restaurant** service de 12 h à 14 h, 19 h 30 à 21 h - Menus : 18 à 55 € - Carte - Spécialités : truffade ; pounti.

Mi-gentilhommière, mi-donjon défensif, ce manoir du xve semble émerger d'un paysage de prés et de bois dominés par les monts de la Margeride. Ouvert aux hôtes depuis deux ans, il présente encore quelques "péchés de jeunesse" : le jardin médiéval et ses six carrés de buis (enfermant des plantes médicinales ou aromatiques) a besoin de quelques printemps supplémentaires ; quant à l'intérieur, l'ambiance "haute époque" attend encore sa patine et une âme un peu plus habitée. A l'inverse, *Varillettes* vous fera profiter d'un confort "dernier cri" (insonorisation intérieure, chauffage performant, superbe robinetterie dans les salles de bains) et d'une ambiance intimiste due au nombre restreint de chambres. Plus ou moins vastes, parfois petites, ces dernières sont toujours très soignées, personnalisées et impeccablement tenues. Au rez-de-chaussée, salons et salle à manger ont chacun leur cheminée de pierre. Partout les tonalités jouent sur l'association du rouge (tissus), du beige (murs) et du brun (mobilier). Une adresse prometteuse, particulièrement bien située, à proximité de la cité médiévale de Saint-Flour et sur l'axe Paris-Montpellier.

Accès (carte n° 25) : A 75 sortie n° 29 au rond-point direction Varillettes-Vabres.

Hostellerie de la Maronne

Le Theil 15140 Saint-Martin-Valmeroux (Cantal)
Tél. 04 71 69 20 33 - Fax 04 71 69 28 22
M. et Mme Decock
E-mail : maronne@maronne.com - Web : maronne.com

Catégorie ★ ★ ★ **Fermeture** du 6 novembre au 2 avril **Chambres** 21 avec tél., s.d.b., w.c., minibar et t.v. **Prix** des chambres simples et doubles : 85 à 135 € ; suites : 130 à 200 € - Petit déjeuner-buffet : 11 €, servi de 8 h à 10 h - Demi-pension : 80 à 116 € **Carte de crédit** Visa **Divers** chiens admis sauf au restaurant - Piscine, tennis - Parking **Alentour** cité médiévale de Salers ; basilique Notre-Dame-des-Miracles à Mauriac ; puy Mary **Restaurant** service de 19 h 30 à 21 h - Menus : 26 à 55 € - Carte - Spécialité : sandre cuit au beurre salé.

Passionnés par leur hôtel, M. et Mme Decock ne cessent d'améliorer et d'agrandir cette maison auvergnate du XIXe siècle. Située au creux d'une superbe vallée préservée au milieu de laquelle coule une rivière, il règne ici une douce quiétude. Salon, salle de lecture et bar ont été aménagés avec un raffinement feutré, de bons fauteuils et quelques vieux meubles. Très "cosy", les chambres aux tonalités claires sont d'un modernisme élégant et très confortables (les télévisions sont dotées de casque d'écoute pour ne pas gêner les voisins), nos préférées bénéficient d'une splendide vue sur la nature environnante ; pour en profiter au mieux, plusieurs disposent de grandes terrasses et de balcons. Récemment le jardin a été agrandi, il est désormais agrémenté d'un beau bassin serti de rochers. La salle de restaurant permet de goûter à une cuisine simple et savoureuse, réalisée sous l'égide de Mme Decock et, depuis peu, avec le talentueux concours de son fils Thomas. De nombreuses évolutions qui assurent un bel avenir à cette adresse idéale pour de longs séjours.

Accès (carte n° 24) : à 33 km au nord d'Aurillac par D 922 jusqu'à Saint-Martin-Valmeroux, puis D 37 direction Fontanges.

Auberge de la Tomette

15220 Vitrac (Cantal)
Tél. 04 71 64 70 94 - Fax 04 71 64 77 11
M. et Mme Chausi
E-mail : latomette@wanadoo.fr - Web : auberge-la-tomette.com

Catégorie ★★★ **Fermeture** du 15 novembre à Pâques **Chambres** 15 avec tél., douche ou s.d.b., w.c. et t.v. **Prix** des chambres doubles : 66 à 82 € ; suites : 99 à 130 € - Petit déjeuner : 9,30 € - Demi-pension : 58 à 75 € **Cartes de crédit** acceptées **Divers** chiens admis dans les chambres - Piscine couverte, salle de fitness avec jacuzzi, hammam, sauna - Parking fermé **Alentour** Conques ; Rocamadour ; Salers ; monts du Cantal ; château d'Anjony - Golf de la Cère **Restaurant** service de 12 h à 13 h 30, 19 h 30 à 20 h 30 - Menus : 26 à 40 € - Carte - Spécialités : foie gras maison ; carré d'agneau à la crème d'ail ; crépinette de pied de cochon au velouté de lentilles vertes.

Vitrac, au milieu de la châtaigneraie, est un beau site du sud du Cantal. *L'Auberge de la Tomette* est située en bordure du village. Elle est longée d'un grand jardin fleuri, légèrement pentu et compartimenté pour offrir de multiples espaces intimes. Les chambres sont confortables, impeccablement tenues et décorées dans un style sobre égayé par de jolis tissus. A signaler les duplex, parfaits pour les familles. L'atmosphère de la salle à manger, donnant sur le parc, est reposante : couleurs chaudes des boiseries acajou, briques et tomettes cirées. Servie en terrasse l'été, la cuisine y est d'une excellente qualité. Mme Chausi vous accueillera avec gentillesse et vous informera de toutes les possibilités de loisirs ou d'excursions que vous offre la région. A vous de choisir, sachant que hors saison la piscine couverte, le sauna et le jacuzzi sont en service et permettent de se délasser après une journée de marche. Un lieu de séjour reposant dans une région magnifique.

Accès (carte n° 24) : à 25 km au sud d'Aurillac par N 122 direction Figeac, la D 66 à Saint-Mamet-la-Salvetat.

Auberge Les Charmilles

19120 Beaulieu-sur-Dordogne (Corrèze)
20, boulevard Saint-Rodolphe-de-Turenne
Tél. 05 55 91 29 29 - Fax 05 55 91 29 30
Mme Catherine Perrette
E-mail : contact@auberge-charmilles.com - Web : auberge-charmilles.com

Catégorie ★★ **Ouverture** toute l'année **Chambres** 7 et 1 suite, avec tél., s.d.b. ou douche, w.c. et t.v. satellite **Prix** des chambres : 55 à 85 € - Petit déjeuner : 8 € - Demi-pension : 49 à 67 € **Cartes de crédit** acceptées **Divers** chiens admis (5 €) **Alentour** église de Beaulieu-sur-Dordogne ; village et église de Collonges ; village, église et château de Turenne ; Argentat - Golf 18 trous de Coiroux à Aubazine **Restaurant** service de 12 h à 14 h 30, 19 h à 21 h - Fermé le mercredi hors saison (sauf pour les clients en demi-pension) - Menus : 17 à 43 € - Carte.

A Beaulieu, un bras de la Dordogne entoure la petite ville et baigne les terrasses des maisons situées à sa périphérie. C'est le cas des *Charmilles*, adorable petit hôtel début de siècle récemment remis à neuf. Confortables à souhait, simplement et harmonieusement décorées avec un bel assortiment de tissus colorés, les chambres sont agréables. Chacune dispose d'une salle de bains toute neuve et irréprochable. Cependant les peintures mériteraient d'être rafraîchies. Les repas sont servis dans une vaste salle éclairée par de larges baies vitrées. Le nappage blanc ressort sur le miel du parquet, l'ambiance est sereine. Vous y dégusterez une cuisine simple et conviviale. En été, quelques tables sont installées dehors, sur la terrasse surplombant la rivière. Très accueillante et amoureuse de son petit hôtel, Catherine Perrette a travaillé dans plusieurs grands établissements avant de s'installer ici et faire des *Charmilles* un lieu d'étape attachant.

Accès (carte n° 24) : à 39 km au sud de Tulle par D 940.

Relais de Saint-Jacques-de-Compostelle

19500 Collonges-la-Rouge (Corrèze)
Tél. 05 55 25 41 02 - Fax 05 55 84 08 51
M. Guillaume
E-mail : relais_st_jacques@yahoo.fr - Web : relais-saint-jacques.fr.fm

Catégorie ★★ **Fermeture** de mi-novembre à mi-mars ; lundi et mardi (sauf fériés) **Chambres** 10 avec tél., s.d.b. ou douche, w.c. et t.v. **Prix** des chambres doubles : 51 à 63,50 € - Petit déjeuner : 7,50 € **Cartes de crédit** acceptées **Divers** chiens admis - Parking privé à proximité **Alentour** église de Collonges ; village, église et château de Turenne ; église de Beaulieu-sur-Dordogne ; Argentat - Golf 18 trous de Coiroux à Aubazine **Restaurant** service de 12 h 30 à 13 h 30, 19 h 30 à 21 h - Menus : 17 à 43 € - Carte - Spécialités : feuilleté de Saint-Jacques ; mille-feuille de veau aux deux moutardes.

Collonges-la-Rouge est un magnifique village de Corrèze. Son architecture de grès rouge ne lasse pas d'étonner et, c'est aux détours de l'une de ses ruelles, un peu à l'écart des nombreux visiteurs, que vous découvrirez le *Relais de Saint-Jacques-de-Compostelle*. Une grande terrasse où sont disposées quelques tables à l'ombre d'une treille marque l'entrée des lieux. A l'intérieur, deux agréables salles à manger aux couleurs douces vous permettront d'apprécier l'alléchante cuisine de M. Guillaume. Quant aux chambres, si leur décoration peut paraître quelque peu désuète, elles n'en sont pas moins confortables et bénéficient d'une vue magnifique sur le village ou la nature environnante (une restriction néanmoins, la chambre n° 9 qui ne possède qu'un lavabo et des toilettes). A proximité de l'hôtel, un parking privé évite de se déplacer à pied avec ses bagages, détail fort appréciable lorsque l'on sait que le village est totalement piétonnier. Enfin, l'accueil des propriétaires d'une extrême gentillesse, rend cette petite auberge des plus attachantes.

Accès (carte n° 24) : N 89, à Tulle prendre N 940 vers Beaulieu-sur-Dordogne, à 45 km prendre D 38 direction Meyssac-Collonges. L'hôtel est dans le village.

La Maison des Chanoines

19500 Turenne (Corrèze)
Route de l'Eglise
Tél. et Fax 05 55 85 93 43 - M. et Mme Cheyroux
E-mail : maisondeschanoines@wanadoo.fr - Web : maison-des-chanoines.com

Fermeture de la Toussaint à Pâques ; mercredi soir en juin **Chambres** 5 et 1 suite, avec s.d.b. et w.c.
Prix des chambres doubles : 65 à 85 € ; suite (2 à 3 pers.) : 90 à 100 € - Petit déjeuner : 9 €, servi
8 h à 9 h 30 - Demi-pension : 65 à 76 € (3 nuits min.) **Carte de crédit** Visa **Divers** chiens admis
Alentour abbatiale d'Aubazine ; Uzerche ; Argentat ; Collonges-la-Rouge ; haras de Pompadour ;
Carennac - Golf 18 trous de Coiroux à Aubazine **Restaurant** service de 12 h à 14 h, 19 h 30 à 21 h -
Fermé le midi sauf dimanche et jours fériés - Menus-carte : 30 à 40 € - Spécialités : escalope de foie
gras frais mariné au vinaigre de truffes ; filet de sandre à l'étuvée de cèpes ; moules de bouchot au
jus de noix vertes ; médaillon de veau du Limousin aux girolles.

Cette ancienne maison du chapitre (XVe), avec sa porte de style gothique
flamboyant et son bel escalier à vis, illustre bien les richesses
architecturales de Turenne, l'un des plus beaux villages de France. Il s'agit
d'abord d'un petit restaurant créé dans la maison de famille auquel on a ajouté
six chambres (dont trois dans une maison voisine) totalement rénovées,
élégantes et délicatement meublées d'ancien. Pour le plus grand bonheur de
leurs hôtes, M. et Mme Cheyroux ont choisi de privilégier la qualité plutôt que
la quantité. Un nombre raisonnable de plats à la carte, pas plus de seize couverts
dans la belle salle voûtée, pas plus de vingt-cinq lorsque l'on sert dehors, sous la
treille de chèvrefeuille. Voilà de quoi garantir des produits de première fraîcheur,
une qualité gastronomique constante et un accueil des plus sympathiques. Le
résultat est là, et nous vous recommandons donc sans réserve cette belle adresse.

*Accès (cartes n° 24) : à 14 km au sud-est de Brive-la-Gaillarde. Sur A 20, sortie
n° 52 à Noailles, Turenne est à 10 minutes.*

Hôtel du Cèdre

23210 Bénévent-l'Abbaye (Creuse)
Rue de l'Oiseau
Tél. 05 55 81 59 99 - Fax 05 55 81 59 98
M. et Mme Choukroun

Catégorie ★★ **Fermeture** février **Chambres** 16 avec tél., s.d.b. ou douche, w.c. et t.v. satellite; 1 chambre handicapés **Prix** des chambres doubles: 46 à 100 € - Petit déjeuner: 8 €, servi de 7 h 30 à 10 h 30 **Carte de crédit** Visa **Divers** chiens admis - Piscine chauffée - Parking **Alentour** abbatiale de Bénévent; commanderie de Paulhac; Aubusson; musée des Beaux-Arts de Guéret **Restaurant** service de 12 h à 14 h, 19 h 30 à 21 h - Menus: 22 à 55 € - Carte.

Au cœur de la Creuse, Bénévent l'Abbaye et son église du XIIe siècle sont une étape sur le chemin de Saint-Jacques-de-Compostelle. C'est en bordure de ce village que l'*Hôtel du Cèdre*, belle bâtisse du XVIIIe, est situé. A l'intérieur les salons invitent à la détente : cheminées anciennes, canapés et fauteuils confortables et, pour égayer le tout, de beaux bouquets de fleurs séchées préparés par l'accueillante maîtresse de maison. Si les chambres sont décorées de manière classique avec leurs meubles de facture récente, elles n'en sont pas pour autant dénuées de charme. Confortables, elles sont lumineuses et ouvrent soit côté rue, soit côté jardin (nos préférées) face au cèdre centenaire à proximité duquel se trouve une grande piscine. Un gros bémol cette année cependant pour ce qui concerne la cuisine, extrêmement décevante par rapport au souvenir que nous en avions. Dommage pour une si agréable maison…

Accès (carte n° 24): A 20 sortie n° 23 (La Souterraine). N 145 sortie Grand-Bourg, puis D 914 jusqu'à Bénévent.

Domaine des Mouillères

Les Mouillères 23250 Saint-Georges-la-Pouge (Creuse)
Tél. 05 55 66 60 64 - Fax 05 55 66 68 80
Elisabeth Blanquart-Thill
E-mail : mouilleres@aol.com

Catégorie ★ ★ **Fermeture** du 1er octobre au 1er avril **Chambres** 6 avec tél., 4 avec s.d.b. et w.c., 1 avec douche, 1 simple avec lavabo (25 €) **Prix** des chambres doubles : 58 à 84 € - Petit déjeuner : 8,50 €, servi de 8 h à 9 h 30 **Carte de crédit** Visa **Divers** chiens non admis - Vélos - Parking **Alentour** hôtel de Moneyroux et musée de Guéret ; église abbatiale de Moutier-d'Ahun ; Aubusson ; château de Boussac ; lac de Vassivière - Golf 9 trous à Bourganeuf **Restaurant** réservé aux résidents, service de 20 h à 20 h 30 - Petite carte : 21 à 33 € - Spécialités : cuisse de canard à l'ancienne ; civet de lièvre aux cèpes ; confit de canard.

Cette vieille demeure marchoise est environnée d'un paysage absolument magnifique de vallons, herbages, petites rivières, bouquets de bouleaux, collines où se mélangent résineux et feuillus. A l'intérieur, le petit salon, la salle à manger et les chambres sont sympathiques avec leur mélange de meubles et d'objets, leurs dessus-de-lit souvent satinés et leurs guéridons juponnés. L'ensemble est quelque peu désuet mais charmant, et désormais la plupart des chambres sont équipées de salles de bains privatives. Les dîners sont servis dans une salle à manger de style rustique ; bonnes entrées et salades, viandes de qualité (demandez-les avec peu de sauce). Les propriétaires louent des vélos et on peut faire de superbes balades dans les alentours. Un service bar-restaurant est assuré sur la très belle terrasse-jardin. L'accueil est des meilleurs. Une adresse très attachante où l'on sait vivre avec simplicité.

Accès (carte n° 24) : à 27 km au sud de Guéret par D 942 direction Aubusson. A Saint-Feyre, direction Peyrabout, D 13.

La Bougnate

43450 Blesle (Haute-Loire)
Place Vallat
Tél. 04 71 76 29 30 - Fax 04 71 76 29 39
E-mail: contact@labougnate.com - Web: labougnate.com

Catégorie ★★★ **Ouverture** toute l'année **Chambres** 12 avec tél., s.d.b. ou douche, w.c. et t.v.; 1 chambre handicapés **Prix** des chambres: 75 € - Petit déjeuner: 7,50 €, servi de 8 h à 10 h **Carte de crédit** Visa **Divers** chiens admis (7,50 €) **Alentour** Saint-Nectaire; Le Puy-en-Velay; plateau Cezallier; Vulcania - Ski **Restaurant** service de 12 h à 14 h, 19 h à 21 h 30 (l'été, service continu de 12 h à 21 h 30) - Menus: 15 € (midi), 20 à 25 € Carte - Spécialité: viande de Salers (carpaccio, tartare, côte de bœuf).

C'est à Françoise, la femme de l'acteur Gérard Klein, que l'on doit ce chef d'œuvre de petit hôtel de charme caché en retrait d'une placette ombragée. C'est elle qui a pensé et réalisé l'auberge, la signant du surnom que lui a donné son cousin Jean, auvergnat comme elle. Ici chaque meuble (souvent dessiné par Françoise), chaque objet, chaque tableau a été choisi avec attention et mis en valeur par des éclairages délicats sur fond de murs crème et de poutres ivoire. Sobres, lumineuses et belles, chambres et salles de bains sont particulièrement plaisantes. On aime leur parquet parfois habillé de kilims, les couvre-lits en courtepointe, le mobilier délicatement moderne en ébène ou palissandre, l'ensemble produisant une ambiance de douce sérénité. *La Bougnate*, c'est aussi un restaurant où l'on déguste, près de la cheminée, de bonnes viandes locales, c'est enfin une accueillante terrasse pour prendre un verre à toute heure ou dîner dans une agréable ambiance informelle et se laisser gagner par l'âme de ce ravissant bourg médiéval, incontournable pour qui traverse ce coin d'Auvergne!

Accès (carte n° 25): autoroute A 75, sortie n° 22, direction Blesle.

Le Pré Bossu

43150 Moudeyres (Haute-Loire)
Tél. 04 71 05 10 70 - Fax 04 71 05 10 21 - Mme Grootaert-Moreels
Web: leprebossu.fr.fm

Catégorie ★★★ **Fermeture** du 1er novembre au 1er avril **Chambres** 6 non-fumeurs, avec tél., s.d.b. ou douche et w.c. **Prix** des chambres: 90 à 140 € - Petit déjeuner: 15 €, servi de 8 h à 9 h 30 - Demi-pension recommandée: 105 à 130 € **Cartes de crédit** acceptées **Divers** chiens non admis - Parking **Alentour** basilique du Puy-en-Velay; mont Gerbier-de-Jonc; forêt du Mézenc - Golf 18 trous de Chambon-sur-Lignon **Restaurant** non-fumeurs, service de 19 h 30 à 21 h - Fermé le midi - Menu "un petit tour au jardin du curé": 38 €; menus résidents: 2 plats 38 €, 3 plats 58 €; enfant: 14 € - Spécialités: pot-au-feu de pigeonneaux; gibier en automne.

Située près du village classé de Moudeyres, cette vieille chaumière en pierre du pays doit son nom au pré qui l'entoure. L'ambiance douillette de la réception se poursuit dans les pièces attenantes: l'une, avec cheminée, pour les petits déjeuners, l'autre, décorée dans des tons pastel, dédiée au restaurant. Vous pourrez y goûter une cuisine savoureuse (autour d'un menu unique du marché), confectionnée entre autres avec les légumes du jardin potager. Depuis peu, *Le Pré Bossu* a réduit le nombre de ses chambres pour les agrandir et les transformer en petites suites avec un coin-salon indépendant. Parquets, murs crépis beige ou légèrement teintés, mobilier de style ou en fer forgé, superbes salles de bains… L'ensemble est soigné bien qu'encore un peu "raide". Jardin et terrasse face à la campagne avec service-bar; et si vous avez envie de vous promener, des paniers pique-nique vous seront fournis. Enfin, l'hôtel organise des week-ends botaniques au printemps et mycologiques en automne. Une belle adresse dans une nature sauvage et très préservée.

Accès (carte n° 25): à 25 km au sud-est du Puy. Au Puy prendre direction Valence par D 15 et suivre 15 km environ jusqu'aux Pandreaux, puis D 36 jusqu'à Moudeyres par Laussonne.

Les Deux Abbesses

43300 Saint-Arcons-d'Allier (Haute-Loire) - Le Château
Tél. 04 71 74 03 08 - Fax 04 71 74 05 30
Laurence Perceval-Hermet
E-mail: direction@lesdeuxabbesses.com - Web: lesdeuxabbesses.com

Fermeture de la Toussaint à Pâques **Chambres** 5, 2 suites, 7 maisonnettes, avec tél., s.d.b. et w.c.;
1 chambre handicapés **Prix** des chambres: 150 à 250 €; suites: 300 à 350 €; maisonnettes: 250 à 400 € -
Petit déjeuner: 20 à 25 €, servi de 8 h à 11 h **Cartes de crédit** acceptées **Divers** chiens non admis - Piscine
Alentours Le Puy-en-Velay; églises et chapelles romanes; gorges de l'Allier - Rafting, canyoning, pêche,
survol des volcans en hélicoptère ou montgolfière **Restaurant** service de 19 h 30 à 21 h 30 - Menu: 50 €.

Voici un lieu unique, un petit monde à part pour amateurs de vieilles pierres, de paysages naturels, de découvertes gourmandes et de saines détentes. Car c'est le village tout entier qui vous ouvre ses portes, un ensemble de maisons classées, reliées par des ruelles fleuries et pavées de galets. Vous y trouverez ici une luxueuse suite avec cheminée, là une petite chambre romantique, un peu plus loin vous rejoindrez le château avec son jardin à degrés orné de buis sculptés (qui sert de cadre au petit déjeuner face à un superbe paysage avec, en contrebas, le cours limpide de l'Allier de la Fioule). Derrière ses murs Renaissance se cache la vaste salle à manger au sobre décor de pierre et de bois où l'on déguste une cuisine délicate, fine, savoureuse. Et à l'étage se trouve le grand salon bleu dont l'élégance le dispute au charme. Partout le confort est aussi discret qu'omniprésent, la qualité se niche dans les moindres détails, le jeu des matériaux, le choix des objets... Ici, les bruits viennent du vent entre le feuillage ou du chant d'un oiseaux (les voitures ne peuvent accéder au centre du village mais un service de bagagiste est à votre disposition). A vous d'écouter la différence.

*Accès (carte n° 25): A 71 - A 75 sortie n° 20. N 102 vers Le Puy. D 56 vers Langeac.
D 585 vers Saugues, 1 km après Chanteuges tourner à gauche et traverser l'Allier.*

Hostellerie Placide

43190 Tence (Haute-Loire) - Route d'Annonay
Tél. 04 71 59 82 76 - Fax 04 71 65 44 46 - M. et Mme Placide
E-mail : placide@hostellerie-placide.fr - Web : hostellerie-placide.fr

Catégorie ★★★ **Fermeture** janvier à mars **Chambres** 12 avec tél., s.d.b., w.c. et t.v. **Prix des chambres** doubles : 70 à 100 € - Petit déjeuner : 10 €, servi de 8 h à 11 h - Demi-pension : 64 à 84 € **Carte de crédit** Visa **Divers** chiens admis (12 €) - Parking **Alentour** Le Puy-en-Velay ; plateau du Mézenc ; églises romanes ; gorges de l'Allier - Canyoning, pêche - Golf 18 trous **Restaurant** service de 12 h à 13 h 30, 19 h à 21 h - Fermé du dimanche soir au mardi hors saison ; lundi midi et mardi midi l'été - Menu : 13 à 58 € - Spécialités : bœuf fin gras du Mézenc au sel fumé, flan de morilles ; pain soufflé aux écrevisses.

Quatre générations de Placide se sont succédé aux commandes de cet ancien relais de diligence, s'attachant notamment à entretenir la réputation gastronomique du lieu. La mission en revient aujourd'hui à Pierre-Marie et il s'en acquitte brillamment puisqu'on vient de plus en plus loin pour découvrir sa cuisine simple, légère et authentiquement savoureuse. Donnant sur le petit jardin où l'on sert en été, la salle à manger a été récemment remise au goût du jour dans d'élégantes tonalités de jaune-orangé. C'est à présent les chambres qui bénéficient de ce vent de jeunesse. Murs unis crème, petites appliques en laiton, rideaux de marques à grosses rayures ou à carreaux, opulents fauteuils en osier tressé, quelques meubles rétros… Voici les principales caractéristiques de celles qui ont déjà été rénovées (et que nous vous recommandons en toute priorité). En revanche ne cherchez pas de vue trop bucolique, l'hôtel se trouve dans un bourg, adossé à une voie ferrée désaffectée qui ne reprend du service que certains jours d'été pour faire revivre le petit train touristique Tence-Lamastre. Une accueillante et très sérieuse adresse à proximité de superbes paysages.

Accès (carte n° 25) : à 43 km du Puy-en-Velay. N 88 par Yssingeaux, puis D 105 sur 20 km et à droite D 500 sur 8 km. Fléchage dans Tence.

Castel-Hôtel 1904

63390 Saint-Gervais-d'Auvergne (Puy-de-Dôme)
Rue du Castel
Tél. 04 73 85 70 42 - Fax 04 73 85 84 39 - M. Mouty
E-mail : info@castel-hotel-1904.com - Web : castel-hotel-1904.com

Catégorie ★★★ **Ouverture** toute l'année **Chambres** 17 avec tél., s.d.b. ou douche, w.c. et t.v. **Prix** des chambres simples et doubles : 63 à 99 € - Petit déjeuner : à partir de 8 €, servi de 7 h 30 à 10 h - Demi-pension : 55 € **Carte de crédit** Visa **Divers** chiens non admis - Parking **Alentour** gorges de la Sioule ; manoir de Veygoux ; église de Menat ; musée Mandet et musée d'Auvergne à Riom ; Vulcania - Golf 18 trous des Volcans à Orcines **Restaurants** service à 12 h 30 et 19 h 30 - *La Mère Castel* menus : 35 à 55 € (fermé le mercredi) - *Le Comptoir à moustaches*, menus : 13 à 27 € - Carte - Spécialités : roulade de filet migon de porc fermier en pounti.

L'arrivée dans cet établissement est une expérience étonnante : comme si l'on passait la porte d'une autre époque, d'un temps où l'on savait encore se montrer attentif à l'étranger qui franchit le seuil. C'est sans doute la raison pour laquelle l'établissement a ajouté sa date de naissance à son nom. Les sols aux grandes dalles de carrelage, la cour de basalte, le petit jardin frais, les grands dessus-de-lit au crochet ou les images de l'établissement au début du siècle dernier, à l'heure des premières automobiles : tout, ici, appelle à la nostalgie. Jusqu'à cette manière de servir, avec gentillesse et efficacité, une cuisine de très bonne tenue. Il vous faudra choisir entre le restaurant gastronomique et *Le Comptoir à moustaches* qui propose des menu plus "courts" et de délicieuses formules autour d'un plat. Les chambres n'ont pas de numéro mais sont baptisées du prénom d'un aïeul : Firmin, Adrienne ou Isidore. Un lieu attachant, au charme désuet, où l'on revient des années durant en espérant secrètement que rien n'a changé.

Accès (carte n° 24) : à 55 km au nord-ouest de Clermont-Ferrand par N 9. A Châtelguyon, D 227 jusqu'à Saint-Gervais-d'Auvergne par Manzat.

Au Moulin de la Gorce

87800 La Roche-l'Abeille (Haute-Vienne)
Tél. 05 55 00 70 66 - Fax 05 55 00 76 57
Pierre et Isabelle Bertranet
E-mail: moulingorce@relaischateaux.fr - Web : moulindelagorce.com

Catégorie ★★★ **Fermeture** du 27 novembre au 4 mars **Chambres** 9 et 1 appartement, avec tél., s.d.b., w.c. et t.v. **Prix** des chambres doubles: 75 à 165 € ; appart.: 215 € (2 pers.) - Petit déjeuner: 15 €, servi de 8 h à 10 h - Demi-pension (obligatoire en haute saison): 227 à 367 € (pour 2 pers., 3 jours min.) **Cartes de crédit** acceptées **Divers** chiens admis - Parking **Alentour** cathédrale Saint-Etienne et musée de la Céramique Adrien-Dubouché à Limoges - Golf 18 trous à Limoges **Restaurant** service de 12 h à 13 h 30, 19 h 30 à 21 h - Fermé lundi et mardi - Menus: 42 à 115 € - Carte - Spécialité: harmonie gourmande de homard et foie gras.

Au bord d'un étang perdu dans les bois, ce superbe endroit est un ancien moulin dont les différents corps de bâtiment s'égrènent, sur différents niveaux, autour du ruisseau qui jaillit entre les pierres. Une chute d'eau qui incite à la sérénité et qui dispense en permanence une fraîcheur bienvenue. L'extérieur, arbres et fleurs, chemins de terre ou de mousse, comme l'intérieur, une salle à manger rustique où l'on parle peu pour mieux apprécier ce que l'on mange, se prêtent tous deux au silence, presque au recueillement. Et pourtant, l'accueil est enjoué, heureux de votre plaisir et attentif à vos moindres désirs. Il reste alors à regagner l'une de ces chambres confortables et pleines de fraîcheur, aux plafonds parfois traversés d'impressionnantes poutres. A moins que l'on ait choisi… la petite maison dans la prairie: un logement indépendant, isolé au fond du jardin, qui peut faire rêver bien des amoureux. Une adresse de bien-être et de luxe vrai.

Accès (carte n° 23): à 30 km au sud de Limoges par D 704 puis D 17.

Hôtel Villa Louise

21420 Aloxe-Corton (Côte-d'Or)
Tél. 03 80 26 46 70 - Fax 03 80 26 47 16 - Véronique Perrin
E-mail : hotel-villa-louise@wanadoo.fr - Web : hotel-villa-louise.fr

Catégorie ★★★ **Ouverture** toute l'année **Chambres** 11 et une suite, avec tél., s.d.b., w.c., t.v. satellite, minibar et coffre-fort ; 1 chambre handicapés **Prix** des chambres : 92 à 190 € - Petit déjeuner : 13,50 €, servi de 8 h à 10 h 30 **Carte de crédit** Visa **Divers** chiens admis - Piscine couverte et chauffée, sauna, hammam - Parking **Alentour** hôtel-Dieu à Beaune ; basilique Notre-Dame ; abbaye de Citeaux ; châteaux du Clos-Vougeot et de La Rochepot ; route des vins - golf 18 trous de Beaune-Levernois **Pas de restaurant** à l'hôtel mais possibilité de repas froid sur demande.

Aloxe-Corton, ce village proche de Beaune évoque à tous le rouge profond d'un grand bourgogne. Pour nous, il évoque aussi cette charmante *Villa Louise* (où, accessoirement, vous pourrez aussi, dans une cave du XVIIᵉ, déguster le vin du domaine...). Vieille maison bourguignonne, l'édifice sort d'une rénovation complète, heureux compromis entre l'ancien et le moderne pour que chacun se sente ici comme chez lui. Hauts plafond à la française, fauteuils club en cuir, livres reliés dans le coin bibliothèque ; l'ensemble exprime une sobriété moderne, un aménagement chaleureux réveillé par quelques touches colorées comme les rideaux greges et rouges. Côté vignes ou côté cour, les chambres jouent chacune leur petite musique mais on y retrouve toujours de belle cotonnades piquées, réédition de modèles XVIIIᵉ, des fauteuils Loom tressés, des moquettes beiges. Partout les salles de bains mosaïquées de pâte de verre sont irréprochables, y compris dans la nouvelle et très jolie chambre du pigeonnier (très agréable terrasse privative). Une véritable adresse de charme accueillante et à taille humaine.

Accès (carte n° 19) : à 3 km de la sortie n° 24 Beaune-Nord. Depuis Beaune, prendre la N 74. Sortie Aloxe-Corton puis prendre la direction Dijon.

Chez Camille

21230 Arnay-le-Duc (Côte-d'Or)
1, place Edouard-Herriot
Tél. 03 80 90 01 38 - Fax 03 80 90 04 64
Armand et Monique Poinsot.
E-mail: chez-camille@wanadoo.fr - Web: chez-camille.fr

Catégorie ★★★ **Ouverture** toute l'année **Chambres** 11 avec tél., s.d.b., w.c. et t.v. satellite **Prix** des chambres: 79 € - Petit déjeuner: 9 €, servi de 7 h à 11 h - Demi-pension: 158 € (pour 2 pers.) **Cartes de crédit** acceptées **Divers** chiens admis - Garage fermé **Alentour** basilique Saint-Andoche; château de Commarin; Châteauneuf - Golf 18 trous du château de Chailly **Restaurant** service de 12 h à 14 h, 19 h à 22 h - Menus: 20 à 84 € - Carte - Spécialités: jambon persillé maison; pressé de foie de canard frais; escargots de Bourgogne en coquille; filet de charolais.

Au cœur du bourg, précisément dans l'axe de la rue principale, apparaît *Chez Camille*. On vient ici depuis des générations pour retrouver ses souvenirs et goûter au meilleur de la tradition bourguignonne. Derrière ses vieux murs, un vénérable escalier dessert de confortables chambres à l'ambiance désuète et souvent agrémentées de meubles anciens (leur rénovation vient d'être entreprise sans pour autant les dénaturer). Chaque soir, le dîner est ici un moment de choix: installé agréablement dans l'un des coins-salon du hall, on choisit son menu tandis que l'on vous prépare une table dans la salle à manger aménagée sous la verrière de l'ancienne cour intérieure. Dans une ronde stylée et en costume régional, le personnel attentif vous propose des plats composés de produits de première qualité en provenance directe de la ferme de l'hôtel. Une belle adresse d'étape où les enfants de moins de onze ans sont totalement invités.

Accès (carte n° 19): à 28 km au nord-est d'Autun par N 81. Sortie A6 Pouilly-en-Auxois à 16 km.

Hôtel Le Home

21200 Beaune (Côte-d'Or)
138, route de Dijon
Tél. 03 80 22 16 43 - Fax 03 80 24 90 74 - Mme Mc Gavin
E-mail: info@lehome.fr - Web: lehome.fr

Catégorie ★★ **Ouverture** toute l'année **Chambres** 22 avec tél., s.d.b. ou douche et w.c. (8 avec t.v.)
Prix des chambres simples et doubles: 54 à 77 € - Petit déjeuner: 7 et 13 € **Carte de crédit** Visa
Divers chiens admis - Garage **Alentour** hôtel-Dieu, basilique Notre-Dame, hôtel de La Rochepot et
musée du vin de Bourgogne à Beaune; la côte de Beaune entre Serrigny et Chagny; château du Clos-
Vougeot; La Rochepot - Golf 18 trous de Beaune-Levernois **Pas de restaurant** à l'hôtel.

L'entrée de Beaune est cannibalisée par les grandes enseignes commerciales, mais il serait dommage de s'arrêter à cet inconvénient et à la fréquentation de la route car ce charmant petit hôtel mérite plus d'attention. Un peu en retrait et bien insonorisé, il cache de très agréables chambres. Plus ou moins grandes, toutes sont correctement tenues et fréquemment rénovées. Certaines ne manquent pas de classe et, avec leur beau mobilier ancien, d'autres jouent sur des coloris frais, d'autres encore sont aménagées dans un style anglais (c'est le cas de celles de plain-pied, isolées du parking par une haie d'arbustes derrière laquelle on peut, en été, prendre le petit déjeuner). Précisons toutefois que, parmi les quatre situées en soupente, deux sont trop petites et sommaires pour que nous puissions vous les conseiller. Pour le reste, saluons la très belle réussite décorative de la salle des petits déjeuners. On y sent tout l'amour des propriétaires pour leur maison. Pas de restaurant sur place mais est-ce un inconvénient quand on se trouve à proximité de l'exceptionnel *Jardin des Remparts* où du délicieux japonais gastronomique *Bissoh* (03 80 24 99 50).

Accès (carte n° 19): par A 6 sortie n° 24 Savigny-lès-Beaune; à Beaune, direction Dijon; au-delà de l'église Saint-Nicolas.

Hôtel Le Parc

Levernois 21200 Beaune (Côte-d'Or) - Rue du Golf
Tél. 03 80 24 63 00 - Fax 03 80 24 21 19 - M. et Mme Oudot
E-mail : hotel.le.parc@wanadoo.fr - Web : http://hotelleparc.fr

Catégorie ★★ **Fermeture** du 23 novembre au 22 janvier **Chambres** 25 avec tél., t.v., (19 avec douche, 6 avec s.d.b., 24 avec w.c.) **Prix** des chambres doubles : 44 à 92 € - Petit déjeuner : 7,50 €, servi de 7 h 30 à 10 h **Carte de crédit** Visa **Divers** chiens non admis - Parking **Alentour** hôtel-Dieu, basilique Notre-Dame à Beaune ; la côte de Beaune entre Serrigny et Chagny ; Nolay ; La Rochepot - Golf 18 trous de Beaune-Levernois **Pas de restaurant** à l'hôtel.

Après avoir goûté aux charmes de Beaune et de ses vins, rendez-vous à quatre kilomètres de là, aux abords du petit village de Levernois. Voici les grilles de l'*Hôtel Le Parc*, vieille maison bourguignonne couverte de vigne vierge, avec son parc aux arbres centenaires et sa belle cour fleurie où l'on peut prendre son petit déjeuner. Malgré le nombre de ses chambres, cet hôtel a le charme d'une petite auberge. Chacune d'elles a son atmosphère : l'une la doit à ses tissus, l'autre à sa commode, une autre encore à sa courtepointe. M. et Mme Oudot les rénovent régulièrement. Celles qui viennent d'en bénéficier présentent de jolis papiers peints anglais, bordés par des frises fleuries, assortis aux rideaux et dessus-de-lit. Parmi ces chambres, il en est de vastes et luxueuses mais toujours de bon goût. Bien que non loin de la ville, vous serez ici à la campagne et, de surcroît, très gentiment accueillis. Pour vos repas, vous pourrez goûter dans un cadre élégant la cuisine du réputé chef Jean Crotet à *L'Hostellerie de Levernois*, ou essayer les quelques restaurants de Beaune : *Le Jardin des Remparts* raffiné, près des hospices, *Le Bénaton*, chaleureux, ou *Le Gourmandin* pour son ambiance bistrot, ou encore l'étonnant japonais *Bissoh* (03 80 24 99 50), notre très belle découverte cette année.

Accès (carte n° 19) : à 4 km au sud-est de Beaune par D 970, direction Verdun, Lons-le-Saunier.

Château de Courban

21520 Courban (Côte-d'Or)
8, Grand'rue
Tél. 03 80 93 78 69 - Fax 03 80 93 79 23
M. Vandendriessche
E-mail : contact@chateaudecourban.com - Web : chateaudecourban.com

Ouverture toute l'année **Chambres** 11 et 3 suites avec tél., s.d.b., w.c., t.v., minibar et coffre-fort ; 1 chambre handicappés **Prix** des chambres simples et doubles : 75 à 115 € ; suites : 125 à 145 € - Petit déjeuner-buffet : 12 €, servi à toute heure **Carte de crédit** Visa **Divers** chiens admis - Piscine, chasse et pêche - Parking fermé **Alentour** abbaye de Fontenay ; la Champagne ; Chablis ; musée du Trésor de Vicq à Châtillon-sur-Seine - Quad, 4x4, tennis - Golf 9 trous à 25 km **Restaurant** pour les résidents uniquement - Menus à partir de 25 €.

À la croisée de quatre départements, ce château aux belles proportions et flanqué d'un colombier reste néanmoins plus proche de la grosse maison bourgeoise. Décorateur, son propriétaire l'a restauré en privilégiant les imprimés cossus aux tons soutenus, un mobilier confortable et des lambris en bois laqué, l'ensemble restant d'un classicisme cosy du plus bel effet. La salle à manger, où le rouge est de mise, demande qu'on s'y attarde, notamment lors de petits déjeuners conviviaux. De taille moyenne et bien agencées, les chambres ont presque toutes une alcôve dissimulant une douche hydromassante, un lavabo et des toilettes. Vous y serez très confortablement installés et profiterez de très belles vues sur le parc à la française, où les bassins répondent aux terrasses et où de nombreux mobiliers de jardin ont été disséminés pour votre tranquillité. Accueil agréable pour cette adresse intimiste et soignée.

Accès (carte n° 19) : à 15 km de Châtillon-sur-Seine. A 5 sortie n° 23 Montigny-sur-Aube, puis sortie n° 24 Châteauvillain/Châtillon-sur-Seine.

Le Manassès

21220 Curtil-Vergy (Côte-d'Or) - Rue Guillaume-de-Tavanes
Tél. 03 80 61 43 81 - Fax 03 80 61 42 79 - M. Chaley
E-mail : hotel.manasses@freesurf.fr - Web : ifrance.com/hotelmanasses

Fermeture décembre, janvier et février **Chambres** 12 (5 en annexe climatisées), avec tél., fax, s.d.b., w.c., t.v. et minibar **Prix** des chambres : 75 €, en annexe : 100 € - Petit déjeuner : 10 €, servi de 7 h 45 à 10 h **Cartes de crédit** acceptées **Divers** chiens admis sur demande - Parking **Alentour** abbayes de Saint-Vivant et de Cîteaux ; château du Clos-Vougeot ; la côte de Nuits - Golf 18 trous de Dijon-Bourgogne **Pas de restaurant** à l'hôtel.

Isolé dans un hameau à proximité des plus fameux vignobles de Bourgogne, ce petit hôtel familial recèle d'agréables chambres. Petites et coquettes dans la maison principale, vastes dans l'annexe, elles sont irréprochables de tenue (certaines sont dotées de salles de bains en marbre du meilleur effet). Toutes sont très calmes et donnent souvent sur une petite vallée sauvage et verdoyante. Vigneron de son état, M. Chaley ne fait pas mentir la réputation de jovialité associée à cette profession, et son accueil, ainsi que celui des membres de sa famille, mérite, à lui seul, une visite au *Manassès*. Ici, un lointain parfum laisse deviner la proximité de la cave où continuent de vieillir les précédentes récoltes, et l'on retrouve cette référence au vin dans la belle grange qui abrite un intéressant musée de la Vigne. Signalons enfin l'exceptionnel petit déjeuner (avec jambon sec du Morvan, jambon persillé de Bourgogne, rosette au marc, et une petite surprise pour les "œnophiles") servi dans la grande pièce commune agrémentée de beaux meubles anciens et d'un feu de cheminée en saison. Parmi les restaurants conseillés : *L'Auberge du Coteau* à Villars-Fontaine, *Simon* à Flavey-Echézaux, *Les Gourmets* à Marsannay-la-Côte, *La Cabotte* à Nuits-Saint-Georges.

Accès (carte n° 19) : à 24 km au nord-ouest de Beaune A 31, sortie Nuits-Saint-Georges, puis D 25 et D 35.

Hôtel Les Magnolias

21190 Meursault (Côte-d'Or)
8, rue Pierre-Joigneaux
Tél. 03 80 21 23 23 - Fax 03 80 21 29 10
E-mail: hotel@les-magnolias.com - Web: les-magnolias.com

Fermeture du 1er décembre au 15 mars **Chambres** 11 et 1 suite, avec tél., s.d.b. ou douche et w.c.
Prix des chambres doubles: 86 à 134 €; suite: 165 € - Petit déjeuner: 9 €, servi de 8 h à 9 h 30
Cartes de crédit acceptées **Divers** chiens non admis - Parking **Alentour** château de La Rochepot;
hôtel-Dieu et basilique Notre-Dame à Beaune - Golf 18 trous de Beaune-Levernois **Pas de restaurant**
à l'hôtel.

Meursault ! pour les amateurs de vin blanc, ce nom sonne comme une capitale. Un peu à l'écart du centre, enfouie dans la verdure, cette ancienne maison de maîtres vignerons reste, année après année, l'un des charmants hôtels de Bourgogne. Réparties entre le bâtiment principal et ses dépendances, les chambres arborent une décoration fleurie teintée d'Angleterre délicieusement surannée et un beau mobilier ancien. D'un goût parfait, impeccablement tenues, elles sont confortables même si certaines salles de bains sont un peu petites et perdent parfois de leur lustre. Bons petits déjeuners servis en chambre ou dehors, près des rosiers buissonnants, magnolias et autres chèvrefeuilles (accompagnés par le bruissement des feuilles, le chant des oiseaux, et, parfois, le passage d'un tracteur...). Pas de restaurant sur place mais le village n'en manque pas et Beaune n'est qu'à six kilomètres avec un très beau choix de tables, dont notre dernier "coup de cœur", le formidable japonais *Bissoh* (03 80 24 99 50).

Accès (carte n° 19): A 6, sortie Beaune-sud, puis à 5 km par D 973 ou par N 74.

Le Clos

21200 Montagny-lès-Beaune (Côte-d'Or)
22, rue des Gravières
Tél. 03 80 25 97 98 - Fax 03 80 25 94 70
Alain et Christiane Oudot
E-mail: hotelleclos@wanadoo.fr - Web: hotelleclos.com

Catégorie ★★★ **Fermeture** du 25 novembre au 15 janvier **Chambres** 19 et 5 suites avec tél., s.d.b. ou douche, w.c. et t.v.; 2 chambres handicapés **Prix** des chambres: 65 à 110 €; suites: 140 à 210 € - Petit déjeuner: 9 €, servi de 7h30 à 10h **Cartes de crédit** Visa, Amex **Divers** chiens non admis - Parking fermé **Alentour** hôtel-Dieu, basilique Notre-Dame à Beaune; la côte de Beaune entre Serrigny et Chagny; Nolay; La Rochepot - Golf 18 trous de Beaune-Levernois **Pas de restaurant** à l'hôtel.

Particulièrement bien situé à proximité de Beaune et d'une sortie d'autoroute, cette ancienne ferme XVIIIe se trouve au calme dans un charmant petit village bourguignon. Récemment transformé en hôtel, l'édifice a bénéficié d'une remarquable restauration qui a traité ses vieux murs comme le plus rare des trésors: magnifiques toitures en vénérables tuiles plates, pierres et poutres décapées, sols en vieilles dalles dans la cour et en terre cuite à l'intérieur. Souvent de très belle taille et parfois en duplex, les chambres ont été décorées avec élégance dans un style campagnard. Murs clairs sur lesquels ressortent les bois cirés d'anciennes armoires, mobilier Louis-Philippe, jolis tissus; l'ensemble est sobre, de bon goût, indémodable. L'hiver, un feu brûle souvent dans le salon d'accueil traité avec le même soin. L'été, c'est le jardin qui exerce son attraction avec sa végétation généreuse et, volontairement, plus ou moins maîtrisée selon les coins. Très accueillants, M. et Mme Oudot (également propriétaire du *Parc* à Levernois) n'ont rien ménagé pour que ce charmant hôtel fasse le bonheur de tous et proposent des prestations d'un excellent rapport qualité-prix.

Accès (carte n° 19): A 7 sortie 24.1, au rond-point, à gauche vers Montagny.

Hôtel de la Halle

21340 Nolay (Côte-d'Or)
Place de la Halle
Tél. et Fax 03 80 21 76 37
Noëlle Pocheron
E-mail : noelle.pocheron@wanadoo.fr - Web : terroirs-b.com/lahalle

Ouverture toute l'année **Chambres** 14 avec s.d.b. et w.c. **Prix** des chambres : 40 à 46 € (1 pers.), 52 à 60 € (2 pers.)- Petit déjeuner compris, servi de 8 h à 10 h 30 **Cartes de crédit** Amex, Visa **Divers** chiens admis - Parking (2 à 3 voitures) **Alentour** monuments de Beaune ; Dijon ; Autun ; route des vins **Pas de restaurant** à l'hôtel.

Juste après avoir quitté les vignobles des côtes de Beaune, la route plonge au creux d'un vallon pour rejoindre le bourg de Nolay. Rues sinueuses, antiques maisons, toits de tuiles plates, un vrai condensé de Bourgogne. Bizarrement la place de la Halle semble introuvable et il faudra quelques hésitations et demi-tours avant de la découvrir. Ancien relais du XVIIᵉ, l'hôtel fait face au chevet de l'église et à la vieille halle ancrée sur ses piliers de pierre. Autour, l'alignement des maisons médiévales ferme cet espace avec bienveillance. Très agréables chambres, rénovées de frais dans des tonalités gaies, souvent à dominante jaune ou rouge brique. Mobilier généralement ancien en bois fruitier, sols en terre cuite, élégants tissus… Une délicate simplicité complétée par des salles de bains blanches rehaussées d'une frise. Les petits déjeuners sont servis dans une belle salle de plain-pied sur la cour et "débordent" volontiers à l'extérieur dès l'approche des beaux jours. Enfin, à deux pas de l'hôtel, la maison d'hôtes du frère de Mᵐᵉ Pocheron tient lieu d'annexe avec ses chambres rénovées et de bon confort. Accueil familial et sympathique. Excellent rapport qualité-prix.

Accès (carte n° 19) : à 30 km de Beaune sur la route d'Autun (N 74 puis N 6).

Le Hameau de Barboron

21420 Savigny-lès-Beaune (Côte-d'Or)
Tél. 03 80 21 58 35 - Fax 03 80 26 10 59
Mme Nominé
E-mail: lehameaudebarboron@wanadoo.fr - Web: hameau-barboron.com

Ouverture toute l'année **Chambres** 12 avec tél., s.d.b. ou douche, w.c., t.v. et minibar **Prix** des chambres doubles: 95 à 125 € ; suites: 155 à 185 € - Petit déjeuner: 15 €, servi jusqu'à 12 h **Carte de crédit** Visa **Divers** chiens admis (8 à 15 €) - Garage **Alentour** hôtel-Dieu, basilique Notre-Dame à Beaune; la côte de Beaune entre Serrigny et Chagny; côte de Nuits; château du Clos-Vougeot; Nolay; La Rochepot - Golf 18 trous de Beaune **Restaurant** sur réservation (à partir de 15 pers.).

L e site aurait sûrement inspiré Lamartine, tant ce creux de vallon ourlé de hautes futaies et de pâtures, préservé de l'agitation du monde et de tout atteinte de la modernité, constitue à lui seul un motif de visite. Pour ne pas rompre le charme et respecter l'ancienneté de ses vieux murs, le hameau fut restauré avec un remarquable souci d'authenticité et l'idée d'y inclure, très discrètement, le meilleur du confort d'aujourd'hui. Cela donne un ensemble de bâtiments XVIe de grand caractère, un rien austères, organisés autour d'une cour intérieure pavée où l'arrivée d'une voiture à cheval n'aurait rien de surprenant. Et les chambres ? Elles ont pour nom "Les Blés", "Les Cousins" (très grande) ou s'adonnent aux prénoms liés aux anciens habitants du hameau : Lucien, Jean, Léon, Elyse... Pas une ne ressemble à sa voisine mais toutes ont en commun de superbes matériaux (bois ciré, pierre, enduits à la chaux) un mobilier ancien de qualité et de superbes salles de bains. Musique classique au petit déjeuner, près de la cheminée et face à la nature. Une nature à arpenter à la rencontre des animaux du domaine.

Accès (carte n° 19): sur A 6 sortie A 31 n° 4: Savigny-lès-Beaune.

Hôtel de Vougeot

21640 Vougeot (Côte-d'Or)
18, rue du Vieux-Château
Tél. 03 80 62 01 15 - Fax 03 80 62 49 09 - M. Senterre
E-mail : contact@hotel-vougeot.com - Web : hotel-vougeot.comr

Catégorie ★★ **Fermeture** du 4 au 25 janvier **Chambres** 13 et 3 suites, avec tél., s.d.b. ou douche, w.c., t.v. et minibar **Prix** des chambres simples et doubles : 49 à 85 € - Lit supp. : 18 € - Petit déjeuner : 9 € servi de 8 h à 10 h **Carte de crédit** Visa **Divers** chiens admis (8 €) - Parking **Alentour** Château de Clos-Vougeot ; abbaye de Citeaux ; hospices de Beaune - Vols en montgolfière ; dégustation de vins - 3 Golfs 18 trous **Restaurant** réservé aux résidents sur commande - Menus à partir de 20 € - Spécialités : jambon persillé, coq au vin, brillat savarin.

Sur la route des grands crus et face au célèbre Château de Vougeot, ce charmant petit hôtel se compose de trois bâtiments ruraux parfaitement rénovés. La réception avec sa haute cheminée de pierre, son plafond à poutres et sa voûte en arcade qui la sépare de la salle des petits déjeuners, affiche d'emblée un beau caractère local. Du côté des chambres, la décoration est sobre, de bon goût avec toujours de grands volumes et de la lumière (la majorité bénéficie d'une splendide vue sur le vignoble et le Clos Vougeot). Parquetées ou dallées de pierre, sobrement meublées, elles font ressortir sur la blancheur des murs de beaux boutis en couvre-lits et l'élégants doubles-rideaux. Pour dîner, une formule en table d'hôte est possible (sur réservation uniquement), on y goûte une cuisine de terroir acccompagnée d'une belle sélection de vins, l'ensemble servi au jardin les soirs d'été. Même attention pour les petits déjeuners (produits locaux et beau choix de pains). Un lieu intime, merveilleusement placé et dirigé avec un professionalisme sympathique.

Accès (carte n° 19) : A 31, sortie Nuits-Saint-Georges, puis direction Clos-Vougeot. Depuis N 74 : au rond-point de Vougeot entrer dans le village puis fléchage.

Hôtel La Reconce - Restaurant de la Poste

71600 Le Bourg-Poisson (Saône-et-Loire)
Tél. 03 85 81 10 72 - Fax 03 85 81 64 34
M. Jean-Noël Dauvergne
E-mail : la.reconce@wanadoo.fr - Web : http://hotel-lareconce.com

Catégorie ★★★ **Fermeture** les 3 premières semaines de février et 2 semaines en octobre **Chambres** 6 et 1 suite, avec tél., s.d.b. ou douche, t.v. et minibar **Prix** des chambres doubles : 62 à 85 € ; suite : 110 à 125 € - Petit déjeuner : 11 €, servi de 8 h 30 à 10 h **Cartes de crédit** acceptées **Divers** chiens admis - Parking privé **Alentour** basilique et musée du Hiéron à Paray-le-Monial **Restaurant** service de 12 h à 13 h 30, 19 h à 21 h - Fermé lundi et mardi (sauf en juillet-août) - Menus : 25 à 78 € ; enfant : 10 € - Carte - Spécialités : bœuf du Charolais.

Comme son nom ne l'indique pas, Poisson est au pays de la viande, précisément dans le "triangle d'or" du boeuf charolais. Les verts pâturages constellés de bovins blancs s'étendent à l'infini et s'arrêtent le long des jardins frontaliers du village. C'est le cas pour celui de *La Reconce*, de sorte que les matins d'été, on prend son petit déjeuner dehors, sur fond de ruminants. Restaurant réputé, l'établissement propose aussi quelques chambres pimpantes et confortables (couleurs gaies, tableaux modernes, parquet de bois clair et mobilier fonctionnel). On aime aussi la décoration agréable et fraîche de la salle à manger et son prolongement en terrasse aux beaux jours. La cuisine de Jean-Noël Dauvergne est un régal, convaincante aussi bien pour les viandes que pour les produits de la mer. A côté, le bistrot du village conserve son activité première et assure au lieu une ambiance vivante en toute saison. Une vraie auberge de campagne, modernisée, accueillante et tenue avec un grand professionnalisme.

Accès (carte n° 18) : à 70 km à l'ouest de Mâcon direction Moulins par N 79, sortie Saint-Christophe puis 1ᵉʳ feu à gauche direction Poisson.

Hostellerie du Château de Bellecroix

71150 Chagny (Saône-et-Loire)
Tél. 03 85 87 13 86 - Fax 03 85 91 28 62
Delphine Gautier
E-mail: info@chateau-bellecroix.com - Web: chateau-bellecroix.com

Catégorie ★★★ **Fermeture** du 17 décembre au 13 février; le mercredi (sauf du 1er juin au 30 septembre) **Chambres** 20 avec tél., s.d.b. ou douche, w.c., t.v. et minibar **Prix** des chambres doubles: 85 à 200 €; suite: 240 €- Petit déjeuner: 17 €, servi de 7 h 30 à 10 h - Demi-pension: 95 à 140 € **Cartes de crédit** acceptées **Divers** chiens admis (13 €) - Piscine - Parking **Alentour** hôtel-Dieu, collégiale Notre-Dame à Beaune; la côte de Beaune; Nolay; La Rochepot - Golf 18 trous de Beaune-Levernois **Restaurant** service de 12 h à 13 h 30, 19 h 30 à 21 h - Fermé mercredi; lundi et jeudi, le midi - Menus: 47 à 61 € - Carte - Spécialité: terrine de foie gras de canard.

Ne vous laissez pas dissuader par la proximité de la N 6, car le château est en retrait, protégé par la verdure et les grands arbres du parc. *Bellecroix* comprend en fait deux édifices bien distincts, il y a le château principal, d'architecture résolument XIXe, et derrière, l'ancienne commanderie des chevaliers de Malte à l'impresionnante muraille percée de fenêtres à meneaux. Dans le château se trouve la très vaste salle à manger (rideaux à fleurs, base en boise-ries néo gothiques, répliques de toiles le maîtres aux murs et tables élégantes), un petit salon caché dans une tourelle ainsi que plusieures chambres, en cours de rénovation, et bourgeoisement aménagées dans le style XVIIIe. Côté com-manderie, elle sont plus vastes, plus luxueuses et ne manquent vraiment pas d'allure avec leur mobilier haute époque. Certaines donnent directement sur le jardin et la piscine, leur prix est en rapport, mais il en est de véritablement exceptionelles. Excellent accueil à la fois professionel et chaleureux.

Accès (carte n° 19): à 15 km au sud de Beaune par N 74, puis N 6, ou sortir à Chalon-sur-Saône nord.

Château d'Igé

71960 Igé (Saône-et-Loire)
Tél. 03 85 33 33 99 - Fax 03 85 33 41 41
Mme Germond
E-mail : ige@chateauxhotels.com - Web : chateaudige.com

Catégorie ★★★★ Fermeture du 1er décembre au 28 février **Chambres** 8 et 6 suites, avec tél., s.d.b. ou douche, w.c. et t.v. satellite **Prix** des chambres : 95 à 150 € ; suites : 167 à 210 € - Petit déjeuner : 14 €, servi de 7 h 30 à 11 h - Demi-pension : + 112 € (pour 2 pers.) **Cartes de crédit** acceptées **Divers** chiens admis (8,50 €) - Garage fermé (8,50 €) **Alentour** abbaye et musée de Cluny ; châteaux de Cormatin et de Berzé - Golf 18 trous à La Salle **Restaurant** service de 12 h à 13 h 30, 19 h à 21 h - Fermé le midi, sauf week-end et jours fériés - Menus : 35 à 72 € - Carte.

L e relief vallonné et les vignobles qui occupent les versants bien exposés de la riche campagne mâconnaise offrent un très bel environnement au charmant petit village d'Igé. Avec ses épaisses tours du XVIe, sa portion de douves et son délicieux jardin romantique, voici un hôtel au caractère familial et subtilement luxueux. Capitonnées de tissus et toujours meublées d'ancien, les chambres sont ravissantes, très confortables, soignées et sans cesse rénovées ; chambres qui ont souvent l'inconvénient d'une vue un peu limitée bien que verdoyante (la suite de la tour, isolée dans un coin du jardin, est superbe avec son plafond voûté aux fines arêtes sculptées). Pour vos repas, vous aurez le choix entre les petits salons Louis XIII, la veranda meublée de rotin et la terrasse organisée autour d'un bassin débordant de verdure. Cuisine de qualité et accueil vraiment chaleureux de la part d'une famille qui tient la maison depuis deux générations et sait en conserver intact le charme et la patine.

Accès (carte n° 19) : A 6, sortie Mâcon-sud, route de Montceau-les-Mines, Cluny. Sortir à La Roche-Vineuse, après le village prendre à droite route de Verzé puis Igé.

Auberge du Paradis

71570 Saint-Amour-Bellevue (Saône-et-Loire)
Le Plâtre-Durand
Tél. 03 85 37 10 26 - M. Cyril Laugier
E-mail : info@aubergeduparadis.fr - Web : aubergeduparadis.fr

2006

Catégorie ★★★ **Fermeture** janvier **Chambres** 6 et 1 suite, avec tél., s.d.b., w.c. et t.v. satellite **Prix** des chambres simples et doubles : 75 à 150 € - Petit déjeuner : 12 €, servi de 8 h 30 à 11 h 30 - Demi-pension : 47,50 à 84,50 € **Cartes de crédit** Visa, Amex **Divers** chiens admis - Parking (8 €) **Alentour** Roche-de-Solutré ; hameau du vin Georges Dubœuf ; musée Lamartine - Golf 18 trous de la Salle **Restaurant** service de 12 h à 13 h 30, 19 h 30 à 21 h - Fermé lundi et mardi - Menus : 21 à 42 € - Carte.

Etre à Saint-Amour et s'appeler *"L'Auberge du Paradis"*, c'est peut-être "placer la barre un peu haut" et pourtant ! On est bienheureux dans cette pimpante maison de village devancée par sa gloriette débordante de fleurs. A l'intérieur on nous raconte la vie en camaïeux de blanc, de crème, de mastic et de brun. Quelques petites touches colorées dans les superbes chambres (vastes volumes, où design contemporain et un zest de mobilier XIXᵉ se donnent la réplique avec toujours un espace salle de bains astucieusement marié à la chambre) et une note rouge plus appuyée sur le nappage et les abat-jour à cristaux du restaurant. Dans ce joyeux décor baroco-rétro-moderne, Cyril Laugier s'amuse à concocter une cuisine pointilliste pleine d'idées et de saveurs. Le menu-carte nous souffle ses intitulés comme des confidences plus ou moins sages tel ce : "Un caviar de courgettes au curry et un thon mariné au balsamique font connaissance sous une tuile de comté à l'origan pour se joindre ensuite à un coulis de mangue"... On dirait du Prévert mais on s'invitera volontiers dans cette poétique maison qui sait si bien nous émerveiller en préservant notre portefeuille.

Accès (carte n° 26) : A6 sortie Mâcon sud ou Belleville. N6 jusqu'à La Chapelle-de-Guinchay, puis direction Saint-Amour - Le Plâtre-Durand.

Hôtel du Cheval Blanc

71390 Saint-Boil (Saône-et-Loire)
Tél. 03 85 44 03 16 - Fax 03 85 44 07 25
M. et Mme Cantin

Catégorie ★★★ **Fermeture** du 15 février au 15 mars **Chambres** 10 et 1 maisonnette, avec tél., s.d.b. ou douche, w.c. et t.v. **Prix** des chambres doubles : 65 à 90 € - Lit suppl. : 20 € - Petit déjeuner : 10 €, servi de 8 h à 9 h 30 - Demi-pension : 72 € **Carte de crédit** Visa **Divers** chiens non admis - Piscine - Parking, garage **Alentour** château de Cormatin ; circuit des églises romanes ; Cluny ; GR à 1 km **Restaurant** service de 12 h à 13 h 30, 19 h à 21 h - Fermé le mercredi - Menus : 31 à 40 € - Carte - Spécialités : terrine maison ; jambonnette de volaille.

A u sud-ouest de la Bourgogne viticole déjà gagnée par les premiers pâturages du Charolais, la campagne qui environne Saint-Boil servirait aisément de modèle pour une carte postale de la "France profonde". A l'entrée du village, le *Cheval Blanc* était jusqu'alors réputé comme restaurant et l'on a en effet immédiatement envie de passer à table en découvrant la salle à manger aux tonalités blanches, jaunes et vertes, agrémentée de jolis objets et prolongée par une petite cour-jardin où l'on sert en été. Une petite maison bourgeoise située juste de l'autre côté de la rue principale abrite les dix chambres de l'auberge, toutes lumineuses, coquettes, confortables et parfaitement tenues. Vous ne serez pas non plus déçus par les excellents petits déjeuners servis dehors ou dans une pièce décorée, comme les chambres, dans des tons pastel. Une adresse simple et accueillante, parfaite, même pour un long séjour.

Accès (carte n° 19) : A 6, sortie Chalon-sud ou Mâcon-sud, puis D 981.

La Montagne de Brancion

Brancion 71700 Tournus (Saône-et-Loire)
Tél. 03 85 51 12 40 - Fax 03 85 51 18 64 - M. et Mme Million
E-mail : lamontagnedebrancion@wanadoo.fr - Web : brancion.com

Catégorie ★★★ **Fermeture** de début novembre à mi-mars **Chambres** 18 et 1 suite, avec tél., s.d.b. ou douche, w.c., t.v., coffre-fort et minibar **Prix** des chambres doubles : 98 à 150 € ; suite (2 à 4 pers.) : 200 € - Petit déjeuner : 15 €, servi de 8 h à 9 h 30/10 h en chambre - Demi-pension obligatoire en haute saison : 124 à 175 € **Cartes de crédit** acceptées **Divers** chiens admis (8 €) - Piscine chauffée, ULM (vols découverte, baptême adultes et enfants) - Parking privé **Alentour** église Saint-Philibert à Tournus ; église de Chapaize ; Blanot ; Cluny ; Taizé ; château de Cormatin - Golf 9 et 18 trous de Château-la-Salle **Restaurant** service de 12 h à 13 h 30, 19 h 30 à 21 h - Fermé le midi (sauf le week-end) - Menus : 45 et 68 € - Carte - Spécialité : cuisine gastronomique du terroir.

Situé dans un cadre calme et très préservé, cet hôtel de construction récente est perché sur une colline d'où il profite d'une vue dominante sur les vignobles et sur le joli village de Martailly-lès-Brancion. Exposées au soleil levant, les chambres, sont soignées mais décorées de manière un peu impersonnelle. Toutes profitent d'une belle vue et certaines disposent d'un sympathique petit balcon. Le bar, aux fauteuils rouges modernes, retient les hôtes à l'apéritif. Quant au restaurant, il se partage maintenant en deux salles. L'une contiguë au bar, sur moquette rouge et devant un feu l'hiver, dispense une atmosphère agréable. L'autre en dessous et plus contemporaine donne sur la terrasse où l'on dîne l'été. Enfin, l'excellente cuisine achève de rendre plaisante cette adresse d'où vous pourrez rayonner pour faire quelques belles découvertes touristiques.

Accès (carte n° 19) : à 13 km à l'ouest de Tournus ; sur A 6 sortie Tournus ; par D 14 en direction du site médiéval de Brancion. Après Martailly-lès-Brancion, suivre les panneaux et tourner à gauche.

Le Parc des Maréchaux

89000 Auxerre (Yonne)
6, avenue Foch
Tél. 03 86 51 43 77 - Fax 03 86 51 31 72
Mme Coulaud
E-mail : contact@hotel-parcmarechaux.com - Web : hotel-parcmarechaux.com

Catégorie ★★★ **Ouverture** toute l'année **Chambres** 25 climatisées, avec tél., s.d.b. ou douche, w.c., t.v. (satellite, Canal +), wifi et minibar ; ascenseur **Prix** des chambres simples et doubles : 70 à 110 € - Petit déjeuner : 12 €, servi de 7 h à 10 h **Cartes de crédit** acceptées **Divers** chiens admis - Piscine - Parking **Alentour** Vézelay ; Avallon ; Noyer-sur-Serein ; vignobles de Chablis ; abbaye de Pontigny ; grottes d'Arcy-sur-Cure - Golf 18 trous de Roncemay à 18 km **Pas de restaurant** à l'hôtel.

Quelques mètres de verdure côté rue, un très beau parc romantique à l'arrière et une piscine en contrebas permettent à cet hôtel d'associer les avantages d'un cadre bucolique à la proximité du centre-ville. Il s'agit d'une demeure Napoléon III que les propriétaires précédents avaient dédiés aux maréchaux de France ainsi qu'en attestent les intitulés des différentes chambres. Bourgeoisement aménagées avec leur mobilier ancien ou de style Louis-Philippe en merisier, leurs tissus tendus, leurs épaisses moquettes et leurs élégantes gravures, ces dernières sont cosy et très soignées. Souvent de belle taille et parfaitement calmes, nous vous les recommandons sans restriction (si vous réservez à l'avance, demandez "Gouvion-Saint-Cyr" : deux fenêtres et une porte vitrée directement ouverte sur le jardin). Au rez-de-chaussée, le salon, le bar et la petite salle à manger rangent définitivement l'hôtel du côté du charme, tant il y a ici d'objets, de meubles anciens et de tableaux très joliment assemblés. Pas de restaurant sur place (ormis une petite restauration légère) mais l'excellent *Jardin des sens* est tout près. Très bons petits déjeuners, accueil et service irréprochable.

Accès (carte n° 18) : à Auxerre, suivre direction centre-ville, Orléans.

Hostellerie de la Poste

89200 Avallon (Yonne)
13, place Vauban
Tél. 03 86 34 16 16 - Fax 03 86 34 19 19 - M. Lefort
E-mail : info@hostelleriedelaposte.com - Web : hostelleriedelaposte.com

Catégorie ★★★★ **Fermeture** du 15 janvier au 3 mars **Chambres** 13 et 17 suites avec tél., s.d.b., w.c., t.v. (Canal + et satellite) et 21 avec climatisation **Prix** des chambres et suites : 120 à 176 € - Petit déjeuner : 12 à 13,50 €, servi de 7 h 30 à 11 h - Demi-pension : 134 à 242 € **Cartes de crédit** acceptées **Divers** chiens admis (11 €) - Parking **Alentour** villages de Vézelay, Bazoches ; Noyers ; abbaye de Fontenay ; vignobles de Chablis **Restaurant** ouvert le soir du mardi au samedi et toute la journée du vendredi au dimanche - Menu-carte : 39 €.

On ne compte plus les hôtes illustres qui, depuis 1707, séjournèrent dans cet ancien relais de poste situé sur un axe autrefois très fréquenté. Puis, avec l'autoroute, les étapes se firent plus lointaines et, si l'on vient à Avallon, c'est surtout pour découvrir la vieille ville et les grands sites touristiques voisins. La noble façade XVIIIe ne dépare pas le centre du bourg et, derrière l'imposante porte cochère, ses deux ailes ouvrent la perspective vers un petit îlot de verdure. Vastes, extrêmement confortables, les chambres sont toutes différentes, leur décoration très classique joue sur un capitonnage de tissus assortis (et quelques pailles japonaises) associé à un mobilier de style souvent d'esprit XVIIIe. Ambiance cossue et feutrée, presque indémodable, et impeccables salles de bains. Alléchante cuisine servie dans une longue salle à manger cossue à l'élégance très "grand siècle", service attentif. En saison, un barnum dressé dans la cour est utilisé pour quelques réceptions de groupes et, plus généralement, pour les petits déjeuners (ils sont aussi servis autour d'un buffet généreux dans une salle malheureusement sans fenêtre). Accueil sympathique et motivé.

Accès (carte n° 18) : A 6 sortie Avallon puis N 6. L'hôtel est au centre d'Avallon.

Auberge du Pot d'Etain

89440 L'Isle-sur-Serein (Yonne)
Tél. 03 86 33 88 10 - Fax 03 86 33 90 93 - Catherine et Alain Péchery
E-mail: potdetain@ipoint.fr - Web: potdetain.com

Fermeture février et 3e semaine d'octobre **Chambres** 9 avec tél., s.d.b., w.c., t.v. et minibar **Prix** des chambres: 56 à 70 € - Lit suppl.: 15 €- Petit déjeuner: 8 €, servi de 8 h à 10 h - Demi-pension obligatoire en haute saison: 60 € **Carte de crédit** Visa **Divers** chiens admis (4,50 €) - Parking couvert (3 €) **Alentour** abbaye de Fontenay; prieuré de Vausse; Noyers-sur-Serein **Restaurant** service de 12 h à 13 h 30, 19 h à 20 h 30 - Menus: 23 à 49 € - Carte - Spécialités: pièce de charolais et ragoût de pieds de veau à la lie de vin; marbré de ris de veau et dos de lapin au blanc de poireau vinaigrette truffée.

Une opulente maison de village avec sa façade rose mangée par la vigne vierge, le tunnel foncé d'un porche débouchant sur un patio lumineux et fleuri (où l'on s'attable dès qu'il fait beau), quelques colombages… Le *Pot d'Etain* constitue la version remise au goût du jour de ces nombreux relais de poste qui s'échelonnaient le long des anciennes voies de communication. C'est ainsi que le charme et le raffinement ont remplacé, sans totalement la gommer, la rusticité initiale du lieu. Ses propriétaires ne laissent à personne d'autre le soin de vous accueillir et l'on sent vite que l'auberge est aussi leur maison. Comment expliquer autrement l'ambiance "habitée" du salon-bar? Et l'élégance de la petite salle à manger avec ses vieux meubles cirés, son gros bouquet de fleurs fraîches, son nappage élégant qui ressort sur la teinte brique d'une moelleuse moquette? Voici en tout cas le cadre idéal pour déguster une remarquable cuisine, fine, précise, originale; à notre avis, l'une des meilleures de la région. Côté chambres, même si l'ensemble reste très simple, vous ne serez pas mal non plus, aussi bien sur le plan du confort qu'en ce qui concerne le style rétro rajeuni du décor. Une bien charmante adresse pour découvrir la ravissante vallée du Serein.

Accès (carte n° 18): A 6 sortie Avallon puis D 86 vers Noyers-sur-Serein.

Hôtel de la Beursaudière

89310 Nitry (Yonne)
5 et 7, rue Hyacinthe-Gautherin
Tél. 03 86 33 69 70 - Fax 03 86 33 69 60
M. et Mme Lenoble
E-mail : message@beursaudière.com - Web : beursaudiere.com

Fermeture 2e et 3e semaines de janvier **Chambres** 11 avec plancher rafraîchissant, tél., s.d.b. ou douche, w.c. et t.v. satellite ; 2 chambres handicapés **Prix** des chambres : 65 à 105 € - Petit déjeuner : 10 €, servi de 8 h à 10 h **Cartes de crédit** acceptées **Divers** chiens admis - Parking fermé **Alentour** Chablis ; Vézelay ; Noyers-sur-Serein ; abbayes et châteaux - Golfs 18 trous de Tanlay et du Roncemay **Restaurant** service de 12 h à 14 h, 19 h à 22 h - Menus : 17 à 45 € - Carte.

Depuis plus de vingt ans, la famille Lenoble veille au succès et à la réputation de cette ferme-auberge. On se bouscule donc pour déguster des spécialités bourguignonnes servies en costume local dans les trois salles à manger, rustiques à souhait, de *La Beursaudière*. Désormais, on peut aussi y dormir, et, si les amateurs d'ambiance intimiste auront un peu de mal au restaurant (surtout les week-ends), ils adoreront en revanche les chambres de l'hôtel. Difficile en effet de faire plus réussi que ces onze petits univers délicatement décorés avec le meilleur de la ruralité. Sols en vieilles terres cuites, bois et pierre décapés, mobilier rétro, ravissantes cotonnades colorées en rideaux ou couvre-lits… On adore ! D'autant plus que le confort est omniprésent et les salles de bains, un superbe mariage entre rustique et design. Précisons que quelques chambres donnent sur un vaste toit-terrasse abrité du vent, dallé de pierre et cerné de vieux murs qui lui donnent l'aspect d'une placette "en étage" où chacun peut venir prendre le soleil, se détendre, lire un livre. Une accueillante et touchante reconstitution à la mémoire de la Bourgogne paysanne.

Accès (carte n° 18) : A6 sortie Nitry puis suivre panneaux.

Auberge du Château

89580 Val-de-Mercy (Yonne)
3, rue du Pont
Tél. 03 86 41 60 00 - Fax 03 86 41 73 28
L. et J. Delfontaine
E-mail: delfontaine.g@wanadoo.fr

Fermeture du 18 janvier au 5 mars **Chambres** 4 et 1 suite, avec tél., s.d.b. ou douche, w.c. et t.v. **Prix** des chambres doubles: 60 à 66 €; suite: 91 €; chambre avec terrasse: 83 € - Petit déjeuner: 10 € **Carte de crédit** Visa **Divers** chiens admis **Alentour** cathédrale et abbaye de Saint-Germain à Auxerre; vallées de la Cure et de l'Ouanne **Restaurant** service de 12 h à 13 h 30, 19 h 30 à 20 h 30 - Fermé dimanche soir et lundi - Menus: 20,58 à 34,30 € - Carte - Spécialités: salade de homard, sauce framboises; dos de bar avec rave de navet, déclinaison de tomates aux fines herbes.

Dans un calme village bourguignon, cette séduisante auberge se compose de plusieurs petits bâtiments en pierres apparentes reliés par une cour fleurie et prolongés par un agréable jardin. Les chambres se trouvent à l'étage, elles sont très réussies: parquets (sauf une), un ou deux meubles anciens, murs blanc cassé sur lesquels ressort bien le tissu fleuri des rideaux et dessus-de-lit. Dès les beaux jours, celle qui dispose d'une immense terrasse jouit d'un attrait supplémentaire. Le restaurant est installé dans deux petits salons, ses tables sont dressées avec une belle élégance. Jacques Delfontaine est aux commandes de la cuisine, le résultat est tout à fait convaincant (mais préférez les menus dont le rapport qualité-prix s'impose avec plus d'évidence). Petits déjeuners servis au choix dans un chaleureux coin-bar, au jardin ou sous la belle charpente d'une pièce qui fait office de galerie d'art et salon de thé. Une charmante adresse où vous trouverez toujours un excellent accueil.

Accès (carte n° 18): à 18 km au sud d'Auxerre par A 6 sortie Auxerre-sud puis N 6 direction Avallon, D 85 direction Coulanges-la-Vineuse, D 165 jusqu'à Val-de-Mercy.

Auberge La Lucarne aux Chouettes

89500 Villeneuve-sur-Yonne (Yonne)
14, quai Bretoche
Tél. 03 86 87 18 26 - Fax 03 86 87 22 63 - Mme Leslie Caron
E-mail : lesliecaron-auberge@wanadoo.fr - Web : lesliecaron-auberge.com

Ouverture toute l'année **Chambres** 4 avec tél., s.d.b. et w.c. **Prix** des chambres doubles : 99 € ; suite : 140 € ; loft et duplex : 160 € - Petit déjeuner : 10 €, servi de 8 h 30 à 10 h 30 **Carte de crédit** Visa **Divers** chiens admis - Parking **Alentour** cathédrale, palais synodal et serres de Sens ; Joigny ; cathédrale et musées d'Auxerre ; musée de l'Avalonnais **Restaurant** service de 12 h à 14 h, 19 h 30 à 21 h - Fermé dimanche soir et lundi (sauf en juillet et août le lundi) - Menu-carte : 38 € ; menu-affaires : 20 € (déjeuner) - Spécialité : salade de caille aux graines de sésame et yakitori.

*L*a *Lucarne aux Chouettes* se distingue à peine des vieilles maisons du bourg qui se groupent sur les berges de l'Yonne, juste avant que le vieux pont n'enjambe la rivière. Réaménagée par Leslie Caron, l'auberge est avant tout connue pour sa table où l'on goûte à la cuisine bourguignone, tout à la fois traditionelle et créative, du chef japonais Inagaki. Vous en profiterez dans une vaste salle à manger dont les charpentes, les hautes parois vitrées et les colombages suffisent à créer l'essentiel de la décoration. De grands lustres en cordage, de la toile blanche sur les sièges, quelques meubles anciens pour le service et une cheminée souvent en activité lui ajoutent une petite touche chaleureuse et appréciable (surtout si le temps ne permet pas d'être servi sur la terrasse qui surplombe le quai). A l'étage, trois des quatre chambres ont vue sur la rivière. On y a privilégié l'espace, le confort et le charme, comme en témoignent les lits à l'ancienne, les très jolis tissus, les meubles régionaux et les tableaux de famille. Accueil souriant et aimable.

Accès (carte n° 10) : à 15 km au sud de Sens. Par A 6 sortie Courtenay/Villeneuve-sur-Yonne, puis D 15 vers Piffonds et Villeneuve-sur-Yonne.

Hôtel Castan

25000 Besançon (Doubs)
6, square Castan
Tél. 03 81 65 02 00 - Fax 03 81 83 01 02
M. Dintroz
E-mail: art@hotelcastan.fr - Web: hotelcastan.fr

Catégorie ★★★ **Fermeture** 1 semaine fin décembre et 3 semaines en août **Chambres** 10 (5 climatisées) avec tél., s.d.b., w.c., t.v. satellite et minibar; chambres handicapés **Prix** des chambres: 110 à 170 € (-10 % sur présentation du guide de décembre à février) - Petit déjeuner: 11 €, servi de 7 h 30 à 10 h 30 **Cartes de crédit** Visa, Amex **Divers** chiens admis - Parking **Alentour** citadelle, musées des Beaux-Arts et de l'Horlogerie à Besançon; salines royales d'Arc-et-Senans; maison Pasteur; Baume-les-Dames (la source bleue, grotte de la Glacière); Ornans et musée Courbet - Golf 18 trous de la Chevillotte **Pas de restaurant** à l'hôtel.

Surplombant sur son rocher une boucle du Doubs, Besançon, ville citadelle, compte de nombreux hôtels particuliers comme celui qu'occupe le *Castan*, qui resta dans la même famille durant quatre siècles. Bien située dans le centre historique, près de la porte Noire (arcade romaine du IIe siècle) et de la cathédrale Saint-Jean, cette demeure des XVIIe et XVIIIe siècles a été transformée en un petit hôtel luxueux par des amoureux de vieilles pierres également antiquaires en mobilier et archéologie chinoise. Chacune des chambres porte un nom en hommage à la culture franc-comtoise ou à Louis XIV qui rattacha la province à la France (à deux exceptions près : "Olympe" et "Pompéi" pour goûter aux plaisirs des thermes romains…). De nombreuses attentions s'ajoutent à ce grand confort: panier de fruits et délicieux petit déjeuner que vous pourrez prendre dans la salle de chasse. Restaurants conseillés: *Mungo-Park*, *Le Vauban* avec sa vue sur la citadelle, *Le Chaland* pour son ambiance bateau.

Accès (carte n° 20): dans le centre, suivre fléchage Citadelle et Conseil régional.

Hôtel Charles-Quint

25000 Besançon (Doubs)
3, rue du Chapitre
Tél. 03 81 82 05 49 - Fax 03 81 82 61 45
Philippe Mathieu
E-mail: hotel-charlesquint@wanadoo.fr - Web: hotelcharlesquint.com

Catégorie ★★★ **Ouverture** toute l'année **Chambres** 9, avec s.d.b., w.c., et t.v.; 1 chambre handicapés **Prix** des chambres doubles: 82 à 125 € - Petit déjeuner: 10 €, servi de 7 h 30 à 10 h 30 **Carte de crédit** Visa **Divers** chiens admis (8 €) - Parking gardé (5€) **Alentour** à Besançon: citadelle, horloge astronomique, musée du Temps palais Granvelle; vallée de la Loue; salines d'Arc-et-Senans. **Pas de restaurant** à l'hôtel

Au cœur du quartier historique, face à l'horloge astronomique et à la cathédrale, cette ancienne demeure XVIIIᵉ vient d'être totalement restaurée pour devenir un irrésistible hôtel de charme. Raffiné et très agréable à vivre, l'intérieur du *Charles-Quint* contraste avec l'austérité de sa façade. Les chambres parquetées conservent souvent quelques beaux éléments d'origine (boiseries, cheminées de marbre); leurs murs unis et certains meubles déclinent les plus subtiles nuances de gris, sur lesquelles ressortent l'éclat d'un cadre doré ou d'une soie sauvage. Tableaux et mobilier ancien sans surcharge, superbes salles de bains à l'antique avec réédition de robinetteries 1900, sols à cabochon et tables de toilette en marbre témoignent de la qualité que l'on porte ici aux aménagements. L'été, c'est au jardin que l'on déguste les petits déjeuners mais on en viendrait presque à souhaiter les matins gris pour déguster café et croissants près du feu dans le grand salon XVIIIᵉ (boiseries d'époque en chêne ciré, parquet "à la Versailles", nappage et rideaux de soie prune). Une très belle découverte, accueillante et sereine.

Accès (carte n° 20): à Besançon prendre la direction du centre-ville, puis suivre les panneaux "Citadelle".

Hôtel Taillard

25470 Goumois (Doubs)
Tél. 03 81 44 20 75 - Fax 03 81 44 26 15 - M. Taillard
E-mail : hotel.taillard@wanadoo.fr - Web : hoteltaillard.com

Catégorie ★ ★ ★ **Fermeture** de mi-novembre à début mars **Chambres** 21 avec tél., s.d.b. ou douche, w.c. et t.v. **Prix** des chambres : 60 à 90 € ; appart. : 110 à 140 € - Petit déjeuner-buffet : 11 €, servi de 8 h à 9 h 30 - Demi-pension : 70 à 100 € **Cartes de crédit** acceptées **Divers** chiens admis (7 €) - Piscine, salle de remise en forme, sauna, jacuzzi - Parking **Alentour** circuit de Maîche ; corniche de Goumois - Golf 18 trous de Prunevelle **Restaurant** service de 12 h à 13 h 45, 19 h 15 à 20 h 45 - Fermé lundi et mercredi à midi et le mercredi de mars à octobre - Menus : 23 à 53 € - Carte.

Depuis maintenant plus d'un siècle, c'est la même famille qui entretient l'excellente réputation de cet hôtel situé en surplomb du village-frontière de Goumois. On vient ici pour le calme et pour le cadre très préservé de la vallée du Doubs, bonheur des pêcheurs, des randonneurs et des amateurs de beaux paysages. Depuis l'hôtel, le jardin, la piscine, de toute part on profite de cet écrin de verdure. Gaies et confortables, avec des salles de bains impeccables les chambres de la maison ont été rénovées dans un style actuel (lors de notre passage seules les n° 1, 16 et 18 avaient encore conservé leur ancienne décoration). Claires et accueillantes, celles de l'annexe affichent un décor un peu plus standardisé, mais elles sont encore plus spacieuses et toutes disposent d'un grand balcon ou d'une terrasse avec la vue. Signalons enfin la cuisine, très attachée aux saveurs du terroir à travers une carte imaginative et des plats "allégés" qui dessinent l'une des très bonnes table de la région. On se sent très bien sur la terrasse soigneusement entretenue comme dans la belle salle à manger panoramique face aux horizons bleutés de la Suisse qui occupe le versant opposé. Toutes ces qualités font du *Taillard*, l'adresse idéale pour un séjour au vert.

Accès (carte n° 20) : 53 km au sud de Montbéliard par D 437, direction Maîche ; au lieu-dit Maison-Rouge prendre, près de l'église, la D 437b direction Goumois.

Hôtel Le Lac

25160 Malbuisson (Doubs)
Au Village
Tél. 03 81 69 34 80 - Fax 03 81 69 35 44 - M. Chauvin
E-mail : hotellelac@wanadoo.fr - Web : lelac-hotel.com

Catégorie ★★★ Fermeture du 14 novembre au 22 décembre (sauf week-end) **Chambres** 54 avec tél., s.d.b. ou douche, w.c., t.v. ; ascenseur **Prix** des chambres simples et doubles : 38 à 85 € ; luxe et suite : 108 à 181 € - Petit déjeuner-buffet : 9 €, servi de 7 h 30 à 9 h 45 - Demi-pension et pension : 43,50 à 113,50 € **Cartes de crédit** Diners, Visa **Divers** chiens admis (5 à 8 €) - Piscine - Parking **Alentour** salines royales d'Arc-et-Senans ; le saut du Doubs ; château de Joux ; émaillerie ; musée Courbet à Ornans ; Besançon **Restaurant** service de 12 h à 14 h, 19 h à 21 h - Menus : 18 à 41 € - Carte.

Entre lac et forêt, cette imposante bâtisse début XIXe a su conserver son caractère "vieille France". Avant tout, ici, la cuisine et l'accueil sont une affaire de famille et voici la jeune génération qui s'investit maintenant pour maintenir la qualité de cet accueillant hôtel. C'est face au lac, dans une grande salle à manger au décor classique, que l'on déguste la bonne cuisine mettant à l'honneur les produits de la région et les poissons de lac. Dans le même bâtiment, le *Restaurant du fromage* propose, dans un joli décor de boiseries très "chalet tyrolien", un plat du jour à petit prix, tandis qu'au salon de thé vous pourrez déguster les pâtisseries de Frédérique Chauvin et les glaces du célèbre glacier parisien Berthillon. Simples ou plus cossues, les confortables chambres au décor classique (leurs salles de bain sont peu à peu refaites en marbre de Carare) n'ont pas toutes la vue sur le lac de Saint-Point, mieux vaut donc préciser vos desiderata lors de la réservation. Possibilité aussi d'avoir ou non un balcon. Une adresse sympathique où toute une famille se met au service de sa fidèle clientèle.

Accès (carte n° 20) : à 75 km de Besançon ou Lausane. Après Pontarlier, suivre Lac de Saint-Point.

Auberge de Chavannes

2006

39570 Courlans (Jura) - 1890 avenue de Chalon
Tél. 03 84 47 05 52 - Fax 03 84 43 26 53 - Nicolas Pourcheresse
E-mail: pourcheresse@auberge-de-chavannes.com - Web: auberge-de-chavannes.com

Ouverture toute l'année **Chambres** 11 climatisées, avec s.d.b., w.c., t.v. satellite et wifi **Prix** des chambres doubles: 100 à 160 € - Petit déjeuner: 15 €, servi de 7 h 30 à 10 h **Cartes de crédit** acceptées **Divers** chiens admis (10 €) - Parking **Alentour** lac de Chalains (à 200 m); aéroclub de Courlans; salines royales d'Arc-et-Senans - Golf 18 trous du Val de Sorme à 9 km. **Restaurant** service de 12 h à 14 h, 19 h à 21 h - Fermé le dimanche soir, lundi et mardi midi - Menus: 28 à 100 € - Carte.

Deux ans déjà que Nicolas Pourcheresse régale la région (une première étoile Michelin l'an dernier), mais pour dormir, il fallait repartir… Et ça faisait comme une rupture, parce qu'en route le petit nuage de bonheur gustatif s'estompait en un vague brouillard et les hôtels du coin avait bien du mal à relayer l'esthétisme contemporain de la salle à manger que l'on venait de quitter. Aujourd'hui, les travaux sont finis. Description: une plaine relevée au loin par les contreforts du Jura, une maison ancienne, un grand parc (où Nicolas imagine son futur jardin de légumes), un trait d'union vitré vers la nouvelle construction et ses onze chambres. Murs blancs, sols en tripli verni, lits cubiques king-size à couettes blanches, salles de bains zen, une sobriété ultra-confortable réveillée par l'éclat de coussins et de couvre-lits en soie sauvage. Dans la salle à manger gris-bleuté, le jeune chef surdoué a dessiné ses fresques au fusain - ail, safran, cardamome… - et choisi des chaises baroques néo-rétro (cuir piqué orange et dossier de tweed taupe). Sur la table: fleurs fraîches et petites sculptures ("les arbres à palabre"… on vous expliquera pourquoi…). A côté, près du puits de lumière, bar-jardin d'hiver et salle des petits déjeuners, et toujours un design sobre avec quelques touches orangé, vert pomme. C'est épuré, vif comme Nicolas et sa cuisine. A découvrir!

Accès (carte n° 19): A 39 sortie n° 8, l'auberge est entre Courlaoux et Courlans.

Hôtel d'Avaugour

22100 Dinan (Côtes-d'Armor)
1, place du Champ-Clos
Tél. 02 96 39 07 49 - Fax 02 96 85 43 04
M. Nicolas Caron
E-mail : avaugour.hotel@wanadoo.fr - Web : avaugourhotel.com

Catégorie ★★★ **Fermeture** du 6 novembre au 11 février **Chambres** 21 et 3 suites familiales, avec tél., s.d.b., w.c., t.v. satellite et Canal +, prise fax et modem ; ascenseur **Prix** des chambres doubles : 75 à 140 € ; suites : 125 à 250 € - Petit déjeuner-buffet : 11,20 €, servi de 7 h 15 à 10 h **Carte de crédit** Visa **Divers** chiens admis (15 €) **Alentour** Léhon ; Pleslin ; château de la Hunaudaye ; Saint-Malo ; Cancale ; Mont-Saint-Michel - Golf 18 trous à Saint-Briac-sur-Mer **Pas de restaurant** à l'hôtel.

Côté pile, cet accueillant hôtel ouvre sur la place principale du bourg à quelques mètres du quartier médiéval ; côté face, il profite d'un très charmant jardin, abondamment fleuri et occupant l'ancienne voie canonière des remparts où, en saison, il fait bon se reposer à l'écart de la foule. Par beau temps, vous y prendrez vos petits déjeuners. C'est bien évidemment sur cette vue plongeante, bénéficiant du soleil couchant, que nous vous recommandons de réserver en priorité votre chambre. Mais qu'elles soient côté place ou côté jardin, toutes ont été refaites récemment. Décoration revue dans un style gai, élégant, actuel (papier peint imitant un lambris en chêne cérusé, tissus de qualité), réfection des salles de bains équipées de tout le confort (téléphone compris), superbe robinetterie chromée, le tout sur fond de carreaux à l'italienne à dominante céladon, bleu ou miel... Une réussite. Pas de restaurant sur place mais les bonnes tables ne manquent pas dans la ville : *La Mère Pourcel, La Courtine, Les Grands Fossés*.

Accès (carte n° 6) : à 29 km au sud de Saint-Malo (dans le centre de Dinan).

Manoir de Crec'h Goulifern

Servel 22300 Lannion (Côtes-d'Armor)
34, route de Beg-Leguer
Tél. 02 96 47 26 17 - Fax 02 96 47 28 00
Mme Droniou

Ouverture toute l'année **Chambres** 8 avec tél., s.d.b. ou douche et w.c. **Prix** des chambres simples : 45,73 €, doubles : 56 à 72 € - Petit déjeuner : 6,10 €, servi de 8h à 10h **Cartes de crédit** non acceptées **Divers** chiens non admis - Tennis - Parking **Alentour** chapelle de Kerfons ; châteaux de Tonquédec, de Kergrist, de Rosambo ; chapelle des Sept-Saints ; Côte de Granit rose - Golf 18 trous de Saint-Samson à Pleumeur-Bodou **Pas de restaurant** à l'hôtel.

Le *Manoir de Crec'h Goulifern* tire son origine d'une ferme du XVIIIe siècle amoureusement rénovée et indissociable de Mme Droniou dont nous apprécions toujours autant le contact simple, direct, réservé et très agréable, voire humoristique. Dans la grande salle du rez-de-chaussée sont alignés "à la bretonne" des meubles rustiques régionaux aux cuivres rutilants. C'est ici, dans cette ambiance très authentique, que Mme Droniou sert les bons petits déjeuners cadencés par le tic-tac de l'horloge. De style rustique, pourvues d'épaisses moquettes, capitonnées de tissus, les chambres sont souvent un peu petites et sombres. Toutes cependant sont très confortables, scrupuleusement tenues, et progressivement rajeunies. C'est déjà le cas de la grande chambre, installée à l'étage d'une maisonnette à part, vaste et gaie, notre grande favorite pour l'instant. Ravissant jardin dont le fleurissement est souvent primé par les concours régionaux. Calme garanti. Le soir, vous pouvez rejoindre Villeblanche à dix kilomètres et dîner au restaurant gastronomique *La Ville Blanche*, ou rallier Trébeurden pour goûter à l'excellente cuisine du *Ti Al-Lannec*.

Accès (carte n° 5) : à 6 km au nord-ouest de Lannion par D 21, puis direction Servel.

Castel Beau Site

22700 Ploumanach (Côtes-d'Armor)
Plage de Saint-Guirec
Tél. 02 96 91 40 87 - Fax 02 96 91 66 37
Mme Daunat
E-mail: info@castelbeausite.com - Web: castelbeausite.com

Fermeture en janvier **Chambres** 40 avec tél., s.d.b., w.c. et t.v.; 2 chambres handicapés **Prix** des chambres doubles: 65 à 85 € (basse saison), 85 à 110 € (haute saison) - Petit déjeuner: 9 €, servi de 8 h à 10 h 30 - Demi-pension: + 31 € **Carte de crédit** Visa **Divers** chiens admis (8 €) - Parking **Alentour** Côte de Granit rose; sentier des douaniers; les sept îles **Restaurant** service de 12 h à 14h, 19 h à 22 h 30 - Fermé mardi et mercredi (sauf juillet-août) - Menus: 29 à 64 € - Carte - Spécialités: risotto de calamars à la moelle et jus de persil; dos de bar cuit sur sa peau en marinière de coquillages.

Directement sur la petite plage intimiste de Saint-Guirec, la belle bâtisse des années vingt se dresse face à un paysage exceptionnel: une petite baie, des rochers de granit rose en équilibre les uns sur les autres, la silhouette du château de Costaëres sur son île, à quelques encablures… L'hôtel propose des chambres modernes et confortables, dans un style souvent contemporain avec des murs écrus, des dessus-de-lit blanc bleu et des salles de bains désormais épurées pour la plupart. Certaines sont avec balcon côté mer, d'autres, plus simples (notamment les petites du premier étage en cours de rénovation). Les deux salles à manger du rez-de-chaussée conservent une belle ambiance années vingt (grands volumes éclairés par de larges baies vitrées, parquets d'époque), qui se marie très bien avec le nouveau bar complètement design du petit salon. A dominante sable, la décoration est élégante, sobre, bien dans les tendances actuelles, et s'enrichit de somptueux couchers de soleil au moment du dîner. Une adresse pour profiter de l'un des plus beaux sites de la côte bretonne.

Accès (carte n° 5): N 12 sortie Guingamp, D 767 jusqu'à Lannion, D 788 jusqu'à Perros-Guirec, puis route de la corniche Bretonne.

Le Manoir du Sphinx

22700 Perros-Guirec (Côtes-d'Armor)
67, chemin de la Messe
Tél. 02 96 23 25 42 - Fax 02 96 91 26 13 - Famille Le Verge
E-mail : lemanoirdusphinx@wanadoo.fr - Web : lemanoirdusphinx.com

Catégorie ★★★ **Fermeture** 15 janvier au 23 février **Chambres** 20 avec tél., s.d.b., w.c., coffre-fort et t.v. satellite ; 1 chambre handicapés ; ascenseur **Prix** des chambres doubles : 108 à 127 € - Petit déjeuner : 10 €, servi de 7 h 30 à 10 h - Demi-pension : 101 à 120 € **Cartes de crédit** Amex, Visa **Divers** chiens non admis - Accès direct à la mer - Parking **Alentour** Ploumanac'h par le sentier des douaniers (GR 34) ; Côte de Granit rose ; Sainte-Anne-de-Trégastel ; excursion en bateau aux Sept-Iles - Golf 18 trous à Pleumeur-Bodou **Restaurant** service de 12 h 30 à 14 h, 19 h 30 à 21 h - Fermé dimanche soir du 1er octobre au 1er avril ; lundi et vendredi, le midi sauf jours fériés - Menus : 29 à 50 € - Carte - Spécialités : homard grillé au beurre demi-sel ; vinaigrette poule de mer et légumes anisés.

Cette maison début de siècle est située sur une petite route de corniche de la Côte de Granit rose. Pour profiter au mieux de cet emplacement exception-nel, l'hôtel est entièrement tourné vers la baie de Trestrignel. Le salon-bar et l'élé-gante salle à manger attenante surplombent directement la mer, les jardins très soignés descendent jusqu'aux rochers, les chambres jouissent également toutes de cette vue somptueuse, en particulier celles qui ont une vue à 360°, où l'on peut à la fois scruter l'horizon et voir ce qu'il se passe côté plage. Leur décoration est sagement moderne, généralement agrémentée d'un mobilier en acajou de style anglais. Les salles de bains sont très réussies et certaines chambres profitent même d'un petit coin-salon installé au bord de baies vitrées ou de bow-windows dominant verticalement la mer. L'ensemble est impeccablement tenu. Très savou-reuse cuisine où les produits de la mer sont particulièrement bien traités. Accueil des plus sympathiques.

Accès (carte n° 5) : à 11 km de Lannion, sur le bord de mer.

Manoir de Vaumadeuc

22130 Pléven (Côtes-d'Armor)
Tél. 02 96 84 46 17 - Fax 02 96 84 40 16
M. O'Neill
E-mail: manoir@vaumadeuc.com - Web: vaumadeuc.com

Catégorie ★★★★ **Fermeture** de la Toussaint à Pâques **Chambres** 13 avec tél., s.d.b. ou douche et w.c. **Prix** des chambres: 90 à 190 €; suites: 135 à 240 € - Petit déjeuner: 10 €, servi de 8 h à 10 h **Cartes de crédit** acceptées **Divers** chiens admis (7,50 €) - Parking **Alentour** château de la Hunaudaye; Dinan; cap Fréhel; Mont-Saint-Michel; Saint-Malo - Golfs 18 trous de Saint-Briac, Pléneuf et Saint-Cast-le-Guildo **Pas de restaurant** à l'hôtel.

C'est un peu l'archétype du gros manoir breton avec son appareillage de granit, ses arcs en ogives, ses grands arbres et massifs de rhododendrons (sur fond de lisière de la forêt de la Hunaudaye). Un vaste hall, qui pourrait être l'ancienne salle des gardes, dessert l'ensemble de la maison et fait aussi office de salon. Cheminée monumentale, hauts plafonds de poutres; malgré une ancienne rénovation un peu présente la pièce conserve du caractère. A l'étage, les chambres affichent également de nobles volumes. Dans certaines (et notamment dans la superbe chambre-bibliothèque) vous trouverez de belles cheminées ou quelques boiseries patinées par les siècles. Au second, les proportions plus réduites et les volumes mansardés leur confèrent plus d'intimité, autant d'élégance, mais un peu moins de caractère. L'ensemble est confortable, les salles de bains surannées mais très bien tenue font partie du charme de *Vaumadeuc*, tout comme le mobilier ancien, souvent XIXᵉ assemblé au gré des humeur de M. O'Neill dont c'est la maison de famille. Une adresse de campagne, accueillante, pleine de charme et proche de la mer.

Accès (carte n° 6): à 37 km à l'est de Saint-Brieuc par N 12 jusqu'à Lamballe; dans le village, D 28 jusqu'à Pléven par La Poterie et la forêt de la Hunaudaye.

Le Manoir de Rigourdaine

22490 Plouër-sur-Rance (Côtes-d'Armor)
Route de Langrolay
Tél. 02 96 86 89 96 - Fax 02 96 86 92 46
M. Van Valenberg
E-mail: hotel.rigourdaine@wanadoo.fr - Web: hotel-rigourdaine.fr

Catégorie ★★ **Fermeture** du 12 novembre au 31 mars **Chambres** 19 avec tél., s.d.b., w.c. et t.v.; accès handicapés **Prix** des chambres: 58 à 82 €; duplex: 66 à 82 € (15 € par pers. suppl.) - Petit déjeuner: 7 €, servi de 8 h à 10 h 30 **Cartes de crédit** Amex, Visa **Divers** chiens non admis - Parking **Alentour** Saint-Malo; pays de Rance - Golf 18 trous de Saint-Cast **Pas de restaurant** à l'hôtel.

L'emplacement de cette ancienne ferme rénovée associe les charmes de la campagne à une vue dominante sur les eaux bleues de la Rance (deux cents mètres en contrebas). Les chambres, qui profitent pour la plupart de ce panorama, sont habillées de papiers peints de style anglais et gentiment décorées. Une armoire ancienne ici, une commode là, quelques tableaux… les personnalisent. Six d'entre elles sont de plain-pied bénéficiant d'une terrasse privative bordée de troènes et sont parfaites en été. Pour les familles, nous recommandons les duplex, particulièrement bien adaptés. Petits déjeuners dans une grande salle à manger de style rustique ou sur une terrasse verdoyante à proximité des massifs de fleurs et d'arbustes. L'ambiance générale est très agréable, tout comme l'accueil attentif et souriant de Patrick Van Valenberg. Pas de restaurant sur place mais le choix ne manque pas : juste à côté, à Plouër, *La vieille auberge*, *La Cale* qui propose une cuisine de bonne qualité servie au bord de l'eau, et à peine plus loin, le bon *Café du port* (à Port-Saint-Jean).

Accès (carte n° 6) : à 15 km au nord-est de Dinan. Sur N 176, entre Dol et Dinan, sortie Plouër, direction Langrolay, puis fléchage.

152

Ti Al-Lannec

22560 Trébeurden (Côtes-d'Armor)
14, allée de Mezo-Gwen
Tél. 02 96 15 01 01 - Fax 02 96 23 62 14 - Famille Jouanny
E-mail: resa@tiallannec.com - Web: tiallannec.com

Catégorie ★★★ **Fermeture** de mi-novembre à début mars **Chambres** 33 avec tél., s.d.b., w.c. et t.v. satellite; accès handicapés; ascenseur **Prix** des chambres doubles : 152 à 264 € - Petit déjeuner: 14 €, servi de 7 h 30 à 10 h 30 - Demi-pension: 129 à 183 € **Cartes de crédit** acceptées **Divers** chiens admis (11 €) - Spa marin Thalgo - Parking fermé **Alentour** pointe de Bihit; la corniche bretonne - Golf 18 trous de Saint-Samson **Restaurant** service de 12 h 30 à 14 h, 19 h 30 à 21 h 30 - Menus: 23 à 74 € - Carte - Spécialité: turbot de Bretagne en tronçon braisé en cocotte, pommes fondantes au lard et asperges.

D'année en année, *Ti Al-Lannec* s'affirme comme un lieu d'exception, tant par la qualité de sa décoration intérieure que par sa position dominante lui assurant une vue sublime sur la Manche que vous pourrez rejoindre à pied par un sentier. Agrandi dernièrement, l'hôtel compte quatre chambres supplémentaires, une autre petite salle de restauration et un petit salon très british. Les confortables chambres où s'harmonisent un beau mobilier, des tissus et des papiers souvent anglais, disposent presque toujours d'un coin-salon, d'un bow-window ou d'une terrasse. Même souci décoratif dans les pièces de réception abondamment meublés d'ancien et décorés de tableaux et de tentures harmonieusement choisis pour réaliser une ambiance feutrée très "maison". Juste à côté, l'élégante salle à manger se prolonge par une longue véranda dominant la baie. Le service y est parfait et la cuisine une vraie réussite. Dehors, les jardins se succèdent par paliers. A noter également l'*Espace Bleu Marine*, idéal pour se remettre en forme. Une adresse haut de gamme, plutôt chère, mais qui mérite largement votre visite. Accueil très professionnel.

Accès (carte n° 5): à 9 km au nord-ouest de Lannion par D 65.

Kastell Dinec'h

22200 Tréguier (Côtes-d'Armor)
Tél. 02 96 92 49 39 - Fax 02 96 92 34 03
M. et Mme Pauwels
E-mail : kastel@club-internet.fr

Catégorie ★★★ **Fermeture** du 20 novembre au 20 mars ; le mardi soir et le mercredi en basse saison **Chambres** 15 avec tél., s.d.b et w.c. (14 avec t.v.) **Prix** des chambres doubles : 76 à 120 € - Petit déjeuner : 12 €, servi de 8 h à 10 h - Demi-pension : 76 à 110 € **Carte de crédit** Visa **Divers** chiens admis (8 €) - Piscine chauffée du 15 mai au 15 septembre - Parking **Alentour** cathédrale Saint-Tugdual et maison d'Ernest Renan à Tréguier ; Pleubian ; chapelle Saint-Gonéry à Plougrescant ; château de La Roche-Jagu - Golf de Saint-Samson à Pleumeur-Bodou **Restaurant** en demi-pension uniquement, service de 19 h 30 à 21 h 30 - Carte - Spécialités : bar en croûte de sel ; cassolette de moules aux mousserons ; crêpes de seigle au homard ; crème de Saint-Jacques.

Nichée dans une verdure luxuriante, cette ancienne ferme-manoir du XVIIe siècle offre l'atmosphère et l'environnement de la pleine campagne, à deux kilomètres à peine de Tréguier. Le bâtiment principal, abritant une belle salle à manger, un petit salon confortable et une partie des chambres, est entouré de deux annexes où se trouvent les autres chambres ; l'ensemble donne sur un beau jardin où, l'été, on sert les petits déjeuners. Capitonnées de tissus élégants où les motifs de fleurs et les rayures sont récurrents, les chambres apparaissent petites, souvent mansardées, mais décorées avec goût et dotées de salles de bains pratiques. Une agréable petite adresse qui doit également beaucoup aux qualités d'accueil souriant de Mme Pauwels et au talent de son mari qui officie en cuisine pour le plus grand bonheur des hôtes gastronomes en leur proposant des produits régionaux entre terre et mer, goûteux et légers. On peut aussi aller au *Hangar*, restautant branché mais sur le bon tempo dans le port de Tréguier.

Accès (carte n° 5) : à 16 km de Lannion par D 786, 2 km avant Tréguier ; suivre fléchage.

Domaine de Kereven

Kereven 29950 Bénodet (Finistère)
Tél. 02 98 57 02 46 - Fax 02 98 66 22 61
Sylvie Berrou
E-mail: domaine-de-kereven@wanadoo.fr - Web: kereven.com

Catégorie ★★ **Ouverture** de Pâques à fin septembre **Chambres** 12 avec tél, s.d.b., w.c. et t.v. **Prix** des chambres doubles: 42 à 62 € (en basse saison), 48 à 70 € (en haute saison) - Petit déjeuner: 8 €, servi de 8 h 30 à 10 h **Carte de crédit** Visa **Divers** chiens non admis - Parking **Alentour** cathédrale Saint-Corentin et musée des Beaux-Arts à Quimper; Concarneau la ville close; descente de l'Odet; Les Glénans; La Torche - Sports nautiques - Golfs 18 trous de Cornouaille et de Bénodet **Pas de restaurant** à l'hôtel.

Tout récemment rénové, le *Domaine de Kereven* nous offre un visage rajeuni, une nouvelle ambiance pleine de couleur et de bonne humeur. Oublié le camaïeu brun beige du couloir; le voici rythmé de larges rayures à dominante vieux rouge et illuminé par une succession d'irrésistibles petites appliques design. Chaque petite chambre, qui reste simple, a sa couleur, son thème: teintes franches, murs parfois ponctués de motifs en relief, éclairages bien pensés, mobilier sobre souvent en chêne clair ou en osier tressé, sanitaires rajeunis… Une métamorphose qui a également touché le salon et sa grande salle des petits déjeuners prolongée par sa terrasse abondamment fleurie. Et puis, l'immense parc est toujours aussi soigné, l'ambiance n'a rien perdu de son caractère familial et les plages vous attendent toujours à quelques minutes de là. Enfin, ceux qui recherchent une maison à louer à la semaine peuvent également s'adresser ici, l'hôtel en propose cinq d'une capacité de 4 à 6 personnes. Chacune dispose de son jardin privatif et, là aussi, les rénovations décoratives vont bon train.

Accès (carte n° 5): sur la D 34 à 1,5 km de Bénodet en direction de Quimper.

La Ferme de Porz-Kloz

Tredudon-le-Moine 29690 Berrien (Finistère)
Tél. 02 98 99 61 65 - Fax 02 98 99 67 36
M. et Mme Berthou
E-mail : porzkloz@wanadoo.fr

Fermeture en semaine de la Toussaint à Pâques **Chambres** 4 et 2 suites (avec cuisine), avec tél., s.d.b. ou douche, w.c., t.v., (3 avec minibar) ; 1 chambre handicapés **Prix** des chambres doubles : 39 à 75 € ; 3 pers. : 64 à 100 € ; suites : 90 (2 à 3 pers.) à 100 € (4 pers.) - Petit déjeuner : 7 €, servi de 9 h à 11 h **Cartes de crédit** non acceptées **Divers** chiens non admis - Parking **Alentour** enclos paroissiaux de Saint-Thegonnec, Guimiliau ; Lampaul-Guimiliau, forêt d'Huelgoat ; crêtes de l'Arrée - Golf 9 trous à Poullaouen **Pas de restaurant** à l'hôtel mais possibilité d'achat de produits fermiers sur place.

Une végétation pauvre où moutonnent des genêts, des lacs où se reflètent les ciels versatiles de Bretagne… Les monts d'Arrée semblent conserver l'âme des vieilles légendes celtiques, et c'est dans ce site particulièrement beau que vous découvrirez l'hôtel. Les bâtiments dépendaient de l'abbaye de Relecq et datent, pour leurs éléments les plus anciens, du XIIIe siècle. Toujours en activité, la ferme fournit en viande et légumes ceux qui désirent se mitonner un bon petit plat dans leur appartement équipé d'une cuisine. Quant au petit-déjeuner, il est aussi délicieux que copieux. Réparties dans trois maisons, les chambres ont un charmant petit côté "campagne" avec leurs tissus souvent bien choisis, leurs quelques meubles anciens et leurs lits douillets. La 6, la grande "Jabadao" est très réussie ; les 8 et 9 sont parfaites en famille, ainsi que "An Dro", une vaste chambre-salon en rez-de-chaussée. Salles de bains agréables malgré quelques détails qui font un peu "bricolé". Possibilité de paniers pique-nique. Accueil d'une vraie gentillesse. Rustique et confortable : une adresse pour les beaux jours.

Accès (carte n° 5) : à 20 km au sud de Morlaix. A Morlaix, D 769 vers Huelgoat, puis abbaye de Relecq, Tredudon et fléchage.

L'Hôtel de Carantec

29660 Carantec (Finistère) - 20, rue du Kelenn
Tél. 02 98 67 00 47 - Fax 02 98 67 08 25 - Patrick Jeffroy
E-mail: patrick.jeffroy@wanadoo.fr - Web: hoteldecarantec.com

Catégorie ★★★ **Fermeture** du 10 janvier au 2 février et fin novembre **Chambres** 12 avec tél., s.d.b., w.c., coffre-fort et t.v. satellite **Prix** des chambres: 110 à 215 € - Petit déjeuner: 18 €, servi de 8 h à 11 h **Cartes de crédit** acceptées **Divers** chiens non admis - Parking privé **Alentour** route des calvaires du Centre-Finistère - Club nautique et plongée à 100 m - Golf 9 trous de Carantec **Restaurant** service à partir de 12 h 15 et 19 h 45 - Menus: 32 (à midi en semaine) à 102 € - Carte.

Avec ses stores orangés et sa façade crème soulignée de rechampis blancs, son toit d'ardoise hérissé de pignons et de lucarnes, son escalier de granit surmonté d'un auvent, *L'Hôtel de Carantec* semble avoir conservé son petit côté rétro pour films de Tati. La comparaison s'arrête là, car l'édifice vient de faire totalement peau neuve et, si son aspect extérieur reste bien dans l'esprit des anciennes villégiatures, la rutilance en plus, il en va tout autrement pour sa décoration. Celle-ci, très contemporaine, affiche une élégance minimaliste et un confort feutré. Dans les chambres, le bois sombre et lisse du mobilier tranche sur la blancheur des murs et des tissus alors que, souvent, parquets et moquettes structurent l'espace. Les salles de bains sont irréprochables, la vue sur la baie de Carantec, superbe. C'est au rez-de-chaussée, dans la grande salle à manger panoramique, que bat le cœur de l'hôtel. Cuisinier réputé et au caractère bien trempé, salué en 2002 par un second macaron Michelin, Patrick Jeffroy ne ménage pas ses efforts pour faire de son nouveau restaurant l'un des meilleurs de la côte bretonne, et c'est un plaisir de goûter à ses réalisations dans une vaste et belle pièce aux allures de vigie (où le maître des lieux expose ses œuvres colorées). Vingt-cinq mètres plus bas, la plage n'attend plus que vous, l'escalier qui part de l'hôtel permettra de la rejoindre directement…

Accès (carte n° 5): N 12 vers Brest. A Morlaix D 58 jusqu'à Carantec.

Villa Tri Men

29120 Combrit (Finistère)
16, rue du Phare
Tél. 02 98 51 94 94 - Fax 02 98 51 95 50 - M. Acquitter
E-mail : contact@trimen.fr - Web : trimen.fr

Fermeture du 15 novembre au 15 décembre et du 5 janvier au 5 février **Chambres** 17 avec tél., s.d.b., w.c., coffre-fort, t.v. satellite et Canal +; 1 chambre handicapés; ascenseur **Prix** des chambres : 95 à 145 € (basse saison), 155 à 215 € (haute saison) - Petit déjeuner : 12 €, servi de 7 h 30 à 10 h **Cartes de crédit** Amex, Visa **Divers** chiens admis (12 €)- Parking privé **Alentour** Quimper ; Locronan ; plage à 500 m **Restaurant** service de 19 h 30 à 21 h 30 - Menu : 32 € - Carte.

En léger surplomb du rivage, *Tri Men* semble veiller sur l'anse de Bénodet et donner la réplique aux jolies maisons d'en face alors que les marées accomplissent leur va-et-vient studieux. Autour gazon, arbustes et parterres de roses blanches descendent doucement vers un muret qui délimite le jardin en épousant la berge. Exposée au couchant et au levant, une vaste terrasse en teck permet de profiter à loisir de ce panorama d'eau scintillante entrecoupé d'un premier plan de chênes et de pins. On y prend l'apéritif, on y dîne parfois et s'il y a un peu trop de vent on se réfugie derrière la baie vitré du petit restaurant pour déguster une cuisine saine, épurée à l'extrême (menu d'un bon rapport qualité-prix, carte chère). Totalement rénové, presque reconstruit, l'intérieur affiche un décor contemporain et plaisant au minimalisme juste tempéré par quelques grands tableaux expressionnistes bretons. La majorité des chambres donne sur la mer ; petites, vastes, immenses parfois, elles sont toujours ultra confortables avec leurs couettes blanches, leur mobilier zen et leurs superbes salles de bains. L'ambiance est reposante, l'insonorisation totale, et le sercice d'une discrète efficacité.

Accès (carte n° 5) : à Lorient, prendre la N 165 puis la D 44 jusqu'à Fouesnant puis Bénodet. Juste avant Bénodet tourner à droite vers Combrit.

Hôtel Kermoor

29900 Concarneau (Finistère)
37, rue des Sables-Blancs
Tél. 02 98 97 02 96 - Fax 02 98 97 84 04
M. Violant
E-mail : kermoor@lespiedsdansleau.com

Catégorie ★★ **Ouverture** toute l'année **Chambres** 12 avec tél., s.d.b., w.c. et t.v. **Prix** des chambres doubles : 85 à 165 € - Petit déjeuner : 12 €, servi de 8 h à 10 h 30 **Carte de crédit** Visa **Divers** chiens non admis **Alentour** Pont-Aven ; ville close de Concarneau - Golf 9 trous à 5 km **Pas de restaurant** à l'hôtel.

Jean-François Violant est un personnage : artiste peintre (ses aquarelles marines sont d'une vraie qualité), metteur en scène (pour avoir presque transformé son hôtel en bateau) et capitaine hôtelier du *Kermoor* ! L'abordage se fait côté rue par une façade toute simple qui cache bien son jeu. A babord, la plage, directement, puis la mer à 180° et le pont de teck avec transats, lampes tempête et manche à air qui prolonge la salle à manger par-delà une large baie vitrée. Même soin à l'intérieur où le mobilier marin, les maquettes de bateau et les éléments de cuivre entretiennent l'illusion. Côté chambres, la hiérarchie est respectée : les petites aux matelots, les grandes avec salon et terrasse sur la mer réservées aux officiers, à vous de choisir sachant que le confort est suffisant quelle que soit votre destination. Une originale et accueillante adresse où chacun trouvera son bonheur, même s'il n'a pas le pied marin.

Accès (carte n° 5) : dans Concarneau, le long de la plage des Sables-Blancs.

Le Relais du Vieux Port

29217 Le Conquet (Finistère)
1, quai du Drellac'h
Tél. 02 98 89 15 91
M. Queguiner

Catégorie ★★ **Ouverture** toute l'année **Chambres** 7 avec tél., douche et w.c. **Prix** des chambres doubles : 42 à 60 € ; 3 pers. : 67 € - Petit déjeuner : 7 € **Carte de crédit** Visa **Divers** chiens admis - **Alentour** pointe de Saint-Mathieu ; pointe de Kermolvan ; île d'Ouessant **Restaurant** service de 12 h à 22 h sans interruption tous les jours - Menus : 10 à 25 € - Carte - Spécialités : poêlée de Saint-Jacques fraîches ; assiette conquétoise (crabe, pommes de terre).

A u Conquet, à quelques pas de l'embarcadère pour Molène et Ouessant, cet établissement modeste mais tranquille est une étape agréable pour ceux qui s'apprêtent à prendre le bâteau ou qui ont choisi de parcourir à pied les très nombreux chemins côtiers des alentours. On préférera l'une des cinq chambres qui s'ouvrent sur le port, dont les grandes fenêtres font entrer la lumière océane (deux autres donnent sur l'arrière). Toutes sont revêtues de papier de verre blanc rehaussé de frises marines au pochoir. Au bas de l'escalier de l'hôtel, une porte communique directement avec la salle à manger aux murs de pierres apparentes. On y trouve un bon choix de crêpes ainsi que quelques plats du jour inspirés par les produits du marché et de la pêche.

Accès (carte n° 4) : A 15 km de Brest, prendre D 789 sur 15 km puis suivre fléchage.

Hôtel Ty Mad

29100 Douarnenez (Finistère)
Plage Saint-Jean
Tél. 02 98 74 00 53 - Fax 02 98 74 15 16
M. et Mme Raillard
E-mail : info@hoteltymad.com - Web : hoteltymad.com

Catégorie ★★ **Fermeture** décembre et janvier **Chambres** 17 avec tél., s.d.b. ou douche et w.c. **Prix** des chambres simples et doubles : 51 à 79 €, triples : 60 à 99 €, quadruples : 73 à 145 € - Petit déjeuner : 8,50 €, servi de 8 h à 10 h 30 - Demi-pension : 105,50 à 153,50 € (2 pers.) **Cartes de crédit** acceptées **Divers** chiens admis (7 €) - Parking **Alentour** port du Rosmeur à Douarnenez ; sentiers côtiers des Plomarc'h et des Roches-Blanches ; pointe de Beuzec ; cap Sizun ; églises de Confort, Pont-Croix et Sainte-Anne-La-Palud ; Locronan - Golf 18 trous de l'Odet à Bénodet **Restaurant** le soir uniquement.

Autrefois refuge de nombreuses personnalités en quête de tranquillité et de paix, cette maison a compté parmi ses hôtes Christopher Wood, ou encore Max Jacob qui a habité ici pendant plus de deux ans. C'est désormais un superbe perché au-dessus de la baie de Douarnenez et ses plages à proximité. L'intérieur, très séduisant, vient d'être refait avec beaucoup de goût : parquet brut ou jonc de mer, tissus épais, coton écru, teintes grèges et patine de chaux crème… Un style contemporain léger, élégant et aéré, rehaussé çà et là de belles œuvres d'artistes bretons. Une grande partie des chambres a vue sur la mer et, au pied de l'établissement, une terrasse confortable accueille vos petits déjeuners. Au restaurant, une carte resserrée permet de déguster de belles assiettes d'une cuisine fraîche et goûteuse, dans une ambiance proche de la maison d'hôtes. Une très agréable et très accueillante adresse.

Accès (carte n° 5) : à 18 km au nord-ouest de Quimper par D 765 ; au port de plaisance de Tréboul, l'hôtel est fléché.

Auberge de Keralloret

29880 Guissény-sur-mer (Finistère)
Tél. 02 98 25 60 37 - Fax 02 98 25 69 88
M. et Mme Yvinec
E-mail: auberge@keralloret.com - Web: keralloret.com

Catégorie ★★ **Fermeture** 15 jours en janvier **Chambres** 11, avec tél., s.d.b., w.c. et t.v.; 1 chambre handicapés **Prix** des chambres: 53 à 69 € - Petit déjeuner: 8 €, servi de 7 h à 10 h **Carte de crédit** Visa **Divers** chiens admis (5 €) - Parking **Alentour** plage à 3 km.; les Abers; village des pêcheurs de Ménéham; enclos paroissiaux **Restaurant** service de 12 à 14 h, 19 h 30 à 21 h - Menu: 16 € - Carte.

Le cadre bucolique de cette ancienne ferme bretonne est gage de tranquillité. Dans des maisonnettes de granit récemment rénovées, une poignée de chambres décorées dans l'idée des légendes du pays Pagan et de la beauté des Abers, tout proches. De longues têtes de lit sont mises en valeur par des appliques et des lampes de chevet à base de galets déclinées sur des tons qui diffèrent d'une chambre à l'autre, et parfois, ici ou là, un meuble ancien bien choisi. Vous aurez le choix entre différents types de logement, notre préférence allant aux chambres de plain-pied avec petite terrasse privative. D'autres sont établies sous les toits et éclairées par des Velux, les dernières, plutôt conseillées aux groupes, sont également en souspente et accessibles par un petit salon commun simplement meublé de rotin. L'endroit abritait autrefois des chambres d'hôtes et a su en conserver l'esprit, comme l'atteste l'accueil attentif, la qualité du copieux petit déjeuner ainsi que le menu unique du restaurant, où vous seront servis quelques plats simples et de bonne facture, faisant largement appel aux produits locaux. Une adresse de qualité, à prix tenus.

Accès (carte n° 5): à 30 km de la voie express, sortie Landivisiau-Ouest, l'hôtel se trouve au sud de la D 10, entre Guisény et Plouguerneau.

La Baie des Anges

29870 Landéda (Finistère)
350, route des Anges
Tél. 02 98 04 90 04 - Fax 02 98 04 92 27 - M. Jacques Briant
E-mail : contact@baie-des-anges.com - Web : baie-des-anges.com

Catégorie ★★★ **Fermeture** janvier **Chambres** 18 et 2 suites, avec tél., s.d.b., w.c., t.v. et coffre-fort ; 1 chambre handicapés **Prix** des chambres doubles (selon saison) : 68 à 124 € ; suites : 138 à 154 € - Petit déjeuner : 12 €, servi de 7 h à 14 h **Cartes de crédit** Amex, Visa **Divers** chiens admis (10 €) - Parking **Alentour** visite des Abers en bateau ; sentiers côtiers ; enclos paroissiaux - Voile, plongée, kayak de mer, équitation **Pas de restaurant** à l'hôtel.

Non loin de l'Aber-Wrach, face à la baie des Anges, ce petit hôtel joliment rénové est dirigé par un jeune couple qui ne ménage pas sa peine pour faciliter votre séjour (l'accueil de Jacques Briant vaut, à lui seul, le détour !). Décorés dans un style vacances très actuel (bois clair, osier tressé, tissus bleus ou beiges…), le salon d'accueil et la salle à manger expriment parfaitement la tonalité générale du lieu. Côté chambres, l'ambiance est également très plaisante avec leur mobilier moderne en bois naturel et leurs tonalités de crème et d'azur. Généreusement éclairées, un grand nombre d'entre elles donne directement sur la mer sans pour autant souffrir du bruit de la route (desserte locale) grâce à un efficace double vitrage. Et si votre chambre donne sur l'arrière, vous vous consolerez en prenant un verre sur la belle terrasse en teck, lieu magique lorsque le ciel incandescent enflamme la baie et son chapelet d'îlots. Enfin, de très bons petits déjeuners confirment l'excellente impression générale de cet établissement qui vient de créer, juste à côté et les pieds dans l'eau la *Villa Les Anges* et la *Résidence de la Marine*, deux petites merveilles décorées dans ce que le style balnéaire fait de plus raffiné. A découvrir d'urgence !

Accès (carte n° 4) : à Brest, D 13 vers Gouesnou, Lannilis, Landéda, l'Aber-Wrach.

Grand Hôtel des Bains

29241 Locquirec (Finistère)
Tél. 02 98 67 41 02 - Fax 02 98 67 44 60
M. Van Lier
E-mail : hotel.des.bains@wanadoo.fr - Web : grand-hotel-des-bains.com

Catégorie ★★★ **Ouverture** toute l'année **Chambres** 36 avec tél., s.d.b., w.c. et t.v. ; 2 chambres handicapés ; ascenseur **Prix** des chambres (selon saison) : 141 à 207 € - Petit déjeuner compris, servi de 8 h à 10 h - Demi-pension : 156 à 211 € **Cartes de crédit** acceptées **Divers** chiens admis (16 €) - Piscine couverte et chauffée, jacuzzi, massages algothérapie, hammam - Parking **Alentour** pointe de Locquirec ; Côte de Granit rose ; Côte sauvage - Golf 18 trous à Pleumeur **Restaurant** service de 12 h à 14 h, 19 h à 21 h - Menus : 34 € - Carte.

Installé sur l'un des plus beaux sites de la côte bretonne, cet imposant hôtel du début de siècle fait désormais partie des établissements emblématiques de la région. Son parc à fleur d'eau, qui servit de décor au film *L'Hôtel de la plage*, est toujours aussi soigné mais ne possédait pas, à l'époque, sa superbe piscine couverte. Exposées au soleil levant, presque toutes les chambres donnent sur la mer (sauf, notamment, la 210 que nous ne recommandons pas) et offrent le spectacle alternatif des eaux claires battant les rochers ou de l'immense plage découverte à marée basse. De taille variable, mais presque toutes au même prix, leur aménagement extrêmement confortable rappelle le style balnéaire 1900, et c'est une réussite (murs délicatement teintés de gris ou de grège, ravissants tissus bleu pâle, vieux rose ou vert tilleul, meubles peints en blanc…). Certaines profitent même d'une grande terrasse. Excellente cuisine servie dans une vaste salle à manger très élégante et généreusement ouverte sur le jardin (annexe de l'hôtel, sur le port, la *Brasserie de la Plage* sert une cuisine de marché dans un cadre plus décontracté). Une superbe adresse, très "tendance".

Accès (carte n° 5) : à 18 km de Morlaix par D 786 vers Plestin puis D 64.

Les Moulins du Duc

29350 Moëlan-sur-Mer (Finistère) - Route des Moulins
Tél. 02 98 96 52 52 - Fax 02 98 96 52 53
Thierry Quilfen
E-mail : tqad29@aol.com - Web : hotel-moulins-du-duc.com

Catégorie ★★★ **Fermeture** de fin novembre à fin février **Chambres** 20 et 4 suites, avec tél, s.d.b., w.c., t.v. satellite et coffre-fort ; 5 chambres handicapés **Prix** des chambres : 72 à 138 € ; suites (2 à 5 pers.) : 142 à 173 € - Petit déjeuner : 13 €, servi de 7 h 30 à 10 h **Cartes de crédit** acceptées **Divers** piscine - Parking **Alentour** Carnac ; Pont-Aven ; Concarneau - Golf de Larmor-Plage **Restaurant** service de 12 h 30 à 13 h 30, 19 h 30 à 21 h - Fermeture lundi midi et mardi midi - Menus : 24 à 66 € - Carte - Spécialités : queue de homard cuite au bouillon et gratinée au sabayon de cidre ; dos de bar cuit sur son galet parfumé au thym et à la sariette.

C'est une petite vallée de rêve entourée de bois, avec pour centre un grand étang. Domestiqué par l'homme depuis des siècles, ce site est aujourd'hui soigné comme un jardin fleuri et gazonné. Utilisé pour l'accueil et le restaurant, le vénérable moulin enjambe une chute d'eau qui se transforme en rivière puis s'échappe en contrebas. Tout autour, de belles maisons en granit sont consacrées aux chambres. Rénovées de frais, elles offrent systématiquement un excellent niveau de confort et leur décoration d'un classicisme gai ne manque pas d'attrait. Paradoxalement, les deux suites du "Petit Moulin" sont un peu trop rustiques à notre goût et compte tenu de leur prix. A cette seule petite réserve près, l'hôtel est une vraie réussite. Y compris à table où l'on déguste une cuisine très précise, savoureuse et rondement servie dans une salle à manger au décor traditionnel et dans son extension vitrée. Très agréable terrasse à fleur d'eau et accueil particulièrement sympathique.

Accès (carte n° 5) : N 165, sortie Kervidanou. A Quimperlé, direction Moëlan-sur-mer. Après Baye, suivre les panneaux (l'hôtel est à 1,2 km sur la gauche).

Ar Men Du

29920 Nevez (Finistère) - Raguenez Plage
Tél. 02 98 06 84 22 - Fax 02 98 06 76 69
M. Le Fur
E-mail : contact@men-du.com - Web : men-du.com

Catégorie ★★★ **Fermeture** 3 janvier au 15 mars et 6 novembre au 22 décembre **Chambres** 15 avec tél, s.d.b., w.c., et t.v. satellite **Prix** des chambres : 85 à 160 € - Petit déjeuner : 11 €, servi à partir de 8 h 30 **Cartes de crédit** acceptées **Divers** chiens admis - Plage, sentier côtier - Parking **Alentour** Pont-Aven ; Concarneau ; Carnac - Golf de Cornouaille **Restaurant** service de 12 h à 14 h, 20 h à 22 h - Menus : 30 à 60 € - Carte.

De belles et longues plages de sable fin, quelques rochers, un sentier de douanier pour d'inifinies balades, une île accessible à marée basse, des champs, des bosquets de végétation salée… Voici le royaume d'*Ar Men Du* ! Certes l'hôtel affiche une achitecture bretonne des plus banales et la dune sur laquelle il s'élève est partiellement occupée par un grand terre-plein mais qu'importe, ce lieu est magique, surtout le soir lorsqu'il ne reste plus ici que les quelques privilégiés qui logent à l'hôtel. Totalement rénové et relooké, l'intérieur est une réussite. On aime la petite entrée avec ses murs blancs, ses photos sépia de vieux gréements, son superbe canapé de paquebot en bois, cuir et cuivre (mobilier réédité dont on retrouve maints exemples dans la maison). Un couloir moquetté de rouge mène aux chambres, petites, sobres, élégantes et très confortables, elles sont dans les tendances actuelles et ont toutes vue sur la mer. La 7, immense, sous toiture, profite d'une paroi triangulaire vitrée et donne l'impression de dormir sur la plage. Ravissant petit restaurant où l'acajou se marie à l'osier tressé pour déguster une bonne cuisine de la mer. Agréable petite terrasse garnie de fauteuils metteur en scène.

Accès (carte n° 5) : N 165, sortie Kerampaou. A Nevez, prendre Raguenez puis fléchage.

Ti Jan ar C'hafé

Kernigou 29242 Ouessant (Finistère)
Tél. 02 98 48 82 64 - Fax 02 98 48 88 15 - Odile Thomas
E-mail : tijanarchafe@yahoo.fr

Catégorie ★★ **Fermeture** du 15 novembre au 15 décembre et en janvier **Chambres** 8 avec s.d.b. et w.c. ; 1 chambre handicapés **Prix** des chambres : 58 à 79 € - Petit déjeuner : 7 €, servi de 8 h à 10 h 30 **Carte de crédit** Visa **Divers** chiens non admis **Alentour** écomusée du Niou ; musée du Phare de Créac'h - Plongée, vélo, pêche **Pas de restaurant** à l'hôtel.

Dormir à Ouessant est déjà une aubaine, mais le faire au *Ti Jan ar C'hafé* devient un pur bonheur. Merci à Odile Thomas, cette autodidacte de l'hotellerie et de la décoration qui, pour son plaisir et le nôtre, a su donner libre cour à son goût pour les belles choses, les couleurs, les matières et exprimer son sens de l'accueil, tout en gentillesse et en humour. Alors cet hôtel, autrefois banal, s'est agrandi d'une véranda et d'une terrasse parquetée style "pont de bateau" pour paresser sur des transats avec, au loin, un petit coin d'océan entre les arbustes, les murets et quelques toits de village. Chaises en osier, nappes en lin, deux fauteuils club en cuir bleu : pour le petit déjeuner, c'est ici. Les chambres sont en haut. Grandes (sauf deux mignonnes en soupente), très confortables, elles affichent toujours sur fond de murs blancs une couleur dominante (giroflée, vert pomme, jaune, violine…) et un mobilier rétro décapé, peint, doré, selon les cas. Tissus épais, têtes et pieds de lit en velours uni, jolis abat-jour assortis : on pense à un décor pour films d'Almodovar. Ajoutez à cela des prix très doux, une île sauvage et superbe en toute saison et vous comprendrez pourquoi nous n'avons qu'une hâte : y retourner juste pour le plaisir (précisons quand même que le nombre restreint de chambres ne permet pas de permanence sur place et qu'il vous faut prévenir de votre arrivée).

Accès (carte n° 4) : départ du bateau au port du Conquet (réservation au 02 98 80 80 80) ; la traversée dure 1 h 15, puis prendre une navette pour l'hôtel.

Manoir de Moëllien

29550 Plonévez-Porzay (Finistère)
Tél. 02 98 92 50 40 - Fax 02 98 92 55 21
M. et Mme Garet
E-mail : manmoel@aol.com - Web : moellien.com

Catégorie ★ ★ Fermeture de début janvier à mi-mars **Chambres** 18 avec terrasse, tél., s.d.b., w.c. et t.v. **Prix** des chambres doubles : 68 à 124 € - Petit déjeuner-buffet : 10 €, servi de 8 h à 10 h - Demi-pension : 67 à 93 € **Cartes de crédit** acceptées **Divers** chiens admis (5 €) - Parking **Alentour** cathédrale Saint-Corentin et musée des Beaux-Arts à Quimper ; Locronan ; Sainte-Anne-la-Palud ; église de Ploéven ; port de Douarnenez - Golf 18 trous de l'Odet à Bénodet **Restaurant** réservé aux résidents, service de 12 h 30 à 14 h, 19 h 30 à 21 h - Carte restreinte et suggestions du chef.

Une forêt de pins cache ce château, invisible depuis la petite route qui y mène. Construit au XVIIe siècle, le corps principal abrite au rez-de-chaussée une salle à manger très haute époque avec ses murs de granit, ses meubles anciens bretonnisants et ses fleurs fraîches sur fond de nappage clair. A côté, ambiance intime pour le petit bar et, au premier étage, vaste salle un peu austère, où se tient le buffet des petits déjeuners. Face au manoir et à sa très belle et noble façade, des chambres de plain-pied sont aménagées dans les dépendances. Soignées, classiques et confortables, elles sont calmes et profitent souvent d'une agréable terrasse privative avec une belle vue sur la campagne. Celles qui ont été créées récemment sont nos préférées. Elles affichent une décoration plus jeune, certaines sont en duplex et toutes profitent de très agréables salles de bains. Une adresse de qualité, située à quelques minutes des superbes côtes du Finistère et qui propose une cuisine à l'excellente réputation.

Accès (carte n° 5) : à 20 km au nord-ouest de Quimper. Par D 63 jusqu'à Locronan ; au 1er rond-point, sortie Plonévez-Porzay et 1re à gauche.

Le Brittany

29680 Roscoff (Finistère)
Boulevard Sainte-Barbe
Tél. 02 98 69 70 78 - Fax 02 98 61 13 29
Mme Chapalain
E-mail : info@hotel-brittany.com - Web : hotel-brittany.com

Catégorie ★★★ **Fermeture** de novembre à mars **Chambres** 25 avec tél., s.d.b. ou douche, w.c. et t.v. ; 1 chambre handicapés ; ascenseur **Prix** des chambres : 98 à 178 € ; appartement : 188 à 258 € - Petit déjeuner : 11 à 13 €, servi de 7 h 15 à 10 h 15 - Demi-pension : 112 à 191 € - Possibilité de forfaits avec le centre de thalassothérapie Rockroum **Cartes de crédit** Amex, Visa **Divers** chiens admis sauf au restaurant - Piscine couverte et chauffée, sauna - Parking privé **Alentour** île de Batz (15 minutes en bateau) ; Saint-Pol-de-Léon ; circuit des châteaux du Léon (château de Kerouzéré, manoir de Tronjoly, château de Kerjean) - Golf de Carantec **Restaurant** *Le Yatchman,* service uniquement le soir, de 19 h 15 à 21 h - Menus : 29 à 59 € - Carte - Spécialités : poissons et crustacés.

Dans la petite cité de caractère de Roscoff, l'hôtel *Brittany* s'érige en dernier rempart contre les vents et les alizés marins. Ses chambres, décorées de beaux meubles anciens et tapissées de tissu blanc, sont calmes et agréables, les salles de bains, d'un bon confort. A côté du bar à l'ambiance feutrée et discrète des grands hôtels, la salle à manger est l'endroit le plus charmant et le plus agréable : face à la mer, orientée plein ouest, avec de grandes portes-fenêtres voûtées en ogive baignant la pièce de lumière et permettant de dîner ou de prendre un verre dehors. L'accueil y est très agréable et l'excellente cuisine que l'on y sert mérite vraiment d'être signalée. Dernière étape sur le chemin de l'Irlande et de l'Angleterre, cette auberge de grand charme qui ne cesse de se rénover et de s'améliorer, réunit les qualités d'un endroit de passage confortable et le calme d'une vieille maison bretonne.

Accès (carte n° 5) : à 25 km au nord de Morlaix.

Hôtel du Centre - Chez Janie

29680 Roscoff (Finistère)
Le Port
Tél. 02 98 61 24 25 - Fax 02 98 61 15 43 - Jean-Marie Chapalain
Web : chezjanie.com

Fermeture du 15 novembre au 15 décembre et du 5 janvier au 1er février **Chambres** 16 avec tél., s.d.b. ou douche, w.c. et t.v. **Prix** des chambres : 59 à 84 € (basse saison), 69 à 108 € (haute saison) - Petit déjeuner : 8 €, servi de 7 h 15 à 11 h **Carte de crédit** Visa **Divers** chiens admis (8 €) - Parking **Alentour** île de Batz (15 minutes en bateau) ; Saint-Pol-de-Léon ; circuit des châteaux du Léon (château de Kerouzéré, manoir de Tronjoly, château de Kerjean) - Golf de Carantec **Restaurant** Chez Janie, service de 12 h à 14 h, 18 h 30 à 21 h 30 - Fermé du 15 novembre au 15 février - Menu : 15 € - Carte.

Le métier de corsaire rapportait, Roscoff en sait quelque chose, qui affiche une impressionnante concentration de petites maisons et de mini-manoirs fortifiés, tournés vers une mer envahie de rochers qu'il fallait savoir dompter avant d'en extraire les richesses de toute sorte. Pour sentir battre le cœur de cette petite cité de caractère, n'hésitez pas à rejoindre l'*Hôtel du Centre* et son bar-restaurant *Chez Janie*, véritable institution avec sa terrasse face au port de pêche et au terrain de boule. Entièrement rénové voici deux ans, l'hôtel (et le restaurant) marie une simplicité bon enfant à une décoration actuelle, un rien "tendance" du meilleur effet. Harmonie de gris pâle et de rouge, meubles réédités ou chinés peints en gris, chaises Loom, têtes de lit en assemblage de planches… Que ce soit dans les charmantes et impeccables petites chambres (presque toutes on vue sur mer), dans le petit salon-bibliothèque ou la salle à manger, l'ensemble est d'une irrésistible cohérence. Accueil jeune et souriant, prix très très doux.

Accès (carte n° 5) : à 25 km au nord de Morlaix.

Le Temps de Vivre

29680 Roscoff (Finistère) - 19, place Lacaze-Duthiers
Tél. 02 98 19 33 19 - Fax 02 98 19 33 00 - Jean-Yves et Line Crenn
E-mail : contact@letempsdevivre.net - Web : letempsdevivre.net

Catégorie ★★★ **Ouverture** toute l'année **Chambres** 15 et 2 suites avec tél., s.d.b. ou douche, w.c., t.v., minibar et coffre-fort **Prix** des chambres : 95 à 220 € ; suites junior : 180 à 260 € (haute saison) - Petit déjeuner : 14 €, servi de 8 h à 10 h **Cartes de crédit** Visa, Amex **Divers** chiens admis (11 €) **Alentour** île de Batz (15 minutes en bateau) ; Saint-Pol-de-Léon ; circuit des châteaux du Léon (château de Kerouzéré, manoir de Tronjoly, château de Kerjean) - Golf de Carantec **Restaurant** service de 12 h 30 à 13 h 15, 19 h 30 à 21 h 15 - Fermé dimanche soir (sauf l'été), lundi et mardi midi - Menus : 38 à 92 € - Carte- Spécialité : langoustines panées au chou-fleur et aux amandes.

Entre la place de l'église et le claquement des vagues, l'hôtel est constitué de deux très anciennes petites maisons en granit (dont une du XIVᵉ) reliées par un jardin de curé. Comme pour démontrer la possible connivence du charme et du contemporain, les chambres sont toutes différentes, leur décor s'amusant des variations de volumes ou de vue. Les plus impressionnantes donnent directement sur l'eau et le rocher, chaque fenêtre formant un véritable tableau marin (dans certaines, en rez-de-chaussée, l'écume vient parfois "toquer" aux baies, comme pour s'inviter les jours de tempête…). Les autres sont néanmoins tout aussi belles : mobilier en chêne wengé aux lignes pures et sobres, fauteuils et causeuses en grosse toile unie, couettes blanches associées à de beaux plaids, parquets laqués… Une merveille, y compris dans les salles de bains à la robinetterie et aux éclairages ultra-sophistiqués. A côté se trouve le restaurant, également panoramique, et c'est le second choc de ce lieu, tant la cuisine y est époustouflante de sincérité et de maîtrise. Emotion dans l'assiette, cocooning, gentillesse… Voici la nouvelle petite perle rare du Finistère nord.

Accès (carte n° 5) : à 25 km au nord de Morlaix.

Les Grandes Roches

29910 Trégunc (Finistère)
Route des Grandes-Roches
Tél. 02 98 97 62 97 - Fax 02 98 50 29 19 - M. et Mme Raday
E-mail: hrlesgrandesroches@club-internet.fr - Web: hotel-lesgrandesroches.com

Catégorie ★ ★ ★ **Fermeture** du 20 décembre au 1er février **Chambres** 17 avec tél., s.d.b. ou douche, w.c. et t.v. **Prix** des chambres doubles: 75 à 130 € - Petit déjeuner: 12 €, servi de 7h30 à 9h30 - Demi-pension: 70 à 100 € **Cartes de crédit** Visa, Amex **Divers** chiens non admis - Piscine extérieure chauffée, billard - Parking privé **Alentour** Pont-Aven; cathédrale et musée des Beaux-Arts à Quimper; Nizon; Concarneau; Nevez - Golfs 18 trous de Cornouaille, Ploemeur et de Bénodet **Restaurant** service de 12h à 13h30, 19h à 21h - Fermé mardi et mercredi - Menu: 41 € - Carte.

D'impressionnants mégalithes saluent le visiteur à l'entrée du jardin de l'auberge et font écho au menhir christianisé (classé) qui se dresse dans un autre coin de la propriété. Cette ancienne ferme rénovée est constituée de plusieurs bâtiments construits, pour certains, à même le rocher. Très confortable, l'auberge met à votre disposition un bar avec terrasse donnant sur le jardin, deux salles à manger, un salon et, ce qui est peut-être ici son originalité, ses chaumières très bien restaurées et aménagées en appartements, dans un style traditionnel. Dans les salons, la décoration est extrêmement soignée (tapis orientaux, collection de tableaux, beau mobilier régional). Les chambres, qui ont été refaites, sont également soignées. Claires et colorées, elles sont dotées de très belles salles de bains. Celles de plain-pied donnent accès à une petite terrasse, toutes disposent d'un coin salon. A proximité des plages, voici une accueillante adresse, reprise par un jeune couple affable dont le mari en cuisine concocte des plats élaborés où les tendances actuelles se conjuguent à la tradition.

Accès (carte n° 5): de Quimper, D 783 jusqu'à Trégunc par Concarneau (l'auberge est en dehors du village). De Lorient, N 165 sortie Kerampaou.

Hôtel Richeux

35260 Cancale (Ille-et-Vilaine) - 1, rue Duguesclin
Tél. 02 99 89 64 76 - Fax 02 99 89 88 47 - M. et Mme Roellinger
Web : maisons-de-bricourt.com

Ouverture toute l'année **Chambres** 11, 2 suites et 4 gîtes marins, avec tél., s.d.b., w.c., t.v. et minibar ; 1 chambre handicapés ; ascenseur **Prix** des chambres : 160 à 310 € ; gîtes marins : à partir de 230 € par jour (selon la durée du séjour) - Petit déjeuner : 16 € **Cartes de crédit** acceptées **Divers** chiens admis (23 €) - Equitation à 100 mètres - Parking **Alentour** Saint-Malo ; Côte d'Emeraude ; Mont-Saint-Michel - Golf 18 trous de Dinard **Restaurant** service de 12 h 30 à 13 h 30, 19 h 30 à 21 h 30 - Fermé lundi et mardi midi - Menus : à partir de 28 € - Carte.

Magnifique ! c'est ce qui vient à l'esprit de celui qui découvre ce luxueux hôtel amoureusement aménagé par Jeanne et Olivier Roellinger. Dans chaque délicieuse chambre, dominant la mer ou la campagne, vous trouverez une ambiance différente, de beaux meubles anciens, un bouquet de fleurs et même un flacon de cherry (les salles de bains ne sont pas en reste). Partout les tissus, les tableaux, les objets s'harmonisent à merveille et forment un décor chic et très habité. Pour dîner, vous vous régalerez de la marée du jour, des légumes et des fruits de la propriété cuisinés avec maestria et servis pour un prix encore raisonnable dans deux salles à manger ouvrant sur le jardin et la mer (n'en négligez pas pour autant le *Relais Gourmand*, où Olivier Roellinger signe l'une des toutes meilleures cuisines de France, et juste à côté son "entrepôt" où l'on retrouve ses flacons d'épices qui ont contribué à sa réputation). Derrière, le salon, décoré dans un goût actuel, plaisant et chaleureux, vous attend pour l'apéritif ou le café. Enfin, signalons que le mini-hôtel *Les Rimains* et quatre irrésistibles petits "gîtes marins" (parfaits pour les séjours en famille) vous attendent aussi à cinq kilomètres. Deux autres lieux magiques, pour ceux qui tiennent à leur indépendance, avec un jardin de rêve pour partir à pied vers la plage qui s'étend en contrebas.

Accès (carte n° 6) : à 5 km de Cancale, (vers Rennes puis Le Mont-Saint-Michel).

Hôtel Restaurant du Château

35270 Combourg (Ille-et-Vilaine) - 1, place Chateaubriand
Tél. 02 99 73 00 38 - Fax 02 99 73 25 79 - Mme Pelé
E-mail : hotelduchateau@wanadoo.fr - Web : hotelduchateau.com

Catégorie ★★★ **Fermeture** de mi-décembre à mi-janvier **Chambres** 32 et 1 suite avec tél., s.d.b., w.c., t.v. satellite et minibar **Prix** des chambres : 54,50 à 145 €, suite : 133 à 160 € - Petit déjeuner-buffet : 11 €, servi de 7 h 30 à 10 h - Demi-pension : 84 à 140 € **Cartes de crédit** acceptées **Divers** chiens admis (8 €) - Parking **Alentour** Dinan ; Saint-Malo ; Mont-Saint-Michel - Char à voile et plages à 30 km **Restaurant** service de 12 h à 13 h 30, 19 h 30 à 21 h 15 - Fermé dimanche soir et lundi du 20/01 au 15/07 et du 20/08 au 20/12 - Menus : 21 à 55 € - Spécialité : pied de cochon désossé farci.

Indissociable du souvenir de Chateaubriand, la masse tutélaire du château de Combourg semble écraser les maisons de la place. Parmi elles, cette auberge d'allure banale signale l'entrée du village. D'emblée, la salle de restaurant, bordée par une véranda côté place, illustre tout le soin que l'on apporte ici à la rénovation progressive du lieu. Mobilier de qualité, élégants tissus jaune orangé, tables très bien dressées. A cette agréable ambiance répond une cuisine réellement bonne, subtilement et précisément exécutée par M. Pelé et son équipe (ne ratez pas l'authentique chateaubriand, une merveille !). A côté, le salon-bar mérite plus qu'un coup d'œil : ambiance british à dominante bleue et tabac, cheminée, confortables fauteuils. Et les chambres ? joliment classiques et au goût du jour, nos préférées sont celles qui viennent d'être refaites dans le bâtiment principal (même côté rue elles sont bien insonorisées) et d'autres, installées dans… l'ancienne gendarmerie. L'ensemble s'organise autour d'un jardin pentu, arboré et bien fleuri où plusieurs petites aires ont été aménagées pour prendre un verre (et même déjeuner en été). Une accueillante adresse magistralement tenue par une famille très motivée.

Accès (carte n° 6) : N 135 Rennes - Saint-Malo, sortie Combourg puis D 793.

Hôtel Printania

35801 Dinard (Ille-et-Vilaine) - 5, avenue George-V
Tél. 02 99 46 13 07 - Fax 02 99 46 26 32
Mme Caro
E-mail : printania.dinard@wanadoo.fr

Catégorie ★★ **Fermeture** du 15 novembre au 15 mars **Chambres** 56 et 1 suite (11 avec tél.), s.d.b. ou douche, w.c. et t.v. **Prix** des chambres : 55 à 90 € ; suite : 180 € - Petit déjeuner : 8,50 €, servi de 7 h à 10 h 30 - Demi-pension : 52 à 70 € **Cartes de crédit** Amex, Visa **Divers** chiens admis **Alentour** pointe de la Garde-Guérin ; Saint-Malo ; îles de Cézembre et de Chausey - Golf 18 trous de Dinard **Restaurant** service de 12 h 30 à 14 h, 19 h 30 à 21 h 30 - Menus : 20 à 33 € - Carte.

En contrebas de la pointe du Moulinet, l'hôtel domine le petit port et l'embarcadère des navettes pour Saint-Malo. Il y règne une ambiance familiale, simple, très amicale, et l'on est immédiatement sous le charme de ses pièces où se sont accumulés les bahuts bretons, les nombreuses façades de lits clos ouvragés et cloutés de cuivre, les vieux tableaux de paysages… Les chambres, toutes différentes, joliment rétros pour certaines, plus jeunes pour d'autres, sont agréables (réservez surtout celles donnant sur la mer, les autres étant un peu petites et la vue sur la rue n'ayant pas le même attrait). La 102 avec son lit clos typique est agréable, mais la 214 récemment refaite et plus classique mérite aussi une mention, tout comme l'étonnante suite avec sa terrasse donnant sur la mer. Enfin, celles situées dans l'annexe ont vue sur la mer et viennent d'être entièrement rénovées. Petits déjeuners servis dans une véranda un peu chaude en été. Les dîners (préférez la carte à la demi-pension) sont servis dans la salle à manger au décor breton prolongée par une autre véranda très agréable le soir. Accueil attentif mais il nous faut tout de même préciser que l'hôtel peut recevoir des cars de touristes…

Accès (carte n° 6) : à 11 km à l'est de Saint-Malo.

Hôtel Reine Hortense

35800 Dinard (Ille-et-Vilaine) - 19, rue de la Malouine
Tél. 02 99 46 54 31 - Fax 02 99 88 15 88 - Florence et Marc Benoist
E-mail: reine.hortense@wanadoo.fr - Web: villa-reine-hortense.com

Catégorie ★★★ **Fermeture** du 3 octobre au 24 mars **Chambres** 7 et 1 suite, avec tél., s.d.b. ou douche, w.c. et t.v. **Prix** des chambres doubles: 140 à 220 €; suite: 300 à 370 € - Petit déjeuner: 14 €, servi de 8 h à 10 h 30 **Cartes de crédit** Amex, Visa **Divers** chiens admis (12 €) - Parking privé **Alentour** pointes du Décollé et de la Garde-Guérin; îles de Cézembre et Chausey - Golf de Dinard à 5 km **Pas de restaurant** à l'hôtel.

C'est tout le charme et le faste de la Belle Epoque que se propose de vous faire revivre cette villa construite par le prince Vlasov en hommage à celle qu'il avait aimée: Hortense de Beauharnais, reine de Hollande. Ainsi, le salon décoré dans le style Napoléon III et surtout la chambre de la reine conservent-ils plusieurs souvenirs de l'illustre femme (dont sa baignoire en argent, toujours utilisable). Partout, les meubles anciens, les objets précieux, les tableaux et autres décors en trompe l'œil apportent leur touche cossue et romantique. La véranda du salon, prolongée par une terrasse, surplombe directement la mer. On y sert d'excellents petits déjeuners et, après une dernière gorgée de café, chacun peut accéder à la plage juste au pied de l'hôtel. Neuf chambres sur dix donnent sur cet irrésistible et vivant panorama. Rénovées de frais mais avec tact, toutes rivalisent de confort, de charme et de séduction. Trois d'entre elles possèdent une terrasse-véranda privée et l'exceptionnelle suite comporte deux vastes chambres ouvrant sur un salon éclairé par six fenêtres! Enfin, pour dîner, les propriétaires vous recommandent *La Gonelle* à la pointe du Moulinet pour la qualité des ses poissons et crustacés en terrasse sur le port. Accueil jeune et convivial à cette adresse parmi les plus belles de la côte ouest.

Accès (carte n° 6): dans Dinard, près de la plage de l'Ecluse.

Manoir de la Rance

Château de Jouvente 35730 Pleurtuit (Ille-et-Vilaine)
Tél. 02 99 88 53 76 - Fax 02 99 88 63 03
Mme Jasselin

Catégorie ★ ★ ★ Fermeture du 6 janvier au 14 mars **Chambres** 10 avec tél., s.d.b., w.c. et t.v. **Prix** des chambres doubles : 90 à 130 € ; suites : 145 à 213 € (-20 % d'octobre à avril) - Petit déjeuner : 9,15 €, servi de 7 h à 11 h **Carte de crédit** Visa **Divers** chiens admis (5 €) - Parking **Alentour** les bords de la Rance (embarcadère à l'hôtel) ; Dinard ; îles de Chausey et de Cézembre ; Côte d'Emeraude de Dinard au Val-André - Golf 27 trous de Saint-Malo **Pas de restaurant** à l'hôtel.

Devancé par un jardin débordant d'arbustes et de fleurs, ce manoir XIXe surplombe directement l'embouchure de la Rance. Au rez-de-chaussée, l'ambiance est celle d'une vraie maison, avec ses meubles de tous styles et ses nombreux bibelots, de sorte que l'on s'approprie vite le salon et son bar attenant. A l'extérieur, les agréables terrasses équipées de chaises longues sont également très prisées. Qu'elles soient au premier ou au deuxième étage mansardé, les chambres sont toutes d'un bon confort. Fréquemment rafraîchies, elles ne se déparent cependant pas de leur décoration surannée et charmante. Partout, une atmosphère feutrée et une vue éblouissante (sauf pour deux chambres) sur la Rance et les falaises. Notamment dans la véranda où sont servis de délicieux petits déjeuners. Mme Jasselin adore sa maison et reçoit ses hôtes avec une gentillesse touchante. A Dinard, vous aurez le choix entre plusieurs restaurants dont *La Salle à Manger* pour les dîners gastronomiques ou *Le Prieuré*. Saint-Malo offre aussi de nombreuses possibilités telles *Côté Sens*, le nouveau restaurant qui fait fureur derrière les remparts.

Accès (carte n° 6) : à 15 km au sud-est de Saint-Malo par D 168, puis à gauche, après le barrage de la Rance, la D 114 jusqu'au lieu-dit La Jouvente (par La Richardais). Le manoir est à gauche, à la sortie du village.

LeCoq-Gadby

35700 Rennes (Ille-et-Vilaine)
156, rue d'Antrain
Tél. 02 99 38 05 55 - Fax 02 99 38 53 40 - Véronique et Jacques Brégeon
E-mail : lecoq-gadby@wanadoo.fr - Web : lecoq-gadby.com

Catégorie ★★★★ **Ouverture** toute l'année **Chambres** 10 et 1 suite, avec tél., s.d.b. ou douche, w.c., t.v. et minibar **Prix** des chambres doubles : 125 à 165 € - Petit déjeuner : 16 € en chambre ou 18 € au buffet, servi de 7 h à 10 h **Cartes de crédit** acceptées **Divers** chiens admis - Espace détente et balnéothérapie, hammam et sauna (gratuits), billard, bar anglais - Parking fermé **Alentour** visite du vieux Rennes, parc floral du Thabor - Golf 18 trous de Saint-Jacques **Restaurant** fermé le dimanche soir - Menus : 29 à 65 € - Carte.

Dans un quartier calme relativement proche du centre de Rennes, voici un superbe hôtel, entièrement rénové et aux allures de maison particulière. Rien d'étonnant, c'est précisément ce que veulent exprimer les propriétaires et l'on sent immédiatement qu'ils ont aimé chaque meuble, chaque objet, chaque tableau, qui constituent le décor de l'hôtel, notamment dans le superbe salon XIXᵉ. Joliment capitonnées de tissus chatoyants, les chambres sont confortables, très bien tenues, décorées avec goût et personnalité dans un style classique, parfois un peu précieux, et toujours gai. Leur coût varient selon la taille et l'exposition (certaines sont un peu petites pour leur prix mais leur aménagement est très soigné). Servie avec attention, la cuisine est excellente ; vous la dégusterez à *La Coquerie*, une agréable salle à manger couleur sable donnant sur un ravissant petit jardin abondamment fleuri de roses. Enfin, le superbe buffet du petit déjeuner et la petite dépendance magnifiquement transformée en espace de remise en forme achèveront de vous convaincre des grandes qualités de cette très accueillante adresse.

Accès (carte n° 6) : dans le centre-ville.

Auberge de la Motte Jean

35350 Saint-Coulomb (Ille-et-Vilaine)
Tél. 02 99 89 41 99
Mᵐᵉ Simon
E-mail: hotel-pointe-du-grouin@wanadoo.fr

Fermeture de mi-novembre à Pâques **Chambres** 11 et 1 suite, avec tél., s.d.b., w.c., t.v. satellite et minibar **Prix** des chambres: 65 à 120 € ; suites : 90 à 145 € - Petit déjeuner: 7 €, servi de 8 h à 10 h - Demi-pension: 77 à 102 € **Carte de crédit** Visa **Divers** chiens non admis - Parking **Alentour** mont Saint-Michel; Dinard; Saint-Malo - Golf 18 trous de Brive à 15 km. **Restaurant** *La Pointe du Groin* (5 km.), service de 12 h 15 à 13 h 30, 19 h 15 à 20 h 30 - Fermé mardi et jeudi midi - Menus: 20,50 à 33,50 € - Spécialités : homard grillé ; plateau de fruits de mer.

Sur la route de Cancale, cette ancienne ferme du XVIIIᵉᵐᵉ siècle est une belle maison de famille, restaurée entièrement et en partie refaite par Marie-France Simon, la propriétaire. Les chambres, réparties sur deux bâtiments en pierres dont l'un était jadis l'écurie, sont décorées simplement avec des meubles campagnards faits à l'ancienne. Elles offrent également une vue magnifique sur le jardin à la française. En contrebas, des transats sont disposés sur les bords de l'étang, au milieu des canards de collection, des poules et des coqs; dépaysement garanti, on est ici en pleine campagne, à moins de deux kilomètres de la mer. Les petits déjeuners bretons (far, gelée de pommes, œufs de la ferme d'à côté…) sont copieux. On les prend l'été sur la terrasse et l'hiver dans l'une des deux salles à manger : la grande avec ses poutres et sa cheminée, ou la petite, une ancienne laiterie attenante au jardin. Pas de restaurant sur place, mais celui de l'*Hôtel de la Pointe-du-Groin*, appartenant à la même famille, vous attend à cinq kilomètres (cuisine de la mer et vue panoramique sur la baie du Mont-Saint-Michel). Accueil direct et chaleureux.

Accès (carte n° 6): à Cancale, D 355 vers Saint-Coulomb. L'hôtel est à 2 km. sur la gauche.

L'Ascott Hôtel

Saint-Servan 35400 Saint-Malo (Ille-et-Vilaine)
35, rue du Chapitre
Tél. 02 99 81 89 93 - Fax 02 99 81 77 40
Patrick Guillon
E-mail : informations@ascotthotel.com - Web : ascotthotel.com

Catégorie ★ ★ ★ **Fermeture** du 2 janvier au 2 février **Chambres** 10 avec tél., s.d.b., w.c. et t.v. **Prix** des chambres simples : 80 à 100 €, doubles : 95 à 145 € - Petit déjeuner : 10 €, servi de 8 h à 12 h **Carte de crédit** Visa **Divers** petits chiens admis sur demande (10 €) - Parking privé **Alentour** les remparts, le château et la ville close de Saint-Malo ; îles de Chausey et de Cézembre ; Jersey et l'Angleterre ; cathédrale Saint-Samson à Dol-de-Bretagne **Pas de restaurant** à l'hôtel.

Repris l'an dernier par Patrick Guillon et sa femme, voici le petit hôtel chic et "tendance" de Saint-Malo. Très contemporain et chaleureusement design, le décor joue sur une belle harmonie de couleurs à dominante violine, brune ou tilleul, avec parfois une touche vive pour faire ressortir le tout. D'une capacité restreinte, l'hôtel peut exploiter à fond son côté "maison", notamment avec ses très confortables petites chambres (Windsor, Fontainebleau et York viennent d'être créées et affichent une belle taille : 21 mètres carrés) et surtout le ravissant salon du rez-de-chaussée, idéal pour lire les revues à disposition ou prendre un verre entre amis. L'été, c'est le jardin fleuri qui prend l'avantage tant on s'y sent à l'abri de l'agitation de la cité malouine (on y sert aussi les excellents petits déjeuners). Côté restauration, vous trouverez toujours l'excellent *Saint-Placide* à quelques mètres de l'hôtel, à moins de préférer le centre de St-Malo, où vous apprécierez la cuisine du marché inventive du restaurant *Côté Sens*. Accueil sympathique et très concerné.

Accès (carte n° 6) : sur N 137 prendre direction Saint-Servan, puis boulevard Douville et 2e rue à gauche (fléché).

Le Beaufort

35400 Saint-Malo (Ille-et-Vilaine)
25, chaussée du Sillon
Tél. 02 99 40 99 99 - Fax 02 99 40 99 62
Mark et Sylvie Peterson
E-mail : contact@hotel-beaufort.com - Web : hotel-beaufort.com

Catégorie ★★★ **Ouverture** toute l'année **Chambres** 22 avec tél., s.d.b., w.c. et t.v. ; ascenseur **Prix** des chambres : 75 à 145 € (basse saison), 135 à 205 € (haute saison) - Petit déjeuner : 12 €, servi de 7 h 30 à 10 h 30 **Cartes de crédit** acceptées **Divers** petits chiens admis (12 €) - Parking (10 €) **Alentour** vieille ville ; Dinan ; Dinard ; Mont-Saint-Michel **Pas de restaurant** à l'hôtel.

Directement ouvert sur la plage, *Le Beaufort* aurait pu se contenter de cet emplacement exceptionnel et ne pas faire plus d'effort pour l'aménagement de ses chambres. Les nouveaux propriétaires ont préférer pousser l'avantage et faire de cette petite maison fin xixᵉ un hôtel de charme bien ancré dans les tendances actuelles. Partout, les dominantes de blanc, de crème et de brun sombre alliées à un mobilier de teck ou d'osier tressé donnent au lieu un côté colonial qui prend tout son sens dans la salle des petits déjeuners (coin-salon et bar dans la journée) avec sa porte-fenêtre qui donne directement sur le sable. Malgré des volumes parfois petits, les chambres, totalement rénovées, sont vraiment très plaisantes avec leurs moquettes chinées, leurs couvre-lits gris brun et leurs têtes de lits en planches mates et blanchies. Parfaitement insonorisées, elles bénéficient, côté rue, du soleil levant et sont moins chères. Côté mer, vous ne vous lasserez pas de la vue au couchant, agrémentée en plus, dans certaines, d'une terrasse ou d'un bow-window. Pas de restaurant sur place mais les bonnes tables ne manquent pas à proximité. Accueil simple et agréable.

Accès (carte n° 6) : à Saint-Malo prendre direction centre puis gare SNCF puis suivre Le Sillon.

Le Valmarin

35400 Saint-Malo (Ille-et-Vilaine)
7, rue Jean-XXIII
Tél. 02 99 81 94 76 - Fax 02 99 81 30 03
M. et Mme Nicolas
E-mail : levalmarin@wanadoo.fr - levalmarin.com

Ouverture toute l'année **Chambres** 12 avec tél., s.d.b., t.v. et minibar **Prix** des chambres doubles : 95 à 135 € - Petit déjeuner : 10 €, servi de 8 h 30 à 10 h 30 **Carte de crédit** Visa **Divers** chiens admis (10 €) - Parking privé **Alentour** les remparts, le château et la ville close de Saint-Malo ; îles de Chausey et de Cézembre ; Jersey et l'Angleterre ; cathédrale Saint-Samson à Dol-de-Bretagne **Pas de restaurant** à l'hôtel.

La tour Solidor et le petit port de Saint-Servan ne sont qu'à quelques enjambées de cette belle malouinière XVIIIe et de son parc aux beaux arbres centenaires. Beaucoup d'allure dans le hall d'accueil (escalier monumental et sol de marbre) et dans l'enfilade de pièces de réception au boiseries claires donnant sur le parc où l'on sert les petits déjeuners et les goûters. Partout le mobilier est élégant à défaut d'être authentiquement ancien, le confort parfait et l'ambiance intime, ce qui donne au lieu les caractéristiques d'une maison particulière. Selon l'étage, les proportions des chambres varient mais leur élégance et leur niveau de confort restent toujours identiques (étonnante chambre au rez-de-chaussée avec salle de bains en sous-sol). On ne peut dîner dans cette accueillante adresse mais il y a au port de Saint-Servan quelques agréables restaurants pour se régaler de poissons et de fruits de mer au soleil couchant.

Accès (carte n° 6) : dans le centre-ville, sur N 137, prendre direction Saint-Servan.

Le Logis Parc Er Gréo

Le Gréo 56610 Arradon (Morbihan)
9, rue Mané-Guen
Tél. 02 97 44 73 03 - Fax 02 97 44 80 48
Eric Bermond
E-mail: contact@parcergreo.com - Web: parcergreo.com

Catégorie ★★★ Fermeture du 13 novembre au 16 mars **Chambres** 14 et 1 suite ou duplex avec tél., s.d.b. ou douche, w.c. et t.v.; 1 chambre handicapés **Prix** des chambres doubles: 72 à 125 €; suite: 149 à 199 €; duplex: 199 à 265 € - Petit déjeuner: 11 €, servi de 7 h 30 à 11 h **Cartes de crédit** acceptées **Divers** chiens admis en rez-de-jardin sur demande (9 €) - Piscine chauffée **Alentour** golfe du Morbihan; île de Gavrinis; île aux Moines; Carnac - Golf 18 trous de Baden **Pas de restaurant** à l'hôtel.

Même s'il est de construction récente, ce petit hôtel mérite amplement le label "de charme". D'abord par l'accueil. Ensuite par la décoration qui harmonise si bien les formes et les couleurs avec, çà et là, un meuble ancien, une maquette de bateau, le tableau d'un artiste ami. Enfin par l'environnement dont on profite depuis les chambres et la terrasse : la piscine, un champ, un rideau d'arbres et, caché derrière, un petit bras de mer comme seul sait en composer le golfe du Morbihan. Exposées plein sud, les chambres sont une réussite de goût et de confort. Au rez-de-chaussée, la pièce de séjour sert pour les excellents petits déjeuners. A côté se trouve un petit jardin d'hiver où prospère un bougainvillée et qui permet, s'il y a du vent, de profiter du paysage sans en avoir les inconvénients. Enfin, la piscine et son abri transparent fera le bonheur des petits et des grands. Une agréable adresse qui ne cesse de s'améliorer.

Accès (carte n° 14): à 10 km au sud-ouest de Vannes par D 101 jusqu'à Le Moustoir, à gauche, puis 6ᵉ à droite.

Hostellerie La Touline

Sauzon 56360 Belle-Ile-en-Mer (Morbihan)
Rue du Port-Vihan
Tél. 02 97 31 69 69 - Fax 02 97 31 66 00
Gilles Bertho
E-mail : la-touline@libertysurf.fr - Web : hostellerielatouline.com

Fermeture de mi-novembre à fin mars **Chambres** 5 avec tél., s.d.b., w.c., t.v. et coffre-fort **Prix** des chambres doubles : 85 à 95 € - Petit déjeuner : 10,50 €, servi de 8 h 30 à 10 h 30 **Carte de crédit** Visa **Divers** chiens non admis - Jacuzzi - Garage **Alentour** citadelle Vauban ; port Donnant - Golf 13 trous de Sauzon **Pas de restaurant** à l'hôtel.

A Belle-Ile, le port de Sauzon groupe ses maisons couleur de bonbons pastel le long du quai et sur la pente. En face, bateaux de pêche et de plaisance s'inclinent à marée basse sur fond de rochers, de collines et de genêts. C'est cette image recadrée aux petits airs d'Irlande que livre la ruelle d'accès à la *Touline*. En amont du phare, l'une des plus anciennes maisons du village est devenue mini-hôtel par l'impulsion d'Annick et de Gilles Bertho qui tenaient autrefois une galerie d'art et une brocante. Par bonheur, les témoignages de cette ancienne activité se retrouvent un peu partout : meubles anciens, tableaux marins originaux, objets et tapis chinés ou rapportés de voyages. Élégantes et chaleureuses, les chambres s'appellent "Capitaine", "Zanzibar", "Donnant" (avec sa terrasse privative)… et ouvrent sur la rue ou le jardin. Un bien joli jardin aux essences méridionales qui relie la véranda (où l'on déguste un excellent petit déjeuner sur des tables en vieux caillebotis vernis) à la colline. On y trouvera de nombreux coins de détente et, tout en haut, un jacuzzi extérieur : le réconfort après l'effort. Avec le feu de cheminée en demi-saison, voici et deux beaux arguments supplémentaires pour découvrir cette confidentielle petite adresse.

Accès (carte n° 5) : liaison bateau directe Quiberon-Sauzon.

Hôtel Village La Désirade

56360 Belle-Ile-en-Mer (Morbihan)
Tél. 02 97 31 70 70 - Fax 02 97 31 89 63 - M. et Mme Rebour
E-mail : hotel-la-desirade@wanadoo.fr - Web : hotel-la-desirade.com

Catégorie ★★★ **Fermeture** du 9 janvier au 31 mars et du 13 novembre au 23 décembre **Chambres** 24 et 2 suites avec tél., s.d.b., w.c., t.v. satellite et Canal + **Prix** des chambres doubles : 117 à 130 € - Petit déjeuner-burunch : 12 €, servi de 8 h à 11 h - Demi-pension : 89 à 120 € **Cartes de crédit** acceptées **Divers** chiens admis (7 €) - Piscine chauffée, VTT - Parking **Alentour** citadelle Vauban ; port Donnant - Golf 13 trous de Sauzon à Belle-Ile-en-Mer **Restaurant** service de 12 h à 13 h 30, 19 h 30 à 21 h 30 - Carte.

C'est près du site de Port-Coton immortalisé par Monet que vous découvrirez ces petites maisons blanches groupées en hameau autour de l'une des rares piscines de l'île. Construites dans le style des habitations de Belle-Ile, elles comptent chacune quatre chambres, ce qui permet à une famille ou à des amis d'occuper totalement les lieux. La décoration est sobre, parfois un peu démodée, mais de bon goût, et l'on s'y sent bien en toute saison. Pour que chacun puisse vivre à son rythme, un sympathique buffet des petits-déjeuners est dressé jusque tard le matin dans une grande salle au rez-de-chaussée dotée d'une cheminée carrelée de faïence. Une agréable décontraction règne dans cet antihôtel, récemment repris par de jeunes et sympathiques propriétaires. Le soir, les habitués peuvent dîner en demi-pension d'un menu du marché très satisfaisant ou à la carte. Bien orientée vers les produits de la mer, la cuisine est d'une incontestable qualité, aussi belle que fine, originale et goûteuse. Service agréable dans les deux salles à manger (celle, récemment décorée en beige rehaussé de tilleul et de framboise est particulièrement élégante).

Accès (carte n° 5) : *en voiture, liaison ferry Quiberon-Le Palais ; à 7 km au sud-ouest du Palais par la D 190 par Bangor (l'hôtel est à 2 km de Bangor).*

Domaine de Rochevilaine

56190 Billiers-Muzillac (Morbihan) - Pointe de Pen-Lan
Tél. 02 97 41 61 61 - Fax 02 97 41 44 85 - M. Jaquet
E-mail : domaine@domainerochevilaine.com - Web : domainerochevilaine.com

Catégorie ★★★★ **Ouverture** toute l'année **Chambres** 32 et 3 suites, avec tél., s.d.b., w.c. et t.v. satellite ; accès handicapés **Prix** des chambres doubles : 126 à 367 € ; suites 346 à 490 € - Petit déjeuner : 18 €, servi de 7 h 15 à 11 h - Demi-pension : 125 à 300 € **Cartes de crédit** acceptées **Divers** chiens admis (14 €) - Piscines chauffées, spa marin, remise en forme et massages - Parking **Alentour** Rochefort-en-Terre ; golfe du Morbihan - Golf 18 trous de Rhuys Kerver **Restaurant** service de 12 h 30 à 13 h 30, 19 h 15 à 21 h 30 - Menus : 58 à 115 € - Carte.

Dressé à l'extrémité de la pointe de Pen-Lan, cet ancien poste de guet battu par les flots marie plusieurs bâtiments des XVᵉ et XVIᵉ siècles à quelques utiles adjonctions modernes comme le hall d'accueil, la piscine couverte et l'espace fitness. Exceptionnels, les abords privilégient, côté mer, plusieurs terrasses aménagées directement sur le rocher et, côté jardin, de ravissants espaces clos abondamment fleuris. Ultra confortables, les chambres jouent sur une grande variété de décors (classique, moderne ou marin) et donnent sur l'océan. Le long d'une succession de baies vitrées, salon-bar et salle à manger s'étirent en longueur pour que chacun puisse profiter au plus près du panorama. Fine et goûteuse, la cuisine de Patrice Callaut fait la part belle aux produits bretons (taboulé de choux-fleurs, chair de tourteaux et crème d'étrilles ; turbot poché au lait fumé, coulée d'épices douces ; homard bleu dans tous ses états...). L'ensemble est, certes, luxueux, mais les tarifs sont vraiment très attractifs hors saison, quand le sauna, le hammam ou la piscine intérieure offrent une douce alternative aux vivifiantes cures d'air iodé qui creusent l'appétit et colorent les joues...

Accès (carte n° 14) : à 20 km au sud-est de Vannes par la voie express (direction Nantes) jusqu'à Muzillac, puis direction de Billiers et de la pointe de Pen-Lan.

Les Chaumières de Kerniaven

56700 Hennebont (Morbihan)
Route de Port-Louis-en-Kervignac
Tél. 02 97 76 91 90 - Fax 02 97 76 82 35 - M. et Mme de la Sablière
E-mail: kerniaven@chateau-de-locguenole.com - Web: chateau-de-locguenole.com

Fermeture de 10 octobre au 31 mars **Chambres** 9 avec tél., s.d.b., w.c., t.v. et minibar **Prix** des chambres simples et doubles : 72 à 115 € - Petit déjeuner : 15 €, servi de 7 h 45 à 10 h 30 **Cartes de crédit** acceptées **Divers** chiens admis (9 €) - Piscine extérieure chauffée, sauna, hammam et tennis à 4 km - Parking **Alentour** haras national d'Hennebont ; citadelle et musée de la Compagnie des Indes à Port-Louis - Golfs 18 trous de Val Queven et de Ploemeur Océan **Restaurant** au *Château de Locguénolé*, service le soir (déjeuner le dimanche uniquement).

Ces deux charmantes chaumières dépendent du *Château de Locguénolé* où s'effectue la réception des clients. Elles se situent à trois kilomètres de là, en pleine campagne, mais bénéficient de tous les avantages de l'hôtel. Vous pourrez donc faire alterner votre séjour entre cette luxueuse ambiance et la sérénité campagnarde de votre lieu d'hébergement. Dans la chaumière principale, les chambres sont vastes, décorées dans un style à la fois rustique et raffiné où quelques meubles anciens bien cirés ressortent sur des murs souvent en pierre apparente. Au premier étage, elles disposent d'une mezzanine qui fera le bonheur des familles, alors qu'au rez-de-chaussée d'imposantes cheminées offrent la possibilité de belles flambées. Dans la seconde chaumière se trouve une chambre presque en plein champ et une agréable salle des petits déjeuners, bien utile pour les jours où on ne peut le prendre dehors. Les dîners sont servis au château, dans une salle à manger élégamment nappée de jaune ou de bleu et en partie habillée par une verdure d'Aubusson XVIIIe. Vous y dégusterez une cuisine très réputée. Enfin, l'accueil est particulièrement agréable.

Accès (carte n° 5) : à 5 km d'Hennebont par D 781, direction Port-Louis.

Hôtel de la Jetée

56590 Ile-de-Groix (Morbihan)
1, quai Port-Tudy
Tél. 02 97 86 80 82 - Fax 02 97 86 56 11
Mme Tonnerre
E-mail : laurence.tonnerre@wanadoo.fr

Catégorie ★ ★ **Fermeture** du 5 janvier au 15 mars **Chambres** 8 avec tél., s.d.b. ou douche et w.c. **Prix** des chambres doubles : 53 à 79 € - Petit déjeuner : 7 €, servi de 8 h à 10 h 30 **Carte de crédit** Visa **Divers** chiens non admis **Alentour** musée de Groix ; pointe de l'Enfer ; port Saint-Nicolas ; Pen-Men **Pas de restaurant** à l'hôtel mais, en saison, petite restauration et dégustation d'huîtres sur commande.

Voici un très charmant petit hôtel avec une façade sur le port et l'autre battue par les embruns de l'Océan. Vous le trouverez juste au début de la jetée, à l'extrémité du bassin. Le rez-de-chaussée se partage entre un agréable café traditionnel que prolongent quelques jolies tables en terrasse (lieu de rencontre entre les pêcheurs et les plaisanciers), et un pub irlandais où l'on peut déguster les huîtres élevées par le fils de M. et Mme Tonnerre, installé ici comme ostréiculteur. Les chambres sont petites mais particulièrement charmantes : habillées de papiers peints unis, surmontés d'une élégante frise, et décorées de meubles anciens cirés et de tissus coordonnés d'esprit anglais… tout comme les salles de bains, gaies, confortables et très soignées. Vue de carte postale sur le port ou sur la mer et petite terrasse installée sur un rocher, à l'arrière. Réservée aux hôtes, elle permet de goûter à la solitude face à l'immensité bleue et non loin de petites criques de sable fin.

Accès (carte n° 5) : bateau depuis Lorient (45 minutes). Tél. 02 97 64 77 64.

Hôtel de la Marine

56590 Ile-de-Groix (Morbihan)
7, rue du Général-de-Gaulle
Tél. 02 97 86 80 05 - Fax 02 97 86 56 37
Mme Hubert
E-mail : hotel.dela.marine@wanadoo.fr - Web : hoteldelamarine.com

Catégorie ★★ **Fermeture** en janvier ; dimanche soir et lundi hors saison et hors vacances scolaires **Chambres** 22 avec tél., s.d.b. ou douche et w.c. **Prix** des chambres doubles : 40 à 90 € - Petit déjeuner : 8 €, servi de 8 h à 10 h - Demi-pension et pension : 46 à 72 €, 64 à 90 € **Carte de crédit** Visa **Divers** chiens admis (4 €) - Parking **Alentour** musée de Groix, pointe de l'Enfer ; port Saint-Nicolas ; Pen-Men **Restaurant** service de 12 h à 13 h 30, 19 h 30 à 21 h - Menus : 16 à 25 € - Carte - Spécialités : feuilleté de Saint-Jacques ; brochette de lotte au lard fumé ; marquise au chocolat et au sherry.

Cet hôtel se trouve un peu sur la hauteur, à quelques centaines de mètres du port. Aménagé avec amour par Mme Hubert qui fut aussi styliste, il accueille, chaque été, une clientèle fidèle et agréable. L'hôtel, grâce à de beaux travaux de rénovation, vient de retrouver tout son charme avec dans les parties communes une inspiration de coursive de bateau très réussie. Près du petit salon d'accueil joliment meublé d'ancien, la salle à manger permet de dîner très correctement pour un prix raisonnable. Là aussi le décor est soigné : beau nappage coloré, collection de faïences sur la cheminée et les étagères, horloge recouverte de coquillage comme un discret rappel du temps qui passe… Les chambres sont très simples, toutes blanches, égayées par la couleur des rideaux et des couvre-lits. Leur niveau étant très variés, nous vous recommandons pour l'instant les n°s 1, 11, 2, 4, 8 et éventuellement les n°s 10, 6, 7, plus petites. Dehors, une terrasse-jardin permet de prendre un verre à l'ombre du plus vieil arbre de l'île.

Accès (carte n° 5) : bateau depuis Lorient (45 minutes) - Tél. 02 97 64 77 64.

Hôtel des Trois Fontaines

56740 Locmariaquer (Morbihan)
Tél. 02 97 57 42 70 - Fax 02 97 57 30 59 - M. Jean-Pierre Orain
E-mail : contact@hotel-troisfontaines.com - Web : hotel-troisfontaines.com

Catégorie ★★★ **Fermeture** du 11 novembre au 25 décembre et du 2 janvier au 20 mars **Chambres** 18 avec tél., s.d.b., w.c., t.v., 17 avec minibar et coffre-fort ; 1 chambre handicapés **Prix** des chambres doubles : 68 à 130 € - Petit déjeuner : 10 €, servi de 8 h à 11 h **Carte de crédit** Visa **Divers** chiens admis sur demande - Parking **Alentour** golfe du Morbihan ; sites mégalithiques - Ecole de voile, tennis - Golf 18 trous à proximité (réduction 10 à 20 % pour les résidents selon période) **Pas de restaurant** à l'hôtel.

L ocmariaquer occupe l'extrémité d'une presqu'île du golfe du Morbihan. Le site est superbe, outre ses plages, criques découpées et autres anses de mouillage, il conserve d'importants vestiges mégalithiques. En arrivant à l'hôtel, ne vous inquiétez pas de la proximité de la petite route et soyez indulgents pour son architecture récente car l'accueil et l'aménagement des *Trois Fontaines* valent largement d'y séjourner. Sagement moderne, l'intérieur est gai, chaleureux, raffiné : charmant salon en demi-cercle autour de la cheminée, agréable salle des petits déjeuners (servi également dehors) avec tables élégantes et fauteuils Loom. Mêmes qualités pour les chambres avec leur sol en terre cuite ou en parquet, leur mobilier simple en acajou, leurs couvre-lits en courtepointe assortis aux rideaux et qui tranchent sur la blancheur des murs. Bon nombre d'entre elles bénéficient d'une petite vue sur mer. Enfin, s'il fait beau, nous vous recommandons de réserver une table au restaurant *Le Chantier* (tél. 02 97 55 17 42). Sa délicieuse cuisine de poisson et sa terrasse gazonnée finissant directement sur l'eau avec coucher de soleil sur le port de La Trinité en font l'une des plus étonnantes adresses de Bretagne.

Accès (carte n° 5) : N 165 (Nantes-Brest), au niveau d'Auray sortie Locmariaquer et La Trinité-sur-Mer puis D 28 et D 781.

Château du Launay

Locuon 56160 Ploerdut (Morbihan)
Tél. 02 97 39 46 32 - Fax 02 97 39 46 31 - Famille Bogrand
E-mail : info@chateaudulaunay.com - Web : chateaudulaunay.com

Fermeture du 20 décembre au 20 mars **Chambres** 6 et 4 appartements avec tél., s.d.b. **Prix** des chambres doubles : 125 à 180 € ; appart. : 600 € la semaine **Carte de crédit** Visa **Divers** chiens admis - Piscine, salle de relaxation, hammam, équitation (randonnées découverte du patrimoine breton) - Parking **Alentour** Sainte-Noyale ; vallée du Blavet **Table d'hôtes** le soir sur réservation - Menu : 26 €.

Mi-hôtel, mi-maison d'hôtes, le *Launay* est un domaine exceptionnel, hors norme, qui ravira les amateurs d'art et de grands espaces. Ce château XVIIIe s'élève au cœur d'un immense domaine (lac, prés, forêt et sept kilomètres de chemins spécialement balisés). Organisé autour d'un escalier monumental, l'intérieur mêle avec un subtil dépouillement et un goût exceptionnel antiquités extrême-orientales, œuvres d'art contemporain, mobilier ancien ou Art déco et superbes bouquets. Capitonnée de boiseries, la grande bibliothèque est accueillante, confortable ; vous pourrez y consulter de nombreux livres d'art à côté d'une cheminée où de belles flambées ont lieu dès les premiers frimas. D'autres ravissants salons permettent à chacun de s'isoler. Quant aux chambres, elles sont spacieuses, sobrement décorées dans un style minimaliste étudié : peinture et tentures crème avec toujours une paroi plus colorée, beau mobilier exotique, confortables lits, luxueuses salles de bains. Pour le dîner, les hôtes se retrouvent autour d'une immense table de bois noir pour déguster la cuisine de Carole Bogrand (les amoureux pourront néanmoins demander à dîner à part). Charmantes petites dépendances (à louer à la semaine ou à la nuit) à côté d'une superbe piscine. Accueil particulièrement naturel et sympathique.

Accès (carte n° 5) : à 30 km de Pontivy.

Hôtel de Kerlon

56680 Plouhinec (Morbihan)
Tél. 02 97 36 77 03 - Fax 02 97 85 81 14
M. et Mme Coëffic
E-mail : hotel-de-kerlon@wanadoo.fr - Web : auberge-de-kerlon.com

Catégorie ★★ **Fermeture** début novembre à dernière semaine de mars **Chambres** 16 avec tél., 15 avec s.d.b. ou douche, w.c. et t.v. **Prix** des chambres doubles : 51 à 61 € - Petit déjeuner : 7,30 €, servi de 8 h à 10 h - Demi-pension (obligatoire en juillet-août) : 52 à 57 € **Carte de crédit** Visa **Divers** chiens non admis - Parking **Alentour** Quiberon ; golfe du Morbihan ; île de Groix ; Port-Louis - Golf de Queven et Ploemeur **Restaurant** service de 19 h 30 à 21 h - Menu : 16,50 €.

Cet accueillant petit hôtel se trouve en pleine campagne, à cinq kilomètres de la mer, dans un grand jardin où une nouvelle pièce d'eau entourée d'arbres vient de voir le jour. Souriante et disponible, Mme Coëffic s'occupe de votre bien-être alors que son mari s'active en cuisine ou dans le jardin. Les chambres, dont certaines viennent d'être refaites, sont très sommairement meublées mais fort bien tenues (certaines affichent des dessus-de-lit et des rideaux qui leur apportent un peu plus de gaieté) ; les petites salles de bains sont impeccables, la literie excellente. Le petit salon-bar en longueur et surtout la lumineuse salle à manger sont mieux décorés. Les tables exhibent un beau nappage blanc, rehaussé de bouquets de fleurs fraîches. On y sert chaque soir, et surtout pour les résidents, un menu restreint basé sur les produits frais du marché et de la pêche. Une bonne et simple adresse pour profiter du calme de la campagne, à proximité des plages et des stations réputées.

Accès (carte n° 5) : à 30 km au sud de Lorient. Quitter la N 165 à Hennebont, sortie Carnac-Quiberon, suivre fléchage Carnac-Quiberon. D 194, puis D 9.

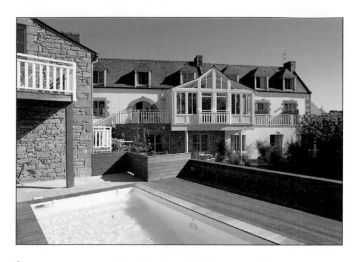

Le Lodge Kerisper

2006

56470 La Trinité-sur-Mer (Morbihan)
4, rue du Latz
Tél. 02 97 52 88 56 - Fax 02 97 52 76 39 - M. Favre
E-mail : contact@lodgekerisper.com - Web : lodgekerisper.com

Catégorie ★★★ **Ouverture** toute l'année **Chambres** 16 et 3 suites, avec tél., s.d.b. ou douche, w.c., t.v. satellite sur demande, WIFI et coffre-fort ; 1 chambre handicapés **Prix** des chambres simples et doubles : 75 à 130 € ; suites : 135 à 230 € - Petit déjeuner: 12 €, servi de 8 h à 11 h **Carte de crédit** Visa **Divers** chiens admis (15 €) - Piscine - Parking **Alentour** Carnac ; Golfe du Morbihan ; Belle-Ile - Ecole de voile - Golf 18 trous **Pas de restaurant** à l'hôtel.

Cette année encore, plus que toute autre côte française, c'est la Bretagne qui offre la meilleure gamme d'hôtels de charme en bord de mer. A cent mètre du port de La Trinité, voici l'une des plus sympathiques créations du moment. On y retrouve, par petites touches, l'ambiance balnéaires des années 1900 mariée à un contemporain subtil et très "tendances". Le salon-bar, avec son vieux comptoir, son plancher de bois brut et ses profonds canapés écrus face à la cheminée, s'illumine le soir de fibres optiques. Lumières toujours avec les appliques en filaments incandescents dans les couloirs ou avec le lustre tubulaire et les petites suspensions en cloche de verre de la véranda rétro (salle des petits déjeuners avec anciennes tables bistro, vieux comptoir et objets de brocantes). On aime aussi beaucoup les chambres à la douce sérénité beige, leurs rideaux en organdi blanc, les élégants couvre-lits colorés en piqué (même confort partout, seuls la taille et la présence de terrasses privatives font varier les tarifs). Charmant jardin de curé clos de murs avec sa petite piscine chauffée. Accueil plein d'enthousiasme de Claudie et Philippe qui réalisent ici leur rêve et savent si bien nous le faire partager.

Accès (carte n° 5): N 165 sortie Auray. A La Trinité, fléchage à l'angle du pont de Kerisper.

193

Le Petit Hôtel des Hortensias

56470 La Trinité-sur-Mer (Morbihan) - Place de la Mairie
Tél. 02 97 30 10 30 - Fax 02 97 30 14 54 - P. le Gloahec et N. Gautier
E-mail : leshortensias@aol.com - Web : leshortensias.info

Fermeture du 1er au 15 décembre et du 2 au 29 janvier **Chambres** 6 avec tél., s.d.b., w.c. et t.v. satellite ; 1 chambre handicapés **Prix** des chambres : 99 à 150 € - Petit déjeuner : 10,50 €, servi de 8 h à 11 h **Carte de crédit** Visa **Divers** chiens admis (8 €) - Parking **Alentour** golfe du Morbihan ; baie de Quiberon - Golf 18 trous de Saint-Laurent **Restaurant** réservation conseillée (tél. 02 97 30 13 58).

Venir à La Trinité, c'est presque obligatoirement sacrifier au mythe de la navigation hauturière et des grandes courses transatlantiques. Aux *Hortensias*, nous voici aux premières loges, car l'hôtel et le restaurant surplombent très légèrement l'extrémité du quai, à seulement quelques mètres du passage des bateaux. Dès les premières marches, le ton est donné : terrasse en teck, sièges et parasols terracotta, mini-palmiers… Déjà on voudrait s'asseoir pour un premier verre, observer le va-et-vient des voiliers, vieux gréments, petits chalutiers ou majestueux trimarans de compétition. Pourtant les chambres ne sont pas mal non plus avec leur mobilier anglais en pin ciré et boutons de céramique blanche, leurs petites banquettes Napoléon III au pied des lits, leurs fauteuils balinais ou tressés. Chacune a sa couleur : blanc et marine pour l'une, beige et vert écossais pour l'autre, rouge brique et crème pour la suite (superbe avec sa cheminée de marbre noir, ses gravures anciennes et son salon-véranda), etc. Cette ambiance chaleureuse et leur excellent niveau de confort les rendent attrayantes en toute saison, de sorte qu'entre le bon restaurant sur place et le magnifique bar (fauteuils club, cheminée, illustrations marines, bois foncé et subtils éclairages) fréquenté par les grandes légendes de la voile on en viendrait presque à souhaiter qu'une petite pluie vienne arroser les *Hortensias* et nous y laisse prendre racine…

Accès (carte n° 5) : à 30 km au sud-ouest de Vannes.

Château de La Verrerie

Oizon 18700 Aubigny-sur-Nère (Cher)
Tél. 02 48 81 51 60 - Fax 02 48 58 21 25 - Comte et Comtesse de Vogüé
E-mail: laverrerie@wanadoo.fr - Web: chateaux-france.com/verrerie.fr

Fermeture du 25 décembre au 15 février **Chambres** 10 et 2 suites, avec tél., s.d.b. et w.c. **Prix** des chambres: 150 à 265 €; suites: 360 € - Petit déjeuner: 14 et 18 €, servi de 8 h 30 à 10 h 30 **Cartes de crédit** acceptées. **Divers** chiens admis (25 €) - Tennis, canotage, pêche, tir à l'arc **Alentour** Bourges; Sancerre; route Jacques-Cœur **Restaurant** *La Maison d'Hélène*, service de 12 h 30 à 14 h, 19 h à 21 h - Menus: 25 à 42 €.

Depuis 1422, l'ancien château des Stuart puis des ducs de Richmond se reflète dans les eaux calmes d'un lac, au cœur de huit cents hectares de forêts. Il s'agit d'un des plus beaux édifices du Berry et son aménagement a préservé son caractère et ses fastes, dans les pièces de réception comme dans les chambres. Fréquemment rafraîchies mais toujours meublées avec leur magnificence originelle, ces dernières sont exactement telles que les connurent les amis ou la famille des propriétaires. Cette rare authenticité, exempte de toute mise en scène, constitue l'un des principaux attraits de *La Verrerie*. En témoignent des baldaquins ouvragés, de gigantesques cheminées peintes… et d'incroyables toilettes de bois. Le purisme n'exclut pas le confort, il suffit de découvrir les superbes salles de bains pour s'en convaincre (l'une comporte une exceptionnelle baignoire d'enfant). L'ambiance est plaisante, à mi-chemin entre l'hôtel et la maison d'hôtes, ne vous attendez donc pas à un service très présent mais laissez-vous gagner par la quiétude du lieu. Pour dîner, une auberge aménagée à cent mètres du château, dans une ancienne fermette à colombage du XVIIe, propose une cuisine traditionnelle allégée, d'excellent niveau, que l'on déguste au coin du feu en hiver et en terrasse l'été.

Accès (carte n° 17): à 35 km au sud de Gien. A 77 sortie n° 19 puis D 940 vers Bourges-Gien. A Aubigny-sur-Nère suivre le fléchage.

La Solognote

18410 Brinon-sur-Sauldre (Cher) - 34, Grande-Rue
Tél. 02 48 58 50 29 - Fax 02 48 58 56 00
Mme de Passos
E-mail : lasolognote@wanadoo.fr - Web : lasolognote.com

Catégorie ★★ **Fermeture** du 15 février au 31 mars ; le mardi et mercredi du 12 novembre au 15 mars **Chambres** 13 avec tél., s.d.b. ou douche, w.c. et t.v. **Prix** des chambres : 58 à 75,50 € ; appart. (3 à 4 pers.) : 92 € - Petit déjeuner : 10 € - Demi-pension : 150 à 180 € (pour 2 pers., 3 jours min.) **Cartes de crédit** Visa, Amex **Divers** chiens admis - Parking **Alentour** cathédrale de Bourges ; les châteaux de la Loire ; la route Jacques-Cœur ; le haut Berry, de la Chapelle d'Angillon à Saint-Martin-d'Auxigny ; Sancerre - Golfs 18 trous de Sully à Viglains **Restaurant** service de 12 h 30 à 14 h, 19 h 30 à 21 h 30 - Menus : 19,50 € (le midi en semaine) ; 26 à 45 € - Carte.

A seulement un quart d'heure de la nationale 20, cette petite auberge en brique rose se trouve au cœur d'un bourg solognot. Réputée pour sa gastronomie, elle dispose également de chambres décorées dans un style campagnard raffiné. Chacune a sa touche personnelle, un ou deux meubles anciens, de beaux tissus colorés. Plutôt confortables, avec des salles de bains bien équipées, elles donnent souvent sur un petit jardin fleuri et sont au calme. S'y ajoutent quelques appartements pour venir en famille. Au rez-de-chaussée, la belle salle de restaurant offre un cadre convivial et chaleureux pour dîner. Enfin, Sologne oblige, en automne et en hiver, on y déguste un très intéressant choix de gibier. Une adresse soucieuse de sa qualité comme on aimerait en trouver plus souvent dans cet immense et superbe massif forestier.

Accès (carte n° 17) : à 60 km au sud-est d'Orléans par N 20 jusqu'à Lamotte-Beuvron, puis D 923 direction Aubigny-sur-Nère.

Le Piet à Terre

18370 Châteaumeillant (Cher) - 21, rue du Château
Tél. 02 48 61 41 74 - Fax 02 48 61 41 88 - M. Finet et Mme Piet
E-mail : TFINET@wanadoo.fr - Web : http://le.piet.a.terre.free.fr

Catégorie ★★ **Fermeture** du 30 novembre à début mars **Chambres** 5 avec tél., s.d.b. ou douche, w.c. et t.v. **Prix** des chambres doubles : 46 à 78 € - Petit déjeuner : 14,50 €, servi de 8 h à 10 h **Carte de crédit** Visa **Divers** chiens non admis **Alentour** musée George-Sand à La Châtre ; maison de George Sand à Nohant-Vic (festival en juin) ; abbaye bénédictine de Fontgombault et abbaye de Noirlac - Golf à Pouligny-Notre-Dame **Restaurant** service de 12 h à 13 h 30, 19 h 30 à 21 h - Menus : 39,50 à 119 € ; menu enfant : 19,50 €- Carte - Spécialités : foie gras de canard poêlé balsamique et cacao ; pigeon de ferme au foin ; palet chocolat.

Installé au calme en retrait de la place, *Le Piet à Terre* affiche une façade pimpante agrandie d'une véranda bordée d'arbustes et de vivaces. Avec un vrai talent de couturière, goût et modernité, Sylvie Piet a "habillé" chaque chambre d'un assortiment de tissus choisis, faisant ainsi oublier l'exiguïté de certaines. Les confortables lits se parent quelquefois de beaux draps brodés, les salles de bains sont irréprochables et toutes bénéficient d'une vue sympathique sur le village. Servie dans l'ambiance zen d'une magnifique salle vitrée, la cuisine constitue l'autre point fort de cet établissement et c'est avec une passion toujours intacte que Thierry Finet compose des plats vifs et subtils où l'on retrouve avec bonheur les jeunes pousses et subtils légumes du potager (à visiter si vous avez le temps). Carte et menus ne proposent ainsi que des produits de première fraîcheur, traités avec suffisamment de simplicité pour en préserver les saveurs et suffisamment d'originalité pour permettre quelques formidables découvertes gustatives. Un établissement qui confirme, année après année, ses belles qualités et n'est jamais à court de nouveaux projets.

Accès (carte n° 17) : à 50 km au sud-est de Châteauroux.

197

Prieuré d'Orsan

18170 Maisonnais (Cher)
Tél. 02 48 56 27 50 - Fax 02 48 56 39 64 - Sonia Lesot
Web : prieuredorsan.com

Catégorie ★★★ **Fermeture** du 1er novembre au 31 mars **Chambres** 6 avec s.d.b. et w.c ; 2 chambres handicapés **Prix** des chambres : 180 à 280 € - Lit suppl. : 50 € - Petit déjeuner : 18 €, servi de 8 h 30 à 10 h **Carte de crédit** Visa **Divers** chiens non admis - Visite du jardin et stages de jardinage - Parking **Alentour** Bourges ; maison de George Sand à Nohant ; abbaye de Noirlac - Golf 18 trous des Dryades **Restaurant** service de 12 h à 14 h, 20 h à 22 h - Menus : 36 et 44 € (déjeuner), 52 € (dîner) - Carte - Spécialité : oignons confits au four à la ventrèche et sauce verte.

Édifié à l'aube du XIIe, *Orsan* doit sa résurection à un couple d'architectes tombé amoureux de ses vestiges (XVIe, XVIIe et XVIIIe) et de cette région si préservée. Ils eurent d'abord l'idée de recréer un jardin monastique tenant compte de toute la symbolique en vigueur avant la Renaissance. Du jardin d'Eden au paradis terrestre, le résultat est fascinant : haies, palissades et gloriettes de bois cloisonnent l'espace, et l'on ne se lasse pas d'admirer les roses, les herbes aromatiques, les légumes, qui défilent au gré des allées et des voûtes végétales. A cette merveille ouverte au public viennent de s'ajouter quelques magnifiques chambres. Sobres, vastes, décorées dans un esprit intemporel laissant la part belle au bois et à la pierre, elles disposent, pour certaines, d'une terrasse privative où l'on peut prendre son petit déjeuner en toute intimité (quelques tables installées sous une treille offrent une autre séduisante possibilité). Même ambiance sereine dans les salons et au restaurant avec, comme constante, des parois en pin ciré intégrant rayonnages, bibliothèques, dessertes, cheminées... Enfin, la table, judicieusement basée sur les légumes du jardin, correspond exactement à ce que l'on attend dans ce lieu exceptionnel et très accueillant.

Accès (carte n° 17) : A 71 sortie Saint-Amand-Montrond puis D 925 vers Lignières puis D 65 direction Le Châtelet puis fléchage.

Hôtel de la Loire

18300 Saint-Thibault (Cher)
2, quai de la Loire
Tél. 02 48 78 22 22 - Fax 02 48 78 22 29
Mme Maryse Barron
E-mail : hotel_de_la_loire@hotmail.com - Web : hotel_de_la_loire.com

Catégorie ★★★ **Ouverture** toute l'année **Chambres** 11 avec tél., s.d.b. ou douche, w.c. et t.v. **Prix** des chambres doubles : 65 à 85 € - Petit déjeuner : 7 € **Cartes de crédit** acceptées **Divers** chiens admis - Parking **Alentour** Sancerre et ses vignobles - Canoë sur la Loire - Golf 18 trous à 1 km **Pas de restaurant** à l'hôtel.

À peine séparé des berges de la Loire par une petite route, cet hôtel tout simple a choisi une thématique voyageuse pour personnaliser chaque chambre (seule exception : la "Simenon", en hommage au célèbre écrivain qui écrivit ici deux de ses romans). Le résultat, particulièrement soigné, parfois un peu "précieux", est des plus satisfaisants, relevé par quelques délicates petites attentions (lecteurs DVD notamment). Nous vous en recommandons particulièrement cinq : "Anglaise", "Coloniale", "Des Indes", "Safari" et "Provençale". À l'arrière, une agréable cour-jardin avec sa pergola débordant de verdure et son mobilier en fer forgé et faïence de zelliges permet de prendre un verre dehors les soirs d'été. Bons petits déjeuners avec viennoiseries maison et accueil très sympathique. Pas de restaurant sur place mais deux bonnes tables : *Le Jardin* (intéressante cuisine autour de la pêche de Loire) et la *Petite Auberge* sont à quelques mètres.

Accès (carte n° 17) : En quittant la A 77 prendre la direction Nevers-Montargis, sortie Sancerre. L'hôtel est à droite juste après le pont sur la Loire.

Le Grand Monarque

28005 Chartres (Eure-et-Loir)
22, place des Epars
Tél. 02 37 18 15 15 - Fax 02 37 36 34 18 - M. et Mme Jallerat
E-mail : info@bw-grand-monarque.com - Web : bw-grand-monarque.com

Catégorie ★ ★ ★ **Ouverture** toute l'année **Chambres** 49 et 5 appartements (dont 5 climatisés), avec tél., s.d.b., w.c., t.v. satellite et minibar ; ascenseur **Prix** des chambres simples : 85 à 105 €, doubles : 105 à 125 € ; appart. : 210 € - Petit déjeuner-buffet : 11 €, servi de 7 h à 10 h 30 **Cartes de crédit** acceptées **Divers** chiens admis - Parking et garage (8 €) **Alentour** à Chartres : cathédrale Notre-Dame, église Saint-Pierre, musée des Beaux-Arts, maison Picassiette ; à Illiers-Combray maison-musée Proust - Golf 18 trous de Maintenon **Restaurant** service de 12 h à 14 h 15, 19 h 30 à 22 h - Menus : 24,88 à 44,97 € - Restauration légère au bar *Le Madrigal*, service de midi à minuit.

Voici l'endroit idéal pour visiter la célèbre cathédrale et le centre historique de Chartres. Il s'agit d'un important hôtel situé dans un immeuble cossu, juste au départ des rues piétonnes. Dès le grand hall d'entrée, vous découvrirez ici une ambiance feutrée et une décoration classique très réussies. Récemment relookée dans des tonalités lie-de-vin et gris taupe, la salle à manger (où vous dégusterez l'une des meilleures cuisines de la région) ne manque pas d'allure avec ses tables bien espacées, entourées de confortables fauteuils, et son bel ensemble de tableaux XVIIIe et XIXe et sa collection de mini-fourneaux. À côté, *Le Madrigal* propose une restauration plus simple mais toujours de qualité dans un chaleureux décor de bistrot à vin. Qu'il s'agisse des suites, très agréables pour les familles, ou des chambres, le confort et la décoration (systématiquement différente) sont toujours d'un excellent niveau. Qu'elles donnent sur la place (bonne insonorisation) ou sur la cour intérieure, toutes sont lumineuses. Accueil prévenant et très professionnel.

Accès (carte n° 8) : à 90 km de Paris, par A 10 puis A 11, sortie Chartres centre.

Manoir de Boisvillers

36200 Argenton-sur-Creuse (Indre)
11, rue du Moulin-de-Bord
Tél. 02 54 24 13 88 - Fax 02 54 24 27 83
M. et Mme Fournal
E-mail : p.fournal@manoir-de-boisvillers.com - Web : manoir-de-boisvillers.com

Catégorie ★★★ **Fermeture** du 2 janvier au 29 janvier **Chambres** 16 avec tél., s.d.b., w.c., t.v. et minibar **Prix** des chambres : 57 à 105 € - Petit déjeuner : 7,60 €, servi de 8 h à 10 h **Carte de crédit** Visa **Divers** chiens admis (10 €) - Piscine - Parking **Alentour** Gargilesse ; Nohan ; les 1000 étangs de la Brenne - Base nautique d'Eguzon - Golf 18 trous des Driades **Pas de restaurant** à l'hôtel.

Ce bel hôtel qui fleure bon la maison de famille est situé en pleine ville, c'est pourtant un lieu de grand calme. Progressivement remis à neuf par ses nouveaux propriétaires, il est constitué de deux corps de bâtiments : la dépendance propose des chambres proprettes et gaies où dominent le mauve et le vert pomme. Le manoir proprement dit, dont l'essentiel des fenêtres s'ouvre sur la Creuse, abrite des pièces plus cossues, comme la chambre 5, capitonnée de rouge et aux superbes boiseries (et qui cache, derrière des portes en demi-lune, une salle de bains moderne). On pourra aussi, si l'on préfère, choisir le seul logement de plain-pied, la chambre 16, qui donne sur un parc verdoyant, au milieu duquel trône la piscine et un grand bar. Le rez-de-chaussée de la demeure est occupé par un petit salon ainsi que par la salle à manger moderne où sont servis les petits déjeuners. Vous ne dînerez pas ici ; mais à pied, par le quai, on rejoint en quelques minutes le centre d'Argenton et *La Source*, restaurant à la créativité réjouissante et au remarquable rapport qualité-prix.

Accès (carte n° 16) : A 20 sortie Argenton-sur-Creuse, au centre d'Argenton (place de la République), prendre direction Gargilesse puis 2e rue à droite, puis à gauche et à droite de nouveau.

Château de la Vallée Bleue

Saint-Chartier 36400 La Châtre (Indre)
Tél. 02 54 31 01 91 - Fax 02 54 31 04 48
M. Gasquet
E-mail: valleebleu@aol.com - Web: chateauvalleebleue.com

Catégorie ★★★ **Fermeture** de mi-novembre à mi-mars; dimanche soir et lundi soir de mars à juin et en octobre-novembre **Chambres** 13 et 2 appart., avec tél., s.d.b., w.c., t.v. et minibar **Prix** des chambres: 90 à 145 €; appart.: 175 à 200 € - Petit déjeuner: 12 € - Demi-pension: 90 à 125 € **Cartes de crédit** Visa, Amex **Divers** chiens non admis - Piscine, VTT, practice de golf - Parking sur place **Alentour** maison de George Sand; châteaux d'Ars et de Sarzay - 2 golfs 18 trous à proximité **Restaurant** service de 12 h à 13 h 30, 19 h 30 à 21 h - Fermé dimanche soir et lundi de mars à juin et octobre, novembre; fermé le midi (sauf week-ends et fériés) - Menus: 29 et 39 € - Carte - Spécialités: pavé de sandre "George sand"; croustillant aux poires à la bérrichonne et crème vanille.

L'ombre de George Sand et de Chopin plane sur ce petit château construit par leur médecin dans un parc. Vous y découvrirez partout des tableaux et des détails ayant un rapport avec le célèbre couple, telles ces plaques de verre identifiant les chambres et sur lesquelles sont reproduites les signatures d'artistes amis. Un agréable confort, un mobilier de style bien harmonisé, des papiers et tissus souvent anglais caractérisent l'hôtel. De nombreuses pièces, y compris le salon et les élégantes salles à manger, profitent d'une splendide vue sur la campagne avec, au loin, les vieux toits du village. Très accueillant, M. Gasquet veille à tout; son restaurant propose une excellente cuisine de saison délicatement relevée ainsi qu'une époustouflante carte de vins et d'alcools. Une adresse attachante et très romantique, adaptée à des séjours prolongés (on peut même louer à la semaine le petit pigeonnier aménagé en duplex).

Accès (carte n° 17): à 27 km au sud-est de Châteauroux par D 943 jusqu'à Saint-Chartier. L'hôtel est en dehors du village, sur la route de Verneuil.

Le Clos d'Amboise

37400 Amboise (Indre-et-Loire)
27, rue Rabelais
Tél. 02 47 30 10 20 - Fax 02 47 57 33 43
Jean-Marc Allard et Philippe Leblanc
E-mail : le-clos-amboise@wanadoo.fr - Web : leclosamboise.com

Catégorie ★★★ **Fermeture** du 1ᵉʳ au 15 décembre et du 1ᵉʳ janvier au 15 février **Chambres** 17 (13 climatisées) avec tél., s.d.b. ou douche, w.c., t.v. satellite et minibar ; 1 chambre handicapés **Prix** des chambres : 69 à 130 € ; suites : 129 à 170 € - Petit déjeuner : 9 et 10 €, servi de 8 h à 10 h 30 **Carte de crédit** Visa **Divers** chiens non admis - Piscine chauffée, sauna, fitness - Parking gardé **Alentour** châteaux d'Amboise et de Chenonceaux ; Le Clos Lucé ; pagode de Chanteloup ; festival des jardins de Chaumont - Golfs 9 et 18 trous à proximité **Pas de restaurant** à l'hôtel.

Derrière la grille de cet hôtel particulier du XVIIᵉ se cache un véritable îlot de nature et de calme au cœur de la ville : le parc de trois mille mètres carrés, clos de murs, disposé à la française autour de buissons topiaires massifs, d'un grand cèdre bicentenaire et de deux magnolias presque aussi âgés, qui contemplent la piscine. Vous pourrez opter pour l'une des douze belles chambres et suites du bâtiment principal, ou préférer les logements, tout aussi confortables, des anciens personnels de maison (pavillons Mansart) ; la plupart ouvrant sur le parc. Spacieuses, elles ont souvent gardé leur parquet d'origine ainsi qu'un âtre et des moulures anciennes. Certaines sont meublées de lit à colonnes en acajou et, pour les suites, de superbes fauteuils de cuir grainé tabac (jolies salles de bains claires à la robinetterie élégante). Enfin vous dégusterez un petit déjeuner pantagruélique au salon avant de rejoindre, si vous êtes encore d'attaque, l'inattendue salle de fitness installée dans les anciens box à chevaux. Une vraie demeure de caractère.

Accès (carte n° 16) : A 10 sortie Amboise. L'hôtel se trouve en centre-ville.

Le Manoir Les Minimes

37400 Amboise (Indre-et-Loire) - 34, quai Charles-Guinot
Tél. 02 47 30 40 40 - Fax 02 47 30 40 77
Eric Deforges et Patrice Longet
E-mail: manoir-les-minimes@wanadoo.fr - Web: manoirlesminimes.com

Catégorie ★★★★ **Fermeture** du 15 janvier au 28 février **Chambres** 13 et 2 suites, climatisées, non-fumeurs, avec tél., s.d.b., w.c., t.v. satellite, lecteur CD et DVD et minibar; 1 chambre handicapés **Prix** des chambres: 95 à 170 €; suites: 195 à 240 € - Petit déjeuner: 11,50 à 16 € **Carte de crédit** Visa **Divers** chiens non admis - Parking privé clos **Alentour** châteaux d'Amboise et du Clos-Lucé; demeure de Léonard de Vinci; parc des mini-châteaux - Golf 18 trous à 25 km **Pas de restaurant** à l'hôtel.

Adresse de référence à Amboise, cette vaste demeure bourgeoise XVIIIe précédée par un jardin très soigné se trouve entre les berges de la Loire et le château. Brillamment décorée de meubles anciens ou de style, tableaux, miroirs, fleurs fraîches, tapis, dorures, l'enfilade de salons affiche l'ambiance d'une maison particulière pleine de lumière et de gaieté. Les chambres du manoir sont baignées de soleil et aménagées avec un classicisme très élégant (mobilier ancien, tissus de marque, gravures). Vastes au premier étage, plus intimes mais non moins belles, au second, elles sont d'un confort absolu, et profitent toutes d'une vue sur le château ou sur le fleuve (climatisation et doubles-vitrage les protègent alors de toute nuisance). Nous aimons aussi beaucoup celles du petit pavillon d'entrée, luxueusement aménagées dans un esprit contemporain des plus réussis. Dès les beaux jours, c'est en terrasse, face aux murailles tutélaires du château, que sont servis les bons petits déjeuners (et si d'aventure le temps ne le permet pas, la salle à manger Directoire en jaune, or et acajou n'a rien d'une pénitence...). Accueil plein de gentillesse et d'attention.

Accès *(carte n° 16): A 10 sortie Amboise, D 31, aussitôt après le pont sur la Loire, prendre à droite direction centre-ville, puis 2 km sur le quai.*

Le Pavillon des Lys

37400 Amboise (Indre-et-Loire)
9, rue d'Orange
Tél. 02 47 30 01 01 - Fax 02 47 30 01 01
M. Sébastien Bégouin
E-mail : pavillondeslys@wanadoo.fr - Web : pavillondeslys.com

Catégorie ★★★★ **Fermeture** du 15 novembre au 15 décembre et du 15 au 30 janvier **Chambres** 4 et 2 suites climatisées, avec tél. s.d.b. ou douche, w.c., t.v. satellite et coffre-fort ; accès handicapés **Prix** des chambres simples et doubles : 90 à 140 € - Petit déjeuner : 12 € - Demi-pension : 115 à 120 € **Carte de crédit** Visa **Divers** chiens non admis - Parking **Alentour** châteaux d'Amboise, Chenonceau, Cheverny - Golf 18 trous **Restaurant** service de 19 h à 22 h (et à midi le dimanche) - Menus : 22 et 33 €.

Au cœur d'Amboise et presque au pied du château royal, ce petit hôtel particulier vient de faire totalement peau neuve grâce au dynamisme passionné de Sébastien Bégouin. Sous la houlette de ce jeune chef extrêmement talentueux, le *Pavillon des Lys* est, avant tout, un palais des délices où l'on vient découvrir une cuisine tous azimuts, vive, audacieuse, techniquement parfaite et jamais répétitive puisque la formule dégustation (trois entrées, un poisson, une viande, trois desserts au prix imbattable de 33 euros) change tous les jours ! Deux rutilantes salles à manger pour cette fête gourmande - jaune d'or pour l'une, crème rehaussée d'organdi mauve pâle pour l'autre - et, les jours ensoleillés, un service en terrasse dans la grande cour-jardin de l'hôtel. Quelques très agréables chambres aussi ; vastes, lumineuses, élégantes (teintes unies claires et bien harmonisées, sobre mobilier ancien ou de style, belles parures de lit) et scrupuleusement tenues complètent l'ensemble. Une accueillante maison à l'ambiance jeune, un rien théâtrale, mais diablement sympathique.

Accès (carte n° 16) : A 10 sortie n° 18 Amboise. Dans Amboise, en centre-ville.

Le Fleuray

37530 Cangey-Amboise (Indre-et-Loire)
Route Dame-Marie-les-Bois
Tél. 02 47 56 09 25 - Fax 02 47 56 93 97
Famille Newington
E-mail : lefleurayhotel@wanadoo.fr - Web : lefleurayhotel.com

Catégorie ★★★ Fermeture 8 jours en novembre, 8 jours en janvier **Chambres** 14 avec tél., s.d.b. ou douche et w.c. ; 2 chambres handicapés **Prix** des chambres : 78 à 115 € - Petit déjeuner : 11 €, servi de 8 h à 10 h 30 - Demi-pension : 78 à 112 € **Carte de crédit** Visa **Divers** chiens admis - Piscine - Parking, garage couvert **Alentour** châteaux d'Amboise, Clos-Lucé, Chaumont, Chenonceaux ; forêt d'Amboise **Restaurant** service de 19 h à 23 h - Menus : 28 à 38 € ; menu enfant : 16 € - Carte.

C'est avec beaucoup de goût et d'énergie qu'Hazel et Peter ont transformé il y a douze ans cette ancienne ferme située sur le plateau verdoyant qui domine la Loire et les vignobles de Vouvray. Chaque chambre au nom de fleur est décorée dans un style anglais et frais : papier peint à rayures ou petits motifs pastel, mobilier en osier tressé laqué de blanc, élégants tissus à fleurs arrangés en rideaux et en ciel de lit. Quelques-unes sont installées dans les dépendances ; très vastes, elles disposent d'une terrasse privative de plain-pied sur le jardin et la piscine chauffée. Chaque soir, Hazel se met aux fourneaux, avec beaucoup de bonne volonté, elle réalise une cuisine généreuse et bien utile pour qui ne souhaite pas ressortir dîner. Peter, quant à lui, s'occupe du service dans la jolie salle à manger avec feu de bois ou sur l'agréable terrasse ombragée. Les petits déjeuners sont excellents, l'accueil, un modèle de gentillesse. Une charmante adresse extrêmement prisée par les étrangers en été.

Accès (carte n° 16) : A 10 sortie n° 18 Amboise-Château-Renault, puis D 31 direction Amboise jusqu'à Autrèche (2 km), puis à gauche et panneaux "Dame-Marie-les-Bois" (D55) ; dans le village, à droite, D 74 vers Cangey.

Hôtel du Bon Laboureur et du Château

37150 Chenonceaux (Indre-et-Loire)
6, rue du Docteur-Bretonneau
Tél. 02 47 23 90 02 - Fax 02 47 23 82 01 - M. Jeudi
E-mail : laboureur@wanadoo.fr - Web : bonlaboureur.com

Catégorie ★★★ **Fermeture** du 13 novembre au 20 décembre et du 5 janvier au 10 février **Chambres** 24 climatisées avec tél., s.d.b. ou douche, w.c. et t.v. satellite ; 2 chambres handicapés **Prix** des chambres doubles : 80 à 130 € ; suites : 145 à 175 € - Petit déjeuner : 10 €, servi de 8 h à 10 h 30 - Demi-pension : 80 à 150 € **Cartes de crédit** acceptées **Divers** chiens admis - Piscine - Parking **Alentour** château de Chenonceaux ; châteaux de la Loire - Golf 18 trous à Ballan-Miré **Restaurant** service de 12 h à 13 h 30, 19 h 30 à 21 h 15 - Menus : 29 à 69 € - Carte.

Dans la même famille depuis quatre générations, cet ancien relais de poste (1786) est l'un des beaux exemples de ce que la tradition hôtelière fait de meilleur. Il s'agit de cinq maisons situées de part et d'autre de la rue, ponctuées de jardins, de courettes verdoyantes, et agrémentées d'une piscine. Très fréquemment rénovées, les chambres sont toutes différentes, confortables, joliment décorées dans un goût classique et actuel. Vous profiterez aussi de trois salons agréables et feutrés (le premier, de style anglais, fait aussi office de bar). Lumineuse et vaste, la salle à manger (à dominante beige relevée par le rouge-orangé des sièges) ouvre, dès les beaux jours, ses portes vitrées pour se prolonger sous les parasols de la cour fleurie. Justement réputée, la cuisine fait la part belle aux légumes du potager et joue avec talent sur le registre d'une simplicité très maîtrisée : crème onctueuse d'écrevisse et concassé de tomate au basilic, conjugaison de ris et tête de veau, mille-feuille au chocolat et piment de Jamaïque… Accueil aimable et très concerné.

Accès (carte n° 16) : à 35 km au sud-est de Tours ; sur A 10, sortie Tours, puis par D 140, ou N 76 jusqu'à Bléré, et D 40 jusqu'à Chenonceaux.

La Roseraie

37150 Chenonceaux (Indre-et-Loire)
7, rue du Docteur-Bretonneau
Tél. 02 47 23 90 09 - Fax 02 47 23 91 59
M. et Mme Fiorito
E-mail : lfiorito@aol.com - Web : charmingroseraie.com

Catégorie ★ ★ ★ **Fermeture** du 12 novembre au 1er mars **Chambres** 17 (12 climatisées) avec tél., s.d.b. ou douche, w.c. et t.v. satellite **Prix** des chambres doubles : 60 à 99 € ; suites familiales : 75 à 180 € – Petit déjeuner : 8,50 €, servi de 8 h à 10 h 30 – Demi-pension : + 30 € **Cartes de crédit** acceptées **Divers** chiens admis - Piscine chauffée - Parking fermé **Alentour** château de Chenonceaux ; châteaux de la Loire ; Montlouis-sur-Loire par la vallée du Cher - Golf 18 trous à Ballan-Miré **Restaurant** service de 12 h à 14 h, 19 h à 21 h - Fermé le midi sauf dimanche et le lundi soir - Menus : 24 à 39 € - Carte.

Repris par une famille bien décidée à lui rendre son lustre d'antan, cet hôtel bénéficie de rénovations très régulières. Vigoureux nettoyage, réfection des peintures, remplacement des literies et des tissus… Les chambres de *La Roseraie* commencent à prendre un air bien sympathique. Bien sûr, l'ensemble reste simple mais les choix décoratifs sont réussis, les sanitaires bien tenus et toutes les chambres sont pour la plupart calmes (celles qui donnent sur la rue bénéficiant de doubles vitrages). Dès les beaux jours, *La Roseraie* ouvre plusieurs chambres (reliées par une large coursive extérieure au premier étage) d'une aile qui donne sur le jardin et la terrasse. Quand le temps le permet, quelques tables y sont dressées, sinon les repas sont servis dans une vaste salle à manger de style rustique ou à la "rôtisserie" (plus couramment utilisée pour les petits déjeuners). Cuisine copieuse, prix raisonnables et surtout accueil particulièrement agréable et motivé.

Accès (carte n° 16) : A 10 sortie Tours, puis par D 140, ou N 76 jusqu'à Bléré, et D 40 jusqu'à Chenonceaux (l'hôtel est en face de la poste).

Hôtel Diderot

37500 Chinon (Indre-et-Loire)
4, rue Buffon
Tél. 02 47 93 18 87 - Fax 02 47 93 37 10
Famille Dutheil
E-mail : hoteldiderot@hoteldiderot.com - Web : hoteldiderot.com

Catégorie ★★ **Fermeture** du 8 au 22 janvier **Chambres** 27 (dont 4 dans l'annexe) avec tél., s.d.b. ou douche, w.c., t.v. sur demande ; 1 chambre handicapés **Prix** des chambres : 40 à 71 € (-20 % du 15 novembre au 15 mars) - Petit déjeuner : 7 €, servi de 7 h 15 à 10 h 30 **Cartes de crédit** acceptées **Divers** chiens non admis - Parking (6 €) **Alentour** châteaux de la Loire : Chinon, Ussé, Azay-le-Rideau, Villandry ; abbaye de Fontevraud - Golfs 18 trous à Ballan-Miré et à Loudun **Pas de restaurant** à l'hôtel.

C'est derrière la place Jeanne-d'Arc, au coeur de l'ancienne cité royale mais bien au calme, que vous trouverez cette charmante hostellerie. Il s'agit d'une grande maison XVᵉ et XVIIIᵉ en tuffeau blanc, son caractère reste encore bien visible dans la salle à manger avec sa belle cheminée et ses vénérables poutres (on y sert les bons petits déjeuners, célèbres pour la qualité des confitures maison). Nos chambres préférées se trouvent au premier étage sur cour, vous en apprécierez le mobilier ancien, le parquet et la bonne tenue générale. Décorées de papiers peints ou de tissus, toutes sont différentes mais celles du rez-de-chaussée ou celles installées dans un bâtiment plus récent nous semblent moins attrayantes bien que confortables et pratiques pour les familles (certaines peuvent se grouper en suite). Pas de restaurant à l'hôtel mais vous rejoindrez pour le dîner l'*Hostellerie Gargantua*, le *Plaisir Gourmand* ou encore l'*Océanic*.

Accès (carte n° 16) : à 48 km de Tours par D 751. Longer la Vienne jusqu'à la place Jeanne-d'Arc ; l'hôtel est à l'angle de la rue Diderot et de la rue Buffon.

Château de Beaulieu

37300 Joué-lès-Tours (Indre-et-Loire)
67, rue de Beaulieu (D 207)
Tél. 02 47 53 20 26 - Fax 02 47 53 84 20
M. et Mme Lozay
E-mail : chateaudebeaulieu@wanadoo.fr - Web : chateaudebeaulieu37.com

Catégorie ★★★ **Ouverture** toute l'année **Chambres** 19 climatisées avec tél., s.d.b., w.c., t.v. et minibar **Prix** des chambres : 85 à 132 € - Petit déjeuner : 11,50 €, servi jusqu'à 10 h - Demi-pension : 170 à 210 € (pour 2 pers.) **Cartes de crédit** Amex, Visa **Divers** chiens admis - Tennis - Parking **Alentour** à Tours : cathédrale, musée des Beaux-Arts, musée du Compagnonnage ; prieuré de Saint-Côme ; château de la Roche-Racan ; grange de Meslay ; caves de Vouvray - Golf 18 trous à Ballan-Miré **Restaurant** service de 12 h 15 à 14 h, 19 h 45 à 21 h - Fermé le 24 décembre au soir - Menus : 38 à 70 € - Carte - Spécialités : foie gras chaud aux pommes caramélisées, vinaigre de framboises et miel d'acacia ; soufflé chaud au Grand Marnier et son verre "Nicole".

Malgré la proximité immédiate du centre de Tours, *Beaulieu* bénéficie d'un site très "campagne" avec des jardins en terrasse débordant de fleurs et une vue très dégagée. Certes, ce château du XVe siècle, remanié aux XVIIIe et XIXe, ne conserve plus beaucoup de meubles anciens, mais l'aménagement s'est attaché à respecter l'esprit de l'édifice en ayant recours à un mobilier de style qui gagne en confort ce qu'il perd en authenticité. Les couleurs sont lumineuses, le souci du détail omniprésent, le service toujours disponible. Les prix varient selon la surface et la vue des chambres, toutes très confortables ; certaines occupent un pavillon indépendant et elles n'ont rien à envier à celles de la maison principale. La cuisine est gastronomique avec des cuissons justes et des saveurs franches. Une adresse de qualité.

Accès (carte n° 16) : à 5 km au sud-ouest de Tours par A 10, sortie 24 rocade 585, sortie Savonnières-Villandry, puis deux fois à gauche venant de Bordeaux ou de Paris.

Domaine de la Tortinière

Les Gués-de-Veigné 37250 Montbazon-en-Touraine (Indre-et-Loire)
Tél. 02 47 34 35 00 - Fax 02 47 65 95 70 - Anne et Xavier Olivereau
E-mail: domaine.tortiniere@wanadoo.fr - Web: tortiniere.com

Catégorie ★★★ **Fermeture** du 20 décembre à fin février **Chambres** 30 (15 climatisées) avec tél., s.d.b., w.c. et t.v.; 2 chambres handicapés **Prix** des chambres: 145 € à 200 €; suites: 300 € - Petit déjeuner: 16 €, servi de 8 h à 11 h - Demi-pension: + 56 € **Carte de crédit** Visa **Divers** chiens non admis - Piscine chauffée, barque, tennis de gazon synthétique, VTT sur demande - Parking **Alentour** Cormery, Monts, Saché (musée Balzac); Azay-le-Rideau et Villandry - Golf 18 trous à Ballan-Miré **Restaurant** service de 12 h 15 à 13 h 30, 19 h 30 à 21 h 15 - Menus: 40 à 70 € - Carte.

*L*a Tortinière, château du second Empire construit en 1861, a la chance de profiter d'un parc de quinze hectares dominant la vallée de l'Indre. Le restaurant, le salon et la plupart des chambres se trouvent dans le château. Ces dernières, superbement meublées d'ancien et décorées de tissus chatoyants, sont aussi confortables que possible. Nous ne bouderons pas non plus celles intallées dans les dépendances qui rivalisent de charme et affichent souvent une décoration dans le meilleur goût du jour (la "suite" du Pavillon des Tilleuls est une pure merveille). A toutes ces qualités s'ajoutent plein de petites attentions destinées à vous faire passer un agréable séjour, qu'il s'agisse de la liqueur d'aubépine offerte dans la chambre, des nombreux produits d'accueil ou de l'amabilité de tout le personnel, très disponible. Bon restaurant au décor "jardin-baroque" avec ses chaises en fer forgé tapissées de velour rouge et ses immenses baies vitrées ouvertes sur une terrasse panoramique où l'on dîne aux beaux jours. A l'automne, des cyclamens envahissent les sous-bois et, s'il fait beau, on peut encore profiter de la piscine chauffée. Accueil professionnel et particulièrement agréable.

Accès (carte n° 16): A 10, sortie n° 23 puis N 10 direction Montbazon; au lieu-dit Les Gués-de-Veigné, tourner au 2ᵉ feu à droite sur la route de Ballan-Miré.

Château de la Bourdaisière

37270 Montlouis-sur-Loire (Indre-et-Loire) - 25, rue de la Bourdaisière
Tél. 02 47 45 16 31 - Fax 02 47 45 09 11 - M. de Broglie
E-mail : contact@chateaulabourdaisiere.com - Web : chateaulabourdaisiere.com

Fermeture du 1ᵉʳ décembre au 1ᵉʳ mars **Chambres** 17, 2 appartements et 1 duplex, avec s.d.b. ou douche et w.c. (t.v. sur demande) ; ascenseur **Prix** des chambres : 115 à 230 € ; appartements : 160 à 280 € - Lit suppl. : 23 € - Petit déjeuner : 12 € **Carte de crédit** Visa **Divers** chiens admis - Piscine chauffée, tennis, équitation - Parking **Alentour** Tours : cathédrale et musées ; châteaux de la Loire : châteaux de Chenonceaux et du Clos-Lucé ; jardins de Villandry ; caves de Vouvray et de Montlouis - Golf 18 trous à Ballan-Miré **Pas de restaurant** à l'hôtel.

Successivement demeure de Marie Gaudin, maîtresse de François Iᵉʳ, puis de Gabrielle d'Estrée, favorite d'Henri IV, *La Bourdaisière* est dédiée à quelques grandes femmes de cœur, comme en témoigne l'intitulé de ses chambres. Réparties entre le château et les dépendances (immenses, élégantes et à la belle poutraison), elles sont toutes différentes, très bien décorées avec des copies d'ancien, et dotées de salles de bains non moins séduisantes. Petits déjeuners servis dans une amusante petite pièce ornée des portraits des caniches d'une princesse de Broglie et prolongée par un balcon de pierre où sont disposées quelques tables. Beau salon dominé par une impressionnante cheminée et très agréable accueil. Ne repartez pas avant d'avoir flâné dans le parc et surtout dans l'immense potager : 500 variétés de tomates, presque autant d'herbes aromatiques, des fleurs, une roseraie… vous voici dans un lieu rare et envoûtant et, si vous croisez Marc, le jardinier, n'hésitez pas à le questionner, il est passionnant. Pour dîner, outre les restaurants à proximité immédiate de l'hôtel, vous pourrez rejoindre facilement deux bonnes tables de la région : *L'Aubinière* à Saint-Ouen-les-Vignes et *Les Chandelles Gourmandes* à Larcay.

Accès (carte n° 16) : à 11 km à l'est de Tours par D 751.

Château de Reignac

37310 Reignac-sur-Indre (Indre-et-Loire)
19, rue Louis-de-Barberin
Tél. 02 47 94 14 10 - Fax 02 47 94 12 67
Erick Charrier et Alain Faignot
E-mail : contact@lechateaudereignac.com - Web : lechateaudereignac.com

Catégorie ★★★★ **Ouverture** toute l'année **Chambres** 7 et 4 suites avec tél., s.d.b. ou douche, w.c. et t.v. satellite sur demande ; ascenseur **Prix** des chambres : 135 à 150 € ; suites : 180 à 280 € - Petit déjeuner-buffet : 14 €, servi de 8 h 30 à 10 h 30 **Cartes de crédit** acceptées **Divers** chiens admis (10 €) - Tennis - Parking **Alentour** Loches ; châteaux d'Amboise, de Chenonceaux, de Valençay, d'Azay-le-Rideau - Equitation, survol des châteaux de la Loire en montgolfière **Restaurant** pour résidents uniquement - Menu : 44 € - Spécialité : Saint-Jacques au citron confit en brochettes de romarin.

L'histoire mouvementée de l'ancien château du marquis de La Fayette a trouvé un prolongement étonnant dans sa nouvelle vie hôtelière. C'est en effet un audacieux parti pris contemporain qui en a inspiré les aménagements : tout, ici, conjugue avec bonheur les équipements modernes avec des meubles d'époque ou de style, dans une réjouissante débauche de tonalités acidulées. Sous de hauts plafonds, les chambres sont tournées vers la cour et le paisible village, ou bien vers les superbes cèdres du parc. Chaque soir, l'hôtel concocte un menu unique de qualité, arrosé de belles bouteilles où s'imposent les touraines. Vous dînerez, comme autrefois, dans une salle à manger où les chauffe-plats sont encore intégrés aux radiateurs, passerez dans les grands salons où d'étonnants fauteuils bicolores font écho aux murs pistache, rejoindrez le fumoir couleur cigare, à moins qu'un concert de musique classique ne vous attende dans la chapelle. Un mariage réussi entre distinction et convivialité.

Accès (carte n° 16) : A 10 jusqu'à Tours, sortie n° 23, N 143 direction Châteauroux/Loches. A environ 20 km, tourner à gauche vers Reignac (D 58).

Les Hauts de Sainte Maure

37800 Sainte-Maure-de-Touraine (Indre-et-Loire)
2-4, avenue du Général-de-Gaulle (N 10)
Tél. 02 47 65 51 18 - Fax 02 47 65 60 24 - Famille Mourey
E-mail : hauts-de-ste-maure@wanadoo.fr - Web : hostelleriehautsdestemaure.fr

Catégorie ★ ★ ★ **Fermeture** janvier **Chambres** 8 et 3 junior-suites climatisées, avec tél., s.d.b., w.c., t.v. et minibar; 1 chambre handicapés **Prix** des chambres: 119 à 135 €; suites: 150 à 180 € - Petit déjeuner: 12 €, servi de 7 h à 10 h 30 - Demi-pension: 104 € **Cartes de crédit** acceptées **Divers** chiens admis (7 €) - Piscine, cours de cuisine - Parking **Alentour** fromagerie de chèvre; châteaux de la Loire; vallée de Courtineau; route des vins - Golf 18 trous à proximité **Restaurant** service de 12 h à 13 h 30, 19 h 30 à 21 h 30 - Fermé lundi midi; dimanche et lundi midi d'octobre à mai - Menus : 39 et 60 € - Carte - Spécialité: fines tartelettes de noix de Saint-Jacques, copeaux de brebis de Perusson.

Ancien relais de poste du XVIᵉ, cette "hostellerie" comprend deux ailes distinctes: *La Diligence* propose des logements plutôt standard, bien protégés du bruit, et devrait prochainement faire l'objet d'une réhabilitation complète. Mais c'est *La Maison du Chai* qui abrite les plus belles chambres: lits immenses, souvent à baldaquin de bois tourné, meubles chinés inattendus, belles salles de bains où la porcelaine alterne avec les carreaux de faïence. Au rez-de-chaussée, toutes les chambres sont agrémentées d'une petite terrasse cerclée de bambou. Mention toute particulière à la chambre 27, dont l'esprit Art déco nous ravit. Dominant la cour, un bosquet d'arbres magnifiques (séquoia, pin d'Espagne, cèdres…) abrite la piscine; plus bas, devant les baies vitrées du restaurant naturellement baptisé *La Poste*, de grands bacs d'ardoise et de rameaux composent un délicat potager à la française. Les herbes qui y prospèrent alimentent généreusement la cuisine gracieuse et ensoleillée de Jérôme Mouret. Une très belle étape.

Accès (carte n° 16): A 10, sortie Sainte-Maure puis fléchage dans le village.

L'Aubinière

37530 Saint-Ouen-les-Vignes (Indre-et-Loire)
Tél. 02 47 30 15 29 - Fax 02 47 30 02 44 - Odile et Jacques Arrayet
E-mail : j.arrayet@libertysurf.fr - Web : aubiniere.com

Fermeture février **Chambres** 6 avec tél., s.d.b. ou douche, w.c. et t.v. **Prix** des chambres doubles : 98 à 125 € - Petit déjeuner : 10,50 € - Demi-pension : + 51 € **Cartes de crédit** Amex, Visa **Divers** petits chiens admis - Piscine chauffée - Parking fermé **Alentour** châteaux de la Loire : Chenonceaux, le Clos-Lucé, Villandry ; caves de Vouvray et de Montlouis - Golf 18 trous de Ballan-Miré **Restaurant** service de 12 h 15 à 13 h 30, 19 h 30 à 21 h - Fermé mercredi soir, dimanche soir et lundi, de septembre à juin ; mercredi midi et lundi de juin à sdeptembre - Menus : 38 à 45,50 € - Carte.

Une arche de pierre le long de la rue principale du village donne accès à cette auberge de campagne connue principalement pour la qualité de son restaurant. Depuis quelques années, l'ancien bâtiment sur rue s'est prolongé d'une enfilade construite dans l'esprit tourangeau et qui descend le long du parc. C'est ici que se trouve désormais la grande salle à manger et son élégante terrasse où l'on sert dès les beaux jours. En cuisine, Jacques Arrayet signe des plats de saison, subtils, parfumés et très exactement cuits. Une réussite. Le décor est frais, coloré, gentiment moderne et le service fait preuve de beaucoup de professionnalisme. Même soin dans les cinq chambres qui sont spacieuses, très confortables, aménagées dans un style actuel très plaisant et agrémentées de salles de bains tout aussi réussies (jolie suite de caractère nouvellement créée). Ajoutez à ce lieu calme et gai un grand jardin, abondamment fleuri, qui descend doucement vers la piscine et une petite rivière où les amateurs de pêche tentent leur chance. Charmante adresse de dimension confidentielle, *L'Aubinière* est idéale pour rayonner dans les châteaux de la Loire ou sillonner à travers les vignobles alentour.

Accès (carte n° 16) : à 30 km à l'est de Tours. A 10 sortie Amboise-Château-Renault, puis D 431 vers Saint-Ouen-les-Vignes.

Relais des Landes

Ouchamps 41120 Les Montils (Loir-et-Cher)
Tél. 02 54 44 40 40 - Fax 02 54 44 03 89
M. Badenier et Mme Rousselet
E-mail : info@relaisdeslandes.com - Web : relaisdeslandes.com

Catégorie ★ ★ ★ **Fermeture** en décembre, janvier et février **Chambres** 28 avec tél., s.d.b., w.c., coffre-fort, t.v. et minibar **Prix** des chambres simples et doubles : 89 à 143 € - Petit déjeuner : 13,50 €, servi de 7 h 30 à 10 h **Cartes de crédit** acceptées **Divers** chiens admis (9 €) - Piscine couverte chauffée - Parking fermé **Alentour** châteaux de Chaumont, Blois, Amboise, Chambord, Beauregard, Chenonceaux, Cheverny - Golf 9 trous à Onzain, golf 18 trous du château de Cheverny **Restaurant** service de 12 h à 14 h, 19 h à 21 h 30 - Menus : 37 à 44 € - Carte - Spécialités : foie gras cuit maison, compotée d'oignons confits ; escalope de sandre en écailles de pommes de terre à l'huile de noisette ; biscuit moelleux au chocolat chaud et marmelade d'orange.

En pleine campagne, au milieu d'un parc de vingt-cinq hectares, le *Relais des Landes* est une gentilhommière du XVIIe siècle, bien restaurée, bien entretenue et dotée d'une piscine à l'arrière, presque en lisière de forêt. Le salon-réception abrite aussi le bar et divers coins de conversation et de lecture. Un confortable mobilier a été choisi pour ces espaces ainsi que pour la salle à manger, où crépite un feu de cheminée dès les premiers frimas et qui se prolonge par un jardin d'hiver donnant sur la verdure (bonne table mais prix élevés, sauf pour la demi-pension, plutôt avantageuse). En été, on peut prendre le petit déjeuner dans le jardin fleuri parcouru de petits cours d'eau. Quant aux chambres, elles sont confortables, souvent vastes et classiquement décorées. Accueil attentif et très agréable.

Accès (carte n° 16) : à 15 km au sud de Blois, direction Montrichard et fléchage à partir des Montils.

Château de Chissay

Chissay-en-Touraine 41400 Montrichard (Loir-et-Cher)
Tél. 02 54 32 32 01 - Fax 02 54 32 43 80 - M. Alain Guinoiseau
E-mail : chissay@leshotelsparticuliers.com - Web : chateaudechissay.com

Catégorie ★★★★ **Fermeture** de mi-novembre à mi-mars **Chambres** 28 et 4 suites avec tél., s.d.b. et w.c. **Prix** des chambres : 121 à 185 € ; suites et appartements : 210 à 275 € - Petit déjeuner : 14 €, servi de 7 h 30 à 10 h 30 **Cartes de crédit** acceptées **Divers** chiens admis (10 €) - Piscine - Parking **Alentour** Tours ; grange de Meslay ; caves de Vouvray et Montrichard ; châteaux de la Loire - Golf du château de Cheverny **Restaurant** service de 12 h à 14 h, 19 h 30 à 21 h 30 - Menus : 18 € (déjeuner) ; 35 à 65 € - Carte.

Charles VII, Louis XI, le duc de Choiseul et, plus récemment, le général de Gaulle ont en commun d'avoir séjourné à Chissay. Organisées autour d'une majestueuse cour intérieure, les pièces de réception sont aménagées avec un mobilier en chêne d'époque ou d'inspiration Louis XIII qui sied parfaitement au lieu. Luxueuses, parfois immenses et très confortables, les chambres affichent une décoration classique et mélangent les styles avec un effet souvent très réussi. Certaines sont carrément originales : le duplex et son plafond vitré qui permet d'admirer la charpente et sert de... sol à la salle de bains, ou encore l'immense "Troglodyte", également hors norme mais que nous aimons moins. Installé dans une vaste et belle pièce, le restaurant a été confié à un ancien sous-chef du *Choiseul* et du *Château de Marçay*, deux références qui expliquent la finesse des compositions et nous permettent de recommander désormais la table avec confiance. Profitant de la position dominante du château, la vue surplombe le parc et la piscine puis se prolonge sur la plaine tourangelle traversée par le Cher dont on devine le cours à travers les arbres. Accueil agréable et professionnel.

Accès (carte n° 16) : à 35 km à l'est de Tours par D 40 jusqu'à Chenonceaux, et N 76. quatre km avant Montrichard.

Hôtel Château des Tertres

41150 Onzain (Loir-et-Cher)
Route de Monteaux
Tél. 02 54 20 83 88 - Fax 02 54 20 89 21 - Bernard et Christine Valois
E-mail : contact@chateau-tertres.com - Web : chateau-tertres.com

Catégorie ★★★ **Fermeture** 18 octobre au 31 mars **Chambres** 18 avec tél., s.d.b. ou douche et w.c.; ascenseur **Prix** des chambres doubles : 75 à 115 € - Petit déjeuner : 10 €, servi de 8 h à 10 h **Carte de crédit** Visa **Divers** chiens non admis - Prêt de vélos - Parking **Alentour** châteaux de Chaumont (festival des jardins), Blois, Amboise, Chambord, Beauregard, Chenonceaux - Golfs 18 trous du château de Cheverny et 9 trous à Onzain **Pas de restaurant** à l'hôtel.

Beau bâtiment que ce château du XIXᵉ, plein de charme et de goût. Au rez-de-chaussée, donnant sur la campagne et le jardin, une élégante réception côtoie un salon qui a retrouvé ses meubles d'époque. A côté se trouve une salle très sympathique et raffinée où l'on prend de délicieux petits déjeuners. Un climat "maison familiale" règne partout. Les chambres, très confortables, sont toutes plus jolies les unes que les autres, régulièrement rénovées avec de beaux tissus et tout ce qui apparaît nécessaire au fil du temps. Les dernières rénovations privilégient des teintes claires et de jolis tissus tendus. Ajoutez à cela de très agréables salles de bains où rutilent parfois le chrome et le bois exotique verni. A signaler aussi les délicieuses petites chambres d'une maisonette envahie de roses et de chèvrefeuille où le propriétaire a exprimé tout son talent d'artiste : éclairages et tableaux conceptuels (et toujours poétiques), chaînes stéréo, beau mobilier... On adore! Idéal pour le calme dans une région très touristique. Un lieu rare, d'un bon rapport qualité-prix, et où vous trouverez un excellent accueil. Pas de restaurant sur place, mais *Le Domaine des Hauts-de-Loire* se trouve dans le même village.

Accès *(carte n° 16) : à 198 km de Paris par A 10, sortie Blois ; à 17 km à l'ouest de Blois par N 152, direction Tours puis direction Monteaux.*

Manoir de la Forêt

Fort-Girard 41160 La Ville-aux-Clercs (Loir-et-Cher)
Tél. 02 54 80 62 83 - Fax 02 54 80 66 03 - M. et Mme Redon
E-mail : manoirdelaforet@wanadoo.fr - Web : manoirdelaforet.fr

Catégorie ★★ **Fermeture** dimanche soir et lundi d'octobre à Pâques **Chambres** 18 avec tél., s.d.b. ou douche, w.c. et t.v. câble **Prix** des chambres : 51 à 80 € ; suites : 95 à 123 € - Petit déjeuner : 10 €, servi de 7 h 15 à 10 h 30 - Demi-pension : 76 € **Cartes de crédit** Amex, Visa **Divers** chiens admis - Pêche - Parking **Alentour** châteaux de Talcy, Cheverny, Blois, Chambord ; abbaye de la Trinité et église de Rhodon à Vendôme ; vallée du Loir : Montoire, Gué-du-Loir, Lavardin, Saint-Jacques-des-Guérets, manoir de la Possonnière - Golf 9 trous à Oucques **Restaurant** service de 12 h 15 à 14 h, 19 h 30 à 21 h 30 - Menus : 26 à 46 € - Carte - Spécialité : soles aux queues de langoustines.

Cet ancien pavillon de chasse agrandi en hôtel se cache dans un parc de deux hectares avec étang. Autour, la forêt et les vallons du vendômois participent à l'impression de calme et d'isolement qui caractérisent le lieu. Depuis quelques temps, la maison commençait à prendre des airs de Belle au bois dormant… La voici qui s'éveille enfin avec la rénovation d'une dizaine de chambres (à choisir en priorité), le rafraîchissement des couloirs et des pièces de réception, le dallage des terrasses. Et tout cela en respectant l'ambiance provinciale de la maison avec son décor classique, aussi bien dans les chambres que dans l'enfilade de salons au mobilier XIXe ou dans la vaste salle à manger éclairée par onze fenêtres donnant sur le jardin. C'est la pièce maîtresse du manoir, on aime son élégance fleurie tout autant que sa cuisine classique et bonne. L'été, le service déborde à l'extérieur et c'est un vrai plaisir de dîner face aux grands arbres de la forêt lorsque monte la fraîcheur du soir et que les oiseaux se cherchent gaiement une place pour la nuit. Une accueillante adresse tenue avec sérieux et passion.

Accès (carte n° 16) : A 11 direction Tours puis Châteaudun et Cloyes. Traverser le bourg, continuer 4 km puis prendre à droite D 24 vers La Ville-aux-Clercs.

Auberge du Cheval Blanc

41600 Yvoy-le-Marron (Loir-et-Cher) - 1, place du Cheval-Blanc
Tél. 02 54 94 00 00 - Fax 02 54 94 00 01 - M. et M\ :sup:`me` Millésime
E-mail : auberge.cheval.blanc@wanadoo.fr - Web : aubergeducchevalblanc.com

Catégorie ★ ★ ★ **Fermeture** 2 au 9 janvier ; 15 au 31 mars ; 30 août au 9 septembre **Chambres** 15 avec
tél., s.d.b., w.c. et t.v. **Prix** des chambres doubles : 75 à 85 € - Lit suppl. : 15 € - Petit déjeuner : 8 à 10 € -
Demi-pension : 145 à 155 € (2 pers.) **Cartes de crédit** Amex, Visa **Divers** chiens admis (10 €) **Alentour**
Chambord ; Amboise ; zoo de Beauval à Saint-Aignan - Golf des Aisses **Restaurant** service de 12 h à
13 h 30, 19 h à 21 h (21 h 30 le week-end) - Fermé le 24 et 25 décembre - Menus : 28 à 35 € - Carte.

L'hôtel occupe une sorte de place en patte d'oie dont les diagonales, bordées
de longères en briques et colombages, se perdent au loin dans la forêt.
Devancée par une terrasse avec tables en teck et parasols blancs, sa façade est des
plus accueillantes. A l'intérieur, le petit salon et la salle de restaurant affichent un
beau style rustique sans excès comme en témoignent le vieux pavage en terre cuite,
la cheminée souvent en activité, quelques trophées ou tableaux de chasse… C'est
sobre, élégant, chaleureux : une magistrale reconstitution de campagne. A l'étage,
partiellement distribuées par un balcon-coursive avec accès direct sur l'extérieur,
les chambres sont également une réussite de confort, de simplicité et d'élégance
(moquettes vert foncé à pointillé brique, tissus de marque associés à des petits
meubles peints dans un rappel de coloris, agréables salles de bains claires et lisses).
L'autre atout du *Cheval Blanc* est incontestablement la table. Formé notamment
chez Vigato, le chef réalise en effet ici une cuisine saine et sagement inventive avec
souvent une petite touche inattendue qui lui donne sa vivacité, alors qu'en salle
sa jeune épouse veille à la bonne marche du service. Une précieuse adresse, déjà
très prisée des chasseurs gastronomes et que nous recommandons aussi à tous les
amateurs de forêt, de marche à pied ou de patrimoine rural.

Accès (carte n° 17) : à 24 km d'Orléans par D 922 sur 3,5 km, puis D 17 sur 1,9 km.

L'Ecu de Bretagne

2006

45190 Beaugency (Loiret) - Place du Martroi
Tél. 02 38 44 67 60 - Fax 02 38 44 68 07 - Mme France Renucci
E-mail : ecu-de-bretagne@wanadoo.fr - Web : ecudebretagne.com

Catégorie ★ ★ **Fermeture** du 13 au 28 février **Chambres** 28 (12 climatisées), avec tél., s.d.b., w.c. et t.v. satellite - 1 chambre handicapés **Prix** des chambres : 57 à 147 € - Petit déjeuner inclus servi de 7 h 30 à 10 h 00 (+ 1,50 € en chambre) - Demi-pension : 47,50 à 84,50 € **Cartes de crédit** Visa, Amex **Divers** chiens admis (8 €) - Piscine - Parking (5 €) **Alentour** Chambord, Cheverny et Talcy **Restaurant** service de 12 h à 14 h, 19 h 30 à 21 h 30 - Fermé dimanche soir et lundi hors saison - Menus 27 et 32 € - Carte - Spécialité : pigeonneau rôti, jus court au vinaigre, tatin de légumes et foie gras.

Que se passe t-il à Beaugency ? La ville avait déjà magnifiquement valorisé son patrimoine historique et voici que l'hôtellerie se prend au jeu avec la renaissance de l'*Ecu de Bretagne*. Comme touché par la grâce, le vieux relais de poste qui sommeillait sur la place du marché vient de réussir le mariage de la belle tradition provinciale et des nouvelles tendances actuelles. Tradition dans le bar avec cheminée, carrelage et mobilier rétro, tradition également à la table du restaurant où l'amour du beau produit, simplement et joliment cuisiné, s'impose dans un décor rajeuni, tradition encore dans les chambres du bâtiment principal, repeintes, égayées de couvre-lits en courtepointe et d'un mobilier souvent chiné chez les brocanteurs (ou moderne, gainé de cuir). Tendances déco du côté des nouvelles chambres sobrement et superbement aménagées dans un bâtiment à part (douces teintes murales en écho à la couleur dominante des rideaux, poutres cirées, mobilier et gravures souvent anciens, jolis abat-jour, réjouissantes salles de bain bichromiques en carreaux de grès émaillé). Une indéniable réussite qui, l'été, touche aussi le jardin et sa piscine, la cour ombragée, la terrasse en fer forgé… Aux portes de la Sologne, une accueillante adresse à découvrir !

Accès (carte n° 17) : A10, sortie Meung-sur-Loire, direction Beaugency centre.

La Tonnellerie

45190 Tavers-sur-Beaugency (Loiret)
12, rue des Eaux-Bleues
Tél. 02 38 44 68 15 - Fax 02 38 44 10 01
Marie-Christine Pouey
E-mail : tonelri@club-internet.fr - Web : tonelri.com

Catégorie ★★★★ **Fermeture** du 24 décembre au 28 février **Chambres** 18 et 2 suites avec tél., s.d.b., w.c., wifi et t.v. satellite **Prix** des chambres doubles : 102 à 162 € (basse saison), 126 à 208 € (haute saison) - Petit déjeuner : 12 €, servi de 7 h 15 à 10 h **Cartes de crédit** acceptées **Divers** chiens admis - Piscine chauffée - Parking privé **Alentour** Beaugency ; châteaux de Chambord, Amboise, Cheverny, Chenonceau ; forêt de Sologne **Restaurant** service de 12 h à 14 h, 19 h 30 à 21 h 30 - Fermé le midi, sauf dimanche - Menus : 27 à 49 € - Carte.

Ancienne tonellerie pour les vignerons des bords de Loire, cette maison de village est un peu l'archétype de l'hôtel de charme dans son sens le plus classique. Majoritairement aménagé avec le mobilier de famille (XVIIIᵉ et XIXᵉ) de Mᵐᵉ Pouey, il affiche l'ambiance égayée d'un bel intérieur provincial à mille lieues du standard hôtelier. Vastes et lumineuses, les pièces de réception regardent le jardin fleuri et la terrasse du restaurant ombragée par un gigantesque marronnier (on y sert une cuisine simple, copieuse, mais qui manque un peu de *pep's*). Réparties dans les différentes ailes de la maison, les chambres sont toutes différentes, élégantes, un brin surannées pour certaines, très joliment rénovées pour la plupart et toujours confortables. Irréprochablement tenu par un personnel souriant et concerné, ce très bel ensemble d'un excellent rapport qualité-prix est la preuve qu'un quatre étoiles peut concilier avec succès, luxe et convivialité.

Accès (carte n° 17) : A 10 sortie Meung-sur-Loire-Beaugency, suivre la N 152 vers Beaugency ; à Tavers, aller au centre du village.

Le Champ des Oiseaux

10000 Troyes (Aube)
20, rue Linard-Gonthier
Tél. 03 25 80 58 50 - Fax 03 25 80 98 34
Mme Boisseau
E-mail : message@champdesoiseaux.com - Web : champdesoiseaux.com

Catégorie ★★★★ Ouverture toute l'année **Chambres** 12 avec tél., s.d.b. ou douche, w.c. et t.v. ; 1 chambre handicapés **Prix** des chambres : 100 à 200 € - Petit déjeuner : 15 €, servi à partir de 7 h 30 **Cartes de crédit** acceptées **Divers** chiens non admis - Parking (12 €) **Alentour** à Troyes : basilique Saint-Urbain, cathédrale Saint-Pierre et Saint-Paul, nombreux musées dont le musée d'Art moderne ; lac et forêt d'Orient - Magasins d'usine de prêt-à-porter - Golf 18 trous de Troyes **Pas de restaurant** à l'hôtel mais possibilité de restauration légère en chambre.

Autour de la cathédrale, le vieux Troyes semble surgir du Moyen-Age avec ses ruelles irrégulièrement bordées de maisons à pans de bois et leurs antiques portes cochères. Celles qui constituent l'hôtel datent des XVe et XVIe siècles et se répartissent autour d'une courée verdoyante (arbustes, vigne grimpante) où l'on a installé quelques tables. C'est sur ce ravissant décor que donne la majeur partie des chambres. Intimes, extrêmement raffinées, elles se jouent des volumes et des décrochements pour le plus grand bonheur des puristes. Avec passion et un goût très sûr, Mme Boisseau a donné à chacune sa personnalité, ne lésinant pas sur la qualité du mobilier ancien, la noblesse des matières et s'offrant le luxe de petits clins d'œil modernes ou artistiques du meilleur effet. Le confort est sans faille y compris dans les impeccables salles de bains, l'accueil attentif et les petits déjeuners excellents. Pas de restaurant sur place mais, sans aller très loin, vous avez le choix entre *Valentino* (gastronomique), *Le Céladon, Le jardin Gourmand, Les Mignardises* ou encore *L'Auberge Sainte-Maure*.

Accès (carte n° 10) : A 5, sortie Troyes centre, puis centre-ville-cathédrale.

La Maison de Rhodes

10000 Troyes (Aube) - 18, rue Linard-Gonthier
Tél. 03 25 43 11 11 - Fax 03 25 43 10 43 - M. Thierry Carcassin
E-mail : message@maisonderhodes.com - Web : maisonderhodes.com

Catégorie ★★★★ **Ouverture** toute l'année **Chambres** 5 et 6 suites avec tél., s.d.b., w.c., t.v. satellite, minibar et coffre-fort ; 1 chambre handicapés **Prix** des chambres : 120 à 220 € ; suites : 185 à 220 € - Petit déjeuner : 18 €, servi jusqu'à 13 h - Demi-pension souhaitée : 89 à 159 € **Cartes de crédit** Visa, Amex **Divers** chiens admis (25 €) - Parking (12 €) **Alentour** vieille ville de Troyes ; musée d'Art moderne ; route des vins de Champagne **Restaurant** service de 19 h à 23 h - Fermé le dimanche - Menu : 50 € - Carte.

Au coeur du Troyes médiéval, non loin de la cathédrale, cette maison moyen-âgeuse est un modèle de rénovation réussie. Passé le grand porche, on pénètre dans une cour autour de laquelle s'articulent plusieurs bâtiments à pans de bois. Trois magnifiques escaliers en chêne brut (dont un extérieur), desservent onze chambres. Délicieuses avec leur charpente apparente et poutres teintées, elles affichent un beau mobilier ancien, quelques touches contemporaines, et rivalisent de charme et de personnalité. Des fauteuils patinés à l'ancienne et recouverts de tissus Pierre Frey, réédition de modèles XVIIIe (que l'on retrouvera sur les jetés de lit) illustrent le bon goût ambiant et chaque élément du décor a fait l'objet d'un soin particulier. C'est le cas des portes de placards qui ont été récupérées sur des meubles anciens ou découvertes sur place, ou encore des sols, ici en pierre de Chassagne (Bourgogne), là, en tomettes anciennes. Claires et spacieuses, les salles de bains sont, quant à elles, carrelées de terre cuite émaillée aux coloris profonds et peuvent être époustouflantes (dans la suite notamment). Une magnifique réalisation qui se complète d'un sympathique petit restaurant réservé aux résidents. Accueil naturel et courtois. Une maison à découvrir !

Accès (carte n° 10) : dans le centre-ville à proximité de la cathédrale.

Le Clos Raymi

51200 Epernay (Marne) - 3, rue Joseph-de-Venoge
Tél. 03 26 51 00 58 - Fax 03 26 51 18 98 - Mᵐᵉ Woda
E-mail : closraymi@wanadoo.fr - Web : closraymi-hotel.com

Catégorie ★★★ Ouverture toute l'année **Chambres** 7 avec tél., s.d.b. ou douche, w.c. et t.v. satellite **Prix** des chambres doubles : 100 à 150 € - Petit déjeuner : 14 €, servi de 8 h à 10 h 30 **Cartes de crédit** Amex, Visa **Divers** petits chiens admis (7 €) - Parking privé **Alentour** visites des caves de champagne à Epernay ; Hautvillers (abbaye où dom Pérignon inventa le champagne) ; "les Faux de Verzy" ; Reims (cathédrale et musées) - Golf 18 trous à Dormans **Pas de restaurant** à l'hôtel.

L'avenue qui mène au *Clos Raymi* aligne les glorieuses façades des grandes maisons de Champagne et nous donne l'impression de passer en revue, grandeur nature, le rayon vins et spiritueux d'une épicerie fine. Au calme dans une petite rue, voici un peu l'archétype de l'hôtel de charme en ville. C'est d'abord la maison de Mᵐᵉ Woda et l'on mesure l'attachement de sa propriétaire à la qualité des meubles, objets et œuvres d'art (toiles cubistes, peintures et sculptures animalières), majoritairement Art déco, que l'on retrouve dans le ravissant salon comme dans les chambres. Toujours agrémentées d'un bouquet de fleurs fraîches, ces dernières sont ultra confortables et déclinent une harmonie de teintes douces et chaudes à travers leur propre thématique. Trois nouvelles viennent d'être installée au dernier étage, leur vue par des verrières de loft s'étend sur les toits d'Epernay avec, au loin, la côte champenoise. Enfin, cette année aussi, la création d'une véranda à l'ancienne pour agrandir les pièces de réception améliore l'alternative au jardin (où l'on sert les excellents petits déjeuners dès que le temps le permet). Une adresse intime et accueillante pour séjour euphorique au pays des bulles !

Accès (carte n° 10) : Au rond-point de l'Europe prendre l'avenue de Champagne, puis à droite au 1ᵉʳ feu (rue Croix-de-Bussy) puis 2ᵉ rue à droite.

Château d'Etoges

51270 Etoges (Marne)
Tél. 03 26 59 30 08 - Fax 03 26 59 35 57
Mme Filliette-Neuville
E-mail : contact@etoges.com - Web : etoges.com

Fermeture du 22 janvier au 16 février **Chambres** 20 avec tél., s.d.b. ou douche, w.c. et t.v. (sur demande)
Prix des chambres : 80 à 200 € - Petit déjeuner : 12 €, servi de 7 h 30 à 11 h - Demi-pension : 80 à 200 €
Cartes de crédit acceptées **Divers** chiens admis (15 €) - Parking **Alentour** musée du Vin de Champagne
à Epernay ; vignoble champenois ; abbaye d'Hautvillers (où dom Pérignon inventa le champagne) - Golf
18 trous à Château-Thierry **Restaurant** service de 12 h 30 à 14 h, 19 h 30 à 21 h - Fermé le midi en
semaine - Menus : 30 à 65 € - Spécialité : foie gras de canard poêlé au marc de champagne.

Superbe témoignage de l'architecture XVIIe, *Etoges* est entièrement serti
d'eau, sa situation en contrebas d'une petite colline permettant aux sources
souterraines de resurgir sous la forme de fontaines et d'élégants jets d'eau.
L'intérieur est tout aussi exceptionnel, rénové dans un goût classique et gai,
aussi bien dans l'enfilade des vastes pièces de réception aux lambris peints et
meublées d'ancien (avec quelques confortables concessions au confort actuel
comme les profonds canapés du salon) que dans les chambres. Ces dernières
affichent des volumes somptueux ou plus intimes, mais la joyeuse association
des meubles anciens et des jolis tissus y est égale (et la vue sur les douves, pleine
de romantisme). Année après année, *Etoges* soigne aussi la qualité de sa table,
confiée à Antony Thibaut, passé auparavant par de prestigieuses maisons étoi-
lées (*Le Clos de la Violette, Jamin...*), celle-ci propose désormais une cuisine
fine et appétissante. Et, parce que "qui n'avance pas recule", *Etoges* continue
d'évoluer avec la rénovation de l'orangerie, futur siège du restaurant et de
quelques nouvelles belles chambres. Une adresse aussi belle qu'accueillante.

Accès (carte n° 10) : à 120 km à l'est de Paris par A 4 et D 933.

Les Mouettes

20000 Ajaccio (Corse-du-Sud)
9, boulevard Lucien-Bonaparte
Tél. 04 95 50 40 40 - Fax 04 95 21 71 80
Mme Rosselli
E-mail : info@hotellesmouettes.fr - Web : hotellesmouettes.fr

Catégorie ★★★★ **Fermeture** de fin octobre à début avril **Chambres** 15 et 4 suites climatisées, avec tél., s.d.b., w.c., t.v. satellite et coffre-fort **Prix** des chambres selon saison : 240 à 310 € ; suites : 390 à 470 € - Petit déjeuner : 20 €, servi de 7 h à 10 h - **Cartes de crédit** acceptées **Divers** chiens non admis - Piscine - Parking fermé **Alentour** plages, vieux quartiers et musées d'Ajaccio - Golf 9 trous de Porticcio **Restaurant** service de 12 h à 14 h, 20 h à 22 h.

Sa situation, qui associe le bord de la mer à la pleine ville, n'est pas la moindre des qualités de ce très charmant hôtel. Il en possède néanmoins bien d'autres tant on a ici le sentiment d'être reçu dans une grande villa. Le jardin à la végétation méditerranéenne, l'ombre des grands pins, la terrasse où se prennent les repas l'été et la piscine, largement ouverte sur la baie d'Ajaccio, sont autant de plaisirs reposants et raffinés. Les chambres, qu'il faut choisir de préférence avec vue sur la mer, sont toutes confortables, souvent tendues de tissus colorés d'inspiration provençale, et bénéficient de très agréables salles de bains. Celles avec terrasse ont un caractère vraiment exceptionnel. Il règne, aux *Mouettes*, une atmosphère feutrée et maritime propice au repos et à la rêverie. L'accueil présent et discret complète cette agréable sensation. Une belle adresse dans une ville pleine de ressources et qui a su conserver son caractère.

Accès (carte n° 36) : en front de mer à la sortie d'Ajaccio direction Les Sanguinaires.

A Cheda

20169 Bonifacio (Corse-du-Sud)
Cavallo Morto
Tél. 04 95 73 03 82 - Fax 04 95 73 17 72 - Edmond Cridel
E-mail : acheda@acheda-hotel.com - Web : acheda-hotel.com

Catégorie ★★★ **Ouverture** toute l'année **Chambres** 9 et 6 duplex, climatisés, avec tél., s.d.b., w.c., t.v., minibar ; 1 chambre handicapés **Prix** des chambres : 59 à 99 € (basse saison), 179 à 299 € (haute saison) - Petit déjeuner : 10 à 16 €, servi de 7 h 30 à 10 h - Demi-pension : + 43 € **Cartes de crédit** Visa, Diners **Divers** chiens admis (13 €) - Piscine, spa, sauna, plongée - Parking **Alentour** Bonifacio ; Filitosa ; site préhistorique d'Arraghio - Golf 18 trous de Spérone à 6 km **Restaurant** service à partir de 12 h et 19 h 30 - Fermé de décembre à mars - Menus : à partir de 47 € - Carte.

C'est en remontant l'allée d'un jardin joliment arboré et fleuri que l'on découvre cette agréable adresse à proximité de Bonifacio. Réparties autour de la maison principale, comme autant de petites maisons irrégulièrement liées les unes aux autres, les chambres s'ouvrent de plain-pied sur leur terrasse ombragée. A l'intérieur, la décoration, sobre, gaie et actuelle, joue sur des tonalités méditerranéennes ou résolument design. De petites fenêtres, ouvertes sur la végétation environnante, donnent aux salles de bains très confortables une belle luminosité. Au centre, la grande maison avec sa terrasse abritée est le lieu propice pour apprécier une cuisine délicieuse et inventive et profiter de l'excellente carte des vins que l'on pourra vous proposer au verre. En contrebas, le sauna ouvert sur la piscine bordée de caillebotis, d'arbustes et de fleurs encouragera au farniente ceux qui ont eux la bonne idée de découvrir ce lieu où les sportifs (l'hôtel organise des stages de plongée) se mêlent aux contemplatifs.

Accès (carte n° 36) : en venant de Porto-Vecchio, sur N 198 à 800 mètres avant l'entrée de Bonifacio. Panneau sur la droite.

Hôtel du Centre Nautique

20169 Bonifacio (Corse-du-Sud)
Quai Nord
Tél. 04 95 73 02 11 - Fax 04 95 73 17 47 - M. Lantieri
E-mail : info@centre-nautique.com - Web : centre-nautique.com

Catégorie ★★★ **Ouverture** toute l'année **Chambres** 11 climatisées, avec tél., douche, w.c. et t.v. **Prix** des chambres (pour 1 à 4 pers) selon saison : 70 à 190 € - Petit déjeuner : 10 € - Demi pension : + 26 € **Cartes de crédit** acceptées **Divers** chiens non admis - Parking privé **Alentour** promenade en bateau aux grottes marines, grotte du Sdragonato et tour des falaises ; golfe de Santa-Manza ; Capo Pertusato ; ermitage de la Trinité - Golf 18 trous à Sperone **Restaurant** service de 12 h 15 à 15 h, 19 h à 24 h - Carte - Spécialités : pâtes et produits de la mer.

Au pied de la ville haute, face aux bateaux du port, ce petit hôtel n'accueille pas seulement les plaisanciers, mais aussi le simple voyageur qui y sera reçu avec amabilité et gentillesse. Dans les délicieuses chambres, on a profité de la hauteur des étages pour créer de petits duplex. Au premier niveau se trouvent un salon et, sur la mezzanine, la chambre et la petite salle de bains. Moderne (les salles de bains devraient y être prochainement rénovées), décoré dans un style balnéaire très confortable (mobilier en teck, tissu bayadère lavande et anis), l'ensemble évoque plus un studio qu'une chambre d'hôtel classique. Et l'on aurait presque envie d'inviter les voisins à prendre l'apéritif dans ce petit "chez-soi". Certaines ont la vue sur le jardin, d'autres sur le port (un peu plus bruyantes, mais quel bonheur de surveiller, depuis son lit, les allées et venues des bateaux et le vol des mouettes !). On peut prendre le petit déjeuner sur la terrasse, face aux voiliers et autres yachts. Pour dîner, outre l'élégant restaurant de l'hôtel, vous pouvez vous reporter aux quelques adresses citées page suivante, pour l'*Hôtel Genovese*.

Accès (carte n° 36) : sur le port. Aéroport de Figari à 21 km, tél. 04 95 71 00 22.

Hôtel Genovese

20169 Bonifacio (Corse-du-Sud)
Quartier de la Citadelle
Tél. 04 95 73 12 34 - Fax 04 95 73 09 03 - M. Lantieri
E-mail : info@hotel-genovese.com - Web : hotel-genovese.com

Catégorie ★★★ **Fermeture** du 15 novembre au 1ᵉʳ mars **Chambres** 15 climatisées avec tél., s.d.b., w.c., t.v. Canal + et satellite, minibar **Prix** des chambres : 110 à 260 € ; suites : 145 à 610 € - Petit déjeuner : 16 €, servi de 7 h 30 à 11 h **Cartes de crédit** acceptées **Divers** chiens admis - Piscine - Parking privé **Alentour** promenade en bateau aux grottes marines, grotte du Sdragonato et tour des falaises ; golfe de Santa-Manza - Golf 18 trous à Sperone **Pas de restaurant** à l'hôtel.

Aménagé sur la ligne des remparts à Bonifacio, dans une ancienne bâtisse de la Marine nationale, dominant la mer, la ville et le port, le *Genovese* est un hôtel de luxe à la décoration soignée. Autour d'une ravissante cour intérieure s'ordonnent les chambres aux tons pastel et aux rideaux à fleurs. Toutes semblables, seule leur couleur diffère, elles viennent d'être refaites et dotées de salles de bains confortables. La chambre n° 2 donne sur le port avec un petit balcon. Au rez-de-chaussée, un coin-bar très chaleureux pour les petits déjeuners et un salon où un grand canapé blanc très design se marie joliment avec la pierre (à ne pas négliger non plus, la splendide piscine cernée de vieux murs et bordée de teck). Pour les restaurants, *La Caravelle* est l'adresse incontournable pour le poisson ; au *Voilier* et au *Stella d'Oro* (1ᵉʳ étage) vous rencontrerez tout ce qui est connu dans la région. Ajoutons-y le restaurant du *Centre Nautique* et l'extraordinaire *Chez Marco*, situé à fleur d'eau sur la plage de Tonnara : un lieu réputé pour ses pantagruéliques et excellentes dégustations de crustacés, poissons grillés, bouillabaisses…

Accès (carte n° 36) : dans Bonifacio, tout de suite à droite à la sortie de la route menant à la Citadelle. Aéroport de Figari à 21 km, tél. 04 95 71 00 22.

Marina di Cavu

20169 Bonifacio (Corse-du-Sud)
Route de Cala-Longa
Tél. 04 95 73 14 13 - Fax 04 95 73 04 82
Anne et Jacques Bertin
E-mail : info@marinadicavu.com - Web : marinadicavu.com

Ouverture toute l'année **Chambres** 4, 3 junior-suites, 1 suite (avec jacuzzi) et 1 appart., avec tél, s.d.b., w.c., t.v. satellite, minibar et coffre-fort **Prix** des chambres : 100 à 340 € ; junior-suites : 140 à 470 € ; suite : 220 à 620 € ; appart. : 200 à 580 € - Petit déjeuner : 17 €, servi de 7 h 30 à 11 h 30 - Demi-pension obligatoire : + 64 € **Cartes de crédit** acceptées **Divers** chiens non admis - Piscine chauffée, plage de sable à 400 m - Parking **Alentour** vieille ville de Bonifacio ; îles Lavezzi et Cavallo - Golf 18 trous de Spérone à 4 km **Restaurant** service de 12 h à 15 h, 19 h à 21 h - Menu : 47 € - Carte.

Couvertes d'arbustes et de taillis, ponctuée de roches titanesques, la pente vient mourir sur des criques encore très préservées. Pour respecter ce site exceptionnel, à l'écart de tout, *Marina di Cavu* semble s'être coulé dans le moule naturel du relief, accompagnant le dénivelé, domestiquant les rochers en les intégrant à l'architecture. Bien que récente, la construction ne manque pas de charme : pas d'étage, une suite de chambres desservies par un joli patio coloré et fleuri et reliées par des escaliers qui descendent vers la terrasse. Là, vous profiterez de la belle piscine à débordement, du jacuzzi ou tout simplement de la fraîcheur de la tonnelle, et vous laisserez gagner par la magie de l'emplacement et de cette vue unique avec en point de mire les îles Cavallo et Lavezzi qui s'enflamment au soleil couchant… Les chambres sont agréables, souvent grandes et fraîches. Leur décoration sobre (sol en terre cuite, couvre-lits beiges, murs ocre rouge intégrant une tablette et souvent relayés par un pan de rocher) nous semble bien adaptée aux chaleurs estivales.

Accès (carte n° 36) : à 6 km à l'ouest de Bonifacio sur la route de Cala-Longa.

Capo Rosso

20115 Piana (Corse-du-Sud)
Route des Calanques
Tél. 04 95 27 82 40 - Fax 04 95 27 80 00
M. Camilli-Ollivier
E-mail : infos@caporosso.com - Web : caporosso.com

Fermeture du 15 octobre au 1er avril **Chambres** 50 climatisées avec tél., s.d.b., w.c., t.v. satellite, minibar et coffre-fort **Prix** des chambres doubles : 80 à 190 €, triples : 120 à 220 € ; suites : 220 à 260 € - Petit déjeuner compris, servi de 7 h 30 à 10 h - Demi-pension (obligatoire en été) : 170 à 360 € **Cartes de crédit** acceptées **Divers** chiens admis sur demande (5 €) - Piscine - Parking privé **Alentour** calanches de Piana ; croisières dans la réserve naturelle de Scandola (départ de Porto) ; villages d'Ota, Evisa et Vico ; col de Lava **Restaurant** service de 12 h à 14 h 00, 19 h 30 à 22 h - Menus : 25 à 58 € - Carte - Spécialités : poissons ; langoustes ; produits corses.

Impossible de venir en Corse sans découvrir les célèbres calanches rouges de Piana qui tombent vers la mer en une succession de petits golfes, de caps et de mini-péninsules. Construit dans les années soixante-dix, cet hôtel aux abords fleuris de rosiers surplombe ce somptueux panorama. Son architecture moderne n'a certes absolument rien de charmant, mais on a su tirer partie au mieux du site : l'espace consacré à la piscine offre un belvédère de choix pour admirer la presqu'île de Scandola et le golfe de Porto, et chaque chambre dispose d'une loggia. Bien tenues et confortables, elles sont toutes climatisées et ont été récemment redécorées dans un style Art déco, y compris les salles de bains. Les petits déjeuners pourront être pris sur la terrasse en contrebas d'une salle à manger un peu kitsch à notre goût. Multiples possibilités touristiques, dont une superbe route vers les sables fins de la plage d'Arone.

Accès (carte n° 36) : à 71 km au nord d'Ajaccio par la D 81. Aéroport d'Ajaccio. Sur la route des calanques.

Le Lido

20110 Propriano (Corse-du-Sud) - Avenue Napoléon
Tél. 04 95 76 06 37 - Fax 04 95 76 31 18 - M. Antoine Pittiloni
E-mail : le.lido@wanadoo.fr - Web : http://le.lido.monsite.wanadoo.fr

Catégorie ★★★ **Fermeture** du 15 octobre au 15 avril **Chambres** 13 et 1 suite junior avec tél., s.d.b., w.c. et t.v. (6 climatisées) **Prix** des chambres : 90 à 130 € (basse saison), 113 à 197 € (haute saison) ; suite : 130 à 197 € - Petit déjeuner : 12 €, servi de 7 h 30 à 10 h **Cartes de crédit** Visa, Amex **Divers** chiens non admis - Parking **Alentour** baie de Propriano ; Filitosa ; Campomoro **Restaurant** service à partir de 12 h et 20 h - Fermé le lundi - Carte - Spécialité : langouste au four.

Difficile de rêver plus bel emplacement que ce socle rocheux en extrémité de plage face à la baie de Propriano. Tenu depuis trente ans par une même famille, l'hôtel qui occupe ce site exceptionnel vient de faire peau neuve grâce aux efforts conjugués de Marie-Paule Pittiloni et de son père (à qui *Le Lido* doit l'excellente réputation de sa table). Rajeuni, relooké aux couleurs du Sud, doté d'une nouvelle terrasse à fleur d'eau pour la restauration allégée du déjeuner et le service-bar du soir, le lieu dispose à présent de très sérieux atouts. Un patio-cloître, envahi d'orangers du Mexique aux senteurs parfumées donne accès aux chambres. Souvent décorées dans des tonalités ocre ou miel, celles-ci affichent un décor plutôt "tendance" avec un mobilier balinais, hispano-mauresque, ou en fer forgé. Quelques-unes ont conservé (pour l'instant) leur ancienne ambiance de cabane grecque avec leurs murs blancs et leur mobilier simplissime en bois bleu ciel, mais, d'ores et déjà, les salles de bains ont été refaites avec un vrai souci de confort. Ajoutez-y leurs terrasses privatives donnant directement sur le sable et vous comprendrez pourquoi nous vous les recommandons tout autant. Même si la tenue des abords n'est n'est pas toujours au top, voici une belle adresse pour vacances décontractées .

Accès (carte n° 36) : au bout de la jetée, sur la plage du Lido.

La Villa Piana

20100 Sartène (Corse-du-Sud)
Route de Propriano
Tél. 04 95 77 07 04 - Fax 04 95 73 45 65
Mlle Sylvaine Abraïni
E-mail : info@lavillapiana.com - Web : lavillapiana.com

Catégorie ★★★ **Fermeture** mi-octobre à fin mars **Chambres** 31 avec tél., s.d.b. ou douche, w.c. et t.v. ; 2 chambres handicapés **Prix** des chambres simples et doubles : 58 à 130 € - Petit déjeuner : 9 €, servi de 7 h 30 à 10 h 30 **Cartes de crédit** acceptées **Divers** chiens non admis - Piscine, tennis - Parking **Alentour** musée préhistorique de Sartène et Levie ; belvédère de Campomoro ; Filitosa ; Olmeto ; Sollocaro - Golf de Sperone **Restaurant** - bar piscine (à midi uniquement) en juillet-août - Petite carte.

À quelques minutes des plages de Propriano, cet hôtel de construction récente fait face au très beau village de Sartène. Confortables et bien tenues, dotées de bonnes salles de bains, les chambres sont simples et décorées dans un style néorustique, un peu terne à notre goût. Plusieurs possèdent une terrasse privative délimitée par des lauriers-roses. Derrière l'hôtel, un chemin monte vers une belle piscine à débordement entourée de chênes, d'oliviers et de lavandes. A coté, un petit bâtiment permet d'assurer un service bar et une restauration légère pour ceux qui préfère se détendre au bord de l'eau. Pour les autres, *L'Auberge Santa Barbara*, à coté de l'hôtel, leur permettra de goûter quelques bonnes spécialités corses. Sinon, les restaurants, à Sartène ou à Propriano, ne manquent pas, mais la qualité n'est pas toujours au rendez-vous. Aussi l'accueil jeune, très concerné et de bon conseil (sur la restauration aussi bien que sur les excursions alentour…) est un atout supplémentaire pour cet hôtel que nous vous recommandons pour une étape ou pour un séjour.

Accès (carte n° 36) : à la sortie de Sartène sur la route de Propriano.

L'Aiglon

2006

20124 Zonza (Corse-du-Sud)
Tél. 04 95 78 67 79 - Fax 04 95 78 63 62 - Colomba Quilichini
E-mail : info@aiglonhotel.com - Web : aiglonhotel.com

Fermeture du 1er janvier au 31 mars **Chambres** 10, avec tél., s.d.b. ou douche et w.c. **Prix** des chambres : 51 à 70 € - Petit déjeuner : 7 €, servi à partir de 7 h 30 - Demi-pension : 110 à 129 € **Carte de crédit** Visa **Divers** chiens non admis - Parking **Alentour** aiguilles de Bavella et route des piscines naturelles ; trou de la bombe ; Pisca de Gallo - Canyoning **Restaurant** service de 12 h à 14 h, 20 h à 22 h - Menu : 25 € (assiette à 15,50 €) - Carte.

Amoureux de la montagne et des grands espaces, ce lieu est fait pour vous. Au cœur du petit village de Zonza, posé sur ces montagnes fières et ingrates, vous trouverez *L'Aiglon* au bord de la route ; cet hôtel familial que Colomba a aujourd'hui décidé de restaurer. Et si vous écoutez bien, vous entendrez déjà de l'extérieur une musique douce qui guidera vos pas vers le restaurant. Vous découvrirez alors une Corse inédite, à la croisée des chemins entre tradition et modernité : polyphonies, théâtre, autant de projet qui lient Colomba à cette maison… Mélange hétéroclite et charmant (meubles anciens, lithographies et dessins régionaux, collection de chapeaux, lampes en fer forgé), les pièces communes sont lumineuses le jour, chaleureuses le soir. On y goûte le "veau corse à l'orange et la pièce du bandit", le porcelet, le vin de myrte et toute sorte de délices locaux. Côté chambres, vous préférerez celles sur l'arrière, déjà rénovées en partie dans un style simple et champêtre (attendez encore quelque temps avant de réserver celles du corps principal de la bâtisse, elles ne devrait pas tarder à connaître les mêmes améliorations). Une belle découverte à l'écart des sentiers battus.

Accès (carte n° 36) : dans le Domaine de l'Alta Rocca, au croisement des routes de Porto-Vecchio, Bonifaccio, Ajaccio et Propriano.

Hôtel de la Corniche

San-Martino-di-Lota 20200 Bastia (Haute-Corse)
Tél. 04 95 31 40 98 - Fax 04 95 32 37 69 - Famille Anziani
E-mail : info@hotel-lacorniche.com - Web : hotel-lacorniche.com

Catégorie ★ ★ **Fermeture** janvier **Chambres** 20 avec tél., s.d.b. ou douche, w.c. et t.v. **Prix** des chambres doubles : 48 à 99 € - Petit déjeuner : 8 €, servi de 7 h à 10 h - Demi-pension : 52 à 79,50 € **Cartes de crédit** acceptées **Divers** chiens non admis - Piscine **Alentour** cathédrale romane de la Canonica et église San-Parteo **Restaurant** service de 12 h à 14 h, 19 h 30 à 22 h - Fermé le lundi et le mardi midi - Menus : 26 à 45 € - Carte - Spécialité : raviolis au brocciu et à la persa, au jus de daube.

Bastia n'est qu'à une dizaine de minutes du village perché de San-Martino-di-Lota et il vaut mieux être véhiculé pour s'attaquer à la route en lacets qui escalade le maquis. Accroché sur le flanc est de la montagne, l'hôtel offre une incomparable vue à 90° sur la Méditerranée. La maison, propriété familiale depuis 1935, n'a pas d'intérêt architectural majeur, mais ses deux terrasses ont tout du paradis. La première est consacrée au farniente d'un bord de piscine, la seconde aux plaisirs de la table sous l'ombre de grands platanes. Ici, pour ne pas faire de jaloux, on évite de réserver toujours aux mêmes les meilleures places (le long de la balustrade avec la mer en dessous et, par beau temps, les côtes italiennes à l'horizon) et on essaye de les " faire tourner " pour que chacun puisse en profiter. C'est un professionnel éprouvé, Marc Florian, ancien chef de partie chez Marc Meneau, qui vous régalera. Les chambres, qu'elles surplombent la terrasse du restaurant avec vue sur la mer ou qu'elles donnent sur la piscine, sont toutes confortables et ont gagné, par leurs récentes rénovations, un bel assortiment de couleurs chaudes et d'élégantes salles de bains. Ajoutez-y l'accueil amical et très attentif de la famille Anziani, et n'hésitez pas à envisager la *Corniche* pour un séjour.

Accès (carte n° 36) : à 6 km au nord de Bastia par D 80, à Pietranera D 131.

Marina d'Argentella

20260 Calvi (Haute-Corse)
L'Argentella
Tél. 04 95 65 25 08 - Fax 04 95 65 25 12
Dorine et Pierre Grisoli
E-mail: marina.argentella@wanadoo.fr

Fermeture du 1er octobre à fin mai **Chambres** 24 avec s.d.b. et w.c. **Prix** des chambres doubles en demi-pension: 130 à 180 € - Tarif spécial enfant - Petit déjeuner compris **Carte de crédit** Visa **Divers** chiens admis - Parking **Alentour** citadelle de Calvi; circuit des villages de Balagne: Calenzana, Zilia, Montemaggiore, Sant'Antonino, vallée du Fangu, calanques de Piana, couvent de Corbara; parc régional et réserve naturelle de Scandola - Golf du Regino **Restaurant** service de 13 h à 15 h, 20 h à 22 h - Menu: 25 € - Carte.

L'*Argentella* est un lieu privilégié en Corse, tant par sa situation sur une plage de petits galets sombres, dans la baie de Crovani, à vingt kilomètres de Calvi, que grâce à Pierre et Dorine qui mettent toujours un point d'honneur à vous faire passer de bonnes vacances. Les chambres, dispersées parmi les eucalyptus dans de petits bungalows, sont aménagées de manière extrèmement simple, mais restent néanmoins coquettes et disposent toutes de salles de douche fonctionnelles. A midi, on peut déjeuner à la carte sur la petite terrasse du restaurant aménagée en bordure de plage ; le soir, le menu vous offre une cuisine familiale, d'inoubliables couchers de soleil et de franches parties de rire aux cotés de l'hôte des ces lieux. Baignades, planches à voile et canoës vous sont proposés à l'hôtel. *L'Argentella* est le lieu idéal pour passer de bonnes vacances en famille, à condition d'apprécier l'ambiance "vacances informelles" et la bonne franquette qui font la personnalité de cet endroit.

Accès (carte n° 36) : à 22 km au sud de Calvi, direction Porto par le bord de mer. Aéroport de Calvi-Sainte-Catherine à 30 km, tél. 04 95 65 08 09.

Auberge Relais de la Signoria

20260 Calvi (Haute-Corse)
Route de la Forêt-de-Bonifato
Tél. 04 95 65 93 00 - Fax 04 95 65 38 77 - MM. Ceccaldi
E-mail : info@auberge-relais-lasignoria.com
Web : auberge-relais-lasignoria.com

Catégorie ★★★★ **Fermeture** du 29 octobre au 8 avril **Chambres** 24 climatisées avec tél., s.d.b., w.c., t.v. et minibar **Prix** des chambres (selon saison) : 130 à 340 € ; suites : 190 à 450 € - Lit suppl. : 55 €) - Petit déjeuner : 22 €, servi de 7 h 30 à 10 h 30 - Demi-pension : + 77 € **Cartes de crédit** acceptées **Divers** animaux non admis - Piscine, tennis, hammam, plage privée avec restaurant à 3 km. - Parking **Alentour** citadelle de Calvi ; villages de Balagne ; parc régional de Scandola - Golf 9 trous du Réginu **Restaurant** service de 19 h 30 à 21 h 30 - Menu et carte.

Une grande propriété plantée d'eucalyptus et de palmiers, une ancienne chartreuse du XVIIIᵉ siècle entourée de deux élégants bâtiments ocre rouge reliés par des jardins fleuris en gradins, une très belle piscine bordée d'une pergola dispensant son ombre aux heures chaudes : *La Signoria* s'affirme vraiment comme l'un des plus beaux hôtels de l'île. Où qu'elles soient situées, les chambres sont ravissantes avec leur mobilier souvent 1930, leurs tableaux choisis, leurs sols en terre cuite ou en parquet, leurs murs aux patines éclatantes et leurs plafonds voûtés dignes des Mille et Une Nuits. Nous vous vous les recommandons donc toutes sans restriction. Notons également que la cuisine est excellente et que, pour ceux qui auraient envie d'un véritable bain de mer, l'hôtel dispose de sa plage privée face à la citadelle de Calvi (non loin de l'autre établissement de la famille Ceccaldi, le *Balanéa*, plus standard mais plaisant et agréablement situé sur le port : tél. 04 95 65 29 71).

Accès (carte n° 36) : à 5 km de Calvi direction aéroport.

Le Vieux Moulin

20238 Centuri-Port (Haute-Corse) - Le Port
Tél. 04 95 35 60 15 - Fax 04 95 35 60 24
M. Alessandrini
Web : le-vieux-moulin.net

Fermeture du 15 novembre au 1ᵉʳ mars **Chambres** 14 avec tél., s.d.b. ou douche, w.c. et t.v. **Prix** des chambres doubles : 60 à 100 € - Lit suppl. : 15 € - Demi-pension (obligatoire en été) : 165 € (pour 2 pers.) - Petit déjeuner : 10 €, servi de 8 h 30 à 11 h **Cartes de crédit** acceptées **Divers** chiens admis - Parking **Alentour** cap Corse de Bastia à Saint-Florent (Canari, Nonza, Saint-Florent…) **Restaurant** service de 12 h à 15 h, 19 h 30 à 23 h - Menus : 32 à 60 € - Carte.

Il faut absolument découvrir le minuscule port de Centuri, un modèle du genre tel qu'il ne s'en trouve plus sur le continent. Réputé pour sa pêche à la langouste, vous y trouverez une quantité de produits délicieux servis dans les restaurants du village, et notamment au *Vieux Moulin*. Précédée par une vaste terrasse bordée de vieux tamaris, cette belle demeure surplombe le port et les quelques maisons en pierres schisteuses aux toitures de lauzes si particulières. Construite au XIXᵉ par un oncle parti faire fortune en Amérique, elle a conservé beaucoup de caractère notamment dans le hall d'accueil et au salon du premier étage. Même si certaines chambres de la maison ont une très belle vue (les 5 et 6), les rénovations prévues devraient leur donner un confort plus actuel. En attendant, préférez-leur celles de l'annexe, simplement aménagées mais modernes, agréables et profitant d'un beau point de vue sur la mer et le village à partir de leur terrasse ombragée. Accueil sympathique et naturel.

Accès (carte n° 36) : à 50 km au nord de Bastia. Aéroport de Bastia-Poretta, tél. 04 95 54 54 54.

Hôtel Castel Brando

20222 Erbalunga (Haute-Corse)
Tél. 04 95 30 10 30 - Fax 04 95 33 98 18
M. et Mme Piéri
E-mail : info@castelbrando.com - Web : castelbrando.com

Catégorie ★ ★ ★ **Fermeture** du 14 novembre au 13 mars **Chambres** 35 et 6 suites climatisées, avec tél., s.d.b., w.c., t.v. satellite et coffre-fort ; accès handicapés **Prix** des chambres doubles (selon saison) : 69 à 135 € ; suites : 115 à 160 € - Petit déjeuner : 10 €, servi de 8 h à 11 h **Cartes de crédit** Amex, Visa **Divers** chiens admis - Piscine chauffée, jacuzzi, hammam, massages, tennis à 200 m - Parking **Alentour** Bastia ; villages du cap Corse de Bastia à Saint-Florent **Pas de restaurant** à l'hôtel.

E rbalunga est un incontournable village de pêcheurs, à quelques kilomètres au nord de Bastia et à proximité de plages exposées au levant. Classé, le site qui a inspiré de nombreux peintres est aujourd'hui bien préservé. Au coeur d'un parc de tilleuls et de palmiers séculaires, Joëlle et Jean-Paul Pietri, avec un goût évident pour les belles choses, ont restauré deux belles maisons patriciennes du XIXe siècle, leur apportant confort et personnalité pour créer progressivement l'un des plus charmants hôtel de l'île. Enfants du pays, ils vous y accueilleront avec beaucoup de gentillesse et vous donneront toutes les clés pour découvrir et apprécier une Corse authentique. Mais vous pourrez tout aussi bien choisir de vivre ici à votre rythme, notamment dans les cinq superbes chambres de la "Villa jaune" disposant de petites terrasses privatives au bord de la piscine et non loin du hammam où vous l'on peut réserver une séance de massage avant d'aller dîner dans les restaurants du port, (notamment *Le Pirate*, face à la mer).

Accès (carte n° 36) : à 9 km au nord de Bastia. Aéroport de Bastia-Poretta, tél. 04 95 54 54 54.

Grand hôtel Mare e Monti

20225 Feliceto (Haute-Corse)
Tél. 04 95 63 02 00 / 02 - Fax 04 95 63 02 01
M. Renucci

Catégorie ★★ **Fermeture** d'octobre à avril **Chambres** 18 avec tél., s.d.b. ou douche et w.c. **Prix** des chambres doubles : 58 à 114 € ; appart. (4 pers.) : 109 à 131 € - Petit déjeuner-buffet : 7 €, servi de 8 h à 10 h **Cartes de crédit** acceptées **Divers** chiens non admis - Piscine - Parking **Alentour** la maison du Bandit, ponts génois ; citadelle de Calvi ; circuit des villages de Balagne ; route des artisans ; route des vins ; l'église de La Trinité à Aregno, couvent de Corbara **Pas de restaurant** à l'hôtel.

Construite vers 1870, entre mer et montagne, cette belle maison de maîtres, s'adosse aux roches qui grimpent presque à la verticale, tandis qu'au loin se profile la mer derrière L'Ile-Rousse. Le hall d'entrée et ses plafonds peints, le très charmant salon Louis-Philippe, le chaleureux salon corse ainsi que le grand escalier ont vraiment beaucoup de caractère. Les chambres nouvellement redécorées dans un style hispano-mauresque au goût du jour avec mobilier en bois sculptés et murs enduits offrent un agréable confort et disposent de belles salles de bains. Dehors, un élégant mobilier en fer forgé et zelliges vient agrémenter la terrasse où sont servis les petits déjeuners l'été et si vous montez l'escalier qui la borde, vous découvrirez une belle piscine panoramique environnées de fleurs méridionales au bord de laquelle vous pourrez prendre vos repas. Enfin l'accueil chaleureux de la famille Renucci achèvera de séduire l'amateur d'une Corse plus authentique que celle révélé par les seuls plaisirs balnéaires.

Accès (carte n° 36) : à 26 km au nord-est de Calvi par N 197 jusqu'au-delà d'Alcajola, puis à droite, D 13 jusqu'à Feliceto par Santa-Reparata. Aéroport de Calvi-Sainte-Catherine, tél. 04 95 65 08 09.

A Spelunca

20226 Speloncato (Haute-Corse)
Tél. 04 95 61 50 38 - Fax 04 95 61 53 14
Mme Princivalle
E-mail : hotel.a.spelunca@wanadoo.fr

Catégorie ★★ Fermeture du 1er novembre au 31 mars **Chambres** 18 dont 16 avec s.d.b., 12 avec tél., 1 avec cabinet de toilette **Prix** des chambres doubles : 55 à 75 € - Petit déjeuner : 6 €, servi de 8 h à 11 h **Carte de crédit** Visa **Divers** chiens admis **Alentour** vestiges romains I Bagni ; Petratafunata ; mer à 18 km ; forêt de Tartagine - Golf à 10 km **Pas de restaurant** à l'hôtel.

Perché sur un piton rocheux autour des vestiges de la forteresse du XIe siècle, Speloncato est un magnifique village corse, calme et harmonieux. Donnant à la fois sur la place du village et dominant la plaine de Regino et au loin la mer, la belle maison patricienne, percée de fenêtres génoises, abrite un hôtel accueillant, à la fois simple et confortable. Du Cardinal Savelli, ministre du pape Pie IX, dont c'était la résidence, il subsiste un magnifique salon au premier étage et un superbe escalier monumental éclairé par une antique véranda construite sur le toit et offrant un panorama époustouflant. Les chambres, parfois de belle taille, ont été aménagées simplement avec pour certaines un mobilier de style XVIIIe un brin suranné. Toutes disposent de salles de bains modernes et claires. Les belles proportions de la maison, les prix pratiqués et l'accueil souriant et attentionné font de *A Spelunca* une lieu où il fait bon séjourner. Des réaménagements, souhaitables, feraient de cette adresse l'un des lieux incontournables du cap corse. Une adresse à suivre.

Accès (carte n° 36) : à 35 km de Calvi en direction d'Ile-Rousse jusqu'à Lumio puis direction Belgodère. Prendre D 71, après Feliceto tourner à droite et continuer sur 4 km. L'hôtel est sur la place du village.

Château des Bondons

77260 La Ferté-sous-Jouarre (Seine-et-Marne)
47-49, rue des Bondons
Tél. 01 60 22 00 98 - Fax 01 60 22 97 01
M. Busconi
E-mail : castel@chateaudesbondons.com - Web : chateaudesbondons.com

Catégorie ★★★★ **Ouverture** toute l'année **Chambres** 14 avec tél., s.d.b., w.c., t.v. satellite et minibar **Prix** des chambres : 100 à 120 € ; suites : 170 à 220 € ; appartements : 120 à 170 € - Petit déjeuner : 12 à 15 € **Cartes de crédit** acceptées **Divers** chiens admis (10 €) - Room service - Parking **Alentour** Jouarre ; Eurodisney **Restaurant** service de 12 h à 14 h, 19 h à 21 h 45 - Fermé le lundi et le mardi - Menus : 32 à 65 € ; menu du marché (mercredi, jeudi et vendredi) : 20 €.

Très énergiquement restauré il y a une dizaine d'années, ce petit château XIXᵉ se cache dans un vaste parc fleuri et soigné. Ne cherchez pas ici l'authenticité des vieux meubles, aux *Bondons*, on aime le style, le galbe XVIIIᵉ sans l'usure des ans et on préfère le brillant d'un carrelage à la porosité des vieilles pierres. Cela vous donne d'agréables pièces de réception aux accents d'opérette, une salle à manger qui se prolonge en terrasse pour goûter une simple et bonne cuisine à l'ombre du marronnier et en surplomb d'une petite pièce d'eau. Confortables chambres bourgeoisement décorées dans un style cossu et dotées de salles de bains qui semblent encore briller de leurs premiers feux malgré les années qui passent. A signaler la chambre n° 8, extraordinaire avec ses 80 m², ses éléments de boiseries, ses hautes fenêtres et son coin salon (à l'inverse, attention à certaines suites en soupente, très confortables, certes, mais un peu resserrées). Excellent accueil de Mᵐᵉ Busconi, amoureuse de son bel hôtel et qui sait transmettre à son équipe sa passion et sa disponibilité.

Accès (carte n° 10) : à 65 km à l'est de Paris par A 4 sortie La Ferté-sous-Jouarre, puis N 3 (dans la ville, direction Châlons-en-Champagne, Montménard).

Hôtel de Londres

77300 Fontainebleau (Seine-et-Marne)
1, place du Général-de-Gaulle
Tél. 01 64 22 20 21 - Fax 01 60 72 39 16 - Philippe Colombier
E-mail : hdelondres1850@aol.com - Web : hoteldelondres.com

Catégorie ★★★ **Fermeture** du 23 décembre au 9 janvier et du 12 au 18 août **Chambres** 14 avec tél., s.d.b. et t.v. satellite **Prix** des chambres : 110 à 160 € - Petit déjeuner : 10 €, servi de 7 h 15 à 10 h 30 **Cartes de crédit** acceptées **Divers** chiens non admis - Parking **Alentour** palais de Fontainebleau ; Barbizon - Randonnée et escalade en forêt - Golf à Fontainebleau **Pas de restaurant** à l'hôtel.

Difficile de trouver mieux pour apprécier l'ordonnance magestueuse du palais de Fontainebleau car la façade de cet hôtel particulier XVIIIᵉ donne directement sur la grille d'entrée du célèbre monument. Une fois franchi le seuil d'une porte toute simple, vous serez gagnés par le charme provincial et confortable des pièces de réception qui affichent l'ambiance cossue des vieilles maisons de famille (les dessus de lambris décorés de scènes de genre et surtout les deux fresques du salon renvoient à l'imagerie locale : la *Cour des adieux* semble un miroir orienté vers le palais, le *Laisser-courre* en forêt évoque les grandes chasses organisées dans le massif forestier de Fontainebleau). Classiquement meublée d'ancien, chacune des chambres propose un confort douillet et une salle de bains très stylée. En façade, elles ouvrent sur la balustrade d'un balcon et profitent d'une vue magique sur le palais (un bon double vitrage les isole du bruit des voitures). A l'arrière, belle vue sur une charmante petite cour n'est également pas sans charme. Depuis plus de soixante-dix ans, c'est la même famille qui accueille les hôtes avec autant de courtoisie et d'efficacité. Voilà peut-être la clé du succès de cette adresse où il n'est pas rare de croiser quelque célébrité venue trouver ici repos et confidentialité.

Accès (carte n° 9) : dans le centre-ville, face au palais.

Hostellerie Le Gonfalon

77910 Germigny-l'Evêque (Seine-et-Marne)
2, rue de l'Eglise
Tél. 01 64 33 16 05 - Fax 01 64 33 25 59
M. Renaud
E-mail : le-gonfalon@wanadoo.fr - Web : hotelgonfalon.com

Catégorie ★★★ **Fermeture** du 15 janvier au 10 février ; lundi et dimanche soir **Chambres** 8 avec tél., s.d.b., w.c., t.v. et minibar **Prix** des chambres : 77 à 120 € - Petit déjeuner : 10 €, servi de 7 h 30 à 10 h 30 **Cartes de crédit** acceptées **Divers** chiens admis - Location de vélos (12 €) - Parking **Alentour** forêt de Montceaux ; promenades en bateau sur la Marne **Restaurant** service de 12 h à 13 h 30, 19 h 30 à 21 h 30 - Menus : 29 € (en semaine), 39 à 59 € - Carte.

Repris par une nouvelle équipe, *Le Gonfalon* retrouve progressivement le chemin du progrès. Pas de révolution, certes, mais d'utiles rajeunissements comme l'accueil et le bar, la création d'une belle suite, l'amélioration du mobilier dans certaines chambres. Pour le reste, les habitués retrouveront la terrasse de rêve, ombragée par d'énormes tilleuls avec juste là, en contrebas, le cours paisible de la Marne. Toujours là aussi, l'élégante salle à manger Louis XIII aux belles boiseries, réchauffée en hiver par une flambée (table classique dans la tradition provinciale). Parmi les huit chambres confortables à la décoration simple et fraîche, préférez celles avec une grande véranda privative aménagée en petit salon rustique (en été elle donnent sur les frondaisons, passé l'automne, sur la rivière), ou, pour une ambiance plus jeune, celles mansardées du second. Bons petits déjeuners, avec brioches chaudes maison et jus de fruits frais servis en terrasse dès les beaux jours. Service souriant, discret, professionnel. A moins d'une heure de Paris, une adresse simple, plaisante et merveilleusement située.

Accès (carte n° 9) : à 60 km à l'est de Paris par A 4 jusqu'à Saint-Jean-les-Deux-Jumeaux, puis N 3 jusqu'à Trilport et D 97.

Hostellerie Aux Vieux Remparts

Ville Haute 77160 Provins (Seine-et-Marne)
3, rue Couverte
Tél. 01 64 08 94 00 - Fax 01 60 67 77 22 - Cécile et Xavier Roy
E-mail : vieux-remparts@wanadoo.fr - Web : auxvieuxremparts.com

Catégorie ★ ★ ★ **Ouverture** toute l'année **Chambres** 32 avec tél., s.d.b. ou douche, w.c., t.v. satellite et minibar **Prix** des chambres doubles : 80 à 260 € - Petit déjeuner : 14 €, servi de 7 h à 10 h 30 - Demi-pension : 88 à 160 € **Cartes de crédit** acceptées **Divers** chiens admis (12 €) - Parking **Alentour** remparts, tour César, église Saint-Quiriace à Provins, spectacle de fauconnerie, tournoi de chevalerie ; église de Saint-Loup-de-Naud - Golf 18 trous de Fontenaille **Restaurant** service de 12 h à 14 h 30, 19 h 30 à 21 h 30 - Menus : 28 à 70 € - Carte - Spécialités : escalope de foie gras poêlée, betterave rouge en purée et jus corsé à la réglisse ; soufflé chaud au confit de pétales de rose.

Avec ses airs de village fortifié, le quartier médiéval de Provins est un modèle de charme : ruelles pavées en pente, maisons à encorbellement groupées autour de la célèbre tour César, multiples points de vue sur la ville basse et le grand paysage briard. Au cœur du site, cette hostellerie occupe plusieurs bâtiments anciens agrandis par une aile moderne qui prend peu à peu sa patine. Jusqu'à présent les chambres y étaient confortables mais un peu standard, aujourd'hui, après une première tranche de rénovation, une quinzaine d'entre elles jouent à fond la carte du charme avec des sols de pierre ou parquettés, des tissus bien assortis, un mobilier de style souvent XVIIIe subtilement patiné et vieilli dans des tonalités de gris pâle ou d'ivoire et de belles salles de bains en faïence des Rairies. En enfilade le long d'une élégante terrasse ombragée (où l'on sert en été) se trouve le restaurant. Pour ménager votre portefeuille, vous pourrez aussi prendre une formule "bistrot" dans une chaleureuse maison à colombages. Bons petits déjeuners et accueil particulièrement aimable.

Accès (carte n° 10) : à 86 km à l'est de Paris par A 4, puis D 231 jusqu'à Provins.

Abbaye des Vaux de Cernay

78720 Cernay-la-Ville (Yvelines)
Tél. 01 34 85 23 00 - Fax 01 34 85 11 60
M. Aurélien Lecomte
E-mail: reception.cernay@leshotelsparticuliers.com - Web: abbayedecernay.com

Ouverture toute l'année **Chambres** 54 et 3 suites avec tél., s.d.b. et w.c.; 1 chambre handicapés; ascenseur **Prix** des chambres: 103 à 266 €; suites: 338 à 605 € - Petit déjeuner: 16 €, servi de 7 h 30 à 10 h 30 **Cartes de crédit** acceptées **Divers** chiens admis (10 €) - Piscine, sauna, hammam, solarium, jacuzzi, salle de fitness, tennis, barques - Parking **Alentour** châteaux de Versailles et de Rambouillet - Golf 18 trous de Saint-Quentin **Restaurant** service de 12 h à 14 h, 19 h 30 à 21 h 30 - Menus: 30 à 85 € - Carte.

Fascinant ensemble architectural, cette ancienne abbaye cistercienne offre un subtil compromis entre sa fonction hôtelière et son antique vocation religieuse. Il y a l'ancien réfectoire des convers, devenu restaurant, le cellier, transformé en salon de musique, l'immense salle des moines aux colonnades et voûtes d'ogives, le salon gothique et ses cheminées monumentales, l'ancien cloître, la salle capitulaire… Immense; mais le charme est bien là, dans le mobilier ancien et varié des salons et des chambres, dans l'absence délibérée de téléviseurs, dans l'aménagement des terrasses à l'abri de vieux pans de murs ou à proximité de l'étang, dans l'immense parc qui se confond avec la forêt de Rambouillet. Si le lieu est indéniablement luxueux, le bon goût reste bien présent et pas moins de quinze chambres affichent des prix allant de 103 à 150 euros. Une superbe adresse qu'affectionnaient déjà Saint Louis et Marguerite de Provence depuis qu'ils y trouvèrent la fécondité en buvant l'eau miraculeuse de la fontaine Saint-Thibaud située dans le bois voisin.

Accès (carte n° 9): à 30 km de Paris. N 10 sortie Les Essarts-Auffargis puis D 24.

L'Auberge du Château

78720 Dampierre (Yvelines)
1, Grande-Rue
Tél. 01 30 47 56 56 - Fax 01 30 47 51 75
Sylvie et Christophe Blot

Catégorie ★ ★ **Fermeture** quelques jours fin décembre, fin février et fin août ; fermé du dimanche soir au mardi soir **Chambres** 14 avec tél., s.d.b., w.c. et t.v. **Prix** des chambres : 65 à 110 € - Petit déjeuner : 8 €, servi de 8 h à 10 h 30 **Carte de crédit** Visa **Divers** chiens admis (10 €) **Alentour** châteaux de Dampierre, Breteuil, Versailles **Restaurant** service de 12 h à 14 h, 19 h 30 à 21 h 30 - Fermé du dimanche soir au mardi soir - Menu : 30 € (en semaine) - Menu-carte : 45 €.

Adossée à la forêt de Rambouillet, presque en face de l'entrée du superbe château XVIIIᵉ de Dampierre, voici l'auberge rêvée pour se ressourcer tout près de Paris. Bien décidés à en faire un lieu incontournable, Sylvie et Christophe Blot maintiennent, année après année, la réputation gastronomique et tout à fait méritée de l'auberge. En digne élève de Marc Meneau et de Troisgros, Christophe réalise des merveilles en cuisine, ce qui ne l'empêche pas de rejoindre souvent Sylvie en salle pour participer à un service d'une qualité et d'une rapidité hors du commun. Même réussite sur le plan décoratif avec l'agréable mariage d'un mobilier ancien rustique à de beaux tissus jaune orangé, l'ensemble sur fond de murs blancs où de larges fenêtres à petits carreaux donnent sur la terrasse, la rue et les nobles murs du château. Les chambres bénéficient du même soin et l'on aime bien leur simplicité campagnarde rajeunie. La grande majorité donne sur la rue principale, mais elles ont souvent un double vitrage et la circulation nocturne reste très limitée.

Accès (carte n° 9) : à 30 km de Paris par A 13 vers Dreux, puis A 12. A Rambouillet prendre N 10. Trappes, Mesnil-Saint-Denis puis Dampierre.

Villa Marinette

78125 Gazeran (Yvelines)
20, avenue du Général-de-Gaulle
Tél. 01 34 83 19 01 - Fax 01 30 88 83 65 - Myriam et Sébastien Bourgeois
E-mail : villamarinette@wanadoo.fr - Web : villamarinette.fr

Ouverture toute l'année **Chambres** 5 avec tél., s.d.b., w.c., t.v et mini-bar. **Prix** des chambres : 70 à 85 € - Petit déjeuner : 10 €, servi de 7 h 30 à 9 h 30 (10 h le dimanche) **Cartes de crédit** Visa, Amex **Divers** chiens non admis - Parking **Alentour** château et forêt de Rambouillet, Versailles, Chartres, Golf 18 trous **Restaurant** service de 12 h à 13 h 30, 19 h 30 à 21 h 30 - Fermé du dimanche soir au mardi midi - Menus : 25 et 55 € - Carte.

Une large rue très fréquentée bordée de villas et de quelques commerces… Difficile d'imaginer que ce petit hôtel cache à l'arrière un charmant jardin ouvrant directement sur la forêt de Rambouillet, paradis des marcheurs et des cueilleurs de champignons. Et pourtant, c'est ça aussi la *Villa Marinette*. Tout récemment reprise par un ancien du célèbre *Carré des Feuillants*, l'auberge a été rénovée de fond en comble. D'entrée, le petit salon d'accueil, ses fauteuils club, sa cheminée… donnent le ton : ambiance intime, classique, un rien "tendance". A côté le restaurant à dominante rouge brique et crème permet de se régaler d'une cuisine extrêmement fine à la créativité parfaitement maîtrisée. Vue sur le jardin (où l'on sert en été) et, à travers une petite baie vitrée, sur le manège des cuisines. A l'étage, les chambres sont sobres et plaisantes, dotées de salles de bains rutilantes. Malheureusement, seules deux d'entre elles donnent sur le jardin, réservez-les en toute priorité car les autres souffrent, malgré une excellente insonorisation, du bruit de la route. Aisément accessible par le train de Paris, voici une belle et très accueillante adresse de week-end.

Accès (carte n° 9) : N 10 sortie Rambouillet centre, suivre direction Epernon par D 906. Gazeran est la première commune après Rambouillet.

Hôtel Saint-Laurent

78490 Montfort-l'Amaury (Yvelines)
2, place Lebreton
Tél. 01 34 57 06 66 - Fax 01 34 86 12 27 - Mme Delabarre
E-mail : reception@hotelsaint-laurent.com - Web : hotelsaint-laurent.com

Catégorie ★★★ **Fermeture** du 1er au 15 août **Chambres** 11 et 1 suite avec tél., s.d.b., w.c., t.v. satellite, minibar et coffre-fort ; ascenseur ; 1 chambre handicapés **Prix** des chambres doubles : 80 à 150 € ; suite : 170 € - Petit déjeuner : 11 €, servi de 7 h à 10 h 30 **Cartes de crédit** Visa, Amex **Divers** chiens admis (10 €) - Parking gardé **Alentour** maison de Maurice Ravel ; château de Groussay ; parc de Thoiry - Golfs 18 trous de La Queue-en-Yvelines et de Pontchartrain **Pas de restaurant** à l'hôtel.

Ancien relais de poste du XVIIe adossé à une aile XIXe et devancé par un grand jardin dominé par un splendide tilleul géant, cet accueillant hôtel sort tout juste d'une rénovation absolue qui en fait désormais un lieu sobre et de qualité. Dans ce décor tout neuf, on a pris soin de mettre en valeur quelques vestiges de l'ancienne maison telles la poutraison de la jolie salle des petits déjeuners (buffet bon et soigné) ou la charpente apparente de certaines chambres. Dans celles-ci, les teintes beiges du mobilier moderne en chêne spécialement adapté à l'hôtel jouent avec la blancheur des murs et avec les élégants tissus des rideaux et couvre-lits pour former une décoration agréable, seulement différenciée par le volume des chambres (en rez-de-chaussée, elles disposent de terrasses privatives sur le jardin pour des petits déjeuners intimes). Le confort et l'insonorisation sont excellents, les salles de bains parfaites ; autant de qualités qui permettent au *Saint-Laurent* d'être apprécié par une clientèle d'affaires en semaine et par des touristes le week-end. A quarante kilomètres de Paris, Monfort-l'Amaury est en effet une destination idéale pour les Parisiens qui peuvent même rejoindre par le train cette petite cité de caractère.

Accès (carte n° 9) : sur N 12 entre Pontchartrain et Houdan, sortie Monfort-l'Amaury. Fléchage en centre-ville.

Domaine du Verbois

78640 Neauphle-le-Château (Yvelines)
38, avenue de la République
Tél. 01 34 89 11 78 - Fax 01 34 89 57 33
Eva et Kenneth Boone
E-mail : verbois@hotelverbois.com - Web : hotelverbois.com

Catégorie ★★★ **Fermeture** du 8 au 19 août et du 22 au 29 décembre **Chambres** 22 avec tél., s.d.b., w.c., t.v. satellite, 10 avec minibar ; 1 chambre handicapés **Prix** des chambres : 98 à 130 € ; suite : 170 € - Petit déjeuner : 12 €, servi de 7 h 15 à 11 h **Cartes de crédit** acceptées **Divers** chiens admis (10 €) - Parking et garage **Alentour** visite des caves de Grand Marnier ; Versailles ; Giverny - Golfs 18 trous d'Isabella et de Saint-Nom **Restaurant** service de 12 h à 14 h, 19 h 30 à 21 h 30 - Fermé dimanche soir - Menu : 32 € - Carte - Spécialités : poularde Houdan ; barbue au jus de viande.

Tout près de Versailles, cet hôtel profite d'une vue exceptionnellement dégagée qui s'étend au-delà d'un domaine de trois hectares. Une succession de salons, dont les proportions ont été conservées, perpétue l'atmosphère des grandes maisons bourgeoises du XIXᵉ. Dès les beaux jours, les repas sont servis sur la vaste terrasse dominant le parc et la campagne. Les chambres aux noms de déesses grecques sont toutes confortables et très joliment aménagées. Les plus spacieuses sont au premier étage mais toutes sont agréables et lumineuses. Vous vous endormirez au calme en feuilletant les magazines d'art des années cinquante et soixante, collection du propriétaire. Prisé par les séminaires toujours reçus dans des salons privés, l'hôtel réserve à sa clientèle un accueil attentif. C'est une adresse de charme dont le confort luxueux reste d'un bon rapport qualité-prix. Vous y serez reçus par un personnel compétent orchestré par M. Boone qui aime cette maison comme si elle avait toujours appartenu à sa famille.

Accès (carte n° 9) : à 29 km à l'ouest de Paris, par A 13 dir. Dreux, puis A 12 dir. Saint-Quentin-en-Yvelines, et N 12 sortie Neauphle-le-Château et Verbois à 2 km.

Hôtel de France

91670 Angerville (Essonne)
2, place du Marché
Tél. 01 69 95 11 30 - Fax 01 64 95 39 59 - Mme Faucheux
E-mail : hotel-de-france3@wanadoo.fr - Web : hotelfrance3.com

Fermeture le dimanche soir et le lundi midi **Chambres** 20 avec tél., s.d.b. ou douche, w.c. et t.v. ; ascenseur **Prix** des chambres simples : 65 à 90 €, doubles : 97 à 135 € - Petit déjeuner : 11 € - Forfait-étape en semaine : 80 € **Cartes de crédit** Amex, Visa **Divers** chiens admis - Parking fermé **Alentour** vallée de la Juine et château de Méréville ; vallée de la Chalouette et Chalou-Moulineu ; château de Farcheville ; Etampes **Restaurant** sur réservation le dimanche midi, service de 12 h 15 à 13 h 45, 19 h 30 à 21 h - Menu : 29 €.

Ce sont en fait trois maisons très anciennes qui constituent l'*Hôtel de France*. Collées les unes aux autres autour d'une cour verdoyante où quelques tables sont dressées en été, elles cachent un intérieur plein de charme et de caractère. Décorées de manière toujours chaleureuse et utilement isolées de la rue et de la place du marché par des doubles vitrages, les chambres sont toutes différentes. Une petite armoire XVIIIe ici, une commode Louis-Philippe là, quelques gravures, des tissus de marque… créent dans chacune une ambiance intimiste et soignée. Au rez-de-chaussée, l'élégante salle à manger permet de déguster la cuisine savoureuse et fine de Mme Faucheux. A côté, une chaleureuse pièce fait office, selon l'heure, de salle des petits déjeuners ou de salon-bar, grâce au canapé et aux fauteuils qui encadrent la cheminée de pierre où un feu crépite dès les premiers frimas. Une accueillante adresse qui doit beaucoup à la gentillesse de ses propriétaires et qui mérite plus qu'une étape pour découvrir les richesses cachées de la campagne beauceronne.

Accès (carte n° 9) : à 60 km au sud de Paris par N 20, direction Etampes, à 16 km au sud d'Etampes.

Etiolles Colonial Country Club

91450 Etiolles (Essonne)
Vieux chemin de Paris
Tél. 01 69 89 59 59 - Fax 01 69 89 59 90 - Jean-Dominique Leymarie
E-mail : hotel@etiollescolonial.com - Web : etiollescolonial.com

Ouverture toute l'année **Chambres** 22 et 8 suites avec tél., s.d.b., w.c., t.v., lecteur DVD et coffre-fort ; 2 chambres handicapés **Prix** des chambres : 127 € ; suites (2 à 4 pers.) : 140 à 210 € - Petit déjeuner : 10,50 €, servi de 7 h 30 à 10 h 30 - Demi-pension : 82,75 à 201,50 € **Cartes de crédit** Visa, Amex **Divers** chiens non admis - Golf 27 trous, VTT - Parking gardé **Alentour** Vaux-le-Vicomte ; Fontainebleau **Restaurant** service de 12 h à 15 h, 19 h 30 à 21 h - Fermé dimanche soir - Menu : 33,60 € - Carte.

Un immense green vallonné, ponctué de petits étangs et bordé de loin en loin par la forêt de Sénart… Comment imaginer que nous sommes en grande banlieue parisienne, à quelques minutes de l'autoroute ? Ici c'est le silence, juste troublé par le "poc" d'une balle tombant sur le gazon ou le bruissement des chênes. Edifié dans un style néocolonial, le bâtiment principal (restaurant et salons) et les sept cottages entourés d'arbustes et de fleurs constituent un ensemble très élégant bien qu'encore neuf, inspiré des *lodges* sud-africains. Chambres et suites sont toutes différentes avec leurs sols en terre cuite marocaine ponctués de tapis, leur beau mobilier rétro chiné en brocante ou de style colonial, leurs amusants tableaux. De taille variable (certaines sont immenses), ultra confortables, dotées de ravissantes salles de bains, toutes sont à découvrir (les plus prévoyants retiendront celles donnant directement sur les étangs). A proximité, un petit kiosque de bois ouvragé permet aux résidents de disposer de boissons, fruits, biscuits, glaçons, etc. Enfin le restaurant propose une formule simple et rapide pour les golfeurs et une autre, plus aboutie.

Accès (carte n° 9) : Sur l'A 6 sortie A3 (Metz, Nancy), sortie n° 29 direction Soisy-sur-Seine/Etiolles. A Etiolles au rond-point 1re à droite (panneau).

Château du Maréchal de Saxe

91330 Yerres (Essonne)
Avenue du Domaine-de-la-Grange
Tél. 01 69 48 78 53 - Fax 01 69 83 84 91 - M. Savry
E-mail : saxe@leshotelsparticuliers.com - Web : chateaudumarechaldesaxe.com

Ouverture toute l'année **Chambres** 21 et 2 suites, avec s.d.b., w.c. et tél. **Prix** des chambres simples et doubles : 90 à 244 € ; suites : 275 à 382 € - Petit déjeuner : 14 €, servi de 7 h 30 à 10 h 30 **Cartes de crédit** acceptées **Divers** chiens admis (10 €) - Parking **Alentour** propriété Caillebotte ; musée fondation Dubuffet ; château de Vaux-le-Vicomte - 3 golfs 18 trous à moins de 10 km **Restaurant** service de 12 h à 14 h, 19 h 30 à 21 h 30 - Menus : 28 € (déjeuner en semaine) à 68 € - Carte.

Les portes de Paris ne sont qu'à vingt kilomètres de ce ravissant château XVIIᵉ en briques et pierres. Dans le prolongement de l'allée centrale, la route offre, de très loin, une perspective princière à cette demeure qui appartint au maréchal de Saxe. Elle a déjà un siècle lorsque le vainqueur de Fontenoy l'achète et entreprend de gigantesques travaux intérieurs et extérieurs. De fait, le château présente quelques superbes vestiges tels le salon blanc rehaussé d'or, la grande galerie et son décor de stuc représentant des scènes de chasse et des trophées militaires, ou encore les délicates douves qui enserrent la cour d'honneur. Totalement rénové, l'intérieur joue subtilement entre le confort intime que notre époque recherche (salons feutrés, suites de charmantes petites salles à manger, agréables chambres, classiques et toujours dotées de salles de bains rutilantes…) et les souvenirs de l'ancien régime. Une très belle réussite à laquelle il faut ajouter la qualité de la table qui propose un choix de plats oscillant entre tradition et modernité. Accueil sympathique et professionnel.

Accès (carte n° 9) : à 20 km à l'est de Paris. A la porte de Charenton, prendre la N 19 jusqu'au château de Gros-Bois. Juste avant le château, tourner à droite par D 941 en direction de Yerres. Le château est dans le prolongement de la route.

Les Etangs de Corot

92410 Ville-d'Avray (Hauts-de-Seine) - 53, rue de Versailles
Tél. 01 41 15 37 00 - Fax 01 41 15 37 71
E-mail: reservation@etangsdecorot.com - Web: etangsdecorot.com

Catégorie ★★★★ **Ouverture** toute l'année **Chambres** 48 et 1 suite climatisées, avec tél., s.d.b., t.v., minibar et coffre-fort; ascenseur **Prix** des chambres (selon saison): 125 à 225 €; suite: 250 à 290 € - Petit déjeuner: 20 €, servi à partir de 7 h 30 **Cartes de crédit** acceptées **Divers** chiens admis (10 €) - Garage fermé (10 €) **Alentour** Château de Versailles; faïencerie de Sèvre; forêt de Fausses-Reposes **Restaurants** services de 12 h 30 à 14 h 30, 19 h 30 à 22 h - Menus: 25 € - Carte.

Bordés par la forêt de Fausses-Reposes, les étangs de Ville-d'Avray servaient de réserve d'eau pour le château de Saint-Cloud; aujourd'hui, ils restent l'une des très rares enclaves de verdure aux portes de la capitale. Déjà au XIXᵉ les Parisiens venaient s'y ressourcer, bourgeois en goguette, pêcheurs, artistes séduits par le site… Et l'on y croisait ainsi Balzac, Debussy, Rostand et bien sûr Corot qui avait une maison sur la berge. Pour se restaurer, on allait chez *Cabassud*: sur les lieux mêmes où vous découvrirez ce nouvel hôtel formé de quatre maisons reliées par de luxuriants jardins et des coursives; véritable univers où, malgré une importante capacité d'hébergement, on ne se sent jamais gêné par le nombre. Superbement classiques avec leur mobilier de style aux teintes crème, leurs tissus de marque délicatement assortis, leur collection de gravures, les chambres sont d'un confort total et ouvrent, pour beaucoup, sur les eaux calmes de l'étang. Pour dîner vous aurez le choix entre une excellente table servie dès les beaux jours sous d'irrésistibles paillottes presque les pieds dans l'eau et une cuisine "bistrot de village" (toute bonne également) servie l'été au milieu des fleurs d'une terrasse-jardin. Idéale pour s'évader de Paris en quelques minutes, cette superbe et très professionnelle adresse consent des tarifs particulièrement avantageux le week-end. A découvrir!

Accès (carte n° 9): A 13 sortie n° 5 direction Versailles puis Ville-d'Avray.

Hostellerie du Grand Duc

11140 Gincla (Aude)
2, route de Boucheville
Tél. 04 68 20 55 02 - Fax 04 68 20 61 22
M. et Mme Bruchet
E-mail : host-du-grand-duc@ataraxie.fr - Web : host-du-grand-duc.com

Catégorie ★★ **Fermeture** du 2 novembre au 30 mars **Chambres** 12 avec tél., s.d.b. ou douche, w.c., t.v. et coffre-fort **Prix** des chambres simples et doubles : 52 à 72 € - Petit déjeuner : 8,50 €, servi de 8 h à 10 h - Demi-pension : 68 à 72 € **Carte de crédit** Visa **Divers** chiens admis - Parking privé, garages **Alentour** forêt des Fanges, entre Belvianes et Saint-Louis ; Saint-Paul-de-Fenouillet ; gorges de Galamus ; châteaux cathares **Restaurant** service de 12 h 15 à 14 h, 19 h 30 à 21 h - Fermé le mercredi (sauf juillet-août) - Menus : 29 à 59 € - Carte - Spécialités : symphonie de canard, poire à la canelle et vin des Corbières.

Cette vieille et immense maison de maître se trouve dans le petit village de Gincla, aux confins de ce pays cathare qui connut tant de vicissitudes. Tenue par une sympathique famille, il s'agit aujourd'hui d'une hostellerie de charme aux prix encore raisonnables. Vous y trouverez un accueil chaleureux et dix chambres bien tenues, décorées dans un style traditionnel. Une annexe situées à proximité propose trois chambres supplémentaires, idéales pour des amis voyageant ensemble ou pour une famille. Le restaurant affiche quant à lui un décor rustique : murs blanchis, pierres apparentes et plafond à solives pour une cuisine du terroir ou inventive. La petite salle de séjour et le bar sont agréables et accueillants. En été, les petits déjeuners et les dîners aux chandelles peuvent se prendre dans le jardin ombragé à proximité d'un bassin de pierre.

Accès (carte n° 31) : à 63 km au nord-ouest de Perpignan par D 117 jusqu'à Lapradelle, puis D 22 jusqu'à Gincla.

La Fargo

11220 Saint-Pierre-des-Champs (Aude)
Tél. 04 68 43 12 78 - Fax 04 68 43 29 20
Dominique et Christophe Morellet
E-mail : lafargo@club-internet.fr - Web : lafargo.fr

Catégorie ★★ **Fermeture** de mi-novembre à fin mars **Chambres** 6 non-fumeurs, avec tél., s.d.b., w.c. et t.v. satellite **Prix** des chambres : 59 à 76 € - Petit déjeuner : 6 €, servi de 8 h 30 à 10 h 30 **Carte de crédit** Visa **Divers** animaux non admis - Location de VTT - Parking **Alentour** abbayes de Lagrasse et de Fontfroide ; châteaux cathares ; cités de Carcassonne et de Minerve **Restaurant** service à 13 h et 20 h - Fermé le lundi - Menus : 23 à 35 € - Spécialité : pavé de thon grillé au feu de bois, sauce gingembre.

Une route qui se fraye un passage entre les vignes, l'Orbieu qui creuse son lit et façonne un vallon verdoyant, tout autour le paysage encore sauvage des Corbières orientales... Cette ancienne forge catalane devenue hôtel profite d'un site aussi magnifique qu'isolé. Amoureux de l'Asie du sud-est, Dominique et Christophe Morellet ont créé ici un décor à la mesure de leur goût et l'on ne s'étonnera donc pas de trouver des chambres très confortables au beau mobilier indonésien, de vastes douches mosaïquées, des objets et tissus exotiques. Et, de fait, on se sent ici merveilleusement bien. La cuisine saine et simple du maître de maison fait merveille, on la déguste, selon la saison, dans l'ancienne forge, à l'ombre de la treille ou encore sur la terrasse. Tables bien espacées, ambiance sereine et service tout en gentillesse ; la recette du bonheur tient parfois à peu de choses dès lors qu'elles sont faites avec passion.

Accès (carte n° 31) : A 61 sortie Lézignan puis D 611 vers Fabrezan, puis D 212 vers Lagrasse et Saint-Pierre-des-Champs. 1re route à droite en sortie de village.

La Buissonnière

Hameau de Foussargues 30700 Aigaliers (Gard)
Tél. 04 66 03 01 71 / 06 80 30 14 87 - Fax 04 66 03 19 21
Ronald van Breemen et Wilma Brakenhoff
E-mail: la.buissonnière@wanadoo.fr - Web: labuissonniere.com

Ouverture toute l'année, sur réservation en hiver **Chambres** 6 et 2 appartements (2 à 3 pers.) avec tél., douche, w.c., t.v. sur demande et minibar; kitchenette pour les appart. **Prix** des chambres: 90 à 110 €; appartements: 110 à 127 € - Petit déjeuner compris **Carte de crédit** Visa **Divers** chiens admis sur demande (15 € par séjour) - Piscine - Parking **Alentour** à Uzès: le Duché, églises Saint-Etienne et Saint-Théodorit; pont du Gard; Nîmes; Avignon - Golf 9 trous à Uzès, 18 trous à 20 km **Pas de restaurant** à l'hôtel.

À quelques kilomètres d'Uzès, ce grand mas dans un hameau très au calme a été restauré en jouant sur l'authenticité, le confort et la décoration. Les appartements sont spacieux, certains profitent d'une cheminée, alors qu'une grande suite et une chambre comportent une mezzanine. Tons méditerranéens pour l'ensemble (murs patinés à l'éponge de couleurs différentes), petite cuisine et terrasse privative où prendre le petit déjeuner. Certains soirs, les jeunes gérants hollandais font table d'hôtes (cuisine régionale) dans une pièce voûtée ou, s'il fait beau, dans une charmante cour intérieure. Enfin, tout autour, les lavandes, les lauriers-roses et les oliviers agrémentent un très beau jardin avec piscine pour se reposer après l'une des multiples balades offertes par les sentiers alentour. A mi-chemin entre l'hôtel et la maison d'hôtes, cette adresse ne convient pas à ceux qui attendent des prestations hôtelières classiques mais ravira les amateurs d'indépendance. Accueil très aimable bien que la pratique du français soit parfois maladroite.

Accès (carte n° 32): à 7 km d'Uzès vers Alès. A 6 km prendre direction Aigaliers, faire 800 m, tourner à droite au carrefour puis tout de suite à gauche et fléchage.

Hôtel Les Arcades

30220 Aigues-Mortes (Gard)
23, boulevard Gambetta
Tél. 04 66 53 81 13 - Fax 04 66 53 75 46
Marie-Pierre Merquiol
E-mail : info@les-arcades.fr - Web : les-arcades.fr

Catégorie ★ ★ ★ **Ouverture** toute l'année **Chambres** 9 climatisées avec tél., s.d.b., w.c. et t.v. **Prix** des chambres doubles : 93 à 115 € - Petit déjeuner compris **Cartes de crédit** acceptées **Divers** petits chiens admis - Petite piscine - Parking sur réservation (10 €) **Alentour** Camargue ; Arles ; les Saintes-Maries-de-la-Mer (pèlerinage des gitans 24 et 25 mai) ; Tarascon ; Nîmes ; Montpellier **Restaurant** fermé du 1er au 15 mars et du 8 au 22 octobre ; le lundi et mardi midi en basse saison - Menus : 34 à 45 € - Carte - Spécialités : médaillons de lotte au vin rouge ; huîtres chaudes ; filet de taureau grillé ; ravioli de homard et fruits de mer ; délice aux trois chocolats ; mille-feuille aux fruits.

C'est une très belle façade Renaissance qui abrite cet hôtel situé dans une rue calme de la vieille cité. L'intérieur est soigné avec ses plâtres cirés aux tons pastel présents dans les couloirs et dans les chambres. Rideaux, dessus-de-lit fleuris et meubles parfois anciens complètent le décor de ces dernières. Grandes ou plus petites, elles bénéficient toutes de vastes volumes avec leurs hauts plafonds à la française et leurs belles fenêtres à meneaux. Certaines salles de bains sont cependant un peu désuètes. Dîners et petits déjeuners sont excellents, servis dans une chaleureuse salle à manger au vieux pavage en terre cuite qui ouvre d'un côté sur un jardinet et de l'autre sous les arcades. L'agréable petite piscine sur le toit terrasse est très appréciée l'été au retour de la plage. Accueil simple et familial.

Accès (carte n° 32) : à 48 km à l'ouest d'Arles, direction Saintes-Maries-de-la-Mer, puis D 58.

Hôtel Les Templiers

30220 Aigues-Mortes (Gard)
23, rue de la République
Tél. 04 66 53 66 56 - Fax 04 66 53 69 61
M. et Mme Alary
E-mail : hotellestempliers@tiscali.fr

Catégorie ★ ★ ★ **Ouverture** toute l'année **Chambres** 11 climatisées avec tél., s.d.b. ou douche, w.c. et t.v. satellite ; accès handicapés **Prix** des chambres : 100 à 155 € ; suites : 150 à 190 € - Petit déjeuner : 10,50 €, servi de 8 h 30 à 12 h **Cartes de crédit** acceptées **Divers** chiens admis (10 €) - Garage sur réservation (10 €) **Alentour** la Camargue ; Arles ; les Saintes-Maries-de-la-Mer (pèlerinage des gitans 24 et 25 mai) ; Tarascon ; Nîmes ; Montpellier **Restaurant** *La Guinguette*, service de 12 h à 14 h, 20 h 30 à 23 h - Fermé mardi et mercredi - Menu : 13 € (midi) - Carte.

D'une maison de marchands du XVIIIe, les propriétaires ont fait un hôtel raffiné au cœur d'Aigues-Mortes. En entrant chez eux, on est tout de suite marqué par leur hospitalité et la chaleur des lieux : des salons aux confortables banquettes, un bar très cosy avec ses fauteuils club en cuir usé et ses lumières tamisées. Partout des objets, souvenirs de nombreux voyages, des livres, des affiches, des vieux meubles chinés ici et là, participent de cette atmosphère. Un bel escalier conduit aux ravissantes chambres toutes différentes et décorées avec le même esprit. Certaines donnent sur la rue piétonne mais demeurent très calmes en dehors des périodes de fêtes. Des autres, on apprécie la douceur de la cour intérieure avec sa fontaine rafraîchissante et son bassin de nage. C'est ici que l'on peut goûter à la bonne cuisine du marché, servie également dans un ancien garage aménagé en un agréable restaurant avec son sol en béton noir. Dans une autre pièce on retrouve un bistrot plus simple mais tout aussi charmant. Une merveilleuse adresse de charme comme on aimerait en trouver plus souvent.

Accès (carte n° 32) : à Arles, direction Saintes-Maries-de-la-Mer, puis D 58.

Demeures du Ranquet

Tornac 30140 Anduze (Gard)
Tél. 04 66 77 51 63 - Fax 04 66 77 55 62
M. et Mme Majourel
E-mail : ranquet@tiscali.fr - Web : ranquet.com

Fermeture du 15 novembre au 15 décembre et une semaine en mars **Chambres** 10 climatisées avec tél., s.d.b., w.c., t.v., wifi, coffre-fort et minibar ; accès handicapés **Prix** des chambres (selon saison) : 125 à 210 € - Petit déjeuner : 15 €, servi à partir de 7 h 30 - Demi-pension : 115 à 145 € **Cartes de crédit** acceptées **Divers** chiens admis - Piscine, practice de golf, stage de cuisine, promenade à dos d'âne - Parking **Alentour** bambouseraie ; Générargues ; Luziers ; musée du Désert ; grotte de Trabuc ; Saint-Jean-du-Gard **Restaurant** service de 12 h à 13 h 30, 19 h 45 à 21 h 30 - fermé mardi et mercredi de mi-septembre à fin mai ; le midi : lundi, mardi et mercredi, de juin à mi-septembre - Menus : 31 à 70 € - Carte - Spécialité : bonbon croustillant de brandade de morue.

Recevoir des hôtes de marque n'est pas "monté à la tête" de ce couple charmant. Ceux qui apprécient depuis longtemps l'authenticité de leur accueil y reviennent avec une fidélité qui les surprend encore. Ici, on se laisse doucement gagner par une ambiance à la fois professionnelle et amicale et les habitués savent qu'ils séjourneront en toute indépendance dans les pavillons dispersés dans le sous-bois ; ils y retrouveront les grandes chambres au décor moderne, toujours très confortables, et leur terrasse de plain-pied. Côté restaurant, la cuisine d'Anne Majourel est une splendeur, couronnée l'an dernier par une première étoile Michelin. Les amateurs de vin trouveront aussi leur bonheur. Pour le reste, il s'agit d'un habile mélange qui résulte à la fois de l'amour de ces gens pour ce métier et de leur intérêt déclaré et généreux pour la peinture ou le jardinage par exemple… Une dernière chose, ne manquez le petit déjeuner sous aucun prétexte.

Accès (carte n° 32) : à 47 km au nord-ouest de Nîmes vers Alès, à 6 km au sud d'Anduze sur D 982, puis route de Saint-Hippolyte-du-Fort.

Hostellerie Le Castellas

30210 Collias (Gard) - Grand' Rue
Tél. 04 66 22 88 88 - Fax 04 66 22 84 28 - M. et Mme Aparis
E-mail : lecastellas@wanadoo.fr - Web : lecastellas.fr

Catégorie ★★★ Fermeture en janvier **Chambres** 15 et 2 suites, climatisées, avec tél., s.d.b., w.c., t.v. et minibar **Prix** des chambres : 60 à 157 € ; suites : 213 € - Petit déjeuner : 16 €, servi de 7 h 30 à 10 h 30- Demi-pension : 110 à 192 € **Cartes de crédit** acceptées **Divers** chiens admis (6 €) - Piscine - Parking **Alentour** pont du Gard ; Nîmes ; Montpellier - Golf 9 trous à Uzès **Restaurant** service de 12 h à 14 h, 19 h à 21 h - Menus : 19 € (déjeuner) ; 46 à 100 € (dîner) - Carte - Spécialité : côtes et filet d'agneau rôtis, légumes du moment au sautoir, jus nourri à l'ail doux.

L'*Hostellerie Le Castellas* occupe deux vieilles demeures du XVIIe, dans une petite rue du centre de Collias. Tirant admirablement parti de la disposition des maisons, Mme Aparis a réussi à faire de la cour fermée une oasis de verdure et à cacher en contrebas une petite piscine bordée par un espace où tiennent quelques chaises longues. Lieu d'expression privilégié pour des artistes, peintres ou sculpteurs, la seconde maison possède des chambres à la décoration intérieure exceptionnelle avec parfois des salles de bains fabuleuses (l'une d'elles profite même d'une terrasse-solarium sur le toit avec, en son centre, une baignoire...). Plus classiques, les chambres de la maison principale sont également très agréables et d'un confort parfait. Excellents dîners, fins et inventifs réalisés avec brio par Jérôme Nutile assisté du sommelier Jean-Luc Sauron. Vous les dégusterez sous les voûtes de la salle à manger ou dehors en terrasse (les petits déjeuners, en tout point excellents méritent aussi une mention). Accueil sympathique et très prévenant. Une excellente adresse de charme récemment agrémentée, en face, de quatre belles chambres d'hôtes dépendant de l'hôtel.

Accès (carte n° 33) : à 26 km au nord-est de Nîmes par A 9, sortie Remoulins ; à Remoulins, prendre D 981 puis D 112 jusqu'à Collias.

La Vieille Fontaine

30630 Cornillon (Gard)
Tél. 04 66 82 20 56 - Fax 04 66 82 33 64
M. Audibert
E-mail : vieillefontaine@libertysurf.fr - Web : lavieillefontaine.net

Catégorie ★★★ **Fermeture** décembre, janvier et février **Chambres** 8 dont 4 climatisées, avec tél., s.d.b., w.c., t.v. et minibar **Prix** des chambres pour une ou deux personnes : 100 à 145 € - Petit déjeuner : 10 €, servi de 8 h 30 à 10 h - Demi-pension : 85 à 107,50 € **Cartes de crédit** Amex, Visa **Divers** chiens admis (10 €) - Piscine **Alentour** pont du Gard ; musée d'Art moderne de Bagnols-sur-Cèze ; gorges de la Cèze et de l'Ardèche ; aven d'Orgnac ; bambouseraie d'Anduze ; foire de Barjac **Restaurant** service de 12 h à 13 h 15, 19 h 30 à 21 h 15 - Menus : 35 à 55 € - Carte - Spécialité : moules farcies à la diable.

Dans l'enceinte de l'ancien château médiéval de Cornillon, M. et Mᵐᵉ Audibert ont intégré une structure très moderne qui abrite les huit chambres décorées par Madame. On y décèle le plaisir que cela lui a procuré. Deux chambres par étage. Au premier, les petites ouvertures d'origine ont été conservées, permettant, pendant les chaudes journées d'été d'y trouver une fraîcheur bienveillante. La montée au dernier étage, elle, est récompensée par l'agrément de balcons qui dominent les murs du château et profitent de la vue sur la vallée. Celle-là même qu'on admire depuis le restaurant (beaucoup de bonheur aussi de ce côté-là grâce au talent du gendre de Mme Audibert qui signe une cuisine fine et judicieusement créative). Pour accéder à la piscine, il vous faudra traverser un jardin en étages... déconseillé aux paresseux (à cause du nombre de marches) qui se priveraient alors de connaître les senteurs raffinées d'un jardin organisé avec soin. Accueil familial plein de bonne humeur et de gentillesse.

Accès (carte n° 33) : *à 45 km au nord-ouest d'Avignon par A 9 sortie Tavel jusqu'à Bagnols-sur-Cèze, puis D 980 direction Barjac. A 7, sortie Bollène.*

Jardins secrets

30000 Nîmes (Gard)
3, rue Gaston-Maruejols
Tél. 04 66 84 82 64 - Fax 04 66 84 27 47
Mme Valentin
E-mail : contact@jardinssecrets.net - Web : jardinssecrets.net

Ouverture toute l'année **Chambres** 4 climatisées, avec tél., s.d.b., w.c., t.v. satellite, minibar et coffre-fort ; **Prix** des chambres simples et doubles : 180 à 260 € - Petit déjeuner : 20 € **Cartes de crédit** Amex **Divers** chiens admis (30 €) - Piscine - Parking (15 €) **Alentour** Arènes, Maison Carrée, jardins de la fontaine ; Camargue - 2 Golfs 18 trous à Nîmes **Pas de restaurant** à l'hôtel.

Située en centre-ville, cette ravissante maison rose, tout en longueur, ouvre sur un délicieux jardin méditerranéen secrètement clos de murs. Styliste pour la presse, Annabelle Valentin a fait de sa maison un décor. Tout a été retravaillé pour laisser place à un intérieur luxueux, reconstitué dans l'esprit d'une demeure du XVIIIe avec quelques éléments empruntés au XIXe. Au rez-de-chaussée, une enfilade de salons éclairés de grandes portes-fenêtres donne accès au jardin. Tout y est : les canapés devant les cheminées, les livres d'arts posés sur les tables basses, le Pleyel, les tapis, les gravures… le raffinement est là, partout, même dans la cuisine, reconstituée elle aussi, où vous pourrez à la lueur des bougies, dans le cristal et l'argenterie, déguster des plateaux de fruits de mer et de fromages sur commande. Les chambres et les suites, spacieuses, orientées plein sud côté jardin, occupent l'étage. Là non plus rien n'est laissé au hasard : matériaux anciens, antiquités, soieries, linge de maison monogrammé…, tout est très abouti, d'un confort et d'un raffinement extrême, et le service très attentif ajoutera une belle touche de plus à cette merveilleuse mise en scène.

Accès (carte n° 32) : dans le centre-ville.

New Hôtel de La Baume

30000 Nîmes (Gard)
21, rue Nationale
Tél. 04 66 76 28 42 - Fax 04 66 76 28 45
M. Fontana
E-mail : nimeslabaume@new-hotel.com - Web : new-hotel.com

Catégorie ★★★ **Ouverture** toute l'année **Chambres** 34 climatisées avec tél., s.d.b., w.c., minibar et t.v. satellite **Prix** des chambres simples ou doubles : 90 à 120 € (hors férias) - Petit déjeuner : 10 € **Carte de crédit** Visa **Divers** chiens admis (10 €) - Parking **Alentour** à Nîmes : arènes, Maison carrée, musée des Beaux-Arts et Carré d'Art ; pont du Gard ; château de Villevieille à Sommières ; chapelle Saint-Julien-de-Salinelles - Golf 18 trous des Hauts-de-Nîmes **Pas de restaurant** à l'hôtel.

C'est un peu une habitude à Nîmes de marier ancien et contemporain ; le meilleur exemple étant la confrontation de l'antique Maison carrée et du musée d'art réalisé par Norman Foster. A sa manière, ce petit hôtel joue sur le même registre. D'un côté, il y a le noble édifice XVIIᵉ avec sa merveilleuse cour centrale bordée par un impressionnant escalier de pierre à balustres, son rez-de-chaussée voûté (bar et salle des petits déjeuners quand le temps ne permet pas d'utiliser la cour au beau mobilier de fer forgé), ses hauts plafonds à la française dans les chambres. De l'autre, il y a le parti pris décoratif résolument dépouillé et contemporain : tonalités chaudes et claires, panneaux de bois lisse, petits éclairages ciblés. Mention particulière pour certaines salles de bains et leur superbe design bois, verre et chrome. Au cœur de la vieille ville, voici une étonnante et belle découverte à prix raisonnables.

Accès (carte n° 32) : dans le centre-ville.

Château du Rey

30570 Pont-d'Hérault (Gard)
Tél. 04 67 82 40 06 - Fax 04 67 82 49 32
Famille Cazalis de Fondouce
E-mail : abeura@neuf.fr - Web : chateau-du-rey.com

Catégorie ★★ **Fermeture** du 1er octobre au 31 mars **Chambres** 12 et 1 suite, avec tél., s.d.b., w.c., t.v., 4 avec minibar **Prix** des chambres doubles : 75 à 97 € - Petit déjeuner : 8 €, servi de 8 h à 9 h 30 **Cartes de crédit** Amex, Visa **Divers** piscine, parcours de pêche aménagé - Parking **Alentour** mont Aigoual ; cirque de Navacelles ; gorges du Tarn ; grottes des Demoiselles - Golf 18 trous de Saint-Gély-du-Fesc **Restaurant** service de 12 h à 14 h 30, 19 h à 21 h - Menus : 21 à 42 € - Carte.

Depuis le XIIIe siècle, les hautes tours du Rey veillent sur le Viganais. Remanié au XIXe par Viollet-le-Duc, il est désormais ouvert aux hôtes dans une atmosphère toute provinciale. Pleine d'humour et de personnalité, Mme Cazalis et sa charmante belle-fille vous y recevront avec chaleur. Au 1er étage, vous aurez le choix entre quatre belles et grandes chambres et une superbe suite, toutes hautes de plafond, un rien surannées, et aménagées avec du mobilier de famille. Confortables, bien tenues, elles ont réussi à conserver l'ambiance de chambres d'amis et sont nos préférées. Au second, les volumes sont moins spacieux et certaines sont un peu vieillottes, mais le confort n'est pas en reste et leurs prix plus doux (nous vous conseillons surtout la 5). Le petit déjeuner peut être servi en chambre, sur la grande table de la belle salle à manger et même, en été, juste devant la piscine. Pour les autres repas, vous rejoindrez, dans le parc, la salle voûtée de la bergerie et sa belle terrasse, sous toile, remise au goût du jour avec du mobilier en fer forgé et en teck. Au bout du pré, les berges de l'Arre fourniront un agréable terrain de promenade et de pêche à la mouche.

Accès (carte n° 32) : A 9 sortie Montpellier, D 999 vers Ganges-Le Vigan. Le château se trouve à 1 km après avoir traversé Pont-d'Hérault.

Château de Potelières

30500 Potelières (Gard)
Tél. 04 66 24 80 92 - Fax 04 66 24 82 43 - Eric Odin
E-mail : infos@chateau-potelieres.com - Web : chateau-potelieres.com

Fermeture janvier **Chambres** 8, avec s.d.b., w.c. et t.v. satellite **Prix** des chambres : 90 à 175 € - Petit déjeuner : 13 € - Demi-pension : + 42 € **Cartes de crédit** Visa, Amex **Divers** chiens admis (5 €) - Piscine - Parking fermé **Alentour** Uzès ; pont du Gard ; gorges de l'Ardèche ; l'aven d'Orgnac - Canoë-kayac sur la Cèze **Restaurant** service de 12 h à 13 h 30, 20 h à 21 h - Fermé le lundi et le mardi - Menus : 27 € (le midi en semaine), 38 à 80 €. Spécialité : interprétation d'un foie gras de canard cuit en terrine, quenelle mi-figue mi-raisin marinée au sauterne, suc de porto et crème d'oignons.

Quelque part aux confins du Languedoc se trouve ce superbe château qui remonte au XIVᵉ siècle. Un imposant portail, veillé par deux sphinx, marque l'entrée des lieux, mais ici pas d'énigme… Une fois le portail franchi, il vous faut rejoindre le bel escalier à double révolution qui conduit au grand hall dallé de noir. A l'intérieur, rien de tapageur, la noble structure se suffisant à elle-même ; ainsi les tonalités sont douces, les éclairages discrets. Une grande galerie ouverte dessert de jolies chambres sobrement décorées et toujours dotées de leurs grandes portes d'origine et de leur sol en belle terre cuite ancienne. L'ambiance est un peu différente, plus cossue, dans la lumineuse salle à manger où la vue superbe embrasse un paysage encore préservé. C'est ici ou sur la grande terrasse sertie de balustrades que vous goûterez à la remarquable cuisine de Jean-Luc L'Hourre, récemment étoilé au *Michelin*. Enfin, à proximité, dans le splendide parc où alternent plates-bandes entretenues et bosquets laissés sauvages, une belle piscine redonne à l'idée d'oisiveté tout son sens. Une maison accueillante, soucieuse de qualité et que nous n'hésitons pas à recommander pour un séjour.

Accès (carte n° 32) : à une heure de l'A 7 sortie Alès. Prendre direction Alès puis route de Saint-Ambroix, Potelière est sur cette route.

Château de Saint-Maximin

30700 Saint-Maximin (Gard)
Tél. 04 66 03 44 16 - Fax 04 66 03 42 98 - Jean-Marc Perry
E-mail : info@chateaustmaximin.com - Web : chateaustmaximin.com

Fermeture février **Chambres** 4 et 2 suites avec s.d.b. et w.c. **Prix** des chambres : 145 à 230 € ; suites : 250 à 320 € - Petit déjeuner compris, servi de 8 h 30 à 11 h **Cartes de crédit** acceptées **Divers** piscine chauffée, salle de gymnastique, hammam, salle de musculation, espace soins et beauté - Parking fermé **Alentour** Uzès, pont du Gard, Nîmes, Avignon - Montgolfière, canoë-kayak, équitation - Golf 9 trous à 2 km **Restaurant** sur réservation uniquement, service de 20 h à 21 h - Fermé lundi et mardi - Menu du marché : 52 € (45 € pour les résidents).

Rebaptisé "la maison des siècles" par son jeune propriétaire, le *Château de Saint-Maximin* a posé ses premières pierres au sommet du village au XIIᵉ siècle. Modifié au XIIIᵉ, au XVIIᵉ puis encore au XVIIIᵉ, il atteint aujourd'hui son apogée grâce à Jean-Marc Perry qui a su créer ici un lieu à part, à la fois classique et contemporain, sobre et luxueux. Du jardin d'ombre où se cache une grande piscine saphir au jardin de soleil où poussent les plantes aromatiques, tout n'est que beauté, calme et harmonie. A l'intérieur, le raffinement et le confort actuel n'ont pas pour autant fait oublier l'âge des murs et, si le lieu conserve par endroit une certaine austérité, il n'en est pas moins réchauffé par les matières, les tableaux, le choix des tissus et, bien entendu, le mobilier. Visitez autant que possible les chambres et les suites pour mieux choisir celle qui vous conviendra : toutes sont étonnantes et magnifiques, et leurs salles de bains en pierre marbrière contribuent à leur réussite. Les petits déjeuners sont à l'image de la maison. Quant aux excellents dîners, ils ont lieu, certains soirs seulement, autour d'un menu unique. Les autres jours, Jean-Marc Perry saura vous indiquer les bonnes adresses de sa "Toscane française". Une adresse sublime.

Accès (carte n° 33) : à 35 km à l'ouest d'Avignon. A 9 sortie Remoulins puis D 981 vers Uzès.

Villa Saint-Victor

30700 Saint-Victor-des-Oules (Gard) - Place du Château
Tél. 04 66 81 90 47 - Fax 04 66 81 93 30 - Stéphane et Geoffroy Vieljeux
E-mail: info@villasaintvictor.com - Web: villasaintvictor.com

Catégorie ★★★ **Ouverture** du 3 janvier au 14 février **Chambres** 12, 4 suites et 2 pavillons avec tél., s.d.b. ou douche, w.c. et t.v. sur demande; **Prix** des chambres doubles: à partir de 100 €; suites (2 ou 3 pers.): 180 à 230 € - Petit déjeuner-buffet: 12 €, servi de 8 h 30 à 11 h - Demi-pension: 92 à 127 € **Carte de crédit** Visa **Divers** chiens admis (20 €) - Piscine, tennis - Parking **Alentour** pont du Gard; Uzès; Avignon; la bambouseraie; musée du Désert **Restaurant** réservé aux résidents le midi - Fermé dimanche soir et lundi - Menus: 18 € (déjeuner); 35 € (menu du jour); 25 € (brunch du dimanche).

Bâtie à flanc de colline dans un parc aux arbres centenaires, la *Villa Saint-Victor*, "revisitée" au XIXe, domine les Cévennes et la plaine de Saint-Quentin. Transformée en hôtel en 2004, cette imposante maison a repris des couleurs à travers une décoration extrêmement aboutie, mélange de tendances actuelles et de classicisme. Délicieusement aménagées, calmes, lumineuses et d'un confort parfait, les chambres auxquelles on accède par un bel escalier du XVIIe sont toutes différentes (nobles volumes au premier, plus intimes au second). Seules "Julia" et "Florian", toutes petites, nous plaisent moins. Nous aimons également les salons, très raffinés, et la salle du restaurant aux voûtes de pierre qui ouvre sur une jolie terrasse toute en verdure et en recoins. Vous y dégusterez petits déjeuners et dîners et pourrez profiter du parc et de la piscine à l'heure du thé pour goûter une part de tarte ou un gâteau... Seule ombre au tableau : la présence d'une petite salle de réception qui dénote un peu avec le cadre… Mais on l'oublie vite, car la *Villa Saint-Victor* réunie de nombreuses qualités pour compter parmi les hôtels les plus agréables des environs d'Uzés.

Accès (carte n° 33) : *A Uzès, D 982 vers Bagnols-sur-Cèze, faire 2,5 km puis à gauche, D 125. L'hôtel est fléché à Saint-Victor.*

Auberge du Pont Romain

30250 Sommières (Gard)
2, rue Emile-Jamais
Tél. 04 66 80 00 58 - Fax 04 66 80 31 52
Famille Michel
E-mail : aubergedupontromain@wanadoo.fr - Web : aubergedupontromain.com

Catégorie ★★★ **Fermeture** du 15 janvier au 15 mars **Chambres** 19 avec tél., s.d.b. ou douche et w.c.; ascenseur **Prix** des chambres : 65,50 à 98,50 € - Petit déjeuner : 11 €, servi de 7 h 45 à 10 h - Demi-pension : 76 à 90 € **Cartes de crédit** acceptées **Divers** chiens admis - Piscine - Parking fermé **Alentour** château de Villevieille ; chapelle de Saint-Julien-de-Salinelles - 5 golfs 18 trous à proximité **Restaurant** service de 12 h 15 à 13 h 15, 20 h 15 à 21 h 30 - Fermé lundi midi - Menus : 32 à 53 € ; menu enfant : 18,50 € - Carte - Spécialités : Foie gras de canard mi-cuit maison ; moules de pleine mer et pleurotes au safran ; homard et sa bisque au chocolat blanc.

Jusqu'en 1968, cet imposant bâtiment fut une fabrique de laine puis de tapis, il n'en exprime pas moins l'ambiance des bonnes auberges traditionelles. Franchi le porche, tout devient très attrayant : fleurs et arbres poussent d'abondance et égaient la vieille manufacture. Ce jardin s'ouvre sur le cours capricieux du Vidourle qui traverse la ville et abrite piscine et terrasse fleurie. A l'intérieur, on ne peut qu'admirer la générosité des volumes, l'allure des pièces de réception où rutilent les cuivres, le caractère du mobilier. Côté chambres, celles qui donnent sur le jardin sont vastes, un rien surannées, mais avec du caractère. Les autres sont plus gaies avec leur décoration provençale mais se contentent souvent d'une vue sur le village (mais l'une d'elles profite d'une terrasse donnant sur la rivière). Cuisine traditionnelle, copieuse, pleine de saveur et couronnée par d'excellentes pâtisseries (signée par M. Michel et ses deux fils). Accueil des plus chaleureux.

Accès (carte n° 32) : à 28 km au sud de Nîmes par D 40. Ou par A 9, sortie Lunel.

Le Relais de l'Estelou

30250 Sommières (Gard)
Ancienne gare, route d'Aubais
Tél. 04 66 77 71 08 - Fax 04 66 77 08 88 - M. Philippe de Frémont
E-mail: hoteldelestelou@free.fr - Web: hoteldelestelou.free.fr

Catégorie ★★ **Fermeture** du 3 janvier au 3 février et du 25 novembre au 15 décembre **Chambres** 26 avec tél., s.d.b., w.c. et t.v. **Prix** des chambres simples et doubles: 40 à 65 € - Petit déjeuner: 8 €, servi de 7 h à 11 h **Carte de crédit** Visa **Divers** petits chiens admis (5 €) - Piscine - Parking gardé **Alentour** bambouseraie d'Anduze; Nîmes; Montpellier; pont du Gard; Aigues-Mortes - Golfs à proximité **Pas de restaurant** à l'hôtel.

Décidément, la jolie petite ville de Sommières donne dans l'hôtellerie post industrielle; l'*Auberge du Pont Romain* (voir page précédente) était déjà une ancienne filature, voici maintenant une gare à la retraite! L'édifice aurait probablement sombré dans le sommeil sans l'énergie passionnée de Philippe de Frémont qui l'a transformé en un hôtel de charme original et bien conçu. Les rails, ici comblés de terre, ont permis la plantation de gros carrés de lavandes, et là, creusés plus encore, ont favorisé la création d'une piscine. À l'intérieur, le vaste volume du hall d'accueil a été conservé pour créer un espace de réception, meublé *à minima* de quelques canapés, avec de belles toiles contemporaines sur les murs. Derrière, sous l'ancienne verrière du quai n° 1, la véranda, devenue salle du petit déjeuner, reste le lieu privilégié où écrire, travailler à toute heure de la journée. Là, comme dans étages, le style est gai, actuel et de bon ton. En effet, les vingt-six chambres, parfaitement agencées, même pour les plus petites sont agréables et lumineuses. Sols en parquet ou en jonc de mer, murs clairs, salles de bains impeccables, tout est confortable, sobre et soigné. Accueil simple, naturel et prix très doux.

Accès (carte n° 32): A 9 sortie Lunel, direction Sommières, premier rond-point, centre-historique, après le pont tourner à droite. 200 m, petite route à gauche.

Château d'Arpaillargues

30700 Uzès (Gard) - Château d'Arpaillargues
Tél. 04 66 22 14 48 - Fax 04 66 22 56 10 - M. et Mme Savry
E-mail: savrychateau30@aol.com - Web: lcm.fr/savry

Catégorie ★★★ **Fermeture** de mi-octobre à mi-avril **Chambres** 28 (23 climatisées) avec tél., s.d.b., w.c., t.v. et minibar **Prix** des chambres: 90 à 190 €; suites: 150 à 250 € - Lit suppl.: 30 € - Petit déjeuner: 13 €, servi de 7 h 30 à 10 h 30 - Demi-pension: + 55 € **Cartes de crédit** acceptées **Divers** chiens admis (15 €) - Piscine, tennis - Parking **Alentour** Uzès; pont du Gard - Golf 9 trous à Uzès, 18 trous à 20 km **Restaurant** service de 12 h 15 à 14 h, 19 h 30 à 21 h 30 - Menus: 26 à 45 € - Carte.

A quelques kilomètres d'Uzès, cet hôtel occupe le château d'Arpaillargues, belle demeure du XVIIIe siècle où vécut la comtesse Marie d'Agoult, compagne de Franz Liszt. D'emblée, on est séduit par la superbe cour-jardin où l'on s'installe volontiers pour lire ou prendre un verre à l'ombre du grand figuier. Dans la maison, les pièces de réception ont du caractère et l'atmosphère y est plutôt celle d'une maison privée que d'un hôtel. Un escalier monumental mène aux étages où se trouvent neuf grandes chambres classiquement aménagées avec beaucoup de goût et bien meublées. Les autres sont dans la magnanerie, et, malgré leurs quelques meubles anciens et leur petite terrasse de plain-pied, nous ne les recommandons pas car elles méritent aujourd'hui de sérieux "rafraîchissements". Pour le soleil, un bel espace isolé côté parc permet de se détendre au bord d'une grande piscine. En saison, on peut y déjeuner au grill d'été, mais le soir, c'est au restaurant de l'hôtel que l'on vous servira une cuisine raffinée. L'accueil et le service sont attentifs. Signalons l'*Hôtel du Général d'Entraigues* (Tél: 04 66 22 32 68) situé dans un très beau bâtiment au cœur de la cité d'Uzès ; cet établissement, géré par la même famille, est actuellement en cours de rénovation.

Accès (carte n° 33): N 100 jusqu'à Remoulins (sur A 9, sortie Remoulins), puis D 981 jusqu'à Uzès, et D 982 (vers l'ouest) 4 km jusqu'à Arpaillargues.

Château de Madières

Madières 34190 Ganges (Hérault)
Tél. 04 67 73 84 03 - Fax 04 67 73 55 71
M. et Mme Raspati
E-mail: madieres@wanadoo.fr - Web: http://chateau-madieres.com

Catégorie ★★★★ **Fermeture** du 2 novembre au 12 avril **Chambres** 12 avec tél., s.d.b. ou douche, w.c., t.v. et minibar **Prix** des chambres doubles: 135 à 233 €; suites: 220 à 283 € - Petit déjeuner: 15 €, servi de 8 h 30 à 10 h 30 **Cartes de crédit** acceptées **Divers** chiens admis avec supplément - Piscine chauffée, salle de fitness - Parking **Alentour** gorges de la Vis; cirque de Navacelles; La Couvertoirade; grotte des Demoiselles; église de Saint-Guilhem-le-Désert **Restaurant** service de 12 h 30 à 14 h, 19 h 30 à 21 h - Menus: 45 à 69 € - Carte - Spécialités: pur foie gras de canard maison mariné au muscat; mille feuille de raie à l'embeurrée de brandade; cœur de filet de bœuf sauté, brisures de truffes et pâtes fraîches au foie gras.

Située dans les Cévennes méridionales, au cœur des gorges de la Vis, cette place forte du XIVe est un véritable balcon accroché à flanc de montagne, à vingt minutes seulement du cirque de Navacelles. Racheté il y a deux ans par M. et Mme Raspati, le château a été aménagé avec beaucoup de goût, et jouit d'un charme exceptionnel. D'un luxe de bon aloi, les chambres se développent autour d'un patio abrité du vent et du soleil. Très confortables et gaies, elles ont été décorées avec un souci évident du détail pour que chacune soit unique. L'élégant salon, où subsiste une cheminée Renaissance, est attenant à une terrasse donnant sur la rivière et le village. Deux salles de restaurant (dont une panoramique) permettent de déguster une cuisine de bonne réputation mais que nous n'avons pas encore eu l'occasion de tester. L'été, il est également possible de déjeuner à l'ombre, près de la piscine aménagée sur une terrasse en contrebas.

Accès (carte n° 32): à Montpellier, D 986, direction Le Vigan jusqu'à Ganges, puis D 25 direction le cirque de Navacelles, Lodève (à 18 km de Ganges).

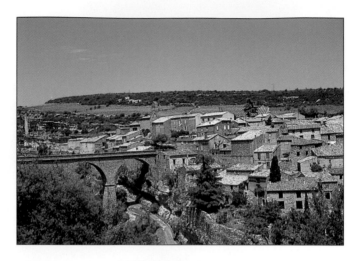

Relais Chantovent

34210 Minerve (Hérault)
Tél. 04 68 91 14 18 - Fax 04 68 91 81 99
Mme Evenou

Fermeture du 14 novembre au 14 mars ; dimanche soir et lundi **Chambres** 7 avec douche (1 avec s.d.b.) et w.c. **Prix** des chambres simples ou doubles : 32 à 50 € - Petit déjeuner : 5,50 €, servi de 8 h à 10 h - Demi-pension : 50 € **Carte de crédit** Visa **Divers** chiens admis **Alentour** Minerve ; châteaux cathares de Lastours ; Carcassonne ; abbaye de Lagrasse ; abbaye de Fontfroide ; réserve africaine de Sigean ; vignobles du Minervois **Restaurant** service de 12 h 30 à 14 h, 19 h 30 à 21 h - Menus : 18 à 40 € - Spécialité : croustillant aux deux saumons sur coulis de poivrons doux.

Entre les gorges de la Cesse et du Brian, Minerve est un ravissant village tout en hauteur, uniquement relié à la route par un pont étroit, où seuls les riverains roulent en voiture. Cet hôtel éparpille au gré des calmes ruelles, restaurant, chambres et annexe. Comme nous, vous préférerez certainement être installés dans l'extension qui se trouve près de "l'agence postale-bibliothèque" car c'est avec beaucoup de goût qu'a été refaite cette vieille maison typique. La chambre 10, bien adaptée aux séjours, est aménagée sous les toits de façon originale et profite d'une terrasse particulière ; la 7 et la 9 bénéficient, elles aussi, d'une belle terrasse commune. Quant aux petites chambres installées dans le bâtiment principal face au restaurant, elles sont très propres, tout comme leurs salles de bains, mais offrent un décor banal. Le restaurant, avec vue sur la vallée calcaire de Brian, propose une bonne cuisine de terroir où les mets sont frais et délicieux (service en terrasse aux beaux jours). De plus, l'accueil y est attentionné, bon enfant, et toujours de bonne humeur.

Accès (carte n° 31) : à 45 km au nord-est de Carcassonne par N 113 et D 610 jusqu'à Homps, puis D 910 jusqu'à Olonzac, et D 10 jusqu'à Minerve (vers le nord).

Hôtel Le Guilhem

34000 Montpellier (Hérault)
18, rue Jean-Jacques-Rousseau
Tél. 04 67 52 90 90 - Fax 04 67 60 67 67
M. Charpentier
E-mail : hotel-le-guilhem@mnet.fr - Web : leguilhem.com

Catégorie ★★★ Ouverture toute l'année **Chambres** 36 climatisées, avec tél., s.d.b. ou douche, w.c., t.v. satellite et minibar ; ascenseur **Prix** des chambres doubles : 71 à 135 € - Petit déjeuner : 11 €, servi de 7 h à 12 h **Cartes de crédit** acceptées **Divers** chiens admis - Parking (5,50 €) **Alentour** centre historique de Montpellier **Pas de restaurant** à l'hôtel.

A deux pas du très beau jardin des Plantes, dans une ruelle du vieux Montpellier, le *Guilhem* a été aménagé dans cinq maisons attenantes du XVIème siècle. Il est encore possible d'accéder à l'une d'elles par l'ancienne boucherie-charcuterie dont on a conservé la devanture. Au calme, la plupart des chambres donnent sur un jardin aux essences méditerranéennes face à la cathédrale Saint-Pierre qui sonne les heures, mais reste silencieuse la nuit. De récents travaux ont permis d'agrandir les plus petites et de rafraîchir la décoration de l'ensemble des chambres. Toiles de Jouy coordonnées pour les rideaux et couvre-lits, papiers peints rayés et, pour certaines, salles de bains et lavabos en granit noir donnent un résultat des plus réussis. Le petit déjeuner, servi en chambre avec bouquet de fleurs et journal du jour, peut également se prendre sur une grande terrasse ensoleillée. Une bonne adresse à l'accueil attentif. Pour vos repas, nous vous conseillons les très bonnes tables que sont *La Maison de la Lozère* ou *Les Vignes.*

Accès (carte n° 32) *: A 9 sortie Montpellier-est, suivre fléchage centre historique, passer sous l'arc de triomphe puis 2ᵉ rue à gauche après le palais de justice.*

Ostalaria Cardabela

34725 Saint-Saturnin-de-Lucian (Hérault)
10, place de la Fontaine
Tél. 04 67 88 62 62 - Fax 04 67 88 62 82
M. David Pugh
E-mail : ostalaria.cardabela@wanadoo.fr

Fermeture de fin octobre à mi-mars **Chambres** 7 avec tél., s.d.b., w.c. et t.v. sur demande **Prix** des chambres simples et doubles : 68 à 95 € - Petit déjeuner : 9,50 €, servi de 8 h à 10 h **Cartes de crédit** Visa, Diners **Divers** chiens non admis **Alentour** Lodève ; vallée de l'Hérault : Villeneuvette, Brissac, Saint-Guilhem-du-Désert **Restaurant** *Le Mimosa* à Saint-Guiraud (2 km), service de 12 h à 13 h 30, 19 h 30 à 21 h 30 - Fermé le midi (sauf le dimanche, dimanche soir et lundi - Menu : 56 €.

En contemplant cette auberge située au cœur d'un vieux village viticole, l'hôte de passage ne peut deviner les qualités qui se cachent derrière l'étroite façade et la lourde porte d'entrée. Il y découvrira de jolies chambres toutes simples avec un sol en terre cuite ou en carreaux de ciment peints, des meubles en osier et fer forgé, des tissus provençaux rouges et jaunes, et d'impeccables petites salles de bains blanches. Les chambres du premier étage affichent de beaux volumes mais, hormis "Cardabela", leur vue est limitée, inconvénient moins prononcé au second, les fenêtres atteignant le haut des toits des maisons environnantes. Très soigné, le petit déjeuner se prend, au choix, dans la chambre ou à la table d'hôtes située au rez-de-chaussée ; s'y ajoutent l'été quelques tables en terrasse. Pour déjeuner ou dîner, ne manquez surtout pas de rejoindre à deux kilomètres *Le Mimosa* qui n'est autre que le restaurant de l'hôtel. Vous y goûterez, dans le cadre d'un joli jardin, une excellente cuisine (inoubliable carte des vins régionaux). Une dernière précision : l'*Ostalaria* disposant d'un personnel très réduit, il est prudent de préciser l'heure de votre arrivée.

Accès (carte n° 32) : à 10 km au nord de Clermont-l'Hérault.

La Lozerette

48400 Cocurès (Lozère)
Tél. 04 66 45 06 04 - Fax 04 66 45 12 93
Mme Pierrette Agulhon
E-mail : lalozerette@wanadoo.fr

Catégorie ★ ★ **Fermeture** de la Toussaint à Pâques **Chambres** 21 avec tél., s.d.b. ou douche, w.c. et t.v. **Prix** des chambres doubles : 52 à 76 € - Petit déjeuner : 7,80 €, servi de 8 h à 11 h - Demi-pension : 51 à 65 € **Cartes de crédit** acceptées **Divers** chiens admis sauf au restaurant - Parking et garage (3 places) **Alentour** parc national des Cévennes (centre d'information à Florac), corniche des Cévennes de Saint-Jean-du-Gard à Florac ; gorges du Tarn de Florac à Millau par Sainte-Enimie ; mont Lozère **Restaurant** service de 12 h à 13 h 30, 19 h 30 à 21 h 15 - Fermé mardi midi toute l'année (menu unique pour les résidents le soir) et mercredi midi sauf juillet-août - Menus : 16 à 46 € - Carte - Spécialités : panade de morue à l'ail doux ; andouillette d'agneau au jus de thym.

Ne négligez pas cette cette petite auberge de village à la façade un peu terne car vous passeriez à côté d'un lieu charmant et d'une incontestable qualité. La majeure partie des chambres bénéficie d'un beau parquet de chêne clair et d'un balcon (certaines disposent d'un canapé-lit pour les enfants). L'éclairage est assuré par d'élégantes appliques, les tissus sont raffinés et gais, les matelas excellents et les salles de bains tout à fait plaisantes. Au rez-de-chaussée, la vaste et belle salle à manger permet de découvrir le travail de Masashi Iijima, jeune chef plein d'avenir. Pour les vins, remettez-vous en à Pierrette Agulhon, sommelière réputée et propriétaire du lieu. De l'autre côté de la petite route, un petit terrain arboré a été aménagé pour la détente et pour l'apéritif. Une bonne et très sympathique adresse dans une région à découvrir.

Accès (carte n° 32) : à 38 km de Mende ; à 5,5 km au nord-ouest de Florac par N 106 et D 998.

Château de la Caze

La Malène 48210 Sainte-Enimie (Lozère)
Tél. 04 66 48 51 01 - Fax 04 66 48 55 75 - Sandrine et Jean-Paul Lecroq
E-mail : chateau.de.la.caze@wanadoo.fr - Web : chateaudelacaze.com

Catégorie ★★★★ **Fermeture** du 11 novembre au 31 mars; le mercredi hors saison **Chambres** 7 et 10 suites, avec tél., s.d.b., w.c., t.v., minibar dans les suites; 1 chambre handicapés **Prix** des chambres : 108 à 162 € ; suites : 150 à 260 € - Petit déjeuner : 14 €, servi de 8 h à 10 h - Demi-pension : 101 à 142 € **Cartes de crédit** acceptées **Divers** chiens admis sauf au restaurant - Piscine - Parking et garage **Alentour** parc des Cévennes; gorges du Tarn; mont Lozère **Restaurant** service de 12 h à 13 h 30, 19 h 30 à 21 h 30 - Fermé mercredi hors saison, et jeudi midi - Menus : 32 à 78 € - Carte - Spécialités : selle d'agneau de Lozère; gâteau à la châtaigne et au chocolat amer.

Les gorges du Tarn s'élargissent pour laisser place à ce ravissant château du XVème siècle, réchauffé par le soleil et tourné vers les reflets vert émeraude du Tarn qui coule à ses pieds. Il conserve de nombreux éléments du passé comme en témoigne le magnifique couloir pavé de pierres polies qui conduit à la réception, au salon-bar (où brûle souvent un feu de cheminée) et à la très agréable salle à manger dont les portes-fenêtres ouvrent sur une terrasse plein sud surplombant la rivière. Cette terrasse est un pur bonheur : de là, on embrasse le merveilleux paysage offert par les gorges du Tarn, et on y goûte, lorsque le temps le permet, la savoureuse cuisine de Jean-Paul Lecroq, à la fois créative et enracinée dans le terroir dont il utilise les produits. Souvent spacieuses, les suites et les chambres (à part deux) dominent les eaux du Tarn. Celles du château revisitent le style médiéval sans grande austérité et avec beaucoup de confort (impeccables salles de bains). De l'autre côté du jardin et de la piscine, un autre bâtiment abrite quelques belles suites, modernes, rénovées dans un esprit méridional des plus agréables. L'accueil de Sandrine et Jean-Paul Lecroq et de leur équipe est attentif et souriant.

Accès (carte n° 32) : à 46 km au sud de Mende ; à 3 km au nord-est de La Malène sur D 907 bis.

La Regordane

La Garde-Guérin 48800 Villefort (Lozère)
Tél. 04 66 46 82 88 - Fax 04 66 46 90 29
M. Nogier
E-mail : pierre.nogier@free.fr - Web : regordane.com

Catégorie ★★ **Fermeture** d'octobre à Pâques **Chambres** 15 avec tél., s.d.b., w.c., 10 avec t.v. **Prix** des chambres simples et doubles : 51 à 62 € - Petit déjeuner : 7,50 €, servi de 8 h à 10 h - Demi-pension : 49 à 57 € **Cartes de crédit** Visa, Diners **Divers** chiens admis (3 €) - Parking **Alentour** parc national des Cévennes ; mont Lozère (du mas de la Barque au col de Finiel) ; sources de l'Allier et du Tarn ; gorges du Tarn ; Sainte-Enimie **Restaurant** service de 12 h à 14 h, 19 h 30 à 21 h - Menus : 17 à 33 € - Carte - Spécialités : maoûche aux pruneaux ; pot-au-feu d'agneau de lait lorézien ; foie gras entier maison ; fario du mont Lozère.

Entre le mont Lozère et les gorges du Chassezac, La Garde-Guérin est un village fortifié installé sur un plateau de landes rocailleuses qui semble préservé de la civilisation depuis des temps immémoriaux. L'auberge occupe une ancienne demeure seigneuriale du XVIᵉ et doit son nom à la voie préromaine reliant le Midi au Massif central. Derrière l'austérité de sa façade se cachent d'agréables petites chambres refaites à neuf, avec leur parquet couleur de miel, leur décor sobre agrémenté d'un beau tissu et de quelques éléments anciens. Toutes donnent sur les vieux murs du village avec, parfois, une échappée sur la campagne. Vous profiterez également d'un agréable salon plein de caractère avec sa cheminée monumentale et son beau mobilier Louis-Philippe. Excellente cuisine servie dans une salle à manger voûtée ou, l'été, dans la cour intérieure. Une très sympathique adresse, remarquablement tenue par deux frères passionnés.

Accès (carte n° 32) : à 55 km d'Alès par D 906.

Le Mas des Trilles

66400 Céret-Reynès (Pyrénées-Orientales)
Tél. 04 68 87 38 37 - Fax 04 68 87 42 62
Famille Bukk
E-mail: mastrilles@free.fr - Web: le-mas-trilles.com

Catégorie ★★★ **Fermeture** du 9 octobre 28 avril **Chambres** 10 avec tél., s.d.b., w.c. et t.v.; 1 chambre handicapés **Prix** des chambres doubles et suites: 90 à 220 € - Petit déjeuner compris, servi de 8 h 30 à 10 h 30 **Cartes de crédit** acceptées **Divers** chiens admis avec supplément - Piscine chauffée - Parking fermé **Alentour** à Céret: musée d'Art moderne et église Saint-Pierre; Cabestany; châteaux de Quéribus et de Peyrepertuse; Perpignan - Golf 27 trous de Saint-Cyprien, golf 18 trous de Falgos **Pas de restaurant** à l'hôtel mais possibilité de restauration légère sur place.

C'est un mas très ancien entouré d'un jardin et d'arbres fruitiers. Les chambres, elles, sont silencieuses en toutes circonstances. A l'intérieur de la maison, tout vient d'être rénové et décoré avec un goût parfait. Les sols sont en terre cuite provençale, les murs sont peints à l'éponge dans certaines pièces, talochés de blanc dans d'autres, et chaque tissu fut amoureusement choisi par Mme Bukk pour se marier avec l'ensemble. Vous profiterez de très agréables salles de bains et, souvent, d'une terrasse privative où l'on peut vous servir les petits déjeuners (toujours avec quelques fruits frais). Le soir, un dîner réservé aux résidents est servi dans une ravissante salle à manger ou en terrasse. Cette ambiance très "maison" est encore renforcée par le chaleureux accueil que vous y trouverez. Une adresse aussi belle que confortable.

Accès (carte n° 31): à 31 km au sud-ouest de Perpignan par A 9, sortie Le Boulou, puis D 115 direction Céret (ne pas entrer dans Céret); à 2 km après Céret, direction Amélie-les-Bains.

Hôtel Casa Païral

66190 Collioure (Pyrénées-Orientales)
Impasse des Palmiers
Tél. 04 68 82 05 81 - Fax 04 68 82 52 10 - Mmes Guiot et Lormand
E-mail: contact@hotel-casa-pairal.com - Web: hotel-casa-pairal.com

Catégorie ★★★ **Fermeture** de la Toussaint à Pâques **Chambres** 28 climatisées, avec tél., s.d.b. ou douche, w.c., t.v. satellite et minibar **Prix** des chambres: 75 à 140 € ; junior-suites: 155 à 170 € - Petit déjeuner: 10 € **Cartes de crédit** acceptées **Divers** chiens admis (5 €) - Piscine - Parking (10 €) **Alentour** Côte Vermeille entre Argelès-sur-Mer et Cerbère ; balcon de Madeloc ; route de montagne entre Collioure et Banyuls ; château de Salses ; musée d'Art moderne à Céret - Golf 27 trous de Saint-Cyprien **Pas de restaurant** à l'hôtel.

Cachée dans une petite impasse, au centre même de Collioure, la *Casa Païral* se trouve à quelques minutes des plages, des restaurants, des cafés, mais reste néanmoins au calme. Cette luxueuse maison bourgeoise du siècle dernier fut construite dans un style arabisant: fers forgés, marbres, céramiques sont les éléments essentiels de la décoration, sans oublier le patio où pousse, à l'ombre d'un grand palmier et d'un magnolia centenaire, une végétation luxuriante. Qu'elles soient dans la maison principale ou dans la dépendance, la plupart des chambres sont confortables, personnalisées et très séduisantes. Ajoutez-y un salon rétro des plus charmants, une sympathique petite piscine et un excellent buffet de petit déjeuner et vous comprendrez mieux pourquoi cette adresse recherchée nécessite une réservation en saison. Accueil très agréable et très attentif. Pour dîner à Collioure, choisissez, *Le Neptune, Le Trémail,* ou *L'Almandin* (plus gastronomique) à Saint-Cyprien. Enfin, nous ne résistons pas à vous conseiller, à Girona (quelques minutes de l'autre côté de la frontière), l'extraordinaire *El Celler de Can Roca*, l'un des sommets de la gastronomie espagnole...

Accès (carte n° 31): à 26 km au sud-est de Perpignan par N 114.

Hôtel Restaurant L'Atalaya

Llo 66800 Saillagouse (Pyrénées-Orientales)
Tél. 04 68 04 70 04 - Fax 04 68 04 01 29 - Mme G. Toussaint
E-mail : atalaya66@aol.com - Web : atalaya66.com

Catégorie ★★★ **Fermeture** du 5 novembre au 15 décembre et du 15 janvier à Pâques (sauf vacances de Février) **Chambres** 13, avec tél., s.d.b., w.c., t.v. satellite, minibar et coffre-fort **Prix** des chambres : 95 à 145 € - Petit déjeuner : 11,50 €, servi de 7 h 30 à 10 h 30 - Demi-pension : 90 à 125 € **Carte de crédit** Visa **Divers** chiens admis - Piscine - Parking **Alentour** thermes d'eaux sulfureuses ; four solaire d'Odeillo ; lac des Bouillouses ; château de Quérigut - Ski - Golfs de Cerdana 18 trous **Restaurant** service de 12 h 30 à 14 h, 19 h 30 à 21 h 30 - Fermé le midi du lundi au jeudi - Menus : 31 à 48 € - Carte.

À la frontière de l'Andorre et de l'Espagne, Llo est un village typique de Cerdagne. Autour des ruines de son château du XIe et de sa tour de guet, dite "Atalaya" en vieux castillan, le village surplombe les gorges du Sègre. C'est dans ce site enchanteur qu'est installée l'auberge. La demeure est ravissante : architecture de lauzes et schistes couverte de vigne vierge et donnant sur la vallée, jolis salons, petites chambres douillettes et confortables à souhait dont Mme Toussaint s'est attachée à soigner particulièrement le décor qu'elle ne cesse de revisiter avec un goût merveilleux (cependant certaines peintures sont un peu vieillissantes). Leur vue toujours splendide ouvrent sur les montagnes ou le village. Le coin bar où sont disposés des livres d'art est séparé de la chaleureuse salle à manger par une cloison de verre et une ancienne porte indienne. En plus du plaisir des yeux - le panorama sur la vallée y est superbe - vous aurez celui d'y goûter une bonne cuisine rappelant le terroir cerdan. En été, les repas sont servis sur une terrasse fleurie de géraniums et de trémières ; un peu plus haut dans le jardin, vous pourrez profiter de la belle piscine En hiver, la proximité de huit stations de ski est un atout supplémentaire pour cette adresse accueillante, authentique et rare !

Accès (carte n° 31) : à 90 km à l'ouest de Perpignan par N 116, jusqu'à Saillagouse, puis D 33.

La Maison des Consuls

09500 Mirepoix (Ariège)
Tél. 05 61 68 81 81 - Fax 05 61 68 81 15
M. Garcia
E-mail: hotel@maisondesconsuls.com - Web: maisondesconsuls.com

Catégorie ★★★ **Ouverture** toute l'année **Chambres** 8 (dont 2 suites climatisées) avec tél., s.d.b., w.c., t.v. et minibar **Prix** des chambres doubles: 70 à 150 € - Petit déjeuner: 10 et 15 €, servi de 7 h 30 à 10 h 30 **Cartes de crédit** Visa, Amex **Divers** chiens admis (8 €) - Garage (8 €) **Alentour** à Mirepoix: cathédrale, tour Sainte-Foy; châteaux de Lagarde et de Caudeval, de Montségur et de Foix; citadelles cathares; grottes du mas d'Azil **Pas de restaurant** à l'hôtel mais petite restauration (foie gras, charcuterie, fromage) au bar ou en terrasse.

Constituée de maisons à colombages sur galeries de bois sculpté, la place de Mirepoix est un chef d'œuvre médiéval qu'il faut absolument admirer si l'on passe dans la région. On peut aussi vouloir y dormir et, dans ce cas, la *Maison des Consuls* (XIVᵉ) constitue une étape obligée. Avant d'entrer, admirez les sculptures de la façade (femmes à coiffe, tortue, tête barbue...), ce sont probablement les plus belles de la ville. Puis vous traverserez le *Café des maquignons*, belle pièce rustique où l'on sert les petits déjeuners près d'une courette luxuriante, avant de rejoindre quelques chambres au décor généralement classique et meublées d'ancien (mention particulière pour "L'écrivain" et "Dame Louise") ou plus osé comme "Astronome", vaste mais au modernisme un peu grandiloquent. Fréquemment rénovées, toutes sont confortables, quatre donnent sur la place, les autres sur le patio, les toits ou les coteaux environnants. Pas de restaurant sur place mais les possibilités ne manquent pas à Mirepoix, la meilleure adresse se trouvant à quelques minutes du bourg: l'excellente *Auberge Llobet*.

Accès (carte n° 31): à 59 km au sud-ouest de Carcassonne par D 119.

Hôtel Eychenne

09200 Saint-Girons (Ariège)
8, avenue Paul-Laffont
Tél. 05 61 04 04 50 - Fax 05 61 96 07 20 - M. et Mme Bordeau
E-mail : eychen@club-internet.fr - Web : ariege.com/hotel-eychenne

Catégorie ★★★ **Fermeture** du 1er décembre au 31 janvier ; dimanche soir et lundi de novembre à fin mars (sauf jours fériés) **Chambres** 37 et 6 suites avec tél., s.d.b. ou douche, w.c. et t.v. câble **Prix** des chambres doubles : 50 à 180 € ; suites : 158 € - Lit suppl. : 16 € - Petit déjeuner : 9 €, servi de 7 h à 11 h - Demi-pension : 124 à 245 € **Cartes de crédit** acceptées **Divers** chiens admis - Piscine - Parking (3,50 €) **Alentour** Saint-Lizier ; Montjoie ; églises romanes de la vallée du Couserans : Oust, Cominac, Castillon, Audressein, Sentein, Ayet, Ourtjou-les-Bordes **Restaurant** service de 12 h 15 à 13 h 30, 19 h 45 à 21 h 30 - Menus : 24,50 à 53 € - Carte - Spécialités : foie de canard frais aux raisins ; pigeonneau au fitou.

Depuis plusieurs générations dans la même famille, cet ancien relais de poste résiste aux sirènes de la mode pour perpétuer brillamment le meilleur de la tradition hôtelière et une certaine idée de la gastronomie régionale. Pigeon au fitou, foie gras de canard frais aux raisins, salade de queues de langoustines... Une carte classique où l'on s'efforce de dénicher et de mettre en valeur d'excellents produits, des portions généreuses et un large choix de vins. Même souci de qualité dans les confortables chambres aux tonalités claires sur lesquelles ressortent le bois ciré d'un élégant mobilier ancien souvent XIXe. On aime aussi beaucoup l'entrée aux boiseries XVIIIe intégrant de petites étagères où rutilent quelques pièces d'argenterie, le bel escalier et sa rampe en bois tourné et, l'été, le charmant petit jardin près de la piscine où l'on sert à déjeuner. Beaucoup de qualités, donc, pour cette très accueillante maison que nous vous invitons à découvrir sans restriction.

Accès (carte n° 30) : dans Saint-Girons suivre direction Foix et fléchage.

Auberge du Vieux Puits

11360 Fontjoncouse (Aude) - 5, avenue Saint-Victor
Tél. 04 68 44 07 37 - Fax 04 68 44 08 31 - M. Gilles Goujon
E-mail : aubergeduvieuxpuits@wanadoo.fr

Catégorie ★★★ **Fermeture** janvier et février **Chambres** 12 et 2 suites climatisées avec tél., s.d.b., w.c., t.v., minibar et coffre-fort ; 1 chambre handicapés **Prix** des chambres : 95 à 160 € ; suites : 170 à 230 € - Petit déjeuner-buffet : 16 €, servi de 8 h à 10 h **Cartes de crédit** acceptées **Divers** chiens admis (5 €) - Piscine - Parking fermé **Alentour** abbaye de Fonfroide ; route des châteaux cathares **Restaurant** service de 12 h à 13 h 30, 20 h à 21 h 30 - Fermé dimanche soir, lundi et mardi en basse saison ; lundi midi du 15 juin au 15 septembre - Menus : 48 à 98 € - Carte - Spécialités : tous les morceaux du chevreau aux fèvettes et aux asperges ; cappuccino au lait de la mère.

C'est l'un des plus beaux paysages des Corbières, une petite vallée entre rochers et garrigues, un charmant village et, près de l'église romane Sainte-Léocadie, l'exceptionnel restaurant de Gilles Goujon. Quinze ans après sa reprise, le *Vieux Puits* (deux étoiles Michelin) devient hôtel de charme grâce à la récente création de huit chambres de plain-pied, spacieuses et ultra-confortables. D'un modernisme élégant, ouvertes au sud sur une petite piscine hollywoodienne, elles affichent des teintes chaudes et claires, et une décoration sobre très réussie (meubles en ormeau, terre cuite au sol, beaux tissus unis). Même soin pour les salles de bains impeccables, partiellement gainées de zinc. A l'image de la cuisine ensoleillée de Gilles Goujon, la salle à manger se teinte d'ocre rouge, pigmentation que l'on retrouve sur les confortables fauteuils du petit salon-fumoir, à côté du vieux puits qui sommeille derrière son épaisse plaque de verre. Organisée comme une grande maison privée, cette accueillante et merveilleuse adresse gastronomique s'impose désormais comme une étape incontournable au cœur des Corbières sauvages.

Accès (carte n° 31) : à partir de Narbonne, direction Perpignan. En face de la réserve africaine, prendre à droite direction Portel puis direction Thezant.

Hostellerie du Château de la Pomarède

11400 La Pomarède (Aude)
Tél. 04 68 60 49 69 - Fax 04 68 60 49 71
M. Gérald Garcia

Catégorie ★ ★ ★ **Fermeture** 3 semaines en novembre et 15 jours en mars ; dimanche soir, lundi et mardi d'octobre à mai ; lundi et mardi de mai à octobre **Chambres** 6 et 1 suite avec tél., s.d.b. ou douche, w.c., t.v. et minibar **Prix** des chambres doubles : 80 à 110 € ; suite : 170 € - Petit déjeuner : 12 €, servi de 7 h à 10 h 30 - Demi-pension : + 50 € **Cartes de crédit** acceptées **Divers** chiens admis (10 €)- Parking **Alentour** abbaye de Sorrèze ; canal du Midi ; lac de Saint-Férréol **Restaurant** service de 12 h à 13 h 30, 20 h à 21 h 30 - Menus : 16 € (le midi), 25 à 80 € - Carte.

Petit village à la limite de l'Aude et de la Haute-Garonne, entre Castelnaudary et Toulouse, *La Pomarède* abrite un château cathare édifié en 1502. Bel édifice de pierre en partie accroché à un soubassement rocheux, le lieu est aujourd'hui devenu l'une des principales étapes gastronomiques de la région. Cette renaissance, il la doit à l'impulsion de Gérald Garcia, chef réputé pour sa cuisine délicate et créative (foie gras poêlé et jus vanillé, homard breton en risotto de spaghettis dorés et baies rouges, pigeonneau en deux cuissons aux girolles...). Vous vous régalerez donc sous les volumes d'une superbe salle à manger avec plafonds à la française, parquet ciré, hautes fenêtres drapées de rideaux à fleurs, chaises néoclassiques en fer forgé, nappage blanc sur lequel ressortent les créations de la céramiste Françoise Roussel (les arts de la table sont ici à l'honneur pour accompagner les plaisirs de la bouche). Vous ne serez pas mal non plus côté chambres avec leur décor sobre, moderne ou classique, leur tissus lie-de-vin, mauve, poivre ou crème et leurs parois souvent à colombage. Une très belle réussite pour ce bel et grand établissement de charme.

Accès (carte n° 31) : A 6 sortie Castelnaudary puis D 624 vers Castres / Revel.

Hôtel du Vieux Pont

12390 Belcastel (Aveyron)
Tél. 05 65 64 52 29 - Fax 05 65 64 44 32
Nicole et Michèle Fagegaltier
E-mail: hotel-du-vieux-pont@wanadoo.fr - Web: hotelbelcastel.com

Catégorie ★★★ **Fermeture** du 2 janvier au 15 mars **Chambres** 7 avec tél., s.d.b., t.v. et minibar; 1 chambre handicapés **Prix** des chambres simples et doubles: 75 à 90 € - Petit déjeuner: 12 €, servi de 8h à 10h - Demi-pension: 92 à 98 € **Carte de crédit** Visa **Divers** chiens admis (5 €) - Parking **Alentour** Rodez; Sauveterre-de-Rouergue; plateau du Ségala; lacs du Lévezou; Causse Comtal **Restaurant** service de 12h15 à 13h30, 19h45 à 21h - Fermé dimanche soir, lundi et mardi midi (lundi seulement en juillet-août) - Menus: 27 (en semaine) à 78 € - Carte.

Avec ses maisons de pierre et de lauzes blotties au pied d'un château féodal et son vieux pont qui enjambe la rivière, Belcastel fait à l'évidence partie des plus splendides villages de l'Aveyron. Sur la rive droite se trouve le restaurant, maison d'enfance de Nicole et Michèle Fagegaltier qui, après leurs grands-parents et leurs parents, régalent leurs hôtes et réalisent aujourd'hui d'inoubliables prouesses culinaires servies dans une élégante salle à manger. Ce succès n'enlève rien à la simplicité et à la gentillesse des deux sœurs qui ne cessent d'améliorer l'endroit. C'est ainsi que sept irrésistibles chambres ont été installées de l'autre côté du pont, dans une vieille maison voisine de l'église. D'un confort irréprochable, toutes affichent un décor simple et beau: sol en chêne clair, dessus-de-lit en piqué blanc, très élégants rideaux, un ou deux petits meubles anciens. Ajoutez-y de ravissantes salles de bains blanches et une superbe vue sur la rivière… Voilà pourquoi les séjours à l'*Hôtel du Vieux Pont* semblent toujours trop courts et que nous continuons à classer cette adresse parmi nos principaux coups de cœur.

Accès (carte n° 31): à 25 km à l'ouest de Rodez.

Domaine de Cambelong

12320 Conques (Aveyron)
Tél. 05 65 72 84 77 - Fax 05 65 72 83 91 - Hervé Busset
E-mail : domaine-de-cambelong@wanadoo.fr - Web : moulindecambelong.com

Catégorie ★★★ **Fermeture** du 15 novembre au 15 mars **Chambres** 10 avec tél., s.d.b., w.c. et t.v. satellite **Prix** des chambres doubles : 100 à 170 € - Petit déjeuner : 15 €, servi de 8 h à 10 h - Demi-pension (obligatoire en saison) : 105 à 145 € **Cartes de crédit** acceptées **Divers** chiens admis (avec suppl.) - Piscine chauffée - Parking **Alentour** abbatiale et cité médiévale de Conques **Restaurant** service de 19 h à 20 h 45 - Fermé lundi en basse saison - Menus-carte : à partir de 45 €.

En contrebas de la route qui mène au superbe village de Conques, voici l'établissement rêvé pour faire étape avant de découvrir l'une des plus belles abbatiales de France. Bordé par les eaux limpides du Dourdou, *Cambelong* est l'un des derniers moulins de la région. Extrêmement chaleureux, l'intérieur se compose d'une belle suite de pièces de réception en demi-niveaux, abondamment meublées d'ancien et décorées d'objets divers, de tableaux vénérables ou fantaisistement modernes. Toujours tendues de tissus, les chambres semblent faites pour matérialiser les adjectifs "cosy", "feutré" ou encore "pomponné" avec leurs tapis, leur mobilier de style Louis XV, Louis XVI, Louis-Philippe. Très confortables, elles donnent pour la plupart sur la rivière. Vous profiterez également de cette vue depuis la terrasse qui surplombe le Dourdou et où il est très agréable de dîner ou de prendre un verre. En été, la demi-pension est de rigueur à *Cambelong*, une petite contrainte qui devrait être très supportable compte tenu du talent désormais reconnu du jeune Hervé Busset. Une très belle adresse, accueillante et sereine sauf peut-être en pleine saison, lorsque les touristes affluent pour découvrir Conques (heureusement tout redevient très calme le soir, lorsque le gargouillis de la rivière remplace les bruits de la route...).

Accès (carte n° 24) : A 75 sortie Brive puis D 901 vers Rodez/Aurillac.

Auberge du Fel

12140 Entraygues-sur-Truyère (Aveyron)
Le Fel
Tél. 05 65 44 52 30 - Fax 05 65 48 66 12
Elisabeth Albespy
E-mail : info@auberge-du-fel.com - Web : auberge-du-fel.com

Catégorie ★★ Fermeture du 3 novembre au 8 avril **Chambres** 10 avec tél., s.d.b., w.c. et t.v. ;
1 chambre handicappés **Prix** des chambres : 51 à 59 € - Petit déjeuner : 7 € - Demi-pension : 45 à 55 €
Carte de crédit Visa **Divers** chiens admis (4 €) - Parking **Alentour** Conques ; vallée du Lot ; gorges de
la Truyère **Restaurant** service de 12 h 30 à 14 h, 19 h 30 à 21 h - Fermé le midi en semaine hors saison -
Menus : 18 à 38 € - Spécialités : chou farci de châtaignes et ris d'agneaux poêlés.

Après avoir longé le Lot, il vous faudra emprunter une petite route sinueuse qui grimpe à travers le vignoble du Fel pour atteindre cette charmante auberge. Ici, on vit au rythme du village depuis plusieurs générations. De récents travaux ont amélioré le confort des chambres. Simplement décorées, elles sont toutes différentes avec leurs jolis boutis colorés, leurs meubles peints, leurs parquets de bois clair. Quant aux salles de bains, si elles n'ont pas encore été refaites, elles demeurent tout à fait convenables. Chaque chambre bénéficie d'une jolie vue sur les toits de lause du village, ou sur la nature, et certaines possèdent même une terrasse qui ouvre sur les collines environnantes. L'accueillante maîtresse des lieux, qui a hérité des recettes familiales, vous concoctera une alléchante cuisine alliant terroir et créations personnelles. Servie dans une grande salle à manger lumineuse côté vallée, vous pourrez aussi en profiter à l'ombre de la treille coté village. Une sympathique adresse à prix doux.

Accès (carte n° 24) : sur la D 920 Aurillac-Rodez, prendre direction Le Fel, entre Montsalvy et Entraygues.

Le Murier de Viels

2006

12700 Loupiac (Aveyron)
Tél. 05 65 80 89 82 - Fax 05 65 80 12 20 - M. et Mme Douglas
E-mail : info@le-murier.com - Web : le-murier.com

Catégorie ★ ★ ★ **Fermeture** novembre à mars **Chambres** 7 et 1 suite avec tél., s.d.b. ou douche et w.c. ; 1 chambre handicapés **Prix** des chambres doubles selon saison : 58 à 85 € ; suite : 85 à 125 € - Petit déjeuner : 8,50 €, servi de 7 h à 11 h - Demi-pension : 48 à 78 € **Carte de crédit** Visa **Divers** chiens admis - Piscine, salle de sport - Parking **Alentour** Rocamadour ; Najac ; Conques ; Figeac - Kayak sur le Lot **Restaurant** service de 19 h à 22 h - Menus : 21 à 25 €.

Après avoir longtemps vécu en Afrique du Sud, M. et Mme Douglas ont décidé de s'installer dans cette belle région sauvage, entre le Lot et l'Aveyron. Ils ont jeté leur dévolu sur un hameau quercynois dont les origines remontent au Moyen Age. Perdu au milieu des chênes, sur le versant d'une colline, il s'étend, de terrasse en terrasse, au gré de la pente. Ainsi, les chambres sont dispersées dans des lieux aussi divers que leurs usages passés, comme cette chambre située au-dessus de la résurgence qui servait de puits. Nos préférées ouvrent sur le jardin ou la vallée du Lot, la suite est à réserver en priorité avec sa grande fenêtre panoramique dominant ce somptueux paysage. Toutes les chambres sont confortables, meublées sobrement, leur décor fait la part belle à la pierre et aux couleurs douces. La salle à manger garnie de beaux fauteuils en cuir jaune se prolonge par une terrasse où sont dressées quelques tables à l'ombre d'un vénérable mûrier. Un peu plus bas, à l'écart dans le jardin, se trouve la belle piscine entourée de pelouses. Les plus entreprenants pourront suivre le sentier escarpé utilisé depuis le XIIe siècle pour rejoindre les rives du Lot qui coule paisiblement au creux de la vallée. Accueil encore un peu gêné par la barrière de la langue.

Accès (carte n° 24) : A partir de Figeac, prendre D 922 durant 10 km, après avoir traversé le Lot, prendre à droite la D 86 direction Cajarc. 2 km à gauche.

Grand Hôtel de la Muse et du Rozier

Le Rozier 12720 Peyreleau (Aveyron)
Route des gorges du Tarn
Tél. 05 65 62 60 01 - Fax 05 65 62 63 88 - M. et Mme Bonneville
E-mail : info@hotel-delamuse.com - Web : hotel-delamuse.com

Catégorie ★★★ **Fermeture** du 13 novembre au 17 mars **Chambres** 38 avec tél., s.d.b. ou douche, w.c. et t.v. câble ; ascenseur **Prix** des chambres doubles : 81 à 120 € - Petit déjeuner : 12 € servi de 7 h 30 à 10 h - Demi-pension : 70 à 95 € **Cartes de crédit** acceptées **Divers** chiens admis - Piscine, canoë - Parking et garage fermé (10 €) **Alentour** gorges du Tarn ; grotte de l'Aven Armand ; caves de Roquefort ; viaduc de Millau - Rafting ; escalade ; parapente **Restaurant** service de 12 h à 14 h 30, 19 h 30 à 22 h - Menus : 20 € (midi), 30 à 39 € - Carte - Spécialité : côte d'agneau du Larzac, jus corsé à la truffe.

Le site est exceptionnel, l'hôtel offrant de superbes points de vue sur le Tarn et la nature. A l'intérieur, tout n'est qu'espace et lumière, Sandrine et Jean-Philippe ayant opté pour un décor actuel fait de lignes épurées, de meubles en bois exotiques et de tonalités harmonieuses. Etonnant dans les gorges du Tarn, pourtant le résultat est en adéquation parfaite avec le paysage. Dans les salons en enfilade, au coin du feu, sous la grande verrière, sur la terrasse, dans les chambres, la sobriété et l'élégance sont au rendez-vous et la vue de carte postale toujours présente. Les chambres ouvrent toutes sur la rivière, les plus grandes profitent d'un bow-window avec coin salon, les plus petites avec terrasse tropézienne permettent de compter les étoiles depuis le lit. Là aussi style zen de rigueur ; seules les salles de bains, confortables, n'ont pas été touchées par les travaux (demandez une chambre rénovée car d'ici 2007, il en reste encore douze à refaire). Côté cuisine, les gambas sautées au wok et parfumées à la feuille de kafir côtoient foie gras et confits offrant ainsi une variété de produits et de saveurs bien élaborée. Dès les beaux jours, vous la dégusterez sur la terrasse magnifique, face au panorama.

Accès (carte n° 32) : A 75 sortie n° 44 bis Cahors/Aguessac, viaduc (payant) puis gorges du Tarn.

L'Oustal del Barry

12270 Najac (Aveyron)
Tél. 05 65 29 74 32 - Fax 05 65 29 75 32
M. et Mme Simon
E-mail: oustaldebarry@wanadoo.fr - Web: oustaldelbarry.com

Catégorie ★★ **Fermeture** de mi-novembre à mi-mars **Chambres** 18, climatisées avec tél., s.d.b., w.c. et t.v. ; ascenseur **Prix** des chambres doubles : 52 à 75 € ; triples : 68 à 95 € - Petit déjeuner : 9 €, servi de 8 h à 9 h 30 - Demi-pension : 58 à 70 € **Cartes de crédit** acceptées **Divers** chiens admis - Parking **Alentour** Najac et sa forteresse ; gorges de l'Aveyron ; viaduc de Millau ; Albi - GR 36 ; canoë ; équitation **Restaurant** service de 12 h à 14 h, 19 h 30 à 21 h - Menus : 23 à 49 € - Carte.

Au pied de la forteresse royale de Najac (xiᵉ), le petit village médiéval se cache aux frontières du Quercy et du Rouergue et offre un environnement de caractère à l'*Oustal del Barry*. depuis son rachat par Corinne et Rémy Simon, un vent de jeunesse souffle sur l'établissement : nouvelles peintures et moquettes, parquets décapés, changement des literies, rénovation des salles de bains... Certes les aménagements et la décoration restent d'une grande simplicité mais la bonne tenue, la très belle vue depuis les chambres et la qualité de la table complètent utilement le tableau. Du côté de la table justement, Rémy Simon se joue des agneaux, canard et autre foies gras ; il réalise quelques beaux plats d'une intéressante créativité comme cette "noisette d'agneau en feuille, raisins noirs en risotto de curcuma, jus de viande réduit au laurier frais" et cultive son potager pour nous faire redécouvrir le goût des vrais légumes. A l'écard des grands axes, l'*Oustal del Barry* est une adresse de charme pour vacances en famille.

Accès (carte n° 31) : à 24 km au sud de Villefranche-de-Rouergue par la D 922, puis D 239.

Hôtel du Midi-Papillon

12230 Saint-Jean-du-Bruel (Aveyron)
Tél. 05 65 62 26 04 - Fax 05 65 62 12 97
M. et Mme Papillon

Catégorie ★★ **Fermeture** du 11 novembre aux Rameaux **Chambres** 16 et 2 suites, avec tél., s.d.b. ou douche (sauf 1) et w.c. **Prix** des chambres : 32,60 à 36,20 € ; suites : 58,60 € - Petit déjeuner : 4,90 €, servi de 8 h à 10 h - Demi-pension : 38,90 à 51,80 € **Cartes de crédit** acceptées **Divers** chiens admis - Piscine chauffée, jacuzzi **Alentour** caves de Roquefort ; Montpellier-le-Vieux ; gorges du Tarn **Restaurant** service de 12 h 30 à 14 h, 19 h 30 à 21 h - Menus : 13,40 à 37 € - Carte - Spécialités : filet de bar sur une tuile à la tapenade, paupiette de poireau et ratatouille, vinaigrette d'anchois.

Saint-Jean-du-Bruel est une étape à ne pas manquer dans les gorges de la Dourbie, sur la route du mont Aigoual. Bien situé, en balcon sur la rivière, cet ancien relais de poste offre une jolie vue sur les maisons du village et sur un vieux pont de pierre. Vous y trouverez toutes les qualités d'une bonne auberge française : confort, accueil et gastronomie. En effet, les petits déjeuners sont délicieux, la table également, confectionnée de façon traditionnelle ou plus élaborée avec les produits maison : légumes, volailles, confits, foie gras, charcuteries… Jean-Michel Papillon est aux fourneaux, il a passé un an chez Michel Bras à Laguiole et n'a pas fini d'enchanter les gastronomes. Un régal, savouré dans une salle à manger agréable, avec un service des plus sympathiques et des prix incroyablement doux. Dans les chambres, très bien tenues, l'ambiance un rien désuète est toujours là, mais des rénovations rajeunissent peu à peu l'ensemble (au dernier étage, certaines nous ont plu pour leur décoration plus fraîche). Onze ouvrent sur la rivière, cinq disposent d'un balcon sur l'eau, seules les deux suites familiales de l'annexe souffrent du bruit de la rue. Comment ne pas saluer, enfin, la gentillesse de l'accueil de cette adresse comme il n'en existe plus beaucoup ?

Accès (carte n° 32) : à 99 km au nord-ouest de Montpellier par N 109 et N 9, vers Le Caylar jusqu'à La Cavalerie, puis D 999 (à l'entrée du village).

293

Le Sénéchal

12800 Sauveterre-de-Rouergue (Aveyron)
Tél. 05 65 71 29 00 - Fax 05 65 71 29 09 - M. Truchon
E-mail : le.senechal@wanadoo.fr - Web : hotelsenechal.com

Catégorie ★★★ **Fermeture** de début janvier à mi-mars ; dimanche soir, lundi et mardi midi (sauf juillet-août et jours fériés) **Chambres** 11 climatisées, avec tél., s.d.b., w.c., t.v. et minibar ; 1 chambre handicapés ; ascenseur **Prix** des chambres : 100 à 110 € ; duplex : 119 € ; suite : 149 € - Petit déjeuner : 14 à 19 € - Demi-pension : 100 à 120 € **Cartes de crédit** acceptées **Divers** chiens admis - Piscine chauffée et couverte **Alentour** plateau du Ségala, lacs du Levézou ; villages de Cordes, Conques, Najac, Belcastel ; viaducs du Viaur et de Millau - Manifestations locales : fête de la Châtaigne à la Toussaint, fête Saint-Christophe en juillet, fête de la Lumière en août **Restaurant** service de 12 h à 14 h, 19 h 30 à 21 h 30 - Fermé le mardi midi, le jeudi midi, et le lundi (sauf jours fériés et juillet-août) - Menus : 25 à 100 € - Carte - Spécialités : foie gras de canard ; viandes de pays et volailles de ferme.

C'est au cœur de l'une des plus belles bastides de l'Aveyron, tout près de la place centrale avec ses quarante-sept maisons à arcades, que se trouve *Le Sénéchal*. Certes, l'auberge n'a pas la même ancienneté que son environnement et l'on ne saurait y admirer quelque merveille architecturale, mais l'établissement rayonne dans le ciel des gastronomes et des bons vivants. Car Michel Truchon est un génial autodidacte. Avec lui le terroir aveyronnais a trouvé l'un de ses plus subtils défenseurs, et c'est sans restriction que nous vous engageons à découvrir son travail. Bien sûr, vous resterez dormir dans une des onze belles chambres de l'hôtel ; confortable univers contemporain et lumineux aux teintes fraîches et à la vue réjouissante (au delà de la place, sur un paysage vallonné et verdoyant). Belle succession de pièces de réception où quelques meubles anciens s'intègrent bien à la modernité ambiante. Agréable patio où l'on dîne à la belle saison, superbe piscine couverte. Une sérieuse et très accueillante maison qui mérite plus qu'une simple étape.

Accès (carte n° 31) : à 32 km au sud-ouest de Rodez.

294

Auberge du Poids Public

31540 Saint-Félix-Lauragais (Haute-Garonne)
Tél. 05 62 18 85 00 - Fax 05 62 18 85 05 - M. et Mme Taffarello
E-mail: poidspublic@wanadoo.fr - Web: auberge-du-poidspublic.com

Catégorie ★★★ **Fermeture** en janvier et une semaine en novembre **Chambres** 10 et 1 suite avec tél., s.d.b. ou douche, w.c., t.v. et minibar **Prix** des chambres doubles: 62 à 98 €; suite: 138 € - Petit déjeuner-buffet: 11 €, servi de 8 h à 10 h - Demi-pension: 142 à 212 € (pour 2 pers.) **Cartes de crédit** acceptées **Divers** chiens admis - Parking **Alentour** cathédrale de Saint-Papoul; Durfort (village du cuivre); musée Toulouse-Lautrec à Albi; Revel, ville du meuble d'art; Toulouse; route du Pastel; circuit du canal du Midi - Golfs 9 et 18 trous à Toulouse **Restaurant** service de 12 h à 13 h 15, 19 h 30 à 21 h 15 - Fermé dimanche soir (sauf juillet-août), service assuré pour les résidents - Menus: 26 à 65 € - Carte - Spécialités: mitonnée de légumes de saison; gigotin d'agneau de lait des Pyrénées.

En bordure d'un beau village du Lauragais, situé en sommet de colline, l'*Auberge du Poids Public* possède le charme des hôtels qui existent depuis plusieurs générations. A l'intérieur, de récents travaux en ont amélioré le confort, souci constant des sympathiques propriétaires. Les chambres, simplement décorées d'une vieille armoire et de quelques photos anciennes, sont confortables et possèdent des salles de bains modernes. Si deux d'entre elles donnent côté rue, la plupart dominent un paysage vallonné où, un temps, la culture du pastel s'étendait à perte de vue. Vous profiterez aussi de cette vue magnifique dans la spacieuse salle de restaurant ou de la terrasse panoramique qui la prolonge. Ainsi tout en appréciant le site, vous pourrez goûter l'excellente cuisine de M. Taffarello qui sait mettre en valeur les produits de saison sans fioriture. Une adresse authentique et accueillante.

Accès (carte n° 31): à 40 km au sud-est de Toulouse; sur la rocade de Toulouse (sortie n° 18), direction Revel par Saint-Orens ou par A 61 sortie "Castelnaudary" en venant de Narbonne ("Villefranche de Lauraguais" en venant de Toulouse).

Hostellerie des Sept Molles

31510 Sauveterre-de-Comminges (Haute-Garonne)
Tél. 05 61 88 30 87 - Fax 05 61 88 36 42
M. Ferran
E-mail: contact@hotel7molles.com - Web: hotel7molles.com

Catégorie ★ ★ ★ **Fermeture** de mi-février à mi-mars **Chambres** 19 avec tél., s.d.b., w.c., t.v. et minibar; ascenseur **Prix** des chambres simples et doubles: 64 à 130 €; suites: 142 à 187 € - Petit déjeuner: 12 €, servi de 8 h à 11 h - Demi-pension: 88 à 132 € **Cartes de crédit** acceptées **Divers** chiens admis - Piscine, tennis - Parking **Alentour** Saint-Bertrand-de-Comminges; Montréjeau; Montmaurin - Golf 18 trous à Lannemezan **Restaurant** service de 12 h à 13 h 30, 19 h 30 à 21 h 30 - Menus: 29,50 à 47 € - Carte - Spécialités: foie chaud aux myrtilles; cèpes; agneau des Pyrénées; truite du vivier.

Les sept moulins à eau de Sauveterre, accrochés jadis aux méandres du Roussec, donnaient un cachet particulier à ce joli coin de Comminges. Disparus depuis, seules les meules furent récupérées d'où le nom de l'hôtel. L'adresse est intéressante. Avant tout, l'environnement est superbe: prés, vignes, bosquets entourent la maison. Les chambres spacieuses et lumineuses sont meublées à l'ancienne et sont globalement élégantes. Dans les salons, tout comme dans les salles à manger, l'ambiance est conviviale, informelle. Vous aurez le choix pour dîner entre une pièce très plaisante (teintes vieux rouge, boiseries) et une salle largement ouverte sur le jardin. La cuisine, traditionnelle et nouvelle à la fois, utilise le plus possible des produits maison: truites au bleu du vivier, foie gras, pâtisseries, confitures… L'accueil est sympathique et souriant.

Accès (carte n° 30): à 74 km au sud-est de Tarbes par A 64, N 117 jusqu'à Saint-Gaudens, puis D 8 jusqu'à Valentine et D 9 (suivre fléchage).

Hôtel des Beaux-Arts

31000 Toulouse (Haute-Garonne)
1, place du Pont-Neuf
Tél. 05 34 45 42 42 - Fax 05 34 45 42 43 - M. Francis Fauvel
E-mail : contact@hoteldesbeauxarts.com - Web : hoteldesbeauxarts.com

Catégorie ★★★ **Ouverture** toute l'année **Chambres** 19 climatisées, avec tél., s.d.b., w.c., t.v satellite, coffre-fort et minibar ; ascenseur **Prix** des chambres simples et doubles : 98 à 195 € ; suite : 210 € - Petit déjeuner-buffet : 16 €, servi de 7 h à 10 h **Cartes de crédit** acceptées **Divers** chiens non admis - Parking : Esquirol **Alentour** à Toulouse : musées Saint-Raymond, des Augustins, Georges-Labit et Paul-Dupuy, fondation Bemberg, basilique Saint-Sernin, église des Jacobins, Capitole (l'hôtel de ville) ; bastide de Grenade ; cathédrale d'Albi - Golfs 9 et 18 trous à Toulouse **Restaurant** *Brasserie des Beaux-Arts*, service de 12 h à 14 h 30, 19 h 30 à 00 h 30.

Dans la ville magnifique de Toulouse, il est difficile de trouver meilleur emplacement pour un hôtel. A deux pas de la place du Capitole, le long de la Garonne où les promenades sont si belles, l'*Hôtel des Beaux-Arts* cache derrière sa façade ancienne un intérieur où le confort le dispute à l'élégance. Peu à peu les chambres sont refaites dans un bel esprit contemporain : tonalités gris bleu, portes de placard ajourées couleur ébène, masques japonais ou africains… Quant aux salles de bains, au goût du jour, elles sont raffinées et confortables. Tout est prévu pour se sentir bien et la vue, souvent superbe sur le fleuve et l'hôtel-Dieu, ne dément pas cette impression. A cela s'ajoutent un accueil particulièrement attentif et de délicieux petits-déjeuners que l'on peut prendre en chambre ou dans une jolie salle voûtée située sous l'hôtel. Pour une escapade hors du centre-ville et si vous souhaitez une table gastronomique, vous partagerez sûrement notre coup de cœur pour *L'Amphitryon* situé à Colommiers (quinze kilomètres).

Accès (carte n° 30) : dans Toulouse, au pied du pont Neuf.

297

Hôtel Garonne

31000 Toulouse (Haute-Garonne)
22, descente de la Halle-aux-Poissons
Tél. 05 34 31 94 80 - Fax 05 34 31 94 81 - M. Courtois de Viçose
E-mail : contact@hotelgaronne.com - Web : hotelsdecharmetoulouse.com

Catégorie ★★★★ **Ouverture** toute l'année **Chambres** 14 avec tél., s.d.b. ou douche, w.c., t.v. satellite, minibar et coffre-fort **Prix** des chambres doubles : 155 à 180 € ; junior-suite : 235 à 259 € - Petit déjeuner : 20 € **Cartes de crédit** acceptées **Divers** chiens non admis - Parking : Esquirol **Alentour** place du Capitole ; musée des Augustins ; cathédrale d'Albi ; fondation Bemberg - Golfs 9 et 18 trous à Toulouse **Restaurant** *Le 19*, fermé samedi midi, dimanche, lundi midi ; semaine du 15 août, Noël et jour de l'an - Menus : 19 à 28 € (midi), 35 à 55 € (soir).

Caché dans une ruelle qui descend vers la Garonne, cet ancien entrepôt est devenu depuis peu l'hôtel à la mode de la ville rose. Outre la qualité des prestations et du service, c'est l'exigence décorative qui fait l'intérêt de cette petite structure. Contemporain à tendance zen-orientalisante, l'aménagement intérieur joue sur la pureté extrême des lignes et le souci constant du détail (poignées de portes en bronze design, graphisme animalier des vasques de salles de bains, bougies parfumées dans les pièces de réception…). Bien maîtrisée, la dominante de brun, de noir et de rouge traitées en aplat signe ainsi le parti pris décoratif du lieu ; que ce soit dans le très élégant salon ou dans les chambres. Rien d'étonnant donc à ce que celles-ci soient d'un confort extrême (et savamment éclairées car, donnant sur cour ou sur rue, elles ne peuvent se satisfaire d'une lumière simplement naturelle). Enfin, pour dîner, contentez-vous de traverser la rue : en face, *Le 19*, restaurant très "tendance", occupe de superbes caves aux voûtes de briques XVIe et appartient à la même direction que l'hôtel. Quelques plats simples bien maîtrisés, une intéressante carte des vins, un beau choix de cigares…

Accès (carte n° 30) : dans le centre-ville à proximité immédiate du pont Neuf.

Hôtel des Trois Lys

32100 Condom (Gers)
38, rue Gambetta
Tél. 05 62 28 33 33 - Fax 05 62 28 41 85
M. Jean-Marc Miguet
E-mail : hoteltroislys@wanadoo.fr - Web : lestroislys.com

Catégorie ★ ★ ★ Fermeture en février **Chambres** 10 climatisées, avec tél., s.d.b. ou douche, w.c. et t.v. satellite **Prix** des chambres simples et doubles : 80 à 130 € ; junior-suites (3 à 5 pers.) : 160 à 190 € - Petit déjeuner : 9 €, servi de 8 h à 10 h 30 **Cartes de crédit** acceptées **Divers** chiens admis - Piscine - Parking fermé **Alentour** musée de l'Armagnac à Condom ; châteaux, églises et bastides d'Armagnac : Flaran, Larressingle, Fourcès, Tillac, Bassoues, Lavardens, collégiale de La Romieu - Croisières sur la Baïse à Condom - Golf 18 trous de Guinlet à Eauze **Restaurant** service de 12 h à 13 h 30, 19 h 30 à 21 h 30 - Menus : 22 à 30 € - Carte - Spécialités : poisson, canard et produits du terroir.

Ancien hôtel particulier du XVIIIᵉ siècle, cet établissement propose dix chambres, chacune dans sa tonalité, meublées en ancien ou dans un style plus "tendance" et toujours habillées d'élégants tissus. Grandes, parfois très grandes, certaines ont conservé leurs boiseries en alcôves Louis XV, alors que doubles-portes, moquettes épaisses et doubles-fenêtres assurent un silence total. Les salles de bains ne sont pas en reste. Les deux grandes chambres viennent d'être transformées en superbes junior-suites pouvant accueillir quatre personnes. La réception est aujourd'hui face à l'entrée de la piscine, ce qui a permis de créer un coin fumoir avec fauteuils club en cuir, boiseries rechampies et sièges houssés pour le petit déjeuner. L'été, le restaurant gastronomique sert dans la cour (ce qui peut nuire au calme de certaines chambres), sous parasols, la cuisine de Karin Faggion qui, outre le terroir, mêle plats exotiques et classiques revisités.

Accès (carte n° 30) : à 40 km au sud d'Agen.

Hôtel de Bastard

32700 Lectoure (Gers) - Rue Lagrange
Tél. 05 62 68 82 44 - Fax 05 62 68 76 81 - M. Arnaud
E-mail : hoteldebastard@wanadoo.fr - Web : hotel-de-bastard.com

Catégorie ★★ **Fermeture** du 20 décembre au 6 février **Chambres** 27 et 2 suites, avec tél., s.d.b., w.c. et t.v. **Prix** des chambres doubles : 45 à 65 € ; suites : 110 à 130 € - Petit déjeuner : 10 € - Demi-pension : 52 à 77 € **Cartes de crédit** acceptées **Divers** chiens admis (4 €) - Piscine - Parking **Alentour** château de Gramont ; châteaux, églises et bastides d'Armagnac ; collégiale de La Romieu - Festival de jazz de Marciac (1ʳᵉ quinzaine d'août) - Golf 9 trous de Fleurance **Restaurant** service de 12 h 15 à 13 h 30, 19 h 30 à 21 h 30 - Menus : 15 à 54 € - Carte.

Surplombant les vallons du Gers, Lectoure est une belle ville fortifiée. En partant à la découverte de ses ruelles bordées d'antiques maisons, vous découvrirez le monumental portique en pierre de taille qui marque l'entrée de cet hôtel particulier du plus pur style XVIIIᵉ. De l'autre côté, une vaste esplanade dallée, égayée par une piscine, domine les derniers toits du bourg puis s'ouvre sur la campagne. C'est sur ce panorama que donnent les pièces de réception. Leur décoration est plaisante : jolis tissus, hauts plafonds et mobilier de style XVIIIᵉ. Petites mais agréablement décorées dans des tonalités douces et actuelles, les chambres sont d'un bon confort (celles du second étage qui manquaient de lumière ont bénéficié de travaux leur offrant désormais vue et soleil). En cuisine, M. Arnaud sait admirablement mettre en valeur les produits locaux. Précision des cuissons, créativité maîtrisée, équilibre des saveurs... Une vraie réussite à déguster l'été dans la belle cour d'entrée avec vue sur la piscine et la campagne (de l'autre côté, le bar cosy et ses sièges profonds sert d'espace culturel pour exposition de peintures et de photographies). Une charmante adresse plus spontanée que ne le laisse supposer le classicisme de sa façade.

Accès (carte n° 30) : à 35 km au nord d'Auch par N 21.

Château de Projan

32400 Projan (Gers)
Tél. 05 62 09 46 21 - Fax 05 62 09 44 08
Bernard Vichet et Christine Poullain
E-mail : chateaudeprojan@libertysurf.fr - Web : projan.fr

Fermeture janvier (sur réservation de février à Pâques) **Chambres** 7 et 1 junior-suite avec s.d.b. et w.c.
Prix des chambres : 99 à 130 € ; junior-suite : 150 € - Petit déjeuner : 9,50 €, servi toute la matinée -
Demi-pension : à partir de 78 € **Cartes de crédit** Visa, Amex **Divers** chiens non admis **Alentour** circuit
des bastides ; château de Mascaraas ; circuit de Nogaro, feria de Vic-Fezensac - Golf 18 trous de Bahus-
Soubiran **Table d'hôtes** pour les résidents, service à 20 h - Fermé le dimanche, hors saison - Menus : 25
à 55 € - Spécialités : assortiment de trois foies de canard ; magret mariné au Madiran.

Voici une adresse qui ne ressemble à aucune autre, tant par le décor que par l'ambiance. Ses actuels propriétaires, à la manière des anciens mécènes, ont rassemblé ici une impressionnante collection d'art contemporain et chacun peut en profiter, aussi bien dans les pièces de réception que dans les chambres. L'ensemble, panaché avec quelques imposants meubles XVIIe et XVIIIe, produit un effet chaleureux et superbe bien loin de la froideur de certains musées. Côté chambres, la décoration est toujours "pensée". Vastes pour certaines, petites et intimes pour d'autres, toujours agrémentées de belles salles de bains, elles sont une réussite. Dehors, l'immense parc vous offre de multiples points de vue sur un immense panorama, le plus beaux étant celui qui s'offre à vous, au coucher du soleil, depuis la terrasse où l'on sert l'apéritif (celui du côté des grands chênes et de la magnifique piscine n'est pas mal non plus !). Une superbe nature, des aménagements hors du commun, un accueil agréable et naturel, une cuisine particulièrement bonne... A vous de choisir entre les multiples qualités de *Projan*, l'une de nos adresses préférées dans le Sud-Ouest.

Accès (carte n° 29) : A 64, sortie Pau ; à 40 km au nord de Pau par N 134 jusqu'à Sarron, et D 646 direction Riscle.

Claude Marco

Lamagdelaine 46090 Cahors (Lot)
Tél. 05 65 35 30 64 - Fax 05 65 30 31 40
M. et Mme Marco
Web : restaurantmarco.com

Fermeture du 3 janvier au 5 mars et du 15 au 24 octobre. **Chambres** 5 climatisées, avec tél., s.d.b. balnéo, w.c., t.v. satellite et minibar ; 1 chambre handicapés **Prix** des chambres doubles : 95 à 145 € - Petit déjeuner : 12 €, servi de 8 h 30 à 11 h **Cartes de crédit** acceptées **Divers** chiens admis - Piscine - Parking fermé **Alentour** Cahors ; circuit des vins de Cahors, de Mercues à Montcabrier ; vallées et villages du Lot et du Célé **Restaurant** service de 12 h à 14 h, 19 h 30 à 21 h - Fermé dimanche soir, lundi, mardi midi en basse saison ; lundi et mardi midi du 15 juin au 15 septembre - Menus : 30 (déjeuner) à 45 € ; menu dégustation : 75 € - Carte - Spécialités : escalopines de foie gras poêlées et sa poire aux dix épices ; carpaccio d'ananas au safran et son sorbet au lait d'amandes.

Au cœur de la vallée du Lot, à proximité de Cahors, l'hôtel-restaurant *Claude Marco* est une étape agréable. Toutes les chambres sont très bien équipées et confortables. Si certaines sont de taille modeste, elles bénéficient chacune de terrasses de plain-pied donnant sur la piscine et le jardin fleuri. Depuis peu, elles sont pourvues de splendides fresques murales réalisées par l'artiste catalan Cristofol Almirall. Représentant des paysages régionaux ou orientaux en perspectives, ces fresques donnent l'illusion d'une profondeur qui repousse les murs. Mais ici, l'on vient d'abord pour la bonne table. Servie sous de splendides voûtes en pierres, la cuisine préparée à quatre mains par Claude Marco et son fils Richard, allie produits du terroir et inventivité. A partir du mois de juin s'ouvre dans le patio un bistrot aux airs de bodega, clin d'œil aux origines familiales. Vous y goûterez une cuisine plus simple dans une ambiance chaleureuse.

Accès (carte n° 30) : à 7 km de Cahors par D 653, direction Figeac.

Château de Roumégouse

Rignac 46500 Gramat (Lot)
Tél. 05 65 33 63 81 - Fax 05 65 33 71 18
M. et Mme Laine
E-mail : roumegouse@relaischateaux.fr - Web : chateauderoumegouse.com

Catégorie ★★★★ **Fermeture** du 1ᵉʳ janvier au 28 avril **Chambres** 15 climatisées, avec tél., s.d.b., t.v. et minibar **Prix** des chambres doubles : 140 à 230 € ; suites : 280 à 380 € - Petit déjeuner : 15 à 20 €, servi de 8 h à 10 h - Demi-pension (obligatoire en été) : à partir de 200 € **Cartes de crédit** Amex, Visa **Divers** chiens admis - Piscine - Parking **Alentour** Rocamadour ; vallée de la Dordogne ; grotte de Lascaux ; gouffre de Padirac - Golf 18 trous à Souillac **Restaurant** service de 12 h 30 à 13 h 30 (dimanche uniquement), 19 h 30 à 21 h 30 - Fermé le mardi soir (sauf juillet et août) - Menus : 45 à 85 € - Carte - Spécialités : foie gras chaud ; côtes de canard ; écrevisses.

Construit au XIXᵉ siècle sur les ruines d'un château très ancien, *Roumégouse* est une vraie maison de famille entourée de cinq hectares de parc. Transformée en hôtel, elle est merveilleusement aménagée, chaque pièce personnalisée par de beaux meubles anciens, des objets et des tableaux choisis. Il y a le salon Napoléon III, le petit bar-bibliothèque de la tour, les deux salles à manger, la véranda et quinze irrésistibles chambres. Toutes sont différentes, lumineuses, meublées d'ancien, très confortables, la décoration privilégiant souvent les teintes naturelles, les tons beiges, les éclairages délicats (chaque hiver, Luce confectionne des abat-jour qui s'harmonisent à la décoration de chaque chambre). Dans tout le château, des bouquets de fleurs fraîches accompagnent le rythme des saisons, vous les retrouverez même sur le plateau de votre petit déjeuner. En été, les repas magistralement préparés par Jean-Louis sont servis sur la terrasse, fleurie d'une multitude de géraniums blancs qui dominent la campagne. Une adresse pleine de goût et de charme où l'on revient souvent en amis.

Accès (carte n° 24) : à 35 km au nord de Figeac par N 140 ; 4 km de Gramat.

Le Pont de l'Ouysse

46200 Lacave (Lot)
Tél. 05 65 37 87 04 - Fax 05 65 32 77 41
M. et Mme Chambon
E-mail : pont.ouysse@wanadoo.fr - Web : lepontdelouysse.fr

Catégorie ★★★ **Fermeture** du 12 novembre à début mars **Chambres** 13 climatisées avec tél., s.d.b., w.c., t.v. et minibar **Prix** des chambres doubles : 145 à 180 € - Petit déjeuner : 15 €, servi de 8 h à 10 h - Demi-pension : 145 à 153 € **Cartes de crédit** acceptées **Divers** chiens admis - Piscine - Parking **Alentour** Rocamadour ; Padirac - Golfs 18 et 9 trous de Souillac et de Rochebois **Restaurant** service de 12 h 30 à 14 h, 19 h 30 à 21 h - Fermé le lundi midi et mardi midi, et le lundi soir en basse saison - Menus : à partir de 46 € - Carte - Spécialités : écrevisses ; foie gras ; pigeon aux cèpes ; poulette rôtie aux truffes.

La même famille gère cet hôtel depuis sa création. Accrochée au rocher, la maison est noyée aujourd'hui dans la verdure. Les chambres, vastes et claires sont très confortables ; on aime leur décoration basée sur des papiers et tissus anglais assortis, ainsi que leurs agréables salles de bains. Le petit chemin enjambant la rivière et conduisant à l'hôtel est sans issue, ce qui leur assure beaucoup de calme. Le charme de cet établissement, c'est aussi la superbe terrasse ombragée par un tilleul et un marronnier où l'on sert les repas en été. L'excellente carte n'est pas très longue, mais varie souvent au gré de l'imagination et du savoir-faire de M. Chambon ; son épouse, quant à elle, assure l'accueil, qui est très aimable.

Accès (cartes n°s 23 et 24) : à 37 km au sud de Brive-la-Gaillarde par N 20 jusqu'à Souillac, puis D 43.

Domaine de Saint-Géry

46800 Lascabanes (Lot)
Tél. 05 65 31 82 51 - Fax 05 65 22 92 89
Pascale et Patrick Duler
E-mail : pascale@saint-gery.com - Web : saint-gery.com

Fermeture du 1ᵉʳ octobre au 31 mai **Chambres** 4 et 1 suite, avec tél., s.d.b., w.c. **Prix** des chambres : 149 à 224 € ; suite : 318 € - Petit déjeuner : 19 € servi de 8 h 30 à 10 h - Demi-pension : + 89 € **Cartes de crédit** Visa, Amex **Divers** chiens admis (13 €) - Piscine, salle de fitness - Parking **Alentour** circuit des vins de Cahors, de Cahors à Bonaguil par la basse vallée du Lot ; vallée du Célé (Saint-Cirq-Lapopie) **Restaurant** sur réservation uniquement, service de 20 h à 21 h - Menus : 79 € - Spécialité : escalope de foie gras poêlé à la fondue de tomate et au thym frais.

L e *Domaine de Saint-Géry*, c'est tout un univers, l'immense domaine d'un couple (Pascale et Patrick Duler) qui ne cesse de pousser plus loin les limites de l'hôtellerie de terroir à travers rusticité, raffinement et gastronomie. Ici, les beaux bâtiments agricoles du hameau sont toujours en activité pour permettre au domaine de poursuivre sa royale autarcie. On produit donc et on transforme sur place des céréales, des truffes, des canards gras, des légumes, etc. de sorte que vous êtes assurés de déguster ici des produits irréprochables, cuisinés avec précision et sobriété par Patrick. Dans la maison de maître, vous trouverez la salle à manger et un charmant petit salon pour les (rares) jours gris. Les chambres se répartissent quant à elles dans les dépendances et vous ne pourrez qu'apprécier leur décoration très soignée (beaux meubles anciens, tissus de qualité) et leur confort. Enfin, les aménagements extérieurs, notamment autour de la piscine, sont également très réussis.

Accès (carte n° 30) : à 18 km au sud-ouest de Cahors par N 20, direction Toulouse, puis à droite direction Montcuq sur 500 m, ensuite à gauche Labastide Marnhac par D 7 sur 15 km et fléchage.

Relais Sainte-Anne

46600 Martel (Lot)
Rue du Pourtanel
Tél. 05 65 37 40 56 - Fax 05 65 37 42 82
Pierre Bettler et Roland Kurt
E-mail : relais.sainteanne@wanadoo.fr - Web : relais-sainte-anne.com

Catégorie ★★★ **Fermeture** de mi-novembre à mi-mars **Chambres** 11, 3 junior-suites et 2 suites, avec tél., s.d.b. ou douche, w.c., t.v., 15 avec minibar ; 1 chambre handicapés **Prix** des chambres doubles : 70 à 120 € ; junior-suites : 135 à 160 € ; suites : 200 à 245 € - Petit déjeuner : 12 € (15 € en chambre), servi de 8 h à 11 h **Cartes de crédit** acceptées **Divers** chiens non admis - Piscine chauffée - Parking **Alentour** Rocamadour ; gouffre de Padirac ; grottes de Lacave ; vallée de la Dordogne ; Collonges-la-Rouge ; abbatiale d'Aubazines - Manifestations locales : festivals de musique en été **Pas de restaurant** à l'hôtel.

L'un des plus charmants hôtels de la région occupe depuis une quinzaine d'années les bâtiments d'une ancienne pension religieuse. De son ancienne fonction restent le portail de pierre, la chapelle, la cour de graviers et quelques bâtiments superbement transformés pour le plus grand plaisir des hôtes de passage. Partout les chambres rivalisent en charme, confort, élégance, grâce à un mobilier de style ancien ou contemporain et des tissus bien choisis. Bon nombre d'entre elles bénéficient d'une terrasse privative sur le jardin. Très fleuri, ce dernier relie les différentes dépendances et s'achève sur une élégante maison aux airs de Louisiane où se trouvent quelques superbes chambres au décor bien dans les tendances d'aujourd'hui. Servi près de la cheminée d'une belle salle à manger ou sur la terrasse, en surplomb d'un petit bassin, le petit déjeuner est excellent et il est question d'ouvrir prochainement un restaurant à proximité immédiate de l'hôtel. Une très accueillante adresse à découvrir et à suivre !

Accès (carte n° 24) : à 30 km au sud de Brive.

Hostellerie Le Vert

Le Vert 46700 Mauroux (Lot)
Tél. 05 65 36 51 36 - Fax 05 65 36 56 84
Eva et Bernard Philippe
E-mail: info@hotellevert.com - Web: hotellevert.com

Catégorie ★★★ **Fermeture** du 1er novembre au 31 mars **Chambres** 7 dont 5 climatisées, avec tél., s.d.b. ou douche, w.c. et t.v. **Prix** des chambres doubles: 55 à 110 € - Petit déjeuner: 9 €, servi de 7 h 30 à 10 h 30 - Demi-pension: 64,50 à 92 € **Cartes de crédit** Visa **Divers** chiens non admis - Piscine chauffée - Parking **Alentour** circuit des vins de Cahors et des bastides, vallée du Lot, château de Bonaguil **Restaurant** service de 19 h 30 à 20 h 30 - Fermé le midi et le jeudi - Menu: 40 € - Carte à partir de 30 €- Spécialités: foie gras de canard poêlé aux framboises et fleurs de sureau; épaule d'agneau confite aux épices.

C'est un très beau site vallonné, en pleine nature, qui sert de cadre à *L'Hostellerie Le Vert*. Les modestes ouvertures de la ferme d'autrefois, les mansardes surplombant les quatre façades et la belle fenêtre à meneaux de la salle à manger diffusent une lumière douce sur des intérieurs spacieux, confortables, raffinés et se prolongent par une très belle terrasse sur voûtes. C'est ici, au soleil couchant, que l'on sert d'excellents repas en été, face à la campagne environnante (aux beaux jours les petits déjeuners peuvent agréablement y être pris). *L'Hostellerie Le Vert*, c'est aussi une volonté, celle de toujours mieux faire comme en témoignent les derniers travaux entrepris. Cela donne des chambres toujours agréables, rajeunies et à l'ambiance variable selon leur emplacement : lumineuses et simplement charmantes dans la maison principale, plus typées (cheminée de pierre, petites fenêtres, murs frais en été) dans la dépendance, agréables et idéales pour profiter du jardin dans le cellier près de la piscine. Une attachante adresse à prix raisonnables.

Accès (carte n° 30): à 37 km à l'ouest de Cahors par D 911 jusqu'à Puy-l'Evêque, puis D 5 direction Mauroux.

Château du Bastit

46200 Pinsac (Lot)
Tél. 05 65 27 60 60 - Fax 05 65 27 60 70
Philippe Bappel
E-mail: treyne@relaischateaux.com - Web: chateaudelatreyne.com

Catégorie ★★★★ Ouverture du 1er mai au 1er novembre **Chambres** 5 et 1 suite, avec s.d.b., w.c., t.v. satellite, minibar et coffre-fort; 1 chambre handicapés **Prix** des chambres doubles: 180 à 260 € ; suite (4 pers.): 320 € - Petit déjeuner: 15 € **Cartes de crédit** acceptées **Divers** chiens admis - Piscine - Parking **Alentour** Rocamadour; Martel; Sarlat; grottes de Lacave - Golf 18 trous de Souillac à 15 km **Pas de restaurant** à l'hôtel.

A l'orée d'un bois, en surplomb de la Dordogne, le *Château du Bastit* s'élève dans un lieu splendide et semble tout droit sorti de son soubassement rocheux. A l'intérieur, cet aspect minéral a été conservé. Dans toutes les pièces on retrouve un magnifique sol en dalles qui se décline en un beau camaïeu de beige et ce, jusque dans les salle de bains en pierres polies. Comme pour en contrebalancer la froide beauté, les chambres sont habillées de superbes tissus colorés et, depuis chaque fenêtre, la vue sur la Dordogne ou la nature enchante l'œil. Partout le calme est total, à peine troublé par le cri d'un geai ou le frémissement des feuilles. C'est également sur ce panorama qu'ouvre la salle à manger aux étonnantes huisseries en arcade. Pour vous rendre à la piscine, située un peu au-dessus, vous emprunterez un escalier qui serpente entre chênes et rochers. Et si vous continuez le sentier à travers bois en surplomb de la Dordogne, vous rejoindrez le *Château de la Treyne* appartenant aux mêmes propriétaires. Cet autre magnifique hôtel dispose d'un restaurant (voir page 314) et peut ainsi faire l'objet d'une promenade gourmande.

Accès (carte n° 24): N 20 ou A 20, sortie n°55 (Souillac) direction Rocamadour puis Calès; à la sortie de Calès, prendre deux fois à droite puis suivre les panneaux.

Hôtel Bellevue

46700 Puy-l'Evêque (Lot) - Place de la Truffière
Tél. 05 65 36 06 60 - Fax 05 65 36 06 61 - Fernande et Christophe Lasmaries
E-mail : hotelbellevue.puyleveque@wanadoo.fr

Catégorie ★★★ **Fermeture** du 13 au 28 novembre et du 10 janvier au 6 février **Chambres** 11 avec tél., s.d.b., w.c. et t.v. satellite (6 avec climatisation) ; 1 chambre handicapés ; ascenseur **Prix** des chambres : 62 à 87 € - Petit déjeuner : 9 €, servi de 7 h 30 à 10 h 30 - Demi-pension : 68,50 à 78,50 € **Carte de crédit** Visa **Divers** chiens admis - Parking **Alentour** Cahors ; château de Bonaguil ; musée Zadkine **Restaurant** service de 12 h à 14 h, 20 h à 22 h - Menus : 42 à 62 € - Spécialité : gambas et langoustines à la plancha, purée de haricots blancs, jus de piperade et lard de jambon.

*B*ellevue… C'est un euphémisme ! la vue est splendide depuis cet hôtel installé à la verticale du Lot qui serpente cinquante mètres en contrebas le long d'une plaine où alternent maisons et cultures. Côté place, l'ambiance n'est pas mal non plus car Puy-l'Evêque fait partie des très beaux villages de la région. Christophe Lasmaries et sa femme ont leurs racines ici. Après une grande expérience chez Jean-Marie Amat (qui se soldera par une place de chef en second du célèbre deux étoiles bordelais), Christophe est donc revenu pour remettre à neuf l'hôtel et ouvrir son restaurant gastronomique. Certes, vous ne trouverez pas ici le charme des anciennes patines, la décoration est résolument contemporaine et plutôt colorée. Impressionnante salle à manger panoramique où l'on déguste une cuisine époustouflante de finesse, d'idée et de présentation. Charmant resto-bistrot aménagé dans une véranda à l'entrée. Très confortables chambres décorées dans un goût encore un peu impersonnel à grand renfort de bois massif, d'enduits colorés et de tissus choisis. Certaines sont vastes, voire immenses et bon nombre d'entre elles disposent d'un balcon sur le Lot. Une belle adresse "plaisir" au rapport qualité-prix remarquable.

Accès (carte n° 30) : sur la D 11 entre Cahors et Fumel.

Hôtel Beau Site

46500 Rocamadour (Lot) - Cité médiévale
Tél. 05 65 33 63 08 - Fax 05 65 33 65 23 - Martial Menot
E.mail : info@bestwesternbeausiterocamadour.com
Web : bestwesternbeausiterocamadour.com

Catégorie ★★★ **Fermeture** du 1er janvier au 8 février et du 15 novembre au 31 décembre **Chambres** 39 et 3 suites climatisées, avec tél., s.d.b. ou douche, w.c. et t.v. satellite ; 1 chambre handicapés **Prix** des chambres simples et doubles : 49 à 98 € ; suites (2 à 4 pers.) : 92 à 133 € - Petit déjeuner : 10,50 €, servi de 7 h à 10 h 30 - Demi-pension : 62,50 à 74 € **Cartes de crédit** acceptées **Divers** chiens admis - Piscine privée à 2 km - Parking gardé **Alentour** sanctuaires, musée d'Art sacré ; grotte de Lascaux ; gouffre de Padirac ; Sarlat - Canoë, montgolfière - Golf 9 trous de Montal à Saint-Céré. **Restaurant** service de 12 h à 14 h et de 19 h 15 à 21 h 30 - Menus : 23 à 53 € - Carte - Spécialité : gigot d'agneau fermier du Quercy.

La notoriété mondiale de Rocamadour tient autant aux pèlerins qui convergent ici depuis le Moyen Age, qu'à sa situation exceptionelle : sur le flanc d'un gigantesque rocher face aux falaises du Causse. L'hôtel se trouve au cœur de la cité médiévale et, passée l'agitation des rues piétonnes (jusqu'à 19 h), vous serez parmi les très rares privilégiés auxquels Rocamadour offre son plus beau visage. Témoin de l'ancienneté de la maison, le hall d'accueil affiche une ambiance très haute époque avec, cachés derrière l'escalier central, deux petits salons voûtés très prisés en période caniculaire. Agréables, les chambres bénéficient presque toujours d'une belle vue, notre préférence allant à celles de la maison principale (les autres sont en face, au dessus du restaurant). Bonne cuisine régionale servie au restaurant panoramique, en salle ou en terrasse. Accueil prévenant.

Accès (carte n° 24) : de Paris A 20 sortie n° 54, N 10 et D 673. De Toulouse A 20, sortie n° 56, D 807 et D 32. Suivre "Cité médiévale" et franchir la porte fortifiée pour accéder au parking privé de l'hôtel.

Domaine de la Rhue

La Rhue 46500 Rocamadour (Lot)
Tél. 05 65 33 71 50 - Fax 05 65 33 72 48
M. et Mme Jooris
E-mail: domainedelarhue@wanadoo.fr - Web: domainedelarhue.com

Catégorie ★★★ **Fermeture** de fin octobre à début avril **Chambres** 14 (certaines climatisées) avec tél., s.d.b. ou douche et w.c., 4 avec t.v., 3 avec kitchenette **Prix** des chambres: 70 à 125 €; familiales (4 pers.): 125 € - Lit suppl.: 17 € - Petit déjeuner: 7,50 à 10 €, servi de 8 h à 10 h **Carte de crédit** Visa **Divers** chiens non admis - Piscine, montgolfière - Parking privé **Alentour** Rocamadour, musée d'Art sacré; grotte de Lascaux; gouffre de Padirac; Sarlat - Golf 9 trous de Montal à Saint-Céré **Pas de restaurant** à l'hôtel.

C'est une belle campagne vallonnée qui entoure cet hôtel installé dans les splendides écuries d'un château. L'immense hall d'entrée conserve un très ancien pavage et quelques éléments de bois ciré, délimitant jadis les box. Près de la cheminée, un mobilier ancien et quelques fauteuils permettent de s'y détendre agréablement. C'est également non loin de là, sur de jolies tables, que sont servis les petits déjeuners (mais vous pouvez aussi les prendre dans votre chambre ou au jardin). Les chambres et leurs salles de bains très confortables occupent l'étage et une dépendance. Elles sont toutes très joliment décorées, avec de beaux tissus, des meubles chinés et des parquets. Certaines, au rez-de-chaussée, s'apparentent à des petites maisons avec une terrasse privative (deux sont équipées de kitchenette). A partir de là, en suivant un chemin buissonnier, vous rejoindrez directement Rocamadour et, si vous avez besoin de conseils pour choisir un restaurant, n'hésitez pas à questionner les propriétaires sur les bonnes adresses de la région.

Accès (carte n° 24): à 55 km au sud de Brive-la-Gaillarde par A 20, puis N 140; chemin sur la droite, 1 km avant croisement avec D 673.

Hôtel Villa Ric

46400 Saint-Céré (Lot) - Route de Leyme
Tél. 05 65 38 04 08 - Fax 05 65 38 00 14 - M. Jean-Pierre Ric
E-mail : hotel.jpric@libertysurf.fr - Web : jpric.com

Catégorie ★★★ **Fermeture** de la Toussaint à Pâques **Chambres** 5 climatisées avec tél., s.d.b., w.c. et t.v. **Prix** des chambres simples et doubles : 69 à 105 € - Petit déjeuner : 9 €, servi de 8 h 30 à 10 h - Demi-pension : 75 à 105 € **Carte de crédit** Visa **Divers** chiens non admis - Piscine - Parking **Alentour** Rocamadour ; Padirac ; châteaux et villages classés - Canoë - Golf 9 trous de Montal à Saint-Céré **Restaurant** service de 19 h à 21 h - Menus : 35 à 55 € - Carte - Spécialités : foie gras chaud, fricassée de champignons ; corolle d'agneau du Quercy, jus aux herbes.

Cette grande villa blanche adossée à une colline verdoyante dominant la petite ville de Saint-Céré, possède en tout et pour tout cinq chambres. Voilà près de vingt ans que M. Ric fit construire cette maison pour en faire son restaurant avant d'y aménager un petit hôtel. Les chambres, aux tonalités pastel et aux parquets de bois clair, sont meublées de tables et de fauteuils en rotin blanc. Habillées de tissus fleuris, elles sont agrémentées de confortables salles de bains. Quel que soit l'endroit où l'on se trouve : dans les chambres, dans la salle à manger ou sur la grande terrasse panoramique, la vue est splendide sur la vallée de la Dordogne où se déclinent forêts et prairies à perte de vue. Les plaisirs se poursuivent à table avec la cuisine fine et savoureuse élaborée à partir de produits frais. Autour de l'hôtel, un beau jardin fleuri épouse le versant de la colline et en contrebas vous pourrez rejoindre par un escalier escarpé la belle piscine. Une bonne adresse à l'accueil chaleureux pour découvrir ou redécouvrir cette superbe région.

Accès (carte n° 24) : A 20 en venant de Limoges, à Brive la sortie n° 52 direction Saint-Céré. En venant de Toulouse, sortie n° 56. Dans Saint-Céré, prendre la route de Leyme sur 3 km.

Auberge du Sombral

46330 Saint-Cirq-Lapopie (Lot)
Tél. 05 65 31 26 08 - Fax 05 65 30 26 37
M. et Mme Hardeveld

Catégorie ★ ★ **Fermeture** du 12 novembre au 31 mars; le mercredi **Chambres** 8 avec tél., w.c., 4 avec s.d.b., 4 avec douche **Prix** des chambres: 50 à 75 € - Petit déjeuner: 7,50 €, servi jusqu'à 9 h 30 **Carte de crédit** Visa **Divers** chiens admis **Alentour** cathédrale Saint-Etienne de Cahors; circuit des vins de Cahors, de Cahors à Bonaguil par la basse vallée du Lot; vallées du Lot et du Célé **Pas de restaurant** à l'hôtel mais, le midi, salades et foie gras maison (12 à 15 €).

Sur son rocher en surplomb du Lot, Saint-Cirq-Lapopie est une pure merveille, l'un des plus beaux villages de France avec ses ruelles en pente, vénérables maisons, petits carrés de jardins et superbes points de vue sur la
campagne. Très prisé des touristes en été, le bourg peut perdre de sa sérénité,
l'idéal est alors de dormir sur place pour bénéficier du calme retrouvé et de la
douce tombée du soir. *Le Sombral* est l'adresse qu'il vous faut, il s'agit d'une
accueillante auberge de village avec son agréable décoration rafraîchie, ses
beaux meubles anciens régionaux (dans les pièces d'accueil mais aussi dans les
chambres) et quelques tables en terrasse pour prendre un verre. Chaleureuse et
traditionnelle, la maison sait aussi jouer sur une touche plus contemporaine et
rendre hommage aux artistes du village, elle présente notamment un très bel
ensemble d'oeuvres d'Alain Prillard dont l'atelier-expo se trouve un peu plus
bas dans la même rue. Pas de restaurant sur place mais Saint-Cirq comporte
deux bonnes tables que M. ou Mme Hardeveld vous recommanderont bien
volontiers.

*Accès (carte n° 31): à 33 km à l'est de Cahors par D 653, direction Saint-Géry,
puis D 662.*

Château de la Treyne

Lacave 46200 Souillac (Lot) - La Treyne
Tél. 05 65 27 60 60 - Fax 05 65 27 60 70 - Mme Gombert
E-mail: treyne@relaischateaux.com - Web: chateaudelatreyne.com

Catégorie ★ ★ ★ ★ Fermeture de mi-novembre au 27 décembre et du 4 janvier à Pâques **Chambres** 21 et 2 appartements, avec climatisation, tél., s.d.b., w.c. et t.v. **Prix** des chambres doubles: 180 à 360 € ; appartements: 480 € - Petit déjeuner: 18 € - Demi-pension: 180 à 330 € **Cartes de crédit** acceptées **Divers** chiens admis - Piscine, tennis, canoë-kayak - Parking **Alentour** la Dordogne de Souillac à Saint-Céré ; Rocamadour - Golf 18 trous de Souillac **Restaurant** service de 12 h 30 à 14 h, 19 h 30 à 22 h - Fermé le midi: mardi, mercredi, jeudi, vendredi - Menus: 42 € (le midi); 72 à 118 € - Carte.

C'est à l'aplomb d'une falaise, où la Dordogne dessine ses méandres, que le *Château de la Treyne* fut édifié voilà près de cinq siècles. Bien des remaniements plus tard, il est devenu aujourd'hui un luxueux hôtel au charme extraordinaire. Face à lui, un jardin à la française, un parc aux arbres centenaires puis des chênes à l'infini... A l'intérieur, les pièces à vivre ont chacune leur atmosphère, très XVIIIe siècle pour la salle des petits déjeuners, plus cosy pour le salon-bar aux fauteuils de cuir rouge. Quant à la superbe salle à manger Louis XIII, elle ouvre sur le parc et se prolonge par une grande terrasse en surplomb de la rivière. Instants magiques en perspective où vous pourrez déguster l'excellente cuisine de Stéphane Andrieux : toute en légèreté, elle fait la part belle aux émulsions et aux produits de saison. Même plaisir dans les chambres, toutes différentes, avec leur décoration soignée, alliant tissus tendus, meubles d'époque et dont le souci du détail se retrouve jusque dans les salles de bains. Quant à la vue, qu'elle soit sur la Dordogne ou le parc, elle est toujours magnifique. Enfin, à tout cela s'ajoutent un accueil et un service à la hauteur de cette merveilleuse adresse.

Accès (cartes n°s 23 et 24): à 37 km au sud de Brive-la-Gaillarde par N 20 ou A 20 jusqu'à Souillac, puis D 43 sur 5 km jusqu'à la Treyne.

La Maison d'Hoursentut

2006

Gripp 65710 Campan (Hautes-Pyrénées)
Tél. 05 62 91 89 42 - Fax 05 62 91 88 13 - Céline et Vinvent Arnoux
E-mail : contact@maison-hoursentut.com - Web : maison-hoursentut.com

Catégorie ★ ★ **Fermeture** novembre et mai **Chambres** 8 et 4 suites, avec s.d.b., w.c., t.v. et coffre-fort ;
1 chambre handicapés **Prix** des chambres : 50 à 60 € ; suites : 60 à 80 € - Petit déjeuner : 5 € servi à
partir de 8 h **Cartes de crédit** Visa, Amex **Divers** chiens admis (5 €) - Storwatt (bain chaud à l'eau de
source) - Parking **Alentour** lac de Payolle - GR 10 ; ski, randonnées, sports extrêmes **Restaurant** menus :
10 € (le midi), 20 € (le soir).

Sur la route du Tourmalet et de la station de ski de La Mongie, au détour d'un
hameau en sommeil, voici une petite auberge accueillante, propice à une
halte réparatrice après une randonnée à pied ou à ski. Elle vient d'être entièrement restaurée de la main des propriétaires – jeunes restaurateurs connus pour
leur sympathique bistrot *Chez Francis*, sur le bassin d'Arcachon. Ici, ils conjuguent vie de famille, grand air et accueil rayonnant – entre une échappée dans la
montagne à moto et quelques voyages au Maroc… La décoration est très
contemporaine, à base de matériaux naturels : chaux, bois, ardoises peintes en
noir dans les salles de bains. Les murs et les menuiseries restent tout aussi sobres,
enduits de peintures mates, blanc ou gris, avec quelques touches de *tadelakt*
rouge orangé. Les chambres donnant sur la rue tranquille bénéficient du soleil
le matin, et de fenêtres plus ouvertes. Celles sur l'arrière, où coule le torrent, ont
des ouvertures un peu hautes (se mettre sur la pointe des pieds pour apercevoir
les arbres et la luxuriante végétation). D'autres encore sont traversantes et
offrent plus d'espace, avec la penderie dans une petite pièce à part. Le repas du
soir est un plaisir, à base de produits simples et frais, travaillés avec créativité –
tout comme les petits déjeuners, servis au soleil en été.

*Accès (carte n° 30) : A 64 sortie Tarbes, puis suivre Bagnères-de-Bigorre,
Campan, La Mongie.*

2006

Hôtel du Lion d'Or

65110 Cauterets (Hautes-Pyrénées)
12, rue Richelieu
Tél. 05 62 92 52 87 - Fax 05 62 92 03 67 - Famille Lasserre

Catégorie ★★ **Fermeture** du 1er octobre au 19 décembre; 10 au 19 mai **Chambres** 20 et 2 suites, avec s.d.b., w.c. et t.v. satellite **Prix** des chambres et suites: 49 à 98 € - Petit déjeuner: 9,50 €, servi de 7 h 30 à 10 h **Cartes de crédit** Visa, Amex **Divers** chiens non admis **Alentour** pont d'Espagne; parc national des Pyrénées; Lourdes - Centre de remise en forme à 20 m; remontées mécaniques à 100 m **Restaurant** réservé aux résidents, service de 19 h à 20 h 15 - Menus: 19 à 25 € - Carte régionale.

Vous plongerez ici dans l'univers désuet, attachant, tranquille et d'un autre temps, d'une station thermale vivant du flot continu de ses curistes. Habitués d'une année sur l'autre, ils viennent ici se reposer, suivre quelques soins, faire la sieste après le repas, avant une petite marche dans la montagne, à pas doux et mesurés… Cet hôtel fait chaud au cœur pour ses qualités d'accueil, que l'on soit curiste, touriste, marcheur ou artiste – ainsi que par le soin extrême porté à chaque élément de la décoration, du mobilier. Vous rencontrerez ici deux sœurs charmantes, filles et petites-filles des créateurs de l'établissement, ainsi que leurs propres enfants et petits-enfants. Car, au *Lion d'Or,* on travaille en famille, dans la bonne humeur, la volonté de faire au mieux, pour le confort des hôtes, afin qu'ils se sentent ici comme à la maison, enveloppés d'attentions… Vous aurez le choix entre différents styles de chambres : de vraies chambres de princesse, toutes roses, avec dessus de lit blanc nacré, fleurs, bibelots et rubans, ou bien des chambres plus sobres, d'un bleu très frais ou d'un jaune gorgé de soleil. Mobilier classique, et salles de bains parfois petites mais soignées. Une adresse atypique et délicieuse, où l'on fait les choses avec le cœur.

Accès (carte n° 29) : A 64, sortie Lourdes, direction Argelès-Gazost, passer Lourdes, Pierrefitte et Cauteret, l'entrée de l'hôtel se trouve face aux thermes.

La Pergola

65170 Saint-Lary-Soulan (Hautes-Pyrénées)
25, rue Principale
Tél. 05 62 39 40 46 - Fax 05 62 40 06 55 - M. Mir
E-mail: jean-pierre.mir@wanadoo.fr - Web: hotellapergola.fr

Catégorie ★★★ **Fermeture** 10 jours en mai et de la Toussaint à début décembre **Chambres** 20 et 3 appartements avec s.d.b. ou douche, w.c. et t.v.; 1 chambre handicapés; ascenseur **Prix** des chambres: 60 à 95 € - Petit déjeuner: 9 €, servi de 7 h 30 à 10 h 30 - Demi-pension et pension: 60 à 97 € **Cartes de crédit** acceptées **Divers** chiens non admis - Parking **Alentour** haute vallée d'Aure: réserve naturelle du Néouvielle, Arreau, églises de Sarrancolin, Cadéac, Ancizan, Bazus-Aure, Vieille-Aure; parc national d'Espagne - Ski, thermes **Restaurant** service de 12 h à 14 h, 19 h à 21 h 30 - Menus: 21 à 38 € - Carte - Spécialités: foie gras; porc noir gascon.

À huit cent vingt-sept mètres d'altitude, aux portes de la réserve naturelle de Néouvielle, Saint-Lary est une station de moyenne montagne connue pour ses cures thermales. Un peu à l'écart de la rue principale et précédée par un grand jardin très soigné, *La Pergola* est l'hôtel idéal pour profiter de cet agréable site pyrénéen. Entièrement rénové, il conserve néanmoins son petit côté familial grâce à l'amabilité de l'accueil (votre hôte fut, en son temps, international de rugby) et à quelques vieux meubles qui réchauffent l'ambiance contemporaine des pièces de réception. Souvent de belles tailles, les chambres sont aménagées de manière simple, élégante et fonctionnelle. Confortables, parfaitement tenues, elles ont toutes la vue sur le jardin et la montagne (certaines profitent d'une vaste terrasse plein sud), et les rénovations vont bon train. Servie dans une nouvelle salle à manger, "L'Enclos des saveurs", et l'été sous la pergola, la cuisine est authentiquement gastronomique. Une adresse de qualité que nous n'hésitons pas à vous recommander pour un séjour.

Accès (carte n° 30): à 30 km de Lannemezan par D 929.

Le Castel de Burlats

81100 Burlats (Tarn)
8, place du 8-Mai-1945
Tél. 05 63 35 29 20 - Fax 05 63 51 14 69
M. Dauphin
E-mail: le.castel.de-burlats@wanadoo.fr - Web: lecasteldeburlats.fr.st

Ouverture toute l'année **Chambres** 10 avec tél., s.d.b. ou douche, w.c. et t.v.; 1 chambre handicapés **Prix** des chambres (non-fumeur): 61 à 75 € ; junior-suites: 80 à 100 € - Petit déjeuner: 10 € **Cartes de crédit** acceptées **Divers** chiens admis (8 €) - Parking fermé **Alentour** Castres (musée Goya, festival Goya en juillet); massif du Sidobre; Albi (cathédrale et musée Toulouse-Lautrec) - Golf 18 trous de La Barouge et golf 9 trous de Gourjade à Castres **Restaurant** pour les résidents, sur réservation.

Situé au début de la vallée de l'Agout conduisant au massif granitique du Sidobre, le village de Burlats existe depuis le VIIe siècle. L'hôtel occupe le château des seigneurs locaux entouré d'un très beau parc à la française. Impressionnant avec sa tour du XIIIe et son austère façade Renaissance en "U", il s'adosse à la pente et fait face à la collégiale romane. Après une rénovation très réussie, il propose des chambres très vastes, décorées de teintes claires, souvent jaune et bleu, aménagées avec un bel ensemble de meubles Louis-Philippe. Confortables, très bien tenues, dotées de salles de bains irréprochables, elles ont tout pour plaire, y compris leur excellent rapport qualité-prix. Vous profiterez également d'un immense salon, d'un billard et d'une salle à manger donnant sur une terrasse plantée de camélias centenaires. Mme Dauphin est en cuisine et propose un savoureux menu qui change tous les soirs. Avec son mari, elle attache une grande importance à la tenue de l'hôtel et à la qualité de l'accueil. Une adresse à mi-chemin entre l'hôtel et la maison d'hôtes.

Accès (carte n° 31): à la sortie de Castres, prendre la direction Roquecourbe. L'hôtel est à 5 km.

Château de Salettes

Salettes 81140 Cahuzac-sur-Vère (Tarn)
Tél. 05 63 33 60 60 - Fax 05 63 33 60 61 - Roger-Paul Le Net
E-mail : salettes@chateaudesalettes.com - Web : chateaudesalettes.com

Fermeture de mi-février à début mars **Chambres** 13 et 5 suites, avec climatisation, tél., s.d.b., w.c. et t.v. ; 1 chambre handicapés **Prix** des chambres : 129 à 159 € ; suites : 249 à 299 € - Petit déjeuner : 14 €, servi de 7 h à 11 h **Cartes de crédit** acceptées **Divers** chiens admis (15 €) - Piscine - Parking **Alentour** Cordes ; Gaillac ; Albi ; circuits des vignobles, bastides et pigeonniers - Tir à l'arc, canoëkayac - 5 golfs à proximité **Restaurant** service de 12 h à 14 h, 19 h 30 à 21 h 30 - fermé mardi et mercredi hors-saison - Menus : 29 à 65 €.

Dans la belle campagne viticole du gaillacois, ce château est l'un des plus beaux exemples d'intégration réussie de l'ancien et du contemporain. Ancien pour les vieux murs, les éléments d'architecture, les matériaux, les volumes ; contemporain pour le mobilier composite des chambres, le mini lampes de chevet, le choix des couleurs (parquets foncés, camaïeux de blanc rehaussés par un carré de couleur sur les murs). Le résultat séduit, apaise, donne envie de paresser, aussi bien dans la chambre que dans la salle de bains à l'élégance high-tech. Lié à la famille Toulouse-Lautrec, le château joue de cette parenté dans la salle des petits déjeuners et aussi dans les chambres où l'on retrouve de discrètes références à l'œuvre du grand peintre. A l'image du mobilier au design très épuré de la salle à manger, la cuisine (signée Pascal Auger) est une merveille d'inventivité et d'équilibre qui offre une perception allégée des produits du Sud-Ouest bien mis en valeur par les vins du domaine (très bien conseillés par Thierry Barbier). L'été, vous la dégusterez dehors, sous une grande toile tendue (possibilité de salades goûteuses et originales à midi). Belle piscine avec plage en cèdre rouge. Accueil détendu, attentif et souriant.

Accès (carte n° 31) : à Toulouse prendre A 68 direction Albi puis D 922 vers Cordes, fléchage avant d'arriver à Cahuzac-sur-Vère.

Cuq en Terrasses

Cuq-le-Château 81470 Cuq-Toulza (Tarn)
Tél. 05 63 82 54 00 - Fax 05 63 82 54 11 - M. Gallice
E-mail : info@cuqenterrasses.com - Web : cuqenterrasses.com

Fermeture du 5 novembre à Pâques **Chambres** 3 et 4 suites, avec tél., s.d.b. ou douche, w.c. et t.v.
Prix des chambres : 90 à 100 € ; suites : 120 à 150 € - Petit déjeuner-buffet : 12 €, servi de 8 h 30 à
10 h **Cartes de crédit** acceptées **Divers** chiens admis dans les suites - Piscine couverte, vélos **Alentour**
Albi ; Carcassonne ; Castres ; musées de Toulouse ; marché de Revel - Golf 18 trous de Fiac **Restaurant**
uniquement sur réservation, service à 20 h - Fermé le mercredi (sauf juillet-août) - Menu : 33 €.

Accrochée à la colline, cette ancienne maison dont l'entrée discrète se situe
sur la place de l'église se déplie voluptueusement en niveaux successifs. De
paliers en terrasses, de jardin en piscine, on découvre les vallons en patchwork
du pays de cocagne. La maison a été magnifiquement restaurée et son aménagement doit beaucoup à la noblesse des matériaux utilisés et à la décoration soignée des chambres claires et de leurs salles de bains, où le respect de la tradition
se marie au confort le plus actuel. Nous aimons particulièrement "Le
Pigeonnier", à part près de la piscine, et "Lauraguais", mais toutes ont leur
séduction, leur personnalité, et nous vous les recommandons sans hésiter.
Dehors on ne peut qu'être captivé par la sérénité du site que l'on goûte sur la
terrasse, par l'escalier qui court dans un jardin de rocaille et par les coins ombragés aux abords de la piscine. L'été, on y sert les dîners au soleil couchant et,
quand il fait un peu plus frais, c'est dans la belle salle à manger que l'on goûte
à la cuisine d'Andonis, dont le style marie saveurs méditerranéennes (grecques
notamment), viandes locales et légumes du potager. Une très jolie maison avec
un accueil qui ne contredit pas les nombreuses autres qualités.

Accès (carte n° 31) : à 35 km à l'est de Toulouse, direction Castres. Dans Cuq,
direction Revel sur 2 km. Sur A 61, sortie n° 17.

Demeure de Flore

81240 Lacabarède (Tarn)
106, Grande Rue - Allée des Tilleuls
Tél. 05 63 98 32 32 - Fax 05 63 98 47 56 - M. Francesco Di Bari
E-mail: demeure.de.flore@hotelrama.com - Web : hotelrama.com/flore

Catégorie ★★★ **Ouverture** toute l'année **Chambres** 10 et 1 suite, avec tél., s.d.b., w.c. et t.v.; accès handicapés **Prix** des chambres: 66 à 100 €; suite: 140 € - Petit déjeuner: 9,50 € - Demi-pension: 86 à 92 € **Cartes de crédit** acceptées **Divers** chiens admis (11 €) - Piscine - Parking et garage **Alentour** musée Goya à Castres; massif du Sidobre et monts Lacaune; cité médiévale de Carcassonne - Golf 18 trous de La Barouge à Pont-de-l'Arn **Restaurant** service de 12 h 30 à 13 h 30, 19 h 30 à 21 h 30- Fermé du 2 janvier au 30 janvier; le lundi hors saison - Menus: 26 € (le midi) et 34 € (le soir).

Aménagé avec autant de soin qu'une maison privée, ce charmant petit hôtel est largement abrité de la route par une nature luxuriante. L'intérieur est d'un délicieux raffinement. Partout, les meubles anciens, les tableaux et les objets créent une ambiance cossue très accueillante. Chaque confortable chambre (certaines sont petites) diffère de sa voisine; les tissus colorés proviennent de bonnes maisons, les meubles ont été achetés chez les antiquaires locaux. Modernes, mais toujours élégantes, les salles de bains sont impeccables; un vitrail en éclaire certaines. Si vous avez le choix, préférez celles avec une petite terrasse de plain-pied sur le jardin et la piscine, lieu idéal pour se détendre en profitant de la vue sur les prés et les collines. Une suite a été réalisée dans la maison au 1er étage, murs jaunes, tissus raffinés et vaste salle de bains, offrant une prestation de grand standing. Enfin, il n'est pas nécessaire de ressortir dîner car une alléchante cuisine teintée de saveurs méridionales, selon le marché du jour, est proposée aux hôtes avec le sourire, dans une ravissante salle à manger. Une bonne adresse qui pratique encore des prix raisonnables.

Accès (carte n° 31) : à 15 km à l'est de Mazamet par N 112.

La Métairie Neuve

81660 Pont-de-l'Arn (Tarn)
Tél. 05 63 97 73 50 - Fax 05 63 61 94 75
Mme Tournier
E-mail : metairieneuve@wanadoo.fr - Web : metairieneuve.com

Catégorie ★★★ **Fermeture** du 15 décembre au 25 janvier **Chambres** 14 avec tél., s.d.b., w.c., t.v. et minibar **Prix** des chambres doubles : 57 à 80 € - Demi-pension : 78 à 132 € **Carte de crédit** Visa **Divers** chiens admis - Piscine - Parking **Alentour** musée Goya à Castres ; massif du Sidobre et monts Lacaune de Castres à Mazamet - Golf 18 trous de La Barouge à Pont-de-l'Arn **Restaurant** service de 12 h à 14 h, 19 h 30 à 21 h - Fermé samedi midi toute l'année et dimanche soir du 1er octobre à Pâques - Menus : 18 à 40 € - Carte.

C'est une ancienne et belle ferme au bout d'un village qui s'urbanise : pavillons et centres commerciaux sont en train de gagner du terrain, mais l'hôtel reste une vaste enclave de verdure. Les chambres sont toutes agréables et leur aménagement témoigne du soin apporté à chacune d'entre elles. Tous les hivers, Mme Tournier les rénovent peu à peu (les trois dernières le seront prochainement) n'hésitant pas à coudre elle-même rideaux et couvre-lits. Certaines sont dans un style campagnard raffiné, d'autres avec des touches de modernité et couleurs acidulées. Très accueillante, votre hôtesse a aménagé son hôtel comme une maison, avec plusieurs coins-salon et de nombreux détails sympathiques. Prolongeant la salle à manger, une superbe grange très largement ouverte permet de dîner l'été en profitant de la piscine et du grand jardin. Quant au restaurant, il se partage entre deux salles, l'une plus cosy que l'autre pour des plats régionaux corrects et à prix raisonnables. Service et accueil d'une telle courtoisie qu'il faut le signaler.

Accès (carte n° 31) : à 19 km au sud-est de Castres par N 112, direction Mazamet.

L'Ancienne Auberge

81140 Puycelsi (Tarn)
Place de l'Eglise
Tél. 05 63 33 65 90 - Fax 05 63 33 21 12
Mme Alexander
E-mail: caddack@aol.com - Web: ancienne-auberge.com

Catégorie ★★★ **Ouverture** toute l'année **Chambres** 8 avec tél., s.d.b., w.c. et t.v. satellite; 1 chambre handicapés **Prix** des chambres: 65 à 120 €; suite: 150 € - Petit déjeuner: 9 €, servi de 8 h à 11 h **Carte de crédit** Visa **Divers** petits chiens admis - Parking **Alentour** bastides et villages forts, Albi, Cordes **Restaurant** service de 12 h à 14 h, 19 h 30 à 22 h - Menu: 18 € - Carte.

Les moines de l'abbaye d'Aurillac sont à l'origine de ce vieux village fortifié (XIe) en surplomb de la vallée de la Vère et du bas Quercy. L'auberge se trouve au cœur du bourg, près de l'église. Il s'agit d'une maison médiévale, rénovée avec l'idée réussie d'y faire cohabiter l'ancien et le moderne. Respect et mise en valeur des beaux matériaux d'origine, volonté de personnaliser chacune des huit chambres dans le registre de la sophistication ou de la simplicité, mise en valeur des jolies vues, rien n'a été oublié pour faire de cette maison un lieu de séjour très agréable. Et surtout pas la table! peut-être le grand point fort de l'*Ancienne Auberge*. Grâce au talent de Mme Alexander, vous découvrirez que les produits du terroir peuvent sortir des sentiers battus et se présenter sous un jour nouveau pour la surprise et le plaisir de vos papilles. Cette petite fête gourmande se passe dans l'ambiance chaleureuse d'une belle salle manger aux voûtes d'ogives (sols en tomettes et décor de bois et de fer forgé) ou, l'été, sur la sympathique terrasse. Une accueillante adresse de vacances.

Accès (carte n° 31): à 45 km d'Albi. A 68 sortie Gaillac puis D 964 vers Castelnau-de-Montmirail puis vers Montauban.

Château Cap de Castel

81700 Puylaurens (Tarn) - 36, rue Cap-de-Castel
Tél. 05 63 70 21 76 - Fax 05 63 75 77 18 - Françoise Marianini
E-mail : hotel@chateau-capdecastel.com - Web : chateau-capdecastel.com

2006

Catégorie ★★★ **Ouverture** toute l'année **Chambres** 9 et 1 suite familiale, avec s.d.b., w.c., et t.v. ; 1 chambre handicapés **Prix** des chambres doubles : 46 à 86 € ; suite : 106 à 108 € - Petit déjeuner : 6 € servi de 7 h 15 à 10 h 30 - Demi-pension : 114 à 223 € **Carte de crédit** acceptées **Divers** chiens admis (5 €) - Piscine **Alentour** musée Goya à Castres ; lac Saint-Féréol ; la Montagne noire ; le Sidobre - Golf 18 trous de Fiac à 10 km **Restaurant** service de 12 h à 14 h 30, 19 h à 22 h - Fermé le lundi - Menus : 17 à 26 € - Carte.

C'est au cœur du vieux village de Puylaurens que se trouve le Château *Cap de Castel*. De l'édifice original, il ne reste qu'un bâtiment du XIIIe siècle qui n'a pas encore été restauré. L'hôtel, quant à lui, a été aménagé dans deux bâtisses des XVIIe et XVIIIe siècles aux façades d'un bel ocre orangé. La même couleur chaleureuse se retrouve à l'intérieur, où, dès le hall d'entrée, le regard est attiré par la superbe rampe en fer forgé de l'escalier qui mène aux chambres. Toutes spacieuses, elles sont décorées avec soin de vieux meubles et de beaux tissus ; charme que l'on retrouve dans les jolies salles de bains. Si deux des chambres donnent côté village sur une petite place où l'on peut se garer, la plupart ont une vue splendide sur la Montagne noire. Partout la magnifique charpente a été laissée apparente et ce, jusque dans la salle à manger aux volumes étonnants. C'est ici qu'une grande cheminée sert à Mme Marianini pour concocter quelques bonnes grillades dont elle connaît le secret. Vous pourrez aussi savourer sa cuisine dans le jardin face à la piscine et au doux paysage de cocagne. Un bémol toutefois, le bruit de la route en contrebas que vous oublierez bien vite cependant tant l'atmosphère est ici agréable.

Accès (carte n° 31) : à 15 km. de Castres sur N 126 direction Toulouse.

Domaine de Rasigous

81290 Saint-Affrique-les-Montagnes (Tarn)
Tél. 05 63 73 30 50 - Fax 05 63 73 30 51
M. Fons Pessers
E-mail : info@domainederasigous.com- Web : domainederasigous.com

Catégorie ★★★ **Fermeture** du 15 novembre au 15 mars **Chambres** 5 et 3 suites, avec tél., s.d.b. ou douche, w.c. et t.v. ; 1 chambre handicapés **Prix** des chambres simples : 50 à 70 €, doubles : 80 à 95 € ; suites : 120 à 125 € - Petit déjeuner : 11 €, servi à partir de 8 h 30 **Cartes de crédit** acceptées **Divers** chiens non admis - Piscine couverte - Parking et garage **Alentour** musée Goya à Castres ; Albi ; Carcassonne ; massif du Sidobre - Golf 18 trous à Mazamet **Restaurant** sur réservation pour les résidents, service à partir de 20 h - Fermé le mercredi - Menu : 27,50 €.

Avec beaucoup de goût et d'idées, les propriétaires du domaine ont réussi la mutation de cette ancienne maison de maîtres (XIXᵉ) en un hôtel de caractère et de charme. L'intérieur tient en effet plus d'une maison privée que du standard hôtelier et l'accueil que vous y trouverez conserve ce petit quelque chose de familial qui fait que l'on a tout de suite envie d'adopter l'endroit. Mobilier ancien de qualité, beaux objets décoratifs, salles de bains contemporaines, caractérisent l'aménagement des chambres et des suites. Chaque jour, une cuisine fine du marché vous est proposée, vous la dégusterez dans le décor mi-classique mi-moderne d'une élégante salle à manger. Placé également sous le signe des arts plastiques, l'hôtel se propose de vous faire découvrir à l'étage les œuvres d'artistes régionaux alors que, dans le beau parc fleuri, un jardin aquatique vient d'être installé à l'ombre des arbres séculaires du parc. Un lieu apaisant qui convient aussi bien pour une étape que pour de vraies vacances.

Accès (carte n° 31) : à 18 km de Mazamet, direction Toulouse, Labruguière. Faire 12 km, puis direction Dourgne. A 2 km de Saint-Affrique sur la gauche.

Résidences du Golf des Roucous

82110 Sauveterre (Tarn-et-Garonne)
Tél. 05 63 95 83 70 - Fax 05 63 95 82 47
M. et Mme Finance
E-mail : contact@golfdesroucous.com - Web : golfdesroucous.com

Catégorie ★★★ **Ouverture** toute l'année **Chambres** 5 maisonnettes de 2 chambres chacune avec s.d.b., w.c. et t.v. ; accès handicapés **Prix** des maisonnettes (pour 4 personnes) : 85 à 105 € - Petit déjeuner : 8 €, servi de 8 h à 10 h **Carte de crédit** Visa **Divers** chiens non admis - Golf de 9 trous, piscine, tennis - Parking **Alentour** cloître de Moissac ; Cahors ; vallée du Lot ; villages fortifiés **Restaurant** réservé aux résidents et à la clientèle du golf le soir (ouvert à tous le midi), service de 12 h à 15 h, 19 h à 22 h - Menu : 16 € - Carte - Spécialités : foie gras de canard ; salade d'orange.

À vingt-cinq kilomètres de Cahors, dans une vallée isolée, le *Golf des Roucous* accompagne de son green impeccable les doux vallonnements du terroir quercynois. L'hébergement associé à ce type de sport manque trop souvent de charme et les sélections dans ce guide sont rares. Nous ferons une exception pour ces cinq maisonnettes en bois entourées de petits chênes et construites à proximité de la piscine et du tennis. Parfaites pour les familles, elles comprennent chacune deux chambres, un petit salon, un coin salle à manger intégrant une petite cuisine. L'ensemble est, bois oblige, très chaleureux, d'une agréable sobriété, parfait, somme toute, pour séjourner en harmonie avec la nature environnante. Les équipements et pièces de réception se partagent avec les golfeurs mais ces dernier préférant arpenter le green, la jouissance de la piscine reste surtout l'apanage des clients de l'hôtel. C'est au club-house, près du salon et de la petite boutique, dans une ambiance de taverne irlandaise, que l'on prend les repas (salades géréreuses, produits du Sud-Ouest). Accueil agréable.

Accès (carte n° 30) : à Cahors prendre direction Castelnau-Montratier par D 19. Dans Castelnau suivre panneaux golf des Roucous.

Domaine le Parc

2006

02800 Danizy (Aisne) - Rue du Quesny
Tél. 03 23 56 55 23 - M. et Mme Bergman
E-mail : leparc.bergman@wanadoo.fr - Web : domaineleparc.com

Ouverture toute l'année **Chambres** 5, avec tél., s.d.b. ou douche, w.c. et t.v. **Prix** des chambres simples et doubles : 50 à 80 € - Petit déjeuner compris servi jusqu'à 11 h - Demi-pension : 62 à 72 € **Cartes de crédit** non acceptées **Divers** chiens non admis - Parking **Alentour** ville médiévale de Laon ; Saint Quentin ; Coucy-le-Château - Golf 18 trous du Grand Randonné **Restaurant** pour les résidents uniquement, service de 19 h 30 à 21 h - Menu : 32 € - Spécialités : damier de filets de sole et asperges.

Après avoir cédé le très bel hôtel du *Château de Barive* (voir page suivante) qu'ils avaient créés il y a une quinzaine d'années, M. et Mme Bergman n'ont pas tardé à "remettre le couvert" en transformant leur propriété en petit hostellerie de charme, limite maison d'hôtes. Finis la vie trépidante et le stress, le nombre restreint de chambres et l'unique menu du jour au restaurant (préparé avec une passion retrouvée par M. Bergman), leur permettent à présent de passer du temps avec leurs hôtes et de profiter de la maison. Une bien belle maison, presque un petit château, précédée à l'est, d'un beau parc taillé au cordeau et surplombant, côté ouest, un somptueux panorama d'étangs, de prés et de bois. A l'intérieur, mobilier rétro ou de style et objets divers ne déparent pas avec l'esprit du lieu, surtout dans le salon et dans la petite salle à manger. Peut-être un peu moins authentiques, les chambres restent dans le registre d'un classicisme bon teint. Vastes, voire immenses, elles sont ultra-confortables et profitent de salles de bains royales (presque toutes avec baignoire balnéo dernier cri). Calmes, elles ouvrent sur les grands arbres du parc ou sur la vue panoramique avec parfois de beaux couchers de soleil en prime. Bons petits déjeuners servis dans la véranda rétro. Une très belle adresse dans une région à découvrir !

Accès (carte n° 3) : à Laon, N 44 jusqu'à Crépy, puis D 938 (1 km) et D 13.

Château de Barive

02350 Liesse (Aisne)
Sainte-Preuve
Tél. 03 23 22 15 15 - Fax 03 23 22 08 39
MM. Froment et Leromain
E-mail: contact@lesepicuriens.com - Web: chateau-de-barive.com

Catégorie ★ ★ ★ ★ Ouverture toute l'année **Chambres** 11, 2 appartements et 1 suite, avec tél., s.d.b. ou douche (1 avec balnéo), w.c. , t.v. et minibar **Prix** des chambres: 120 à 230 € - Lit suppl.: 30 € - Petit déjeuner: 16 €, servi à partir de 8 h **Cartes de crédit** acceptées **Divers** chiens admis - Piscine chauffée couverte, sauna, fitness, tennis **Alentour** à Laon: cathédrale et musée d'Art et d'Archéologie; caves de champagne; abbaye de Prémontré; forêt de Saint-Gobain; ruines des abbayes du Tortoir et de Saint-Nicolas-aux-Bois **Restaurant** service de 12 h à 14 h, 19 h à 22 h - Menus: 30 à 85 € - Carte - Spécialités: bar mi-fumé au caviar, embeurré de salsifis et pois gourmands.

Perdu dans la campagne, au milieu d'un domaine de cinq cents hectares, ce château du XVIIe siècle fut d'abord une ferme puis un rendez-vous de chasse. C'est aujourd'hui un impeccable hôtel entièrement rénové. Les chambres sont spacieuses, vraiment confortables avec leurs grandes salles de bains. Pas de meubles anciens, mais des copies recréent un peu l'ambiance d'autrefois. Excellents, les petits déjeuners sont servis dans une vaste véranda ouverte sur la verdure et traitée comme un jardin d'hiver. Le salon et la salle à manger sont encore un peu raides, mais on s'y sent bien. Enfin, la cuisine du très talentueux Franck Dumoulin et le service orchestré par Ludovic Butin devraient satisfaire les plus exigeants. A signaler également la superbe piscine "à débordement" (couverte et chauffée), le sauna, la possibilité de massages relaxants, et le tennis qui sont autant d'équipements idéaux pour se remettre en forme. Accueil attentif, très agréable, et service de grande maison.

Accès (cartes nos 3 et 10): à 18 km à l'est de Laon par D 977.

Hôtel de l'Abbaye

02600 Longpont (Aisne)
8, rue des Tourelles
Tél. et Fax 03 23 96 02 44 - M. Verdun
E-mail : habbaye@wanadoo.fr

Catégorie ★ ★ **Ouverture** toute l'année **Chambres** 11 avec tél., s.d.b. ou douche, w.c., et t.v. **Prix** des chambres doubles : 54 à 58 € - Petit déjeuner campagnard : 8 €, servi toute la journée - Demi-pension : 61 à 72 € **Cartes de crédit** acceptées **Divers** chiens admis - Location de vélos à l'hôtel **Alentour** abbaye et château de Longpont ; château et musée Alexandre-Dumas à Villers-Cotterêts ; château de Vierzy - Golf 9 trous à Barbery **Restaurant** service de 12 h à 14 h, 19 h 30 à 21 h - Menus : 19 à 35 € - Carte - Spécialités : grillades ; canard aux cerises ; gibier et champignons en saison.

Fantomatiques, les ruines de la célèbre abbaye de Longpont élèvent leurs paroies ajourées au cœur de la forêt de Retz. Devant, quelques antiques maisons de pierre lui dressent comme une haie d'honneur le long d'une vue pavée. Parmi elles se trouve cette petite auberge : point de rencontre de générations de chasseurs et de promeneurs, café du village, restaurant, mini-syndicat d'initiative et simple hôtel de charme. Dans les deux salles à manger, superbes de rusticité, les amateurs dégustent une cuisine familiale de saison où gibier et viandes grillés dans la cheminée sont à l'honneur. L'été, on installe quelques tables au jardin, le chant des oiseaux remplace le crépitement des bûches et les plats se font moins caloriques. A l'étage les chambres n'ont pas vraiment d'âge, leur aménagement reste extrêmement simple mais on aime leur confort suffisant, leur tenue irréprochable, la vue sur la forêt ou sur l'abbaye... On aime aussi beaucoup l'accueil de M. Verdun passionné par la région et tout disposé à vous faire profiter de ses connaissances. Non loin de Paris, voici une authentique auberge de campagne comme il en reste finalement assez peu.

Accès (carte n° 10) : à 20 km au sud de Soissons par N 2, direction Villers-Cotterêts, puis D 2.

Auberge Le Relais

02850 Reuilly (Aisne)
2, rue de Paris
Tél. 03 23 70 35 36 - Fax 03 23 70 27 76 - M. et Mme Berthuit
E-mail : auberge.relais.de.reuilly@wanadoo.fr - Web : relaisreuilly.com

Catégorie ★★★ **Fermeture** du 29 janvier au 2 mars et du 20 août au 7 septembre **Chambres** 7 climatisées, avec tél., s.d.b. ou douche, w.c., t.v. et minibar **Prix** des chambres : 72 à 90 € - Petit déjeuner : 12,50 €, servi de 8 h à 10 h - Demi-pension : 93 à 101 € **Cartes de crédit** acceptées **Divers** chiens admis - Parking **Alentour** château de Condé-en-Brie ; route des vins de Champagne - Golf 18 trous à 20 km **Restaurant** service de 12 h à 13 h 45, 19 h à 21 h 15 - Fermé mardi et mercredi - Menus : 43,50 à 75 € - Carte - Spécialité : foie gras de canard poêlé au vinaigre doux, chutney de légumes à la coriandre.

A flanc de coteau, cette belle auberge domine l'église, les toits du village et l'on aperçoit même entre les arbres une boucle de la Marne qui a creusé son lit dans les côtes crayeuses des premiers vignobles du champenois. Les grandes baies vitrées du restaurant et son prolongement en terrasse ainsi que le jardin en pente permettent de profiter au mieux de cette très jolie vue. Décor mi-classique, mi-moderne, à dominante jaune-orangé, l'intérieur est aménagé comme pour une maison particulière confortable et cosy. A l'étage, les chambres sont toutes différentes, très élégantes, souvent grandes et parfaitement tenues. Ne craignez pas la proximité de la nationale 3, le bâtiment est en retrait et les fenêtres sont systématiquement dotées de doubles vitrages, de plus, le trafic a considérablement baissé depuis la création de l'autoroute. Elégance, confort, bon niveau de calme et table de qualité, voici une excellente adresse où l'on vous réservera toujours bon accueil.

Accès (carte n° 10) : sur N 3 entre Dormans et Château-Thierry. A 4 sortie n° 21 en venant de Reims ou sortie n° 20 en venant de Paris.

L'Hermitage Gantois

59000 Lille (Nord)
224, rue de Paris
Tél. 03 20 85 30 30 - Fax 03 20 42 31 31 - Danièle Gey
E-mail : réservation@hotelhermitagegantois.com - Web : hotelhermitagegantois.com

Catégorie ★★★★ **Ouverture** toute l'année **Chambres** 67 dont 8 suites climatisées, avec tél., s.d.b., w.c., t.v. satellite, minibar et coffre-fort; 3 chambres handicapés **Prix** des chambres : 198 à 260 € ; suites : 360 € - Petit déjeuner : 18 €, servi de 6 h à 10 h - Demi-pension : 60 à 70 € **Cartes de crédit** acceptées **Divers** chiens admis - Piscine - Parking (15 €) **Alentour** vieux Lille, musées de l'Hospice-Comtesse et des Beaux-Arts **Restaurants** service de 12 h à 14 h 30, 19 h 30 à 22 h 30 - Menus : 16 à 19 € (à *l'Estaminet*) et 30 à 39 € - Spécialité : clafoutis au maroilles

Cet ancien édifice religieux, rare témoignage de l'architecture gothique flamande, est devenu l'un des plus beaux hôtels du Nord. Audacieuse dans la cour intérieure coiffée de verre et d'acier, la décoration contemporaine (bar high-tech où le design gris des canapés côtoie les portes ogivales de la chapelle près de tapisseries mythologiques XVIIᵉ) se fait plus sage dans les salons et les chambres ; l'ensemble s'organisant autour d'une série de jardins intérieurs en buis taillé. Partout l'ancien et le moderne se répondent, dans le respect des matériaux et volumes d'origine. Le superbe salon XVIIᵉ (alternance de boiseries cirées et de panneaux religieux) se complète d'une bibliothèque bien pourvue. La salle à manger gastronomique (murs voûtés rouge vif, arrêtes dorées, fauteuils Louis XV) voisine avec une charmante brasserie. Les chambres, merveilles d'harmonie, partiellement capitonnées de chêne clair (murs beiges ou rouge brique, impressionnante poutraison d'origine délicatement cérusée, mobilier sobre et confortable) se complètent de superbes salles de bains en marbre brut gris, vasques design et dalles noires. Une luxueuse et accueillante maison d'un excellent rapport qualité-prix.

Accès (carte n° 2) : A 1 puis suivre Lille-centre sur la voie rapide, boulevard Louis-XIV, à droite à la station-service.

Auberge du Bon Fermier

59300 Valenciennes (Nord) - 64, rue de Famars
Tél. 03 27 46 68 25 - Fax 03 27 33 75 01 - M. Beine
E-mail: beinethierry@hotmail.com - Web: bonfermier.com

Catégorie ★★★★ **Ouverture** toute l'année **Chambres** 16 avec tél., s.d.b., w.c., t.v. et minibar **Prix** des chambres: 81 à 126 € - Petit déjeuner: 9 €, servi à toute heure **Cartes de crédit** acceptées **Divers** chiens admis (9 €) - Parking (9 €) **Alentour** musée des Beaux-Arts de Valenciennes (Watteau et Carpeaux), bibliothèque jésuite ; fortifications de Le Quesnoy; vallée de l'Helpe - Golf 9 trous à Valenciennes **Restaurant** service de 12 h à 14 h, 19 h à 22 h - Menus: 23 à 47 € - Carte - Spécialités: lucullus de Valenciennes ; cochon de lait à la broche; poularde régionale.

Ancien relais de poste classé monument historique (XVIIᵉ), le *Bon Fermier* semble résonner encore du choc des sabots et du roulement des calèches qui empruntaient l'ancienne route de Bruxelles. Les briques rouges recouvrant les murs extérieurs et souvent l'intérieur même de la maison, les poutres, les planchers de chêne et autres éléments scupltés (bois d'église, balustres) restituent, de façon étonnante, l'ambiance d'époque. D'amusants couloirs, des petits escaliers mènent à des chambres régulièrement rénovées sans jamais en atténuer le caractère. Beaux volumes sous charpente, mobilier ancien ou de style, épaisses moquettes ou vieux planchers, couleurs classiques ou plus audacieuses, pas une ne ressemble à sa voisine même si toutes partagent un excellent confort (tentatives modernes, la "X" et la "L", en rez-de-chaussée, sont moins convaincantes). Vous serez aussi sûrement impressionnés par le restaurant, avec son antique rôtissoire et son sol irrégulier en galets vernis le tout éclairé intimement de lampes Tiffany. A côté, le coin bar avec son confortables mobilier d'esprit Directoire et le salon qui le prolonge apparaissent plus civilisés. Petit déjeuner dans la véranda côté rue. Accueil agréable et concerné.

Accès (carte n° 3) : dans le centre-ville, entre la place du Canada et l'hôtel de ville.

Château d'Ermenonville

60950 Ermenonville (Oise)
Tél. 03 44 54 00 26 - Fax 03 44 54 01 00
M. Stephane Zabotti
E-mail : ermenonville@leshotelsparticuliers.com
Web : hotel-leprieure.com

Ouverture toute l'année **Chambres** 42, 9 junior-suites et 2 suites avec tél., s.d.b. et w.c. ; ascenseur **Prix** des chambres : 85 à 160 € ; junior-suites : 205 € ; suites : 270 € - Petit déjeuner : 14 €, servi de 7 h à 11 h **Cartes de crédit** acceptées **Divers** chiens admis (10 €) - Parc Jean-Jacques Rousseau, étang, canotage - Parking **Alentour** abbaye royale de Châlis ; musée du Cheval à Chantilly ; Senlis **Restaurant** service de 12 h à 14 h, 19 h 30 à 21 h 30 - Menus : 25 à 79 € - Carte.

L'histoire du château d'Ermenonville se confond un peu avec celle de la France et, si l'on ne compte plus les personnages historiques qui séjournèrent ici, nous aurons tout de même une petite pensée pour Jean-Jacques Rousseau qui vécut au château ses dernières semaines et fut inhumé dans le parc avant le transfert de ses cendres au Panthéon. L'aspect actuel de l'édifice est résolument XVIIIᵉ, superbe de proportions, il occupe une île directement délimitée sur l'eau par le corps principal du château et ses deux ailes qui encadrent la cour d'honneur. A l'intérieur, les pièces de réception et les chambres affichent un décor très classique d'une incontestable élégance. Chambres et suites vous ramèneront fidèlement, le confort en plus, au siècle des lumières. Pour dîner, le restaurant *La Table du Poète* occupe un vaste salon aux boiseries XVIIIᵉ, on y goûte une cuisine classique, malheureusement irrégulière, et servie avec beaucoup d'attention. Une très belle adresse pour vivre la vie de château à moins d'une heure de Paris.

Accès (carte n° 9) : A 1 sortie n° 8, Senlis, puis N 330 direction Meaux jusqu'à Ermenonville. Le château se trouve au centre du bourg.

Le Prieuré

60950 Ermenonville (Oise)
6, place de l'Eglise
Tél. 03 44 63 66 70 - Fax 03 44 63 95 01
Christine et Philippe Poulin
E-mail : le.prieure@club-internet.fr - Web : hotel-le-prieure.com

Catégorie ★★★ **Fermeture** entre Noël et le jour de l'an **Chambres** 8 avec tél., s.d.b., w.c., t.v. satellite et minibar **Prix** des chambres doubles : 80 à 110 € - Petit déjeuner : 12 €, servi de 7 h 30 à 10 h **Carte de crédit** Visa **Divers** chiens non admis - Parking privé sécurisé **Alentour** parc Jean-Jacques-Rousseau ; abbaye de Chaalis ; forêt d'Ermenonville ; parc Astérix **Pas de restaurant** à l'hôtel.

Directement au chevet de l'église d'Ermenonville, *Le Prieuré* se découvre au fond d'un ravissant petit jardin de curé. Séduits par l'âme de cette maison, Christine et Philippe Poulin l'ont acquis il y a quatre ans pour le rénover et lui toutes ses qualités d'hôtel de charme en prenant soin de ne pas en bouleverser l'ambiance. L'intérieur conserve un merveilleux petit côté maison de famille avec ses petites pièces chaleureusement meublées et décorées d'ancien. On aime aussi leurs sols parquetés ou pavés de cabochons noirs et blancs, la cheminée où un feu brûle souvent dés les premiers frimas, la vue sur le jardin... Plaisantes, intimes et bien tenues, les chambres affichent des volumes variables (mansardées et traversées de poutres au dernier étage). Pas de restaurant sur place mais des petits déjeuners absolument excellents qui témoignent de toute l'attention que l'on porte ici aux hôtes (pour dîner, vous aurez le choix entre quatre bons restaurants à proximité). Une très accueillante petite adresse, idéale pour les week-ends.

Accès (carte n° 9) : à 45 km au nord-est de Paris par A 1 sortie Senlis, puis direction Ermenonville.

Hostellerie du Pavillon Saint-Hubert

60270 Gouvieux (Oise)
Avenue de Toutevoie
Tél. 03 44 57 07 04 - Fax 03 44 57 75 42
Mme Luck-Bocquet

Catégorie ★★ **Ouverture** toute l'année **Chambres** 18 avec tél., s.d.b. ou douche, w.c. et t.v. (satellite et Canal +) **Prix** des chambres : 55 à 75 € - Petit déjeuner : 7,50 €, servi de 8 h à 10 h 30 - Demi-pension : 62 à 70 € **Carte de crédit** Visa **Divers** chiens admis (6 €) - Parking fermé (6 €) **Alentour** châteaux de Chantilly et d'Ecouen ; musée vivant du Cheval ; vieille ville de Senlis ; musées de la Chasse - Golf 18 trous à proximité **Restaurant** service de 12 h à 14 h, 19 h à 21 h - Fermé du 15 janvier au 15 février ; dimanche soir et lundi (sauf fériés) - Menus : 25 à 32 € - Spécialité : profiterolle d'escargots au roquefort.

Une boucle de l'Oise, une vaste terrasse ombragée de tilleuls, le château de Chantilly à quatre kilomètres... Incontestablement le site est enchanteur, tellement rare qu'il suffirait presque à justifier une sélection. Mais nous aimons bien aussi l'ambiance de la salle à manger, ses boiseries de chêne lisse 1930, son mobilier provincial de style mi-rustique, mi-haute époque, son alignement de grandes fenêtres ouvrant sur la terrasse. De part et d'autre on y sert une cuisine de bonne tradition à déguster face au cours nonchalant de la rivière. Côté chambres, même si nous restons ici dans le registre de la simplicité, vous y trouverez néanmoins une excellente tenue et un confort suffisant pour une étape champêtre. Une décoration sans surprise donc, à dominante pastel, mais une vue qui rachète tout ! (préférez bien sûr les chambres donnant sur l'Oise). Très sympathique adresse, accueillante et sérieusement tenue.

Accès (carte n° 9) : A 1 sortie n° 7 puis N 17 vers Chantilly, puis D 909 vers Gouvieux. A Gouvieux prendre D 162 vers Creil sur 100 m, puis prendre à gauche vers Toutevoie.

Domaine Bois d'Aucourt

60350 Pierrefonds (Oise)
Tél. 03 44 42 80 34 - Fax 03 44 42 80 36
Thierry et Sylvie Clément-Bayard
E-mail : bois.d.aucourt@wanadoo.fr - Web : boisdaucourt.com

Ouverture toute l'année **Chambres** 10 et 1 suite avec s.d.b. et w.c. **Prix** des chambres : 69 à 82 € ; suite (2 pers.) : 107 € - Petit déjeuner : 8 €, servi de 9 h à 11 h **Carte de crédit** Visa **Divers** chiens non admis - Tennis, vtt - Parking gratuit **Alentour** Pierrefonds ; Compiègne **Pas de restaurant** à l'hôtel.

Chef-d'œuvre de Viollet-le-Duc, le château de Pierrefonds est à quelques minutes de ce domaine édifié en lisière de forêt, par le constructeur automobile Adolphe Clément-Bayard. Resté dans la même famille, le domaine propose au public une formule d'hébergement qui tient à la fois de l'hôtel et de la maison d'hôtes. Ses chambres se répartissent entre le logis principal et la "Maison des amis". Toutes sont extrêmement confortables et déclinent différents thèmes (la "Zen", la "Toscane", la "Sévillane", "Colette", "Santos Dumont"...). Leur décor est donc toujours recherché, leur confort parfait mais nous avons une légère préférence pour celles du manoir : on y accède par une somptueuse galerie-musée et leur mobilier ancien en accroît encore l'attrait. Côté sud, le manoir surplombe une charmante vallée avec au loin les tours crénelées de Pierrefonds. C'est face à ce paysage que l'on prend le petit déjeuner dès qu'il fait soleil, sinon la belle cuisine offre une agréable alternative. Accueil jeune et particulièrement sympathique. Une très belle adresse, accessible en train depuis Paris, ce qui devrait combler les amateurs de marche en forêt. Enfin, pour dîner, la *Bonne Idée* (page 331) se trouve à quelques minutes.

Accès (cartes nᵒˢ 9 et 10) : A 1 sortie Compiègne-sud. A Compiègne, 4ᵉ rond-point vers Pierrefonds. Faire 15 km, traverser Pierrefonds en restant à droite, le domaine est à 1 km après le sortie du village, en pleine forêt.

A la Bonne Idée

60350 Saint-Jean-aux-Bois (Oise)
3, rue des Meuniers
Tél. 03 44 42 84 09 - Fax 03 44 42 80 45 - M. Giustiniani
E-mail: a-la-bonne-idée.auberge@wanadoo.fr - Web: a-la-bonne-idée.fr

Catégorie ★★★ **Ouverture** toute l'année **Chambres** 19 et 3 suites avec tél., s.d.b., w.c., t.v. et coffre-fort; 1 chambre handicapés **Prix** des chambres: 61 à 79 €; suites: 90 à 142 € - Petit déjeuner: 8,50 €, servi de 7 h 30 à 10 h 30 - Demi-pension: 79 à 115,50 € **Cartes de crédit** Visa, Amex **Divers** chiens admis (6 €) - Parking **Alentour** Pierrefonds; Compiègne; Senlis; Chantilly **Restaurant** service de 12 h à 14 h, 19 h à 21 h 15 - Menus: 29 à 69 € - Carte - Spécialités: bar en croûte de sel; agneau, couscous de légumes et herbes fraîches.

Saint-Jean-aux-Bois, son abbaye, sa magnifique forêt et... *La Bonne Idée*. De plus en plus connue pour être l'une des meilleures tables de la région depuis sa reprise par M. et Mme Giustiniani, l'auberge s'est offert un gros coup de lifting. Dans la grande salle à manger d'abord, dont on a rajeuni la rusticité par des teintes ivoire, d'élégantes gravures et un éclairage plus subtil. Une cheminée pour l'hiver, des portes vitrées ouvrant sur le jardin pour l'été, c'est ici que bat le cœur de la maison et que l'on se régale de plats classiques revisités, servis avec beaucoup de professionnalisme. Grâce à une rénovation très réussie, les chambres restent simples mais affichent désormais une décoration bien au goût du jour: murs unis aux teintes pâles et chaudes, beau choix de tissus coordonnés reprenant des modèles anciens, mobilier néorural peint en gris mat... Dès les beaux jours, le mobilier de jardin reprend du service et permet de profiter pleinement de cette accueillante adresse située à quelques mètres de la forêt et de ses innombrables possibilités de promenade.

Accès (carte n° 9): A 1 sortie n° 9 Compiègne-sud, direction Verberie. A la sortie du village, direction La Croix-Saint-Ouen, puis Saint-Jean-aux-Bois.

Chartreuse du Val Saint-Esprit

62199 Gosnay (Pas-de-Calais)
1, rue de Fouquières
Tél. 03 21 62 80 00 - Fax 03 21 62 42 50 - M. et Mme Constant
E-mail: levalsaintesprit@lachartreuse.com - Web: lachartreuse.com

Catégorie ★★★★ **Ouverture** toute l'année **Chambres** 67 avec tél., s.d.b., w.c., t.v. et minibar **Prix** des chambres doubles: 96 à 142 €; suite: 350 € - Petit déjeuner: 12 €, servi de 6 h 30 à 10 h **Cartes de crédit** Visa, Diners **Divers** chiens admis (11 €) - Salle de fitness, tennis - Parking fermé **Alentour** à Lille: palais des Beaux-Arts, musée de l'Hospice Comtesse; à Arras: ancienne abbaye Saint-Vaast, cathédrale, musée, la Grand'Place, la place des Héros **Restaurant** service de 12 h à 14 h 30, 19 h à 22 h - Menus: 30 € (en semaine); 53 et 67 € - Carte - Spécialités: médaillons de homard rôti et pommes de terre grenailles, gousses d'ail confites en chemise, jus à l'américaine.

De l'ancien monastère construit en 1320, il ne reste que peu de chose en dehors de quelques pans de murs et de prestigieuses citations dans les chartes de donation où l'on retrouve notamment le nom de Marguerite de Flandre ou d'Isabelle de Bourgogne. Après les vicissitudes de l'histoire et maintes destructions et reconstructions, l'édifice actuel se présente plutôt sous l'aspect d'un élégant château XVIIIe et XIXe à la belle ordonnnance. L'intérieur ne contredit pas le superbe classicisme de la demeure comme en atteste l'enfilade de pièces de réception au décor feutré et raffiné dont les grandes fenêtres ouvrent sur la verdure du parc de quatre hectares. Même soin dans les chambres (volumes particulièrement vastes au premier étage), toutes très agréables et bien rénovées. Pour dîner vous aurez le choix entre le restaurant gastronomique et une sympathique brasserie qui propose dans un décor cosy à tendance colonial une cuisine originale et goûteuse : gratin de homard aux macaronis, pavé de bar rôti et légumes croquants...

Accès (carte n° 2): à 5 km au sud de Béthune, sur A 26 sortie n° 6, direction Les Chartreuses.

Hôtel Cléry

62360 Hesdin-l'Abbé (Pas-de-Calais)
Tél. 03 21 83 19 83 - Fax 03 21 87 52 59
M. Durand - Mme Lefour
E-mail: chateau-clery-hotel@najeti.com - Web: hotelclery-hesdin-labbe.com

Catégorie ★★★ **Fermeture** janvier **Chambres** 27 avec tél., s.d.b., w.c. et t.v. satellite **Prix** des chambres: 100 à 170 € - Petit déjeuner: 14 €, servi de 7 h à 10 h **Cartes de crédit** acceptées **Divers** chiens non admis - Salle de remise en forme, sauna, location de vtt - Parking **Alentour** château-musée à Boulogne-sur-Mer; Côte d'Opale; cap Gris-Nez - Golf 18 trous à Hardelot **Restaurant** service de 12 h à 13 h 30, 19 h à 21 h 30 - Fermé le samedi midi - Menus: 25 à 60 € - Carte.

Depuis deux ou trois ans, l'accueillant *Hôtel Cléry* ne cesse de s'améliorer jusqu'à devenir l'un des plus beaux de la région. Il y a eu la création du restaurant sagement "tendance" prolongé par sa véranda rétro où l'on goûte à une cuisine de très belle réputation face aux rosiers et aux grands arbres du parc. Puis ce sont le salon et le bar qui teintèrent de beige et de prune leur décor Directoire (les chambres aussi, rénovées dans un beau goût classique). Mais le point culminant reste la construction, dans un coin du parc de deux bâtiments admirablement réalisés dans le style des maisons rurales boulonnaises. Vous y trouverez de vastes chambres ultra confortables et très "déco", mais on ne s'en plaindra pas face aux tissus et papiers de marque (gorge de pigeon, vieux rouge, écru) et au mobilier de style patiné de gris, parfois de noir et complété de gravures ou de dessins classiques. En sous-sol, une luxueuse salle de remise en forme favorise la détente dynamique que l'on complètera d'une promenade dans le parc en songeant que certains de ses arbres virent peut-être Napoléon remonter l'allée du château puisque c'est ici, dit-on, que l'empereur aurait pris la décision de lever le siège de Boulogne.

Accès (carte n° 1): à 9 km au sud-est de Boulogne par N 1. A 1 km de la sortie n° 28, Isques-Samer, sur A 16.

Auberge d'Inxent

62170 Inxent (Pas-de-Calais)
Tél. 03 21 90 71 19 - Fax 03 21 86 31 67 - Laurence et Jean-Marc Six
E-mail : auberge.inxent@wanadoo.fr

Fermeture 1re semaine de juillet et de mi-décembre à mi-janvier **Chambres** 5 avec tél., s.d.b. et w.c. **Prix** des chambres : 54 à 70 € - Petit déjeuner : 8 €, servi de 8 h 30 à 10 h - Demi-pension : 54 à 80 € **Carte de crédit** Visa **Divers** chiens non admis - Parking **Alentour** vallée de la Course ; Montreuil-sur-Mer ; château-musée à Boulogne ; Côte d'Opale ; cap Gris-Nez **Restaurant** service de 12 h 15 à 13 h 30, 19 h 30 à 20 h 30 - Fermé le mardi et mercredi hors saison - Menus : 13 à 38 € - Carte.

C'est grâce à la dotation d'un concours des professionnels de la restauration que Jean-Marc Six, l'heureux gagnant, a pu acquérir cette petite auberge située dans l'un des plus ravissants villages de la vallée de la Course. Très judicieusement, ses nouveaux propriétaires ont tenu à conserver l'orientation "terroir" de cette maison réputée depuis toujours pour la qualité de sa cuisine (le prince de Galles et Wallis Simpson y dînaient souvent en cachette). C'est ainsi que dans la petite pièce d'accueil, au décor de brocante, le vieux fourneau émaillé laisse souvent échapper le merveilleux fumet d'un lapin qui mijote au creux d'une antique cocotte. De part et d'autre, deux salles à manger (la petite verte, avec sa cheminée, est notre préférée) permettent de goûter aux meilleurs produits locaux cuisinés avec simplicité et précision (au verso des menus, une carte localise et nomme chaque producteur). A l'étage se trouvent des chambres aux teintes rajeunies et meublées en merisier de style Louis-Philippe. Simples mais confortables elles sont plaisantes, surtout celle sur l'arrière qui a l'avantage d'une grande terrasse privative et donne côté cour (les autres, côté rue, ont cependant toutes un bon double-vitrage, et la circulation, modeste le jour, cesse à la nuit tombée). Accueil d'une vraie grande gentillesse et joli petit jardin sur la rivière.

Accès (carte n° 1) : N 1 entre Montreuil et Boulogne puis D 127 vers Bernieulles, Beussent et Inxent.

Auberge de la Grenouillère

62170 Montreuil-sur-Mer (Pas-de-Calais)
La Madelaine-sous-Montreuil
Tél. 03 21 06 07 22 - Fax 03 21 86 36 36 - Roland et Alexandre Gauthier
E-mail : auberge.de.la.grenouillere@wanadoo.fr - Web : lagrenouillere.fr

Fermeture en janvier ; mardi et mercredi de septembre à juin **Chambres** 3 et 1 appartement, avec tél., s.d.b. et w.c. ; 1 chambre handicapés **Prix** des chambres doubles : 75 à 90 € ; appartement : 100 € - Petit déjeuner : 10 à 13 €, servi à partir de 8 h 30 **Cartes de crédit** acceptées **Divers** chiens admis - Parking **Alentour** Le Touquet-Plage ; Hesdin ; Stella-Plage ; Merlimont ; Etaples ; vallée de la Canche **Restaurant** service de 12 h 15 à 13 h 15, 19 h 15 à 21 h 15 - Menus : 30 (sauf samedi soir et jours fériés) à 70 € - Carte - Spécialité : grenouilles.

Les peintres de l'Ecole de Montreuil (Cazin, Thaulow, Nozal, Collison…) ne s'y sont pas trompés qui ont été séduits à la fin du XIXe par cette petite ville fortifié en surplomb de la vallée de la Canche. Et c'est sur ses berges, à la Madelaine-sous-Montreuil (M. Madelaine, maire de Montreuil et alias Jean Valjean dans *Les misérables*) que l'on vient à la pêche à la grenouille et autres merveilles du terroir auprès de cette ancienne ferme picarde enfouie dans la verdure. Les grenouilles, vous en retrouverez sur les fresques 1930 de la salle à manger, à travers d'amusants objets et, bien sûr, au menu du restaurant. Roland Gauthier est un artiste ; sa cuisine, l'une des meilleures de la côte nord, nous a éblouis par sa maîtrise et sa sobriété comme ce simple bar de ligne cuit sur sa peau complété d'artichauts et d'une superbe émulsion iodée. Boiseries, âtre, vieux buffets, cuivres rutilants, difficile de faire plus chaleureux que cette auberge traditionnelle réveillée par quelques tissus et éclairages plus "tendance ". Même soin dans les chambres et duplex, au raffinement rustique des plus confortables. Vraiment une très belle maison à l'accueil parfait.

Accès (carte n° 1) : à 13 km du Touquet ; à 2,5 km de Montreuil D 917 et D 139.

Les Tourelles

80550 Le Crotoy (Somme)
Tél. 03 22 27 16 33 - Fax 03 22 27 11 45 - M. et Mme Ferreira da Silva
E-mail : lestourelles@nhgroupe.com - Web : lestourelles.com

Catégorie ★★ **Fermeture** du 10 au 31 janvier **Chambres** 27 avec s.d.b. et w.c. (10 avec t.v.);
2 chambres handicapés **Prix** des chambres doubles : 60 à 85 € - Petit déjeuner : 8 €, servi de 8 h à 10 h -
Demi-pension : + 26 € (enfants : + 13 €) **Carte de crédit** Visa **Divers** chiens admis (7 € par séjour)
Alentour baie de Somme; parc ornithologique du Marquenterre; abbaye et jardins de Valloire
Restaurant service de 12 h 15 à 14 h, 19 h 30 à 21 h - Menus : 21 à 31 € - Carte.

C'est à un grand bol d'air marin que vous convie cette adresse à part. La fameuse silhouette orangée du manoir des *Tourelles*, perchée sur la côte picarde, au bord de la falaise du Crotoy, domine en effet de toute sa longueur les horizons infinis de la baie de Somme. Estuaire majestueux, c'est une terre de prédilection pour les mammifères (notamment une colonie de phoques moines) et les oiseaux marins, qui viendront tutoyer vos fenêtres. Les maîtres de l'endroit ont bien compris que le cadre prenait ici toute la place et attirait tous les regards. Ils se sont donc contentés de lui rendre hommage en habillant leurs chambres, simples mais de goût délicat, de ses nuances les plus courantes : blancs et gris, bleu ciel et sable, beiges variés tapissent ainsi les sols et les murs de matières écrues qui laissent tout le passage aux lumières étranges et changeantes de la baie. Les plus agréables sont dotées d'un petit balconnet de briques (attention, certaines se partagent une salle de bains). A votre retour de promenade, vous passerez à table pour quelques fruits de mer ou un délicieux agneau de pré-salé. Enfin n'hésitez pas à amener vos enfants : dehors, le terrain de jeu est immense et dedans, un joli dortoir baptisé le "couchage matelot" leur est réservé. Une initiative originale et sympathique…

Accès (carte n° 1) : A 16 sortie Abbeville nord puis D 40 jusqu'au Crotoy.

Auberge Le Fiacre

Routhiauville 80120 Quend (Somme)
Rue des Pommiers - Route de Fort-Mahon
Tél. 03 22 23 47 30 - Fax 03 22 27 19 80
M. et Mme Masmonteil

Catégorie ★★★ **Fermeture** du 15 au 25 décembre et janvier **Chambres** 12 et 2 suites, avec tél., s.d.b., w.c. et t.v. ; accès handicapés **Prix** des chambres : 69 à 79 € ; suites (4 pers.) : 132 à 142 € - Petit déjeuner-buffet : 10,50 €, servi de 7 h 30 à 9 h 30 - Demi-pension : 73 à 76 € **Cartes de crédit** acceptées **Divers** chiens non admis - Parking, garages (8 €) **Alentour** plages ; parc ornithologique du Marquenterre ; Le Crotoy ; Le Touquet - Golf 18 trous de Belle-Dune **Restaurant** service de 12 h à 13 h 30, 19 h à 21 h 30 - Menus : 19,50 à 42 € - Carte.

Les plages ne sont qu'à quelques minutes de cette calme auberge picarde. On ne sait trop s'il s'agit d'une maison ancienne très restaurée ou d'une construction plus récente dans le style des fermes du Nord, mais le principal est que l'on s'y sent bien. Vastes et scrupuleusement tenues, les chambres sont d'une modernité classique, habillées de tissus à fleur et de profondes moquettes. Six d'entre elles donnent de plain-pied sur un jardin soigné. Réputée pour sa qualité et sa constance, la cuisine de M. Masmonteil est à découvrir, d'autant plus que la belle salle à manger à l'ancienne (poutres, vieux meubles, cheminée) lui constitue un cadre à sa mesure. Le service est agréable, Mme Masmonteil conseille les vins avec compétence. Enfin les bons petits déjeuners permettent de finir l'étape sur une bonne note, une de plus pour cette maison sérieuse et professionnelle.

Accès (carte n° 1) : à 30 km au sud du Touquet ; à Quend-ville direction Fort-Mahon. Tournez au rond-point de Routhiauville.

Abbatis Villa Hôtel Jean-de-Bruges

80135 Saint-Riquier (Somme)
18, place de l'Eglise
Tél. 03 22 28 30 30 - Fax 03 22 28 00 69
Mme Stubbe
E-mail : jeandebruges@wanadoo.fr - Web : hotel-jean-de-bruges.com

Catégorie ★★★ **Fermeture** janvier **Chambres** 9 et 2 suites, avec tél., s.d.b., w.c., t.v. et minibar; ascenseur **Prix** des chambres : 90 à 130 € ; suites : 195 € - Petit déjeuner-buffet : 13 €, servi de 7 h 15 (8 h le week-end) à 10 h **Cartes de crédit** acceptées **Divers** chiens non admis - Parking (9 €) **Alentour** baie de Somme ; parc ornithologique du Marquenterre ; cathédrale d'Amiens **Pas de restaurant** à l'hôtel, mais petite restauration (salades, flamiches, 10 à 20 €), service de 12 h à 14 h, 19 h 30 à 21 h.

Ancienne demeure d'un père abbé de Saint-Riquier (l'abbatiale toute proche fait partie des chefs d'œuvre gothiques de cette petite cité médiévale), voici le lieu idéal pour découvrir les vieux quartiers du bourg, la baie de Somme, le parc ornithologique du Marquenterre... Très joliment rénové, l'hôtel a pris soin de conserver son petit côté maison. Les chambres sont donc toutes différentes mais affichent en commun de beaux tissus, des meubles anciens, des murs blancs en pavés de craie, un beau mobilier design en osier tressé et d'élégants petits éclairages directionnels. Au rez-de-chaussé, une grande véranda fait office de salon de thé l'après-midi et de salle des petits déjeuners (copieux buffet). Le soir, ceux qui ne veulent pas ressortir dîner pourront demander une assiette froide (bonnes salades et charcuteries) avant de rejoindre le chaleureux petit salon pour prendre un dernier verre. Enfin, signalons que les propriétaires de cette accueillante maison ont ouvert chez eux l'an dernier quatre merveilleuses maisons d'hôtes que nous vous recommandons sans hésiter.

Accès (carte n° 1) : A 16 Paris-Calais, sortie n° 22, suivre Saint-Riquier sur 8 km. Pour ceux qui viennent d'Arras, prendre la D 925.

Hôtel Victoria

Tracy-sur-Mer 14117 Arromanches (Calvados)
Tél. 02 31 22 35 37 - Fax 02 31 22 93 38
M. et Mme Selmi
E-mail : hotel-victoria@wanadoo.fr - Web : hotelvictoria-arromanches.com

Catégorie ★★ **Fermeture** d'octobre à mars **Chambres** 12 avec tél., s.d.b. ou douche, w.c. et t.v. satellite **Prix** des chambres doubles : 88 à 115 € ; familiales : 132 à 162 € - Petit déjeuner : 10 €, servi de 7 h 30 à 10 h **Carte de crédit** Visa **Divers** chiens admis (7 €) - Parking fermé **Alentour** plages du débarquement ; Port-en-Bessin ; à Bayeux : cathédrale et tapisserie de la reine Mathilde - Golf 27 trous à 10 km de Bayeux **Pas de restaurant** à l'hôtel.

A deux kilomètres de la mer et du désormais célèbre bourg d'Arromanches (percée du 6 juin 1944), voici un petit hôtel de campagne coquet et bien tenu. Les chambres se répartissent entre les deux ailes et le corps central. Dans ce dernier se trouvent les plus vastes et les plus plaisantes (la "verte" conviendra plus facilement aux familles). Décoration "de style" parfois agrémentée d'un meuble ancien et d'une jolie vue sur la campagne ou sur les fleurs du jardin. Ne redoutez pas celles du second étage, car, si elles sont basses de plafond, on y aperçoit la nature depuis les Velux du toit et leur aménagement est particulièrement chaleureux. En revanche, dans les ailes, préférez à celles dont les volumes tout en longueur ont imposé un aménagement sans intérêt, les plus petites, sous les toits, intimes et à prix raisonnable. Le salon meublé en style Régence (bois doré rococo, bibelots éclatants, lustres à cristaux…), le jardin de roses et le bassin aux poissons sont à votre disposition. Accueil très à l'écoute des propriétaires.

Accès (carte n° 7) : à 10 km au nord de Bayeux ; à 2,5 km avant Arromanches, fléchage sur la D 516.

Hostellerie du Château de Goville

14330 Le Breuil-en-Bessin (Calvados)
Tél. 02 31 22 19 28 - Fax 02 31 22 68 74 - M. Vallée
E-mail : chateaugoville@wanadoo.fr - Web : chateaugoville.com

Catégorie ★★★ **Ouverture** toute l'année **Chambres** 10 avec tél., s.d.b. ou douche, w.c. et minibar **Prix** des chambres doubles : 95 à 145 € ; suites : 140 à 160 € - Petit déjeuner : 12 €, servi de 8 h 30 à 11 h 30 **Cartes de crédit** acceptées **Divers** chiens admis (12 €) - Parking **Alentour** Espace historique de la bataille de Normandie ; cathédrale et tapisserie de Bayeux ; châteaux de Vaulaville - Golf 27 trous d'Omaha Beach **Restaurant** réservé aux résidents et sur réservation uniquement.

L e *Château de Goville* a conservé tout le charme d'une maison privée. Dans la même famille depuis 1813, celui-ci conserve de nombreux objets et meubles en provenance des générations précédentes. La décoration intérieure atteint des sommets de raffinement : pas un meuble, un objet, un tableau qui ne soit ancien et original. Les chambres sont particulièrement charmantes et décorées avec beaucoup d'attention et de goût, chacune ayant sa personnalité. "Mademoiselle" arbore les bleus et les blancs, qu'elle décline en mille et une pièces de porcelaine – une impressionnante collection… "Adeline" opte pour le rouge et le blanc, avec cette fois une collection de *mugs* à l'effigie de la famille royale d'Angleterre… "Solange", toute jaune et blanche, donne plein sud, sur le magnifique jardin. Dans les étages, vous admirerez la collection de maisons de poupées, anciennes ou confectionnées par M. Vallée. Le salon, aux accents Napoléon III, est très chaleureux et confortable, que ce soit l'après-midi à l'heure du thé (magnifique choix) ou le soir pour l'apéritif. Les petits déjeuners sont à l'image du reste : très soignés (pain et confitures maison) – de même que les repas, réalisés à la demande, dans l'une des petites salles à manger. Enfin l'accueil ajoute la dernière touche de réussite et fait de *Goville* une bien charmante adresse.

Accès (*carte n° 7*) : *à 38 km au nord-ouest de Caen par N 13 jusqu'à Bayeux, puis D 5 direction Molay-Littry, fléchage avant Molay.*

La Ferme de Mathan

14480 Crépon (Calvados)
Tél. 02 31 22 21 73 - Fax 02 31 22 98 39
Familles Vereecke et Sileghem
E-mail: ranconniere@wanadoo.fr - Web: ranconniere.com

Ouverture toute l'année **Chambres** 7 et 6 suites, avec tél., s.d.b. ou douche, w.c. et t.v. **Prix** des chambres doubles: 50 à 128 €; suites: 140à 185 € - Petit déjeuner: 11 €, servi de 8h à 10h – Demi-pension (obligatoire en saison): 75 à 110 € **Cartes de crédit** Visa, Amex **Divers** chiens admis (5 €) - Parking **Alentour** cathédrale et tapisserie de Bayeux; plages du débarquement - Golf 27 trous d'Omaha Beach **Restaurant** La Ferme de la Rançonnière, service de 12h à 13h30, 19h à 21h - Menus: 15 à 40 € - Carte.

Réserver une chambre à la *Ferme de Mathan* nécessite de passer auparavant à la *Ferme de la Rançonnière*, ce sera pour vous l'occasion d'admirer l'enceinte fortifiée de de bâtiment en partie du XIIIᵉ siècle. Il s'agit également d'un hôtel-restaurant appartenant à la même famille (nous vous en recommandons le restaurant mais ses chambres y sont moins plaisantes). Six cents mètres plus loin se trouve la *Ferme de Mathan* ; confortables et de belle taille, ses chambres affichent un bel aménagement rustique (meubles anciens ou de style, poutres, pierres, tissus colorés) et d'agréables salles de bains. Le matin, c'est à la grande table d'hôtes que sont servis les petits déjeuners mais, si vous préférez plus d'intimité, une autre petite table donnant sur la verdure a été prévue à cet effet. Une belle adresse à proximité immédiate de Bayeux et des plages du débarquement.

Accès (carte n° 7) : à Caen prendre périphérique nord sortie n°7 vers Arromanches. A Crépon, s'adresser à la "Ferme de la Rançonnière" (fléchage).

L'Absinthe

14602 Honfleur (Calvados) - 1, rue de la Ville
Tél. 02 31 89 23 23 - Fax 02 31 89 53 60 - M. et Mme Ceffrey
E-mail : reservation@absinthe.fr - Web : absinthe.fr

Catégorie ★ ★ ★ **Fermeture** de mi-novembre à mi-décembre **Chambres** 6 et 1 suite, avec tél., s.d.b. (balnéo), w.c., t.v. satellite ; 1 chambre handicapés **Prix** des chambres doubles : 98 € (1 chambre) à 129 € ; suite : 220 € - Lit suppl. : 23 € - Petit déjeuner : 10 €, servi de 8 h à 11 h **Cartes de crédit** acceptées **Divers** chiens admis (7 €) - Garage fermé à l'hôtel (10 €) **Alentour** vieux bassin, musées et monuments de Honfleur ; Deauville ; Trouville - New-golf 27 trous et golfs 18 et 9 trous de Saint-Gatien à Deauville **Restaurant** service de 12 h 15 à 14 h 30, 19 h 15 à 21 h 30 - Menus : 28 à 61 € - Brasserie *La Grenouille*, service de 12 h 15 à 14 h 45, 19 h 15 à 22 h 30.

Entre le port de pêche et le vieux bassin, à l'angle du quai de la Quarantaine, vous serez ici plongés dans l'univers maritime d'Honfleur, autrefois repaire de corsaires et encore aujourd'hui berceau des artistes, des marchands. L'hôtel s'est installé dans un ancien presbytère du XVIème siècle, à l'abri d'épais murs de pierre recouverts d'ardoises, parés pour résister à toutes les intempéries. On vient s'enfouir au creux de ses chambres intimes, les nuits de tempête, avec la pluie qui cingle au-dehors et la chaleur, le confort, qui enveloppe à l'intérieur. La qualité des literies, des salles de bains, ajoute une once de modernité à un décor de poutres et de parquets, de colombages et de rideaux classiques et sages, presque austères. Quelques tableaux, des tapis persans, un feu de cheminée dans le salon de l'entrée, et vous y ferez une escale réconfortante, après un dîner au restaurant de la maison, juste en face, une des meilleures tables du port, qui reste sans cesse à l'affût des tendances actuelles de la gastronomie. Vous aurez le plaisir d'y être accueillis avec chaleur et courtoisie.

Accès (carte n° 8) : A 13 sortie pont de Normandie, A 29 puis direction Honfleur. En face du port de pêche (parking près de l'hôtel).

Hôtel des Loges

14600 Honfleur (Calvados)
18, rue Brûlée
Tél. 02 31 89 38 26 - Fax 02 31 89 42 79
Mme Chouridis
E-mail: hoteldesloges@wanadoo.fr - Web: hoteldesloges.com

Catégorie ★★★ **Fermeture** en janvier **Chambres** 14 avec tél., s.d.b., w.c., t.v. et minibar; 1 chambre handicapés **Prix** des chambres: 100 à 125 € - Petit déjeuner: 10 €, servi de 8 h à 12 h **Cartes de crédit** Visa, Amex **Divers** chiens admis (7 €) **Alentour** vieux bassin, musées de Honfleur; Deauville; Trouville - New-golf 27 trous et golf 18 trous de Saint-Gatien à Deauville **Pas de restaurant** à l'hôtel.

Très joliment rénovées par Mme Chouridis, ces trois anciennes maisons de pêcheur contiguës se cachent à deux pas de la place Sainte-Catherine et du bassin d'Honfleur immortalisé par tant de peintres, dont Eugène Boudin, auquel la ville a consacré un intéressant petit musée. Couleurs franches bien assorties, fauteuil design en osier tressé, meubles fonctionnels en chêne naturel, matériel hi-fi, caractérisent les chambres; toutes d'un confort et d'une tenue parfaits (nous avons une tendresse particulière pour les 24, 26, 32 et 33 qui donnent sur le jardin mitoyen). Au rez-de-chaussée, une salle aménagée dans une élégante sobriété sert pour les bons petits déjeuners. A signaler que la jolie vaisselle, mais également tout le mobilier des chambres, sont en vente, autant d'occasion d'emporter un petit ou un grand souvenir de cet hôtel original, gai et vraiment très attachant.

Accès (carte n° 8): A 13 sortie Beuzeville, puis direction Honfleur.

La Maisons de Lucie

14600 Honfleur (Calvados)
44, rue des Capucins
Tél. 02 31 14 40 40 - Fax 02 31 14 40 41 - Muriel Daridon
E-mail : info@lamaisondelucie.com - Web : lamaisondelucie.com

Catégorie ★★★ **Ouverture** toute l'année **Chambres** 5, et 2 suites, avec tél., s.d.b., w.c., t.v. satellite, minibar et coffre-fort ; 1 chambre handicapés **Prix** des chambres : 120 à 210 € ; suite : 285 à 330 € - Petit déjeuner : 16 €, servi de 8 h 30 à 11 h **Carte de crédit** Visa **Divers** chiens non admis - Spa, jacuzzi - Parking **Alentour** vieux Honfleur : église Sainte-Catherine, musée Boudin - Golf 27 trous à 7 km **Pas de restaurant** à l'hôtel mais room-service et petite restauration.

Au-dessus du bassin, dans un dédale de ruelles étroites, des pointes de bambous dépassent d'un mur de pierres blondes, et un palmier bat le vent de ses feuilles, ainsi remarque-t-on à peine la maison natale de la poétesse Lucie Delarue-Mardrus (1874-1945). Belle façade XVIIIᵉ, aussi haute que large, ouverte sur une cour intérieure où il fait bon se réfugier, après une incursion dans la foule des quais. Intégralement restaurée avec les plus beaux matériaux, des enduits aux boiseries en passant par les zellige marocaines des salles de bains, les robinetteries à l'ancienne, les literies larges et confortables, la maison se révèle être un lieu raffiné, atypique, envoûtant. On peut y choisir une chambre modeste, au rez-de-chaussée, grimper d'un étage et mieux respirer, s'enfuir sous les toits, plonger les yeux dans l'estuaire, ou s'offrir une folie : le Pavillon de la cour, avec son petit salon boisé, sa cheminée et sa splendide chambre à l'étage. (au sous-sol, un spa voûté se réserve juste pour soit…). Le petit déjeuner – régal de fromage, de fruits, d'œufs et de lard fondant – se prend en terrasse ou devant la cheminée, sur les canapés. L'accueil est ici délicieux, calme et souriant.

Accès (carte n° 8) : dans le centre de Honfleur, direction "Côte de grâce" à 150 m. sur la droite. ~

Les Maisons de Léa

14600 Honfleur (Calvados)
Place Sainte-Catherine
Tél. 02 31 14 49 49 - Fax 02 31 89 28 61 - M. Lassarat
E-mail : contact@lesmaisonsdelea.com - Web : lesmaisonsdelea.com

Catégorie ★★★ **Ouverture** toute l'année **Chambres** 27, 1 suite et 1 cottage, avec tél., s.d.b., w.c., t.v. câble et satellite **Prix** des chambres : 95 à 150 € ; suite : 220 € ; cottage : 260 € (réductions pour séjours) - Petit déjeuner : 12 €, servi de 7 h à 11 h **Cartes de crédit** acceptées **Divers** chiens admis (9 €) **Alentour** vieux Honfleur : église Sainte-Catherine, musée Boudin **Pas de restaurant** à l'hôtel mais room-service et petite restauration.

Nouvelle vie pour cette imposante maison normande à colombages et vigne vierge qui réunit un ancien grenier à sel et trois maisons du XVIᵉ à deux pas des quais du vieux bassin. Sous l'impulsion de Didier Lassarat, l'intérieur de l'ancienne *Hostellerie Lechat* a pris un sérieux coup de jeune, aussi bien dans les irrésistibles pièces de réception (mobilier en pin anglais couleur de miel, boiseries, bibliothèques, profonds fauteuils rouges, éclairages subtils) que dans les belles chambres à thème : Capitaine, Campagne, Baltimore, Romance, ou encore dans la Petite maison de pêcheur (pour quatre personnes en séjour indépendant). Partout, la décoration très aboutie, le soin du détail, le confort parfait et l'ambiance générale donnent au lieu un caractère intime et exclusif particulièrement agréable. Depuis toujours, le carillon de l'église Sainte-Catherine sonne les heures (entre 9 h et 21 h), pour certains, ce sera le signe du petit déjeuner, excellent avec ses pâtisseries maison servi dans une réjouissante petite salle tout en jaune et blanc ou en terrasse. Pas de restaurant sur place (vous vous consolerez utilement à l'*Absinthe* (voir page précédente) mais possibilité de petits encas gourmands à toute heure. Accueil très sympathique.

Accès (carte n° 8) : dans le centre de Honfleur, suivre fléchage église Sainte-Catherine.

Au Repos des Chineurs

14340 Notre-Dame-d'Estrées (Calvados)
Tél. 02 31 63 72 51 - Fax 02 31 63 62 38
Mme Steffen
E-mail: reposdeschineurs@aol.com - Web: au-repos-des-chineurs.com

Catégorie ★★ **Fermeture** de fin décembre à mi-mars (sauf réservation le week-end) **Chambres** 10 avec tél., s.d.b. (2 balnéo) ou douche (2 thalasso à pression), w.c. **Prix** des chambres: 69 à 150 €; suite (4 pers.): 200 à 250 € - Petit déjeuner: 9,15 €, servi de 8 h à 11 h **Cartes de crédit** Amex, Visa **Divers** chiens admis sur demande (5 €) - Parking privé **Alentour** Bernay (musée); château de Broglie; jardins du pays d'Auge; Honfleur; prieuré Saint-Michel **Salon de thé** service de 12 h à 19 h - Assiette du chineur; bouquets de saveurs salées ou sucrées.

Au cœur du pays d'Auge entre vergers et herbages, ce vieux relais de poste XVIIe est à la fois hôtel de charme, salon de thé, brocante. C'est ainsi que la majeur partie des beaux meubles (XVIIIe et XIXe), tableaux, objets, faïences… sont susceptibles de repartir avec les hôtes de passage, vite remplacés par les nouvelles découvertes de Mme Steffen. Petites ou grandes, les chambres illustrent avec simplicité un raffinement campagnard de très bon aloi (papiers peints à frise, planchers lasurés, tissus à fleurs) et offrent toutes un bon confort même si l'isolation phonique intérieure ou extérieure (passage des voitures pour les chambres côté route) n'est pas absolue. Vous y serez toutefois très bien et prendrez un bon petit déjeuner dans l'irrésistible salon de thé avec ses poutres, sa grosse cheminée, tables juponnées et amusante vaisselle dépareillée. Un délicieux moment romantique comme sait en créer ce modèle d'hôtel de charme, discrètement accueillant et à prix très doux.

Accès (carte n° 8): à 23 km au sud de Cabourg.

Hôtel Outre-Mer

14640 Villers-sur-Mer (Calvados)
1, rue du Général-Leclerc
Tél. 02 31 87 04 64 - Fax 02 31 87 48 90 - M. et Mme Lefrançois
E-mail : infos@hoteloutremer.com - Web : hoteloutremer.com

Catégorie ★★★ **Ouverture** toute l'année **Chambres** 12 avec tél, s.d.b., w.c, t.v. satellite et minibar **Prix** des chambres : 85 à 155 € - Petit déjeuner : 11 €, servi de 8 h 30 à 12 h **Carte de crédit** Visa **Divers** chiens admis (8 €) - Parking **Alentour** Mémorial de Caen, route de haras - Golf 18 trous à Houlgate **Pas de restaurant** à l'hôtel.

Voici l'un des très rares hôtels en front de mer sur la côte normande. Beaucoup, dans cette situation, se contenteraient de gérer les affaires courantes, sans zèle particulier, la clientèle étant presque assurée. Les Lefrançois ne sont pas de ceux là ! qui ont réussi à réveiller l'âme de leur petit hôtel à cheval sur le méridien de Greenwich. On adore les mini salles de réception du rez-de-chaussée (coin bar, coin salon, salle des petits déjeuners) avec leurs bases et plafonds capitonnés de bois naturel, leur festival de teintes acidulées sur les murs, sur les rideaux et sur les tables rétro peintes : vert anis, mauve, turquoise, fuchsia… Une audacieuse harmonie et beaucoup de chaleur aussi, notamment au bar (collection de marines XIXe, livres à disposition) ou dans le salon de thé pour déguster à toute heure quelques bonnes gourmandises "maison". Pimpantes, soignées et confortables, les chambres restent dans le même esprit, sept ont une vue directe sur la mer dont cinq avec terrasse ou balcon pour s'émerveiller d'un coucher de soleil. Côté salle de bains, c'est désormais la presque totalité qui bénéficie d'un nouvel habillage de bois ou de faïences ce qui les met désormais au niveau des autre pièces de la maison. Une très accueillante adresse sur un emplacement de rêve.

Accès (carte n° 8) : A 13 sortie Villers-sur-Mer (La Haie Tondue) puis N 175 jusqu'à Annebault, puis D 45 jusqu'à Villers-sur-Mer.

Le Petit Coq Aux Champs

La Pommeraie Sud 27500 Campigny (Eure)
Tél. 02 32 41 04 19 - Fax 02 32 56 06 25
Fabienne Desmonts et Jean-Marie Huard
E-mail : le.petit.coq.aux.champs@wanadoo.fr - Web : lepetitcoqauxchamps.fr

Catégorie ★★★★ **Fermeture** du 3 au 25 janvier ; dimanche soir et lundi du 1er novembre au 31 mars **Chambres** 12 et 1 duplex, avec tél, s.d.b., w.c et t.v. satellite **Prix** des chambres : 130 à 149 € - Petit déjeuner : 12 €, servi de 7 h 30 à 10 h **Cartes de crédit** acceptées **Divers** chiens admis - Piscine découverte chauffée du 1er juin au 30 septembre - Parking privé **Alentour** abbaye du Bec-Helouin ; marais Vernier ; route des Chaumières ; Pont-Audemer ; Honfleur - Golfs 18 trous de Pont-l'Evêque et du Champ-de-Bataille **Restaurant** service de 12 h 15 à 14 h, 19 h 30 à 21 h - Menus : 35 à 64 € - Carte - Spécialités : pot-au-feu de foie gras aux choux croquants ; turbot rôti sur galet.

On la croirait surgie d'une illustration pour livres d'enfants, tant cette maison ressemble un peu à l'image idéale de la chaumière cosy-fleurie pour voir la vie en rose. Et c'est vrai qu'ici tout exprime le bonheur, l'intimité confortable, la passion du jardin aussi. Qu'elles soient au premier étage (nos favorites) ou au rez-de-chaussée, les chambres profitent toutes d'une mini-terrasse donnant sur la verdure (décoration classique et bien au goût du jour, coloris assortis, agréables salles de bains). De plain-pied sur la verdure, les salons ont tous les attraits suffisants pour pallier les jours de pluie ou faire durer la soirée autour d'un verre. A côté, les salles à manger vous permettront de goûter à l'excellente cuisine de Jean-Marie Huard, une cuisine plutôt créative et bien orientée sur les produits régionaux. Enfin de très nombreuses possibilités de ballades ajoutent une qualités supplémentaire à cette accueillante adresse, idéale pour un week-end ou un séjour de repos à la campagne.

Accès (carte n° 8) : A 13 sortie n° 26. A Pont-Audemer D 810 en direction de Bernay, puis, 2 km après, D 29 vers Campigny.

Le Moulin de Connelles

27430 Connelles (Eure)
40, route d'Amfreville-sur-les-Monts
Tél. 02 32 59 53 33 - Fax 02 32 59 21 83
Karine Petiteau
E-mail : moulindeconnelles@moulindeconnelles.com - Web : moulindeconnelles.com

Catégorie ★ ★ ★ ★ **Ouverture** toute l'année **Chambres** 7 et 6 suites, avec tél., s.d.b., w.c., t.v., coffre-fort et minibar **Prix** des chambres : 115 à 160 € ; suites : 160 à 225 € - Petit déjeuner : 13 €, servi de 7 h 30 à 10 h **Cartes de crédit** acceptées **Divers** chiens admis - Piscine chauffée, VTT, barques - Parking **Alentour** église Notre-Dame à Louviers ; cathédrale et musées de Rouen ; musée Monet à Giverny - Centre de loisirs Lery-Poses (ski nautique, plage, golf, voile, ULM...) - Golf 18 trous du Vaudreuil **Restaurant** service de 12 h à 13 h 45, 19 h 30 à 20 h 45 - Fermé mardi midi, dimanche soir et lundi (basse saison) - Menus : 33 à 56 € ; enfant : 12 € - Carte - Spécialité : blanc de saint-pierre en écailles de courgette poêlée à la fleur de thym.

Dans ce coin de la Normandie secrète, pourtant à une heure de voiture de Paris, parmi les méandres de la Seine, ce moulin dont l'origine remonte au XVIe siècle dresse fièrement ses fins colombages si typiques des vieux manoirs normands. Dans son parc paysagé de trois hectares intégrant une île privée reservée aux clients, on y trouve piscine chauffée et balade romantique. L'intérieur est confortable à l'extrême : moelleuses moquettes, décoration fraîche, dans les tons vert amande ou vieux jaune, tissus coordonnés, belles salles de bains... Beaucoup de chambres donnent sur la rivière, on y voit alors naviguer des poules d'eau et les clients à qui l'hôtel prête volontiers une barque. En cuisine le chef pratique des mets aux accents régionaux sagement modernisée. Une attachante maison avec quelques beaux projets de rénovation pour cette année.

Accès (cartes nᵒˢ 1 et 8) : A 14 et A 13 direction Rouen, sortie Louviers, direction N 15, Saint-Pierre-du-Vauvray, Andé, Herqueville, Connelles.

Les Lions de Beauclerc

2006

27480 Lyons-la-Forêt (Eure)
7, rue de l'Hôtel-de-Ville
Tél. 02 32 49 18 80 - Fax 02 32 48 27 80 - Philippe Caron
E-mail : lionsdebeauclerc@wanadoo.fr - Web : leslionsdebeauclerc.com

Ouverture toute l'année **Chambres** 6 et 1 suite, avec s.d.b., w.c. et t.v. sur demande **Prix** des chambres et suite : 59 et 89 € - Petit déjeuner : 9 € **Cartes de crédit** acceptées **Divers** chiens admis (5 €) **Alentour** forêt de Lyons ; abbaye de Mortemer ; châteaux de Fleury-la-Forêt et de Vascœil **Restaurant** service de 12 h à 14 h, 19 h à 21 h - Fermé le mardi - Menus : 15 à 27 € - Carte.

À la fois hôtel, restaurant, salon de thé et magasin d'antiquités, cet établissement inattendu occupe le centre du très joli village de Lyons-la-Forêt. Dans une atmosphère de maison bourgeoise confortable et intime, les chambres ont été aménagées en fonction des goûts prononcés de vos hôtes pour tout ce qui est ancien. Parées de tissus épais, de moquettes de qualité et de papiers peints parfois réédités de modèles XIXe, elles sont toutes riches d'objets et d'œuvres qui ne laissent jamais totalement indifférents. Meubles de style, lits, gravures, doubles-rideaux, appliques : dans les pièces d'habitation, comme dans les couloirs ou la belle salle à manger, les vrais amateurs s'amuseront à identifier l'origine des objets qui les entourent. Moquette "Empire" pour la chambre 5, toile de Jouy à grands motifs pour la 1 (douillette, élégante quoique petite) ; papier peint "Golfeurs" pour la 3 et litanie des "Louis" pour la chambre 6 : de la commode (Louis-Philippe), aux bureaux et fauteuils (Louis XVI), en passant par le lit corbeille (Louis XV) et le chevet (Louis-Philippe) ! Quant au restaurant, il dispose de deux terrasses contiguës où l'on mange l'un des deux plats du jour (un poisson, une viande), ou bien salades et crêpes. Une adresse de caractère à petits prix.

Accès (carte n° 8) : dans le centre de Lyons-la-Forêt.

Château de Brécourt

Douains 27120 Pacy-sur-Eure (Eure)
Route de Vernon à Pacy
Tél. 02 32 52 40 50 - Fax 02 32 52 69 65
M. Philippe Savry
E-mail : brecourt@leshotelsparticuliers.com - Web : chateaudebrecourt.com

Catégorie ★★★★ **Ouverture** toute l'année **Chambres** 26 et 4 suites avec tél., s.d.b., douche et w.c. **Prix** des chambres simples et doubles : 95 à 172 € ; suites : 205 à 275 € - Petit déjeuner : 14 €, servi de 7 h 30 à 10 h 30 **Cartes de crédit** acceptées **Divers** chiens admis (10 €) - Piscine, tennis - Parking **Alentour** musée Poulain et église Notre-Dame à Vernon ; château de Gaillon ; musée Monet et musée d'Art américain à Giverny - Golf 18 trous à Ivry **Restaurant** service de 12 h à 14 h, 19 h 30 à 21 h 30 - Menus : 25 € (déjeuner sauf fériés) ; 38 à 65 € - Carte - Spécialités : langoustines royales sautées aux épices, pommes paillasson ; pigeonneau rôti aux truffes, tourte au lard ; rouget à la crème de tapenade, gratin de courgettes.

Aux portes de la Normandie et à seulement soixante kilomètres de Paris, ce superbe château Louis XIII déploie ses ailes symétriques au bord d'un parc de vingt-deux hectares. L'intérieur conserve un indéniable caractère. On appréciera tout particulièrement le ravissant pavage XVIIᵉ qui rutile tout au long des couloirs et dans de nombreuses chambres. Aussi confortables que joliment meublées d'ancien, ces dernières bénéficient, dans leur grande majorité, de plafonds "à la française" et de hautes fenêtres donnant sur l'immensité verdoyante du parc. Alléchante cuisine orientée vers une sage créativité et servie dans deux salles à manger de grande allure. Excellent accueil réussissant à éviter le cérémonial "guindé" qui pourrait sévir dans ce genre d'adresses.

Accès (carte n° 8) : à 21 km à l'est d'Evreux par N 13, sortie Pacy-sur-Eure, puis D 181 et D 533. A 70 km à l'ouest de Paris par A 13, sortie n° 16 Vernon.

La Ferme de Cocherel

Hameau de Cocherel 27120 Pacy-sur-Eure (Eure)
Route de la vallée de l'Eure (D. 836)
Tél. 02 32 36 68 27 - Fax 02 32 26 28 18 - M. et Mme Delton
E-mail : info@lafermedecocherel.fr - Web : lafermedecocherel.fr

Fermeture 3 semaines début janvier et 2 semaines début septembre ; mardi et mercredi **Chambres** 2 avec s.d.b. et w.c. **Prix** des chambres doubles : 112 et 135 € - Petit déjeuner : 12 €, servi de 8 h 30 à 9 h 30 - Demi-pension : 107 et 118,5 € **Cartes de crédit** acceptées **Divers** petits chiens admis - Parking fermé **Alentour** village historique de Cocherel, château de Bizy, musée Claude-Monet à Giverny - Golfs 18 trous du parc de Nantilly et du Vaudreuil **Restaurant** service de 12 h à 14 h, 19 h 30 à 20 h 45 - Fermé mardi et mercredi - Menu : 39 € - Carte - Spécialités : suprême de pigeonneau au foie gras gâteau de choux ; escargots, charlotte de boudin noir, endives confites.

C'est à Cocherel qu'eut lieu l'une des plus belles victoires de Du Guesclin ; aujourd'hui, rien ne rappelle cette époque troublée, et le ravissant hameau se mire calmement dans les eaux de l'Eure qui longe ses habitations. L'hôtel n'est séparé de la rivière que par une petite départementale. Il se compose de plusieurs maisons aux vieux toits de tuiles plates. La plus grande est consacrée au restaurant gastronomique ; les tables sont installées dans une salle panoramique décorée comme un jardin d'hiver. On y goûte une très savoureuse cuisine maison basée sur des produits frais achetés au marché ou produits sur place. De plain-pied sur un jardin fleuri et très soigné, les deux chambres, dotées de sanitaires flambant neufs, sont réparties dans des petites maisons indépendantes. Leur décor s'harmonise bien avec l'ambiance générale : quelques meubles rustiques, des tissus à fleurs, quelques gravures… Comme chez soi. Les petits déjeuners sont excellents. Une belle et accueillante adresse de campagne pour pêcher, faire du tourisme ou, simplement, se détendre à une heure de Paris.

Accès (carte n° 8) : sur A 13, sortie n° 16. A 7 km au nord-ouest de Pacy-sur-Eure par D 836, direction Louviers.

La Chaîne d'Or

27700 Petit-Andelys (Eure)
27, rue Grande
Tél. 02 32 54 00 31 - Fax 02 32 54 05 68 - M. et Mme Millet
E-mail: chaineor@wanadoo.fr - Web: lachainedor.com

Catégorie ★★★ **Fermeture** 1 semaine à Noël et les 3 dernières semaines de janvier **Chambres** 11 avec tél., s.d.b. ou douche, w.c. et t.v. **Prix** des chambres: 75 à 129 € - Petit déjeuner: 12 €, servi de 8 h à 10 h **Cartes de crédit** acceptées **Divers** chiens admis - Parking **Alentour** église Notre-Dame et château Gaillard aux Andelys; Giverny - Golf 18 trous du Vaudreuil **Restaurant** service de 12 h à 14 h, 19 h 30 à 21 h 30 - Fermé lundi midi et mardi midi en saison; dimanche soir, lundi, mardi, mercredi, jeudi midi et vendredi hors-saison - Menus: 28 à 86 € - Carte - Spécialités: langoustine en carpaccio, vinaigrette de poire; escargots poêlés, purée de persil et tomates confites.

Au XVIIIe, ce bel établissement abritait les bureaux du péage de ce qu'on appelait les "droits de travers": une gigantesque chaîne jetée entre la berge et l'île voisine délimitait, à cet endroit, un octroi qui rapportait beaucoup d'or au trésor public. La chaîne d'Or n'a plus rien du bureau d'octroi mais conserve encore le charme de l'Hostellerie. Tapie au pied du Château Gaillard, sur les rives de l'un des plus beaux méandres de la Seine, cette auberge normande dispose de chambres spacieuses, hautes de plafond, qui dégagent une atmosphère à la fois désuète et touchante: meubles de style, lits confortables face à de grandes fenêtres ouvrant sur le lit de la Seine ou sur la place de l'église, portes décorées de peintures naïves et étoffes de couleurs tendres. Les salles de bains à l'ancienne, les vieux carrelages patinés ne sont plus au goût du jour, mais qu'importe. On pourra avantageusement choisir de prendre son petit-déjeuner en terrasse sur la berge, et l'on dînera d'une cuisine traditionnelle dans la salle à manger au décor champêtre, dotée de grandes baies vitrées pour voir passer les péniches.

Accès (carte n° 8): à 92 km au nord-ouest de Paris par A 13, sortie Gaillon, puis D 316.

Le Manoir des Saules

27370 La Saussaye (Eure)
2, place Saint-Martin
Tél. 02 35 87 25 65 - Fax 02 35 87 49 39 - M. Monnaie-Metot
Web: manoirdessaules.com

Fermeture vacances scolaires de février et début septembre **Chambres** 6 et 3 appartements, avec tél., s.d.b. ou douche, w.c. et t.v.; 1 chambre handicapés **Prix** des chambres doubles: 160 €; appart.: 196 à 235 € (3 pers.), 325 € (4 pers.) - Petit déjeuner: 15 € **Cartes de crédit** acceptées **Divers** chiens admis - Parking **Alentour** château et arboretum d'Harcourt; collégiale de La Saussaye; abbaye du Bec-Hellouin - Golf 18 trous du château du Champ-de-Bataille **Restaurant** service de 12 h à 14 h, 20 h à 21 h 30 - Fermé dimanche soir, lundi (sauf jours fériés) et mardi - Menus: 50 à 110 € - Carte - Spécialités: buisson de homard; huîtres; ris de veau.

Avec ses colombages, tourelles et petits décrochements, *Le Manoir des Saules* ressemble à une maison de conte de fées érigée en pleine terre normande. Ici, la décoration est résolument colorée et joyeuse. Les chambres sont très coquettes, aménagées avec un mélange de meubles anciens ou de style Louis XV, enrichies d'une profusion de bibelots et rehaussées d'épais rideaux associés à de soyeux dessus-de-lit. Toutes sont irréprochablement tenues, y compris les salles de bains. Au rez-de-chaussée, un salon de style, à dominante bleue et crème est l'occasion de prendre un verre dans une ambiance très cosy. A côté, la salle à manger aux tables bien dressées permet de goûter à une excellente cuisine qui s'accommode selon le marché et les saisons (on peut même tenter d'attraper le "coup de main" du chef que l'on voit officier derrière sa cuisine vitrée). Bien sûr, dès les beaux jours, il est possible de prendre ses repas sur la terrasse et au milieu des fleurs. Accueil très agréable et attentif.

Accès (carte n° 8): au sud de Rouen, à 4 km d'Elbeuf par D 840, direction Le Neubourg. Sur A 13, sortie Pont-de-l'Arche.

Hôtel Le Conquérant

50760 Barfleur (Manche)
16-18, rue Saint-Thomas-Becket
Tél. 02 33 54 00 82 - Fax 02 33 54 65 25 - Mme Delomenède

Catégorie ★★ **Fermeture** du 15 novembre au 15 mars **Chambres** 10 avec tél., s.d.b., w.c. et t.v. **Prix** des chambres : 60 à 83 € - Petit déjeuner : 6 à 10 € (4 menus), servi de 8 h à 10 h **Carte de crédit** Visa **Divers** chiens non admis - Location de vélos - Parking (6 €) **Alentour** île Tatihou ; Valognes, cité de la Mer à Cherbourg - Golf 9 trous à Fontenay-en-Cotentin **Restaurant** crêperie sur réservation, service de 19 h 30 à 20 h 30 - Menus : 15 à 25 € - Carte.

Après une journée de tourisme en presqu'île du Cotentin, on ne saurait rêver d'un accueil plus chaleureux que celui que réserve ce petit hôtel simple et sympathique – un ancien manoir du XVIIe dont l'arrière ouvre sur un jardin magnifique, à l'abri de vieux murs de pierre. On vous y fera découvrir avec bonheur les plantes migratrices et le sophora japonica, les cordylines venues d'ailleurs pour s'épanouir ici sous les bruines et l'écume… Le port de Barfleur n'est qu'à quelques mètres et après la toute dernière phase de restauration de l'établissement, vous pourrez envisager de passer ici un séjour confortable, dans l'une des nouvelles – et vastes – chambres de la maison. Au premier étage, la 9 reste l'une de nos préférées. Mais la 8 voisine propose désormais elle aussi espace et lumière, hauteur sous plafond et vue sur le jardin, de même que la 1. Les 2, 3, 4 et 5, qui ouvrent sur la rue, ont été décorées de neuf. Au deuxième étage, on attend peut-être une chambre originale, aménagée sous les combles : la n° 12. Dans le pavillon du jardin, deux autres chambres offrent indépendance et fonctionnalité : la 16, et la 17, avec sa terrasse privée. Petit déjeuner, à choisir parmi quatre formules proposées, (au jardin dès les beaux jours), et crêpes à l'ancienne le soir, faites maison avec un brin de gourmandise, et beaucoup de gentillesse.

Accès (carte n° 7) : à 30 km à l'est de Cherbourg par D 901. Ou par la N 13, sortie Valognes, D 902 jusqu'à Quettehou puis Barfleur.

Hôtel des Ormes

50270 Barneville-Carteret (Manche)
Quai Barbey-d'Aurevilly
Tél. 02 33 52 23 50 - Fax 02 33 52 91 65
M. et Mme De Mello
E-mail : hoteldesormes@wanadoo.fr - Web : hoteldesormes.fr

Catégorie ★★★ **Ouverture** toute l'année **Chambres** 14, avec tél., s.d.b. et t.v. satellite ; 1 chambre handicapés **Prix** des chambres doubles : 75 à 125 € ; triples : 110 à 145 € - Petit déjeuner : 11 € **Cartes de crédit** acceptées **Divers** chiens admis (10 €) - Parking **Alentour** îles anglo-normandes, cap de Carteret, cap de la Hague **Restaurant** service de 12 h à 14 h, 19 h à 22 h - Menus : 25 à 40 € - Carte.

Tout près du charmant port de plaisance de Carteret ce petit hôtel vient de faire totalement peau neuve. Côté décoration d'abord avec un subtil travail de coloris très au goût du jour : camaïeux de gris, de beige et de sable, mobilier rétro patiné de blanc, moelleux fauteuils houssés Napoléon III, dessins de goelettes et tapis en fibres. Certes les chambres sont toujours un peu petites (sauf trois nouvellement créées) mais on aime leur sobre esthétisme et leurs très élégantes salles de bains (carrelages gris, parquet blond, robinetteries et vasques rutilantes). Ouvertes sur la mer par-delà une petite route ou sur le jardin, elles offrent toutes un confort feutré des plus agréables. L'autre grand changement aux *Ormes*, c'est la création d'un restaurant à vocation gastronomique. Confié à Anthony Riche, il propose une cuisine savoureuse ou la tradition (dos de cabillaud en cocotte, petits pois et palourdes) côtoie une modernité teintée d'exotisme (marbré de foie gras et gésiers confits, chutney de mangues et épices douces). En été, le petit déjeuner est servi au jardin, ambiance fleurie et cri de mouettes garantis.

Accès (carte n° 6) : A 13, sortie Caen puis N 13 vers Cherbourg, sortie Valognes. Prendre direction Barneville-Carteret ; au village, aller au port de plaisance.

Manoir de Roche Torin

50220 Courtils (Manche)
Tél. 02 33 70 96 55 - Fax 02 33 48 35 20
Mme Barraux
E-mail : manoir.rochetorin@wanadoo.fr - Web : manoir-rochetorin.com

Catégorie ★★★ **Fermeture** de mi-novembre à mi-décembre et de début janvier à mi-février
Chambres 15 avec tél., s.d.b. ou douche, w.c. et t.v. **Prix** des chambres : 83 à 210 € - Petit déjeuner :
12,50 €, servi de 7 h 45 à 9 h 30 **Cartes de crédit** acceptées **Divers** chiens admis (7,50 €) - Parking
Alentour "Maison de la Baie", musée et observatoire ; Mont-Saint-Michel : traversée guidée
Restaurant service de 12 h à 13 h 30, 19 h à 20 h 30 - Fermé lundi et le midi en semaine - Menus : 35
à 51 € - Carte.

Un heureux compromis entre l'ancien et le contemporain caractérise la décoration de cette maison de maître du début du siècle. Des tissus à fleurs ont été choisis pour le salon. Les chambres, comme le reste de la maison, mélangent avec plus ou moins de réussite, le moderne, le rotin, les meubles d'époque et de style. Trois d'entre elles jouissent d'une vue sur le Mont-Saint-Michel. Au second étage, elles sont mansardées mais bénéficient d'une belle luminosité et d'une jolie vue. Toutes sont donc agréables, nos préférées ayant été égayées par quelques cotonnades à carreaux ou à rayures (d'autres attendent quelques rénovations). Dans la petite salle à manger rustique, avec sa grande cheminée, on grille les côtes d'agneau de pré-salé et les homards. Juste à côté, la salle pour non-fumeurs entourée de baies vitrées panoramiques vous fera profiter de la lumière du soleil couchant. Un hôtel exceptionnel, surtout par sa situation en pleine campagne, face à un paysage de polder parsemé de moutons et d'où l'on peut admirer à loisir la magesté du Mont-Saint-Michel.

Accès (carte n° 7) : à 12 km au sud-ouest d'Avranches par N 175, puis direction le Mont-Saint-Michel par D 43.

Le Gué du Holme

Saint-Quentin-sur-le-Homme 50220 Ducey (Manche)
14, rue des Estuaires
Tél. 02 33 60 63 76 - Fax 02 33 60 06 77 - M. Leroux
E-mail : gue.holme@wanadoo.fr - Web : le-gue-du-holme.com

Catégorie ★★★ **Fermeture** du 1er au 5 janvier, du 11 au 18 novembre ; dimanche soir du 1er octobre à Pâques et vacances scolaires de février **Chambres** 10 avec tél., s.d.b., w.c. ; 1 chambre handicapés **Prix** des chambres : 65 à 95 € - Petit déjeuner : 10 € - Demi-pension : 85 à 110 € (3 jours min.) **Cartes de crédit** acceptées **Divers** chiens admis (6,10 €) - Parking **Alentour** musée des Arts régionaux à Poilley-Ducey ; jardin des Plantes et musée du Palais épiscopal d'Avranches (manuscrits du Mont-Saint-Michel) **Restaurant** sur réservation, service de 12 h à 13 h 30, 19 h à 21 h - Fermé lundi et samedi midi - Menus : 27 à 58 € - Carte - Spécialités : turbot et foie gras poêlé ; aumônière de homard.

Ni trop près du Mont-Saint-Michel et ni trop loin, cette petite auberge de village est idéalement placée pour découvrir les richesses locales sans être gêné par l'affluence touristique qui caractérise ce coin de Normandie. Chaleureux et très soigné, son aménagement intérieur est une réussite. Nous avons particulièrement apprécié le souci du détail qui s'exprime partout, même dans les couloirs (profonde moquette verte, meubles anciens en bois clair). Plaisantes, très confortables, les chambres sont gentiment modernes et parfaitement tenues. La majorité donne sur un petit jardin où l'on sert les petits déjeuners dès les beaux jours. Les repas sont pris, quant à eux, dans une élégante salle à manger où les lithographies et les appliques en laiton ressortent sur l'orangé des murs. Jeune et plein de talent, Guillaume Leroux a été notamment formé chez Alain Passart (*L'Arpège* à Paris). Ses prouesses en cuisine sont réalisées à partir d'excellents produits locaux, et nous vous incitons sans réserve à découvrir son travail. Accueil agréable et attentif.

Accès (carte n° 7) : à 40 km au sud-est de Granville. Sur A 11 sortie n° 175.

Hôtel du Château d'Agneaux

Agneaux 50180 Saint-Lô (Manche)
Avenue Sainte-Marie
Tél. 02 33 57 65 88 - Fax 02 33 56 59 21
M. et Mme Groult
E-mail: chateau.agneaux@wanadoo.fr

Catégorie ★★★ **Ouverture** toute l'année **Chambres** 12 avec s.d.b., w.c. et t.v. (10 avec minibar) **Prix** des chambres doubles: 78 à 160 €; suites: 179 € - Petit déjeuner: 10,50 € **Cartes de crédit** Amex, Visa **Divers** chiens admis (7,62 €) - Tennis (5 €) - Parking **Alentour** église et musée (tenture des Amours de Gombault et Macé) à Saint-Lô; château de Torigni-sur-Vire - Golf 9 trous à Courtainville **Restaurant** service de 19 h 30 à 21 h 30 - Menus: 25 à 59 € - Carte - Spécialités: poissons et desserts du chef.

Agneaux c'est, en marge de toutes les inepties des urbanistes, une petite route de terre et de pierre qui, en une centaine de mètres, vous transporte bien loin des abords disgracieux des faubourgs de Saint-Lô. Puis c'est la vieille chapelle, le château, la tour de guet surveillant la vallée vierge, paisible, sans autre vis-à-vis que le bocage et la Vire qui s'écoule en contrebas, au milieu de toute cette campagne verdoyante. L'intérieur est à taille humaine, murs blancs, bois naturel, terre cuite… M. et Mme Groult ont parfaitement su résister à la tentation de "faire château" pour conserver au lieu sa sobriété un rien austère et en lui ajoutant ce qu'il faut de confort. Joliment décorées et réparties entre le logis principal et la tour de guet, les chambres ont juste la bonne mesure de baldaquins et de ciels de lit, de jolis dallages et de beaux parquets. Certaines sont immenses, d'autres plus intimes (nos favorites étant les 3, 4, 8 et 11) et toutes sont bien tenues. Seul petit défaut: les éclairages qui peuvent être insuffisants ou trop ternes. Une très charmante enclave de calme et de nature.

Accès (carte n° 7): à 1,5 km à l'ouest de Saint-Lô par D 900.

Manoir du Lys

La Croix-Gauthier 61140 Bagnoles-de-l'Orne (Orne)
Tél. 02 33 37 80 69 - Fax 02 33 30 05 80 - M. et Mme Quinton
E-mail : manoirdulys@lemel.fr - Web : manoir-du-lys.fr

Catégorie ★★★ **Fermeture** du 2 janvier au 14 février ; dimanche soir et lundi du 14 février à fin mars et du 1er novembre au 2 janvier **Chambres** 23 et 7 "Pavillons des Bois", avec tél., s.d.b., w.c., t.v. et minibar ; accès handicapés ; ascenseur **Prix** des chambres : 60 à 200 € ; suites : 190 à 280 € - Petit déjeuner : 13 € - Demi-pension et pension : 75,50 à 193 € **Cartes de crédit** acceptées **Divers** chiens admis (8 €) - Tennis, piscine couverte - Parking **Alentour** forêt d'Andaine ; tour de Bonvouloir ; château de Carrouges - Golf 9 trous à Bagnoles **Restaurant** service de 12 h 15 à 14 h, 19 h 30 à 21 h 30 - Menus : 27 à 76 € - Carte - Spécialités : pigeonneau de Saint-André-de-Messei à la crème d'ail ; homard breton à la plancha et aux épices.

A la lisière de la forêt d'Andaine, le *Manoir du Lys* jouit d'un très grand calme. Les chambres sont claires, très bien équipées. Souvent grandes, leur décoration varie du classique au sagement moderne (meubles cérusés ou laqués). Des coloris gais, de superbes salles de bains (dans la partie récente) et une insonorisation parfaite les rendent des plus agréables. Certaines profitent de terrasses, et celles qui sont mansardées ont vue sur le verger (il est courant d'y voir des biches attirées par les fruits). D'autres, pour les familles, sont installées dans d'adorables maisons sur pilotis en clairière de forêt. Le salon et le piano-bar sont très chaleureux ; à côté, dans la salle à manger panoramique, l'alliance de jaune et de vert clair prolonge la verdure du jardin (où l'on peut dîner en été). M. Quinton et son fils Franck sont aux fourneaux. Comme nous, vous apprécierez leur cuisine qui allie, avec beaucoup de justesse, les recettes normandes à des saveurs fines et originales. Accueil vraiment agréable par toute une famille qui aime son métier autant que sa région.

Accès (carte n° 7) : à 53 km à l'ouest d'Alençon par N 12 jusqu'à Pré-en-Pail, puis N 176 et D 916.

Château et Moulin de Villeray

Villeray 61110 Condeau (Orne)
Tél. 02 33 73 30 22 - Fax 02 33 73 38 28 - M. Eelsen
E-mail: moulin.de.villeray@wanadoo.fr - Web: domainedevilleray.com

Catégorie ★★★★ **Ouverture** toute l'année **Chambres** 31 et 6 appartements ou suites, avec tél., s.d.b., w.c., t.v. et minibar; 1 chambre handicapés **Prix** des chambres: 100 à 290 €; appartements: 200 à 390 € - Petit déjeuner: 13 € - Demi-pension (obligatoire en saison): + 47 à 70 € **Cartes de crédit** acceptées **Divers** chiens admis (10 €) - Piscine, tennis, VTT, équitation, pêche à la truite, canoë - Parking **Alentour** collines du Perche; musée du philosophe Alain à Mortagne - Golf 18 trous du Perche **Restaurant** service de 12 h à 14 h, 19 h à 22 h - Menus: 23 à 60 € - Carte.

L'Huisne s'écoule paisiblement au pied de ce ravissant hameau du Perche. Un bras forme le bief, calme en amont du moulin, tumultueux en aval. L'hôtel occupe le bas et le haut du village: le moulin, quatre petites maisons et le château (XVIII et XIXᵉ) dont l'enfilade de salons aux boiseries en chêne donne sur une vaste terrasse où l'on peut servir les petits déjeuners. Le style des chambres varie selon les lieux, allant d'un rustique très au goût du jour à la noble reconstitution de chambres d'amis au château. Partout le mobilier est ancien, les tissus bien choisis, l'ambiance "habitée". Les repas se prennent au moulin, dans une grande salle à manger rustique laissant apparaître l'antique roue à aubes. Largement ouverte sur une terrasse fleurie, elle permet donc aisément de servir dehors, le long du cours d'eau. Parfaitement maîtrisée, inventive et parfumée, la cuisine est absolument excellente (prix en conséquence) et nous vous incitons à la découvrir. Ajoutez le superbe parc et sa roseraie, le charme des vieux murs du village, l'accueil très attentif, et vous comprendrez pourquoi *Villeray* s'impose comme le plus bel établissement du Perche.

Accès (carte n° 8): à 9 km au nord de Nogent-le-Rotrou; sur A 11, sortie Luigny ou La Ferté-Bernard.

Hôtel du Tribunal

61400 Mortagne-au-Perche (Orne)
4, place du Palais
Tél. 02 33 25 04 77 - Fax 02 33 83 60 83
M. Le Boucher
E-mail : hotel.du.tribunal@wanadoo.fr.
Web : perso.wanadoo.fr/hotel.du.tribunal.61.normandie

Catégorie ★★ **Ouverture** toute l'année **Chambres** 21 avec tél., s.d.b. ou douche (2 avec balnéo), w.c. et t.v. satellite ; 1 chambre handicapés **Prix** des chambres : 50 à 100 € - Petit déjeuner : 8,50 €, servi de 7 h 30 à 10 h - Demi-pension : 58 € **Cartes de crédit** Visa, Amex **Divers** chiens admis (3,20 €) **Alentour** musée Alain (natif de Mortagne), église Notre-Dame à Mortagne-au-Perche ; forêts et collines du Perche - Golf 18 trous de Bellême-Saint-Martin **Restaurant** service de 12 h à 14 h, 19 h 30 à 21 h - Menus : 18 à 38 € - Carte - Spécialité : ris de veau à la normande en cocotte.

Ce sont trois maisons des XIII et XVIIIe siècles sur une petite place ombragée qui s'enchevêtrent et constituent l'hôtel. D'entrée, le caractère très chaleureux du lieu s'impose au visiteur : poutres, cheminée, tables de bois, meublent la pièce d'accueil comme au temps des diligences.. Le nombre de maisons, la variété des volumes et des époques donnent lieu à des chambres toutes différentes (taille, mobilier, papiers peints, moquettes), notre préférence allant aux cinq nouvelles chambres à la décoration plus aboutie et joliment actuelle. Certaines donnent sur la place, d'autres sur les ruelles latérales ou sur une courette, la vue est donc variable : verdure des tilleuls, toits du village, église… Une accueillante et belle adresse où l'on se régale d'une cuisine traditionelle bien tournée.

Accès (carte n° 8) : à 38 km à l'est d'Alençon par N 12.

Auberge du Val au Cesne

Le Val-au-Cesne 76190 Croix-Mare (Seine-Maritime)
Tél. 02 35 56 63 06 - Fax 02 35 56 92 78
M. Carel
E-mail : valaucesne@hotmail.com - Web : valaucesne.fr

Fermeture du 9 au 29 janvier, du 21 août au 3 septembre et du 20 novembre au 3 décembre
Chambres 5 avec tél., s.d.b., w.c. et t.v. **Prix** des chambres doubles : 80 € - Petit déjeuner : 9 €, servi
de 8 h à 11 h - Demi-pension : 114 € (en chambre simple), 74 € (par pers. en chambre double) **Cartes
de crédit** Visa, Amex **Divers** chiens admis - Parking **Alentour** cathédrale de Rouen ; église et musée
d'Yvetot ; abbaye de Saint-Wandrille - Golf 18 trous à Etretat **Restaurant** service de 12 h à 14 h, 19 h
à 21 h - Fermé lundi et mardi - Menu : 25 € - Carte - Spécialités : terrine de raie ; ris de veau au porto ;
sole farcie à la mousse de crustacés ; escalope de dinde "Vieille Henriette" ; feuilleté aux pommes.

D'abord responsable d'un restaurant de très bonne réputation et chaleureusement aménagé (avec ses deux petites pièces séparées par une cheminée), M. Carel a ouvert, à la demande de ses clients, cinq chambres confortables dans une maison toute proche de l'auberge. Celle-ci, située dans une charmante petite vallée, offre une atmosphère tout à fait accueillante, fidèle au style régional et à l'architecture initiale, où l'on se sent très vite comme chez soi. Le jardin est en partie consacré aux animaux : on peut y admirer une volière de perruches, des espèces rares de poules, des colombes... Pour la plus grand bonheur des enfants. Les cinq chambres, qui portent des noms de canards, sont agréables (surtout celles de l'étage, joliment mansardées, décorées dans des tons plus chaleureux). Enfin, la proximité de la petite route départementale n'est pas gênante, car elle devient opportunément silencieuse avant que la nuit ne tombe en plein cœur du pays de Caux.

Accès (cartes nos 1 et 8) : à 30 km au nord-ouest de Rouen par A 15, jusqu'à Yvetot, puis D 5 sur 3 km, direction Duclair.

Le Domaine Saint-Clair

76790 Etretat (Seine-Maritime)
Tél. 02 35 27 08 23 - Fax 02 35 29 92 24 - M. Omar Abodib
E-mail : info@hoteletretat.com - Web : hoteletretat.com

Catégorie ★★★ **Ouverture** toute l'année **Chambres** 21 avec tél., s.d.b., jacuzzi, w.c et t.v. satellite **Prix** des chambres : 62 à 222 € ; junior-suites : 192 à 302 € - Petit déjeuner : 14 €, servi de 7 h à 10 h - Demi-pension : 79 à 199 € **Cartes de crédit** acceptées **Divers** chiens admis, sauf au restaurant (10 €) - Parking **Alentour** falaises d'Etretat, clos Lupin, musée Bénédictine à Fécamp - Golf 18 trous à Etretat **Restaurant** service de 12 h à 14 h, 19 h à 21 h 30 - Menus : 39 à 100 € - Carte.

En contrebas du *Domaine Saint-Clair*, l'anse d'Etretat déploie ses petites maisons tournées vers la plage de galets, les falaises de craie et la célèbre "aiguille Creuse" que connaissent tous les lecteurs d'Arsène Lupin. A l'intérieur, le salon, les petites salles à manger-boudoirs (deux dominent la Manche) sont tous décorés de tissus chatoyants, de tableaux et de meubles anciens souvent 1900. Les chambres, dédiées à onze célébrités du second Empire et de la Belle Epoque, profitent aussi de ce même souci décoratif et rivalisent de qualités ; citons "Sarah Bernhardt", "Impératrice Eugénie" et "Liane de Pougy" qui jouissent toutes d'une vue magnifique. Dans la villa voisine, ce sont treize personnages de roman qui ont récemment inspiré le décor des chambres, achevant de faire du domaine une étonnante galerie de portraits, fictifs ou historiques. Très agréable ambiance cosy et accueil des plus aimables. La table assure également un moment des plus délicieux, alliant la fraîcheur et la qualité des produits aux audaces gustatives d'un chef créatif. Le buffet du petit déjeuner sublime encore plus avant cette étape fabuleuse, avec abondance et originalité : jus de fruits et confitures maison, jambons divers, vrais fromages, thés fins et pains frais…

Accès (carte n° 8) : A 13 sortie "Le Havre-Pont-de-Tancarville", après le pont direction Saint-Romain-de-Colbosc puis Etretat.

Les Hêtres

76460 Ingouville-sur-Mer (Seine-Maritime) - Le Bourg
Tél. 02 35 57 09 30 - Fax 02 35 57 09 31
M. Liberge
Web : leshetres.com

Fermeture du 12 janvier au 11 février **Chambres** 5 avec tél., s.d.b. (1 avec jacuzzi), w.c. et t.v. ; accès handicapés **Prix** des chambres doubles : 90 à 160 € - Petit déjeuner : 17 €, servi de 8 h à 12 h **Carte de crédit** Visa **Divers** chiens admis (8 €) - Parking **Alentour** plages à 3 km ; château et musée de Dieppe ; église et cimetière de Varengeville ; villages du pays de Caux (Luneray, Blosseville…) ; Fécamp ; château de Bailleul ; Etretat **Restaurant** service de 12 h 15 à 14 h, 19 h 30 à 22 h - Fermé lundi, mardi et mercredi midi en basse saison ; lundi et mardi midi en haute saison - Menus : 38 et 85 € - Carte - Spécialités : poissons selon la pêche du jour et produits des fermes cauchoises.

Dans son hameau à l'habitat dispersé, non loin des falaises crayeuses du littoral, ce très accueillant petit hôtel est une bonne adresse. Pour en profiter, il faudra vous y prendre très à l'avance car *Les Hêtres* ne disposent que de cinq chambres, mais quelles chambres ! Chacune est un modèle de goût et de confort, on y admire des tissus signés Frey ou Braquenier, quelques beaux meubles anciens encaustiqués à souhait et une élégante série de gravures. Leurs prix varient selon la taille (installée dans une petite maison à part, "La Chaumière" est plus chère mais dispose d'une grande baignoire balnéo et "La Ménécy", d'une terrasse privée ouvrant sur le jardin) ; les salles de bains affichent, quant à elles, un luxe de bon aloi. Excellents petits déjeuners servis sous les colombages du toit. Au rez-de-chaussée, la longue salle à manger est, elle aussi, des plus séduisantes avec son coin-cheminée. Unanimement célébrée, la cuisine de Bertrand Warin mérite également votre curiosité, en toute confiance. Idéal pour une étape.

Accès (carte n° 1) : à Saint-Valéry-en-Caux, direction Cany-Barville. Après le rond-point, direction aéroclub de Saint-Sylvain et 2ᵉ à droite.

Relais Hôtelier Douce France

76980 Veules-les-Roses (Seine-Maritime)
13, rue du Docteur-Girard
Tél. 02 35 57 85 30 - Fax 02 35 57 85 31 - M. Bardot
E-mail: contact@doucefrance.fr - Web: doucefrance.fr

Catégorie ★ ★ ★ **Fermeture** du 20 novembre au 20 décembre **Chambres** 26 suites avec kitchenette, tél., s.d.b. et t.v.; 1 suite handicapés **Prix** des suites: 95 à 210 € - Petit déjeuner: 11 €, brunch: 20 €, servi de 8h à 12h **Carte de crédit** Visa **Divers** chiens admis (10 €) - Location de VTT **Alentour** Côte d'Albâtre; manoir d'Ango; châteaux de Miromesnil et de Cany; jardins de Varengeville et de Vasterival - Tennis, mer à 100 mètres - Golf 18 trous de Dieppe **Pas de restaurant** à l'hôtel.

A quelques kilomètres de Dieppe, sur la splendide côte du pays de Caux, cet ancien relais de poste du XVIIe vous ravira par son emplacement, au cœur d'un village adorable du bord de mer, au chevet d'une rivière fraîche et claire, la Veules, qui coule le long de l'établissement. L'ensemble, abrité par de hauts murs de brique, est accessible par un porche monumental nappé de lourds rideaux de velours. Disposées de part et d'autre d'une ravissante cour pavée, les chambres sont abondamment fleuries, réparties dans plusieurs corps de logis faits de briques, de bois pistache et de torchis jaune clair. Très fraîches, celles du rez-de-chaussée donnent sur le jardin, alors qu'à l'étage elles sont plus chaleureuses et mansardées. Toutes disposent d'un coin-cuisine et encouragent les séjours en famille. La décoration est assez surprenante, mariant des éléments très classiques à du design plus contemporain. Au sol, des carreaux de terre cuite bordent des murs patinés de beige rosé, et tranchent sur les dessus-de-lit colorés et fleuris. L'après-midi, le thé est servi au jardin, où l'on peut également petit-déjeuner, même tardivement… Une souplesse appréciable, dans ce lieu de paix intégrale.

Accès (carte n° 1): à Rouen prendre A 150 direction Le Havre-Barentin, sortir après Barentin, direction Pavilly, Yerville, Fontaine puis fléchage.

Saint-Christophe

44502 La Baule (Loire-Atlantique) - Place Notre-Dame
Tél. 02 40 62 40 00 - Fax 02 40 62 40 40 - M. Joüon
E-mail: info@st-christophe.com - Web: st-christophe.com

Ouverture toute l'année **Chambres** 39 et 6 suites familiales, avec tél., s.d.b. et t.v. satellite **Prix** des chambres: 65 à 121 € - Petit déjeuner-buffet: 10 €, servi à toute heure - Demi-pension (obligatoire en été): 129 à 247 € (2 pers.) **Cartes de crédit** acceptées **Divers** chiens admis (9 €) - Parking **Alentour** Brière et le marais de Guérande - Golf 45 trous à Saint-Denac **Restaurant** service de 12 h 30 à 14 h, 19 h 30 à 22 h - Menus: 28 à 38 € - Spécialités: poissons du Croisic.

A seulement cent cinquante mètres de la plage et au cœur de La Baule, cette ancienne pension de famille à l'architecture balnéaire début de siècle profite d'une situation en pleine verdure et très au calme. Constituée par trois villas : "Sainte-Claire", "Saint-François" et "Saint-Christophe", les chambres présentent un confortable décor classique bien actualisé. Quelques beaux meubles ancien cirés, des couleurs assorties, des gravures bien choisies (et même quelques tableaux réalisés par madame Jouon) les rendent vraiment attrayantes. Au rez-de-chaussée, belle enfilade de pièces de réception chaleureusement décorées à l'anglaise. Adossée au piano-bar tout de rouge laqué, la grande et belle salle à manger propose sur fond turquoise, une très saine cuisine du marché (elle change donc tous les jours) réalisée avec talent par Gilles Bélliard aussi à l'aise avec les produits de la mer qu'avec ceux de la ferme. Vous la dégusterez sous le regard bienveillant d'ancêtres, notables du XIXe, qui partagent les murs avec une belle série de gouaches anciennes et le digne portrait en pied d'une... vache normande. Elegante et détendue, voici une très belle adresse pour vos prochaines vacances.

Accès (carte n° 14) : dans le centre de La Baule, après un grand carrefour, laisser sur la gauche le square avec le manège et l'office de tourisme et continuer tout droit vers Atlantia, Pouliguen. 4e rue à gauche (fléchage), allée des Pétrels.

Hôtel de la Bretesche

44780 Missillac (Loire-Atlantique)
Tél. 02 51 76 86 96 - Fax 02 40 66 99 47`
M. Christophe Delahaye
E-mail : hotel@bretesche.com - Web : bretesche.com

Catégorie ★★★★ **Fermeture** du 20 janvier au 8 mars **Chambres** 31 avec tél., s.d.b., w.c., t.v. satellite, coffre-fort et minibar ; 2 chambres handicapés ; ascenseur **Prix** des chambres : 150 à 320 € ; suites : 275 à 430 € - Petit déjeuner : 18,50 €, servi de 7 h 30 à 10 h 30 **Cartes de crédit** acceptées **Divers** chiens admis sauf au restaurant - Piscine chauffée (mai-septembre) - Parking privé **Alentour** La Baule ; circuit de la Brière et des marais de Guérande - Golf 18 trous sur place **Restaurant** service de 12 h 30 à 13 h 30, 19 h 30 à 21 h - Fermé le dimanche soir du 15/10 au 15/04, le lundi (sauf le dîner en juillet et août) et le mardi - Menus : 32 € (déjeuner semaine) ; 48 à 85 € - Carte - Spécialité : fricasée de langoustines bretonnes à la sariette, râpé d'artichaut poivrade et pourpier.

Le site est enchanteur : un petit château Renaissance posé sur un lac, de grands arbres centenaires qui laissent entrevoir le vallonnement d'un green de golf, de très élégantes dépendances organisées autour d'une cour carrée. C'est dans ces bâtiments du XIXe, autrefois affectés aux calèches, que se trouve l'hôtel. Superbement rénové, l'intérieur exprime une ambiance feutrée. Les chambres sont généralement tendues de tissus, aménagées avec un beau mobilier de style Directoire. Leurs prix varient selon leur taille, mais le niveau de confort y est toujours excellent et toutes bénéficient d'une vue. N'hésitez pas à prendre votre petit déjeuner en chambre, excellent et très joliment présenté. C'est également sur un beau panorama que donne la salle à manger. La cuisine n'usurpe pas sa réputation gastronomique, et vous pourrez prolonger la soirée au salon-bar, installé dans l'ancienne écurie comme en témoignent les stalles en bois. Un très bel établissement, particulièrement accueillant.

Accès (carte n° 14) : A 11, sortie Nantes et N 165 dans le prolongement.

Hôtel la Pérouse

44000 Nantes (Loire-Atlantique)
Cours des 50-Otages - 3, allée Duquesne
Tél. 02 40 89 75 00 - Fax 02 40 89 76 00 - Gilles Cibert
E-mail : information@hotel-laperouse.fr - Web : hotel-laperouse.fr

Catégorie ★★ **Ouverture** toute l'année **Chambres** 46 climatisées, avec tél., wifi, s.d.b., w.c., t.v. satellite et minibar ; ascenseur ; 2 chambres handicapés **Prix** des chambres : 81 à 143 € - Petit déjeuner : 11,15 €, servi de 7 h à 10 h (semaine) et 8 h à 11 h (week-end et fériés) **Cartes de crédit** acceptées **Divers** chiens admis (8 €) - Fitness - Parking (6 €, gratuit la nuit) **Alentour** château des ducs de Bretagne ; cathédrale ; passage Pommeraye **Pas de restaurant** (room-service de 19 h à 22 h 30).

Si, comme nous, vous considérez que le charme peut aussi investir des décors high-tech, alors vous apprécierez cet étonnant hôtel du centre de Nantes. Car il ne s'agit pas de standardisation ou de gigantisme, *La Pérouse* est avant tout un lieu intime et plein de personnalité. Réalisé par Barto&Barto, il est le fruit d'une réflexion sur l'intégration du contemporain dans un tissu urbain traditionnel et c'est une réussite ! Les emprunts au monde de la marine sont nombreux telle la passerelle d'accès ou les menuiseries des chambres réalisées par les *Chantiers de l'Atlantique*. Référence au design aussi, avec les fauteuils Corbusier, les banquettes d'Eileen Gray, les deux armoires de Saweta Clouet qui meublent l'accueil et la salle des petits déjeuners. Côté chambres, tout le mobilier est signé Barto&Barto (bureau, chevet, appliques, rideaux clipsables sur les hublots rectangulaires), seules les chaises zigzag sont dues à G. Rietvield. Parquets de bois clair, tissus blancs, insonorisation totale : chaque chambre est totalement apaisante, quant aux salles de bains avec leur mosaïque céladon et leurs vasques de verre, elles sont la séduction même. Pas de restaurant à l'hôtel mais l'excellent *Embellie* se touve à quelque pas...

Accès (carte n° 14) : Entre la cathédrale, la préfecture et le CHU, le cours des 50-Otages se trouve à proximité du parking Bretagne.

2006

Hôtel Pommeraye

44000 Nantes (Loire-Atlantique) - 2, rue Boileau
Tél. 02 40 48 78 79 - Fax 02 40 48 63 75 - Florent Cibert
E-mail : info@hotel-pommeraye.com - Web : hotel-pommeraye.com

Catégorie ★★ **Ouverture** toute l'année **Chambres** 50 avec tél., s.d.b., w.c. et t.v. (satellite et Canal+);
ascenseur **Prix** des chambres : 43 à 84 € - Petit déjeuner : 8 €, servi de 7 h à 12 h **Cartes de crédit**
acceptées **Divers** chiens admis (5 €) **Alentour** à Nantes : passage Pommeraye, château des ducs de
Bretagne, cathédrale; vignobles **Pas de restaurant** à l'hôtel.

Au cœur du centre historique et culturel de la cité des ducs de Bretagne, mais
dans une rue piétonne, cet hôtel rénové il y a peu accueille ses clients par
un agréable murmure de fontaine. Au-dessus de la réception, les horloges qui
donnent l'heure de Nantes, Zanzibar et Valparaiso rappellent la vocation por-
tuaire de la ville. On vous proposera deux types de chambres, celles de type L ou
XL, plus spacieuses. L'endroit a été aménagé de manière résolument contemporaine avec un choix de couleurs inhabituelles : bistre, grège et pourpre, versus
jaune mandarine ou saumon. Une association de teintes sombres et lumineuses
qui se retrouve tant dans les communs que dans les chambres, où moquette
épaisse et dessus de lit, rideaux bicolores et petit meubles design forment un
ensemble coordonné que l'on peut trouver néanmoins un peu sévère. La décoration est minimaliste, l'ameublement fonctionnel et discret, mais de belle qualité, comme la literie et l'ensemble des matériaux retenus. Les salles de bains,
élégantes, sont très bien équipées et disposent de sanitaires originaux. Enfin, de
discrètes installations artistiques disséminées dans l'établissement apportent une
note d'humour à votre séjour, comme ce fil électrique courant sur les escaliers
et dont les boucles forment une phrase qui ne s'achève qu'au dernier étage.

Accès *(carte n° 14) : à Nantes suivre "Nantes-centre" puis les panneaux bleus*
"Circuit Cœur" jusqu'à la place Graslin. Puis fléchage jusqu'à l'hôtel.

Auberge La Fontaine aux Bretons

44210 Pornic (Loire-Atlantique)
Chemin des Noëlles
Tél. 02 51 74 07 07 - Fax 02 51 74 15 15
M. Pavageau
E-mail : infos@auberge-la-fontaine.com - Web : auberge-la-fontaine.com

Catégorie ★★★ **Ouverture** toute l'année **Chambres** 23 studios ou appartements avec tél., s.d.b. ou douche, w.c. et t.v. satellite **Prix** des appartements (2 pers.) : 86 à 124 € ; tarifs à la semaine : 320 à 665 € (2 à 3 pers.), 357 à 1155 € (4 à 6 pers.) - Petit déjeuner : 9 €, servi de 7 h 30 à 10 h **Carte de crédit** Visa **Divers** chiens admis (6 €) - Piscine, tennis - Parking **Alentour** la fraiseraie ; planète sauvage ; sentier des daims ; île de Noirmoutier **Restaurant** service de 12 h 15 à 14 h, 19 h 15 à 21 h - Fermé dimanche soir et lundi soir de novembre à mars (sauf vacances scolaires et week-ends prolongés) - Menus : 19,50 € (semaine, le midi) ; 25 et 30 € - Carte - Spécialité : marmite de porcelet aux trois cuissons.

Le grand potager avec ses fleurs, légumes et arbres fruitiers, le pré et les espaces clos où l'on peut saluer ânes, moutons, cochons et vaches, la bonne cuisine du restaurant, basée sur les denrées fraîches produites sur place... Tout cela nous rappelle que *La Fontaine aux Bretons* fut longtemps une ferme en activité nous invitant à renouer avec cette authenticité du terroir qui nous manque trop souvent. En contrepoint à ces références traditionnelles, la rénovation de la maison cache derrière sa façade d'origine une rénovation totale et discrètement moderne garantissant un confort parfait aux studios ou appartements proposés à la nuit ou à la semaine. Cet ensemble lumineux, gai, sobre et bien pensé se trouve en hauteur, non loin de Pornic et de la côte ; un emplacement idéal pour des vacances en famille.

Accès (carte n° 14) : à Nantes D 751 vers Noirmoutier puis Pornic. A Pornic, tourner à gauche après voie ferrée et suivre direction "La Fontaine aux Bretons".

Hôtel Sud-Bretagne

44380 Pornichet (Loire-Atlantique)
42, boulevard de la République
Tél. 02 40 11 65 00 - Fax 02 40 61 73 70
M. Bardouil
E-mail : contact@hotelsudbretagne.com - Web : hotelsudbretagne.com

Catégorie ★★★★ **Ouverture** toute l'année **Chambres** 30 avec tél., s.d.b., w.c. et t.v. **Prix** des chambres doubles : 120 à 185 € ; suites : 230 à 280 € - Petit déjeuner : 13 € **Cartes de crédit** acceptées **Divers** chiens admis - Piscine - Parking **Alentour** La Baule ; circuit de la Brière et des marais de Guérande - Golf de La Baule 18 trous à Saint-Denac **Restaurant** service de 12 h à 14 h, 19 h à 22 h - Fermé dimanche soir et lundi hors saison - Menu-carte : 42 €.

Non loin de la plage de La Baule, le *Sud-Bretagne* appartient à la même famille depuis 1912. Aujourd'hui encore, chaque membre participe à son amélioration, selon son âge et sa compétence. On s'y sent donc comme chez soi, un magnifique "chez-soi", où chaque pièce a son style. Il y a le salon avec son coin-cheminée, le billard, les nombreuses salles à manger donnant sur les eaux turquoise d'une piscine intérieure. Dehors, un élégant mobilier de jardin permet de se délasser au soleil. Les chambres ont toutes un thème (canard, cerise, Joséphine, etc.). Leur décoration s'y réfère à travers le choix des tissus, des objets et d'une très belle association de meubles de tout type : chinés, anciens, contemporains ou restaurés… Certaines sont même de petits appartements avec salon, une terrasse extérieure, des lits clos typiquement bretons pour les enfants. Les produits de la mer, cuisinés avec finesse par Mme Bardouil, sont de première fraîcheur (des pêcheurs travaillent "à façon" pour l'hôtel). Cet ensemble d'une vraie qualité fait du *Sud-Bretagne* l'un de ces rares hôtels de luxe qui ont su rester charmants.

Accès (carte n° 14) : à 5 km à l'est de La Baule.

Hôtel Villa Flornoy

44380 Pornichet (Loire-Atlantique)
7, avenue Flornoy
Tél. 02 40 11 60 00 - Fax 02 40 61 86 47
Sylvie Laurenson
E-mail : hotflornoy@aol.com - Web : villa-flornoy.com

Catégorie ★★ **Fermeture** décembre et janvier **Chambres** 30 avec tél., s.d.b. ou douche, w.c., t.v. satellite et Canal + ; accès handicapés ; ascenseur **Prix** des chambres doubles : 68 à 98 € - Petit déjeuner : 8 €, servi à partir de 7 h 30 - Demi-pension : 64 à 75 € **Cartes de crédit** Visa, Amex **Divers** chiens admis (6 €) - Prêt de vtt **Alentour** La Baule ; circuit de la Brière et des marais de Guérande - Golf 18 trous de La Baule à Saint-Denac **Restaurant** service de 19 h 30 à 21 h 30.

À trois cents mètres des plages de Pornichet et de La Baule, cet hôtel ne souffre pas de l'agitation estivale. Installé au calme dans un quartier résidentiel, il arbore une façade début de siècle traitée dans un style très "côte normande". Aujourd'hui, intégralement remis au goût du jour, la *Villa Flornoy* propose de jolies chambres, lumineuses, meublées dans un style gai, classique et très cosy. Toutes donnent sur la rue et les villas voisines ou sur l'agréable jardin situé à l'arrière de l'hôtel. Au rez-de-chaussée, un très élégant salon d'accueil, avec ses meubles anciens, ses gravures, ses objets choisis, pourrait être celui d'une maison privée et se prolonge, d'un côté sur un bow-window donnant accès au jardin, de l'autre, sur une ravissante salle à manger aux tonalités ivoire et ficelle. Le restaurant réservé aux résidents propose une cuisine correcte dans une atmosphère détendue de pension de famille. Accueil très sympathique.

Accès (carte n° 14) : à 5 km à l'est de La Baule. En face de l'hôtel de ville de Pornichet.

379

La Mare aux Oiseaux

44720 Saint-Joachim (Loire-Atlantique)
162, île de Fédrun
Tél. 02 40 88 53 01 - Fax 02 40 91 67 44 - M. Guérin
E-mail : mareauxoiseaux@free.fr - Web : mareauxoiseaux.fr

Fermeture du 9 au 23 janvier et du 6 au 27 mars **Chambres** 12 avec tél., s.d.b. ou douche et w.c. **Prix** des chambres doubles : 90 à 150 € - Petit déjeuner : 9 € **Cartes de crédit** acceptées **Divers** chiens admis - Parking **Alentour** cité médiévale de Guérande ; marais salants ; parc régional de la Brière ; aquarium du Croisic - Golf 18 trous de la Bretesche, golf 18 trous de La Baule à Saint-Denac **Restaurant** service de 12 h à 14 h, 19 h à 21 h - Fermé dimanche soir et lundi hors saison, lundi midi en saison - Menus : 35 à 80 € - Carte - Spécialités : croquant de grenouilles aux algues bretonnes, gingembre confit et beurre d'agrumes ; pastilla de foie de pigeon et petits navets aux dattes.

Dans son île-village au cœur du marais de la Brière, Eric Guérin ne cesse de faire progresser sa cuisine de sorte que la table confidentielle que nous vous recommandions il y a quelques années accumule désormais les lauriers du succès (bien mérités tant l'ébouriffante créativité s'accompagne ici de maîtrise et de précision). Pour en accompagner le développement, un chaleureux salon au décor Napoléon III teinté d'exotisme et une salle à manger joliment design ouverte sur un jardin japonisant viennent d'être créées. S'y ajoutent des chambres douillettes et délicieuses (trois sont sur pilotis tout près du marais) sobrement aménagées avec un délicat mélange de meubles anciens ou asiatiques, des tissus bien choisis et, toujours, des œuvres picturales à thèmes volatiles. Car les oiseaux tiennent ici la vedette, vifs et chantants sur la terrasse, mais aussi sous forme de sculpture, peints, aquarellés, gravés, dessinés... Alors on se sent pousser des ailes à *La Mare aux Oiseaux* et on réservera une barque pour accompagner canards, grèbes et poules d'eau dans le mystérieux labyrinthe de canaux et de roselières qui démarre au bout du jardin.

Accès (carte n° 14) : à 16 km au nord-ouest de Saint-Nazaire par D 47.

Abbaye de Villeneuve

44840 Les Sorinières (Loire-Atlantique)
Route de La-Roche-sur-Yon
Tél. 02 40 04 40 25 - Fax 02 40 31 28 45
Philippe Savry
E-mail : villeneuve@leshotelsparticuliers.com - Web : abbayedevilleneuve.com

Catégorie ★★★★ **Ouverture** toute l'année **Chambres** 17 et 3 suites, avec tél., s.d.b., w.c. et t.v. **Prix** des chambres : 86 à 165 € ; suites : 205 € - Petit déjeuner : 14 €, servi de 7 h 30 à 10 h 30 **Cartes de crédit** acceptées **Divers** chiens admis (10 €) - Piscine - Parking **Alentour** musée des Beaux-Arts, musée Dobrée, musée Jules-Verne à Nantes ; vallée de l'Erdre ; Clisson - Golf 18 trous à Nantes **Restaurant** service de 12 h à 14 h, 19 h 30 à 21 h 30 - Menus : 25 à 80 € - Spécialités : bar sauvage en croûte de sel au beurre blanc ; filet de canard challandais façon Abbaye de Villeneuve.

Cette abbaye, fondée en 1201 par Constance de Bretagne, fut en partie détruite à la Révolution ; restaurée en 1977, l'abbaye cistercienne est aujourd'hui un hôtel de luxe et de charme. La bibliothèque des moines abrite le restaurant principal. Quant aux chambres, toujours meublées d'ancien, elles ont conservé leur noble volume au premier étage et, au second (petites), le magnifique colombage de la charpente. Dans l'enfilade de salons et de salles à manger, les plafonds à la française et les cheminées de pierre créent une atmosphère un peu majestueuse mais préférable, quand il s'agit d'y séjourner, à l'austérité d'une abbaye. Un grand confort et une réelle élégance règnent dans cet établissement, à seulement dix minutes du centre-ville de Nantes (et dont la quiétude souffre évidemment un peu de cette proximité). Service et accueil d'un grand hôtel. Cuisine classique et de qualité.

Accès (carte n° 14) : à 10 km au sud de Nantes par A 83, direction Bordeaux, La Roche-sur-Yon, puis Viais.

Hôtel du Mail

49100 Angers (Maine-et-Loire)
8-10, rue des Ursules
Tél. 02 41 25 05 25 - Fax 02 41 86 91 20
M. Le Calvez
E-mail: contact@hotel-du-mail.com - Web: hotel-du-mail.com

Catégorie ★★ **Ouverture** toute l'année (fermé de 12 h à 18 h 30, dimanche et jours fériés) **Chambres** 26 avec tél., w.c., s.d.b. ou douche, minibar, t.v. satellite et Canal + **Prix** des chambres simples : 39 à 48 €, doubles : 53 à 70 € - Petit déjeuner-buffet : 8 €, servi de 7 h à 10 h **Cartes de crédit** acceptées **Divers** chiens admis (6 €) - Parking (6 €) **Alentour** tenture de l'Apocalypse au château d'Angers et musées d'Angers ; abbayes de Solesmes et de Fontevraud ; vallée de la Loire - Golf 18 trous Anjou country club **Pas de restaurant** à l'hôtel.

Ce petit hôtel de charme cumule l'attrait d'une belle demeure XVIIᵉ, une situation au cœur d'Angers et un calme parfait. Les 26 chambres ont été décorées et personnalisées dans un goût frais et coloré mi-classique, mi-moderne. Certaines bénéficient d'une ouverture de plain-pied côté cour ce qui, l'été, permet un accès direct aux tables du petit déjeuner dressées sous le gros tilleul. C'est également sur cette cour que donne la vaste salle à manger au beau mobilier ancien et où l'on dresse un généreux buffet chaque matin. A côté se trouve également un élégant petit salon pour boire un verre ou lire douillettement. Dans cette très accueillante adresse urbaine, les voitures peuvent être garées dans l'enceinte de l'hôtel à condition d'arriver avant 22 h 30 afin de ne pas nuire au calme du lieu. Enfin, pour dîner nous vous conseillons le *Provence Café*, l'*Auberge d'Eventard*, deux belles tables à proximité, et aussi *Le Relais* et *Lucullus*.

Accès (carte n° 15) : devant la mairie, prendre 1ʳᵉ rue à droite (rue David-d'Angers) et encore à droite rue des Ursules.

Château des Briottières

49330 Champigné (Maine-et-Loire)
Tél. 02 41 42 00 02 ou 06 60 85 00 02 - Fax 02 41 42 01 55
M. et Mme de Valbray
E-mail : briottieres@wanadoo.fr - Web : briottieres.com

Ouverture toute l'année (sur réservation en hiver) **Chambres** 16 avec tél., s.d.b. et w.c. **Prix** des chambres doubles : 90 à 320 € - Petit déjeuner : 12 € - Demi-pension : 214 à 434 € (pour 2 pers.) **Cartes de crédit** acceptées **Divers** chiens admis (15 €) - Piscine chauffée, tennis, bicyclettes, billard - Parking **Alentour** abbayes de Solesmes et de Fontevraud ; tenture de l'Apocalypse au château d'Angers ; châteaux de l'Anjou (Pessis-Bourré, Serrant, Brissac, Montgeoffroy, La Lorie, Craon) - 3 golfs 18 trous à proximité **Restaurant** sur réservation, service à 20 h - Menu du jour : 40 €..

Hors des sentiers battus, dans son immense parc à l'anglaise dont on ne sait pas très bien où il s'arrête, *Le Château des Briottières* mérite que l'on vienne ici tout spécialement pour lui. Les maîtres de maison vous y accueilleront avec chaleur et spontanéité. Une vaste galerie dessert les pièces de réception : salons meublés comme au XVIIIe, grande salle à manger gris perle rehaussé de soie rose, bibliothèque avec billard français. A l'étage, les superbes chambres sont toutes décorées avec le meilleur goût, des tissus choisis, de très beaux meubles anciens. Certaines ont l'intimité d'un boudoir, d'autres sont vastes comme des appartements. Régulièrement refaites avec encore plus de réussite (comme celle, récemment installée dans une aile, toute de pourpre et dotée d'une salle de bains grandiose), elles conviennent à des séjours hors du commun. A signaler également celles de l'orangerie, parfaites pour les familles, et l'agréable piscine, installée dans l'ancien potager bordé de fleurs. Une belle adresse à la cuisine simple et sans prétention (servie dans l'argenterie et la porcelaine) mais qui pratique des prix élevés.

Accès (carte n° 15) : en venant de Paris, A 11 sortie n° 11 Durtal. Puis Dauneray, Châteauneuf/Sarthe et Champigné. Par Angers, direction Laval, Sablé et Feneu

Le Prieuré

49350 Chênehutte-les-Tuffeaux (Maine-et-Loire)
Tél. 02 41 67 90 14 - Fax 02 41 67 92 24
M. Cateux
E-mail : prieure@grandesetapes.fr - Web : prieure.com

Catégorie ★★★★ **Ouverture** toute l'année **Chambres** 36 avec tél., s.d.b. ou douche, w.c. et t.v. **Prix** des chambres doubles : 125 à 280 € ; suites : 295 à 330 € - Petit déjeuner : 21 €, servi de 7 h 30 à 10 h 30 **Cartes de crédit** acceptées **Divers** chiens admis - Piscine extérieure chauffée de juin à septembre, tennis, mini-golf, dégustation de vins au caveau **Alentour** à Saumur : église Notre-Dame-de-Nantilly, château de Saumur (musée du cheval) ; château de Montgeoffroy ; abbaye de Fontevraud ; Montreuil-Bellay (château) ; musée du Champignon à Saint-Hilaire-Saint-Florent ; château de Brissac **Restaurant** service de 12 h à 14 h, 19 h à 22 h - Menus : 29 € (déjeuner en semaine) ; 39 à 74 € - Carte - Spécialités : raviolis de langoustines au beurre de truffes ; cornet d'oranges et carottes confites, sirop citronnelle.

Accroché au flanc d'une falaise qui domine le cours de la Loire, cet édifice Renaissance profite d'une vue absolument splendide. Les chambres côté manoir, le vaste salon, la salle à manger, les terrasses extérieures s'ouvrent tous généreusement sur ce panorama et c'est là l'un des points forts de l'hôtel. Vous apprécierez également la décoration, classique et gaie, le mobilier ancien ou "de style", la qualité de la tenue et du service. Toujours soignées, les chambres du manoir proposent toutes le même niveau de confort, leurs prix variant selon leur surface et la qualité de leur vue. Un peu plus loin, entourés de verdure (le parc occupe vingt-cinq hectares), des pavillons construits il y a une vingtaine d'années abritent quinze chambres, plus simples mais moins chères, et chacune avec terrasse privative. Une très belle adresse haut de gamme, avec un accueil professionnel et stylé.

Accès (carte n° 15) : A 85, sortie Saumur. A 7 km de Saumur sur la route de Gennes.

384

Hostellerie La Croix Blanche

49590 Fontevraud-l'Abbaye (Maine-et-Loire)
Place Plantagenêts
Tél. 02 41 51 71 11 - Fax 02 41 38 15 38
Christophe et Miecke Chabenat-Kruitwagen
E-mail: info@fontevraud.net - Web: fontevraud.net

Catégorie ★★ **Fermeture** 1 semaine en novembre et du 3 au 31 janvier **Chambres** 25 et 3 suites, avec s.d.b., w.c. et t.v. satellite (20 avec minibar, 3 avec coffre-fort) **Prix** des chambres : 68 à 100 € ; suites : 105 à 120 € (-15% hors-saison) - Petit déjeuner : 8,50 €, servi de 7 h 30 à 9 h 30 - Demi-pension : 32,50 € **Cartes de crédit** Visa, Amex **Divers** chiens admis (8 €) - Piscine - Parking et garage (8 €) **Alentour** abbaye de Fontevraud ; Saumur ; Chinon **Restaurants** service de 12 h 15 à 14 h 30, 19 h 30 à 21 h 15 - Fermé dimanche soir et lundi midi hors saison - Menus : 20 à 45 € - Carte.

Idéale pour visiter la prestigieuse abbaye royale (fondée en 1101), habitée par le souvenir d'Aliénor d'Aquitaine et de Richard Cœur de Lion, *La Croix Blanche* est à l'entrée de la plus vaste cité monastique d'Europe. Cet ancien relais de poste (XVIIIe) disperse ses chambres entre trois bâtiments de tuffeau accessibles par une porte vôutée. Dans la "Maison", deux logements, et notamment un vaste appartement familial. Dans l'aile moderne, on préférera les chambres du premier, plus claires et plus spacieuses (notre favorite, la 1, aux teintes claires et délicates, possède sa terrasse d'angle). Mais c'est dans l'aile XVIIe que se trouvent les chambres de caractère comme la suite "Henri II", haut plafond de poutres et cheminée en tuffeau, la suite "Gabrielle", plus romantique et aux couleurs chaudes, ou encore la 10, qui dispose d'une belle salle de bains et d'un salon-bureau. Enfin pas moins de trois restaurants vous attendent à l'hôtel : le *Plantagenêt*, traditionnel pour une cuisine du terroir ou un menu végétarien, la crêperie *Aliénor* et une brasserie-pub, *La Fontaine d'Evraud*. Accueil attentif et souriant.

Accès (carte n° 15) : A 85 sortie Saumur, direction Varennes puis Fontevraud.

Château de Verrières

49400 Saumur (Maine-et-Loire) - 53, rue d'Alsace
Tél. 02 41 38 05 15 - Fax 02 41 38 18 18 - Yolaine de Valbray-Auger
E-mail: chateaudeverrieres@wanadoo.fr - Web: chateau-verrieres.com

Ouverture toute l'année **Chambres** 8 et 1 suite, avec tél., s.d.b., w.c., t.v. et coffre-fort ; ascenseur **Prix** des chambres et suites : 120 à 280 € - Petit déjeuner : 12 €, servi de 8 h 30 à 10 h 30 - Demi-pension : 135 € **Cartes de crédit** acceptées **Divers** chiens admis (20 €)- Piscine chauffée, parcours de santé - Parking fermé **Alentour** Saumur : Ecole nationale d'équitation, église Notre-Dame-de-Nantilly, château-musée du cheval ; abbaye de Fontevraud ; Montreuil-Bellay ; châteaux de Montgeoffroy et de Brissac **Restaurant** en table d'hôtes, service à 20 h - Menu : 39 € (apéritif et café compris).

Associant les avantages de l'espace et de la verdure avec l'atout d'une situation en centre-ville, ce vaste hôtel particulier dans le secteur sauvegardé de Saumur a été construit par un général du second Empire et offre un rare exemple de ce que le style Napoléon III a pu faire de plus brillant. Récemment, le lieu s'est ouvert au public selon une formule proche de la maison d'hôtes. Avec son exceptionnelle décoration d'origine, ses dépendances et son parc à l'anglaise, il constitue aujourd'hui l'une des plus belles adresses du saumurois. A l'intérieur, le magnifique décor de boiseries des salons (lambris de chêne sculptés aux attributs de musiques et plafonds peints de roses et de perspectives aériennes) a été méticuleusement remis en état puis magnifiquement meublé d'ancien. Egalement très classiques, chambres et salles de bains affichent de beaux volumes qui s'ouvrent par de larges fenêtres sur les frondaisons du parc, l'école de cavalerie, ou le château. Mobilier XIXᵉ, belles étoffes, superbes salles de bains... L'ensemble est une réussite. Pas de restaurant mais un menu du jour concoctée par Yolaine de Valbray-Auger qui, avec Thierry, signe cette accueillante et superbe réalisation.

Accès (carte n° 15) : à Saumur, après le pont sur la Loire, suivre Saumur centre, passer 2 ronds-points et, au 2ᵉ feu, à gauche direction "Château". A 100 m, le portail de Verrières est à droite.

Haras de la Potardière

La Potardière 72200 Crosmières (Sarthe)
Tél. 02 43 45 83 47 - Fax 02 43 45 81 06 - Mme Benoist
E-mail : haras-de-la-potardiere@wanadoo.fr - Web : potardiere.com

Ouverture toute l'année **Chambres** 18 (7 au château, 11 dans les écuries) avec tél., 17 avec s.d.b., 1 avec douche, w.c., t.v. satellite, 15 avec minibar ; accès handicapés **Prix** des chambres doubles : 90 à 115€, suites : 110 à 160 € - Petit déjeuner : 8 € **Carte de crédit** Visa **Divers** chiens admis - Piscine chauffée de mai à septembre, billard français, compact golf 3 trous, tennis à l'hôtel, promenades équestres sur réservation à 5 km **Alentour** château du Lude - Golfs 27 trous de Sablé-Solesmes et 18 trous de Baugé **Pas de restaurant** à l'hôtel, service de plateau en hiver.

Douze hectares de parc à l'anglaise, de bois et de vallons, un noble bâtiment XIXe d'allure XVIIe et de vastes dépendances forment le domaine de la *Potardière*. Avant tout il s'agit d'une maison de famille dominant la vallée de l'argance à la frontière de l'Anjou et du Maine, une maison qu'il a fallu un jour rentabiliser en l'ouvrant aux hôtes. Et l'on s'en félicitera à la vue des superbes salons classiques du rez-de-chaussée avec leur mobilier ancien et leurs tapis chamarés sur fond de parquet en chêne (salon, salle à manger, bibliothèque). Même beau caractère classique dans les chambres tendues de tissus où vous trouverez de nobles volumes au premier et de jolies soupentes au second. D'autres chambres se trouvent dans les anciennes écuries, à proximité de la salle de billard, elles ont bénéficié d'une agréable rénovation et sont toutes aussi recommandables que celles du logis principal. C'est également de ce côté que se trouve la piscine, plaisamment abritée par quelques murs coupe-vent. Pas de restaurant dans cette belle et accueillante adresse mais la *Petite Auberge* (à Malicorne) n'est pas loin et, à La Flèche, le *Moulin des quatre saisons* ou *La Fesse d'Ange*.

Accès (*carte n° 15*) : *à 10 km au nord-ouest de La Flèche. A 11, sortie La Flèche-Sablé, Crosmières, puis direction Bazouges jusqu'à La Potardière.*

Auberge du Port-des-Roches

72800 Luché-Pringé (Sarthe)
Tél. 02 43 45 44 48 - Fax 02 43 45 39 61
M. et Mme Lesiourd

Catégorie ★★ Fermeture en février; dimanche soir, lundi et mardi midi **Chambres** 12 avec tél., s.d.b. ou douche, w.c. et t.v. **Prix** des chambres doubles: 45 à 60 € - Petit déjeuner: 7 €, servi de 8 h à 10 h - Demi-pension: 48 à 54 € **Carte de crédit** Visa **Divers** chiens admis sur réservation - Location de vélos, barques - Parking **Alentour** châteaux de Montmirail, Courtanvaux, Saint-Calais, Bazouges et du Lude - Golf 18 trous du Mans à Mulsanne **Restaurant** service de 12 h à 13 h 30, 19 h 30 à 20 h 30 - Menus: 22 à 44 € - Carte - Spécialités: blanquette de sandre aux noix et jasnières; crème caramélisée au cidre en coque de pomme.

Cette auberge de campagne profite d'un environnement agréable et riant traversé par le Loir en bordure duquel est installée une ravissante terrasse rénovée où, par beau temps, les petits déjeuners et les repas sont servis sous un if topiaire qui sert de parasol naturel. L'hôtel est juste derrière, séparé par une petite route dont la fréquentation varie selon les jours et les heures. Trois chambres donnent sur la rivière. Les plus calmes sont à l'arrière. Les couloirs et toutes les chambres (petites, elles sont soignées, décorées dans des tonalités fraîches et gaies) sont régulièrement refaits grâce aux efforts constants des jeunes propriétaires qui réalisent eux-mêmes, chaque hiver, les travaux qui s'imposent. Agréable salon or et rouge agrémenté de canapés et lumineuse salle à manger peinte dans des tonalités identiques. Une sympathique adresse qui pratique des prix raisonnables et où vous trouverez un accueil attentif et gentil.

Accès (carte n° 16): à 40 km au sud-ouest du Mans, direction La Flèche, puis D 13 jusqu'à Luché-Pringé, et D 214 jusqu'au lieu-dit Le Port-des-Roches.

Le Relais des Etangs de Guibert

72600 Neufchâtel-en-Saosnois (Sarthe)
Tél. 02 43 97 15 38 - Fax 02 43 33 22 99
M. et Mme Gaultier
E-mail : gilles.gaultier@wanadoo.fr

Fermeture dimanche soir et lundi; 15 jours aux scolaires de février; 3e semaine de novembre **Chambres** 14 avec s.d.b., w.c.; accès handicapés **Prix** des chambres doubles: 50 à 95 € - Petit déjeuner: 7 €, servi de 7 h 30 à 11 h - Demi-pension: 98 € (pour 2 pers.) **Carte de crédit** Visa **Divers** chiens non admis - Pêche en étang **Alentour** forêt domaniale de Perseigne; Alpes mancelles - Golfs d'Arconnay et de Bellème **Restaurant** service de 12 h à 14 h, 19 h 30 à 21 h - Menus: 17 à 35 € - Carte - Spécialités de poissons.

De colline en vallon, la petite route serpente, traverse quelques hameaux entourés de potagers et d'herbages, puis descend vers un bois avec, en contrebas, l'auberge qui se reflète dans un vaste plan d'eau. A l'intérieur, dominée par de vastes volumes sous charpente, la coquette salle à manger offre le choix entre l'animation chaleureuse de la grande cheminée ou l'ensoleillement des baies vitrées donnant sur la terrasse et l'étang (service dehors aux beaux jours). La cuisine de qualité et la justesse des prix pratiqués expliquent le succès local du restaurant. Les chambres sont confortables, agrémentées de meubles chinés en brocante) et de salles de bains rutilantes au mobilier moderne de belle qualité. L'endroit jouit d'un calme total qui fera le bonheur des amoureux de la nature et des pêcheurs : carpes, perches, goujons, gardons et brochets hantent les eaux de l'étang dont les berges ont été aménagées en promenades. Accueil agréable et concerné.

Accès (carte n° 8) : sur D 311, entre Mamers et Alençon. A Neufchâtel, prendre à droite (en venant de Mamers) au niveau de la station Renault. Puis fléchage.

Château de Saint-Paterne

72610 Saint-Paterne (Sarthe)
Tél. 02 33 27 54 71 - Fax 02 33 29 16 71
M. et Mme de Valbray
E-mail : chateaudesaintpaterne@wanadoo.fr - Web : chateau-saintpaterne.com

Catégorie ★★★ **Fermeture** du 15 janvier au 1er avril, sur réservation hors saison **Chambres** 8 avec tél., s.d.b. et w.c. **Prix** des chambres doubles : 115 à 160 € ; suites : 180 à 220 € - Petit déjeuner : 12 €, servi de 8 h 30 à 11 h **Cartes de crédit** Amex, Visa **Divers** chiens admis sur réservation (9 €) - Piscine, tennis à 150 m - Parking **Alentour** Alençon ; Haras-du-Pin ; Chartres ; château de Carrouges ; Perche - Golfs 18 trous de Bellême et du Mans **Table d'hôtes** en tables indépendantes, service à 20 h - Menu : 45 € (apéritif et café compris).

Alençon est aux portes du village de Saint-Paterne, mais le château reste à l'abri dans son vaste parc clos de murs. Ses jeunes propriétaires vous y accueilleront de la plus agréable manière, et la qualité du lieu doit beaucoup à leur bonne humeur. Au rez-de-chaussée se trouvent un superbe salon, très élégamment meublé d'ancien, une non moins belle salle à manger et une chambre. A l'étage, d'autres chambres vous attendent, chacune avec son style particulier dont la "Henri IV" avec son superbe plafond polychrome à la française. Toutes affichent une ravissante décoration, qui met parfaitement en valeur les meubles de famille, et d'irréprochables salles de bains. Pour dîner, "ambiance maison" avec plusieurs petites tables installées dans l'élégante salle à manger du château. On y goûte une cuisine familiale basée sur d'excellents produits (dont les légumes mûris sur pied dans l'extraordinaire potager du parc). Une très belle adresse avec les charmes d'une demeure privée et le confort d'un hôtel de luxe.

Accès (carte n° 8) : à 3 km à l'est d'Alençon, direction Chartres-Mamers.

Domaine de Chatenay

72650 Saint-Saturnin (Sarthe)
Tél. 02 43 25 44 60 - Fax 02 43 25 21 00 - Benoît Desbans
E-mail: benoit.desbans@wanadoo.fr - Web: domainedechatenay.com

Catégorie ★★★ Ouverture toute l'année **Chambres** 6 et 2 suites avec tél., s.d.b., w.c., t.v. satellite et minibar; 1 chambre handicapés **Prix** des chambres: 104 à 124 €; suites (3 ou 4 pers.): 125 à 145 € - Petit déjeuner: 8 € - Demi-pension: 105 à 175 € **Cartes de crédit** acceptées **Divers** chiens admis - Pêche, chasse, promenade à âne - Parking **Alentour** cité Plantagenët; abbaye de l'Epau **Restaurant** en tables d'hôtes, service de 11 h 30 à 14 h, 18 h 30 à 21 h - Menus: 8,50 et 10 € (midi); 27 à 50 €.

Construit sur une base médiévale, ce petit manoir, qui conserve surtout des témoignages des XVIIᵉ et XVIIIᵉ, vient de bénéficier d'une rénovation intégrale soucieuse d'en préserver le caractère. Il se trouve en plein bocage mais à quelques petites minutes du Mans. A l'intérieur, les coloris subtils des patines, la mise en valeur des matériaux d'origine, le mobilier ancien et le nombre restreint de chambres conservent au lieu son indéniable petit côté "maison de famille" qui en fait le charme. On ne s'étonnera donc pas d'y trouver des chambres toutes différentes, confortables, décorées dans un beau style classique et dotées de salles de bains toutes neuves en parquets ou vieilles tomettes. A côté du salon se trouvent deux petites salles à manger, l'une, un peu théâtrale (style Empire: acajou, violine, or...), l'autre au beau caractère XVIIᵉ avec feu de cheminée en prime dès les premiers frimas. On y sert les petits déjeuners et le menu du soir, réservé aux résidents. Dans la parc, la pièce d'eau romantique, les espaces arborés, les terrasses gravillonnées n'ont pas encore tout le mobilier de jardin nécessaire, mais M. Desbans s'attache à combler progressivement ce petit manque. Né au *Chatenay*, il s'investit avec passion et gentillesse dans son nouveau métier d'hôtelier.

Accès (carte n° 8): A 11, A 28 et A 81 sortie Le Mans nord, direction Saint-Saturnin (N 138). Au village, tout droit sur 2 km. Fléchage au carrefour.

Hôtel de l'Antiquité

85300 Challans (Vendée)
14, rue Gallieni
Tél. 02 51 68 02 84 - Fax 02 51 35 55 74
Mme Belleville
E-mail : hotelantiquite@wanadoo.fr - Web : hotelantiquite.com

Catégorie ★★ **Fermeture** 15 jours en hiver **Chambres** 16 avec tél., s.d.b. ou douche, w.c. et t.v. Canal + ; accès handicapés **Prix** des chambres doubles : 45 à 70 € - Petit déjeuner : 6 €, servi de 7 h 30 à 10 h **Cartes de crédit** acceptées **Divers** chiens non admis - Piscine chauffée **Alentour** île d'Yeu ; Noirmoutier ; château et halles de Clisson ; église Saint-Philibert-de-Grand-Lieu ; Machecoul - Son et lumière du Puy-du-Fou - Plages à 15 km **Pas de restaurant** à l'hôtel.

À quelques minutes du gua de Noirmoutier, voici un petit hôtel qui, côté rue, ne paye pas de mine, et la surprise n'en est que meilleure dès que l'on en franchit le seuil. On y découvre la salle à manger, avec son vieux vaisselier et ses amusantes petites tables en bois exotique, puis le salon-jardin d'hiver meublé de rotin qui laisse entrevoir un patio très fleuri sur fond de piscine. L'hôtel tient son nom de l'autre activité de la famille qui l'avait créé il y a une vingtaine d'années et qui a laissé, en le cédant, le mobilier ancien que l'on trouve un peu partout. Les chambres et leurs salles d'eau viennent d'être rénovées avec un joli sens du détail et une thématique qui va de l'exotisme au régionalisme. Quatre d'entre elles sont installées de l'autre côté de la piscine. Confortables, bien meublées, décorées avec beaucoup de goût, elles disposent de salles de bains luxueuses. Une bonne petite adresse d'un rapport qualité-prix avantageux.

Accès (carte n° 14) : à 60 km au sud de Nantes, Saint-Philibert par D 65, Machecoul par D 117, et D 32 jusqu'à Challans.

Hôtel L'Escale

Port-Joinville 85350 L'Ile-d'Yeu (Vendée)
14, rue Croix-du-Port
Tél. 02 51 58 50 28 ou 06 08 82 77 03 - Fax 02 51 59 33 55
M. et Mme Taraud
E-mail : yeu.escale@voila.fr - Web : yeu-escale.fr

Catégorie ★★ **Fermeture** du 15 novembre au 15 décembre **Chambres** 26 et 2 familiales (dont 15 climatisées), avec tél., s.d.b. ou douche et w.c. **Prix** des chambres : 48,80 à 66 €, familiales : 66 à 78 € - Petit déjeuner-buffet : 7 € **Carte de crédit** Visa **Divers** chiens admis - Parking **Alentour** plage de Ker-Chalon ; grand phare ; ruines du vieux château ; église Saint-Sauveur **Pas de restaurant** à l'hôtel.

S itué à cinq minutes du port, cet ancien établissement constitue la plus belle adresse de l'île même si elle ne propose pas de vue sur mer. Le hall de cet établissement affiche un élégant caractère balnéaire avec ses fauteuils "metteur en scène" assortis à quelques tables en teck et son coin-cheminée. Les chambres sont confortables et parfaitement tenues (nous n'avons pas encore vu celles qui occupent l'ancien bâtiment, en cours de restauration). Elles associent un sobre mobilier moderne brun rouge à d'épais couvre-lits écrus en toile de Mayenne et de jolis rideaux à grosses rayures ou à motifs colorés assortis aux têtes de lit… On s'y sent très bien et les petites salles de bains sont tout à fait agréables. Une attachante adresse, accueillante à souhait et idéale pour découvrir cette île aux multiples possibilités de randonnées à pied ou à vélo (possibilité également de louer une voiture sur place). Pour déjeuner ou dîner, nous vous conseillons le *Flux-Hôtel* (tout près) avec sa salle à manger panoramique sur la mer et *Les Bafouettes*, qui reste le meilleur restaurant de l'île.

Accès (carte n° 14) : *liaisons maritimes de Port-Joinville (tél. 02 51 58 36 66) et de Fromentine (tél. 02 51 49 59 69) sur le port direction Saint-Sauveur.*

Fleur de Sel

85330 Noirmoutier-en-l'Ile (Vendée)
Tél. 02 51 39 09 07 ou 02 51 39 21 59 - Fax 02 51 39 09 76
M. et Mme Wattecamps
E-mail: contact@fleurdesel.fr - Web: fleurdesel.fr

Catégorie ★★★ **Fermeture** de début novembre à mi-mars **Chambres** 35 avec tél., s.d.b., w.c., t.v. coffre-fort et minibar; accès handicapés **Prix** des chambres: 79 à 155 € - Petit déjeuner: 12 €, servi de 8 h à 9 h 30 (11 h en chambre) - Demi-pension: 72,50 à 115 € **Cartes de crédit** Amex, Visa **Divers** chiens admis (9 €) - Piscine chauffée avec jacuzzi, practice de golf, location de vélos - Parking fermé **Alentour** château et musées de Noirmoutier; passage du Gois et le Bois de la Chaise; église Saint-Philibert-de-Grand-Lieu; marais salants - Golf 18 trous à Saint-Jean-de-Monts **Restaurant** service de 12 h 15 à 13 h 30, 19 h 15 à 21 h 30 - Menus: 25,50 à 46 € - Carte.

Un peu à l'écart du village, *Fleur de Sel* se présente comme une grande maison blanche aux multiples décrochements, construite autour d'une superbe piscine et d'un jardin très soigné. Chaque année, l'hôtel s'améliore, les chambres sont lumineuses, très agréables et disposent de terrasses privatives pour celles du rez-de-chaussée. La plupart sont décorées dans un style cosy en pin anglais ciré ou acajou, ou dans un esprit "marine" avec fauteuils en rotin coloré et tissus assortis. Salles de bains irréprochables, faïences blanches et peintures à l'éponge bleues ou jaunes. Excellente cuisine, inventive, servie dans deux vastes salles à manger permettant, grâce à de larges baies vitrées, le dressage de tables à l'extérieur. A côté, deux petits salons très chaleureux; on peut y prendre un verre et s'attarder au coin du feu, atout non négligeable en arrière-saison. Une très belle adresse dirigée avec dynamisme.

Accès (carte n° 14): à 82 km au sud-ouest de Nantes. Pont routier à Fromentine. L'hôtel est à 500 m derrière l'église.

Hôtel du Général d'Elbée

85330 Noirmoutier-en-l'Ile (Vendée)
Place du Château
Tél. 02 51 39 10 29 - Fax 02 51 39 08 23
Christophe Lamiaud
E-mail: elbee@leshotelsparticuliers.com - Web: generaldelbee.com

Catégorie ★★★ Fermeture du 30 septembre au 1er avril **Chambres** 26 et 1 suite avec tél., s.d.b. et w.c. **Prix** des chambres: 80 à 185 €; suites: 178 à 235 €- Petit déjeuner: 14 €, servi de 7 h 30 à 10 h 30 **Cartes de crédit** acceptées **Divers** chiens admis (10 €) - Piscine - Parking **Alentour** château de Noirmoutier; l'île aux Papillons; parc la Mini-Ville; visite des marées salants; aquarium **Pas de restaurant** à l'hôtel mais possibilité de demi-pension avec *Le Château de Sable* à 2 km.

C'est à l'un des principaux généraux des guerres de Vendée (où les "blancs", vendéens royalistes affrontèrent les "bleus" de la nouvelle armée révolutionnaire républicaine) que cette belle maison XVIIIe doit son nom. Encadrée par le petit port de Noirmoutier et le château médiéval, elle restitue, grâce à une délicate rénovation, beaucoup de son authenticité originelle. En témoignent le bel ensemble de meubles anciens provinciaux dans les pièces de réception et les chambres, les matériaux et vieux éléments d'architecture, les volumes des pièces... Vous trouverez peut-être plus de charme dans les chambres de la maison principale que dans celles installées dans une aile plus récente donnant sur la piscine, mais toutes sont confortables et plaisantes (mention spéciale pour les deux chambres avec terrasse). Agréables salons pleins d'élégance et de caractère, bar ouvrant généreusement sur la piscine (et où l'on sert les petits déjeuners), accueil prévenant. Enfin, l'excellent *Fleur de sel* (voir page précédente) et *Le Vélo Noir* compenseront agréablement l'absence de restaurant sur place.

Accès (carte n° 14) : à 82 km au sud-ouest de Nantes. Pont routier à Fromentine.

Hôtel Les Prateaux

Bois de la Chaise 85330 Noirmoutier-en-l'Ile (Vendée)
Tél. 02 51 39 12 52 - Fax 02 51 39 46 28 - M. Blouard
E-mail : contact@lesprateaux.com - Web : lesprateaux.com

Catégorie ★★★ **Fermeture** de début novembre à mi-février **Chambres** 19 avec tél., s.d.b, t.v. et coffre-fort **Prix** des chambres : 82 à 158 € - Petit déjeuner : 11 à 12 € - Demi-pension et pension : 82 à 148 € **Cartes de crédit** acceptées **Divers** chiens non admis - Parking **Alentour** église de Saint-Philibert-de-Grand-Lieu ; marais salants ; Machecoul ; parcs ostréicoles ; île d'Yeu - Golfs 18 trous à Saint-Jean-de-Monts et à Pornic **Restaurant** service de 12 h 30 à 13 h 30, 19 h 30 à 20 h 30 - Fermé mardi (dîner assuré pour les résidents) et mercredi midi - Carte - Spécialités : poissons et crustacés.

Entièrement rénové, agrandi et paysagé, l'hôtel se présente comme une charmante juxtaposition de maisons vendéennes se refermant sur un grand jardin. Nouvelles ou anciennes, les chambres sont toujours très confortables et très bien insonorisées. De belle taille, voire franchement grandes (plusieurs d'entre elles se sont récemment agrandies en s'associant à leur voisine), elles disposent très souvent d'un balcon ou d'une terrasse (une chambre du premier étage profite même d'une terrasse privée de seize mètres carrés). D'autres sont décorées de manière sobrement classique dans les tons doux. De plain-pied sur le jardin, elles sont toutes très confortables. Le restaurant, décoré dans des tons de bleu et de blanc, se trouve dans la maison principale. Les tables sont également dressées en terrasse bordée d'arbustes et de fleurs. On y dîne très bien, autour des produits de la mer, d'une carte des vins régionaux et d'un exceptionnel plateau de fromages. A toutes ces qualités s'ajoute l'emplacement de l'hôtel : construit à l'extrémité de l'île, au milieu d'une belle pinède, il bénéficie du calme absolu et de la proximité immédiate des plages que l'on rejoint en quelques minutes en empruntant un chemin ombragé.

Accès (carte n° 14) : à 82 km au sud-ouest de Nantes par D 751 et D 758. Pont routier à Fromentine. A 1,5 km de Noirmoutier ; fléchage au Bois de la Chaise.

Logis de La Couperie

85000 La Roche-sur-Yon (Vendée)
Tél. 02 51 24 10 18 - Fax 02 51 46 05 59
Mme Oliveau

Catégorie ★★★ **Ouverture** toute l'année **Chambres** 4 et 1 appartement, avec tél., s.d.b. ou douche, w.c. et t.v. **Prix** des chambres doubles : 85 € ; appartement : 98 à 106 € - Petit déjeuner : 9 €, servi de 7 h 30 à 10 h **Cartes de crédit** Amex, Visa **Divers** chiens non admis - Etang, vélos, calèche, petite salle de gym - Parking **Alentour** musée historique et Logis de la Chabotterie ; Saint-Sulpice-le-Verdon ; Tiffauges ; Le Puy-du-Fou ; Vendée militaire ; mer à 30 km **Pas de restaurant** à l'hôtel.

À quelques minutes de La Roche-sur-Yon, en pleine nature, cette propriété de deux hectares se caractérise par la convivialité des lieux et la gentillesse de l'accueil. Au sommet d'un escalier à colombage, des chambres à l'aspect doux et tendre, mais aussi, depuis peu, un studio équipé d'une petite cuisine pour ceux qui ne parviendraient plus à partir. Toutes sont douillettes, décorées de manière colorée et délicate, et agrémentés de meubles anciens. Calme, très reposant, l'édifice surplombe un ensemble constitué de douves en eau et d'un charmant étang ou s'ébattent des canards, au-delà d'une berge garnie de peupliers. Deux belles horloges, l'une vendéenne, l'autre bretonne animent la salle à manger au sol de carrelages, où l'on vient déguster de magnifiques petits déjeuners. Partout, étagères et bibliothèques croulent sous les ouvrages de littérature et la petite pièce réservée à la documentation locale est digne d'un office de tourisme. Nous conserverons donc encore pour 2006 cette adresse attendrissante qui, d'hôtel, s'achemine peu à peu vers la maison d'hôtes.

Accès (carte n° 14) : sur la D 80 direction Château-Fromage, à 5 minutes du centre-ville, par la nationale de Cholet ou la nationale de Niort.

La Barbacane

85130 Tiffauges (Vendée)
2, place de l'Eglise
Tél. 02 51 65 75 59 - Fax 02 51 65 71 91
Françoise et Philippe Baume
E-mail : hotelbarbacane@aol.com - Web : hotel-barbacane.com

Catégorie ★ ★ ★ **Ouverture** toute l'année **Chambres** 16 et 3 suites avec tél., s.d.b. ou douche, w.c. et t.v. (Canal + et satellite) **Prix** des chambres doubles : 72 à 94 € ; suites : 115 €- Petit déjeuner : 10 € **Carte de crédit** Visa **Divers** chiens non admis - Piscine chauffée **Alentour** château de Barbe-Bleue ; Le Puy-du-Fou ; Nantes - Golf 18 trous **Pas de restaurant** à l'hôtel.

Que les tours qui se profilent à l'horizon de ce charmant hôtel ne vous fassent plus trembler. De Gilles de Rais ne restent que les ruines d'une forteresse, toutes proches, et la réputation terrifiante de celui que l'on avait baptisé Barbe-Bleue. Pour les chambres, vous avez le choix : celles du second étage, plus petites, sont agrémentés de poutres apparentes et de tissus tendus coordonnés, qui leur confèrent un aspect chaleureux. Celles du premier (l'une avec terrasse) ont vue sur un parc très cossu où dominent les essences méditerranéennes autour d'une piscine chauffée et d'une volière aux colombes. Enfin, les chambres et les suites de l'aile latérale ont l'avantage d'être de plain-pied et d'ouvrir sur un jardin d'hiver. Les salles de bains, fonctionnelles, intègrent parfois de belles vasques, et les meubles, d'inspiration exotique, font une large place au rotin, comme ces têtes de lit aux arabesques sophistiquées. C'est au rez-de-chaussée, dans une grande salle à manger, qu'est dressé le beau buffet des petits déjeuners, à proximité d'un salon où trône un superbe billard français. Accueil attentif et courtois. Pour dîner, un excellent restaurant : *La Gétignière*… à Gétignié.

Accès (carte n° 15) : à 20 km à l'ouest de Cholet par D 753, direction Montaigu.

Auberge de la Rivière

85770 Velluire (Vendée)
Tél. 02 51 52 32 15 - Fax 02 51 52 37 42
M. et Mme Pajot

Catégorie ★★ **Fermeture** du 3 janvier au 27 février ; lundi en basse saison **Chambres** 11 avec tél., s.d.b., w.c., 7 avec t.v. **Prix** des chambres simples et doubles : 77 à 96 € - Petit déjeuner : 11 €, servi de 8 h à 10 h 30 - Demi-pension : 89 à 97 € **Carte de crédit** Visa **Divers** chiens admis (5 €) - Prêt de vélos - Parking **Alentour** église Notre-Dame et musée vendéen à Fontenay-le-Comte ; Marais poitevin - Golf club niortais 9 trous **Restaurant** service de 12 h 15 à 14 h, 20 h à 21 h 30 - Fermé dimanche soir et lundi en basse saison - Menus : 37 à 50 € - Carte - Spécialités : feuilleté de langoustines ; huîtres chaudes ; bar aux artichauts ; pigeonneau sauce aux morilles.

Sur les rives de la Vendée, en bordure d'un petit village situé à quelques kilomètres de Fontenay-le-Comte, l'*Auberge de la Rivière* offre un calme réparateur à peine troublé par le coup de queue d'une carpe ou le sifflement d'un merle (et parfois le passage, lointain, d'un train). Les chambres qui donnent pour la plupart sur la rivière se répartissent entre l'auberge et la petite maison voisine. Rénovées au fil des ans avec le souci d'y mettre des moquettes confortables, des rideaux et dessus-de-lit colorés, elles sont toutes très bien tenues. Mme Pajot, qui cuisine à merveille, prépare poissons et spécialités régionales servis dans la grande salle à manger aux murs chaleureusement teintés de jaune. La situation de cette auberge de campagne, l'accueil sympathique, l'attention que l'on porte aux chambres et à la qualité de la table, offrent toutes les qualités d'une étape très agréable et sans prétention loin des routes touristiques. Et si le cœur vous en dit, offrez-vous en plus le plaisir d'une promenade bucolique le long du chemin qui borde la Vendée juste au pied de l'hôtel.

Accès (carte n° 15) : à 45 km au nord-ouest de Niort par N 148, direction Fontenay-le-Comte, puis D 938 sur 10 km et D 68 jusqu'à Velluire.

Château de l'Yeuse

16100 Chateaubernard (Charente)
65, rue de Bellevue
Tél. 05 45 36 82 60 - Fax 05 45 35 06 32 - Céline Desmazières
E-mail: reservations.yeuse@wanadoo.fr - Web: yeuse.fr

Catégorie ★★★ **Fermeture** du 1er janvier au 12 février **Chambres** 21 et 3 suites avec tél., s.d.b., w.c., t.v. satellite, minibar et coffre-fort **Prix** des chambres: 92 à 157 €; suites: 211 à 323 € - Petit déjeuner: 14 €, servi de 7 h 30 à 10 h 30 - Demi-pension: 89 à 173,50 € - **Cartes de crédit** acceptées **Divers** chiens admis - Piscine **Alentour** musée et chais de Cognac; Saintonge romane - Croisières sur la Charente **Restaurant** service de 12 h à 13 h 30, 19 h 30 à 21 h 30 - Menus: 38 à 61 € - Carte - Spécialité: "Rex du Poitou" en rognonnade, carottes de Jarnac, suc de cuisson.

Petit château XIXe prolongé d'une aile récente peu à peu gagnée par la végétation, *L'Yeuse* est un bel établissement au luxe de bon aloi. Juché à l'aplomb d'un promontoire, il ouvre sur une vue exceptionnelle: la Charente et, au-delà, un immense panorama de vallons, de vignes et de bois. Paresser au bord de la piscine, prendre un verre alors que rougit et tombe lentement le soleil jusqu'à s'éteindre à l'horizontale, déguster en plein air la remarquable cuisine de Pascal Nebout (dont l'incontestable talent s'impose à chaque plat)… C'est dehors que *L'Yeuse* joue ses plus belles cartes. L'intérieur reste néanmoins très agréable. Décoré avec un mobilier "de style" très cossu et une abondance de peintures patinées unies, en trompe l'œil, ou à décor (scènes de genre, bouquets…), il affiche une ambiance classique, gaie, lumineuse, un rien théâtrale. Belle enfilade de pièces de réception s'achevant sur un chaleureux bar où les plus rares cognacs scintillent derrière une immense vitrine. Chambres ultra confortables et parfaitement tenues (plus chères, celles sur la Charente sont nos préférées). Petits déjeuners très soignés et accueil particulièrement agréable.

Accès (carte n° 22): A 10 sortie Saintes, puis N 141 vers Cognac. Dans Cognac, suivre Chateaubernard.

Les Pigeons Blancs

16100 Cognac (Charente)
110, rue Jules-Brisson
Tél. 05 45 82 16 36 - Fax 05 45 82 29 29
M. Tachet
E-mail : pigeonsblancs@wanadoo.fr

Ouverture toute l'année **Chambres** 6 avec tél., s.d.b. ou douche, w.c. et t.v. **Prix** des chambres doubles : 65 à 100 € - Petit déjeuner : 11 €, servi de 8 h à 10 h **Cartes de crédit** acceptées **Divers** chiens non admis **Alentour** à Cognac : musée du Cognac, visite des chais ; églises romanes de Cherves, Saint-Sauvant, Saint-Hérie et du Marestay ; randonnées en roulotte à partir de Matha ; bords de la Charente de Jarnac à Angoulême ; croisières sur la Charente - Festival du film policier **Restaurant** service de 12 h à 14 h, 19 h 30 à 21 h - Menus : 25 à 60 € - Carte - Spécialités : filet de bar au cognac v.s.o.p. ; pièce de bœuf des tonnelliers charentais.

Depuis le XVIIIᵉ, cet ancien relais de poste n'a jamais changé de main. Connu pour être l'une des très bonnes tables de la région, rendez-vous des repas d'affaires des grandes maisons de cognac, l'hôtel peut également être fier de ses petites chambres. D'un confort feutré, décorées avec un élégant mobilier ancien ou de style, égayées par des tissus coordonnés et de beaux papiers peints, elles sont impeccablement tenues. Au rez-de-chaussée, un petit salon cosy avec livres, revues, jeux de société, permet de se détendre en dégustant quelque vieil alcool local… A côté, les deux salles à manger chaleureusement décorées et agrémentées de meubles anciens tiennent plus de la maison de famille que du restaurant. Deux générations officient en ces lieux : à l'accueil, aux cuisines, en salle. Dès les beaux jours, auvents et tonnelles reprennent du service et permettent de profiter au mieux d'un parc fleuri et soigné. Une belle et classique adresse de charme.

Accès (carte n° 22) : à 40 km à l'ouest d'Angoulême par N 141 ; route de Saint-Jean-d'Angély, Matha.

Logis du Fresne

16130 Juillac-le-Coq (Charente)
Tél. 05 45 32 28 74 - Fax 05 45 32 29 53 - Toné Butler
E-mail : contact@logisdufresne.com - Web : cognachotel.com

Catégorie ★★★ **Fermeture** du 1er décembre au 1er mars **Chambres** 11 avec tél., s.d.b. ou douche, w.c. et t.v. ; 1 chambre handicapés **Prix** des chambres doubles : 105 à 115 € ; suite familiale : 165 € - Petit déjeuner : 10 €, servi de 8 h 30 à 11 h **Cartes de crédit** Visa, Amex **Divers** piscine, vélos, jardins - Parking **Alentour** Angoulême ; Jarnac ; vignobles et distilleries de Cognac ; églises romanes de l'Angoumois et du Saintongeais ; parc aquatique de Jonzac - Golf 18 trous **Pas de restaurant** l'hôtel.

Sur les coteaux des Grandes Champagnes de Cognac, face au charmant petit village de Juillac-le-Coq, cet ancien logis viticole du XVe siècle vient tout juste de se transformer en l'un des plus irrésistibles hôtels de charme de la région. Entouré par vingt hectares de vignes exploités par M. Butler, ce superbe édifice s'organise autour d'une cour fermée et d'un hectare de jardin clos ponctué de terrasses et de tonnelles. Parquets décapés, murs et poutres blancs ou subtilement teintés, mobilier ancien souvent lasuré dans des tonalités ivoire ou légèrement bleutées, toiles écrues… Les ravissantes chambres du premier étage affichent toutes un style gustavien confortable, raffiné et reposant. Au rez-de-chaussée, la cuisine, la salle à manger, le salon et la bibliothèque, tous très joliment meublés, restituent parfaitement l'ambiance "maison" et l'authenticité que le *Logis du Fresne* tient à conserver. Accueillante et perfectionniste, Mme Butler soigne particulièrement la présentation de ses petits déjeuners, servis dehors dès les beaux jours, non loin de la piscine qui s'abrite au pied d'une tour. Une vraie belle réussite à découvrir sans tarder !

Accès (carte n° 22) : A 10 sortie n° 25. A Saintes, N 141 vers Cognac puis Jarnac. A Segonzac, D 736 vers Archiac / Saint-Fort, faire 3 km, l'hôtel est à 500 m à droite après la sortie de Juillac-le-Coq.

Domaine des Etangs

16310 Massignac (Charente)
Tél. 05 45 61 85 00 - Fax 05 45 61 85 01 - M. et Mme Aupiais
E-mail : info@domainedesetangs.fr - Web : domainedesetangs.com

Catégorie ★★★★ Fermeture janvier et février **Chambres** 17, 3 hameaux famille et 3 suites avec tél., s.d.b., w.c. et t.v. satellite **Prix** des chambres : 130 à 200 € ; suites : 275 à 350 € - Petit déjeuner : 15 €, servi de 8 h à 11 h **Cartes de crédit** acceptées **Divers** chiens admis - Piscine chauffée, tennis, VTT, scootcars, pêche - Parking **Alentour** château de La Rochefoucauld ; Confolens ; lacs de haute Charente - Golf 18 trous de la Prèze à 10 km **Restaurant** service de 12 h à 14 h 30, 19 h à 21 h 30 - Fermé le dimanche soir et lundi - Menus : 26 à 48 € - Carte.

Huit cent cinquante hectares de terres vallonnées, boisées et constellées d'étangs, voici l'immense domaine réservé aux hôtes des vingt-neuf chambres réparties entre les maisons de plusieurs hameaux ("Litrac", "Le pêcheur", "Le sabotier", "Lemoulin", "L'âge"…) et l'aile d'un château fortifié. Granges, métaieries, étables, toujours anciennes, ont ainsi été rénovées par des artisans dans le pur respect de l'architecture locale à grand renfort de pierre, de cuivre, de verre, de corde, de teck, de chêne ou de châtaignier. A l'arrivée : de superbes chambres, mélange rustique et design associé au confort le plus actuel. Décorées avec un goût sans faille, toutes sont généreusement ouvertes sur le paysage ravissant et exclusif de ce domaine dédié aux loisirs de plein air et au repos. Pour vos repas, ne cherchez pas plus loin (vous auriez du mal…) et rejoignez *Les Tournelles* pour goûter à la superbe cuisine du terroir de M. Aupiais. Choix du bon produit, équilibre des saveurs, sobriété des compositions : on adore. Vous la dégusterez dans la cour fleurie du château, en surplomb de l'étang principal, ou près de la cheminée d'une charmante salle à manger rustique. Accueil tout en gentillesse et en disponibilité.

Accès (carte n° 23) : entre La Rochefoucauld et Rochechouard puis N 141 et D 675.

Hostellerie du Château Sainte-Catherine

16220 Montbron (Charente)
Route de Marthon
Tél. 05 45 23 60 03 - Fax 05 45 70 72 00 - M. et Mme Bassard
E-mail : chateau.st.catherine@free.fr - Web : chateausaintecatherine.com

Catégorie ★★★ **Ouverture** toute l'année **Chambres** 18 et 4 suites, avec tél., s.d.b. ou douche, w.c. et t.v. **Prix** des chambres doubles : 80 à 110 € ; suites (4 pers) : 128 €- Petit déjeuner : 9 €, servi de 8 h à 10 h - Demi-pension : 70 à 80 € **Carte de crédit** Visa **Divers** chiens admis - Piscine - Parking **Alentour** Angoulême ; forêt de Braconne ; La Rochefoucauld ; grottes et château de Rancogne ; églises romanes de l'Angoumois ; moulins de Fleurac, Nersac et du Verger - Golf 18 trous de la Prèze **Restaurant** service de 12 h à 13 h 30, 19 h 30 à 21 h - Fermé lundi en basse saison - Menus : 26 à 34 € - Carte - Spécialités : duo de foie gras sur pain d'épice, confiture d'échalotes confites.

Situé au milieu d'un parc soigné de huit hectares, à l'écart de l'agitation, ce beau manoir XVIIe fut, en son temps, fréquenté par Joséphine de Beauharnais. Ici, chambres et suites (douze donnent sur le parc) ont été aménagées avec un beau mobilier classique souvent ancien ou de style, décorées de couleurs claires et dotées de salles de bains offrant tout le confort moderne. L'ensemble conserve encore un petit charme vieillot qui n'est vraiment pas pour nous déplaire. Au rez-de-chaussée, les deux salles à manger qui ont gardé leur caractère d'origine donnent aussi sur le parc. Celle du petit déjeuner joue sur des tonalités de bleu et de crème avec chaises Directoire et cadres dorés. L'autre, utilisée pour les repas, affiche une ambiance un peu plus haute époque (bois cirés, chaises Louis XIII), très chaleureuse. On y sert une cuisine simple où la meilleure attention a été portée sur la fraîcheur et la qualité des produits. Le parc environnant est un lieu de tranquillité que l'on a du mal à quitter en été. Une belle et accueillante adresse pour une halte ou un séjour.

Accès (carte n° 23) : à 17 km à l'est d'Angoulême par D 6.

Château de Nieuil

16270 Nieuil (Charente)
Tél. 05 45 71 36 38 - Fax 05 45 71 46 45 - M. et Mme Bodinaud
E-mail : chateaunieuilhotel@wanadoo.fr - Web : chateaunieuilhotel.com

Catégorie ★★★★ **Fermeture** du 2 novembre au 9 avril **Chambres** 14 climatisées avec tél., s.d.b., w.c., t.v. et minibar **Prix** des chambres doubles : 120 à 240 € ; suites : 220 à 350 € - Petit déjeuner : 15 €, servi de 8 h à 11 h - Demi-pension : 115 à 160 € **Cartes de crédit** acceptées **Divers** chiens bienvenus - Piscine, tennis, galerie d'art - Parking **Alentour** forêt de Braconne ; château de La Rochefoucauld ; site gallo-romain de Chasseron ; églises romanes **Restaurant** service de 12 h à 14 h, 20 h à 21 h 30 - Fermé dimanche soir, lundi midi et mardi midi (sauf juillet-août) - Menu : 36 € (boissons comprises) - Carte - Spécialités : poissons et viandes avec légumes du potager.

Au XIVᵉ, le château était fortifié, au XVIᵉ, François Iᵉʳ en fit un rendez-vous de chasse, au XIXᵉ, la mode lui rendit tourelles, créneaux, balustres et autres échauguettes. Puis, en 1937, les grands-parents du propriétaire actuel le transformèrent en hôtel. *Nieuil* se présente donc comme un ensemble romantique précédé par les volutes d'un jardin à la française serti de douves et environné d'un immense parc avec étang. Mᵐᵉ Bodinaud s'est amusée à y recréer un parcours d'oiseaux, avec silhouettes et poèmes accrochés aux branches, et jumelles prêtées pour la promenade… A l'intérieur, le style haute époque domine dans les pièces de réception. Quant aux chambres, chacune a son style – restitué par une décoration souvent superbe. Partout, mobilier ancien et collections de tableaux. Enfin, pour dîner, vous rejoindrez la *Grange aux Oies*, installées dans les anciennes écuries ; on y goûte à une cuisine du terroir simple et bonne, servie dans un décor étonnant, de bois brut et d'art contemporain, en hiver, et sur la superbe terrasse, face au château, les soirs d'été. Accueil chaleureux et attentif de M. Bodinaud et de son équipe.

Accès (carte n° 23) : à 40 km au nord-ouest d'Angoulême par N 141 direction Chasseneuil, Fontafie et Nieuil sur D 739.

Hôtel du Donjon

17470 Aulnay-de-Saintonge (Charente-Maritime)
4, rue des Hivers
Tél. 05 46 33 67 67 - Fax 05 46 33 67 64 - M. et Mme Imbach
E-mail : hoteldudonjon@wanadoo.fr - Web : hoteldudonjon.com

Catégorie ★★ **Fermeture** 15 jours en janvier-février **Chambres** 10 avec tél., s.d.b., w.c. et t.v. ; 1 chambre handicapés **Prix** des chambres : 54 à 73 € - Lit suppl. : 13 € - Petit déjeuner : 6,50 €, servi de 8 h à 10 h 30 **Carte de crédit** Visa **Divers** petits chiens admis (6 €) - Parking **Alentour** église d'Aulnay, Saintonge romane ; Marais poitevin ; Paléosite ; Futuroscope de Poitiers **Pas de restaurant** à l'hôtel.

Aulnay est un très beau village de Saintonge, connu pour sa superbe église romane et son donjon. C'est ici, dans une noble maison XVIIIe au cœur du bourg, que vous découvrirez ce petit hôtel récemment crée dans le respect de ces vieux murs et des nobles matériaux. C'est ainsi qu'on a pris soin de laisser apparentes poutres et pierres et d'aménager le tout avec un bel ensemble de mobilier régional ancien complété de confortables canapés bien au goût du jour. On se sent donc très à l'aise dans cet univers sobre, chaleureux et serein. Les chambres, toutes blanches et rehaussées de beaux tissus, présentent souvent un parquet clair moderne ou un revêtement de fibres écrues. D'agréables salles de bains immaculées, soulignées par une fine frise de couleur, achèvent de les rendre très confortables. Décorée dans un style rustique-raffiné, avec un ensemble de tables anciennes en bois ciré et de chaises paillées, la salle des petits déjeuners se prolonge parfois dehors, dans un agréable coin de verdure (sur lequel donnent trois chambres de plain-pied). Bon accueil et prix plus que sages. Pas de restaurant sur place mais le *Bistrot de Néré*, à dix kilomètres est presque un incontournable.

Accès *(carte n° 22) : de Paris, A 10 sortie Poitiers ou Niort, direction Saint-Jean-d'Angély/Saintes puis direction Aulnay-de-Saintonge par D 950.*

Hôtel Le Sénéchal

Ile de Ré 17590 Ars-en-Ré (Charente-Maritime)
6, rue Gambetta
Tél. 05 46 29 40 42 - Fax 05 46 29 21 25 - Christophe et Marina Ducharme
E-mail: hotel.le.senechal@wanadoo.fr - Web: hotel-le-senechal.com

Catégorie ★★ **Fermeture** de début janvier à début février **Chambres** 22 avec tél., s.d.b., w.c. **Prix** des chambres: 40 à 170 € - Petit déjeuner: 9 €, servi de 8h à 11h **Carte de crédit** Visa **Divers** chiens admis - Piscine chauffée **Alentour** église d'Ars - Tennis, plage, voile, pêche, pistes cyclables **Pas de restaurant** à l'hôtel.

Un peu en retrait de la rue principale, ce petit hôtel est devenu, à juste titre, l'une des grandes références dans l'île. En perpétuel mouvement, l'aménagement intérieur se veut celui d'une maison d'amis et touche parfaitement son but. On y trouve beaucoup de bois, peint ou laissé brut, des portions de mur en pierres apparentes, un éclairage délicat. Parfois, un bouquet de fleurs, un tableau ou un pan de tissu viennent rehausser d'une touche de couleur franche cet univers pastel teinté de bleu ciel, de gris clair ou de blond. Elégantes et sobres, les chambres profitent de salles de bains impeccables et donnent sur le patio fleuri (quelques tables y sont installées en été), sur les venelles ou les petites maisons d'Ars. De nouvelles chambres (auxquelles on accède en longeant un bassin-piscine) jouent leur propre partition, toujours sur le registre de l'élégance. Vue mer pour l'une, terrasse sur la place pour une autre, elles sont une totale réussite. Le matin, ceux qui le souhaitent peuvent partager leur petit déjeuner à la grande table d'hôtes, non loin d'une cheminée très appréciée en hiver. Une accueillante adresse, joyeusement labyrinthique, et que nous retrouvons toujours avec un grand plaisir et une gourmande curiosité.

Accès (carte n° 14): prendre la route qui traverse l'île en direction du phare des Baleines. A Ars, l'hôtel se situe juste avant d'arriver à la place de l'Eglise.

Les Bois Flottais

Ile de Ré 17580 Le Bois-Plage-en-Ré (Charente-Maritime)
Chemin des Mouettes
Tél. 05 46 09 27 00 - Fax 05 46 09 28 00
M. Lagord
E-mail: contact@lesboisflottais.com - Web: lesboisflottais.com

Catégorie ★★ Fermeture du 15 novembre au 20 décembre et du 3 janvier au 4 mars **Chambres** 10 et 1 suite avec s.d.b., w.c., t.v. (satellite et Canal +) et coffre-fort; 1 chambre handicapés **Prix** des chambres: 79 à 99 €; suite: 119 à 144 € - Petit déjeuner: 12 €, servi de 8 h 15 à 10 h 30 **Carte de crédit** Visa **Divers** petits chiens admis - Piscine, jacuzzi, vélos - Parking fermé **Alentour** plage à 300 m., réserve d'oiseaux; marais salant; cité fortifiée de Saint-Martin **Pas de restaurant** à l'hôtel.

À quelques pas de la plage, cette maison de village immaculée de blancheur s'organise autour d'un patio traité comme un pont de bateau avec pour centre une piscine bordée de teck. Accueillants et disponibles, les jeunes propriétaires ont réussi à conserver au lieu son caractère intime. L'aménagement intérieur et la décoration s'inscrivent dans le droit fil des tendances en vogue sur la côte atlantique (murs blancs, terre cuite, beaucoup de bois, cirés, peint, lasuré, des toiles écrues…). Cette concession à la mode n'exclut pas des choix personnels comme en témoignent les quelques meubles et objets de brocante amoureusement choisi. Très agréables, les chambres sont habillées de tons sobres, du gris pâle au greige, avec des boutis colorés sur les lits, et dotées de très belles salles de bains (deux d'entre elles, avec mezzanine, se combinent en "suite" et sont très prisées par les familles). Chaque matin d'été, le patio et son établi-buffet accueillent les petits déjeuners avec compotes et confitures maison. En cas de pluie, les tables reculent de quelques mètres dans la belle salle à manger mais l'ambiance est toujours aussi joyeuse dans cette très charmante adresse de vacances.

Accès (carte n° 14): au Bois-Plage, prendre direction "Plage des Garandières".

Hôtel de l'Océan

Ile de Ré 17580 Le Bois-Plage-en-Ré (Charente-Maritime)
172, rue Saint-Martin
Tél. 0546092307 - Fax 0546090540 - M. et Mme Bourdet
E-mail : info@re-hotel-ocean.com - Web : re-hotel-ocean.com

Catégorie ★★ **Fermeture** du 2 janvier au 4 février **Chambres** 30 avec tél., s.d.b. ou douche, w.c., t.v. ; accès handicapés **Prix** des chambres : 70 à 150 € - Petit déjeuner : 10 €, servi de 8 h à 10 h 30 - Demi-pension : 66 à 106 € **Cartes de crédit** Amex, Visa **Divers** chiens non admis - Parking privé non clos à 150 m **Alentour** musée et citadelle de Saint-Martin ; phare des Baleines - Golf 9 trous **Restaurant** service de 12 h 30 à 14 h , 19 h 30 à 22 h - Menus : 22 à 32 € - Carte.

Le Bois-plage est un bourg qui, jusqu'à présent, a su rester à l'écart des tendances "mode" qui s'emparent peu à peu de l'île. Le long d'une petite rue, la jolie façade blanche et verte de l'hôtel laisse présager une qualité qui se confirme dès que l'on en franchit le seuil. A gauche, la salle de restaurant, avec sa cheminée, son mobilier peint en gris perle, ses murs en lambris blanc sur lesquels ressortent quelques superbes lithographies de paquebots, offre un cadre élégant à l'excellente cuisine de Yoann Léraut (l'été, prolongement dans le patio sur parquet à l'ombre de grandes toiles blanches). A proximité, deux petits salons aux tonalités écrues exposent de confortables fauteuils Loom près d'un petit bar. Puis on traverse le jardin avant de rejoindre une autre cour élégante autour de laquelle se distribuent plusieurs chambres. Sols en jonc de mer, épais couvre-lits en piqué, linges brodés, ravissants rideaux, enduits naturels, et, pour compléter le tout, un ou deux meubles anciens (cinq nouvellement installées devant la belle piscine et sa plage en teck, affichent de beaux volumes et une ravissante sobriété contemporaine). Bons petits déjeuners servis avec d'excellentes confitures maison, accueil agréable.

Accès (carte n° 14) : à 28 km à l'ouest de La Rochelle, par le pont de La Pallice.

Le Vieux Gréement

Ile de Ré 17670 La Couarde-sur-Mer (Charente-Maritime)
13, place Carnot
Tél. 05 46 29 82 18 - Fax 05 46 29 50 79
M. Nicolai
E-mail: hotelvieuxgreement@wanadoo.fr - Web: levieuxgreement.com

Catégorie ★★★ **Fermeture** du 1er novembre au 15 mars **Chambres** 16 avec tél., s.d.b. ou douche, w.c., t.v. et coffre-fort, certaines climatisées **Prix** des chambres doubles (selon saison): 60 à 110 € - Petit déjeuner: 10 € **Carte de crédit** Visa **Divers** chiens admis (6 €) **Alentour** plage à 500 m., réserves d'oiseaux sauvages; marais salant; cité fortifiée de Saint-Martin **Pas de restaurant** sur place mais possibilité de petite restauration.

Petite maison rétaise à un étage organisée autour d'un patio, *Le Vieux Gréement* donne sur la place principale de La Couarde. C'est ici, à l'ombre des tilleuls et près du kiosque à musique, que le village s'anime chaque été dans une ambiance bon enfant. Intégralement rénové, l'hôtel propose seize jolies chambres décorées dans un style simple et actuel (murs lambrissés, teintés ou couverts d'élégants papiers peints, éclairages bien pensés, jolis tissus, mobilier d'esprit balnéaire, ou en fer forgé, ou encore en pin anglais ciré…). Bon nombre d'entre elles donne sur le patio, autre point fort de l'hôtel, avec ses petits palmiers, ses bambous ou ficus en pots, ses géraniums, canas, impatiens, etc. C'est également là, à l'ombre d'une treille de vigne, que sont servis les petits déjeuners et, à toute heure, d'originales tartines gourmandes ou des assiettes d'huîtres. Joli bar capitonné de bois, agrémenté de vieilles tables décapées, et débordant sur la place dès les beaux jours. Accueil jeune et détendu. Une charmante petite adresse à quelques minutes des plages.

Accès (carte n° 14): *A 30 km de La Rochelle. Après le pont de La Pallice, prendre D 735 sur 17 km en direction de La Couarde-sur-Mer.*

Hôtel Le Chat Botté

Ile de Ré 17590 Saint-Clément-des-Baleines (Charente-Maritime)
Tél. 05 46 29 21 93 - Fax 05 46 29 29 97
Mmes Massé-Chantreau
E-mail: hotelchatbotte@wanadoo.fr - Web: hotelchatbotte.com

Catégorie ★★ Fermeture du 27 novembre au 20 décembre et du 3 janvier au 10 février **Chambres** 20 et 3 suites, avec tél., s.d.b. ou douche et w.c.; accès handicapés **Prix** des chambres simples et doubles: 55 €, 65 à 152 €; suites: 195 à 247 € - Petit déjeuner: 9,50 et 13 €, servi de 8 h 15 à 10 h 30 **Cartes de crédit** Visa, Diners **Divers** chiens admis (9 €) - Espace beauté et bien-être, tennis, location de vélos - Parking privé **Alentour** musée et citadelle de Saint-Martin-de-Ré; phare des Baleines - Golf 9 trous de Trousse-Chemise **Pas de restaurant** à l'hôtel.

À l'extrémité nord de l'île, au cœur du village de Saint-Clément-des-Baleines, cet établissement discret a plus de soixante-dix ans… Ce que n'attestent ni son aménagement très "déco", qui privilégie les matériaux nobles, ni les soins tendance qui y sont prodigués; de la chromathérapie à la réflexologie plantaire. Pour l'essentiel, les chambres, aux salles de bains confortables parfois dotées de jolies vasques intégrées aux plans de bois, sont habillées de plaquage de chêne. Celles qui n'en bénéficient pas, plus classiques, sont aussi les moins chères. Partout les teintes naturelles sont relevées d'étoffes gaies et colorées, comme les images qui décorent les murs. Éclairages indirects et petits fauteuils de cuir ou de rotin encadrent, dans les suites, de vrais canapés. Les logements les plus agréables ont leurs fenêtres sur un très joli jardin où l'on vient prendre le frais… ou le petit déjeuner : c'est entre jasmins et lilas que se cache l'effigie, "grandeur réelle", du *Chat botté*. Pas de quoi se prendre pour le marquis de Carabas, mais bien assez pour passer de très belles journées dans un refuge élégant, accueillant et au calme.

Accès *(carte n° 14) : à 28 km à l'ouest de La Rochelle, par le pont de La Pallice.*

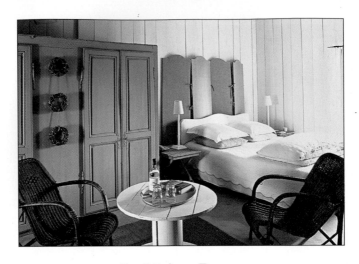

La Maison Douce

Ile de Ré 17410 Saint-Martin-de-Ré (Charente-Maritime) - 25, rue Mérindot
Tél. 05 46 09 20 20 - Fax 05 46 09 09 90 - Alain Brunel
E-mail : lamaisondouce@wanadoo.fr - Web : lamaisondouce.com

Fermeture du 15 novembre au 26 décembre et du 2 janvier au 13 février **Chambres** 9 et 2 suites avec tél., s.d.b., t.v. Canal +, minibar et coffre-fort **Prix** des chambres : 105 à 155 € ; suites : 185 à 235 € - Petit déjeuner : 12 €, servi de 8 h 30 à 11 h **Cartes de crédit** Amex, Visa **Divers** chiens non admis - Salle de relaxation - Parking **Alentour** musée et citadelle de Saint-Martin ; phare des Baleines - Vélo dans les marais salants - Golf 9 trous de Trousse-Chemise **Pas de restaurant** à l'hôtel.

Petit bourg de carte postale, Saint-Martin c'est un peu un "must" à l'île de Ré, on aime son port et ses petite ruelles cachées, on n'aime moins ses boutiques chics bientôt plus nombreuses que les roses trémières et le lifting excessif qui s'empare de chaque mètre carré de mur blanc. Alors pourquoi *La Maison Douce* ? cette ancienne demeure rétaise totalement réaménagée a déjà fait maintes et maintes fois les beaux jours de la presse déco et s'y promener donne l'impression de feuilleter un très beau magazine. Alors ce sera notre paradoxe car il faut reconnaître que l'on est ici très bien. Description : l'intérieur s'organise autour d'un grand jardin-patio débordant de verdure. La partie terrasse (mobilier de fer forgé vieilli) sert pour les très alléchants petits déjeuners, le coin gazonné étant réservé aux fauteuils et transats. A l'intérieur, *La Maison* s'affiche toute en camaïeux de gris, de beige, de brun chocolat, de miel, avec parfois une exception tilleul ou mauve pâle. Beaucoup de belles patines, des meubles rétros, toiles de lin et voiles de tulle… Les chambres et leurs salles de bains aménagées comme autrefois sont donc irrésistibles. Hors saison, l'élégant rez-de-chaussée sert de salon de thé et de salle des petits déjeuners avec en prime, pour les rares journées froides, le crépitement d'un feu de cheminée.

Accès (carte n° 15) : à La Rochelle, prendre le pont de l'île de Ré, puis fléchage.

Hôtel de Toiras

2006

Ile de Ré 17410 Saint-Martin-de-Ré (Charente-Maritime)
1, quai Job-Foran
Tél. 05 46 35 40 32 - Fax 05 46 35 64 59 - Olivia Mathé
E-mail: contact@hotel-de-toiras.com - Web: hotel-de-toiras.com

Catégorie ★ ★ ★ ★ **Ouverture** toute l'année **Chambres** 10 et 7 suites, climatisées, avec tél., s.d.b., w.c., t.v. satellite et coffre-fort ; ascenceur **Prix** des chambres : 120 à 260 €, suites : 250 à 480 € - Petit déjeuner : 18 €, servi à toute heure **Cartes de crédit** acceptées **Divers** chiens admis (7 €) **Alentour** musée et citadelle de Saint-Martin ; phare des Baleines - Vélo dans les marais salants - Golf 9 trous de Trousse-Chemise **Pas de restaurant** mais petite restauration légère réservée aux résidents.

Directement sur le quai, la belle façade XVIIe de cette ancienne maison d'armateur se reflète dans les eaux calmes du port. Sympathique et accueillante, Olivia Mathé réalise ici l'hôtel de ses rêves et nous la suivons bien volontiers dans cet univers où tout est pensé pour le bien-être des hôtes. Indémodable, la rutilante décoration très grand siècle s'avère chaleureuse même hors saison, quand les flambées (au salon et dans certaines chambres) remplacent le soleil et complètent les charmes d'une île devenue plus secrète. Pierres et boiseries anciennes, mobilier de style, couleurs chatoyantes, tableaux, livres, objets… L'ensemble est d'un classicisme cossu, harmonieux ; dans les salons comme dans les chambres (à l'instar du maréchal de Toiras, défenseur de Ré sous Louis XIV, chacune évoque une personnalité de l'île). Difficile de faire plus confortable et mieux tenu, car dans ce registre, le XXIe siècle se substitue avantageusement au XVIIe ambiant… Enfin, c'est peut-être dans sa souplesse que le *Toiras* joue ses plus belles cartes. Petit déjeuner à toute heure, possibilité d'acheter un poisson au marché et se le faire cuisiner, de commander un plateau de fruits de mer ou quelques bons fromages… Reste à choisir où vous installer : près des plantes aromatiques du jardin-patio, au salon, en chambre ou sur la terrasse, juste devant les bateaux…

Accès (carte n° 15) : à La Rochelle, prendre le pont de l'île de Ré, puis fléchage.

Moulin du Val de Seugne

Marcouze 17240 Mosnac (Charente-Maritime)
Tél. 05 46 70 46 16 - Fax 05 46 70 48 14
Maryse et Jean-Marie Bedin
E-mail : moulin@valdeseugne.com - Web : valdeseugne.com

Catégorie ★★★ **Fermeture** du 2 janvier au 10 février **Chambres** 9 et 1 suite, climatisées, avec tél., s.d.b., w.c., t.v. satellite, minibar et coffre-fort **Prix** des chambres : 95 à 115 € ; suite : 145 € - Petit déjeuner : 12 €, servi de 7 h 30 à 10 h 30 - Demi-pension : 75 à 100 € **Cartes de crédit** acceptées **Divers** chiens admis (9 €) - Piscine - Parking **Alentour** caves viticoles ; Saintonge romane ; centre aquatique et de remise en forme de Jonzac **Restaurant** service à partir de 12 h 30 et 19 h 30 - Menus : 19 à 65 € - Carte.

Sur les berges de la Seugne, au détour d'une petite route, cette ancien moulin très agrandi et très restauré il y a une quinzaine d'années cache de bien belles qualités. Pour les découvrir il faut traverser l'entrée et rejoindre les pièces de réception dont les grandes baies vitrées ouvrent sur les eaux limpides de la rivière avec une vue latérale sur une belle portion ancienne du moulin et, en face, les mascottes de l'hôtel (chèvres, paons, oies poules et canards) dans la luxuriance d'une petite île. Partout, la décoration joue sur les teintes naturelles de blanc, beige, rouille… y compris dans les chambres (nous préférons bien sûr celles côté rivière,chacune avec terrasse). Vastes, décorées avec des meubles rustiques anciens, des sols en terre cuite habillés de tapis et des tableaux modernes, elles sont agréables et jouissent de belles salles de bains en marbre gris. En cuisine, Eric Prud'homme travaille au gré des saisons les meilleurs produits du terroir et se risque avec succès à quelques belles associations. En salle comme à l'accueil l'ambiance est agréable, à l'image de cette maison sur laquelle souffle un vent de jeunesse.

Accès (carte n° 22) : A 10 sortie n° 36 puis N 137 vers Bordeaux jusqu'à Belluire, puis D134 à gauche direction Mosnac.

Hôtel de Bordeaux

17800 Pons (Charente-Maritime)
1, rue Gambetta
Tél. 05 46 91 31 12 - Fax 05 46 91 22 25 - Mme Müller
E-mail: reception@hotel-de-bordeaux.com - Web: hotel-de-bordeaux.com

Catégorie ★★ **Fermeture** dimanche en basse saison **Chambres** 16 climatisées, avec tél., s.d.b., w.c., t.v. satellite et wifi **Prix** des chambres: 42 à 56 € - Petit déjeuner: 8 €, servi de 7 h 30 à 10 h 30 - Demi-pension et pension: 49 et 65 € **Cartes de crédit** Amex, Visa **Divers** chiens admis - Parking et garage fermé **Alentour** donjon de Pons; château d'Usson; Saintonge romane: Colombiers, Montils, Jazennes, Belluire, Rétaud - Golf 18 trous de Saintes **Restaurant** service de 12 h à 14 h, 19 h 30 à 21 h 30 - Menus: 15 à 44 € - Carte - Spécialité: filet de saint-pierre, bouillon crémeux d'oursin.

Côté rue, l'hôtel est semblable à ces nombreux établissements de centre-ville mais, à l'intérieur, les bonnes surprises se succèdent. Il y a d'abord le petit bar un rien british (réservé à l'hôtel sauf les samedis matin), le salon décoré avec une vraie élégance, et enfin le patio qui vient très judicieusement prolonger les deux salles à manger aux beau décor contemporain. Abrité du vent, bordé d'arbustes et de roses trémières, il offre un cadre parfait pour dîner et profiter de la clémence du climat saintongeais. Ancien second, Bruno Foucher a repris les rênes du restaurant et prolonge, en l'adaptant, la cuisine de Pierre Jaubert, ce jeune et très talentueux chef trop tôt disparu. Entièrement rénovées, les chambres viennent d'accomplir de beaux progrès : climatisation, insonorisation, litterie changée et élargie, décoration mise au goût du jour, salles de bain rafraîchies… Quatre donnent sur le patio, les autres sur une rue (calme la nuit) et toutes sont parfaitement tenues. Ajoutons à cela une ambiance très accueillante, jeune et détendue, et l'on comprendra pourquoi l'*Hôtel de Bordeaux* réjouit tous ceux qui y font étape.

Accès (carte n° 22): à 22 km au sud de Saintes.

Hôtel France Angleterre et Champlain

17000 La Rochelle (Charente-Maritime)
30, rue Rambaud
Tél. 05 46 41 23 99 - Fax 05 46 41 15 19
Mme Jouineau
E-mail : hotel@france-champlain.com - Web : france-champlain.com

Catégorie ★★★ **Ouverture** toute l'année **Chambres** 36 climatisées, avec tél., s.d.b. ou douche, w.c., t.v. câble, prise modem, coffre-fort et minibar ; ascenseur **Prix** des chambres simples et doubles : 58 à 110 € ; suites : 120 à 135 € - Petit déjeuner : 12 €, servi de 7 h 15 à 11 h 30 **Cartes de crédit** acceptées **Divers** chiens admis (4,57 €) - Garage (8 €) **Alentour** à La Rochelle : musée du Nouveau-Monde, Muséum d'histoire naturelle (cabinet Lafaille), musée des Beaux-Arts, musée d'Orbigny-Bernon ; île de Ré ; Esnandes ; portail de l'église et donjon à Vouvant ; Marais poitevin - Golf 18 trous de La Prée à La Rochelle **Pas de restaurant** à l'hôtel.

Cet ancien couvent du XVIIᵉ transformé en hôtel cache à l'abri de ses murs un grand jardin très fleuri où il fera bon prendre son petit déjeuner. Pour l'atteindre, vous traverserez un grand hall et de superbes salons. Boiseries d'époque, statues à l'antique et meubles anciens créent une ambiance d'un grand raffinement qui a su rester chaleureux. Pour les chambres, desservies par un ascenseur ou un splendide escalier de pierre, vous aurez le choix entre un modernisme très confortable et le charme élégant du passé. Toujours différentes et toujours réussies, vous préférerez néanmoins celles donnant sur le jardin, pour la vue plus que pour le calme, car celles sur rue ont un double vitrage et sont toutes climatisées. Pas de restaurant à l'hôtel mais une formule de demi-pension est possible. Un accueil plein de gentillesse s'ajoute aux multiples qualités du lieu. Sinon, vous n'aurez pour dîner que l'embarras du choix, que ce soit autour du port ou dans les vieilles rues de la ville.

Accès (carte n° 22) : au centre de La Rochelle, près de la place de Verdun.

416

Relais du Bois Saint Georges

17100 Saintes (Charente-Maritime)
Tél. 05 46 93 50 99 - Fax 05 46 93 34 93
M. Jérôme Emery
E-mail : info@relaisdubois.com - Web : relaisdubois.com

Catégorie ★★★ **Ouverture** toute l'année **Chambres** 27 et 3 suites avec tél., s.d.b., w.c., t.v. satellite, 20 avec climatisation, 15 avec minibar ; 3 chambres handicapés **Prix** des chambres doubles : 130 à 305 € - Petit déjeuner : 10 et 20 €, servi de 7 h à 11 h 30 - Demi-pension sur demande - Soirée étape en semaine (sauf 15 juillet-14 août selon disponibilité) : 77 à 89 € **Cartes de crédit** Visa, Amex **Divers** chiens admis - Piscine couverte et chauffée - Parking et garage fermés **Alentour** Saintonge romane **Restaurant** service de 12 h à 13 h 30, 19 h 30 à 21 h 30 - Menus : 41 à 120 € - Carte.

Servies par d'étonnantes trouvailles et avec pour thèmes "Nautilus", "L'Arlésienne", "Tombouctou"…, les chambres du *Relais* auraient enthousiasmé Lewis Carroll. Voici donc le seul hôtel de France où l'on passe au-delà du miroir pour rejoindre un monde imaginaire et romanesque. Vous y trouverez toujours le confort et une excellente tenue, mais il vous faudra accepter d'être surpris car la place manque pour vous en décrire la variété, la beauté, et parfois l'exiguïté et les outrances aussi… Certes, il est des chambres plus classiques, mais, à tout prendre, on préférera l'aventure. Autour, dans les salons et les deux restaurants, l'architecture privilégie l'espace et les ouvertures vitrées pour embrasser la vue sur les sept hectares du parc avec ses essences rares et son petit lac sillonné par des armadas de canards. Un service particulièrement agréable, une cuisine de qualité, de somptueux petits déjeuners complètent encore les qualités de cet hôtel qui, par ailleurs, souffre de la proximité de la rocade (dont la rumeur se fait entendre depuis certaines chambres). Enfin, ne négligez pas la "soirée étape", d'un superbe rapport qualité-prix.

Accès (carte n° 22) : A 10 sortie n° 35, prendre à droite aux trois ronds-points.

2006

Hôtel des Francs Garçons

17610 Saint-Sauvant (Charente-Maritime)
1, rue des Francs-Garçons
Tél. 05ʃ46 90 33 93 - Florence et Hervé Audinet
E-mail : contact@francsgarcons.com - Web : francsgarcons.com

Fermeture du 15 novembre au 20 décembre et du 5 janvier au 1er mars **Chambres** 5 et 2 suites, climatisées, avec s.d.b., w.c., t.v. satellite, minibar et wifi ; 1 chambre handicapés **Prix** des chambres doubles : 75 à 95 € ; suites : 110 à 135 € - Petit déjeuner : 7 € servi de 7 h 30 à 10 h 30 (à partir de 10 h 30 et jusqu'à 13 h, brunch à 12 €) **Carte de crédit** Visa **Divers** chiens non admis - Petite piscine - Parking **Alentour** église et village de Saint-Sauvant ; Paléosite de Saint-Césaire (centre de préhistoire) ; Saintes ; Cognac ; circuit de la Saintonge romane - Golfs 18 trous de Saintes et de Cognac. **Restaurant** réservé aux résidents - Menus : 20 et 50 € - Carte. Spécialités : cuisine du marché, caviar de Gironde.

Saint-Sauvant ! ses ruelles en pente dominées par l'immuable bienveillance d'une église romane, ses vieilles maisons avec leurs fondations de roses trémières ou de valérianes, sa petite place inclinée et, à l'angle de la rue des Francs-Garçons, cette grosse bâtisse un peu arrondie… Il y a deux ans encore le passant se demandait quel autre avenir pourrait bien en contredire la décrépitude annoncée. Réponse à quinze mètres, dans les deux maisons restaurées de la place du marché, siège de l'habitation et des bureaux d'un couple d'architectes amoureux du village depuis trente ans et devenus hôteliers de circonstance pour sauver l'édifice. Le résultat n'est pas encore tout à fait achevé à l'heure où nous bouclons ce guide, mais les premières réalisations (amusant jeu de niveaux, passerelle pour rejoindre un ravissant jardin de curé bordé de vieux murs, aménagements dans le droit fil des meilleures tendances décoratives du moment, souci du confort omniprésent) nous donnent envie de vous faire bénéficier, en avant première de cette adresse au charme si évident et aux tarifs si étonnamment raisonnables.

Accès (carte n° 22) : à 10 km. à l'est de Saintes par N 141 vers Cognac puis D 134.

Résidence de Rohan

17640 Vaux-sur-Mer (Charente-Maritime)
Parc des Fées (près Royan), route de Saint-Palais
Tél. 05 46 39 00 75 - Fax 05 46 38 29 99 - M. et Mme Seguin
E-mail : info@residence-rohan.com - Web : residence-rohan.com

Catégorie ★★★ **Fermeture** du 11 novembre au 25 mars **Chambres** 43 avec tél., s.d.b. ou douche, w.c. et t.v. **Prix** des chambres simples et doubles : 60 à 127 € - Petit déjeuner : 10,50 €, servi de 7 h 30 à 11 h **Cartes de crédit** Amex, Visa **Divers** chiens admis - Piscine chauffée, tennis, forfait golf-hôtel, accès direct à la plage - Parking **Alentour** phare de Cordouan ; abbaye de Sablonceaux ; La Rochelle ; Talmont ; zoo de la Palmyre - Golf 18 trous à Royan **Pas de restaurant** à l'hôtel.

Dans le parc des Fées, joli petit bois qui borde la plage, cette élégante demeure bourgeoise est un peu l'archétype de l'hôtel de charme. Le bosquet autour de la maison, la pelouse qui plonge en pente douce vers la mer, quelques chaises longues entre les pins parasols offrent d'emblée un très beau contexte à cette villa rose et blanche fin XIXe. Pour une fois, un hôtel de bord de mer choisit de ne pas jouer sur l'inévitable style balnéaire, lui préférant un décor plus en harmonie avec son style architectural. C'est ainsi que les fauteuils en velours capitonné du salon, le mobilier acajou de style Charles X du bar, les tapis et moquettes créent un confort cossu bien agréable, surtout si, d'aventure, le beau temps n'était pas au rendez-vous. Toutes les chambres ont leur style avec, souvent, quelques meubles anciens et un bel assortiment de tissus. Certaines, dans l'annexe notamment, sont très spacieuses (un peu moins agréables hors saison), d'autres ouvrent directement sur le jardin. Excellent petit déjeuner que l'on peut prendre sur la terrasse avec, en toile de fond, les lueurs changeantes de l'Océan. Accueil sympathique et souriant. A signaler la piscine en bord de mer, avec service snack, qui permet de profiter des plaisirs de l'eau et du farniente sans avoir à quitter l'hôtel.

Accès (carte n° 22) : à 3 km au nord-ouest de Royan, par la D 25 qui suit le bord de mer, direction Saint-Palais-sur-Mer.

Au Marais

79510 Coulon (Deux-Sèvres)
46-48, quai Louis-Tardy
Tél. 05 49 35 90 43 - Fax 05 49 35 81 98
Martine Nerrière-Mathé
E-mail : information@hotel-aumarais.com - Web : hotel-aumarais.com

Catégorie ★★★ **Fermeture** du 15 décembre au 1er février **Chambres** 18 avec tél., s.d.b., w.c. et t.v. **Prix** des chambres : 70 à 75 € - Petit déjeuner-buffet : 12 €, servi de 7 h 30 (8 h le week-end et jours fériés) à 10 h **Carte de crédit** Visa **Divers** chiens admis (10 €) **Alentour** Marais poitevin (Coulon, principal centre d'excursions à travers la Venise verte ; église Sainte-Trinité de Coulon) - Golf 18 trous à Niort **Pas de restaurant** à l'hôtel.

Toute la magie du Marais poitevin est là, à deux pas, devant vous, car la Sèvre niortaise passe en face même de l'hôtel, à demi couverte de lentilles, et les bateaux qui vous mènent en promenade prennent leur départ à quelques mètres de là. Les chambres de l'hôtel sont dans deux maisons de construction classique du Poitou, totalement restaurées sans être dénaturées. Soignée, leur décoration joue la sobriété, la blancheur apaisante parfois réveillée par la teinte pastel d'un tissu ou d'un meuble peint. Côté rue, la salle des petits déjeuners est, quant à elle, dédiée à quelques artistes amis dons les œuvres ornent les murs. Une jolie petite adresse, idéale pour sillonner la "Venise verte" et où vous trouverez un accueil jeune, attentif et très sympathique. Pas de restaurant à l'hôtel, mais on saura vous conseiller pour passer une agréable soirée : le restaurant du village ou, un peu plus loin, les quelques bonnes tables de Niort.

Accès (carte n° 15) : à 10 km à l'ouest de Niort par D 9 et D 1.

Le Logis Saint-Martin

79400 Saint-Maixent-l'Ecole (Deux-Sèvres)
Chemin de Pissot
Tél. 05 49 05 58 68 - Fax 05 49 76 19 93 - M. et Mme Heintz
E-mail : contact@logis-saint-martin.com - Web : logis-saint-martin.com

Catégorie ★★★ **Fermeture** en janvier ; lundi soir **Chambres** 10 et 1 suite (4 climatisées), avec tél., s.d.b. ou douche, w.c. et t.v. satellite **Prix** des chambres : 110 à 155 € - Petit déjeuner : 16 €, servi de 8 h à 10 h - Demi-pension : 125 à 145 € **Cartes de crédit** acceptées **Divers** chiens non admis - Parking sécurisé - Piscine chauffée **Alentour** à Niort : Musée ethnographique et musée des Beaux-Arts ; église de Melle ; musée des Tumulus de Bougon ; Futuroscope ; Marais poitevin - Golf de Mazières-en-Gatine, golf de Sainte-Maxire, golf 3 x 9 trous Les Forges **Restaurant** service de 19 h à 21 h 30 - Menus : 48 à 75 € - Carte - Spécialités : turbot rôti à l'encre de seiche et tuile au vieux parmesan ; filet de bœuf race parthenaise à l'échalote confite.

Cette grande maison en pierre du XVIIIe siècle, si fraîche lorsqu'il fait chaud, si chaleureuse l'hiver, surplombe la Sèvre niortaise qui coule le long d'un rideau d'arbres, à une trentaine de mètres. Seule une petite route sépare l'hôtel de la rivière. Ifs taillés et terrasse accueillante, le jardin et sa belle piscine expriment bien le souci de perfection qui anime l'endroit. L'intérieur est assez classique, très bourgeoisement aménagé, et, si les chambres ne sont pas immenses, on appré-ciera leur côté bonbonnière impeccable tout autant que l'extrême qualité du ser-vice et des prestations. Au rez-de-chaussée, la grande salle à manger, où crépitent souvent de belles flambées, est volontairement décorée sobrement pour servir de cadre à la cuisine de Bernard Heintz et de son équipe. Originale, sans excès, extrê-mement précise afin de ne jamais nuire à la qualité des produits utilisés, elle devrait aisément vous convaincre des raisons pour lesquelles cette accueillante adresse s'impose de plus en plus comme l'adresse gastronomique de la région.

Accès (carte n° 15) : à 24 km au nord-est de Niort par N 11.

Le Relais du Lyon d'Or

86260 Angles-sur-l'Anglin (Vienne)
4, rue d'Enfer
Tél. 05 49 48 32 53 - Fax 05 49 84 02 28
M. Fuscien
E-mail : arnaud@lyondor.com - Web : lyondor.com

Fermeture du 4 janvier au 1er mars **Chambres** 11 avec tél., s.d.b. et t.v. ; 1 chambre handicapés **Prix** des chambres : 65 à 110 € - Petit déjeuner-buffet : 8 €, servi de 8 h 30 à 11 h - Demi-pension : 65 à 83 € **Cartes de crédit** Amex, Visa **Divers** chiens admis - Parking **Alentour** parc de la Brenne ; Antigny ; Poitiers (Futuroscope); église romane de Saint-Savin **Restaurant** service de 12 h à 14 h 30, 19 h 30 à 22 h - Menus-carte : 22 à 28 € - Carte - Spécialités : carré d'agneau rôti, sauce romarin ; fondant au chocolat, coulis d'orange.

Situés dans la partie haute du très beau village d'Angles-sur-l'Anglin, les différents bâtiments de cet ancien relais de poste entourent une petite cour. Rénové avec beaucoup de goût, l'intérieur est tout à fait charmant et très confortable. Egayés par de nombreux motifs à fleurs ou à fruits, réalisés au pochoir, les murs peints à l'éponge ou à la brosse apportent toujours une note colorée. Les ravissantes chambres se répartissent entre deux bâtiments très anciens. Ici et là, un meuble de brocante, de beaux tissus, des moustiquaires… et de jolies salles de bains. Dans la chaleureuse salle à manger où brûle un feu de bois, l'alléchante cuisine commence à avoir ses inconditionnels. Par beau temps, installés sous la pergola donnant sur une petite rue du vieux village, vous pourrez vous désaltérer, déjeuner ou encore dîner de grillades. Une jolie adresse accueillante à un prix raisonnable.

Accès (carte n° 16) : à 16 km au nord de Saint-Savin.

Les Orangeries

86320 Lussac-les-Châteaux (Vienne) - 12, avenue du Docteur-Dupont
Tél. 05 49 84 07 07 - Fax 05 49 84 98 82 - M. et Mme Gautier
E-mail : contact@lesorangeries.fr - Web : lesorangeries.fr

Catégorie ★★★ **Fermeture** de mi-décembre à fin janvier **Chambres** 11 avec tél., s.d.b., w.c., et t.v. ;
1 chambre handicapés **Prix** des chambres doubles : 55 à 105 € ; suite (4 à 5 pers.) : 90 à 155 € - Petit
déjeuner : 12 €, servi à partir de 7 h 30 **Carte de crédit** Visa **Divers** piscine - Parking fermé **Alentour** cité
du livre à Montmorillon ; vallée des fresques romanes ; vieux Poitiers ; Chauvigny - Equitation, canoë-
kayak - Golf à proximité **Pas de restaurant** à l'hôtel mais petite restauration sur demande.

L e Poitou roman cache des trésors. Nous avons envie de compter parmis eux
Les Orangeries, tant ce petit hôtel nous plaît. C'est d'abord une propriété
de famille que l'architecte Jean-Philippe et Olivia ont réaménagée en hôtel de
charme. Respectueux des matériaux et volumes d'origine de cette belle demeure
XVIIIe, ils ont su mettre en valeur cheminées de pierre, boiseries et parquets en
chêne, ferronneries, pierres et dalles d'encadrement. Privilégiant les teintes
naturelles, la décoration des chambres apporte sa touche personnelle par le
judicieux choix des tissus, du mobilier ancien ou sobrement moderne, et n'oublie pas les très belles salles de bains en chêne et acajou. Deux salons vous
attendent, celui du rez-de-chaussée (bar et coin lecture près de la cheminée) et
celui du grenier, où billard, jeux anciens et canapés attendent petits et grands
sous une exceptionnelle charpente. Parc admirablement dessiné avec ses grands
arbres, parterres de vivaces et portion de jardin à la française à côté d'une
somptueuse piscine (35 m) sertie de teck et bordée de vieux murs. Terrasse abritée où petits déjeuners et brunchs se prolongent tard dans la matinée. Une très
accueillante adresse où tout est fait pour la détente et la bonne humeur.

*Accès (carte n° 16) : A 10, au sud-est de Poitiers, prendre N 147 (Poitiers-
Limoges), l'hôtel est dans le centre de Lussac-les-Châteaux.*

Auberge Charembeau

04300 Forcalquier (Alpes-de-Haute-Provence)
Route de Niozelles
Tél. 04 92 70 91 70 - Fax 04 92 70 91 83 - M. Berger
E-mail : contact@charembeau.com - Web : charembeau.com

Catégorie ★★ **Fermeture** du 15 novembre au 15 février **Chambres** 24 avec tél., s.d.b. ou douche et w.c. **Prix** des chambres : 54 à 89 € ; suites (4 pers.) : 115 € ; avec cuisinette (par semaine) : 473 à 795 € - Petit déjeuner : 8,20 €, servi de 8 h à 10 h 30 **Cartes de crédit** acceptées **Divers** chiens admis sur demande (4 €) - Piscine chauffée, tennis, location de vélos et de tandems - Parking **Alentour** montagne de Lure ; prieurés de Salagon et de Ganagobie ; dégustations du *Site remarquable du goût* **Pas de restaurant** à l'hôtel.

Cette auberge se trouve en pleine campagne, dans la très belle région de Forcalquier. C'est une vieille maison très bien restaurée, au climat très familial, tenue par un couple fort sympathique. Vous aurez le choix entre des chambres traditionnelles, pimpantes et fraîches, entièrement rénovées comme leurs salles de bains, ou des "suites" avec une petite cuisine, charmantes elles aussi et situées à l'écart de l'autre côté du jardin. L'ensemble généralement orienté au soleil levant et ouvrant directement sur l'extérieur. Devant la maison, une terrasse promet des farnientes paresseux au bord de la piscine, dans un décor de campagne provençale. L'auberge propose aussi en location des vélos ou des tandems qui vous permettront de randonner sur les chemins pittoresques en suivant des parcours fléchés. Pour dîner, nous vous conseillons d'aller goûter la cuisine de terroir de *L'Establé* à Forcalquier ou à l'*Auberge Pierry* à Reillanne, *Bello Visto* à Lurs ou le *Café de la Lavande* à Lardiers.

Accès (carte n° 34) : à 39 km au sud de Sisteron par N 96 (ou A 51, sortie La Brillanne), puis N 100 direction Forcalquier ; à 4 km de Forcalquier par N 100, direction Niozelles.

La Bastide de Moustiers

04360 Moustiers-Sainte-Marie (Alpes-de-Haute-Provence)
Tél. 04 92 70 47 47 - Fax 04 92 70 47 48 - M. Alain Ducasse
E-mail : contact@bastide-moustiers.com - Web : bastide-moustiers.com

Catégorie ★★★★ **Ouverture** toute l'année **Chambres** 12 climatisées, avec tél., fax, s.d.b., w.c., t.v., lecteur CD, DVD, minibar et coffre-fort ; 1 chambre handicapés et 3 chambres non-fumeurs **Prix** des chambres (selon la saison) : 155 à 325 € - Petit déjeuner : 19 € **Cartes de crédit** acceptées **Divers** chiens non admis - Piscine chauffée (de mai à fin octobre), VTT, panier pique-nique - Parking **Alentour** gorges du Verdon par la route ou par le GR4 ; lac de Sainte-Croix ; musée de la Faïence **Restaurant** service de 12 h 30 à 13 h 30, 19 h 30 à 21 h 30 - Fermé mardi midi, mercredi et jeudi du 1er décembre au 1er mars (sauf fêtes) - Menus : 44 à 57 €.

Quel bonheur d'arpenter les routes et les villages de cette haute Provence et de ce parc du Verdon, récemment classé, le protégeant ainsi de toutes les spéculations. La propriété d'Alain Ducasse est un petit concentré de paradis composé de plusieurs beaux bâtiments (dont un pigeonnier en duplex avec salon et cheminée pouvant se combiner avec une seconde chambre, recréant ainsi une petite villa pour quatre personnes) de plain-pied sur la nature qui encadrent la bastide. Partout on retrouve le même confort raffiné, le même soin obsessionnel du précieux détail, les meubles anciens, les couleurs qui se déclinent sur les noms de fleurs, de fruits ou de légumes, dotant chaque chambre d'un confort luxueux plein de fraîcheur et de gaieté provençales. En cuisine officient les collaborateurs du maître-chef pour vous offrir des menus qui honorent avec talent le terroir et la Méditerranée. Une superbe piscine avec vue, des coins aménagés pour profiter encore de la campagne, un magnifique potager bien fourni et des prix raisonnables, autant d'ingrédients qui permettent d'avoir une délicieuse "mise en bouche" de ce que peut être le style Ducasse.

Accès (carte n° 34) : A 51, sortie Cadarache-Vinon, direction Gréoux-les-Bains, Riez, Moustiers. Sur A 8, sortie Le Muy, puis Draguignan, Aups, Moustiers.

Le Clos des Iris

04360 Moustiers-Sainte-Marie (Alpes-de-Haute-Provence)
Tél. 04 92 74 63 46 - Fax 04 92 74 63 59
Alexia Dorche-Teissier
E-mail : closdesiris@wanadoo.fr

Catégorie ★★ **Fermeture** du 1er au 26 décembre **Chambres** 6 et 2 suites avec tél., s.d.b. et w.c. ;
1 chambre handicapés **Prix** des chambres : 60 à 65 € ; suites (3 à 4 pers.) : 95 à 110 € - Petit
déjeuner : 9 €, servi de 8 h 30 à 10 h 30 **Carte de crédit** Visa **Divers** chiens admis - Parking privé
Alentour Moustiers, cité de la faïence ; gorges du Verdon ; lac de Sainte-Croix **Pas de restaurant** à
l'hôtel.

Un peu à l'écart du vieux bourg, le chemin plonge à pic dans la verdure
méridionale et laisse voir entre les frondaisons trois petits bâtiments reliés
par un jardin lilliputien. Des chemins dallés, bordés de fleurs et d'arbustes,
quelques marches pour rattraper les niveaux supérieurs, des petites terrasses
privatives devant chaque chambre : vous voici dans l'univers accueillant et gai
de Mme Dorche-Teissier et de sa fille Alexia. La décoration est simple mais plaisante avec son jeu de couleurs vives : portes peintes, volets verts dans la suite,
fenêtre bleue dans le jardin. Quant à la tenue des chambres et au confort de la
literie, ils sont irréprochables. Bons petits déjeuners servis dehors ou dans une
jolie pièce teintée, Provence oblige, de jaune et d'orangé. Un très charmant
petit hôtel, sans prétention et au bon rapport qualité-prix. Pas de restaurant
sur place mais l'incontournable *Bastide de Moustiers* est à trois cents mètres ;
difficile de rêver mieux pour s'assurer le meilleur des repas dans le plus beau
des cadres !

*Accès (carte n° 34) : depuis Aix-en-Provence, A 51 jusqu'à Manosque puis D 907
"Les 4 chemins" et D 6 jusqu'à Riez. Depuis Grenoble, N 85 jusqu'à Digne puis
panneaux Moustiers. Depuis Nice, A 8 jusqu'au Muy, puis D 557 jusqu'à Aups et
D 957 jusqu'à Moustiers.*

La Ferme Rose

04360 Moustiers-Sainte-Marie (Alpes-de-Haute-Provence)
Tél. 04 92 75 75 75 - Fax 04 92 73 73 73 - M. Kako Vagh
Web : lafermerose.fr.fm

Catégorie ★★★ Fermeture du 16 novembre au 20 décembre et du 5 janvier au 20 mars **Chambres** 12 (8 climatisées) avec tél., s.d.b. ou douche, w.c. et t.v. **Prix** des chambres doubles : 75 à 150 € - Petit déjeuner : 9 € **Carte de crédit** Visa **Divers** chiens admis - Piscine en projet - Vélos et tandems à disposition **Alentour** église et musée de la Faïence à Moustiers ; grand canyon des gorges du Verdon par la route ou par le GR4 ; lac de Sainte-Croix **Pas de restaurant** à l'hôtel.

Splendide et unique *Ferme Rose* ! D'année en année, l'hôtel de Kako Vagh nous charme et nous étonne. En pleine nature, à un kilomètre de Moustiers, qui se profile dans l'axe du jardin et semble escalader une faille entre deux falaises, l'hôtel est aménagé de manière aussi plaisante que personnelle. Kako y présente ses collections d'objets des années 50 (caméras, lampes Vallauris, jouets en tôle, moulins à café…), les tableaux de son grand-père, peintre méridional réputé, et, dans le coin bistro qui prolonge la tonnelle, un amusant mobilier parmi lequel on remarque les tables, chaises et banquettes qui proviennent du bar de l'ancienne brasserie *Noailles* à Marseille. Les chambres sont totalement plaisantes, lumineuses et gaies, avec de ravissantes salles de bains entièrement couvertes de faïence de Salernes (six nouvelles sont plus vastes, climatisées, et offrent de beaux espaces de rangement). On aimerait encore parler du jardin, de l'immense tonnelle, mais la place manque pour décrire cette merveilleuse adresse à l'ambiance détendue. Pas de restaurant mais deux bonnes tables se trouvent à proximité : *Les Santons* dans le village, et bien sûr, l'excellente *Bastide de Moustiers*.

Accès (carte n° 34) : Sur A 51 (Aix-en-Provence / Manosque), sortie Cadarache / Vinon-sur-Verdon, direction Gréoux-les-Bains, Riez, Moustiers.

Auberge du Clos Sorel

Les Molanès 04400 Pra-Loup (Alpes-de-Haute-Provence)
Tél. 04 92 84 10 74 - Fax 04 92 84 09 14
Mᵐᵉ Dominique Mercier
E-mail : domidom@clos-sorel.com - Web : clos-sorel.com

Catégorie ★★★ **Fermeture** du 5 septembre au 10 décembre et du 6 avril au 15 juin **Chambres** 11 avec tél., s.d.b., w.c. et t.v. **Prix** des chambres doubles : 64 à 140 € - Petit déjeuner : 8 €, servi de 8 h à 9 h 30 - Demi-pension : 61 à 99 €, avec cuisine diététique en été (+ 8 € par pers.) **Carte de crédit** Visa **Divers** chiens admis (6 €) - Piscine, aquagym en été **Alentour** route du col la Bonnette ; Cayolle ; Allos - Ski au départ de l'hôtel **Restaurant** service de 12 h 30 à 14 h 30 - Menu-carte : 26 € - Spécialités : soufflés ; gigot ; tourtes aux herbes ; pot-au-feu ; petit salé aux lentilles ; tartes.

La station de Pra-Loup n'est qu'à une centaine de mètres, pourtant, le hameau perché à flanc de montagne semble n'avoir pas bougé depuis des siècles et c'est dans la plus ancienne ferme du pays que vous découvrirez le *Clos Sorel*. En parfaite harmonie avec les petits chalets qui l'entourent, l'édifice a conservé ses beaux murs de pierres et son entrée en rondins. A l'intérieur, on retrouve la même authenticité rustique : les poutres, la grande cheminée, les petites chambres mansardées (simples sauf quelques-unes dont la très belle n° 11 avec cheminée ou les deux avec balcon), les meubles cirés recréent l'atmosphère douillette et chaleureuse qu'on aime retrouver après une grande journée de ski ou de randonnée. Le soir, on dîne aux chandelles dans la salle de l'ancienne ferme. Les tables sont jolies, la cuisine traditionnelle et raffinée. En été, une piscine et des tennis font de cette auberge un lieu de séjour agréable, face à un superbe panorama. Une atmosphère très "maison", heureux mélange de décontraction et de sophistication. Une vraie belle adresse de montagne à l'accueil agréable et informel.

Accès (carte n° 34) : *Barcelonnette, puis D 902 et D 109 jusqu'à Pra-Loup (Les Molanès sont un peu avant la station Pra-Loup 1500).*

Auberge de Reillanne

04110 Reillanne (Alpes-de-Haute-Provence)
Tél. et Fax 04 92 76 45 95
Mᵐᵉ Monique Balmand
E-mail : monique.balmand@wanadoo.fr

Fermeture du 20 octobre au 1ᵉʳ avril **Chambres** 6 avec s.d.b., w.c. et minibar **Prix** des chambres : 70 et 75 € - Petit déjeuner : 8,5 € - Demi-pension : 68 € **Cartes de crédit** acceptées **Divers** chiens admis - Parking **Alentour** Manosque ; Forcalquier ; prieuré de Salagon et prieuré de Ganagobie ; château de Sauvan ; prieuré de Carluc **Restaurant** service de 19 h 30 à 21 h - Fermé le mercredi soir - Spécialités : cuisine régionale de saison.

Même si la très "tendance" vallée du Lubéron n'est qu'à quelques minutes, la mode et le tourisme ont encore épargné ce merveilleux coin de nature à l'authenticité rugueuse et belle. On peut en dire autant des vieux murs de cette grande bastide carrée qui a conservé, à l'intérieur comme à l'extérieur, ses proportions d'origine. Délicatement rénovée avec beaucoup de simplicité, la maison s'attache à respecter les matériaux naturel comme le bois brut, la chaux, la terre cuite ou le jonc de mer. Très sobres, les chambres sont parfois enduites de pigments colorés joliment assortis aux rideaux et couvre-lits. Pour dîner, vous rejoindrez la jolie salle à manger (coin-salon avec cheminée dans son prolongement), imposante poutraison, murs blanc et tissus orangés. La cuisine privilégie la fraîcheur des produits de saison à la multiplicité des choix ; à l'image du lieu, elle est simple et pleine de saveurs. Très attachée à sa maison, Mᵐᵉ Balmand pratique un accueil attentif et naturel ce qui achève de rendre plaisante cette adresse de vacances.

Accès (carte n° 33) : à 15 km au nord-ouest de Manosque direction Apt, puis N 100 et D 214 vers Reillanne.

Le Pyjama

04400 Super-Sauze (Alpes-de-Haute-Provence)
Tél. 04 92 81 12 00 - Fax 04 92 81 03 16
Mme Merle

Catégorie ★★★ **Fermeture** du 5 septembre au 15 décembre et du 20 avril au 25 juin **Chambres** 10 avec tél., s.d.b., w.c., t.v. et minibar **Prix** des chambres doubles : 52 à 80 € ; suites (4 pers.) : 85 à 110 € - Petit déjeuner : 4 à 8 €, servi à toute heure **Cartes de crédit** acceptées **Divers** chiens admis **Alentour** Barcelonnette, carrefour des 7 cols, vallée de Maurin ; route de la Bonnette - Ski au départ de l'hôtel **Pas de restaurant** à l'hôtel.

Qu'on ne s'y trompe pas, l'architecture 1970 de ce petit hôtel cache un décor raffiné de joli chalet qui mérite largement sa place parmi les établissements de charme. Accueillante et chaleureuse, Geneviève Merle s'occupe de l'hôtel, son mari fournit les beaux meubles et objets anciens que l'on retrouve un peu partout (il tient une brocante juste à côté) et leur fille Carole (vous savez, notre ex-championne du monde de ski !) s'occupe de *L'Op traken*, le restaurant bar qui se trouve un peu plus loin au village et que vous rejoindrez pour dîner. Presque toutes les chambres ouvrent leurs baies vitrées sur un petit bois de mélèzes ; d'une taille agréable (quatre ont une mezzanine bien pratique pour les familles), elles sont confortables à souhait et ont chacune leur personnalité. Autre possibilité pour des séjours autonomes, *Le Pyjama* propose quatre studios avec kitchenette dans un petit chalet attenant. Vous profiterez également d'un agréable salon avec cheminée et d'une terrasse bien ensoleillée pour se détendre au retour des pistes ou d'une balade. Un petit hôtel de charme très plaisant dans l'une des plus anciennes stations des Alpes du sud.

Accès (carte n° 34) : à 79 km au sud-est de Gap par D 900 b et D 900 direction Barcelonnette, puis D 9 et D 209 jusqu'à Super-Sauze.

430

Hostellerie de la Fuste

La Fuste 04210 Valensole (Alpes-de-Haute-Provence)
Tél. 04 92 72 05 95 - Fax 04 92 72 92 93 - Famille Jourdan-Bucaille
E-mail : lafuste@aol.com - Web : lafuste.com

Catégorie ★★★★ **Fermeture** du 7 janvier au 11 février, du 4 au 15 mars et du 12 novembre au 3 décembre **Chambres** 14 (5 climatisées) avec tél., s.d.b., w.c., t.v. câble, minibar et coffre-fort ; 1 chambre handicapés **Prix** des chambres : 95 à 180 € ; suite : à partir de 200 € - Petit déjeuner : 14 €, servi de 7 h 30 à 10 h - Demi-pension : 69 € **Cartes de crédit** acceptées **Divers** chiens admis - Piscine chauffée et couverte l'hiver - Parking **Alentour** plateau de Valensole ; Manosque : fondation Carzou, centre J.-Giono ; Moustiers ; gorges du Verdon **Restaurant** service de 12 h à 14 h, 19 h 30 à 21 h 30 - Fermé dimanche soir et lundi midi de mi-septembre à mi-juin - Menus : 40 à 65 € - Spécialités : agneau rôti à la crème d'ail ; brouillade rustique aux truffes ; genêt glacé de Manosque.

Au pays de Giono, dans cette merveilleuse haute Provence où se tutoient oliviers et lavandes, cette ancienne bastide est incontournable dans la région. Dehors ou dans une vaste salle à manger aux volumes de palais italien, largement ouverte sur le jardin, on déguste la cuisine passionnée et brillamment traditionelle de Daniel Jourdan. Le service est remarquable, les assiettes généreuses. Classiquement décorées, très confortables quelle que soit leur taille et scrupuleusement tenues, les chambres sont irréprochables, et la qualité initiale des matériaux choisis les rendent à peu près indémodables. Certaines disposent de vastes balcons et donnent sur le verger et les herbes aromatiques, d'autres s'ouvrent sur les platanes géants de la terrasse. Enfin, le petit déjeuner délicieux et la gentillesse de l'accueil complètent cet ensemble de qualité. Lors de votre visite à Manosque, vous pourrez découvrir de vraies spécialités provençales au restaurant *Dominique Bucaille*, dans la convivialité d'une ancienne filature également dirigée par la famille.

Accès (carte n° 34) : sur A 51 (Aix-en-Provence / Manosque), sortie Manosque ; à 6 km de Manosque par D 4, direction Oraison.

La Ferme de l'Izoard

La Chalp 05350 Arvieux (Hautes-Alpes)
Tél. 04 92 46 89 00 - Fax 04 92 46 82 37 - Jean Freychet
E-mail : info@laferme.fr - Web : laferme.fr

Fermeture en octobre et novembre **Chambres** 15 et 8 suites, avec tél., s.d.b., w.c. et t.v. ; 2 chambres handicapés **Prix** des chambres doubles : 57 à 153 € (selon saison) ; suites : 98 à 238 € - Petit déjeuner : 10 €, servi de 8 h à 12 h - Demi-pension : 56 à 104 € **Carte de crédit** Visa **Divers** chiens admis - Piscine chauffée, hammam et spa - Parking, garage **Alentour** Saint-Véran et le col de l'Izoard - Ski, rafting **Restaurant** service de 12 h 30 à 13 h 30, 19 h 15 à 20 h 30 - Fermé le mercredi en mai - Menus : 15 à 52 € ; enfants : 9 € - Spécialité : viande des Alpes au feu de bois.

Réputé pour sa production de meubles et de jouets en bois, le Queyras reste une haute vallée préservée de l'affluence touristique et encore riche de témoignages anciens. Les très vieilles fermes en pierre devancées par un étrange échafaudage de bois (balcon, séchoir, entrepôt) en sont un bel exemple et c'est en prenant modèle sur l'une d'entre elles que Jean Freychet a construit, au pied des pistes, son hôtel. Un appareillage de bois, deux cadrans solaires, une arche de pierre, des crépis pigmentés : la façade sud ne manque décidément pas de caractère. De même, le vaste salon d'accueil fait la part belle aux matériaux nobles (sols en parefeuille, vieux troncs de mélèze) et aux beaux meubles du Queyras, ancien ou plus récent, telles ces tables transformées en Scrabble ou en jeu d'échec. Hermétiquement insonorisées, vastes et confortables, les chambres-studio disposent toutes d'une terrasse. Leur décoration est simple (mobilier en pin et tissus pastel un peu *cheap*) mais on s'y sent très bien. Les deux suites possèdent même une cheminée utilisable sur demande. Un effort particulier a été porté sur la cuisine et le résultat est tout à fait convaincant. Une belle et très accueillante adresse de séjour, en constant progrès, aussi agréable l'hiver que l'été.

Accès (carte n° 27) : entre Gap et Briançon, sur la D 502 (route du col de l'Izoard).

La Pastorale

Les Brès 05230 La Bâtie-Neuve (Hautes-Alpes)
Tél. 04 92 50 28 40 - Fax 04 92 50 21 14
Sylviane Gonon
E-mail : la-pastorale@wanadoo.fr

Catégorie ★★★ **Fermeture** du 15 octobre au 1er mai **Chambres** 6 et 2 suites, avec tél., s.d.b., w.c. et t.v. ; 1 chambre handicapés **Prix** des chambres doubles : 72 à 78 € - suites (4 pers.) : 82 à 100 € - Petit déjeuner : 7,70 €, servi de 8 h à 12 h - Enfants : gratuits jusqu'à 6 ans **Carte de crédit** Visa **Divers** chiens admis - Piscine chauffée **Alentour** lac de Serre-Ponçon ; parc des Ecrins **Pas de restaurant** à l'hôtel, mais demi-pension possible avec 5 bons restaurants à proximité.

Vaste paysage dominé par l'Ubaye et le Grand Morgon, le site de Serre-Ponçon permet d'allier les loisirs nautiques aux plaisirs de la montagne. Nous sommes à la frontière des Alpes et de la Provence, c'est ainsi que la végétation affiche déjà un petit air méridional tandis que l'habitat conserve encore une rudesse toute montagnarde. *La Pastorale* ne fait pas exception à la règle, édifiée au XVIe, cette ancienne ferme totalement rénovée et installée sur le versant sud du Piolit propose un mode d'hébergement à la limite de l'hôtellerie et de la maison d'hôtes. L'accueil s'effectue dans les anciennes étables voûtées du rez-de-chaussée. Il y a la jolie salle des petits déjeuners (avec fromages de montagne et gâteaux maison), le salon au décor un peu kitsch et la salle de jeux des enfants. Les chambres se trouvent aux étages supérieurs, confortables, souvent parquetées de mélèze, elles affichent une décoration jeune et sereine en perpétuelle évolution. La vue n'y est pas toujours très dégagée mais on s'y sent très bien. Accueil agréable de Sylviane et de son beau-frère, Stéphane Passeron (notre champion de France de ski de fond). Une très sympathique adresse d'un rapport qualité-prix particulièrement avantageux.

Accès (carte n° 27) : à Gap N 94 jusqu'à La Bâtie-Neuve puis D 214 et D 614 jusqu'au hameau des Brès.

Les Chalets de la Meije

05320 La Grave (Hautes-Alpes)
Le nouveau village
Tél. 04 76 79 97 97- Philippe Teyras
E-mail : contact@chalet-meije.com - Web : chalet-meije.com

Catégorie ★★★ **Ouverture** du 17 décembre au 2 mai et du 20 mai au 7 octobre **Chambres** 18 et 9 suites avec tél., s.d.b., w.c. et t.v. satellite ; 2 chambres handicapés **Prix** des chambres : 67 à 70 € - Petit déjeuner : 8,50 €, servi de 7 h 30 à 10 h - Demi-pension : 50 à 65 € **Carte de crédit** Visa **Divers** chiens admis (6,50 €) - Piscine, sauna, spa, fitness - Parking (8,50 €) **Alentour** GR 54 ; ski ; cols du Lautaret et du Galibier **Pas de restaurant** à l'hôtel mais possibilité de demi-pension avec *Le Vieux Guide* (200 m).

L a Grave est un authentique village de montagne qui, à la différence de nombreuses stations de ski, mène sa vie quelle que soit la saison. Ici, l'ombre tutélaire du glacier de la Meije est tout autant une protection que la version statufiée d'éléments déchaînés encore menaçants mais riches en promesses sportives. Pour vous offrir les plus beaux angles de vue sur la glace bleutée, cet hôtel a multiplié les trouvailles architecturales : Vélux et murs ajourés dans le salon-bar-salle à manger (joli décor au goût du jour et petits déjeuners soignés) ou dans le jacuzzi panoramique et orientation systématique de chaque mini chalet plein sud face au glacier. Car ici, vous ne trouverez pas de long couloir desservant les chambres mais un chemin de bois conduisant à une série de petites unités comportant chacune une suite avec salon et cheminée et deux chambres (combinables pour les familles). Élégantes avec leurs tissus vieux rouge et jaune-orangé et certaines parois lambrissées, elles n'en restent pas moins très sobrement meublées (à signaler des kitchenettes en option), mais tout à fait agréables. Un ensemble accueillant et très bien pensé.

Accès (carte n° 27) : à Grenoble, prendre la Route Napoléon. A Vizille, N 91 jusqu'à La Grave, l'hôtel se trouve à gauche à l'entrée du bourg.

Hôtel Alliey

Serre-Chevalier 1500 05220 Le Monetier-les-Bains (Hautes-Alpes)
Tél. 04 92 24 40 02 - Fax 04 92 24 40 60 - Hervé et Eliane Buisson
E-mail : hotel@alliey.com - Web : alliey.com

Catégorie ★★ **Fermeture** mi-avril à mi-juin et mi-septembre à mi-décembre **Chambres** 22 avec tél., s.d.b., w.c., 10 avec t.v. **Prix** des chambres : 69 à 116 € ; duplex : 100 et 149 € - Petit déjeuner : 10 €, servi de 8 h à 10 h 30 - Demi-pension : 68 à 104 € **Carte de crédit** Visa **Divers** chiens admis (5 € par séjour) - Piscine chauffée intérieure et extérieure, spa, sauna, hammam **Alentour** cols du Lautaret, Galibier, Izoard - Ski : domaine du "Grand Serre Che", escalade, rafting, VTT - Golf 9 trous de Clavière à 21 km **Restaurant** service de 19 h 30 à 21 h - Menus : 26 à 39 € - Spécialités : filet de truite sauvage, bouillon mousseux à l'armoise ; carré d'agneau cuit dans une écorce, jus de mélèze.

Parmi tous les villages qui constituent la célèbre station du "Grand Serre Che", Le Monetier reste le plus préservé. C'est près de la chapelle Saint-Pierre que vous découvrirez la maison de famille d'Hervé et Eliane Buisson. L'entrée se fait à côté d'un bar tapissé de bois clair très joliment décoré dans un esprit plutôt actuel. Dans cette partie de l'hôtel, les chambres sont d'une charmante simplicité, douillettes et fleuries avec de confortables salles de bains en faïences de Salernes ; celles de l'aile latérale sont plus exiguës, très sommaires et nous ne les conseillons pas (il faudrait également penser à améliorer la literie dans certaines chambres…). Récemment confié à Stéphane Froidevaux (ex-chef chez Marc Veyrat), le restaurant permet de goûter une excellente cuisine, délicatement parfumée d'herbes ou d'épices, une réussite ! Pour l'accompagner, vous avez le choix parmi les cent soixante crus de la cave. L'été, le patio fleuri devient un lieu très agréable pour prendre un verre. L'hôtel se distingue aussi désormais par son espace de balnéothérapie accolé à la piscine extérieure dont on peut profiter toute l'année. *Hôtel Alliey and Spa*, telle est la nouvelle appellation de cet établissement qui offre à la fois bien-être et dépaysement.

Accès (carte n° 27) : à 13 km de Briançon.

Le Chalet d'en Hô

Hameau des Chazals 05100 Névache (Hautes-Alpes)
Tél. 04 92 20 12 29 - Fax 04 92 20 59 70 - Agnès, Didier et Valérie
E-mail : chaletdenho@aol.com - Web : chaletdenho.com

Catégorie ★★★ **Fermeture** du 17 avril au 2 juin, du 17 septembre au 27 octobre, du 5 novembre au 22 décembre **Chambres** 14 avec s.d.b., w.c. et t.v.; 1 chambre handicapés **Prix** des chambres doubles : 51 à 117 € - Petit déjeuner : 9 €, servi de 8 h à 9 h 30 - Demi-pension : 51 à 84 € **Carte de crédit** Visa **Divers** chiens admis - Sauna, bains à remous - Parking **Alentour** vallée de la Clarée ; villages classés ; Briançon - Ski de fond, randonnées pédestres ou en raquettes, chiens de traîneaux, VTT **Restaurant** service à 19 h 45 - Menu : 23 €.

L a vallée de la Clarée est un site classé, connu pour la richesse de sa faune et de sa flore. Encore aujourd'hui, on y décèle le témoignage des modes de vie autarciques qui prévalaient dans les hautes vallées de montagne. A côté de l'habitat traditionnel, quelques constructions plus récentes devraient bien vieillir et permettent d'élargir la capacité d'accueil du site. C'est le cas de ce chalet situé plein sud à proximité des pistes de ski de fond (qui semblent se perdre dans l'infini) et des deux remonte-pentes de la station. Quatorze chambres vous y attendent. Murs crépis de blanc ou partiellement lambrissés de sapin, mobilier en mélèze, tissus provençaux Les Olivades, souvent un balcon, parfois une mezzanine pour les enfants… C'est gai, paisible, sans prétention avec un petit côté "chalet de famille" dû aux volumes variés et aux paliers à décrochement. Particulièrement chaleureux, le salon-bar, avec coin-cheminée et piano pour hôtes mélomanes, se prolonge par une très agréable terrasse-solarium. Alléchant menu du jour dans une charmante salle à manger agrémentée de nombreux objets ruraux assemblés par thèmes. Ambiance jeune et sympathique, prix raisonnables, juste un regret : l'horaire très contraignant du petit déjeuner…

Accès (carte n° 27) : à Briançon N 94 (Montgenèvre). D 994 G vers Névache.

Les Chalets du Villard

Le Villard 05350 Saint-Véran (Hautes-Alpes)
Tél. 04 92 45 82 08 - Fax 04 92 45 86 22 - M. et Mme Weber
E-mail : info@leschaletsduvillard.fr - Web : leschaletsduvillard.fr

Catégorie ★★★ **Fermeture** du 20 septembre au 20 décembre et du 10 avril au 10 juin **Chambres** 24 studios avec tél., s.d.b., w.c. et t.v. satellite **Prix** des studios : 66 à 95 € (basse saison), 88 à 136 € (haute saison) - Petit déjeuner : 8,50 €, servi de 8 h à 10 h - Demi-pension : + 25 € **Carte de crédit** Visa **Divers** chiens admis (5 €) - Tennis **Alentour** Saint-Véran ; parc naturel régional du Queyras **Restaurant** non-fumeurs, service de 12 h 30 à 14 h, 19 h 30 à 21 h - Fermé le mardi midi - Menus : 18 à 30 € - Spécialité : foie gras de canard maison à l'alcool de mélèze.

2040 mètres : Saint-Véran est la plus haute commune d'Europe, pour nous c'est aussi l'un des plus charmants villages d'altitude qui soient. Plein sud, adossé à la pente face à la crête de Curelet, il expose ses superbes chalets XVIIIe et leurs avancées en mélèze (balcons-séchoirs). C'est en remontant la ruelle principale, juste après avoir longé le vieux temple protestant, que l'on descend à l'hôtel. "Descendre" est le mot, puisque c'est à partir du niveau le plus élevé et par escaliers successifs que s'effectue l'accès aux pièces de réception. Construit il y a une trentaine d'années, l'édifice s'accroche par degrés à la pente, en contrebas du village. De quoi assurer une vue imprenable et ensoleillée à la belle terrasse de planches et aux balcons de chaque chambre-studio (fonctionelles, plutôt jolies et idéales pour les familles avec leur coin-salon et leur kitchenette). On aime les volumes généreux du salon d'accueil pavé de bois, décoré d'un beau mobilier en mélèze et de quelques objets traditionnels. Même élégance dans la salle à manger avec son sol en parefeuille ciré et sa cheminée où l'on grille la viande chaque soir. Cuisine simple et d'une vraie qualité. Accueil très agréable.

Accès (carte n° 27) : à Gap, prendre N 94 jusqu'à Guillestre, D 947 jusqu'à Ville-Vieille puis D 5 jusqu'à Saint-Véran.

Le Pi-Maï

2006

05240 La Salle-les-Alpes (Hautes-Alpes)
Hameau de Fréjus
Station de Serre-Chevalier
Tél. 04 92 24 83 63 ou 06 08 54 13 60 - M. et Mme Charamel
Web : lepimail.com

Catégorie ★★ **Fermeture** du 15 septembre au 1er décembre et du 1er mai au 1er juillet **Chambres** 6 avec s.d.b. ou douche et w.c. **Prix** des chambres : 99 à 109 € (par pers., en demi-pension) - Petit déjeuner compris **Carte de crédit** Visa **Divers** chiens non admis Alentour ski au départ de l'hôtel ; "mountainbike" ; randonnées à cheval - Golfs **Restaurant** service de 12 h à 15 h, 20 h à 21 h - Menus : 30 à 32 € - Spécialités : croûte au fromage d'alpage ; grillades de charolais aux braises de mélèze.

Difficile de rêver de situation plus montagnarde et sauvage que le Pi-Maï ! Uniquement accessible à ski ou en raquette l'hiver, ce magnifique chalet accroché à la pente (2 000 m) est un peu à l'écart des pistes du "Grand Serre Che" et domine la vallée. Il s'agit avant tout d'un restaurant réputé pour sa cuisine saine et bonne. S'y ajoutent quelques chambres en madriers de mélèze, lumineuses et souvent dotées d'un balcon ("Torrent" est la plus grande). Chaleureuses et intimes, elles ne manquent vraiment pas de séduction mais, comme pour toute structure en bois, ne leur en demandez pas trop en matière d'insonorisation intérieure. Dehors, en revanche, c'est le grand calme ! surtout en fin de journée, alors que les derniers skieurs rejoignent la vallée et que les quelques hôtes privilégiés goûtent au vrai plaisir de rester là, presque seuls, à profiter des derniers rayons du soleil et du pur silence de la montagne.

Accès (carte n° 27) : à 10 km au nord-ouest de Briançon par N 91. A Villeneuve-la-Salle, Hauts-de-Fréjus, 7 km de chemin accessible sauf enneigement, ou télécabine de Fréjus depuis Villeneuve 1400 (dernière montée à 16 heures), puis chemin 10 minutes à pied, 3 minutes à ski, 20 minutes en voiture l'été.

La Jabotte

06160 Cap-d'Antibes (Alpes-Maritimes)
13, avenue Max-Maurey
Tél. 04 93 61 45 89 - Fax 04 93 61 07 04
Yves April et Claude Mora
E-mail : info@jabotte.com - Web : jabotte.com

Catégorie ★★ **Fermeture** en novembre et semaine de Noël **Chambres** 10 avec tél., s.d.b., w.c. et 2 avec t.v. câble **Prix** des chambres simples et doubles : 46 à 80 € - Petit déjeuner : 7 € **Carte de crédit** Visa **Divers** petits chiens admis - Plage à 50 m - Parking gratuit **Alentour** musée Picasso ; musée d'Archéologie ; musée Peynet ; Vallauris ; Biot ; Grasse **Pas de restaurant** à l'hôtel.

C'est un hôtel miniature à cinquante mètres de l'une des plus belles plages du cap d'Antibes et organisé autour d'un jardin patio avec son oranger, son mimosa et son olivier. Est-ce parce qu'ici tout est à l'échelle ? toujours est-il que l'exiguïté du lieu semble être un facteur de bien-être. On aime les confortables chambres chaleureuses à la décoration très sobre et leur mini-terrasse privative, les agréables salles de bains, le coin-salon-bibliothèque et surtout… Tommy, petit terrier blanc et mascotte en titre de la *Jabotte*. Très attentifs à leurs hôtes, Yves April et Claude Mora préparent d'excellents petits déjeuners ; soucieux de ne jamais tomber dans la routine, ils y ajoutent chaque matin une gourmandise différente (gâteau, salade de fruits), pour le plus grand plaisir de ceux qui ont la bonne idée de rester ici en séjour. Sur cette Côte d'Azur où les tarifs sont souvent prohibitifs, voici une petite rareté qui prouve qu'avec un peu d'idée et la passion on peut parfaitement réussir à marier qualité, charme et petits prix.

Accès (carte n° 35) : A 8 sortie n° 44 Antibes, suivre direction Antibes centre, Cap-d'Antibes, les plages, plage de la Salis : au centre de la baie, prendre la petite avenue Max-Maurey, l'hôtel est à 50 m.

Hôtel Les Deux Frères

Roquebrune-Village 06190 Cap-Martin (Alpes-Maritimes)
Place des Deux-Frères
Tél. 04 93 28 99 00 - Fax 04 93 28 99 10 - M. W. Bonestroo
E-mail : info@lesdeuxfreres.com - Web : lesdeuxfreres.com

Ouverture toute l'année **Chambres** 10 climatisées, avec tél., s.d.b. ou douche, t.v. et vidéos **Prix** des chambres doubles : 100 à 110 € - Petit déjeuner : 9 € **Cartes de crédit** acceptées **Divers** chiens admis **Alentour** la rue Moncolet à Roquebrune, église de la Turbie ; sentier de promenades au Cap-Martin ; à Menton : palais Carnolès et musée Jean-Cocteau - Golf 18 trous de Monte-Carlo à La Turbie **Restaurant** service de 12 h à 14 h, 19 h 30 à 22 h - Fermé du 11 novembre au 11 décembre ; 1 semaine en mars - Menus : 24 (déjeuner) à 45 € - Carte - Spécialités : poissons, canard, foie gras.

Dans le village médiéval de Roquebrune, protégé par son château carolingien, l'école construite en 1854 avait eu le meilleur emplacement, juste en face du *Café de la grotte*, sur la place des Deux-Frères (du nom des deux rochers qui sont à l'origine du village) qui domine de manière vertigineuse et magnifique toute la baie de Monte-Carlo. Pourtant, peu à peu, l'école a été désertée. La maison aux volets verts a été restaurée par un architecte hollandais. Le préau s'est ainsi mué en agréable terrasse de restaurant et les salles de classe ont été transformées en très jolies petites chambres décorées autour de différents thèmes : "Fleur de lys", "Nuit de noce", "Marine", "Afrique", etc., (inutile de préciser que la vue y est souvent fantastique). Dans le superbe restaurant, à proximité de la cheminée, de gros canapés en cuir ont été installés pour donner l'envie aux invités de rester après la cloche de 18 heures. On y profite alors d'une ambiance très chaleureuse, toujours fleurie, avec de nombreux tableaux et objets personnels. Accueil décontracté et plein d'agréables attentions pour nous aider à nous sentir en vacances.

Accès (carte n° 35) : à 5 km au sud de Menton par A 8 ou N 98.

440

Auberge du Soleil

06390 Coaraze (Alpes-Maritimes)
Quartier Porta-Savel
Tél. 04 93 79 08 11 - Fax 04 93 79 37 79
M. et Mme Jacquet

Catégorie ★ Fermeture du 2 novembre au 14 février **Chambres** 8 avec tél., s.d.b. ou douche, w.c. **Prix** des chambres doubles : 61 à 83 € - Petit déjeuner : 8 €, servi de 8 h à 12 h - Demi-pension : 61 à 74 € **Cartes de crédit** Amex, Visa **Divers** chiens admis (5,34 €) - Piscine **Alentour** réserve du Mercantour ; vallée des Merveilles ; forêt de Turini ; villages de Lucéram, Peille, Sospel **Restaurant** service de 12 h à 14 h, 19 h 30 à 21 h - Menus : 20 et 25 € - Carte - Spécialités : tourte saisonière ; gibelotte de lapin ; caille aux raisins ; sardines à l'escabèche ; petirs farcis.

A une demi-heure de Nice et non loin du parc du Mercantour, l'auberge est située dans un village médiéval accroché à 640 mètres d'altitude, sur un piton. Son dédale de rues étroites assure une très grande tranquillité. (Prévenez l'hôtel si vous avez de lourds bagages.) Dans cette vieille demeure restaurée avec goût règne une ambiance bohème, bien éloignée de l'hôtellerie classique. Les chambres, certes très simples, n'en sont pas moins confortables ; certaines, avec deux fenêtres en angle, sont nos favorites. Vous y trouverez aussi un salon-billard aménagé dans la fraîcheur d'une cave voûtée. Accueillante salle de restaurant qui se prolonge par une terrasse couverte dont la vue embrasse toute la vallée et où l'on vous proposera une cuisine simple, saine et bonne. Signalons enfin que le jardin en restanques propose coin d'ombre, jeu de boules, ping-pong, etc. L'accès à la piscine se fait par un petit chemin qui serpente dans la colline.

Accès (carte n° 35) : à 25 km au nord de Nice par A 8, sortie Nice-est, puis voie rapide direction Drap-Sospel ; à la pointe des Contes, prendre à gauche direction Contes-Coaraze.

Hôtel Sainte-Valérie

2006

06160 Juan-les-Pins (Alpes-Maritimes) - Rue de l'Oratoire
Tél. 04 93 61 07 15 - Georges Rigotti
E-mail : saintevalerie@wanadoo.fr - Web : http://juanlespins.net

Catégorie ★★★★ **Ouverture** du 28 avril au 15 octobre **Chambres** 32 et 4 suites, climatisées, avec s.d.b., t.v. (satellite et Canal+), minibar et coffre-fort ; ascenceur **Prix** des chambres doubles : 165 à 250 € ; suites : 280 à 500 € - Petit déjeuner : 20 €, servi de 7 h 30 à 12 h **Carte de crédit** Visa, Amex **Divers** chiens non admis - Piscine - Parking (18 €) **Alentour** Antibes ; Monaco ; vieux villages de l'arrière-pays **Pas de restaurant** à l'hôtel.

À l'écart de l'agitation des plages et du casino et pourtant au cœur de Juan-les-Pins, cette jolie villa provençale se dresse au milieu d'un jardin fleuri et luxuriant. On déambule parmi les rosiers, les bananiers, les citronniers, les orangers, les palmiers ou encore les cicas (plantes méditerranéennes), qui poussent autour d'une superbe piscine intégrée dans un bassin en pierres. La façade recouverte de bougainvilliers et la terrasse abritée par une magnifique voûte de mûriers platanes ne sont pas en reste. L'intérieur, "cosy", joue sur le même tempo. Le salon et l'entrée révèlent de grands vases composés de fleurs exotiques et de belles sculptures africaines au style épuré mêlés aux meubles de famille ou à ceux en fer forgé d'inspiration contemporaine. Quant aux couloirs, dont l'éclairage est subtilement tamisé d'ampoules peintes, ils exhalent des odeurs d'orchidées et de vanille. Dans cet hôtel provençal, l'atmosphère est placée sous le signe de l'Orient et de l'exotisme. Les chambres nombreuses (contrairement à l'impression d'intimité délicieusement trompeuse) et réparties entre deux bâtiments sont spacieuses et confortables, avec des couleurs chaudes (portes peintes en rouge et en vert, murs ocres et orangés) et des salles de bains modernes équipées de baignoires à l'ancienne. Accueil chaleureux et raffiné.

Accès (carte n° 34) : Juan-les-Pins Centre, puis La Pinède, puis rue de l'Oratoire.

Le Manoir de l'Etang

06250 Mougins (Alpes-Maritimes)
Bois de Font-Merle - Route d'Antibes
Tél. 04 92 28 36 00 - Fax 04 92 28 36 10 - Mme Richards
E-mail : manoir.etang@wanadoo.fr - Web : manoir-de-letang.com

Catégorie ★★★ **Fermeture** de novembre à mars **Chambres** 17 et 4 suites, avec tél., s.d.b. ou douche, w.c., t.v. et minibar **Prix** des chambres doubles : 250 € ; suites : 300 à 450 € - Petit déjeuner : 15 €, servi de 7 h 30 à 10 h 30 **Cartes de crédit** Amex, Visa **Divers** petits chiens admis sur réservation - wifi - Piscine - Parking **Alentour** Côte d'Azur ; villages de l'arrière-pays - Golf 18 trous de Cannes-Mougins **Restaurant** service de 12 h à 14 h, 20 h à 22 h - Menu : 39 € - Carte.

Changement de main et changement de cap au *Manoir de l'Etang*. A présent, l'établissement joue sur un registre beaucoup plus luxueux, mariant le charme de ses vieux murs (début XIXe) à un aménagement design-tendance très abouti. Décor à dominante prune, taupe, blanc cassé, dans les pièces de réception décorées de tableaux contemporains assortis, bouquets minimalistes et mobilier de teck ou d'ébène. Dans la salle à manger, les portes-fenêtres encadrées de lin beige ouvrent sur la terrasse qui se prolonge par un jardin en pente nouvellement redessiné par Stephen Woodhams. Est-ce parce que la vue fait penser à la Toscane ? toujours est-il que la cuisine de Luigi Fiore est résolument italienne, délicate, épurée, généreuse (et accompagnée d'un beau choix de vins). Parquetées de chêne clair, décorées de tapis Glaouis, de grandes photos contemporaines et d'un mobilier crème d'inspiration provençale, les chambres affichent une douce gaieté. Les lits king-size drapés de coton d'Egypte, parés de petits plaids unis tilleul ou orangés assortis à quatre coussins en velours de soie, sont une véritable invitation au farniente (confirmée par un abondant et superbe linge de bain). Service attentif et prévenant.

Accès (carte n° 34) : à 5 km au nord de Cannes par voie rapide.

Hôtel La Pérouse

06300 Nice (Alpes-Maritimes)
11, quai Rauba-Capeu
Tél. 04 93 62 34 63 et 04 97 00 19 34 - Fax 04 93 62 59 41 - Mme Cren
E-mail: lp@hotel-la-perouse.com - Web: hotel-la-perouse.com

Catégorie ★★★★ **Ouverture** toute l'année **Chambres** 62 climatisées, avec tél., s.d.b. ou douche, w.c., t.v.satellite, coffre-fort et minibar **Prix** des chambres: 155 à 450 €; appart.: à partir de 630 € - Petit déjeuner: 19 €, servi de 7 h à 11 h **Cartes de crédit** acceptées **Divers** chiens non admis - Piscine, sauna, fitness, jacuzzi et solarium **Alentour** musées de Nice; forêt de Turini; vallée de la Tinée (Roure, Roubron); villages d'Utelle, Belvédère, Boréon (point de départ des promenades dans le parc du Mercantour), Venanson - Golf 18 trous d'Opio à Valbonne et golf 18 trous de la Bastide-du-Roy à Biot **Restaurant** service de 12 h à 14 h, 19 h 30 à 22 h - Fermé du 15 septembre au 15 mai - Carte.

Adossé à la roche, au pied du château dominant la baie des Anges et le vieux Nice, au milieu de citronniers et d'aloès, l'hôtel occupe une grande maison de style méditerranéen entièrement rénovée. L'accès se situe sur le quai où deux ascenseurs vous conduisent au niveau de l'hôtel, celui-ci étant isolé du boulevard par un immeuble qui le protège du bruit sans gêner sa vue. Décorées dans un style actuel et méridional particulièrement élégant, les chambres sont toutes confortables, calmes, leurs prix variant selon la saison, leur taille et la vue sur le jardin ou sur la baie. Bon nombre d'entre elles profitent de balcons et certaines de grandes terrasses avec transats (en particulier la suite du dernier étage). En été, un grill permet de vivre davantage à l'hôtel, de paresser au bord de la piscine tout en profitant du solarium panoramique et de prendre un verre à l'ombre des citronniers qui prospèrent sur une ravissante terrasse aux allures de miniplace de village. Accueil amical et très sympathique, une heureuse surprise que l'on aimerait connaître plus souvent dans les établissements de ce niveau.

Accès (carte n° 35): dans le centre-ville.

Hôtel Windsor

06000 Nice (Alpes-Maritimes) - 11, rue Dalpozzo
Tél. 04 93 88 59 35 - Fax 04 93 88 94 57 - Mme Payen-Redolfi
E-mail : contact@hotelwindsornice.com - Web : hotelwindsornice.com

Catégorie ★★★ **Ouverture** toute l'année **Chambres** 57 climatisées, avec tél., s.d.b. ou douche, w.c., t.v. et minibar ; ascenseur **Prix** des chambres : 77 à 160 € - Petit déjeuner : 10 €, servi de 7 h à 10 h 30 - Demi-pension : + 33 € **Cartes de crédit** acceptées **Divers** chiens admis - Piscine, salle de remise en forme, sauna et hammam (10 €), massages (50 €) - Parking (10 €) **Alentour** musées de Nice ; forêt de Turini ; vallée de la Tinée ; vallée de la Vésubie - 2 golfs 18 trous à Valbonne et à Biot **Restaurant** service de 12 h à 14 h (été seulement), 19 h à 22 h 30 - Fermé samedi midi et dimanche - Carte.

Côté rue, l'*Hôtel Windsor* semble un classique hôtel de centre-ville. A l'intérieur, il n'en est rien. Il y a d'abord, installés dans la réception moderne, ce lit d'apparat asiatique tout incrusté de nacre et cette ancienne châsse dorée avec un bouddha assis. Il y a aussi, juste à côté, ce jardin exotique luxuriant, où une volière occupe le creux d'un vieil arbre, où quelques tables sont disséminées sur une terrasse en teck aménagée l'année passée, non loin d'une petite piscine égayée par le chant d'oiseaux des îles. Vous l'avez compris, un esprit particulier habite ces lieux, à déconseiller aux adeptes d'une hôtellerie traditionnelle. Le mobilier des chambres, souvent grandes, fait volontairement hôtel des années 50 et 60. Mais sa personnalité réside dans celle de son propriétaire qui propose vingt "chambres d'artistes" contemporains (Ben, Peter Fend, Honegger, Panchounette…). Pour expliquer sa démarche, mieux vaut lui laisser la parole : "Un artiste est relié à une réalité immanente. C'est ce qui m'attire. En hôtellerie, on est arrivé à une limite sur le plan de la compétition matérielle. On peut rajouter un fer à repasser, un séchoir, bien sûr, mais il vaut mieux approfondir le tissu humain…" Un hôtel raffiné dans l'esprit d'une maison d'hôtes.

Accès (carte n° 35) : dans le centre-ville.

Auberge du Colombier

06330 Roquefort-les-Pins (Alpes-Maritimes)
Tél. 04 92 60 33 00 - Fax 04 93 77 07 03
M. Wolff
E-mail : info@auberge-du-colombier.com - Web : auberge-du-colombier.com

Catégorie ★★★ **Fermeture** du 5 janvier au 5 février **Chambres** 18 et 2 suites, avec tél., s.d.b. ou douche, w.c. et t.v. satellite **Prix** des chambres simples et doubles : 50 à 105 € ; suites : 95 à 125 € - Petit déjeuner : 8 € - Demi-pension : + 34 € **Cartes de crédit** acceptées **Divers** chiens admis (6 €) - Piscine, tennis (8 €) - Parking **Alentour** Nice ; Grasse ; gorges du Loup et Gourdon ; Vence ; Saint-Paul-de-Vence (fondation Maeght) - Golf 18 trous d'Opio à Valbonne **Restaurant** service de 12 h à 14 h 30, 19 h 30 à 22 h - Fermé le mardi d'octobre à mars - Menus : 27 à 47 € - Carte - Spécialités : ravioles de homard en nage de pistou ; carré d'agneau en croûte d'herbes.

Ancien relais de poste, l'*Auberge du Colombier* se présente comme une belle maison de caractère dominant l'arrière-pays niçois avec la mer à l'horizon. Cette magnifique situation, le parc d'un hectare, les abords fleuris de la maison compensent largement la proximitié de la route qui, du reste, se fait très discrète dés que l'on pénètre dans l'enceinte du domaine. C'est donc face à une vue superbe que donnent presque toutes les chambres et, pour en profiter au mieux, bon nombre d'entre elles profitent de balcon ou de terrasse (quand il ne s'agit pas d'accès de plain-pied sur le jardin, comme c'est le cas pour trois d'entre elles). Plutôt jolies bien que simplement aménagées, elles sont souvent rafraîchies, tout comme leurs salles de bains. Dès les beaux jours, on dresse un large vélum sur la terrasse pour prolonger la salle à manger et c'est un vrai plaisir de déguster les bonnes spécialités du chef en contemplant la vallée du Bastidon. Une belle et très accueillante auberge de grande tradition.

Accès (carte n° 34) : à 25 km à l'ouest de Nice par A 8, sortie Villeneuve-Loubet, puis D 2085 direction Grasse. De Cannes, sortie Cagnes-sur-Mer, direction Grasse.

Hôtel Brise Marine

06230 Saint-Jean-Cap-Ferrat (Alpes-Maritimes)
58, avenue Jean-Mermoz
Tél. 04 93 76 04 36 - Fax 04 93 76 11 49 - M. Maîtrehenry
E-mail : info@hotel-brisemarine.com - Web : hotel-brisemarine.com

Catégorie ★★★ Fermeture du 1ᵉʳ novembre au 1ᵉʳ février **Chambres** 16 climatisées, avec tél., s.d.b., w.c., t.v. et coffre-fort **Prix** des chambres doubles : 140 à 155 € - Petit déjeuner : 12 €, servi de 8 h à 10 h **Cartes de crédit** Amex, Visa **Divers** chiens non admis - Parking (12 €) **Alentour** chapelle Saint-Pierre (Cocteau) à Villefranche ; villa Ephrussi à Saint-Jean-Cap-Ferrat ; villa Kerylos à Beaulieu - Golf 18 trous de la Bastide-du-Roy à Biot **Pas de restaurant** à l'hôtel.

Cela fait bientôt cinquante ans que la famille Maîtrehenri résiste à la pression foncière pour tenir ce petit hôtel et retrouver sa clientèle d'habitués tout heureuse de pouvoir séjourner à prix encore réalistes dans l'un des lieux les plus prisés d'Europe. *Brise Marine*, c'est d'abord un irrésistible jardin en escaliers avec ses innombrables fleurs, ses palmiers, petites fontaines, lions de terre cuite et jeux de balustres. Les chambres, qui sont régulièrement rénovées, conservent leur simplicité provinciale et se répartissent entre la maison principale et de petites dépendances de plain-pied sur une courette dallée, ponctuée de poteries. A l'étage, bon nombre d'entre elles s'ouvrent sur la mer avec, à droite, le palais d'un émir, port privé, immense jardin clos de mur, paisibles molosses… on s'attendrait presque à voir James Bond caché dans un massif de buis. Grand moment de plaisir, le petit déjeuner se prend souvent dehors, sous l'ombre d'un vélum et face à l'une des plus belles vues qui soit : la baie de Monte-Carlo en léger contrebas avec la luxuriance méridionale du jardin en premier plan. Service attentif et souriant car on travaille ici de mères en belles-filles. Alors on ne s'étonnera pas qu'Isabelle, Christelle et Myriam aient pour le *Brise Marine* et ses hôtes une tendresse presque filiale.

Accès (carte n° 35) : à 15 km à l'est de Nice par N 98.

Hôtel Le Hameau

06570 Saint-Paul-de-Vence (Alpes-Maritimes)
528, route de La Colle
Tél. 04 93 32 80 24 - Fax 04 93 32 55 75 - M. Burlando
E-mail : lehameau@wanadoo.fr - Web : le-hameau.com

Catégorie ★★★ **Fermeture** de mi-novembre à mi-février (sauf fêtes de fin d'année) **Chambres** 14 et 3 suites climatisés, avec tél., s.d.b. ou douche, sèche-cheveux, w.c., t.v. satellite, minibar et coffre-fort **Prix** des chambres : 105 à 170 € ; suites : (2 pers.) : 190 € - Lit suppl. : 30 € - Petit déjeuner : 14 €, servi de 8 h à 10 h 30 **Cartes de crédit** Amex, Visa **Divers** chiens admis - Piscine à débordement - Parking fermé **Alentour** chapelle du Rosaire (Matisse) ; musée du Parfum ; fondation Maeght, église Saint-Charles-Borromée ; Clues de haute Provence - Golf 18 trous d'Opio **Pas de restaurant** à l'hôtel.

Une voûte de citronniers, jasmins, capucines, bordée par un jardin odorant très fleuri, mène à cette maison blanche 1920 qui domine la vallée et le village de Saint-Paul-de-Vence. L'hôtel, construit en terrasses et arcades, paraît s'enfouir sous le chèvrefeuille, les figuiers, le jasmin et les vignes grimpantes. Les chambres, spacieuses, carrelées de tomettes et très joliment décorées avec leurs meubles provençaux anciens, disposent, pour certaines, d'une loggia avec vue impressionnante sur la vallée et pour d'autres, d'un accès de plain-pied sur la magnifique piscine à débordement qui semble arroser l'arrière-pays en contrebas. Les carrelages anciens vert irisé de certaines salles de bains sont magnifiques. Dans la ferme attenante du XVIIIe siècle, les chambres, plus petites et mansardées, bénéficient d'une jolie vue sur la vallée ou sur Saint-Paul. Enfin le petit déjeuner est un vrai régal dans cette excellente adresse qui reste l'une de nos préférées dans la région. Pas de restaurant mais *La Colombe d'Or* qu'aimait tant Picasso ou *La Couleur Pourpre* pallieront cet inconvénient.

Accès (carte n° 34) : à 20 km à l'ouest de Nice par A 8, sortie Cagnes-sur-Mer, puis D 7 direction Vence par La Colle-sur-Loup ; à 1 km avant Saint-Paul-de-Vence.

Les Vergers de Saint-Paul

06570 Saint-Paul-de-Vence (Alpes-Maritimes)
940, route de La Colle
Tél. 04 93 32 94 24 - Fax 04 93 32 91 07`
Jacques Meche
E-mail: h.vergers@wanadoo.fr - Web: stpaulweb.com/vergers

Ouverture toute l'année **Chambres** 15 et 2 suites, climatisées, avec tél., s.d.b. ou douche, w.c. et t.v. satellite **Prix** des chambres: 135 à 165 € ; suites: 245 € - Petit déjeuner: 14 €, servi de 7 h 30 à 11 h **Cartes de crédit** Visa, Amex **Divers** chiens non admis - Piscine - Parking surveillé en haute saison **Alentour** chapelle du Rosaire (Matisse); musée du Parfum; fondation Maeght, église Saint-Charles-Borromée; Clues de haute Provence - Golf 18 Mougins Valbonne **Pas de restaurant** à l'hôtel.

A proximité immédiate de la célèbre fondation Maeght et du village de Saint-Paul-de-Vence, ce petit ensemble construit à flanc de colline est totalement refermé autour de sa piscine. C'est donc sur ce grand rectangle bleu que donnent les quinze chambres et les deux suites ; une orientation qui place l'hôtel sous le signe du repos réparateur et le rend surtout intéressant en période estivale. Entièrement rénové, l'intérieur affiche un décor sobre, très homogène, notamment dans les chambres. Toutes du même style, celles-ci associent murs blancs, parquet de bois clair, tissus rayés (en couvre-lits, en juponnage de table et sur les sièges de style Empire), chacune bénéficiant d'une superbe salle de bains et d'une terrasse privative sur la piscine. Le tout forme un mélange un peu néopompéien des plus confortables. Bon petits déjeuners, que vous préférerez en chambre, la salle à manger n'ayant pas grand intérêt. Dynamique et jovial, Jacques Meche adore son hôtel et sait rendre sa passion communicative. Pas de restaurant mais *La Colombe d'Or*, chère à Picasso, est toute proche.

Accès (carte n° 35) : à 20 km à l'ouest de Nice par A 8, sortie Cagnes-sur-Mer, puis D 7 direction Vence par La Colle-sur-Loup ; à 900 m avant Saint-Paul-de-Vence.

La Tour de l'Esquillon

Miramar 06590 Théoule-sur-Mer (Alpes-Maritimes)
Tél. 04 93 75 41 51 - Fax 04 93 75 49 99 - M. et Mme Dérobert
E-mail : hotel@esquillon.com - Web : esquillon.com

Catégorie ★★★ **Fermeture** du 1er octobre au 1er février **Chambres** 25 avec tél., s.d.b., w.c., t.v. satellite et minibar **Prix** des chambres : 120 à 220 € ; appart. (4 à 6 pers.) : 260 à 550 € - Petit déjeuner compris, servi de 8 h à 10 h - Demi-pension sur demande **Cartes de crédit** acceptées **Divers** chiens admis - Plage privée - Parking **Alentour** château de La Napoule ; corniche de l'Estérel ; pointe de l'Esquillon ; baie de La Napoule - Golf 18 trous de Mandelieu **Restaurant** service de 12 h à 14 h, 19 h à 21 h - Menu : 28 à 35 € - Carte - Spécialités : poissons, bourride, aïoli.

Le massif de l'Estérel a les pieds dans l'eau. Les rochers, d'un rouge dense, forment sur la mer une belle côte abrupte et déchiquetée. En bordure de la route en lacet, *La Tour de l'Esquillon* s'est creusé un nid. Genêts, lauriers, hortensias et arbres fruitiers du jardin en terrasses séparent l'hôtel de sa plage privée (reliée par minibus privé) où des repas légers pourront vous être servis. Vous êtes ici dans une sorte de conservatoire des années 50, un univers délicieusement suranné qui semble n'avoir pas quitté le temps des robes en vichy, des foulards à pois et des automobiles décapotables. Certains adorent, d'autres s'interrogent… Et tous s'accordent sur la gentillesse du service, l'irréprochable tenue, la beauté de la vue. Réparties entre l'hôtel et une villa, les chambres sont très sobres, grandes et fraîches, invariablement tournées vers la mer. Certaines (plus chères) disposent d'un balcon, agréable au petit déjeuner. Le restaurant jouit, avec ses grandes baies vitrées, d'une vue imprenable sur Cannes et les montagnes. Quant au bruit de la route les jours de grande circulation, il est certes présent mais ne doit pas vous dissuader de découvrir cet étonnant adresse bien loin de la "Provence-déco" des magazines.

Accès (carte n° 34) : entre Saint-Raphaël et Cannes, sur A 8, sortie Mandelieu, puis direction Théoule-Miramar.

Hostellerie Jérôme

06320 La Turbie (Alpes-Maritimes) - 20, rue Comte-de-Cessole
Tél. 04 92 41 51 51 - Fax 04 92 41 51 50 - M. Cirino
E-mail : hostellerie.jerome@wanadoo.fr - Web : hostelleriejerome.com

Catégorie ★★★ Fermeture du 1er au 20 décembre **Chambres** 5 climatisées avec tél., s.d.b., w.c., t.v. et minibar **Prix** des chambres : 100 à 140 € - Lit suppl. : 15 € - Petit déjeuner : 14 €, servi de 8 h à 10 h **Carte de crédit** Visa **Divers** chiens admis **Alentour** Trophé des Alpes ; Monaco **Restaurant** service à partir de 12 h (sauf juillet-août) et de 19 h 30 à 22 h 30 - Fermé les lundi et mardi (sauf juillet-août pour le dîner) - Menus : 55 à 95 € - Carte - Spécialité : risotto truffé au homard bleu et cèpes.

Les deux étoiles Michelin ne sont pas montées à la tête de Bruno et de Marion Cirino et c'est avec une sensibilité intacte, l'amour des choses simples et le respect des vieux murs qu'ils améliorent depuis cinq ans cette grande maison traditionelle. Accessible par une ruelle médiévale du bourg, l'ancien presbythère fait face à une superbe vue et conserve deux pièces voûtée : la vaste salle à manger au plafond ogival peint à fresques digne d'un palais italien (sobrement décorée de meubles, tableaux et objets des XVIIIe et XIXe siècles) et une étonnante chambre, également à fresque dans un goût baroque (inspiré par sa tête de lit en bois polychrome). Les autres chambres sont plus classiques, et progressivement modernisées. On y ajoute ainsi de belles vasques et robinetterie design dans les salles de bains, les rideaux sont mis peu à peu au goût du jour, la literie est neuve. Toujours confortables et impecablement tenues, elles sont d'ores et déjà plus que recommandables. Incontestablement l'une des toutes meilleures de la région, la table est aussi l'occasion d'apprécier la justesse de ton du service et de l'accueil, ni hautain, ni "branché Côte d'Azur" mais simplement agréable et disponible ; une qualité de plus à mettre à l'actif de cette authentique et attachante adresse.

Accès (carte n° 35) : *A 8 sortie n° 57 Roquebrune, La Turbie. Par la moyenne corniche jusqu'au village de Eze puis grande corniche à gauche jusqu'à La Turbie.*

Auberge des Seigneurs et du Lion d'Or

06140 Vence (Alpes-Maritimes)
Place du Frêne
Tél. 04 93 58 04 24 - Fax 04 93 24 08 01 - M. et Mme Rodi

Catégorie ★★ **Fermeture** du 1er novembre au 15 mars **Chambres** 10 avec tél., douche et w.c. **Prix** des chambres doubles : 70 à 85 € - Petit déjeuner : 10 €, servi de 7 h 30 à 10 h **Cartes de crédit** acceptées **Divers** chiens admis **Alentour** chapelle du Rosaire (Matisse), musée du Parfum à Grasse ; fondation Maeght, église Saint-Charles-Borromée à Saint-Paul-de-Vence ; Clues de haute Provence - Golf 18 trous d'Opio à Valbonne **Restaurant** service à 12 h 30 et 19 h 30 - Fermé le lundi ; le midi : mardi, mercredi et jeudi - Menus : 30 à 43 € - Carte.

Située dans une aile du château des Villeneuve de Vence, sur la place du célèbre frêne planté par François Ier, cette auberge cossue, sans âge (certaines parties datant du XIVe siècle, d'autres du XVIIe), a accueilli de nombreux hôtes illustres comme Renoir, Modigliani, Dufy, Soutine. La propriétaire, Mme Rodi, a repris le flambeau laissé par son père, personnage haut en couleur qui fut l'âme du lieu. La décoration des salons est constituée d'une collection d'objets hétéroclites (un lavabo du XVIe, une presse de moulin à huile, des lithographies modernes...) qui ont tous une histoire. Les chambres sont grandes, aménagées sobrement, bien adaptées à l'endroit ; une corbeille de fruits et quelques fleurs souhaitent la bienvenue à chaque nouvel hôte. Nos chambres préférées ont vue sur la place, les plus calmes sont celles qui donnent sur les toits (seul reproche : les matelas sont un peu fatigués). Le restaurant est connu pour ses cuissons à la broche dans la cheminée centenaire ; on y déguste une cuisine superbement traditionnelle où d'excellents produits révèlent toute leur saveur, justifiant pleinement des prix qui pourraient sembler élevés. Accueil particulièrement chaleureux et concerné.

Accès (carte n° 35) : à 10 km au nord de Cagnes-sur-Mer par D 36.

Hôtel Welcome

06230 Villefranche-sur-Mer (Alpes-Maritimes)
1, quai Courbet
Tél. 04 93 76 27 62 - Fax 04 93 76 27 66 - M. et Mme Galbois
E-mail : rivage@welcomehotel.com - Web : welcomehotel.com

Catégorie ★★★ **Fermeture** du 11 novembre au 22 décembre **Chambres** 34, 1 junior-suite et 1 suite climatisées, avec tél., s.d.b., w.c., t.v. et minibar **Prix** des chambres simples et doubles : 70 à 195 € ; junior-suite : 196 à 308 € ; suite : 268 à 353 € - Petit déjeuner-buffet : 12 €, servi de 7 h 15 à 10 h 15 **Cartes de crédit** acceptées **Divers** chiens admis (6 €) **Alentour** villa Ephrussi à Saint-Jean-Cap-Ferrat ; villa Kerylos à Beaulieu - Golfs 18 trous d'Opio et du Montagel **Pas de restaurant** à l'hôtel.

Sur les quais du petit port, il y a des bateaux de pêcheurs multicolores, une chapelle décorée par Jean Cocteau, et un hôtel construit sur les ruines d'un monastère du XVIIe siècle. Traditionnel, il fait partie de la mémoire de Villefranche et s'intrègre bien au village avec sa façade ocre aux volets bleu vert parcourue de balcons sur lesquels donnent les chambres. De tailles différentes (une spacieuse junior-suite nouvellement installée permet d'accueillir les familles), ensoleillées et très joliment décorées dans des tonalités gaies, elles bénéficient d'un confort des plus modernes. Celles du dernier étage, avec leurs balcons clos comme les bastingages sont en soupente. Afin de pallier leur petite taille, on a choisi un thème "cabine de bateaux" pour les décorer. Toutes ont vue sur la mer et bon nombre d'entre elles disposent d'une petite terrasse où l'on peut prendre le petit déjeuner. On peut également prendre l'apéritif dans le wine bar, d'où l'on voit les bateaux et les lumières du port. Accueil attentif et très courtois. Avant de quitter Villefranche, accordez-vous quelques minutes de promenade à travers les ruelles étroites de la vieille ville. On y trouve déjà un parfum d'Italie et l'on est heureux de constater qu'il existe encore, à quelques mètres de la mer, des lieux épargnés par les bétonneurs de la côte.

Accès (carte n° 35) : à 6 km de Nice par N 559.

Hôtel Le Pigonnet

13090 Aix-en-Provence (Bouches-du-Rhône)
5, avenue du Pigonnet
Tél. 04 42 59 02 90 - Fax 04 42 59 47 77 - M. Yann Swellen
E-mail : reservation@hotelpigonnet.com - Web : hotelpigonnet.com

Catégorie ★★★★ **Ouverture** toute l'année **Chambres** 50 et 1 suite avec tél., s.d.b. et douche, w.c., minibar, t.v. satellite, minibar et coffre-fort **Prix** des chambres : 140 à 420 € ; suite : 400 à 550 € - Petit déjeuner : 15 à 25 €, servi de 7 h à 11 h - Pension : 150 à 250 € (3 jours min.) **Cartes de crédit** acceptées **Divers** chiens admis avec supplément - Piscine, hamman, fitness - Parking privé, fermé **Alentour** à Aix : place d'Albertas, hôtel de ville, cathédrale Saint-Sauveur, pavillon Vendôme, musées Granet et des Tapisseries - Golfs 18 trous des Milles et de Fuveau **Restaurant** service de 12 h 15 à 13 h 30, 19 h 15 à 21 h 30 - Brunch le dimanche de 12 à 14 h.

A huit cents mètres du cours Mirabeau, *Le Pigonnet* donne pourtant l'impression de se trouver déjà un peu à la campagne. C'est particulièrement le cas dans le superbe jardin à la française, point d'observation idéal pour admirer la montagne Sainte-Victoire immortalisée par Cézanne. A l'intérieur, la belle collection de tableaux de peintres provençaux, le mobilier ancien de qualité, la noblesse des volumes créent une superbe atmosphère. Les confortables chambres restent dans le ton et se répartissent entre la maison ancienne, la résidence et la villa (avec deux chambres, deux salles de bains de part et d'autre d'un salon). Pour dîner, le restaurant propose une cuisine à tentation gastronomique dans une lumineuse salle ivoire donnant sur le jardin. Vous pouvez opter aussi pour une restauration plus simple servie en terrasse ou au bord de la piscine (l'été un "champagne-bar" vous attend dans l'allée principale). Accueil charmant pour cette adresse phare dans la région.

Accès (carte n° 33) : Par A 8 ou A 51, sortie Aix / Pont-de-l'Arc, puis centre-ville, et au 3ᵉ feu à gauche.

Hôtel des Quatre-Dauphins

13100 Aix-en-Provence (Bouches-du-Rhône)
54, rue Roux-Alphéran
Tél. 04 42 38 16 39 - Fax 04 42 38 60 19 - M. Lafont

Catégorie ★★ **Ouverture** toute l'année **Chambres** 13 climatisées avec tél., s.d.b. ou douche, w.c., t.v. et wifi **Prix** des chambres simples et doubles : 55 à 85 € ; 3 pers. : 100 € - Petit déjeuner : 9 €, servi de 7 h à 10 h **Carte de crédit** Visa **Divers** chiens admis **Alentour** à Aix-en-Provence : place d'Albertas, hôtel de ville, cathédrale Saint-Sauveur (triptyque du Buisson ardent de Nicolas Froment), musée Granet, pavillon Vendôme, musée des Tapisseries et musée du Vieil Aix ; aqueduc de Roquefavour - Golfs 18 trous des Milles et de Fuveau **Pas de restaurant** à l'hôtel.

Cet ancien hôtel particulier du XVIIIe est situé au cœur du quartier Mazarin, la cité historique d'Aix-en-Provence, à quelques mètres du cours Mirabeau. La rue des Quatre-Dauphins, qui regorgeait d'hôtels, révèle de magnifiques vestiges comme l'*Hôtel de Valeri* qui abrite désormais la Banque de France. Mais l'*Hôtel des Quatre-Dauphins* a surtout le privilège d'être presque en face de la plus belle place d'Aix-en-Provence (avec la Place d'Albertas), réputée pour sa fontaine surmontée d'un petit obélisque et de quatre dauphins en pierre. Sa façade ocre avec ses grands volets blancs, restaurée selon les canons de l'architecture aixoise, ne manque pas de charme. Le salon du rez-de-chaussée, où l'on prend son petit déjeuner, est plus épuré qu'auparavant. Les chambres, dont la décoration provençale est assez marquée, sont petites mais confortables, grâce notamment à la climatisation qui évite de souffrir au moment des grosses chaleurs et aux fenêtres dotées d'un double-vitrage qui garantissent des nuits tranquilles (car toutes donnent sur rue). Pas de restaurant, mais *Le Passage*, la nouvelle adresse de Reine Sammut, la chef étoilée de *La Fenière* à Lourmarin, est à deux pas.

Accès (carte n° 33) : dans le centre-ville.

Hôtel de l'Amphithéâtre

13200 Arles (Bouches-du-Rhône)
5 et 7, rue Diderot
Tél. 04 90 96 10 30 - Fax 04 90 93 98 69
M. Piras et M. Coumet
E-mail : contact@hotelamphitheatre.fr - Web : hotelamphitheatre.fr

Catégorie ★★ **Ouverture** toute l'année **Chambres** 25 et 3 suites, climatisées avec tél., s.d.b. ou douche, w.c., t.v. satellite, coffre-fort et 4 avec minibar ; 1 chambre handicapés **Prix** des chambres simples et doubles : 41 à 83 € ; suites. : 95 à 145 € - Petit déjeuner : 6,50 €, servi de 7 h 30 à 11 h 30 **Cartes de crédit** acceptées **Divers** chiens admis - Parking (5 €) **Alentour** en Arles : église et cloître Saint-Trophime, arènes, Alyscamps, musée Réattu, Museon Arlaten et musée de l'Arles antique ; abbaye de Montmajour ; Camargue - Golf 18 trous de Servanes à Mouriès **Pas de restaurant** à l'hôtel.

A u cœur de la vieille ville, situé à proximité des arènes et du théâtre antique, ce petit hôtel est devenu grand en aménageant récemment une belle maison mitoyenne du XVIIᵉ siècle. Entre le salon rouge de l'ancien bâtiment et le patio du nouveau, le hall aux murs clairs donne appui à un magnifique escalier en pierre autour duquel se distribuent les nouvelles chambres. Toujours différentes par leur taille ou leur disposition, elles sont aménagées dans les tons grèges ou chauds avec un grand souci du détail (boutis fleuris sur les lits, belles salles de bains en grès naturel). L'une d'entre elles s'ouvre sur les toits aux quatre points cardinaux. Une autre bénéficie d'une terrasse couverte. Dans la partie la plus ancienne, les chambres sont de plus petite taille mais restent néanmoins très agréables. Outre le calme, vous trouverez ici un accueil affable et professionnel.

Accès (carte n° 33) : *dans le centre-ville, hôtel fléché.*

Hôtel d'Arlatan

13200 Arles (Bouches-du-Rhône)
26, rue du Sauvage
Tél. 04 90 93 56 66 - Fax 04 90 49 68 45 - M. Desjardin
E-mail : hotel-arlatan@wanadoo.fr - Web : hotel-arlatan.fr

Catégorie ★★★ **Ouverture** toute l'année **Chambres** 48 climatisées, avec tél., s.d.b., w.c., t.v. satellite, Internet ADSL et minibar **Prix** des chambres doubles : 85 à 153 € ; suites : 173 à 243 € - Petit déjeuner : 9 à 11 €, servi de 7 h à 11 h **Cartes de crédit** acceptées **Divers** chiens admis - Piscine chauffée - Garage (11 à 14 €) **Alentour** en Arles : église et cloître Saint-Trophime, arènes, Alyscamps, musée Réattu, Museon Arlaten et musée de l'Arles antique ; abbaye de Montmajour ; Camargue - Golf 18 trous de Servanes à Mouriès **Pas de restaurant** à l'hôtel.

Situé dans une ruelle du centre historique, sur l'emplacement de la basilique et des thermes de Constantin, ce bel établissement, classique et accueillant, est à l'image de la ville : un véritable patchwork architectural (vestiges romains dans la salle des petits déjeuners, sous le pavage vitré du bar, fragments de murs du IVe siècle et poutres du XVIIe dans la suite 43, cheminée monumentale XVIIe dans la suite 41...). C'est donc un hôtel bien particulier que l'*Arlatan*, propriété transmise depuis cinq générations. Forts de ce patrimoine, les Desjardin ont donc restauré chaque chambre de façon particulière avec pour résultat un décor et un volume toujours différents. Néanmoins, toutes sont très confortables et, la plupart du temps, meublées d'ancien, avec souvent des éléments provençaux. Les plus récentes ont été aménagées dans une maison située de l'autre côté du jardin et du joli coin piscine. Vastes et gaies, elles ont un peu moins de caractère mais restent des plus attrayantes, surtout celles avec balcon. Les pièces de réception, la cour intérieure, et le service souriant du personnel contribuent à faire de l'*Arlatan* une bonne maison, fidèle à la tradition hôtelière française.

Accès (carte n° 33) : dans le centre-ville, hôtel fléché.

Hôtel Calendal

13200 Arles (Bouches-du-Rhône)
5, rue Porte-de-Laure
Tél. 04 90 96 11 89 - Fax 04 90 96 05 84 - Mme Lespinasse-Jacquemin
E-mail: contact@lecalendal.com - Web: lecalendal.com

Catégorie ★★ **Fermeture** du 2 au 24 janvier **Chambres** 38 climatisées, avec tél., s.d.b., w.c. et t.v. satellite et Canal +; chambres handicapés **Prix** des chambres: 45 à 89 €; suite: 89 à 119 € - Petit déjeuner: 7 €, servi de 7 h à 10 h **Cartes de crédit** acceptées **Divers** chiens non admis - Garage sur réservation (7 à 10 €) **Alentour** église et cloître Saint-Trophime, arènes, Alyscamps, musée Réattu, Museon Arlaten et musée de l'Arles antique; abbaye de Montmajour; Camargue - Golf 18 trous à Mouriès **Salon de thé** toute la journée - Buffet à volonté: 14 €, service de 12 h à 15 h et, en hiver, de 19 h à 21 h.

Magnifiquement situé entre les deux principaux monuments romains d'Arles : les arènes et le théâtre antique (sur lesquels donnent quelques chambres), ce petit hôtel permet de rayonner très facilement dans tout le centre historique. On y accède en voiture et, pour les problèmes de stationnement, une carte fournie par l'établissement permet d'aller au parking des boulevards extérieurs. Rénovées dans des couleurs fraîches et pimpantes, les chambres sont spacieuses et agréables, avec un décor standard inspiré par le style provençal. Climatisées, elles profitent toutes de salles de bains très confortables et certaines disposent même d'une terrasse avec vue sur les vieux toits de la ville. Un salon de thé avec cheminée, décoré de belles affiches tauromachiques, propose une restauration légère et de délicieuses pâtisseries maison ; mais, dès les beaux jours, on sert sur la terrasse ou dans le délicieux jardin ombragé de palmiers et d'un micocoulier bicentenaire. Véritable atout pour cet hôtel de centre-ville, ce grand jardin est le lieu idéal pour se détendre et boire un verre à l'abri de l'agitation urbaine. Un excellent 2-étoiles qui affiche souvent complet.

Accès (carte n° 33) : près des arènes.

458

Grand Hôtel Nord-Pinus

13200 Arles (Bouches-du-Rhône)
Place du Forum
Tél. 04 90 93 44 44 - Fax 04 90 93 34 00 - Mme Igou
E-mail : info@nord-pinus.com - Web : nord-pinus.com

Catégorie ★★★★ **Ouverture** toute l'année **Chambres** 25 climatisées, avec tél., s.d.b., w.c. et t.v. **Prix** des chambres doubles : 145 à 190 € ; suites : 285 € ; appartement : 450 € - Petit déjeuner : 14 à 20 €, servi de 7 h à 11 h **Cartes de crédit** acceptées **Divers** chiens admis **Alentour** monuments et musées d'Arles ; abbaye de Montmajour ; Camargue - Golf 18 trous de Servanes à Mouriès **Restaurant** service de 19 h 30 à 22 h - Menu : 35 € - Carte.

"Pourquoi Pinus? Nord, je comprenais, mais Pinus? Or c'est, m'a-t-on dit, simplement le nom du fondateur de l'hôtel. Rien de plus logique. J'ai compris que je venais d'entrer dans le pays de l'imagination et de la démesure." Giono ne s'y était pas trompé : le *Nord-Pinus* est bien un hôtel d'exception. Le livre d'or égrène ainsi les souvenirs de cette maison ayant accueilli Picasso, Cocteau, Dominguez… et beaucoup d'autres qui aimaient venir ici dans les années 50. Aujourd'hui l'hôtel ne démérite pas de son fondateur, on est toujours séduit par le décor et la patine alliés au confort le plus moderne. On y trouve ainsi un mélange savamment étudié et du plus bel effet : tapis marocains, beaux meubles souvent 1930, affiches tauromachiques, photos de safaris africains, objets choisis, etc… Un superbe escalier mène aux chambres qui ont chacune leur style. Les plus récentes sont beaucoup plus sobres mais souvent très spacieuses et raffinées. Depuis peu, une petite boutique propose objets, accessoires, vêtements choisis avec tact chez les créateurs d'ici et d'ailleurs. Une adresse de grand charme au cœur d'Arles pour séjourner ou simplement prendre un verre.

Accès (carte n° 33) : dans le centre-ville.

Le Mas de la Chapelle

13200 Arles (Bouches-du-Rhône)
Petite route de Tarascon
Tél. 04 90 93 00 45 - Fax 04 90 18 86 11 - M. Gérard
E-mail : info@masdelachapelle.fr - Web : masdelachapelle.fr

Catégorie ★ ★ ★ **Ouverture** toute l'année **Chambres** 17 climatisées, avec tél., s.d.b., w.c., t.v. satellite et minibar **Prix** des chambres doubles : 95 à 150 € (basse saison), 115 à 170 € (haute saison) - Petit déjeuner : 9 €, servi de 9 h à 11 h **Cartes de crédit** Visa, Amex **Divers** chiens admis - Parking fermé gratuit **Alentour** Arles ; la Camargue ; Les Baux-de-Provence **Pas de restaurant** à l'hôtel.

Sur le chemin de Saint-Jacques-de-Compostelle, cet ancien prieuré des chevaliers de Malte se trouve aux portes d'Arles. Ne soyez pas trop effarouchés par la voie ferrée le long de la route, elle laissera bientôt place aux champs et aux roselières qui environnent le mas. Plus ou moins récentes, les constructions actuelles entourent le bâtiment central (trois chambres) du XVIe et la chapelle attenante (XVIIe) : La "Maison Rouge" (notre préférée) abrite quatre chambres de plain-pied avec terrasse, le "Patio de La piscine" (six chambres), et le "Pavillon de la Tour", (la chambre "des Amoureux"). Confortables, elles harmonisent les beaux tissus aux meubles anciens et aux tableaux, le tout formant un très bel ensemble qui se complète d'un magnifique salon baroque dans la chapelle et d'une chaleureuse bibliothèque. Petits déjeuners en terrasse près de la piscine, moment privilégié pour apprécier le parc de trois hectares avec ses beaux arbres et son grand bassin. Pas de restaurant sur place mais les marcheurs pourront emprunter le chemin de halage au bord du Rhône qui les mènera en Arles (4 kilomètres) où une péniche amarrée les attend. Une très belle maison dont le calme peut toutefois être troublé, selon le vent, par le passage d'un train.

Accès (carte n° 33) : dans Arles, suivre la voie ferrée par D 35 "Petite route de Tarascon", le mas est à la sortie de la ville.

Le Mas de Peint

Le Sambuc 13200 Arles (Bouches-du-Rhône)
Tél. 04 90 97 20 62 - Fax 04 90 97 22 20 - M. Bon
E-mail : contact@masdepeint.com - Web : masdepeint.com

Fermeture du 8 janvier au 19 mars et du 13 novembre au 20 décembre **Chambres** 8 et 3 suites climatisées, avec tél., s.d.b., w.c., t.v. satellite, coffre-fort et minibar **Prix** des chambres doubles : 205 à 265 € ; suites : 335 à 381 € - Petit déjeuner : 20 €, servi de 8 h à 10 h 30 **Cartes de crédit** acceptées **Divers** chiens admis (18 €) - Piscine, location de VTT, promenades à cheval et en 4x4 - Parking **Alentour** Saintes-Maries-de-la-Mer (pèlerinage des gitans 24 et 25 mai) ; digue de mer (30 km) ; Arles (feria de printemps et d'automne) **Restaurant** sur réservation, service de 12 h à 13 h, 20 h à 21 h - Menus : 37 (déjeuner) à 50 € - Spécialités : produits de la ferme ; taureaux de notre élevage ; riz du mas.

Isolé en pleine Camargue, le *Mas de Peint* offre le confort d'un hôtel "de charme" luxueux, mais discret. Jacques Bon est une figure de la Camargue ; propriétaire d'une manade réputée, il parle (et montre) avec un plaisir évident de ses cinq cents hectares de terres partagées en rizières, élevage de chevaux et de taureaux. L'hôtel, qu'il a créé avec son épouse, ressemble à une maison d'amis : pas de réception mais une belle entrée, avec sa grande table ornée de bouquets, un canapé confortable encadré de bibliothèques. A droite, un petit salon de lecture ; à gauche, un autre, plus grand, organisé autour d'une cheminée, pour boire un verre ou discuter. Ce dernier mène à la cuisine. C'est là qu'on se retrouve pour des repas à menu unique autour de spécialités maison, ou bien dehors sur la terrasse. Les chambres, de dimensions peu ordinaires, offrent beaucoup de confort. Que ce soit celles de la maison ou bien les suites indépendantes, toutes sont raffinées, juste ce qu'il faut, chacune ayant un charme personnel. Les extérieurs sont tout aussi soignés (bel espace piscine), le service attentionné. Une adresse de qualité.

Accès (carte n° 33) : à 20 km au sud d'Arles par D 36, direction Salin-de-Giraud ; à la sortie du Sambuc, 3 km à gauche.

461

Hôtel Castel-Mouisson

13570 Barbentane (Bouches-du-Rhône)
Quartier Castel-Mouisson
Tél. 04 90 95 51 17 - Fax 04 90 95 67 63
Mme Mourgue
E-mail: castel.mouisson@wanadoo.fr - Web: hotel-castelmouisson.com

Catégorie ★★ Fermeture du 15 octobre au 15 mars **Chambres** 17 avec tél., s.d.b. et w.c. **Prix** des chambres doubles: 46 à 69 € - Petit déjeuner: 8 €, servi de 8 h à 10 h 30 **Cartes de crédit** acceptées **Divers** chiens non admis - Piscine, tennis - Parking **Alentour** château de Barbentane; Avignon; Villeneuve-lès-Avignon; Saint-Rémy-de-Provence; abbaye Saint-Michel de Frigolet - Golfs 18 trous à Châteaublanc et à Vedène **Pas de restaurant** à l'hôtel.

Non loin d'Avignon, au pied de la Montagnette, l'*Hôtel Castel-Mouisson* constitue une halte calme et abordable: entouré par la quiétude de la campagne, c'est un petit mas de style provençal construit il y a quelques dizaines d'années. Cyprès et arbres fruitiers s'alignent ainsi sous les falaises grises de la Montagnette qui semblent surveiller le paysage. Dans un coin du jardin, une piscine permet de se détendre et de se rafraîchir l'été. Rénovées dans leur totalité, les chambres sont coquettes, confortables, égayées de tisssus provençaux. Pas de restaurant à l'hôtel, seuls les petits déjeuners vous y seront servis, mais les villes et villages alentour ne manquent pas de bonnes tables. Vous trouverez ainsi, en Avignon, de nombreuses petites adresses gourmandes et sympathiques tels que *La Fourchette* ou *L'Entrée des Artistes*, et d'autres, parfaites pour vos déjeuners comme *Les Félibres*, un salon de thé-librairie particulièrement agréable. Accueil attentif et souriant.

Accès (carte n° 33): à 8 km au sud-ouest d'Avignon par N 570, puis D 35 direction Tarascon par les bords du Rhône.

Auberge de La Benvengudo

13520 Les Baux-de-Provence (Bouches-du-Rhône)
Tél. 04 90 54 32 54 - Fax 04 90 54 42 58
Famille Côte
E-mail: contact@benvengudo.com - Web: benvengudo.com

Catégorie ★★★ **Ouverture** toute l'année **Chambres** 23 climatisées, avec tél., s.d.b. ou douche et t.v. **Prix** des chambres: 125 à 175 € - Petit déjeuner: 11 €, servi de 8 h à 10 h - Demi-pension: 205 à 255 € (pour 2 pers.) **Cartes de crédit** Amex, Visa **Divers** petits chiens admis (9 €) - Piscine, tennis - Parking (box fermé) **Alentour** hôtel des Porcelets (musée d'Art contemporain) aux Baux; pavillon de la reine Jeanne; moulin d'Alphonse Daudet; Avignon; Nîmes; Arles - Golfs 18 trous des Baux et de Servanes à Mouriès **Restaurant** service de 19 h 30 à 21 h 30 - Fermé le dimanche - Menu: 45 € - Spécialités: croustillant de ris d'agneau, coulis de tomates fraîches; soufflé glacé au marc de Châteauneuf.

Étranges et belles Alpilles, dont l'aspect déchiqueté, la végétation et la blancheur calcaire donnent à cette partie de la Provence un petit air de Grèce. C'est à l'orée d'une oliveraie, au pied des rochers et à quelques petites minutes du site des Baux-de-Provence que se camoufle *La Benvengudo*. Construit il y a une trentaine d'années, dans les pins et la garrigue, le mas semble avoir toujours été là. Confortables, meublées d'ancien et dotées de belles salles de bains, ses chambres climatisées se répartissent entre la maison principale et les bâtiments du jardin. Certaines jouissent de grands balcons ou de terrasses de plain-pied sur le jardin. L'ambiance générale est d'un beau raffinement traditionnel notamment dans le salon provençal et dans la salle à manger patinée de beige et de vert amande. La table propose un menu unique du jour pour une cuisine sincère du terroir qui, l'été, au déjeuner, se complète d'une petite carte allégée servie au bord de la piscine. Une accueillante adresse pour un séjour détente au pays du soleil.

Accès (carte n° 33): à 30 km au sud d'Avignon par A 7, sortie Cavaillon, puis D 99 jusqu'à Saint-Rémy, D 5 jusqu'aux Baux et D 78 direction Arles.

Mas de l'Oulivié

13520 Les Baux-de-Provence (Bouches-du-Rhône)
Les Arcoules
Tél. 04 90 54 35 78 - Fax 04 90 54 44 31 - Emmanuel Achard
E-mail : contact@masdeloulivie.com - Web : masdeloulivie.com

Catégorie ★★★ **Fermeture** de mi-novembre à mi-mars **Chambres** 25 et 2 suites, climatisées, avec tél., s.d.b., w.c., t.v. satellite, minibar et coffre-fort ; 2 chambres handicapés **Prix** des chambres : 100 à 245 € ; suites : 290 à 410 € - Petit déjeuner : 11 à 15 €, servi de 7 h 30 à 11 h 30 **Cartes de crédit** acceptées **Divers** chiens admis (8 €) - Piscine, tennis, location de VTT - Parking fermé et surveillé **Alentour** château des Baux ; abbaye de Montmajour ; site de Glanum ; Arles ; Avignon **Restaurant** le midi et réservé aux résidents (grillades et de salades au bord de la piscine), service : de 12 h à 15 h.

Juché sur son éperon calcaire, le village-forteresse des Baux domine la charmante vallée plantée d'arbustes odorants et de petits résineux où vous trouverez cet hôtel aux allures de maison. Dès l'entrée, le jardin très soigné avec ses espaces gazonnés, sa végétation exotique, ses tonnelles de rosiers et sa superbe piscine hollywoodienne, témoigne de toute l'attention que l'on porte ici aux moindre détails. A l'intérieur, le hall ménage d'agréables coins de lecture à proximité d'une haute cheminée (en service dès que la température descend) ; fauteuils en cuir fauve, teintes chaudes, toiles contemporaines, caractérisent le décor cossu et provençal sans excès de cette pièce centrale. Installées dans l'aile, les très confortables chambres sont dans le même esprit, avec parfois une déco un peu kitsch, et nous vous les recommandons sans restriction, y compris les deux suites, dignes des meilleurs palaces. Quelques-unes ouvrent de plain-pied sur le jardin, leur nombre réduit renforçant le côté intime de l'ensemble. Pas de restaurant mais possibilité de commander une salade ou des grillades à midi près de la piscine. Accueil prévenant, professionnel et très sympathique.

Accès (carte n° 33) : A 7 sortie Avignon-sud puis route de Saint-Rémy. D 5 puis, aux Baux, D 78 f direction Arles.

Le Clos des Arômes

13260 Cassis (Bouches-du-Rhône)
10, rue Abbé-Paul-Mouton
Tél. 04 42 01 71 84 - Fax 04 42 01 31 76
M. et Mme Bonnet

Catégorie ★★ **Fermeture** janvier et février **Chambres** 14 avec tél., s.d.b. et w.c. **Prix** des chambres doubles : 60 à 70 € - Petit déjeuner : 7 €, servi de 7 h 45 à 12 h - Demi-pension : + 26 € **Cartes de crédit** Amex, Visa **Divers** chiens admis (8 €) - Parking (11 €) **Alentour** port de Cassis ; promenade des calanques : Port-Miou, Port-Pin et Envau - Golfs 18 trous de la Frégate et de la Salette à la Penne-sur-Huveaune **Restaurant** service de 12 h à 14 h, 19 h 30 à 22 h 30 - Fermé le lundi toute la journée, le mardi midi et le mercredi midi - Menus : 19 à 25 € - Spécialités : sardines farcies ; supions à la cassidenne.

Située au cœur de Cassis, un peu sur les hauteurs mais en retrait du port et de la plage, cette maison de village reconvertie en petit hôtel est charmante avec son architecture irrégulière et sa disposition originale. On peut entrer, soit côté salle à manger par la ruelle, en bas de laquelle se trouve l'une des meilleures boulangeries du village, soit côté terrasse par la rue principale. Dans ce patio fleuri et à l'ombre des platanes, on y sert des petits déjeuners copieux et une cuisine méditerranéenne du marché. A l'intérieur, on apprécie le salon cosy, surtout en hiver avec sa cheminée. Les chambres petites mais romantiques, décorées avec soin, dans un style complètement provençal sont dotées de salles de bains confortables. Enfin l'accueil chaleureux et direct des hôteliers fait de cette adresse une valeur sûre qu'on recommande à toutes les saisons.

Accès (carte n° 33) : dans le village, place de l'église.

Le Jardin d'Emile

13260 Cassis (Bouches-du-Rhône)
23, avenue de l'Amiral-Ganteaume
Tél. 04 42 01 80 55 - Fax 04 42 01 80 70
M. Morand
E-mail : provence@lejardindemile.fr. - Web : lejardindemile.fr

Fermeture mi-novembre à mi-décembre **Chambres** 7 climatisées, avec tél., s.d.b. ou douche, w.c., t.v. câble, wifi et minibar **Prix** des chambres : 80 à 130 € - Petit déjeuner compris, service de 7 h 30 à 10 h 30 - Demi-pension en hiver : + 27 € **Cartes de crédit** Visa, Amex **Divers** chiens admis (5 €) - Parking **Alentour** cap Canaille ; calanques ; domaines viticoles - Pêche en mer **Restaurants** service de 12 h à 14 h 30, 20 h à 22 h - Menu : 39 € - Spécialités : bouillabaisse ; poissons sauvages grillés.

Cette ancienne maison particulière aux couleurs ocres typiquement provençales est idéalement située, malgré la route qui passe devant : à une vingtaine de mètres de la plage du Bestouan, à proximité des premières calanques
et à seulement cinq minutes à pied du port et de ses restaurants de poissons et
de fruits de mer. Mais l'hôtel propose également une savoureuse cuisine méridionale, alliant tradition et créativité, que l'on peut déguster à l'ombre des pins,
avant de partir en promenade à travers le vignoble ou dans les calanques de
Cassis. L'hiver, on apprécie la salle à manger, tout à la fois lumineuse, grâce à
ses larges baies vitrées, et chaleureuse avec ses boiseries. A l'étage, les chambres
sont petites, mais espaces irréguliers et différences de niveaux leur confèrent
une certaine personnalité. Enfin, les tissus en imprimé bayadère des dessus-de
-lit, des oreillers et des paravents, assortis aux patines colorées des murs en
chaux, participent ici à une atmosphère cosy et romantique, propice aux
séjours en amoureux.

*Accès (carte n° 33) : à Cassis, prendre la direction des calanques, l'hôtel se trouve
juste en face la la plage du Bestouan.*

Hôtel La Bastide

13810 Eygalières (Bouches-du-Rhône)
Chemin de Pestelade, route d'Orgon
Tél. 04 90 95 90 06 - Fax 04 90 95 99 77
M. et Mme Luiten
E-mail: contact@labastide.com.fr - Web: labastide.com.fr

Catégorie ★★★ **Ouverture** toute l'année **Chambres** 12 et 2 suites, climatisées, avec tél., s.d.b., w.c., t.v. satellite et coffre-fort; 1 chambre handicapés **Prix** des chambres: 78 à 123 €; suites: 100 à 145 € - Petit déjeuner: 9 €, servi de 8 h à 10 h 30 **Carte de crédit** Visa **Divers** chiens admis sur demande - Piscine - Parking fermé **Alentour** Les Baux; Saint-Rémy-de-Provence; Fontvieille - Golf 18 trous de Servanes à Mouriès **Restaurant** service de 12 h à 14 h 30, 19 h à 21 h - Menu: 22 et 36 €.

A deux pas d'Eygalières, en pleine garrigue, enserrée dans un jardin luxuriant, cette solide bastide est un délicieux petit hôtel, idéal pour découvrir
les Alpilles ou le pays d'Arles. Repris par un couple dynamique et entrepre-
nant, l'hôtel s'enrichit désormais d'un restaurant de cuisine provençale mariant
agneau ou poissons aux senteurs du Sud accompagnés des légumes savoureux
de la région. Des repas qui se prennent comme les petits déjeuners sur la belle
terrasse à l'ombre des parasols. Une autre petite terrasse dominant la piscine
est un coin idéal pour s'alanguir à l'heure de l'apéritif. Les chambres se répartissent de chaque côté de la grande entrée, donnant soit sur les Alpilles, soit sur
la campagne typique. Décorées sobrement de meubles rustiques ou anciens,
elles sont confortables avec des salles de bains pratiques. Reste, pour les jours
plus frileux, un petit salon où flambe un feu, mélangeant fauteuils classiques et
contemporains. Une adresse calme et bon marché de la région où séjourner en
toute quiétude.

Accès (carte n° 33): A 7, sortie Cavaillon, direction Saint-Rémy. Après Plan-
d'Orgon, prendre direction Eygalières; au village, prendre la route d'Orgon.

La Maison Roumanille

13810 Eygalières (Bouches-du-Rhône)
Avenue Charles-de-Gaulle
Tél. 04 90 95 92 61 - Fax 04 90 90 61 75
Maurice Roumanille

Fermeture du 15 novembre au 15 décembre **Chambres** 6 et 2 suites (4 climatisées), avec tél., s.d.b., w.c., t.v. et minibar **Prix** des chambres : 105 à 120 € ; suites (3 à 4 pers.) : 150 à 180 € Petit déjeuner compris, servi de 8 h à 11 h **Carte de crédit** Visa **Divers** chiens admis sur demande - Piscine - Parking **Alentour** Les Baux-de-Provence ; Avignon ; Arles ; Aix-en-Provence - Randonnées pédestres dans les Alpilles - Golf 18 trous de Servanes **Pas de restaurant** à l'hôtel, mais salon de thé sur place (salé et sucré) de 12 h à 18 h.

Deux beaux hôtels de charme à Eygalières appartiennent à la famille Roumanille, le *Mas doù Pastré* et cette élégante maison récemment transformée en hôtel. Fraîches, même au cœur de l'été, les chambres ont été aménagées avec un goût méridional infaillible (belle et vaste suite à l'étage). Pour satisfaire aux nouvelles tendances touristiques, chacune cache astucieusement une kitchenette et tout le nécessaire permettant à ceux qui le souhaitent de se confectionner un repas léger (les autres pourrront rejoindre facilement à pied les restaurants du bourg). Egalement ravissante, la salle des petits déjeuners se trouve dans le "jardin d'hiver" jouxtant la belle piscine de sorte qu'il est possible aux beaux jours de déguster son café au bord de l'eau. Intime et raffinée, très accueillante aussi, cette belle adresse convient aussi bien pour un week-end amoureux que pour de vraies vacances.

Accès (carte n° 33) : à 13 km au sud-est de Cavaillon par A 7 sortie Cavaillon. Puis D 99 direction Saint-Rémy-de-Provence. A Eygalières suivre l'avenue Charles-de-Gaulle.

Mas doù Pastré

13810 Eygalières (Bouches-du-Rhône)
Quartier Saint-Sixte
Tél. 04 90 95 92 61 - Fax 04 90 90 61 75 - M. et Mme Roumanille
E-mail : contact@masdupastre.com - Web : masdupastre.com

Ouverture toute l'année **Chambres** 14, climatisées, avec tél., s.d.b., w.c., t.v. satellite, wifi, 10 avec minibar et coffre-fort **Prix** des chambres : 105 à 185 € ; suites (3 à 4 pers.) : 220 € - Petit déjeuner : 13 €, servi de 8 h à 11 h **Carte de crédit** Visa **Divers** chiens non admis - Piscine chauffée en saison, spa, jacuzzi, hammam - Parking fermé **Alentour** Les Baux ; St-Rémy-de-Provence ; Fontvieille - Golf 18 trous à Mouriès **Restaurant** le soir, uniquement pour les résidents - Menu : à partir de 17 €.

Depuis le XVIIIe, cette ferme provençale n'a pas quittée la famille d'Albine et Maurice Roumanille. Ces racines encore vivantes expliquent leur attachement pour l'hôtel qui est aussi et avant tout leur maison. Partout les meubles anciens où de style, les bouquets de fleurs séchées, la profusion d'objets et tableaux de brocante participent au décor résolument provençal du mas. Dans les chambres aux couleurs du Sud (patines jaune d'or ou bleues) ou plus "tendance", vous retrouverez cette même volonté joyeusement créatrice. "Cigales", "Les Provençales", "Pastorales", sont nos favorites, mais toutes méritent d'être recommandées, y compris les trois authentiques et superbes roulottes gitanes au fond du jardin (climatisées et avec salles de bains en dur). Charmants aussi, les extérieurs sur fond d'oliviers et de cyprès, que ce soit du côté de la terrasse sud (gravillonnées et ponctuées d'imposantes poteries vernissées), du côté nord avec ses chaises longues encadrant l'ancien abreuvoir de pierre, ou près de la très belle piscine. Délicieux petits déjeuners avec pâtisseries maison servis dans la ravissante salle à manger ou à l'ombre des platanes. Accueil plein de personnalité mais pas toujours très souple, pour cette adresse haute en couleur à découvrir !

Accès (carte n° 33) : à 13 km au sud-est de Cavaillon par A 7, sortie Cavaillon, puis D 99 et D 74a.

Bastide Relais de la Magdeleine

13420 Gémenos (Bouches-du-Rhône)
Route d'Aix-en-Provence
Tél. 04 42 32 20 16 - Fax 04 42 32 02 26
Famille Marignane
E-mail: contact@relais-magdeleine.com - Web: relais-magdeleine.com

Catégorie ★ ★ ★ ★ Fermeture du 15 novembre au 15 mars **Chambres** 24 climatisées avec tél., s.d.b. ou douche, w.c. et t.v.satellite **Prix** des chambres doubles: 110 à 185 €; suites: 200 € - Petit déjeuner: 14 €, servi à partir de 7 h 30 - Demi-pension: 106 à 135 € **Cartes de crédit** Visa, Amex **Divers** chiens admis sauf à la piscine (13 €) - Piscine - Parking **Alentour** Marseille; Aix; massif de la Sainte-Baume ; route des vins; Cassis et les calanques - Golf 18 trous de la Salette **Restaurant** service de 12 h à 14 h, 20 h à 21 h 30 - Menu: 42 à 55 € - Carte - Spécialités: tarte de lapin lasagnes de noix de Saint-Jacques.

Une allée de platanes centenaires et un ravissant jardin séparent de la route cette belle bastide du début du XVIIIe siècle couverte de lierre et de roses. Hôteliers depuis trois générations, M. et Mme Marignane sont également grands amateurs de jolies choses. C'est ainsi que les pièces de réception présentent un superbe ensemble des XVIIe et XVIIIe et que les très confortables chambres ont chacune leur décor correspondant à une époque. Au rez-de-chaussée, le restaurant, sous la direction du fils de famille, propose une cuisine provençale raffinée et sagement inventive. A quelques kilomètres de Marseille et d'Aix-en-Provence, La *Bastide Relais de la Magdeleine* est un lieu rare, élégant et hors du temps, qui réussit à ne jamais tomber dans les pièges de la mode et de la "déco", et où vous trouverez toujours un accueil très sympathique.

Accès (carte n° 33): à 23 km de Marseille par A 50, direction Toulon, sortie Aubagne-est ou sud, puis D 2 jusqu'à Gémenos.

Le Cadran Solaire

13690 Graveson (Bouches-du-Rhône)
5, rue du Cabaret-Neuf
Tél. 04 90 95 71 79 - Fax 04 90 90 55 04
Sophie et Olivier Guilmet
E-mail : cadransolaire@wanadoo.fr - Web : hotel-en-provence.com

Catégorie ★★ **Ouverture** toute l'année (du 15 novembre au 15 mars sur réservation) **Chambres** 12 avec tél., s.d.b. et w.c. ; 1 chambre handicapés **Prix** des chambres : 55 à 80 € - Petit déjeuner : 8 €, servi de 8 h à 10 h **Carte de crédit** Visa **Divers** chiens admis (5 €) - Parking **Alentour** Avignon ; Tarascon ; Les Baux ; Saint-Rémy ; le pont du Gard - Golf 18 trous des Baux **Pas de restaurant** à l'hôtel.

Successivement relais de poste, atelier de soierie puis petit hôtel de séjour, le *Cadran Solaire* présente l'avantage d'être à mi-chemin d'Avignon et des Alpilles. Emballés par la maison, sa terrasse et son petit jardin de village, Sophie et Olivier ont repris cet établissement et débordent d'idées autant que d'énergie pour refaire peu à peu l'endroit à leur goût. Aujourd'hui, c'est chose faite, et le résultat a tout pour plaire. La grande et lumineuse salle du petit déjeuner est jonchée de beaux tapis, décorée de vieux meubles ; les tables sont nappées de blanc et de toile de Jouy framboise et, quand le temps est moins clément, un feu brûle dans la cheminée. Partout ailleurs, le jonc de mer ou la terre cuite recouvrent les sols, des tissus raffinés éclairent les chambres parfois un peu petites mais aménagées avec goût, confort et sobriété (mobilier de brocante ou en fer forgé, boutis provençaux). Une charmante adresse avec des prix encore doux et un accueil vraiment sympathique.

Accès (carte n° 33) : à 13 km au sud d'Avignon par N 570. Au centre du village, fléchage à partir de la caserne des pompiers.

Le Moulin d'Aure

13690 Graveson (Bouches-du-Rhône)
Route de Saint-Rémy - Quartier de Cassoulène
Tél. 04 90 95 84 05 - Fax 04 90 95 73 84
Giuseppe Ragusa
E-mail: reception@hotel-moulindaure.com - Web: hotel-moulindaure.com

Catégorie ★★ **Ouverture** toute l'année **Chambres** 19 climatisées avec tél., s.d.b. ou douche, w.c., t.v., minibar et coffre-fort **Prix** des chambres doubles: 80 à 145 €; junior-suite: 180 €- Petit déjeuner: 8 à 12 € - Demi-pension: + 40 € /pers. **Cartes de crédit** Visa, Amex **Divers** chiens admis (5 €) - Piscine chauffée **Alentour** Les Baux-de-Provence; Avignon; les Alpilles; Arles **Restaurant** service de 12 h à 14 h, 19 h 30 à 21 h 30 - Fermé du 15 octobre au 15 mars - Menus: 22 et 35 € - Carte.

Précédé par un champ d'olivier et un joli jardin de roses et d'arbustes méridionaux, cet ancien moulin à huile transformé en hôtel joue sur les ambiances méridionales, plus italiennes que provençales. Le résultat est gai, confortable, pas vraiment authentique, mais correspond bien aux ambiances de vacances. La majorité des chambres se trouve dans la maison principale, s'y ajoutent celles du charmant petit mas près de la piscine (plus vastes mais décorées dans le même esprit: terre cuite, murs patinés aux couleurs du Sud, tissus joyeux). Celles de plain-pied bénéficient souvent de terrasses privatives ombragées bien agréables. Pour vos repas, le restaurant sacrifie à quelques plats provençaux mais revient vite vers une cuisine italienne avec, en fond sonore, une musique assortie qui, l'été, se mêle en terrasse au chant des cigales. Une agréable petite adresse pour découvrir la région.

Accès (carte n° 33): A 13 km d'Avignon; prendre D 34 puis N 570 sur 1,5 km.

New Hôtel Bompard

13007 Marseille (Bouches-du-Rhône)
2, rue des Flots-Bleus
Tél. 04 91 99 22 22 - Fax 04 91 31 02 14
M. Bak
E-mail: marseillebompard@new-hotel.com - Web: new-hotel.com

Ouverture toute l'année **Chambres** 50 climatisées avec tél., s.d.b. ou douche, w.c., t.v. satellite, Canal + et minibar; chambres handicapés; ascenseur **Prix** des chambres doubles: 108 à 200 € (basse saison), 120 à 220 € (haute saison) - Petit déjeuner: 11 €, servi de 7 h à 11 h **Cartes de crédit** Visa, Amex **Divers** chiens admis - Piscine - Parking et garage fermé **Alentour** Notre-Dame-de-la-Garde; les calanques; le vieux port **Pas de restaurant** à l'hôtel.

En amont de la corniche qui part du vieux port, ce quartier résidentiel escalade la colline et laisse entrevoir la mer au détour d'une ruelle ou entre les courbes d'un palmier. Très au calme, l'hôtel profite d'un vaste jardin planté d'essences méridionales qui masquent utilement l'une de ses ailes dont le charme très 70 nous échappe encore. Plus heureux, la petite maison de maître à l'entrée et surtout le mas qui se cache près de la piscine (superbe avec sa faïence bleu nuit et son solarium) correspondent mieux à nos critères. Les chambres se répartissent donc autour de ce bel espace verdoyant. La majorité d'entre elles affiche un décor standard récemment remis au goût du jour et qui nous rappelle que le *Bompard* est un hôtel très prisé par une clientèle d'affaire. Les touristes en mal de Provence préféreront tout de même celles du mas, au décor ensoleillé très abouti et aux superbes salles de bains. Autre point fort de l'hôtel: sa vaste terrasse fleurie et ombragée où l'on sert le petit déjeuner jusqu'à une heure tardive. Accueil agréable et très professionnel.

Accès (carte n° 33): à Marseille prendre direction Le Pharo, la corniche Kennedy, tourner à gauche avant le restaurant "Le Rhul" puis prendre rue des Flots-Bleus.

L'Oustaloun

13520 Maussane-les-Alpilles (Bouches-du-Rhône)
Place de l'Eglise
Tél. 04 90 54 32 19 - Fax 04 90 54 45 57
M. et Mme Fabregoul
E-mail : info@loustaloun.com - Web : loustaloun.com

Catégorie ★★ **Fermeture** du 15 novembre au 15 décembre et vacances scolaires de février **Chambres** 8 avec tél., s.d.b. ou douche, w.c., 6 avec t.v. **Prix** des chambres doubles : 50 à 70 € - Petit déjeuner : 7 €, servi de 8 h 20 à 9 h 30 **Cartes de crédit** Visa **Divers** chiens admis - Parking fermé **Alentour** Avignon ; Arles ; Saint-Rémy-de-Provence ; Les Baux et val d'Enfer ; moulin d'Alphonse Daudet à Fontvieille - Golf 9 trous aux Baux et golf 18 trous de Servanes à Mouriès **Restaurant** service de 12 h 15 à 13 h 30, 19 h 15 à 21 h 30 - Menus : 20 (déjeuner) à 26 € - Carte.

A près avoir été une abbaye au XVIe siècle, la première mairie du village en 1792, puis la gendarmerie et la prison, *L'Oustaloun* est devenu une typique petite auberge provençale, installée au bord d'une place avec, comme il se doit, platanes et fontaine. Les chambres, souvent exiguës, sont néanmoins mignonnes, confortables, décorées dans un style à la fois provençal (boutis et tissus) et contemporain (patines à la chaux naturelle). L'une des deux salles à manger rustiques est située dans l'ancienne chapelle alors que, dans la seconde, on pressait les olives. On y déguste à présent une cuisine simple et savoureuse à base de légumes et de produits de qualité servis très agréablement. Dès les beaux jours, l'hôtel déborde sur le centre de la place et on y installe tables et chaises où l'ombre des larges parasols se mêle à celle des grands platanes. Une attachante adresse à quelques minutes des Baux, qui pratique des prix raisonnables et où l'accueil est plus que sympathique.

Accès (carte n° 33) : à 40 km au sud d'Avignon par A 7, sortie Cavaillon, puis D 99 jusqu'à Saint-Rémy et D 5.

La Maison - Domaine de Bournissac

13550 Paluds-de-Noves (Bouches-du-Rhône)
Montée d'Eyragues
Tél. 04 90 90 25 25 - Fax 04 90 90 25 26 - M. Marty et M. Peyre
E-mail: bournissac@wanadoo.fr - Web: lamaison-a-bournissac.com

Catégorie ★ ★ ★ **Fermeture** du 3 janvier au 12 février **Chambres** 10 et 3 suites climatisées, avec tél., s.d.b., w.c. et t.v. satellite; 1 chambre handicapés **Prix** des chambres: 110 à 230 €; suites: 195 à 255 € - Petit déjeuner: 15 €, servi de 8 h à 10 h 30 **Cartes de crédit** Visa, Amex **Divers** chiens admis (8 €) - Piscine - Parking **Alentour** Les Baux; Avignon - Golf 18 trous de Mouriès **Restaurant** service de 12 h 30 à 14 h, 19 h 30 à 21 h 30 - Fermé hors-saison lundi et mardi - Menus: 43 et 68 € - Carte.

Superbement isolé dans la garrigue, cet ancien mas a été totalement remis à neuf pour devenir l'un des plus beaux hôtels de la région. Dès l'entrée, ouverte sur un grand patio, les sols, les tissus, les livres et les objets flattent l'œil. Les plantes séchées, les meubles décapés ou joliment cérusés, le jonc de mer, les lits parés de sobres courtepointes et multiples coussins, les salles de bains en marbre vieilli, les teintes qui se déclinent en blanc, en bleu pâle, en mastic… rivalisent de beauté, comme pour vous donner l'impression de feuilleter les photos d'une revues de décoration (il n'y manque plus que l'âme et la patine des ans pour atteindre la perfection du vrai charme). Côté restaurant, la cuisine de Christian Peyre est une pure merveille, l'occasion de suivre dans l'assiette le cours des saisons dans la vérité du produit. Vous vous régalerez donc dans une élégante salle prolongée par une terrasse (tonnelle et mobilier indonésien) surplombant un sublime paysage où jardin de plantes aromatiques, piscine et terrasses se succèdent par niveaux, avant de se perdre dans le moutonnement des arbustes délimités au loin par les Alpilles. Délicieux petits déjeuners au patio près d'une fontaine et à l'ombre du vieux figuier. Accueil attentif et professionnel.

Accès (carte n° 33) : A 7 sortie Avignon-sud vers Noves, puis route de Saint-Rémy par D 30 et D 29 vers Eyragues.

Du Côté des Olivades

13520 Le Paradou (Bouches-du-Rhône)
Tél. 04 90 54 56 78 - Fax 04 90 54 56 79
André Bourguignon
E-mail : ducotedesolivades@wanadoo.fr - Web : ducotedesolivades.com

Catégorie ★ ★ ★ ★ **Ouverture** toute l'année **Chambres** 9 et 1 suite, climatisées, avec tél, s.d.b., w.c, t.v. satellite, minibar et coffre-fort **Prix** des chambres : 95 à 169 € (basse saison), 146 à 198 € (haute saison) ; suite : 198 à 261 € - Petit déjeuner compris, servi de 7 h 30 à 11 h 30 **Cartes de crédit** acceptées **Divers** chiens non admis - Piscine - Parking **Alentour** Les Baux ; Saint-Rémy ; la Camargue ; le pont du Gard - Golfs 9 trous à 500 m, 18 trous à Mouriès **Restaurant** réservé aux hôtes - Menu : 45 € - Spécialités : filet de rouget au pistou ; loup de ligne à la fleur de sel ; canon d'agneau des Alpilles.

Au pied des Baux-de-Provence, les innombrables oliviers qui entourent l'hôtel sont à l'origine de l'une des meilleures huiles de la région. Epicurien averti, M. Bourguignon a donc bien choisi son environnement pour créer ce charmant et luxueux petit hôtel. Avec sa femme, qui règne avec autant de talent que de discrétion sur la cuisine, et sa fille (à l'accueil et au choix des vins dont elle est passionnée), il a fait du *Côté des Olivades* un lieu confidentiel et gourmand réservé à ceux qui ont eu la bonne idée d'y séjourner. Au restaurant, les produits frais du marché sont à l'honneur, cuisinés avec cette simplicité maîtrisée qui laisse "parler le produit" : fruits et légumes, viandes locales, (dont l'incontournable agneau des Alpilles), poissons de petite pêche… Pas plus de dix chambres pour garantir l'intimité de chacun, leur décoration empreinte de sérénité et de douceur se combine avec un grand confort, les salles de bains sont parfaites, le rapport avec le beau jardin provençal favorisé par la présence de terrasses privatives de plain-pied. L'ambiance est détendue, l'humeur vacancière, les cigales chantent du *Côté des olivades* !

Accès (carte n° 33) : A7 sortie Cavaillon puis D 99 vers Saint-Rémy, puis Les Baux, Maussane par la D 5 puis Le Paradou par la D 17.

2006

Le Hameau des Baux

13520 Le Paradou (Bouches-du-Rhône)
Chemin de Bourgeac
Tél. 04 90 54 10 30 - Fax 04 90 54 45 30 - Jean-Claude Milani
E-mail : contact@hameaudesbaux.com - Web : hameaudesbaux.com

Catégorie ★★★★ **Fermeture** du 15 au 30 novembre **Chambres** 10 et 5 suites, climatisées, avec tél., s.d.b., t.v. câble, minibar et coffre-fort ; 1 chambre handicapés **Prix** des chambres : 195 à 275 € ; suites : 430 à 480 € - Petit déjeuner : 19 €, servi de 8 h à 10 h 30 (brunch le dimanche : 25 €) **Carte de crédit** acceptées **Divers** chiens admis (10 €) - Piscine, tennis, boulodrome - Parking **Alentour** Les Baux-de-Provence ; Arles ; Saint-Rémy **Restaurant** service de 12 h à 14 h - Menus 18 € (assiette du jour).

Cet hôtel bâti sur les restes d'une ferme ressuscite, avec des matériaux d'antan magnifiquement travaillés, un ancien hameau au pays des cigales. Outre la place de village, sa fontaine, ses deux platanes, tous les espaces redonnent vie aux charmantes bâtisses d'autrefois. Les chambres (réparties entre le mas, l'ancienne grange et des petites maisons qui semblent avoir toujours été là) sont spacieuses, confortables et d'un raffinement extrême. On aime leur décor épuré (sol en pierres reconstituées, patines aux couleurs sourdes et passées, baignoires à l'ancienne souvent ouvertes sur la chambre), les beaux meubles chinés, et ces quelques photos d'ancêtres sépia qui achèvent de les rendre habitées. La "Bergerie", avec son auge en pierres, son râtelier à foin et la porte coulissante de l'authentique grange, est un modèle du genre ; tout comme la "Chapelle" (chaire d'église dans la salle de bains et jardin du curé). Petits déjeuners maison, servis en chambre, sur la terrasse, ou encore dans la salle à manger avec tables de bistrot et cuisinière d'époque. Accueil raffiné et concerné.

Accès (carte n° 33) : A7 sortie Cavaillon puis D 99 vers Saint-Rémy, puis Les Baux, Maussane par la D 5 puis Le Paradou par la D 17. Dans Le Paradou, aller jusqu'à l'église puis suivre les panneaux.

Le Berger des Abeilles

13670 Saint-Andiol (Bouches-du-Rhône)
Tél. 04 90 95 01 91 - Fax 04 90 95 48 26
Mme Grenier Sherpa
E-mail: abeilles13@aol.com - Web: berger-abeilles.com

Catégorie ★★★ **Fermeture** de novembre à Pâques **Chambres** 8 avec tél., s.d.b. ou douche, t.v. et minibar **Prix** des chambres doubles: 72 à 115 € - Petit déjeuner compris, servi de 8 h 30 à 10 h - Demi-pension: 142 à 165 € (pour 2 pers.) **Cartes de crédit** Amex, Visa **Divers** chiens admis (12 €) - Parking fermé **Alentour** Les Baux; Saint-Rémy-de-Provence; les Alpilles; Avignon **Restaurant** en table d'hôtes, service de 12 h à 13 h 30, 19 h 30 à 21 h 30 - Menus: 25 à 38 €.

Quand on a l'idée de baptiser son hôtel *Le Berger des Abeilles,* on est forcément accueillant ! et, de fait, la gentillesse et la disponibilité de Mme Grenier ne contredisent pas cette intuition. Vous serez ici confortablement et impeccablement installés, mais choisissez en priorité les chambres "Maya" et "Marie" ; dans le jardin et qui profitent chacune d'une terrasse ombragée de plain-pied (dans la maison principale, nous aimons bien également "Alexia" ou "Caroline"). D'une manière générale, leur aménagement est soigné, basé sur quelques meubles anciens ou de style. Mme Grenier est aux fourneaux, sa cuisine jouit d'une excellente réputation. Vous dînerez dans une jolie salle à manger rustique ou dehors, à l'ombre d'un platane gigantesque. Enfin, la rumeur de la nationale, étouffée par une luxuriante végétation, ne parvient que partiellement dans le jardin de l'hôtel et ne franchit pas l'épaisseur des murs. Une bonne étape à butiner en confiance.

Accès (carte n° 33): A7, sortie Avignon-sud, direction Aix / Marseille, à 5 km au croisement Verquières-Cabannes, prendre direction Cabannes.

Mas de Fauchon

13760 Saint-Cannat (Bouches-du-Rhône)
Lieu-dit Fauchon
Tél. 04 42 50 61 77 - Fax 04 42 57 22 56
Mmes Pardigon-Chouchanian
E-mail: mas-de-fauchon@wanadoo.fr - Web: mas-de-fauchon.fr

Ouverture toute l'année **Chambres** 16 climatisées, avec tél., s.d.b., t.v., coffre-fort et minibar; 1 chambre handicapés **Prix** des chambres doubles: 100 à 265 € - Petit déjeuner: 15 €, servi de 8 h à 10 h 30- Demi-pension: 220 à 385 € (pour 2 pers.) **Cartes de crédit** Visa, Amex **Divers** chiens admis (8 €) - Piscine - Parking **Alentour** Aix-en-Provence; les Alpilles; le Lubéron - Golf 18 trous de Pont-Royal **Restaurant** service de 12 h à 13 h 30, 19 h 30 à 21 h 30 - Menus: 26 à 56 € - Carte - Spécialités: croustillant de Saint-Jacques; trilogie de gambas; gibier en saison.

Jusqu'à présent, les clients du restaurant qui venaient ici pour la bonne cuisine traditionnelle, le calme et l'isolement trouvaient dommage de ne pas pouvoir y rester dormir. En effet, le *Mas de Fauchon* est totalement isolé et merveilleusement placé entre le Luberon, les Alpilles et la montagne Sainte-Victoire. Mme Pardigon et sa fille se sont finalement laissé convaincre et ont édifié, un peu à l'écart dans la pinède, une maison de plain-pied abritant de grandes et confortables chambres, chacune agrémentée d'une petite terrasse privée. L'esprit provençal a servi de base à leur décor, mais toutes ont été meublées différemment. Les styles et les coloris changent, les tissus sont souvent signés Pierre Frey, et le tout donne une impression harmonieuse, tout à fait au goût du jour. Les salles de bains sont également très réussies et les rangements bien pensés. De bons petits déjeuners sont préparés sur place par Pascale, aussi gentille qu'efficace, et servis en chambre ou sur une grande terrasse fleurie. Une belle adresse pour vos vacances.

Accès (carte n° 33): A 7 sortie Senas direction Aix-en-Provence par N 7.

Hostellerie de Cacharel

13460 Saintes-Maries-de-la-Mer (Bouches-du-Rhône)
Route de Cacharel
Tél. 04 90 97 95 44 - Fax 04 90 97 87 97 - M. Colomb de Daunant
E-mail : mail@hotel-cacharel.com - Web : hotel-cacharel.com

Catégorie ★★★ **Ouverture** toute l'année **Chambres** 16 avec tél., s.d.b. ou douche et w.c. **Prix** des chambres : 108 € - Petit déjeuner : 11 €, servi de 8 h à 10 h **Carte de crédit** Visa **Divers** chiens admis (8 €) - Piscine, randonnées à cheval - Parking **Alentour** église (reliques) des Saintes-Maries-de-la-Mer ; pèlerinage des gitans (24 et 25 mai) ; digue de mer (30 km) ; Arles - Golf 18 trous à Mouriès **Petite restauration** 17 € l'assiette campagnarde.

Amateurs de nature et de grands espaces, voici l'hôtel qu'il vous faut, quelle que soit la saison. Situé dans la réserve naturelle de Camargue, au milieu des étangs, des herbages et des paddocks, ce mas du XVIIᵉ a totalement échappé aux effets de mode. Vous en apprécierez l'authenticité dans l'impressionnante pièce commune agrémentée d'une immense cheminée et décorée de meubles régionaux, avec de belles photographies noir et blanc représentant des paysages et des scènes de corridas sur les murs. Cette salle, magnifique, fait à la fois office de salon, de bar et de salle à manger pour le petit déjeuner ou pour une restauration légère (qui se prolonge dehors en terrasse). De plain-pied autour du jardin ombragé, les chambres, claires, sont d'une taille agréable, avec souvent une vue sur les étangs. D'une belle simplicité, impeccablement tenues, elles reflètent l'esprit du lieu. Vous profiterez d'une immense piscine abritée de murs blancs et, si le cheval vous tente, sachez qu'ici ils sont réservés aux clients de l'hôtel et ne ressemblent pas aux tristes montures trop souvent attachées le long des routes. Très disponible, M. Colomb de Daunant vous donnera de précieux conseils pour découvrir la vraie Camargue dont il est natif. Une très belle adresse de séjour.

Accès (carte n° 33) : à 38 km au sud-ouest d'Arles ; à 4 km au nord des Saintes-Maries-de-la-Mer par D 85a, dite route de Cacharel.

Les Ateliers de l'Image

13210 Saint-Rémy-de-Provence (Bouches-du-Rhône)
36, boulevard Victor-Hugo
Tél. 04 90 92 51 50 - Fax 04 90 92 43 52 - Antoine et Nathalie Godard
E-mail : info@hotelphoto.com - Web : hotelphoto.com

Catégorie ★★★★ **Ouverture** toute l'année **Chambres** 32 (dont 14 avec terrasse sur les Alpilles) avec tél., s.d.b., w.c. et t.v. satellite ; 2 chambres handicapés ; ascenseur **Prix** des chambres : 165 à 600 € - Petit déjeuner compris, servi de 8 h à 10 h 30 **Cartes de crédit** acceptées **Divers** chiens non admis - 2 piscines, laboratoire et stages photos, massages - Parking **Alentour** Avignon ; Alpilles ; Camargue - Baptême de l'air en planeur **Pas de restaurant** à l'hôtel mais restauration légère et sushi-bar les soirs du mardi au samedi.

Au cœur de Saint-Rémy et protégé par un vaste jardin paysagé, voici un lieu inattendu d'espace et de paix. Passionnés de photo, Nathalie et Antoine ont fait entrer la lumière dans les volumes d'un cinéma désaffecté. Ils ont su donner de la chaleur à un style résolument contemporain et ont réussi l'alliance du confort et de l'art. Les chambres, ombragées de claustras en bois clair, sont toutes semblables (seules les dimensions changent), le verre sablé des lampes de chevet se retrouve dans les étagères des belles salles de bains blanches aux murs ocre jaune ou ocre rouge. Le matin, dans le hall à l'acoustique parfaite (des concerts, classique ou jazz, sont régulièrement organisés), le buffet vaut à lui seul une mention spéciale : thés en feuille, fruits secs, céréales, fromages, saumon fumé, fruits frais, pains délicieux, etc., sont à déguster à profusion. Installés dans de confortables fauteuils tournés vers le patio au milieu duquel la piscine joue avec le soleil, c'est le moment idéal pour profiter de cet espace harmonieux. L'accueil est discret autant que gentil et souriant. Un endroit original qui mérite vraiment que l'on s'y arrête.

Accès (carte n° 33) : dans le centre-ville, suivre les signalisations d'hôtels.

481

Château des Alpilles

13210 Saint-Rémy-de-Provence (Bouches-du-Rhône)
Ancienne route des Baux
Tél. 04 90 92 03 33 - Fax 04 90 92 45 17
Françoise Bon et Catherine Rollin
E-mail : chateau.alpilles@wanadoo.fr - Web : chateaudesalpilles.com

Catégorie ★ ★ ★ ★ **Fermeture** du 14 novembre au 22 décembre et du 8 janvier au 16 février **Chambres** 14 climatisées, 5 suites et 1 petite maison, avec tél., s.d.b., w.c., t.v. et minibar **Prix** des chambres : 170 à 240 € ; suites : 275 à 370 € ; maison : 265 à 370 € - Petit déjeuner : 13 à 17 €, servi de 7 h 30 à 11 h 30 **Cartes de crédit** acceptées **Divers** chiens admis (10 €) - Piscine, tennis, sauna - Parking fermé **Alentour** Muséon Frédéric-Mistral à Maillane ; Eygalières ; Les Baux ; Avignon ; Arles - Golfs 9 et 18 trous aux Baux et à Mouriès **Restaurant** sur réservation - Menu : 37 € - Carte.

Construit au début du XIXe par une des plus vieilles familles d'Arles, le château devient à cette époque le lieu de rencontre des hommes politiques et des écrivains séjournant dans la région. Le salon, le bar, la salle à manger, richement décorés de stucs, de trumeaux et de glaces en bois clair, sont des pièces très accueillantes et très ouvertes sur le jardin. Leur mobilier contemporain (canapés ou fauteuils gainés de cuir vieux rouge) s'harmonise bien avec ce décor. Chaque hiver, de nombreux travaux d'entretien et de décoration améliorent l'endroit. Les chambres, très confortables, n'échappent pas à ce souci d'embellissement. Plus classiques avec leur mobilier ancien ou de style et leur ambiance chaleureuse, elles sont toujours très soignées et dotées de grandes salles de bains fonctionnelles. Si vous désirez rester le soir à l'hôtel, on vous servira une cuisine simple mais raffinée. Le grand parc, qui abrite piscine et tennis, est planté d'arbres centenaires et d'essences rares.

Accès (carte n° 33) : à 14 km à l'ouest de Cavaillon par A 7, sortie Cavaillon, puis D 99 ; à 1 km de Saint-Rémy-de-Provence.

Le Mas des Carassins

13210 Saint-Rémy-de-Provence (Bouches-du-Rhône)
1, chemin Gaulois
Tél. 04 90 92 15 48 - Fax 04 90 92 63 47 - M. Michel Dimeux
E-mail : info@hoteldescarassins.com - Web : hoteldescarassins.com

Catégorie ★★★ **Fermeture** du 8 janvier au 5 mars **Chambres** 12 et 2 suites, climatisées avec tél., s.d.b., w.c., t.v. satellite et minibar ; accès handicapés **Prix** des chambres doubles : 98 à 148 € , suites : 165 € - Petit déjeuner-buffet : 11 €, servi de 8 h à 10 h **Carte de crédit** Visa **Divers** chiens admis sur demande - Piscine - Parking fermé **Alentour** Muséon Frédéric-Mistral à Maillane ; Eygalières ; Les Baux ; Avignon ; Arles ; villages du Lubéron - Golfs 9 et 18 trous aux Baux et à Mouriès **Restauration** légère pour le déjeuner en saison (23 €) et dîner résidents cinq fois par semaine : 27 € en demi-pension.

À quelques minutes à pied du centre de saint-Rémy, ce vieux mas construit vers 1850 se cache dans un merveilleux jardin de plus de six milles mètres carrés ponctué de fontaines, bassins et arbustes odorants. S'il se trouve au cœur du site protégé de Glanum, l'ancienne cité romaine, cet hôtel n'en est pas moins tourné vers l'avenir et les rénovations viennent de s'achever, à l'intérieur comme à l'extérieur. On aime les chambres joliment habillées de boutis provençaux et dotées de très belles salles de bains. Elles s'appellent la Crau, Lis Aupiho, la Manade, Lis Oulivades, la Jasse…, toutes ont leur charme et certaines bénéficient même d'agréables petits jardins privatifs avec vue sur les Alpilles ou la campagne. Ajoutez-y un agréable salon, une lumineuse salle à manger (table d'hôtes certains soirs) et une piscine bordée de murets et de vases d'Anduze. Autant d'atouts qui font de cet accueillant petit hôtel un très agréable lieu de vacances.

Accès (carte n° 33) : à 14 km à l'ouest de Cavaillon par A 7, sortie Cavaillon, puis D 99. Suivre Les Baux, l'hôtel est à 3 minutes du centre, chemin Gaulois.

Sous les Figuiers

13210 Saint-Rémy-de-Provence (Bouches-du-Rhône)
3, avenue des Taillandiers
Tél. 04 32 60 15 40 - Fax 04 32 60 15 39 - Mme Lafuente
E-mail : hotel.souslesfiguiers@wanadoo.fr

Catégorie ★★★ **Fermeture** du 8 janvier au 15 mars **Chambres** 13 climatisées avec tél., s.d.b. et w.c. **Prix** des chambres simples et doubles : 55 à 127 € - Petit déjeuner : 13 €, servi de 8 h 30 à 10 h 30 **Cartes de crédit** Amex, Visa **Divers** chiens admis (8 €) - Piscine - Parking **Alentour** cité antique de Glanum ; Les-Baux-de-Provence ; Avignon ; la Camargue - Golf (18 trous) de Mouriès **Pas de restaurant** à l'hôtel.

À moins de cinq minutes à pied des belles et tortueuses ruelles du centre historique de Saint-Rémy-de-Provence, cet établissement se distingue par son atmosphère apaisante. L'hôtel qui épouse l'esprit de la parfaite maison d'hôtes, grâce notamment à l'accueil sympathique et chaleureux de Gisèle Lafuente et de la peintre Kups, se caractérise également par une configuration originale. D'abord le jardin avec quelques figuiers et la piscine surélevée, puis la maison principale où l'on peut savourer un petit déjeuner artisanal et copieux (salade de fruits de saison, confitures maison et pains aux figues), tout en musique, et derrière, l'ancienne graineterie abritant les chambres spacieuses, confortables et raffinées, avec leurs salles de bains à l'italienne. Volets mauves, jolies patines vieillies couleur jaune vert sur les murs, boutis provençaux et meubles chinés. Chacune possède sa terrasse et son jardin privatif, ombragé par un figuier centenaire. Pour y accéder, il faut passer par le superbe jardin d'hiver d'inspiration balinaise, où Kups a son atelier de peinture et propose des stages d'initiation ou de perfectionnement. Un petit coin de paradis au cœur du fabuleux site des Alpilles.

Accès (carte n° 33) : A7 sortie Cavaillon, prendre direction Saint-Rémy par D 99, puis fléchage.

Le Logis du Guetteur

83460 Les Arcs-sur-Argens (Var)
Place du Château
Tél. 04 94 99 51 10 - Fax 04 94 99 51 29
M. Callegari
E-mail : le.logis.du.guetteur@wanadoo.fr - Web : logisduguetteur.com

Catégorie ★★★ **Fermeture** en février **Chambres** 12 et 1 appartement climatisés avec tél., s.d.b. ou douche, w.c., t.v. et minibar **Prix** des chambres doubles : 108 à 159 € ; appartement ; 175 à 195 € - Petit déjeuner : 15 €, servi de 8 h à 10 h 30 - Demi-pension : 114 à 135 € **Cartes de crédit** acceptées **Divers** chiens admis (10 €) - Piscine - Parking **Alentour** château d'Entrecasteaux ; chapelle Sainte-Roseline à 4 km des Arcs ; abbaye du Thoronet ; Seillans ; musée Simon-Segal à Aups - Golf de Saint-Endreol **Restaurant** service à 12 h et 19 h 15 - Menus : 34 à 76 € - Carte - Spécialités : saumon fourré à l'écrevisse ; Saint-Jacques au beurre de muscat ; pigeon de ferme aux truffes ; ris de veau aux oranges ; bourride.

L'ancien château de Villeneuve, datant du XIᵉ siècle et restauré en 1970, est devenu aujourd'hui, associé à quelques maisons voisines, le *Logis du Guetteur*. Il conserve encore son appareillage rustique de pierres brutes, son donjon, où se trouve l'entrée principale (dès le porche franchi, la cour ronde au centre de laquelle subsiste un vieux puits embrasse magnifiquement toute la région) et ses anciennes caves utilisées comme salle à manger si, d'aventure, le temps ne permet pas de profiter de la terrasse. Nul risque pourtant d'invasions vous surprenant au réveil, dans le confort des chambres disposant presque toutes d'une vue magnifique sur les environs. Leur décor affiche un classicisme sage, plus pimpant dans les deux chambres et la suite familiale d'une maison mitoyenne. Agréable piscine, cuisine appétissante et accueil décontracté.

Accès (carte n° 34) : à 12 km au sud de Draguignan par N 555 et D 555 ; dans le village médiéval.

Hostellerie Bérard

83740 La Cadière-d'Azur (Var) - Rue Gabriel-Péri
Tél. 04 94 90 11 43 - Fax 04 94 90 01 94 - Mme Bérard
E-mail : berard@hotel-berard.com - Web : hotel-berard.com

Catégorie ★★★ **Fermeture** du 4 janvier au 12 février **Chambres** 40 climatisées, avec tél., s.d.b., w.c., minibar, wifi et t.v. **Prix** des chambres : 95 à 162 € ; suites : 202 à 256 € - Petit déjeuner : 18 €, servi de 7 h à 9 h 30 **Cartes de crédit** acceptées **Divers** chiens admis sauf en chambre (10 €) - Piscine, sauna, stages de cuisine et d'aquarelles - Parking et garage privatif (10 €) **Alentour** Cassis ; Porquerolles ; Le Castellet ; plages à 8 km - Golf 18 trous à Saint-Cyr-sur-Mer **Restaurant** service de 12 h 30 à 14 h, 19 h 30 à 21 h 30 - Fermé lundi midi et samedi midi - Menus : 25 à 130 € - Carte.

Dressé sur son promontoire au cœur du vignoble de Bandol, La Cadière est un magnifique village provençal. On y vient de loin pour l'animation de son marché (le jeudi) tout autant que pour la cuisine de M. Bérard, l'une des meilleures de Provence. L'hostellerie se compose de plusieurs maisons reliées par un jardin très soigné. Il y a d'abord "le couvent" du XIᵉ où les anciennes cellules, habillées de tissus Pierre Frey, sont désormais de jolies et confortables chambres. "Les peintres" est l'autre bâtiment dédié aux chambres, là aussi ravissantes avec leur mobilier provençal bien choisi et leurs salles de bains en faïence de Salernes. "Le jardin clos des moines" abrite sauna et fitness dans une ambiance de bastide. Enfin, la dernière maison sert pour l'élégant salon d'accueil et la salle à manger : murs à fresque, nappes champagne et chaise cannées blanches Louis XV, sol en vieille terre cuite, plafond blanc à poutres vert-olive. Une atmosphère douce et très raffinée à l'image d'une cuisine tout en délicatesse comme cet inoubliable pavé de loup sauvage cuit à la peau, thym citron, pétales de tomates et courgettes violon (l'occasion de vous signaler qu'ici les légumes proviennent du potager de l'hostellerie). Une adresse de grand charme au bonheur communicatif.

Accès (carte n° 34) : à 20 km à l'ouest de Toulon par A 50, sortie n° 11, La Cadière-d'Azur.

Hostellerie de l'Abbaye de La Celle

83170 La Celle (Var)Place du Général-de-Gaulle
Tél. 04 98 05 14 14 - Fax 04 98 05 14 15 - Pascal Budor
E-mail : contact@abbaye-celle.com - Web : abbaye-celle.com

Catégorie ★★★★ Fermeture du 16 janvier au 3 février **Chambres** 10 climatisées, avec tél., s.d.b., w.c., t.v. satellite, minibar et coffre-fort **Prix** des chambres : 205 à 345 € - Petit déjeuner : 19 € **Cartes de crédit** acceptées **Divers** chiens non admis - Piscine - Parking **Alentour** abbaye du Thoronnet ; montagne de la Loube - Golf 18 trous à 15 km **Restaurant** service de 12 h à 14 h, 19 h 30 à 22 h - Fermé mardi et mercredi en hiver - Menus : 40 à 74 € - Spécialité : lasagnes d'aubergines aux écrevisses et girolles.

L'abbaye de La Celle connaît un grand rayonnement au XIIIe et poursuit sa vocation jusqu'au XVIIe ; cette dernière période s'achevant par l'expulsion des religieuses dont la conduite n'était manifestement plus exemplaire. Les vieux murs font alors pénitence pendant trois siècles avant que Sylvia Fournier (propriétaire de l'île de Porquerolles) ne les transforment en une superbe hôtellerie. En 1978, une nouvelle période de désuétude s'empare du lieu jusqu'à l'arrivée d'Alain Ducasse. Extérieurement, l'abbaye ressemble aujourd'hui à un ensemble de maisons bourgeoises noyées de fleurs et de verdure, on y admire aussi quelques vestiges de pierre (le cloître à colonnes, la salle capitulaire). Intérieurement le réaménagement des années 30 confère aux pièces volumes et lumière. Difficile de faire plus abouti en matière de décoration : mobilier ancien, tableaux, gravures, éléments de bois sculpté, magnifiques tissus… N'y cherchez pas les poncifs de la "Provence-déco", cet ensemble hors mode a infiniment plus de classe. Donnant sur le parc ou sur la place du village, les chambres sont vastes au premier étage, plus intime (et moins chères) au second. Est-il nécessaire de préciser que ce superbe hôtel s'accompagne d'une excellente table basée sur les merveilles du potager et orchestrée par Benoît Witz, l'ancien chef de la *Bastide de Moustiers* ?

Accès (carte n° 34) : A 8 sortie n° 35, N 7 vers Toulon puis D 405 jusqu'à La Celle.

La Maison du Monde

83310 Cogolin (Var)
63, rue Carnot
Tél. 04 94 54 77 54 - Fax 04 94 54 77 55
Marie-Pierre Giaime
E-mail : info@lamaisondumonde.fr - Web : lamaisondumonde.fr

Fermeture du 8 janvier au 13 mars **Chambres** 12 climatisées, avec tél., s.d.b. ou douche, w.c. et t.v. satellite **Prix** des chambres : 70 à 120 € (basse saison), 95 à 165 € (haute saison) - Lit suppl. : 28 € - Petit déjeuner : 13 €, servi de 8 h à 10 h 30 **Cartes de crédit** Visa, Amex **Divers** chiens admis - Piscine - Parking fermé **Alentour** le haut Var, Saint-Tropez **Pas de restaurant** à l'hôtel mais petite restauration.

Ne vous laissez pas impressionner par la rue principale de Cogolin, l'hôtel est hermétiquement insonorisé et son grand jardin assure suffisamment de recul au coin piscine pour que celui-ci reste un très bel espace de repos. Intégralement rénové de frais, l'intérieur semble celui d'une vraie maison avec ses élégantes petites pièces d'accueil et leur décor aux multiples inspirations qui justifient l'intitulé du lieu. Volontairement très sobres, voire dépouillées, les chambres jouent sur une ambiance plus zen. Un ou deux meubles souvent d'inspiration exotique, de beaux couvre-lits aux couleurs chatoyantes, de luxueuses salles de bains et des murs en essuyé dans des teintes pastel qui restent neutres et font ressortir les magnifiques tableaux d'un peintre indonésien. Beaucoup de confort, du goût et un accueil chaleureux et personnalisé. Créatrice de ce bel hôtel et formée à l'Ecole de Paul Bocuse, Marie-Pierre Giaime met à profit son expérience acquise dans le management d'établissements prestigieux pour apporter à sa *Maison du Monde* un irréprochable service et une attention de tous les instants.

Accès (carte n° 34) : A 8 direction Saint-Tropez par D 558 ou direction Sainte-Maxime par D 25.

Auberge du Parc

83570 Correns (Var)
Place du Général-de-Gaulle
Tél. 04 94 59 53 52 - Fax 04 94 59 53 54
Bertrand Lherbette
E-mail : contact@aubergeduparc.fr - Web : aubergeduparc.fr

Ouverture toute l'année **Chambres** 6 climatisées, avec tél., s.d.b. ou douche, w.c. et t.v. **Prix** des chambres : 109 à 185 € - Petit déjeuner : 10,68 €, servi de 8 h à 10 h 30 **Cartes de crédit** Visa, Amex **Divers** chiens admis - Piscine - Parking **Alentour** cascade de Sillans ; grottes du vallon Sourn **Restaurant** service de 12 h 30 à 14 h, 19 h 30 à 21 h 30 - Menu : 42 € - Spécialités : tortellinis aux artichauts et lamelles de truffes ; camembert aux truffes d'été.

Premier village biologique de France, Correns se cache à la sortie du vallon Sourn, superbe site protégé au cœur du haut Var. Ancienne hostellerie transformée en auberge par Clément Bruno, cette haute maison XVIIIe abrite un très bel escalier à fresques en trompe l'œil et des chambres très vastes, agréables, décorées avec simplicité et bon goût. Sol de pierre claire, murs blancs, tableaux, miroirs, meubles anciens chinés dans la région, tissus Quintas joyeusement rayés, sans oublier les très confortables salles de bains à l'ancienne, toutes carrelées de blanc. Pour les plaisirs gourmands, le chef, Bertrand Lherbette, formé chez Bruno bien sûr, mitonne de bons plats provençaux avec les produits fermiers des petits producteurs bio du village : beignets de fleurs de courgettes, lapin sauté, poisson de rivière grillé, et aussi les spécialités à base de truffes… (le menu change tous les jours). Vous les dégusterez dans différentes salles à manger (véranda, salle avec cheminée et boiseries peintes) ou au jardin sous l'ombre fraîche des platanes.

Accès (carte n° 34) : A 8 sortie Brignoles puis D 554 vers Correns.

Château de Valmer

83420 La Croix-Valmer (Var)
Route de Gigaro
Tél. 04 94 55 15 15 - Fax 04 94 55 15 10
Mme Rocchietta
E-mail : info@chateauvalmer.com - Web : chateauvalmer.com

Catégorie ★★★ **Fermeture** de mi-octobre à début mai **Chambres** 42 climatisées, avec tél., s.d.b., w.c., t.v. et coffre-fort ; ascenseur **Prix** des chambres doubles : 161 à 420 € - Petit déjeuner-buffet : 20 €, servi à partir de 8 h **Cartes de crédit** acceptées **Divers** piscine, tennis, plage privée - Parking fermé **Alentour** golfe de Saint-Tropez ; îles de Porquerolles et Port-Cros **Restaurant** service de 12 h 30 à 15 h, 19 h 30 à 21 h 30 - Déjeuner : petite carte provençale - Menu du marché : 58 € - Carte.

Demeure de grand luxe, aussi élégante que confortable, le *Château de Valmer* est situé sur les hauteurs, au milieu d'un vignoble de cinq hectares traversé par une palmeraie centenaire qui descend vers une plage privée. L'intérieur a été magnifiquement rénové. Dans les salons, les meubles anciens côtoient de profonds canapés recouverts d'élégants tissus imprimés dont les couleurs se combinent avec les rideaux et les peintures. Les chambres sont toutes belles et impeccables, dotées de salles de bains de grand standing. Leur prix varie selon leur taille et la vue sur laquelle elles donnent. Des terrasses à colonnades de pierres sont aménagées le long de la façade, c'est ici que l'on déguste une cuisine particulièrement savoureuse qui vous laissera le délicieux souvenir des produits frais de la région. Vous pouvez aussi rejoindre la plage où se trouve *La Pinède* (grill à midi, gastronomique le soir), hôtel-restaurant appartenant aux mêmes propriétaires. L'ensemble constitue sans conteste l'une des plus belles adresses de la Côte d'Azur.

Accès (carte n° 34) : sur A 8, sortie Le Luc, direction La Garde-Freinet, Gassin et La Croix-Valmer.

Moulin de la Camandoule

83440 Fayence (Var)
Chemin Notre-Dame-des-Cyprès
Tél. 04 94 76 00 84 - Fax 04 94 76 10 40
M. et Mme Rilla
E-mail: moulin.camandoule@wanadoo.fr - Web: camandoule.com

Catégorie ★★★ **Ouverture** toute l'année **Chambres** 11 avec tél., s.d.b., douche et t.v. satellite **Prix** (selon saison) des chambres simples: 45 à 98 €, doubles: 65 à 118 €; suites: 116 à 167 € - Petit déjeuner: 8 à 12 €, servi de 8 h à 10 h - Demi-pension: 82 à 138 € **Carte de crédit** Visa, amex **Divers** chiens admis (8 €) - Piscine - Parking privé **Alentour** Seillans; Bargemon; lac de Saint-Cassien - Golf Ressort de la Terre blanche à Tourrettes **Restaurant** service de 12 h 30 à 14 h , 19 h 30 à 21 h 30 - Fermé le mercredi - Menus: 30 à 65 € - Carte.

Dans une jolie campagne dominée par le village médiéval de Fayence, voici un authentique moulin à huile avec son parc arboré et fleuri traversé par la Camandoule. Dans les années 70 l'édifice fut transformé en hôtel, on a alors pris soin de ne pas en dénaturer le caractère comme en témoignent les lourds mécanismes de pressage parfaitement intégrés au décor du salon. Rénovées régulièrement mais avec discrétion, les chambres pourraient êtres celles d'une maison de famille, chacune a son style, son volume mais on y trouve toujours quelques meubles anciens et objets trouvés sur place ou achetés en brocante (simples et agréables salles de bains blanches). L'été, la terrasse devient le cadre splendide des déjeuners et dîners avec son nappage raffiné et ses grands parasols blanc. On y déguste, face au jardin et à la piscine en contrebas, une cuisine de qualité avec des produits provençaux bien mis en valeur. Accueil agréable et spontané pour cette adresse que nous considérons comme l'une des plus charmantes de l'arrière-pays.

Accès (carte n° 34): à 31 km au nord de Fréjus par D 4, puis D 19.

L'Aréna

83600 Fréjus (Var)
145, rue du Général-de-Gaulle
Tél. 0494170940 - Fax 0494520152
Mme Bouchot - M. Bluntzer
E-mail: info@arena-hotel.com - Web: arena-hotel.com

Catégorie ★★★ **Fermeture** du 15 décembre au 15 janvier **Chambres** 36 climatisées avec tél., s.d.b. ou douche, w.c. et t.v. satellite; 2 chambres handicapés **Prix** des chambres doubles: 80 à 160 € - Petit déjeuner: 10 €, servi de 7h30 à 10h30 **Cartes de crédit** acceptées **Divers** Piscine - Parking fermé (10 €) **Alentour** Fréjus, cathédrale et cloître; massif de l'Estérel entre Saint-Raphaël et La Napoule; Saint-Tropez; Cannes - 5 golfs à proximité **Restaurant** service de 12h à 14h, 19h à 22h30 - Fermé lundi midi et samedi - Menus: 25 à 55 € - Carte - Cuisine méditerranéenne.

Situé en pleine ville, à proximité des vestiges romains et des quartiers anciens, ce petit hôtel a su admirablement tirer parti de son jardin, de sorte qu'à part un peu de bruit extérieur on en oublie vite l'environnement urbain. A l'intérieur, un élégant dallage, un mobilier en bois peint, des tissus provençaux aux tonalités vives expriment la gaieté et la douceur de vivre méridionales. Toutes les chambres de la maison principale ont été rénovées dans un style provençal standard et leur insonorisation fait preuve d'une efficacité totale. Six autres chambres plus spacieuses et aux couleurs de soleil ont été créées dans l'ancien bâtiment au bout de la piscine. Elles disposent même d'un petit salon au rez-de-chaussée. Fine et goûteuse, la cuisine du chef, Loïc de Balanec, est servie en terrasse ou dans une très élégante salle à manger. Une étape agréable où l'on est sûr de trouver un excellent accueil. De plus, deux parkings permettent de se garer sans problème.

Accès (carte n° 34): à 40 km à l'ouest de Cannes; sur A 7, sortie Fréjus-Saint-Raphaël.

Le Mas de Chastelas

83580 Gassin (Var) - Quartier Bertaud
Tél. 04 94 56 71 71 - Fax 04 94 56 71 56
M. Hall
E-mail: info@chastelas.com - Web: chastelas.com

Catégorie ★★★★ **Fermeture** du 7 novembre au 26 décembre **Chambres** 19 et 5 suites climatisées, avec tél., s.d.b. et douche, w.c., t.v. (satellite et Canal +), minibar et coffre-fort; ascenseur; 2 chambres handicapés **Prix** des chambres doubles: 150 à 175 € (basse saison), 300 à 360 € (haute saison); suites (4 à 5 pers.): 250 à 760 € - Petit déjeuner: 20 €, servi de 8 h à 11 h **Cartes de crédit** Visa, Amex **Divers** chiens admis - 2 piscines, 2 tennis, jacuzzi - Parking fermé **Alentour** Saint-Tropez; île de Porquerolles; les gorges du Verdon - Golf 19 trous à 10 km **Restaurant** service de 12 h à 14 h, 19 h 30 à 21 h 30 - Carte du marché: 30 à 40 €.

Certes cette bastide XVIIIe n'est pas accessible à toutes les bourses, mais, quitte à casser sa tirelire, autant le faire à bon escient. Ici, vous trouverez, derrière la fraîcheur des vieux murs et caché dans la luxuriance d'un parc de trois hectares, un intérieur mi-contemporain, mi-classique, du meilleur goût, avec de magnifiques sols en terre cuite cirée par l'encaustique autant que par des générations de chaussures. De quoi donner envie de découvrir les chambres, délicieusement pâles et sereines, reliées par une galerie décorées de grisailles romantiques (celles du "Village" - bâtiment discrètement installé dans un coin du parc - n'ont rien à leur envier!). Exclusivement tournée vers les produits de marché, la cuisine est d'une alléchante simplicité; dès qu'il fait beau, vous la dégusterez en terrasse, au bord de la piscine et des bosquets de vivaces. Une vraie réussite où vous trouverez le meilleur des accueils.

Accès (carte n° 34): à Sainte-Maxime, N 98 et D 98. A droite 2 km avant Saint-Tropez.

Le Manoir

83400 Port-Cros (Var)
Tél. 04 94 05 90 52 - Fax 04 94 05 90 89 - M. Buffet
E-mail : lemanoir.portcros@wanadoo.fr
Web : http://monsite.wanadoo.fr/hotelmanoirportcros

Catégorie ★ ★ ★ **Fermeture** du 7 octobre au 15 avril **Chambres** 22 avec tél., s.d.b. ou douche et w.c. **Prix** des chambres doubles en demi-pension : 140 à 200 € - Petit déjeuner : 12 €, servi de 8 h à 11 h **Carte de crédit** Visa **Divers** chiens non admis - Piscine chauffée **Alentour** sentier botanique dans le parc national de Port-Cros ; Porquerolles **Restaurant** service à 13 h et 20 h - Menus-carte : 42 à 60 € - Spécialités : filet de loup rôti sur peau, coulis de basilic mentholé.

Les eucalyptus, les palmiers, la blancheur de ce *Manoir*, les colonnes de son entrée, tout ici évoquerait une exotique et douce rêverie, une île perdue, une époque passée et pourtant. L'île de Port-Cros est une réserve naturelle, sous-marine et terrestre, seuls les piétons peuvent s'y rendre. Cet hôtel conserve précieusement une atmosphère rare, mélange de convivialité et d'un raffinement sans emphase. Dès le débarcadère, Simon vous indique le parcours à suivre pour rejoindre l'hôtel à 200 mètres, (tandis qu'il charge vos bagages sur une voiturette). Le seuil passé, un grand salon vous accueille, ainsi que d'autres plus petits, mais tout aussi chaleureux, où les uns bouquinent et les autres jouent aux cartes tout en sirotant un cocktail. Les chambres, régulièrement rafraîchies, sont agréables et d'un calme rare, certaines ont de petites terrasses ou mezzanines. A l'extérieur, il suffit de rendre visite à l'âne dans le champ d'en face ou de se baigner juste à côté dans une piscine en pleine nature pour être totalement dépaysé. A moins que vous n'ayez le courage de marcher (15 minutes) jusqu'à la plage du sud, un avant goût des Maldives ! Le soir, l'un des serveurs sonne la cloche pour annoncer le dîner… esprit *old school* mais classe.

Accès (carte n° 34) : liaisons maritimes depuis Le Lavandou et Cavalaire (tél. 04 94 71 01 02), depuis Hyères (tél. 04 94 58 21 81). Aéroport Toulon-Hyères.

La Grillade au feu de bois

83340 Le Luc (Var)
Flassans-sur-Issole
Tél. 04 94 69 71 20 - Fax 04 94 59 66 11
Mme Babb
E-mail : contact@lagrillade.com - Web : lagrillade.com

Catégorie ★★★ **Ouverture** toute l'année, hiver sur réservation **Chambres** 16 climatisées, avec tél., s.d.b. ou douche et t.v. **Prix** des chambres simples et doubles : 80 à 95 € ; suites : 125 à 180 € (avec jacuzzi) - Petit déjeuner : 10 €, servi de 8 h à 10 h 30 **Cartes de crédit** Amex, Visa **Divers** chiens - Piscine chauffée - Parking **Alentour** abbaye du Thoronet ; circuit du Luc ; abbaye de la Celle ; montagne de la Loube ; Cotignac et Entrecasteaux - Golf 18 trous de Barbaroux à Brignoles **Restaurant** service de 12 h à 14 h, 19 h 30 à 21 h - Menu : 34 € - Carte - Cuisine provençale traditionnelle.

Environné de verdure, ce mas du XVIIIe siècle restauré bénéficie d'une belle terrasse ombragée par de grands arbres, dont un mûrier tricentenaire. A l'intérieur, la longue salle à manger voûtée, terminée par une cheminée où se préparent d'excellentes grillades, et les différents coins-salons sont agréablement aménagés. Mme Babb, qui est également antiquaire, y a disposé des objets, tableaux et meubles qui donnent leur personnalité à l'endroit. Les chambres, très confortables sont de deux styles : rustique dans la maison principale, coloré dans le bâtiment extérieur (tissus pastel, meubles en osier blanc). Toutes sont très bien tenues et leur parfaite insonorisation rend insoupçonnable la proximité de la nationale 7 (à cinq cents mètres). La bonne cuisine provençale et les grillades sont servies dans la chaleureuse salle à manger ou sur la terrasse au milieu des fleurs. Le jardin assidûment travaillé donne une élégante atmosphère au lieu. Accueil direct et sans façon.

Accès (carte n° 34) : à 13 km à l'est de Brignoles sur N 7, entre Flassans-sur-Issole et Le Luc.

495

La Ferme d'Augustin

83350 Ramatuelle (Var)
Route de Tahiti
Tél. 04 94 55 97 00 - Fax 04 94 97 59 76 - Mme Vallet
E-mail : info@ferme.augustin.com - Web : fermeaugustin.com

Catégorie ★★★ Fermeture du 20 octobre au 20 mars **Chambres** 46 climatisées, avec tél., s.d.b., w.c., t.v., coffre-fort et minibar ; ascenseur **Prix** des chambres : 150 à 250 € ; suites : 250 à 490 € – Petit déjeuner : 12 €, servi de 6 h à 14 h **Cartes de crédit** acceptées **Divers** chiens admis (15 €) - Piscine chauffée avec hydromassages - Parking fermé **Alentour** Saint-Tropez ; route des crêtes jusqu'à Notre-Dame-des-Anges ; Collobrières ; chartreuse de la Verne - Golf 18 trous à Grimaud **Pas de restaurant** à l'hôtel, mais cuisine "bourgeoise" du marché et vin de la propriété pour les résidents.

L'hôtel occupe l'ancienne ferme de la famille mais sa "ruralité" n'est plus aujourd'hui qu'un lointain souvenir. Dès l'arrivée, vous ne pourrez que tomber sous le charme de la pinède et du jardin méridional qui déborde de glycines, de bougainvillées, de rosiers grimpants et de grands mûriers taillés en parasol. Dans les salons, décorés aux couleurs de la Provence, on trouve un agréable mélange de mobilier campagnard ancien et de canapés contemporains. Les chambres sont élégantes, meublées d'ancien et dotées de jolies salles de bains en faïence de Salerne (suites avec bain balnéo et douche, certaines avec hammam) ; cette année, une nouvelle suite dans la tour allie vue et clarté à un confort soigné. Toutes donnent sur le jardin, bon nombre profitent de balcons ou de terrasses, certaines d'une vue sur la mer et quelques-unes d'un ravissant jardin privatif. Un splendide hôtel, à deux pas de la plage de Tahiti et du départ des sentiers piétonniers. Si vous souhaitez passer la journée à la plage, vous pourrez vous faire préparer un pique-nique ; le bar sert aussi une restauration légère et assure un room-jardin-service 24 h sur 24. Accueil simple et disponible.

Accès (carte n° 34) : à 3,5 km de Saint-Tropez, route de la plage de Tahiti.

La Ferme d'Hermès

83350 Ramatuelle (Var)
Route de l'Escalet - Val de Pons
Tél. 04 94 79 27 80 - Fax 04 94 79 26 86
Mme F. Verrier

Catégorie ★ ★ ★ **Fermeture** du 1er novembre au 26 décembre et du 11 janvier au 30 mars **Chambres** 8 et 1 suite, avec tél., s.d.b., w.c., t.v., minibar et cuisine **Prix** des chambres doubles : 100 à 150 € ; suite : 200 € - Petit déjeuner : 13 €, servi de 9 h à 12 h **Carte de crédit** Visa **Divers** chiens admis (10 €) - Piscine - Parking à l'hôtel **Alentour** à Saint-Tropez musée de l'Annonciade, manifestations : festival de Ramatuelle en juillet-août, Nioulargue en octobre ; Grimaud ; cité lacustre de Port-Grimaud **Pas de restaurant** à l'hôtel.

Un chemin de terre à travers des vignobles, un jardin odorant planté de romarins et d'oliviers, une maison toute simple, escaladée par la verdure, font de cet hôtel joli et raffiné le lieu dont on rêve pour accueillir ses amis. Cheminée (dans le petit salon d'accueil et dans la suite), confitures et gâteaux maison servis au petit déjeuner, bouquets de fleurs… Nous voilà bien loin de l'anonymat hôtelier qui sévit souvent sur la Côte. Généralement équipées d'une kitchenette, les chambres sont coquettes, joliment décorées avec des éléments surannés tels ces vieux postes de radio, et parfois agrémentées d'une petite terrasse de plain-pied cloisonnée de haies vives face aux vignes. C'est également en chambre ou sur votre terrasse qu'est servi le petit déjeuner, succulent, l'hôtel ne disposant pas d'une salle à manger. L'ensemble est vraiment sympathique, accueillant, loin des phénomènes de mode. En ce qui concerne vos repas, Mme Verrier sera de bon conseil ; citons cependant quelques bons restaurants-bistrots : à Saint-Tropez, *Le Bistrot des Lices*, *Le Petit Charron*, *Le Caprice des Deux* ; ou encore *La Forge* et *Chez Camille* à Ramatuelle.

Accès (carte n° 34) : *à 2 km au sud de Ramatuelle, par la route de l'Escalet.*

La Figuière

83350 Ramatuelle (Var)
Route de Tahiti
Tél. 04 94 97 18 21 - Fax 04 94 97 68 48
Mme Chaix

Catégorie ★★★ **Fermeture** du 11 octobre au 31 mars **Chambres** 40 climatisées, avec tél., s.d.b, w.c., t.v., minibar et coffre-fort ; 2 chambres handicapés **Prix** des chambres doubles : 100 à 190 € ; duplex (4 pers.) : 250 à 270 € - Petit déjeuner : 11 €, servi de 8 h à 11 h **Cartes de crédit** acceptées **Divers** petits chiens admis (10 €) - Piscine, tennis - Parking fermé **Alentour** à Saint-Tropez musée de l'Annonciade, manifestations : festival de Ramatuelle en juillet-août, Nioulargue en octobre ; route des crêtes jusqu'à l'ermitage Notre-Dame-des-Anges ; chartreuse de la Verne - Golf 18 trous de Beauvallon à Sainte-Maxime **Restaurant** service de 12 h à 15 h, 20 h à 23 h - Carte - Spécialité : cuisine provençale.

E^{h oui !} il existe encore quelques maisons authentiques avec des façades sobres, des pièces fraîches, carrelées de terre cuite rouge comme autrefois, des maisons qui résistent à la mode et au clinquant. En voici une, sur la route des plages, à quelques minutes de Saint-Tropez. *La Figuière* dissimule ses cinq petites maisons dans un jardin de figuiers, avec des chambres spacieuses, calmes, sentant bon l'huile de lin et s'ouvrant souvent sur une petite terrasse privée. Leur décoration d'inspiration régionale est simple, élégante, agrémentée de meubles anciens et de jolies cotonnades. Celles de la série des 30 et 40 ont de jolies terrasses fleuries de lavandes et de lantanas et une vue très dégagée sur les champs de vignes et les collines de pins parasols. Salles de bains grandes et confortables avec souvent double lavabo, douche et baignoire. Bons petits déjeuners et, pour les repas, plats provençaux, au bord de la piscine entourée de lauriers-roses et de cognassiers. Prix raisonnables pour la région. Accueil sympathique et disponible.

Accès (carte n° 34) : à 2,5 km au sud de Saint-Tropez, par la route des plages vers Tahiti.

498

Grand Hôtel des Lecques

Les Lecques 83270 Saint-Cyr-sur-Mer (Var)
24, avenue du Port
Tél. 0494262301 - Fax 0494261022 - Famille Dumoutier
E-mail : info@lecques-hotel.com - Web : lecques-hotel.com

Catégorie ★★★ **Fermeture** du 15 novembre au 15 mars **Chambres** 60 climatisées, avec tél., s.d.b., w.c. et t.v. ; ascenseur **Prix** des chambres : 63 à 177 € - Petit déjeuner : 14 €, servi de 7 h 30 à 10 h 30 **Cartes de crédit** acceptées **Divers** chiens admis (6 €) - Piscine, tennis - Parking **Alentour** jardin exotique de Sanary ; Bandol - Golf 18 trous à Saint-Cyr-sur-Mer **Restaurant** *Le Parc*, service de 12 h 30 à 14 h 30 le week-end, 19 h 30 à 21 h 30 tous les jours - Menu autour d'un vin : 55 € - Formules : 24 à 33 € - Déjeuner-buffet à la piscine de 12 h 30 à 14 h 30 : 16,5 et 23 €.

Emblématique de Saint-Cyr-sur-Mer, le *Grand Hôtel* a vu défiler des générations de vacanciers de sorte que bon nombre de clients viennent ici à la recherche de leurs souvenirs d'enfance. Et c'est vrai que l'établissement semble s'être fait une règle de préserver son ambiance rétro, on rafraîchit régulièrement bien sûr, on ajoute ici une petite touche néo provençale, là on remplace le tissus par une version plus gaie, on change une paire de tables de nuit… Mais l'esprit reste, les beaux volumes à colonnades et gypseries du salon sont toujours là, le parc avec ses allées fleuries et ses grands arbres conserve son organisation d'avant guerre. Pour dormir, préférez les chambres des étages élevés et avec vue mer, un peu mieux décorées. Nous aimons également bien les quatre récemment installées en rez-de-chaussée (terrasses individuelles). Et la mer ? elle n'est pas loin, juste de l'autre côté de la rue qui longe l'hôtel. Cette proximité alliée à la présence du jardin, de la piscine (service snack) et du restaurant méridional, fait que l'on peut passer des vacances entières ici sans avoir besoin de reprendre sa voiture. Un atout qui fera le bonheur des familles, très présentes dans cet accueillant hôtel.

Accès (carte n° 33) : à 25 km à l'ouest de Toulon par A 50, sortie Saint-Cyr-sur-Mer, puis direction Les Lecques.

Hostellerie La Croisette

83120 Sainte-Maxime (Var)
9, boulevard des Romarins
Tél. 04 94 96 17 75 - Fax 04 94 96 52 40 - Mme Léandri
E-mail : hotel.la.croisette@wanadoo.fr - Web : hotel-la-croisette.com

Catégorie ★ ★ ★ **Fermeture** du 1er novembre au 1er mars **Chambres** 19, dont 3 avec terrasse (12 avec climatisation), avec tél., s.d.b., w.c., t.v. satellite, coffre-fort et minibar ; 1 chambre handicapés **Prix** des chambres (selon saison) : 74 à 157 €, avec terrasse : 126 à 170 € - Petit déjeuner : 11 €, servi de 8 h à 10 h **Cartes de crédit** Visa, Amex **Divers** chiens admis (11 €)- Piscine - Parking **Alentour** Saint-Tropez ; îles de Lérins ; Grimaud ; Ramatuelle ; gorges du Verdon **Pas de restaurant** à l'hôtel.

En surplomb de la baie de Sainte-Maxime, *La croisette* se trouve à 200 mètres des plages et à cinq minutes à pied du centre-bourg. L'hôtel cumule ainsi l'avantage d'une situation très calme et de la proximité du port, des restaurants et des terrasses de café. Il s'agit d'une élégante demeure des années 50 entourée d'une végétation foisonnante qui fleure bon la Méditerrannée (cyprès, lauriers roses, palmiers, petits chênes…). Ici l'ambiance tient plus de la maison d'amis que de l'hôtel traditionnel, le nombre restreint des chambres y est pour beaucoup, mais pas seulement, car ce serait faire injustice à la gentillesse de l'accueil et au soin apporté à ces petits détails qui "font la différence". Pourtant rien d'ostentatoire dans la décoration simple et fraîche des chambres toutes blanches, meublées de rotin laqué clair et habillées de rideaux fleuris froufroutans assortis aux couvre-lits. De belles salles de bains en faïence de Salerne les complètent ainsi que, souvent, des petits balcons (et, pour deux grandes au dernier étage, une vaste terrasse avec transats et vue dégagée sur la mer). Agréable piscine entourée de palmiers et petits déjeuners dehors à l'ombre d'un vélum blanc.

Accès (carte n° 34) : A 8 sortie Le Muy puis route de Saint-Tropez. Après le pont, à la sortie de Sainte-Maxime, tourner à droite et suivre le fléchage.

La Villa Mauresque

Boulouris 83700 Saint-Raphaël (Var)
1792, route de la Corniche
Tél. 04 94 83 02 42 - Fax 04 94 83 02 02 - Christophe San José
E-mail: contact@villa-mauresque.com - Web: villa-mauresque.com

Catégorie ★★★★ **Ouverture** toute l'année **Chambres** 14 climatisées, avec tél., s.d.b. et douche, w.c, t.v. (satellite et Canal +) et coffre-fort **Prix** des chambres doubles: 131 à 367 € (basse saison), 175 à 490 € (haute saison) - Petit déjeuner: 17 € **Cartes de crédit** acceptées **Divers** chiens admis - Piscine, canoë, catamaran, yacht - Parking gardé gratuit **Alentour** massif de l'Estérel entre Saint-Raphaël et La Napoule; Saint-Tropez; Cannes - 5 golfs à proximité **Pas de restaurant** à l'hôtel.

Edifié vers 1880 par l'architecte Chapoulard, ce splendide palais est sans équivalent sur la Côte d'Azur. Deux villas orientales, un parc qui s'achève directement sur l'eau, une muraille crénelée pour isoler le tout de l'urbanisme et des regards indiscrets... Il ne manque que les caméras et les chiens de garde pour se croire l'invité d'un émir ou d'une star de cinéma. Dans ce lieu qui ne fonctionne pas comme un hôtel classique, André Sala vous présentera dès votre arrivée toutes les pièces à votre disposition: les vastes salons à l'élégance moderne, les deux ravissantes salles à manger, la maison des barques et canots à moteur (utilisables à volonté), et vous expliquera le mode de vie qui prévaut ici. A dominante crème et très confortables (y compris pour les plus petites), chambres et suites se répartissent entre les deux édifices. Magnifique vue sur mer avec pins parasols en ombre chinoise. Jacuzzi et hammam dans le donjon solarium. Espace de repos près du clapotis des vagues... La place manque pour décrire les mille et une richesses et particularités de cette villa hors normes à découvrir en toute saison.

Accès (carte n° 34): A 8 sortie Fréjus/Saint-Raphaël puis N 98 (corniche de l'Esterel). L'entrée est sur la N 98 dans Boulouris.

Hôtel des Deux Rocs

83440 Seillans (Var)
Tél. 04 94 76 87 32 - Fax 04 94 76 86 68 - Bruno et Judy Germanaz
E-mail : info@hoteldeuxrocs.com - Web : hoteldeuxrocs.com

Catégorie ★★★ **Fermeture** de fin décembre à début mars **Chambres** 14 avec tél., s.d.b. ou douche et w.c. **Prix** des chambres : 58 à 105 € - Petit déjeuner : 8,50 € servi de 8 h à 10 h 30 **Carte de crédit** Visa **Divers** chiens admis (5 €) - Parking **Alentour** villages de Seillans, Fayence, Mons ; gorges du Verdon ; Le Thoronet - Plages à 30 minutes - 3 golfs 18 trous à proximité **Restaurant** service de 12 h à 14 h 30, 19 h à 21 h 30 - Menus : 28 et 35 € - Spécialité : minute de loup à la salamandre, gros sel et ciboulette.

Seillans est un splendide village de l'arrière-pays avec ses remparts, son vieux château, ses ruelles en calade… C'est tout en haut que vous trouverez cette grosse bâtisse dont la perspective s'achève sur une fontaine ombragée de platanes. L'été, quelques tables y sont dressées pour déguster la cuisine de Bruno Germanaz dont nous avons apprécié l'excellente simplicité. Gargouillis de l'eau, bruissement des feuilles, vue panoramique… un petit paradis. Derrière la fraîcheur des vieux murs, c'est un goût très sûr, ennemi de l'uniformité, qui a présidé à l'aménagement des lieux. Un petit salon avec cheminée, une collection de bagues de cigares, une série de tableaux des années soixante-dix, dont quelques dessins de Moretti, et quelques revues concourent à entretenir l'esprit "maison" des *Deux Rocs*. Un très bel escalier XVIIIe dessert les chambres, qu'elles soient spacieuses ou exiguës, toutes ont un petit quelque chose qui en fait le charme, cela va du simple coussin de couleur assorti aux rideaux pour les plus sobres à de beaux meubles anciens et des tissus muraux de grande marque pour les plus vastes. L'ensemble reste bon enfant, les prix aussi, et l'accueil de Judy Germanaz ajoute une dernière touche de qualité à cet hôtel qui n'en manque pas.

Accès (carte n° 34) : A8 sortie n° 39, puis direction Draguignan par N 562. A Fayence, prendre direction Seillans, l'hôtel se trouve au sommet du village.

Château de Trigance

83840 Trigance (Var)
Tél. 04 94 76 91 18 - Fax 04 94 85 68 99
Famille Thomas
E-mail: chateautrigance@wanadoo.fr - Web: chateau-de-trigance.fr

Catégorie ★★★ **Fermeture** du 1er novembre au 24 mars **Chambres** 10 avec tél., s.d.b., w.c., t.v. et coffre-fort **Prix** des chambres: 115 à 170 € ; suites: 190 € - Petit déjeuner: 14 €, servi de 7 h 30 à 10 h - Demi-pension: 108,50 à 146 € **Cartes de crédit** acceptées **Divers** chiens admis - Parking privé **Alentour** grand canyon du Verdon; route des Crêtes depuis La Palud-sur-Verdon; Moustiers-Sainte-Marie - Rafting, canyoning - Golf 18 trous du château de Taulane à La Martre **Restaurant** service de 12 h à 14 h, 19 h 30 à 21 h - Menus: 27 à 65 € - Carte - Spécialités: canon d'agneau à l'aïl nouveau, brochette de rognons et panoufles à la fleur de thym.

Située en nid d'aigle au sommet d'une colline, cette forteresse fut créée par les moines de l'abbaye de Saint-Victor au IXe siècle et devint château, propriété des comtes de Provence au XIe siècle. Acquis par la famille Thomas, dont le fils vient de reprendre le flambeau avec une belle énergie et plein de projets, le château a bénéficié d'une très énergique restauration en pierre du pays avec le constant souci d'en reconstituer l'aspect médiéval. C'est ainsi que le salon et la salle à manger présentent un aspect un peu austère et rustique (pierres apparentes, petites ouvertures). Aménagées autour d'une vaste terrasse dominant la campagne, les chambres sont très confortables, souvent décorées dans un style haute époque et en constante amélioration. Dès les beaux jours, les petits déjeuners et une excellente cuisine régionale vous seront servis sur un terre-plein crénelé, face au fantastique paysage qui s'étend en contrebas. Propriétaires au contact très amical.

Accès (carte n° 34): à 44 km au nord de Draguignan par D 955, jusqu'à Comps-sur-Artuby, puis D 905 jusqu'à Trigance.

Auberge du Presbytère

Saignon 84400 Apt (Vaucluse)
Place de la Fontaine
Tél. 04 90 74 11 50 - Fax 04 90 04 68 51
Mayke Thornton et J.-P. de Lutz
E-mail : auberge.presbytere@wanadoo.fr - Web : auberge-presbytere.com

Fermeture de mi-novembre à fin février **Chambres** 16 avec s.d.b. et w.c. ; 1 chambre handicapés **Prix** des chambres doubles : 55 à 135 € - Petit déjeuner-buffet : 9,50 €, servi de 8 h 30 à 10 h **Carte de crédit** Visa **Divers** petits chiens admis sur réservation **Alentour** église de Saignon ; marché d'Apt le samedi matin ; villages du Luberon : Buoux, prieuré Saint-Symphorien, Bonnieux, Lacoste, Ménerbes, Oppède - Golf 18 trous de Saumane ou de Pierrvert **Restaurant** *La Palette du chef*, service de 12 h 30 à 13 h 30, 20 h à 21 h - Fermé le mercredi - Menu : 26 à 35 € - Spécialités : en apéritif le "coup du curé" ; cuisine provençale ; ruchamandier.

Le *Presbytère* est une auberge au parfum de maison d'hôtes où l'on fera tout pour que vous vous sentiez ici comme chez des amis. Constitué de trois maisons du village réunies, créant d'amusantes différences de niveaux, l'édifice cache un intérieur des plus chaleureux. Décoré avec des meubles anciens comme on l'aurait fait pour une maison de campagne, les chambres sont charmantes, de tailles très variables, et conservent une rare authenticité. Certaines ont une vue, d'autres pas, le mieux reste, lors de votre réservation, de vous faire décrire celles qui sont disponibles (en été, la suite de l'Évêque peut souffrir de la proximité de la cuisine). Le restaurant *La Palette du chef* propose deux menus quotidiens avec d'excellentes recettes traditionnelles et régionales servis, à midi, en salle ou sur la terrasse et, le soir, dans le jardin intérieur. Une maison de vacances pleine de bonne humeur, située sur une irrésistible petite place en haut de l'un des très charmants villages du Luberon. Prix particulièrement raisonnables pour la région.

Accès (carte n° 33) : à 3,5 km au sud-est d'Apt ; dans le haut du village.

504

Hôtel d'Europe

84000 Avignon (Vaucluse)
12, place Crillon
Tél. 04 90 14 76 76 - Fax 04 90 14 76 71 - M. Daire
E-mail: reservations@heurope.fr - Web: heurope.com

Catégorie ★★★★ Ouverture toute l'année **Chambres** 44 climatisées, avec tél., s.d.b., t.v. et minibar **Prix** des chambres: 135 à 429 €; suites: 646 à 732 € - Petit déjeuner: 23 €, servi de 6 h 30 à 11 h **Cartes de crédit** acceptées **Divers** chiens admis (8 €) - Garage privé (15 €) **Alentour** en Avignon: palais des Papes, Notre-Dame-des-Doms, collection Campana au Petit-Palais, musée Calvet; Villeneuve-lès-Avignon - Golf 18 trous de Châteaublanc **Restaurant** service de 12 h à 14 h, 19 h 30 à 22 h - Fermé le lundi midi et le dimanche, brunch dominical de 11 h 30 à 15 h - Menus: 30 à 92 € - Carte.

Construite au XVIe, l'ancienne demeure du marquis de Graveson se trouve non loin du palais des Papes, dans le cœur historique d'Avignon. Hostellerie depuis 1799, la maison a vu défiler bon nombre de célébrités sur la route du midi, de Napoléon Bonaparte à Tennessee Williams en passant par Victor Hugo, Picasso et bien d'autres… A l'intérieur, tout le faste de cette grande demeure s'exprime dès le hall et se poursuit dans les salons magnifiquement meublés comme au grand siècle avec leur décor de verdures d'Aubusson et de tableaux XVIIIe. Vous retrouverez ce même goût pour l'indémodable dans les chambres et les suites, toutes différentes et de taille variable (ce qui justifie les écarts de prix). Le confort est, bien sûr, irréprochable, y compris dans les salles de bains au marbre rutilant. Dès que le temps le permet, on prend ses repas dans le joli patio, à l'ombre des platanes et des glycines odorantes, près de grands pots d'Anduze plantés de buis ou de palmiers. Cuisine d'une merveilleuse finesse et service parfait, à l'image du bon état esprit qui règne dans cette grande maison. A noter, la possibilité d'utiliser un garage privé, ce qui résout le délicat problème du stationnement dans la vieille ville.

Accès (carte n° 33): à l'intérieur des remparts.

Hôtel de l'Atelier

30400 Villeneuve-lès-Avignon (Gard)
5, rue de la Foire
Tél. 04 90 25 01 84 - Fax 04 90 25 80 06
Gérard Burret
E-mail : hotel-latelier@libertysurf.fr - Web : hoteldelatelier.com

Catégorie ★★ **Fermeture** début janvier à mi-février **Chambres** 23 avec tél., s.d.b. ou douche, w.c., t.v. **Prix** des chambres doubles : 49 à 90 € - Petit déjeuner : 8,50 €, servi de 7 h à 11 h **Cartes de crédit** acceptées **Divers** chiens admis (6 €) - Dégustations de vins ; location véhicule 2 places et vélos - Garage fermé (9 €) **Alentour** musée Pierre-de-Luxembourg ; tour Philippe-le-Bel ; chartreuse du Val-de-Bénédiction ; fort Saint-André ; chapelle Notre-Dame-de-Belvezet ; Avignon - 2 Golfs 18 trous **Pas de restaurant** à l'hôtel mais possibilité de restauration légère.

Lorsqu'Avignon était cité des papes, de l'autre côté du Rhône, Villeneuve-lès-Avignon accueillait les cardinaux, ce qui explique la qualité du bâti que l'on trouve dans le bourg. Cette maison du XVIᵉ ne fait pas exception avec sa belle façade en pierres de taille et, derrière sa porte, une série de patios verdoyants et calmes où il fait bon prendre un verre (deux chambres donnent de plain-pied sur ce charmant petit univers). Autre bel élément architectural, l'escalier et sa rampe élégante confirme le caractère du lieu et mène à d'agréables chambres progressivement et bientôt presque entièrement remises au goût du jour. Le taille varie, tout comme leur niveau de confort, aussi nous vous conseillons de vous les faire décrire lors de votre réservation. Pas de restaurant mais Avignon n'est pas loin et les bonnes tables ne manquent pas ; pour vous en convaincre, n'hésitez pas à demander conseil à M. Burret.

Accès (carte n° 33) : à 2 km à l'ouest d'Avignon par N 100, par A 7 sortie Avignon-nord.

Auberge du Cheval Blanc

84240 La Bastide-des-Jourdans (Vaucluse)
Tél. 04 90 77 81 08 - Fax 04 90 77 86 51
M. Moullet
E-mail : chevalblanc@provence-luberon.net

Fermeture en février **Chambres** 4 climatisées, avec tél., s.d.b., w.c., t.v. et minibar **Prix** des chambres : 70 à 90 € (2 à 4 pers.) - Petit déjeuner : 9,10 €, servi à partir de 8 h - Demi-pension : 140 € (pour 2 pers.) **Carte de crédit** Visa **Divers** chiens admis - Parking fermé **Alentour** La Tour-d'Aigues ; châteaux d'Ansouis et de Lourmarin ; Manosque - Golf 18 trous de Pierrevert **Restaurant** service de 12 h à 13 h 30, 19 h 30 à 21 h 30 - Fermé le jeudi - Menus : 17 à 37 € - Carte - Spécialités : croustillant de gambas au gingembre ; lotte rôtie aux asperges.

Entre Cavaillon et Manosque, le vieux massif du Luberon est devenu en quelques années le refuge des Parisiens et des étrangers fortunés. A la limite entre le Vaucluse et les Alpes-de-Haute-Provence, le village de La Bastide-des-Jourdans a gardé l'authenticité du pays de Giono. Un peu en retrait de la route, cet ancien relais de chevaux réaménagé avec soin propose une fine cuisine s'inspirant des saveurs du Sud. A l'élégant restaurant décoré "comme à la maison" s'ajoutent, au premier étage, quatre chambres de charme. Tradition et élégance ont guidé la décoration sans rien concéder à un confort qui se veut raffiné. Spacieuses, chaleureuses et claires, toutes ont leur petit salon et sont climatisées. Dans ce ravissant coin de Provence, un joli gîte et un bon couvert vous engagent à venir séjourner au pays des lavandes et à découvrir les qualités d'accueil de cette attachante maison.

Accès (carte n° 33) : à 37 km d'Aix-en-Provence ; à 15 km de Manosque. Sur le D 956, entre Pertuis et Manosque.

Hôtel des Pins

84410 Bédoin (Vaucluse)
Chemin des Crans
Tél. 04 90 65 92 92 - Fax 04 90 65 60 66 - Guillaume Roux
E-mail : hoteldespins@wanadoo.fr - Web : hoteldespins.net

Catégorie ★★★ **Ouverture** toute l'année **Chambres** 25 dont 16 climatisées, avec tél., s.d.b., w.c. et t.v. ; 1 chambre handicapés **Prix** des chambres : 50 à 110 € - Petit déjeuner : 9,15 €, servi de 7 h 30 à 10 h - Demi-pension : 60 à 70 € **Cartes de crédit** Visa, Diners **Divers** chiens admis (5 €) - Piscine - Parking **Alentour** Isle-sur-la-Sorgue ; Roussillon ; Gordes ; mont Ventoux ; dentelles de Montmirail **Restaurant** service de 12 h à 13 h 30, 19 h 30 à 21 h - Fermé de novembre à mars - Menus : 27 et 35 €.

Située au pied du mont Ventoux, cette maison provençale récente masquée par une forêt de pins mérite qu'on s'y arrête. Pas seulement en raison de son emplacement idéal pour les cyclistes qui ont prévu de s'attaquer à la montagne mythique. On est ici en pleine nature, dans le calme et la tranquillité. Les repas composés de produits du marché sont servis sur la terrasse et ponctués par le chant des cigales. Entourée de teck, un peu excentrée mais à proximité des chambres, la piscine est très agréable avec sa cuisine d'été. Mais ce qui retient l'attention, après quatre années de travaux, ce sont les chambres, originales et raffinées, décorées avec soin et justesse par le jeune propriétaire (diplômé des Beaux-Arts). Le style néo provençal (patines ocres et volets rouges à l'extérieur) épouse un design à la fois chaud et épuré, caractérisé par des couleurs contrastées (rose, carmin, gris, écru), de beaux tissus et des meubles chinés d'inspirations diverses, tel ce buffet campagnard dans lequel s'emboîte la vasque de l'une des salles de bains. L'ensemble, rehaussé par les œuvres contemporaines du maître des lieux, est particulièrement réussi, faisant de cet hôtel qui fonctionne comme une maison d'hôtes une adresse atypique et charmante.

Accès (carte n° 33) : D 974 vers le mont Ventoux, 1 km avant Bédoin, au rond-point, prendre le chemin des Granges, puis à droite le chemin des Crans.

Auberge de l'Aiguebrun

84480 Bonnieux (Vaucluse) - Départementale 943
Tél. 04 90 04 47 00 - Fax 04 90 04 47 01 - Mme Buzier
Web : aubergedelaiguebrun.com

Catégorie ★★★ **Fermeture** de mi-novembre à fin février **Chambres** 10 avec tél., s.d.b., w.c. et t.v. satellite **Prix** des chambres : 130 à 200 € - Petit déjeuner : 17 €, servi de 8 h à 10 h **Carte de crédit** Visa **Divers** chiens non admis - Piscine - Parking **Alentour** vallée du Luberon ; varappe à Buoux ; marché d'Apt le samedi - Golf 18 trous de Saumane **Restaurant** service de 12 h à 14 h, 20 h à 22 h - Fermé mardi et mercredi - Menu du jour : 55 € - Spécialité : tatin de laitue au saumon fumé.

Située au cœur du Lubéron, entre Bonnieux et Lourmarin, l'*Auberge de l'Aiguebrun* est une vieille ferme toute en pierres, invisible depuis la route et perdue dans la verdure. Pour y accéder, il faut emprunter un petit chemin de terre qui descend en pente raide. Dans le bâtiment principal, Sylvia Buzier qui, pour la petite histoire, a racheté cet hôtel il y a près de dix ans à la réalisatrice Agnès Varda, a mis toute son âme provençale dans la déco de cette maison. Tomettes, murs jaunes, et confortables canapés en lin dans le salon (très belle cheminée, vaisselle typiquement provençale et confitures maison sur le buffet). Juste à côté, la terrasse-véranda abrite le restaurant, où l'on savoure une cuisine de marché réalisée notamment avec les légumes du potager. Les chambres, qui portent toutes un nom d'oiseau, sont lumineuses et raffinées (murs blancs et magnifiques boutis écrus), tandis que les salles de bains assurent un confort moderne. A l'extérieur, passé la piscine et en bordure du ruisseau de l'Aiguebrun, les bungalows charmants se fondent dans la nature, mais sont un peu chers à notre goût. Il n'en reste pas moins qu'au milieu des chiens, des chats, des poules et des oies, qui vous accompagnent parfois dans le jardin d'hiver, le dépaysement est total et le séjour, loin de la carte postale éculée du Lubéron.

Accès (carte n° 33) : sur A 7 sortie Cavaillon ; direction Apt, puis D 36, direction Bonnieux. A 6 km de Bonnieux, direction Lourmarin puis Buoux par D 943.

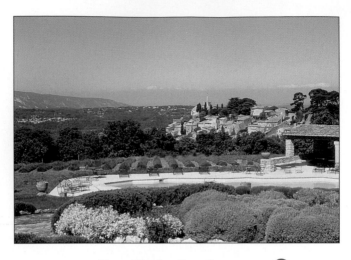

Bastide de Capelongue

84480 Bonnieux (Vaucluse)
Tél. 04 90 75 89 78 - Fax 04 90 75 93 03
Mme Loubet
E-mail: contact@capelongue.com - Web: capelongue.com

Catégorie ★★★★ **Fermeture** de mi-novembre à fin février **Chambres** 17 avec tél., s.d.b., w.c., t.v. satellite et minibar **Prix** des chambres: 170 à 285 € (par personne en demi-pension) **Cartes de crédit** acceptées **Divers** chiens admis (16 €) - Piscine - Parking et garage **Alentour** Avignon; Aix-en-Provence; Alpilles; villages du Luberon - Golf de Pont-Royal 18 trous **Restaurant** service de 12 h 15 à 14 h, 19 h à 22 h - Menus: à partir de 50 € - Carte.

Nichée à flanc de colline, la *Bastide* profite d'une vue magnifique sur le vieux village de Bonnieux et surplombe des petites plantations d'oliviers et de lavande que l'on traverse pour rejoindre la piscine. Ce luxueux hôtel appartient à la famille Loubet, également propriétaire du *Moulin de Lourmarin*, l'une des grandes tables de Provence. La décoration intérieure en demi-teinte privilégie le beige, le gris pâle, le bleu tendre, l'ocre des terres cuites, et c'est à Marine Loubet que l'on doit les ravissantes patines du mobilier provençal présent dans tout l'établissement (belles rééditions d'armoires, de tables et de sièges du XVIIIe). Cela produit une ambiance raffinée, sereine et douce. Chaque chambre porte le nom d'un auteur méridional, de "Daudet" à "Giono", nous avons aimé leur confort très au goût du jour et, là aussi, la délicatesse des teintes et des matières. Servis en terrasse ou dans une lumineuse salle à manger (où, le soir, on assiste au coucher du soleil en arrière-plan du village devenu ombre chinoise), les repas changent tous les jours selon la qualité des légumes produits dans leur potager (un hectare) et les arrivages du marché en viandes, poissons, volailles. Une belle adresse au luxe de bon aloi.

Accès (carte n° 33): sur A 7 sortie Cavaillon; direction Apt, puis D 36 Bonnieux.

La Bastide de Voulonne

84220 Cabrières-d'Avignon (Vaucluse) - D 148
Tél. 04 90 76 77 55 - Fax 04 90 76 77 56
Sophie et Alain Rebourg-Poiri
E-mail: sophie@bastide-voulonne.com - Web: bastide-voulonne.com

Catégorie ★★★ **Fermeture** du 15 novembre au 26 décembre; sur réservation en janvier et février **Chambres** 9 et 2 suites, avec tél., s.d.b., w.c. et t.v. **Prix** des chambres et suites: 107 à 213 € (réductions 8 à 10% pour séjours) - Petit déjeuner: 11 €, servi de 8 h 30 à 10 h 30 **Carte de crédit** Visa **Divers** chiens admis sur demande - Piscine chauffée - Parking **Alentour** vieux villages du Luberon; brocantes à L'Isle-sur-la-Sorgues - Festival de La Roque-d'Antéron - Golf 18 trous de Saumane **Table d'hôtes** service à 20 h - Fermé mercredi et dimanche - Menu du jour: 30 €, apéritif offert.

Deux gros platanes cachent et rafraîchissent l'authentique façade de cette maison de maître qui appartenait autrefois au député local. Nous sommes dans la plaine du Luberon, parmi les arbres fruitiers et à quelques minutes des célèbres villages qui se succèdent sur les deux versants de la vallée. Ses propriétaires, séduits par le site autant que par la maison, lui ont redonné vie et couleur. Les fameux ocres de Roussillon ont inspiré la tonalité générale de la décoration qui se décline en orangé, en jaune, en rouge brique, aussi bien sur les murs que sur les sols et sur les tissus provençaux à petits motifs. Du fer forgé, du rotin, un vieux meuble parfois... l'ensemble est gai, actuel, très plaisant. Eclairée par des baies en arc de cercle donnant sur la cour intérieure, la vaste salle à manger occupe l'ancienne boulangerie, près du four à pain. Cinq soirs par semaine, en table d'hôtes, Alain y propose une cuisine très provençale confectionnée à partir des produits du marché et d'après des recettes familiales. Beaux abords fleuris avec, un peu à l'écart, une grande piscine chauffée; accueil souriant des plus agréables.

Accès (carte n° 33): sur A 7 sortie Cavaillon; direction Apt. A Coustellet suivre direction Gordes-Les Imberts, et 2 km après, fléchage à droite.

511

Hostellerie La Manescale

Les Essareaux 84340 Entrechaux (Vaucluse)
Route de Faucon
Tél. 04 90 46 03 80 - Fax 04 90 46 03 89
Mme Warland
E-mail: hostellerielamanescale@wanadoo.fr

Fermeture de fin octobre à Pâques (mais réservations possibles) **Chambres** 5 avec tél., s.d.b. ou douche, w.c., t.v. et minibar **Prix** des chambres doubles: 90 à 125 €; suites: 100 à 165 € - Petit déjeuner: 17 €, servi de 8 h 30 à 10 h **Cartes de crédit** acceptées **Divers** chiens admis (5 €) - Piscine - Parking **Alentour** cathédrale Notre-Dame-de-Nazareth à Vaison-la-Romaine; dentelles de Montmirail; Séguret - Golf 18 trous du Grand-Avignon **Restaurant** sur demande et réservé aux résidents: petite restauration et vins régionaux.

Edifiée sur une ancienne bergerie très bien reconstruite, cette séduisante hostellerie se perd au milieu des vignes et des oliviers, entre Drôme et Vaucluse, en face du mont Ventoux. On y trouve des chambres d'un grand confort, très bien équipées. Certaines sont de véritables petites suites (la chambre "Provence"), et d'un goût très sûr qui montre que rien ici n'a été laissé au hasard, comme pour faire honneur à la magie du paysage. Une vallée paisible, où trône le Ventoux dans un jeu subtil de lumières et de teintes. Une terrasse divine à l'heure du robuste petit déjeuner vous ferait déserter l'agréable salle à manger, tant le tableau qu'elle vous offre est grandiose. Une superbe piscine complète le tout. Un endroit que l'on aimerait garder pour soi, bien secret, mais que l'on est heureux d'avoir partagé. Le soir, un bon repas froid pourra vous être servi sur demande. Vous pourrez aussi aller dîner, à Entrechaux, au *Saint-Hubert* ou chez *Anaïs*.

Accès (carte n° 33): à 8 km à l'est de Vaison-la-Romaine par D 205. Par A 7, sortie Bollène.

Les Florets

84190 Gigondas (Vaucluse) - Route des Dentelles
Tél. 04 90 65 85 01 - Fax 04 90 65 83 80 - Mme Bernard
E-mail: tichaou@cario.fr - Web: hotel-lesflorets.com

Catégorie ★★ Fermeture du 1er janvier au 20 mars; lundi, mardi et mercredi en novembre et décembre **Chambres** 14 et 1 appartement, avec tél., s.d.b., w.c. et t.v. **Prix** des chambres doubles: 90 à 125 € - Petit déjeuner: 12 €, servi de 8 h à 10 h - Demi-pension: 178 à 213 € (pour 2 pers.) **Cartes de crédit** acceptées **Divers** chiens admis (7 €) - Parking **Alentour** chapelle Notre-Dame-d'Aubune; Séguret; dentelles de Montmirail; cathédrale et pont romain à Vaison-la-Romaine - Golf 18 trous du Grand-Avignon **Restaurant** service de 12 h à 14 h, 19 h 30 à 21 h - Fermé lundi soir, mardi et mercredi en novembre et décembre; mercredi du 1er avril au 31 octobre - Menus: 24,50 à 39 € - Carte.

En pleine verdure, à quatre cents mètres d'altitude, face aux dentelles de Montmirail dont les roches finement ouvragées dominent le vignoble du Gigondas, *Les Florets* est un hôtel de campagne traditionnel et familial. Dès l'arrivée, on est conquis par sa vaste terrasse plantée d'arbres séculaires où, bien à l'abri d'un soleil parfois sans tendresse, on profite d'une vue somptueuse. Ici, chaque année apporte sont lot d'améliorations et de rénovations. Les chambres installées dans la maison principale donnent sur les grands arbres de la cour, et leurs salles de bains récemment refaites offrent un grand confort. A quelques mètres, dans une petite maison, quatre chambres et un appartement ont également été relookées aux couleurs de la provence et bénéficient d'une cour-terrasse très appréciée en été. Côté restaurant, bonne cuisine régionale à découvrir, le fin du fin étant de l'accompagner de l'un des très bons crus de Gigondas produits par la maison. Enfin, l'accueil est plein de gentillesse et le patron sera heureux de vous faire visiter sa cave et de vous faire goûter sa production.

Accès (carte n° 33): à 25 km à l'est d'Orange par D 975, direction Vaison-la-Romaine, puis D 8 et D 80; sur la route des dentelles de Montmirail.

Ferme de la Huppe

84220 Gordes (Vaucluse)
Les Pourquiers, route 156
Tél. 04 90 72 12 25 - Fax 04 90 72 01 83
M. et Mme. Konings
E-mail : gerald.konings@wanadoo.fr - Web : lafermedelahuppe.com

Catégorie ★★★ Fermeture du 1er décembre au 30 mars **Chambres** 9 climatisées avec tél., s.d.b. ou douche, w.c., t.v. satellite, minibar et coffre-fort **Prix** des chambres : 80 à 165 € - Petit déjeuner compris, servi de 8 h 30 à 10 h - Demi-pension : 35 € **Cartes de crédit** Amex, Visa **Divers** animaux non admis - Piscine - Parking fermé **Alentour** abbaye de Sénanque ; le village des Bories ; colorado provençal - Equitation, GR et montgolfière **Restaurant** fermé mercredi et jeudi - Menu : 40 €.

La petite route qui se faufile dans la plaine du Luberon prend peu à peu des allures de chemin. Pas de doute, cette vieille ferme admirablement restaurée est un lieu des plus calmes. Ici, tout s'organise autour de l'olivier, du figuier et du puits qui occupent le centre d'une petite cour intérieure d'où l'on accède aux chambres, charmantes, et dont les noms rappellent l'ancienne fonction : "La Cuisine", "L'Ecurie", "La Cuve", etc. Les sols sont en terre cuite, les murs épais et les petites fenêtres garantissent intimité et fraîcheur, mais rendent les chambres un peu sombres, ce qui ne plaira pas à tout le monde. Il y a aussi quelques vieux éléments, d'élégants tissus ; le tout est d'un grand confort. La salle à manger se prolonge par une terrasse couverte donnant sur une belle piscine cachée dans les fleurs et les lavandes. On y déguste une cuisine mi-gastronomique, mi-traditionnelle, d'excellente réputation, et accompagnée de très bons vins. D'ailleurs, le sommelier organise indépendamment de l'hôtel et à la demande des journées dégustation dans la région, vous permettant de découvrir des crus inconnus dans les côtes du Rhône, du Lubéron ou du Ventoux.

Accès (carte n° 33) : à Coustellet, D2 direction Gordes. Au rond-point de Gordes, direction Joucas sur 4 km puis à droite, D 156, direction Goult.

Les Romarins

84220 Gordes (Vaucluse)
Route de l'Abbaye-de-Sénanque
Tél. 04 90 72 12 13 - Fax 04 90 72 13 13 - M. Michel Dimeux
E-mail : info@hoteldesromarins.com - Web : hoteldesromarins.com

Catégorie ★★★ **Fermeture** du 13 novembre au 17 décembre et du 2 janvier au 12 mars **Chambres** 13 climatisées, avec tél., s.d.b., w.c., t.v. satellite et minibar **Prix** des chambres : 92 à 160 € - Petit déjeuner : 11 € **Carte de crédit** Visa **Divers** chiens admis (8 €) - Piscine **Alentour** Gordes, villages du Luberon ; abbaye de Sénanque ; marché d'Apt le samedi - Golf 18 trous de Saumane **Restaurant** en table d'hôtes, service à 19 h 30 le lundi, mercredi et vendredi - Menu unique : 27 € (apéritif compris).

Sur son promontoire, Gordes est l'un des villages de France les plus "tendances" et les plus connus, mais c'est finalement plus son allure extérieure que les dédales de ses petites rues qui en explique le succès. Voilà pourquoi, à notre avis, ce petit hôtel est le mieux placé pour admirer l'étagement vertical de ses vieilles maisons couronnées par un imposant château fort et ponctuées de jardins en terrasses, cyprès, oliviers… Sur le crête d'une petite vallée latérale, l'hôtel donne en effet directement sur cette vue de carte postale. Vous en profiterez depuis la majorité des très agréables chambres réparties entre le vieux mas et l'ancien cellier (décor provençal sans excès et bien au goût du jour) mais aussi, l'été, à l'ombre des mûriers de la terrasse ; merveilleuse tribune pour l'apéritif du soir ou les petits déjeuners d'été (on peut y dîner aussi, trois soirs par semaine en table d'hôtes). S'y ajoutent jardins en restanque, murets de pierres sèches et surtout, une belle piscine panoramique bordées de vases d'Anduze. Accueil attentif et sympathique pour cette belle maison que nous n'hésitons pas à vous recommander pour un séjour.

Accès (carte n° 33) : à Avignon prendre N 100 direction Apt. A Coustellet, prendre à gauche vers Gordes puis suivre la route de l'abbaye de Sénanque.

Domaine de la Fontaine

84800 L'Isle-sur-la-Sorgue (Vaucluse)
920, chemin du Bosquet
Tél. 04 90 38 01 44 - Fax 04 90 38 53 42
M. et Mme Sundheimer
E-mail: contact@domainedelafontaine.com - Web: domainedelafontaine.com

Ouverture toute l'année **Chambres** 3 et 2 suites familiales, avec tél., douche., w.c. et t.v. **Prix** des chambres: 89 à 99 €; suites familiales: 145 à 168 € - Lit suppl.: 23 € - Petit déjeuner compris **Cartes de crédit** non acceptées **Divers** chiens non admis - Piscine - Parking **Alentour** L'Isle-sur-la-Sorgue: village d'antiquaires; Fontaine-de-Vaucluse; Gordes; village des Bories; abbaye de Sénanque - Descente de la Sorgue en kayak (tél. 04 90 20 35 44) - Golf 18 trous de Saumane **Restaurant** réservé aux résidents sur réservation, service à 20 h - Menu: 28 € - Spécialités: lotte à la provençale; lapin sauce moutarde; magret de canette; gigot d'agneau.

Anciens restaurateurs, les Sundheimer sont maintenant bien implantés dans la région et animent chaleureusement ce vieux mas provençal situé à quelques minutes de L'Isle-sur-la-Sorgue, au milieu d'une immense plaine cultivée et quadrillée par une série de haies coupe-mistral. Sa capacité d'accueil très restreinte et son ambiance calme et confidentielle le mettent à égale distance du petit hôtel et de la maison d'hôtes. Toutes les chambres ont été remises à neuf. Chacune a sa couleur dominante, l'ameublement y est simple, plaisant, la literie remarquable, les salles de bains vastes. Certains soirs et seulement sur réservation, vous pourrez goûter au menu qui varie au gré du marché. Les tables sont dressées dans la vaste salle à manger ou à l'ombre de trois platanes centenaires. C'est également là que sont servis les excellents petits déjeuners, et l'on prolonge volontiers le plaisir en écoutant chanter la fontaine qui a donné son nom au domaine.

Accès (carte n° 33): sur A 7, sortie Avignon-sud ou Cavaillon. Dans le village, N 100 direction Apt; après le garage Citroën /Total à droite, et 1re à gauche.

Mas de Cure Bourse

84800 L'Isle-sur-la-Sorgue (Vaucluse)
Carrefour de Velorgues
Tél. 04 90 38 16 58 - Fax 04 90 38 52 31
Mmes Pomarède
E-mail : masdecurebourse@wanadoo.fr - Web : masdecurebourse.com

Catégorie ★ ★ ★ Ouverture toute l'année **Chambres** 13 avec tél., s.d.b., w.c. et t.v. **Prix** des chambres doubles : 75 à 115 € - Petit déjeuner : 11 € - Demi-pension : 43 € **Carte de crédit** Visa **Divers** chiens admis - Piscine - Parking **Alentour** L'Isle-sur-la-Sorgue : village d'antiquaires, foire à la brocante et marché le dimanche ; Fontaine-de-Vaucluse ; marché de Coustellet le dimanche ; Gordes ; village des Bories ; abbaye de Sénanque - Descente de la Sorgue en kayak - Golf 18 trous de Saumane **Restaurant** service de 12 h à 13 h 30, 20 h à 21 h 30 - Fermé lundi et mardi midi, sauf jours fériés ; 3 semaines en novembre et 2 semaines en janvier - Menus : 16 € (à midi en semaine), 26 à 49 € - Carte - Spécialités : carpaccio de lotte aux agrumes ; canon d'agneau et panissses.

Vous aurez l'impression de vous perdre dans un dédale de minuscules routes bordées de cyprès coupe-vent et de canaux d'irrigation, avant de rejoindre cet ancien relais de poste (1754) entouré d'un parc de deux hectares. Basée sur des matériaux anciens et des éléments de brocante, l'ambiance du rez-de-chaussée est une vraie belle réussite. Côté chambres, confort et tenue sont parfaits, (notre préférée : la "Chambre du bout", avec son petit balcon et vue sur la piscine) quant à la décoration, on nous annonce de récents efforts d'actualisation qui motiveront notre prochaine visite. En cuisine, le chef élabore des spécialités de saison (on peut en suivre le rituel grâce à cette grande ouverture vitrée percée entre la réception et les cuisines) que vous dégusterez dans la jolie salle à manger devant un grand feu de cheminée, ou sur la terrasse généreusement ombragée.

Accès (carte n° 33) : A 7, sortie Avignon-sud ou Cavaillon. A 3 km de L'Isle-sur-la-Sorgue, D 938, route de Carpentras à Cavaillon, carrefour de Velorgues.

Le Mas des Grès

84800 Lagnes (Vaucluse)
Route d'Apt
Tél. 04 90 20 32 85 - Fax 04 90 20 21 45 - M. et Mme Crovara
E-mail : info@masdesgres.com - Web : masdesgres.com

Catégorie ★★★ **Fermeture** du 15 novembre au 15 mars (sauf sur réservation) **Chambres** 14 et 2 suites, avec tél., s.d.b., w.c., t.v. et radio-CD **Prix** des chambres : 90 à 155 € ; suites (4 pers.) : 200 € - Petit déjeuner compris, servi à partir de 8 h - Demi-pension (prioritaire en saison) : 79 à 129 € **Carte de crédit** Visa **Divers** chiens tolérés (10 €) - Piscine - Parking fermé et surveillé **Alentour** L'Isle-sur-la-Sorgue : antiquaires ; Fontaine-de-Vaucluse ; Gordes - La Sorgue en kayak - Golf 18 trous de Saumane **Restaurant** sur réservation, service de 20 h à 21 h 30 - Menus : 20 € (déjeuner en été), 35 € (dîner).

À la porte du Lubéron, le *Mas des Grès* est un genre maison de vacances où règnent gaieté et joie de vivre. Passionnés de cuisine, Thierry et Nina composent une succulente table provençale de saison rehaussée d'herbes fraîches. Vous dînerez sous la treille ou sous les platanes, ou encore dans l'accueillante salle à manger ornée d'aquarelles souvent offertes par les clients. Pour le déjeuner, on dresse l'été un petit buffet froid pour ceux qui souhaitent se reposer et ne pas trop s'éloigner de la piscine (de ce côté-ci, la route n'est pas loin, ce qui n'empêche toutefois pas le charme d'opérer). Au rez-de-chaussée, un petit salon provençal permet de se reposer aux heures caniculaires (et de regarder la télévision le soir) ; à côté, une salle de jeu est là pour le bonheur des enfants. Les chambres, qui viennent d'être rénovées sont confortables et calmes grâce aux doubles-vitrages, et les salles de bains sont désormais carrelées avec de beaux matériaux provençaux et équipées de douche à l'italienne. Toujours guidé par le souci de la qualité et de la simplicité, le *Mas des Grès* devrait ainsi rester pour longtemps la charmante adresse où de nombreux d'inconditionnels aiment à se retrouver chaque année.

Accès (carte n° 33) : à L'Isle-sur-la-Sorgue, direction Apt par N 100 sur 6 km.

Auberge La Fenière

84160 Lourmarin (Vaucluse)
Route de Cadenet
Tél. 04 90 68 11 79 - Fax 04 90 68 18 60 - Reine et Guy Sammut
E-mail : reine@wanadoo.fr - Web : reinesammut.com

Fermeture de mi-novembre à fin janvier **Chambres** 9 climatisées, avec tél., s.d.b., w.c. et t.v. ;
1 chambre handicapés **Prix** des chambres : 136 à 200 € - Petit déjeuner compris, servi à toute heure
Cartes de crédit acceptées **Divers** chiens admis (8 €) - Piscine - Parking **Alentour** Luberon ; Aix-en-
Provence - Golf 18 trous à Mallemort **Restaurant** service de 12 h à 13 h 30, 19 h 30 à 21 h 30 - Fermé
le lundi et le mardi midi - Menus : 46 à 105 € - Spécialités : saint-pierre à la vanille et huile d'olive.

Célébrée comme l'une des meilleures cuisinières de France, Reine Sammut possède aussi le talent de savoir créer des univers pleins de charme et de gaieté. C'est le cas de cette *Fenière*, construite dans le style local à l'écart de Lourmarin. On y a créé sept chambres confortables, chacune dédiée à un artisanat. Aménagées en fonction de leur nom, elles révèlent une décoration, chaleureuse, contemporaine, originale. Cinq profitent d'une agréable terrasse avec vue sur le superbe jardin et sur la vallée de la Durance. S'y ajoutent deux authentiques roulottes, un peu chères à notre avis, mais tellement intimes qu'elles ont leurs inconditionnels. Au rez-de-chaussée se trouvent le salon et la grande salle à manger, très zen avec ses variations en crème et brun. L'été, la terrasse se couvre d'une voile, et l'on dîne près du vieil olivier et des treilles fleuries. Vous pourrez aussi rejoindre la *Cour de Ferme*, où Reine sert une cuisine de marché plus simple et moins chère mais avec les mêmes produits, le tout sous une charpente, parmi les meubles chinés et au son des orchestres qui se produisent le week-end. Difficile de quitter ce lieu, surtout quand on a pris ses habitudes dans l'un des salons d'été disséminés au gré du jardin et abrités par d'élégants vélums.

Accès (carte n° 33) : à 30 km au nord-est d'Aix-en-Provence ; sur A 7, sortie Sénas, sur A 51 sortie Pertuis.

Domaine de Bournereau

84170 Monteux (Vaucluse)
579, chemin de la Sorguette
Tél. 04 90 66 36 13 - Fax 04 90 66 36 93 - Klaus Haug et Hermann Mayer
E-mail : mail@bournereau.com - Web : bournereau.com

Fermeture du 1er novembre au 31 janvier **Chambres** 11 et 1 suite climatisées avec tél., s.d.b., w.c., t.v. satellite, coffre-fort et minibar ; accès handicapés **Prix** des chambres et suites : 90 à 190 € - Petit déjeuner inclu, servi à partir de 8 h 30 **Carte de crédit** Visa **Divers** chiens admis (10 €) - Piscine - Parking **Alentour** Avigon ; mont Ventoux ; Isle-sur-la-Sorgue ; dentelles de Montmirail - 3 golfs 18 trous **Restaurant** trois fois par semaine et réservé aux résidents.

A vignon et le Lubéron ne sont qu'à quelques minutes de cet ancien mas qu'Hermann Mayer et Klaus Haug ont totalement rénové avec le souci d'en conserver le caractère. Protégé du mistral par de hauts murs et un ravissant jardin aux essences méridionales (platanes centenaires, oliviers, cyprès, romarin…), il comprend deux bâtiments reliés par un portail de pierre. Au rez-de-chaussée se trouvent, en enfilade, le salon et la salle à manger de plain-pied sur le jardin (très alléchants petits déjeuners-brunch). A dominante crème et orangé, la décoration est agréable avec ses fauteuils en osier tressé d'esprit 1930, le beau nappage blanc des tables et, ici où là, un meuble ancien ciré. Sobre, sans surcharge, encore un peu raide peut-être, l'ensemble affiche une sérénité chaleureuse en toute saison. Les chambres ont bénéficiée du même soin et du même style décoratif. Parfois très vastes, irréprochablement tenues, elles donnent sur le jardin fleuri avec, au loin, la superbe piscine. Côté confort, la qualité de la literie et de l'insonorisation intérieur, tout comme le luxe des salles de bains en marbre devraient satisfaire les plus exigeants. Une accueillante adresse avec un incontestable et permanent souci de qualité.

Accès (carte n° 33) : A 7 sortie Avignon nord. D 942 direction Carpentras (sur 10 km) sortie Monteux centre. Après 20 m, 1re route à droite, 500 m puis à gauche.

Le Mas du Loriot

Murs 84220 Gordes (Vaucluse)
Route de Joucas
Tél. 04 90 72 62 62 - Fax 04 90 72 62 54
Christine et Alain Thillard
E-mail: mas.du.loriot@wanadoo.fr - Web: masduloriot.com

Fermeture du 30 novembre au 15 mars **Chambres** 8 avec tél., s.d.b. ou douche, w.c., t.v. et minibar; accès handicapés **Prix** des chambres doubles: 95 à 125 € (1 chambre à 50 €) - Petit déjeuner: 12 €, servi de 8 h à 10 h **Carte de crédit** Visa **Divers** chiens admis (8 €) - Piscine - Parking **Alentour** Luberon; Gordes; village des Bories; abbaye de Sénanque; Roussillon; les antiquaires de l'Isle-sur-la-Sorgue; Fontaine-de-Vaucluse - Golf 18 trous de Saumane **Restaurant** sur réservation, service 5 soirs par semaine, à partir de 19 h 30 - Menu: 28 € - Spécialités: cuisse de pintade farcie aux figues; filet de veau au caramel amer, compote de fenouil et ananas.

L a petite route contourne le village de Joucas, commence à gravir la colline, puis, quelques centaines de mètres plus haut, un petit chemin gagne la garrigue et nous mène vers ce minuscule hôtel serti de lavandes, de pins et de chênes verts. Huit chambres confortables (dont deux plus grandes et récemment aménagées), toutes avec terrasse, une charmante décoration aux tonalités fraîches et une superbe vue, voici de quoi faire le bonheur des amateurs de calme et d'intimité. Le restaurant propose, cinq soirs par semaine, un menu unique amoureusement préparé par Mme Thillard. On déguste sa très bonne cuisine méditerranéenne, toujours préparée à partir de bons produits, dans une salle à manger ouverte sur les paysages du Luberon, ou sur la terrasse. Enfin, l'excellent accueil de la famille Thillard donnera à beaucoup l'envie de revenir.

Accès (carte n° 33): A 7 sortie Avignon-sud ou Cavaillon. Direction Apt. A Coustellet, suivre Gordes, puis Joucas, et Murs.

Mas La Bonoty

84210 Pernes-les-Fontaines (Vaucluse)
Chemin de la Bonoty
Tél. 04 90 61 61 09 - Fax 04 90 61 35 14
Richard Ryan et Peter Cuff
E-mail: bonoty@aol.com - Web: bonoty.com

Fermeture de début novembre à début décembre et janvier **Chambres** 8 avec tél., s.d.b. et t.v. **Prix** des chambres: 62 à 95 € - Petit déjeuner compris, servi de 8 h à 10 h - Demi-pension: + 32 € **Carte de crédit** Visa **Divers** chiens admis sur demande - Piscine - Parking fermé **Alentour** Mazan et les villages du Comtat Venaissin **Restaurant** service de 12 h à 13 h 30, 19 h 30 à 21 h - Fermé lundi et mardi midi; lundi et mardi hors saison (1er octobre au 1er avril) - Menus: 20 € (midi en semaine); 32 à 50 € - Carte - Spécialités: rillettes de crabe et avocat, coulis de corail d'oursin.

Cette ancienne ferme du XVIIe siècle, isolée dans la campagne provençale, avec ses murs en pierres, ses différences de niveaux et ses pièces biscornues fait penser à une maison de poupée. La salle à manger est chaleureuse avec ses poutres d'origine ou récentes, peintes en vert olive, ses tomettes et sa grande cheminée. A noter la vaisselle colorée dont les motifs ont été dessinés par Peter Cuff, l'un des deux maîtres de maison et peintre talentueux (on retrouve ses toiles sur les murs). La cuisine provençale proposée se distingue par ses plats de saison et ses fromages affinés par Josiane Déal, meilleur ouvrier de France 2004 (à Vaison-la-Romaine). On peut bien sûr la savourer sur la terrasse, en bordure de la piscine et à l'ombre des pins. Les chambres, petites, sont néanmoins cosy, avec leurs meubles campagnards et leurs cotonnades. Ce petit hôtel atypique est aussi le point de départ d'agréables promenades parmi les arbres fruitiers, les oliviers et les champs de lavande qui entourent la propriété.

Accès (carte n° 33): A 7 sortie Avignon-nord, direction Carpentras. Dans le centre de Pernes, prendre direction Mazan par D 1, puis fléchage.

Mas de Garrigon

84220 Roussillon (Vaucluse)
Départementale 2
Tél. 04 90 05 63 22 - Fax 04 90 05 70 01 - Christiane Druart
E-mail: mas.de.garrigon@wanadoo.fr - Web: masdegarrigon-provence.com

Catégorie ★★★ Ouverture toute l'année **Chambres** 8 et 1 suite (5 climatisées) avec tél., s.d.b., w.c., t.v. et minibar; chambres accessibles aux handicapés **Prix** des chambres: 105 à 135 €; suite: 140 à 170 € - Petit déjeuner: 16 €, servi de 7 h 45 à 10 h 30 - Demi-pension: 60 € **Cartes de crédit** Visa, Amex **Divers** chiens non admis - Piscine, vélos - Parking surveillé **Alentour** sites et châteaux du Luberon; colorado provençal; abbaye de Sénanque - Golf 18 trous à 20 km **Restaurant** service de 19 h 30 à 20 h 30 - Fermé lundi et mardi et de novembre à mars- Menus: 35 à 45 € - Spécialité: poisson de méditerranée à la vapeur et aux épices; sorbet minute aux fruits; moelleux au chocolat.

Un peu à l'écart de la route, cet hôtel ressemble à une grosse maison particulière de style provençal. Construit il y a une trentaine d'année, il est aujourd'hui entouré de verdure et de fleurs. A l'intérieur, un beau sol en terre cuite rutilant de cire joue avec les demi-niveaux, ménageant ici un coin salon avec cheminée, là un coin bibliothèque abondamment pourvu en livres de toute sorte, là encore une petite salle à manger éclairée par de larges baies vitrées donnant sur la piscine. Dans ce décor chaleureux et plein de personnalité, vous découvrirez de belles chambres à l'élégance classique et souvent de grande taille. Bon nombre d'entre elles disposent d'une terrasse privative donnant sur la nature et c'est un vrai plaisir de prendre son petit déjeuner quand la fraîcheur du matin permet encore l'expression des senteurs méridionales. Vous les retrouverez aussi le soir à l'heure de l'apéritif et avant de goûter à la cuisine de Mme Druart et de sa fille, toutes deux très concernées par la réussite de votre séjour.

Accès (carte n° 33): à Avignon, prendre la N 100 direction Apt puis la D 2. L'hôtel est fléché à gauche sur la D 2 avant d'arriver à Roussillon.

Domaine des Andéols

84490 Saint-Saturnin-lès-Apt (Vaucluse)
Tél. 04 90 75 50 63 - Fax 04 90 75 43 22 - Franck Bonarel
E-mail: info@domaine-des-andeols.com - Web: domainedesandeols.com

Ouverture d'avril à fin octobre **Chambres** 9 maisons-suites avec s.d.b., w.c., t.v. satellite et minibar **Prix** des suites: 210 à 650 € (2 à 4 pers.) - Petit déjeuner: 20 € **Cartes de crédit** Visa, Amex **Divers** chiens admis - Piscine, tennis, hammam **Alentour** marché d'Apt le samedi matin; colorado de Rustrel; villages du Luberon: Buoux, Bonnieux, Lacoste, Ménerbes, Oppède; thalasso à Montbrun-les-Bains - Golf 18 trous de Saumane **Restaurant** service de 12 à 14 h, 20 à 22 h - Menu : 50 €.

Au cœur d'une Provence rurale où le Lubéron annonce déjà la provençe de Giono, cet ancien hameau a été entièrement repensé de l'intérieur par Olivier Massard pour l'accueil des hôtes. Oublié le style "Côté Sud" au profit du béton, du design et de la couleur. Neuf "maisons" jouent avec séduction leur propre thématique. Le canapé Noguchi et un jardin japonais ne pouvaient être mieux choisis pour illustrer l'atmosphère aquatique de la Maison des Cascades. De l'art brut, un trône incrusté d'écailles de tortue, une cheminée en boue séchée, un jardin de palmiers dattiers, et la Maison du Voyageur devient *lodge* africain. Maisons de l'Artiste, Maison de Toujours, Maison des Amoureux… Toutes mettent en scène le meilleur de l'art moderne ou contemporain à travers mobilier design, tableaux, sculptures, vaisselle, linge. Deux maisons sont ouvertes à tous : la Maison d'Eau (piscine intérieure et hammam) et la Maison des Saveurs qui associe Alain Ducasse à cette création. Gastronomie oblige, le décor se fait plus bourgeois, et ce sont de confortables bergères, tout en symbiose avec la vue verdoyante des vignes et des oliviers, qui vous reçoivent pour apprécier la cuisine de cueillette du talentueux disciple, Albert Boronat. Une adresse d'exception pour un "coup de folie" au pays des cigales.

Accès (carte n° 33) : depuis Avignon, prendre N 100 direction Apt. A Coustelet, prendre à gauche D 2 direction Gordes puis fléchage.

Le Saint-Hubert

84490 Saint-Saturnin-lès-Apt (Vaucluse)
1, place de la Fraternité
Tél. 04 90 75 42 02 - Fax 04 90 75 49 90
M. et Mme Royaux

Catégorie ★★ **Fermeture** vacances de février, dernière semaine de novembre **Chambres** 8 avec tél., s.d.b., et w.c. **Prix** des chambres simples et doubles : 59 € - Lit suppl. : 20 € - Petit déjeuner : 7 €, servi de 8 h à 9 h 45 - Demi-pension (menus ou carte au choix) : 115 € (pour 2 pers.) **Carte de crédit** Visa **Divers** petits chiens admis **Alentour** marché d'Apt le samedi matin ; colorado de Rustrel ; villages du Luberon : Buoux, Bonnieux, Lacoste, Ménerbes, Oppède ; thalasso à Montbrun-les-Bains - Golf 18 trous de Saumane **Restaurant** service à partir de 12 h 30 et 19 h 30 - Menus : 19 et 28 € - Cuisine du marché.

Sensible au charme de cette petite auberge de village, Jean Giono aimait particulièrement l'une des deux chambres du *Saint-Hubert* qui bénéficient d'une vue panoramique plein sud sur le Lubéron. Les quatre autres, situées sur la façade opposée, ne sont cependant pas à bouder, la vue sur la place de Saint-Saturnin n'étant pas sans attrait. Récemment réaménagées avec simplicité et goût du détail, elles offrent un bon niveau de confort. Le rez-de-chaussée est occupé par un agréable bar rétro. A l'arrière se trouve la salle de restaurant prolongée par sa terrasse et… une vue unique sur la région. On y déguste l'excellente cuisine du terroir concoctée par M. Royaux. Ici on aime la tradition, le produit vrai. Une très agréable adresse à petit prix, idéale pour les randonneurs qui auront le choix entre les vingt circuits balisés au départ du village. Accueil attentif et souriant.

Accès (carte n° 33) : à Avignon prendre N 100 vers Apt, à l'entrée d'Apt prendre à gauche la route de Saint-Saturnin.

Hostellerie du Val de Sault

84390 Sault (Vaucluse) - Route de Saint-Trinit
Tél. 04 90 64 01 41 - Fax 04 90 64 12 74 - M. Gattechaut
E-mail : valdesault@aol.com - Web : valdesault.com

Fermeture du 11 novembre à début avril **Chambres** 15 et 5 suites, avec tél., s.d.b., t.v. satellite et minibar ; 1 chambre handicapés **Prix** des chambres en demi-pension : à partir de 114 € - Petit déjeuner : 11 €, servi de 8 h à 10 h **Cartes de crédit** acceptées **Divers** chiens admis - 2 Piscines (une couverte et chauffée), tennis, salle de sport, jacuzzi - Parking **Alentour** mont Ventoux ; Venasque ; comtat Venaissin **Restaurant** service de 19 h 30 à 21 h - Fermé le midi hors saison (sauf week-end et fériés) - Menus-carte : 34 à 67 €- Spécialités : œuf en coque aux truffes ; agneau de pays cassis lavande.

Nul ne peut deviner la présence de cet hôtel perdu au milieu des chênes et des pins, à huit cents mètres au-dessus d'une superbe vallée qui s'émaille de bleu et d'or dès la floraison des lavandes et le mûrissement des champs d'épeautre. Récents, les bâtiments s'intègrent bien au site. Le premier sert au restaurant dont les hauts volumes sous charpente ouvrent sur une belle terrasse. On y déguste une savoureuse cuisine, fruit du travail passionné de M. Gattechaut. Les chambres se trouvent un peu plus haut, dans l'autre maison. Confortables, avec leur salon en véranda et leur grande terrasse privative face à la verdure et au soleil du soir, elles affichent une décoration simple et gaie rappelant un peu celle d'un chalet. Les suites, sur le jardin, avec chambre et salon à la "déco" très bois, sont sobres et chaleureuses ; leurs terrasses bien protégées donnent sur le majestueux Ventoux. A noter les quatre nouvelles, décorées dans un style balinais, conçues par le maître des lieux et dotées de magnifiques salles de bains, munies de douches à jets et de baignoires-jacuzzi installées le long de la baie vitrée afin de pouvoir barboter tout en profitant du panorama extraordinaire. Une excellente adresse, délicieusement hors norme, d'un calme total, où vous trouverez toujours le meilleur des accueils.

Accès (carte n° 33) : à 40 km à l'est de Carpentras par D 1, direction Mazan et Sault, route de Saint-Trinit, ancien chemin d'Aurel.

Domaine de la Ponche

84190 Vacqueyras (Vaucluse)
Tél. 04 90 65 85 21 - Fax 04 90 65 85 23
M. Jean-Pierre Onimus
E-mail : domaine.laponche@wanadoo.fr - Web : hotel-laponche.com

Fermeture de mi-novembre au 28 février **Chambres** 4 et 2 suites, avec tél., s.d.b. et w.c. **Prix** des chambres doubles : 130 à 150 €, triples : 175 à 180 € ; suites (2 pers.) : 175 à 200 € - Petit déjeuner compris, servi de 8 h 30 à 10 h 30 - Demi-pension : + 34 € **Carte de crédit** Visa **Divers** chiens admis sur demande (8 €) - Piscine - Parking **Alentour** dentelles de Montmirail ; Séguret, Vaison-la-Romaine ; route des vins - Golf 18 trous à Vedène **Restaurant** service à 20 h - Fermé le mardi - Menu : 36 € - Spécialité : cuisine méditerranéenne.

Dans la plaine viticole, non loin des célèbres dentelles de Montmirail, cette accueillante bastide du XVIIᵉ propose quelques chambres très attrayantes et à l'élégante sobriété. Vastes volumes parfois agrémentés d'une cheminée (utilisable), murs unis pastel, sols en tomettes cirées, un ou deux vieux meubles régionaux… Un esthétisme dépouillé, apaisant, avec, en prime, une large et excellente literie et de superbes salles de bains. Les différences de prix tenant à la présence, ou non, d'un coin-salon dans la chambre (celles qui n'en disposent pas sont néanmoins très vastes et tout aussi confortables). Pour dîner, ne cherchez pas plus loin, le restaurant est l'autre point fort de cette adresse. Il propose un menu-carte aux saveurs très méridionales et toujours basé sur des produits de première fraîcheur. Vous le dégusterez dans une belle salle à manger ou dehors, sous la gloriette près de la fontaine. Agréable coin-piscine très fleuri et où il est possible de prendre une restauration légère.

Accès (carte n° 33) : A 7 sortie Bollène, puis D 8 vers Carpentras, l'hôtel est fléché 2 km avant Vacqueyras.

Hostellerie Le Beffroi

84110 Vaison-la-Romaine (Vaucluse)
Rue de l'Evêché
Tél. 04 90 36 04 71 - Fax 04 90 36 24 78 - M. Christiansen
E-mail : lebeffroi@wanadoo.fr - Web : le-beffroi.com

Catégorie ★★★ **Fermeture** du 22 décembre au 1er janvier et de fin janvier aux Rameaux **Chambres** 22 avec tél., s.d.b. ou douche, t.v. satellite, coffre-fort et minibar **Prix** des chambres : 90 à 135 € - Petit déjeuner : 12 €, servi de 7 h 30 à 9 h 45 - Demi-pension : 75 à 95 € (3 jours min.) **Cartes de crédit** acceptées **Divers** chiens admis (6,50 €) - Piscine - Garage (8 €) **Alentour** à Vaison : Musée archéologique, pont romain ; à Orange : arc de triomphe et théâtre antique ; Mornas ; musée Henri-Fabre à Sérignan ; parcours sensoriel à Cairanne ; Crestet ; Séguret **Restaurant** service de 12 h à 13 h 45, 19 h 15 à 21 h 30 - Fermé de novembre à pâques ; le midi (sauf week-end) et le mardi - Menus : 28 à 42 € - Carte.

A flanc de rocher, dans le vieux Vaison médiéval, *Le Beffroi* est constitué de plusieurs maisons particulières dont il a conservé l'atmosphère avec ses carrelages, boiseries cirées, escaliers à vis, beaux meubles, tableaux et bibelots. Les chambres, toutes différentes, sont réparties entre deux vieilles maisons accolées et l'ancien hôtel particulier des marquis de Taulignan, à une cinquantaine de mètres. Globalement d'un bon confort, elles sont d'autant plus séduisantes que le mobilier d'époque et les revêtements muraux n'ont pas cédé aux caprices de la mode. Même spontanéité réussie dans le charmant salon d'entrée avec cheminée, tableaux et mobilier de caractère. Délicieux jardin en terrasse (où l'on sert aussi des salades en été) avec une très belle vue sur les toits de la ville (celui de la dépendance cache une petite piscine…). Bonne cuisine servie avec le sourire dans une salle à manger aux couleurs gaies ou sous le figuier de la cour intérieur. Un hôtel de charme dans son acception la plus totale.

Accès (carte n° 33) : à 30 km au nord-est d'Orange par D 975 ; dans la haute ville.

528

Hostellerie La Grangette

84740 Velleron (Vaucluse)
Chemin Cambuisson
Tél. 04 90 20 00 77 - Fax 04 90 20 07 06 - M. et Mme Blanc-Brude
E-mail : hostellerie-la-grangette@club-internet.fr
Web : la-grangette-provence.com

Catégorie ★★★ **Fermeture** du 13 novembre au 1er février **Chambres** 16 avec tél., s.d.b. ou douche, w.c. et t.v. sur demande **Prix** des chambres doubles : 89 à 208 € - Petit déjeuner offert, servi de 8 h à 10 h - Demi-pension : 185 à 304 € (pour 2 pers.) **Carte de crédit** Visa **Divers** chiens admis sauf au restaurant (22 €) - Piscine, tennis - Parking **Alentour** brocante à L'Isle-sur-la-Sorgue ; Fontaine-de-Vaucluse ; Gordes ; abbaye de Sénanque - Golf 18 trous de Saumane **Restaurant** service de 19 h 30 à 21 h - Menu : 48 € - Carte - Spécialité : turbot poché dans son jus et verdure en aïoli légère.

Entre soleil et sous-bois, cette ancienne demeure comtadine domine légèrement un vaste panorama face aux monts du Vaucluse. Murs dévorée par la vigne vierge et les bignonnes, volets brun rouge et charmants coins-terrasse ombragés donnent, dès l'arrivée une petite idée du raffinement qui se cache ici. Car à l'intérieur, c'est toute l'ancienne élégance provençale que vous retrouverez dans chaque pièce abondamment meublées de très beaux meubles (XVIIe, XVIIIe et XIXe) et d'objets chinés à L'Isle-sur-Sorgue sur fond de vieilles tomettes cirées. Installées dans les anciens greniers à grains, les chambres bénéficient de la même attention décorative et déclinent avec bonheur des thèmes régionaux : "Magnanarelle", "Mule du pape", "Mistral", "Mireö", "l'Arlésienne" et sa belle terrasse plein ouest... Toutes ouvertes sur la campagne avec les Alpilles au loin, ou sur la fraîcheur d'un bois de petits chênes. Bien intégrée au site, l'immense piscine est l'autre point d'attraction à *La Grangette*, le lieu de passage obligé pour se détendre en fin de journée avant de passer à table et goûter une cuisine de terroir allégée et plaisante.

Accès (carte n° 33) : A 7, sortie Avignon direction L'Isle-sur-la-Sorgue, à L'Isle direction Pernes-les-Fontaines par D 938 sur 4 km, puis fléchage.

Auberge de la Fontaine

84210 Venasque (Vaucluse)
Place de la Fontaine
Tél. 04 90 66 02 96 - Fax 04 90 66 13 14
M. et Mme Sœhlke
E-mail : fontvenasq@aol.com - Web : auberge-lafontaine.com

Ouverture toute l'année **Chambres** 5 suites (dont 4 climatisées avec terrasse privée) avec tél., s.d.b., w.c., t.v. et minibar **Prix** des suites : 125 € - Petit déjeuner : 10 € **Carte de crédit** Visa **Divers** chiens admis - Parking privé dans le village **Alentour** église de Venasque ; cimetière gallo-romain à Mazan ; Pernes-les-Fontaines ; Carpentras ; mont Ventoux ; dentelles de Montmirail ; Gordes ; Fontaine-du-Vaucluse - Golf 18 trous de Saumane **Restaurant** service de 20 h à 22 h - Fermé le midi et le mercredi - Menu-carte : 38 € - Spécialités : assiette du pêcheur ; gibier frais en saison ; pigeonneau aux airelles ; agneau du pays à la fleur de thym - Petite restauration au *Bistro*, fermé dimanche soir et lundi, menu : 18 € et carte.

Ancienne et belle maison de village, l'*Auberge de la Fontaine* a gardé son noble aspect d'antan. Les chambres, ou plutôt les "studios" (car toutes ont une kitchenette), sont toujours agrémentées d'un élégant salon au décor moderne, d'une confortable salle de bains et, pour quatre d'entre elles, d'une terrasse avec vue sur les toits de Venasque. Ajoutez aux téléphone et téléviseur habituels, un lecteur de cassettes et de CD. Vous seriez également bien avisés de goûter à la savoureuse cuisine des Sœhlke, que ce soit dans leur restaurant gastronomique qui compte parmis les bonnes tables de la région (dîner-concert une fois par mois) ou dans leur bistro, plus simple mais toujours de grande qualité. Le tout dans une atmosphère chaleureuse où la patine des lieux rassure. A noter que hors saison l'hôtel propose un forfait de quatre jours avec cours de cuisine sur place.

Accès (carte n° 33) : à 11 km au sud de Carpentras par D 4.

Hôtel de la Tour

01400 Châtillon-sur-Chalaronne (Ain)
Place de la République
Tél. 04 74 55 05 12 - Fax 04 74 55 09 19 - Famille Rassion-Cormorèche
E-mail : info@hotel-latour.com - Web : hotel-latour.com

Catégorie ★ ★ ★ **Fermeture** 1 semaine avant Noël **Chambres** 20 (dont 16 climatisées) et 15 au *Clos de la Tour*, avec tél., s.d.b. et t.v. **Prix** des chambres : 83 à 145 € - Petit déjeuner compris, servi à partir de 7 h **Carte de crédit** Visa **Divers** chiens admis - Piscine **Alentour** Pérouge ; parc des Oiseaux à Villars-les-Dombes - Golf de la Bresse à 5 km **Restaurant** service de 12 h à 14 h, 19 h à 21 h 30 - Fermé mercredi et dimanche soir - Menus : 18 à 62 € - Carte - Spécialité : poularde à la crème et aux morilles.

Au cœur d'un gros bourg en partie médiéval, ce bel édifice en brique conserve quelques vestiges des XVIᵉ et XVIIᵉ siècles. Pour le reste, une importante rénovation s'est chargée de rajeunir et d'égayer l'ancienne austérité du lieu. Dès l'entrée, une mini-boutique de déco signale l'intérêt que l'on porte ici à l'esthétisme "tendance". Relookée dans des teintes violines (patines, lampes, étoffes), la salle à manger permet ainsi de se régaler, à la lueur des bougies, d'une exellente cuisine, fine et goûteuse. Aux chambres de la maison principale (mobilier en fer forgé patiné, papiers peints "à l'éponge" souvent rehaussés de petits motifs dorés et d'une frise coordonnée) s'ajoutent désormais celles du *Clos de la Tour* à trois cents mètres de là. Cette belle maison XIXᵉ vient juste d'être entièrement refaite avec le souci d'en ressusciter le charme d'antan. Les chambres y sont spacieuses, délicatement teintées d'ivoire et de grège. Mobilier rétro cérusé ou en fer forgé, superbes salles de bains design avec d'antiques baignoires de fonte et des vasques en pierre, ciels de lit romantique… Ouverts aux hôtes des deux maisons, le parc et sa piscine invitent au farniente à l'ombre du séquoia et bercé par le clapotis de la rivière. Accueil agréable et concerné.

Accès (carte n° 26) : A 6 sortie Belleville puis route de Châtillon.

Auberge des Chasseurs

Naz-Dessus 01170 Echenevex (Ain)
Tél. 04 50 41 54 07 - Fax 04 50 41 90 61
M. et M. Lamy
E-mail : aubergedeschasseurs@wanadoo.fr

Catégorie ★★★ **Fermeture** du 12 décembre au 1er mars **Chambres** 14 avec tél., s.d.b. ou douche, w.c., t.v., radio et coffre-fort **Prix** des chambres : 90 à 150 € - Petit déjeuner : 12 €, servi de 8 h à 10 h - Demi-pension : 105 à 160 € **Cartes de crédit** acceptées **Divers** chiens admis (7 €) - Piscine, tennis - Parking **Alentour** le Pailly et le col de la Faucille - Casino de Divonne - Golf club 27 trous de Maison-Blanche à Echenevex **Restaurant** service de 12 h à 13 h 30, 19 h à 21 h - Fermé lundi et mardi midi - Menus : 20 à 41 € - Carte.

A quinze minutes de Genève, sur les flancs du Jura, au milieu des champs et des bois, l'*Auberge des Chasseurs* est une ancienne ferme très bien restaurée. A l'intérieur, l'ambiance "maison" ne peut que séduire. Des fresques de fleurs habillent les poutres, les chaises, les portes des chambres, et rappellent ainsi le récent passage d'une artiste suédoise. Dans le restaurant se trouve une magnifique série de photographies de Cartier-Bresson et de Koudelka. A l'étage, on voudrait ne plus quitter le salon et son coin-bar ; pourtant, les chambres, avec leur assortiment de papiers et de tissus Laura Ashley, leur mobilier en pin anglais, leurs charmantes salles de bains n'ont rien à lui envier... Dehors, le mobilier de jardin en chêne dessiné par un créateur (par une artiste aussi, la mosaïque du sol de la terrasse), les massifs fleuris, les coins ombragés et la splendide vue, au loin, sur le mont Blanc, ajoutent encore un peu plus d'attrait à cette adresse. Enfin, le service attentif et l'accueil de Dominique Lamy, sont autant de raisons pour revenir.

Accès (carte n° 20) : à 17 km au N.-O. de Genève par D 984, vers Saint-Genis-Pouilly, puis D 978c vers Gex ; Echevenex se trouve à 2 km avant Gex, à gauche.

Ostellerie du Vieux Pérouges

01800 Pérouges (Ain)
Place du Tilleul
Tél. 04 74 61 00 88 - Fax 04 74 34 77 90
Christophe Thibaut
E-mail : contact@ostellerie.com - Web : ostellerie.com

Catégories ★★★★ et ★★★ **Fermeture** début février **Chambres** 28 avec tél., s.d.b. ou douche, w.c. et t.v. **Prix** des chambres simples : 78 à 130 €, doubles : 110 à 230 € - Petit déjeuner : 14 €, servi de 8 h à 11 h **Cartes de crédit** acceptées **Divers** chiens admis - Parking privé **Alentour** Lyon ; parc aux oiseaux à Villars-les-Dombes ; Genève ; lac Léman - 4 golfs à proximité **Restaurant** service de 12 h à 14 h, 19 h à 21 h - Menus : 38 à 60 € - Carte.

En plein cœur de la cité médiévale du vieux Pérouges, cette "ostellerie" composée de plusieurs maisons très anciennes donne sur une adorable placette au pavage de galets. Escaliers de pierre, vitraux, fenêtres à meneaux, plafonds à la française, cheminées… rien ne manque. Les chambres du manoir (norme 4 étoiles) s'enorgueillissent d'un superbe mobilier haute époque et de salles de bains en marbre. Celles du pavillon sont plus simples (norme 3 étoiles), mais restent néanmoins bien meublées, et toutes sont régulièrement rénovées pour proposer un excellent niveau de confort. Chaque maison borde une ruelle pavée avec, ici, un jardinet, là, une ruine à ciel ouvert envahie de végétation, l'ensemble amenant invariablement à la place principale où se trouve le restaurant. Là aussi, l'ambiance médiévale est de règle : plancher à larges lattes, pétrins, vaisseliers, profond foyer où flambent souvent quelques grosses bûches, cela donne bel appétit et l'on y goûte une cuisine régionale servie en costume traditionnel.

Accès (carte n° 26) : à 35 km au nord-est de Lyon par A 42, sortie Pérouges.

La Huchette

01750 Replonges (Ain) - N 79
Tél. 03 85 31 03 55 - Fax 03 85 31 10 24
M. Fabrice Alran
E-mail : contact@hotel-lahuchette.com - Web : hotel-lahuchette.com

Catégorie ★★★★ **Fermeture** 2 semaines en novembre **Chambres** 12 avec tél., s.d.b., w.c., t.v. et minibar **Prix** des chambres : 70 à 120 € ; appartement : 160 à 210 € - Petit déjeuner : 12 €, servi de 7 h 15 à 12 h **Cartes de crédit** acceptées **Divers** chiens admis - Piscine - Parking **Alentour** Cluny ; musée de la Bresse ; églises romanes ; routes des vins - 3 golfs dont un à 500 m **Restaurant** service de 12 h à 13 h 30, 19 h 30 à 21 h 30 - Fermé lundi et mardi midi - Menus : 28 à 50 € - Carte - Spécialités : escargots de Bourgogne ; grenouilles ; civet de canettes des Dombes.

Tout en étant administrativement rattachée à la région Rhône-Alpes, Replonges se trouve à la frontière de la Bourgogne et de la Bresse. D'emblée, la situation de l'auberge fait peur (la route nationale longe le jardin), mais il serait tout de même dommage de délaisser cette maison bressane dont le confort, l'esthétisme (on y trouve notamment la preuve que le top des années soixante-dix peut magnifiquement résister à l'usure du temps) et les qualités d'accueil méritent vraiment que l'on s'y arrête. Hermétiquement insonorisées, les chambres sont très spacieuses avec une vue systématique sur les arbres séculaires de la propriété. Traités à l'anglaise dans des tonalités de vert bouteille, de jaune et de rouge bordeaux, les salons offrent un confort feutré très abouti. A côté, la salle à manger, avec sa fine poutraison, sa cheminée et surtout le trompe-l'œil à 180 degrés d'un sublime papier panoramique à décor de chasse, constitue un cadre des plus charmeurs pour apprécier une cuisine simplement fine et savoureuse orientée vers les excellentes productions locales. Voilà de quoi se mettre en appétit alors que midi sonne au clocher du village…

Accès (carte n° 19) : à 4 km à l'est de Mâcon.

Résidence des Saules

01540 Vonnas (Ain)
Tél. 04 74 50 90 51 - Fax 04 74 50 08 80 - M. Blanc
E-mail: blanc@relaischateaux.com - Web: georgesblanc.com

Catégorie ★★ **Fermeture** janvier **Chambres** 6 et 4 suites climatisées avec tél., s.d.b., w.c., t.v. satellite, coffre-fort et minibar **Prix** des chambres: 130 €, suites: 150 € Petit déjeuner: 24 €, servi de 7 h à 10 h 30 **Cartes de crédit** acceptées **Divers** chiens admis - Piscine, tennis, spa, jacuzzi, hammam - Parking gardé gratuit **Alentour** musée des Attelages; monastère de Brou; parc des oiseaux; Pérouges - Golf 18 trous à 15 km **Restaurant** *L'Ancienne Auberge* service de 12 h à 13 h 30, 19 h 30 à 21 h 30 - Menus: 17 à 43 € - Carte - Spécialité: grenouilles sautées comme en Dombes.

On ne présente plus Georges Blanc et sa famille grâce à laquelle, depuis cent trente ans, Vonnas doit sa réputation mondiale. Il faut dire que sur la place ombragée de platanes et bordée par la Veyle chaque maison décline un peu du style "Blanc". Il y a les magnifiques colombages du restaurant gastronomique et hôtel de grand luxe, la façade rose vif de l'ancienne fabrique de limonade devenue ce charmant bistro où l'on se régale à partir de 17 euros et enfin la *Résidence des Saules* avec son épicerie fine, son cellier de grands crus et ses dix chambres à l'étage. D'un excellent rapport qualité-prix, ces dernières méritent bien quelques lignes. Certes, cloisons et portes sont un peu "légères", mais on y est confortablement au large et les belles armoires ou comodes XIXᵉ donnent à chacune un peu de caractère. L'été, vous pourrez aussi vous accorder quelques moments de détente autour de la piscine, moments qui peuvent se prolonger par un verre dans des salons somptueusement classique avant de passer à table, selon votre envie, dans le temple de la gastronomie ou dans la ravissante reconstitution 1900 du bistro. Le matin, petit déjeuner-buffet pantagruelique à la *Cour aux Fleurs* (où se trouvent également huit superbes chambres à 240 euros).

Accès (carte n° 26): A 40 sortie Saint-Genis/Vonnas, ou A 6 sortie Villefranche-sur-Saône.

Hôtel de la Santoline

07460 Beaulieu (Ardèche)
Tél. 04 75 39 01 91 - Fax 04 75 39 38 79
M. et Mme Espenel
E-mail : info@lasantoline.com - Web : lasantoline.com

Catégorie ★★★ **Fermeture** d'octobre à fin avril **Chambres** 8 (7 climatisées) avec tél., s.d.b. ou douche, w.c. sèche-cheveux et minibar **Prix** des chambres doubles : 65 à 110 € suites 130 €- Petit déjeuner : 12 €, servi de 8 h 30 à 10 h - Demi-pension : 68 à 100 € **Carte de crédit** Visa **Divers** chiens admis (5 €) - Piscine - Parking **Alentour** grotte de la Cocalière ; bois de Païolive ; corniche du Vivarais, des Vans à la Bastide-Puylaurent ; vieux villages **Restaurant** service de 19 h 30 à 20 h 30 - Fermé le midi - Menus : 27 à 37 € - Carte.

Au bout d'une petite route de l'Ardèche provençale, cernée par la garrigue, la *Santoline* occupe une ancienne magnanerie-bergerie du XVIe siècle. Le nombre restreint de chambres permet de préserver la tranquillité des lieux, la vue y est splendide et s'étend jusqu'aux Cévennes. En contrebas, une piscine ouverte sur la nature permet de se rafraîchir l'été. Ici et là, de confortables salons ont été aménagés, dans l'orangerie à la fine génoise ou encore dans les belles caves voûtées où les dîners et les petits déjeuners peuvent être pris. Vous pourrez également goûter à une cuisine fine et savoureuse dans le jardin, à l'ombre des micocouliers ou du mûrier centenaire. Difficile également de résister au charme des chambres qui sont toutes différentes et la plupart pourvues d'une agréable terrasse. On y retrouve l'esprit des lieux, subtil mélange de souvenirs de voyages, de vieux meubles, de beaux tissus, jusque dans les salles de bains qui allient des matériaux aussi divers que le béton brut ou le teck. Enfin, la gentillesse des propriétaires et les prix très raisonnables qu'ils pratiquent nous incitent à vous recommander cette merveilleuse adresse pour de longs séjours.

Accès (carte n° 32) : à Alès, D 904 et D 104. A La Croisée-de-Jalès, prendre D 225.

Domaine de Rilhac

07320 Saint-Agrève (Ardèche)
Tél. 04 75 30 20 20 - Fax 04 75 30 20 00 - M. et Mme Sinz
E-mail: hotel_rilhac@yahoo.fr - domaine-de-rilhac.com

Catégorie ★★★ **Fermeture** du 20 décembre au 10 mars; mardi soir, mercredi et jeudi midi
Chambres 8, non-fumeurs, avec tél., s.d.b., w.c. et t.v. **Prix** des chambres: 84 à 99 € (basse saison),
94 à 114 € (haute saison); appartement: 164 à 194 € - Petit déjeuner: 14 €, servi de 8 h à 10 h 30 -
Demi-pension: 99 à 105 € (basse saison), 114 à 120 € (haute saison) **Cartes de crédit** acceptées
Divers chiens admis (7 €) - Parking **Alentour** Mont-Gerbier-de-Jonc - Golf 18 trous du Chambon
Restaurant service de 12 h 30 à 13 h 15, 20 h à 21 h 15 - Menus: 23 à 70 €; enfant: 15 € - Carte.

D errière Saint-Agrève, un immense plateau culmine à 1 000 mètres et fait
face aux monts Gerbier-des-Joncs et Mézenc. L'air y est pur, des vaches
brunes mènent une existence paisible, quelques ruisseaux à truites suivent le
creux des vallons… Ludovic Sinz pouvait donc difficilement trouver mieux placée que cette opulente maison pour créer son hôtel de charme. Le résultat
démontre qu'il n'est pas seulement un jeune chef talentueux, mais qu'avec
Florence il sait rendre chaleureux un intérieur qui, au départ, devait afficher la
rudesse des vieilles fermes ardéchoises. L'enduit jaune de l'entrée, du petit
salon et de la salle à manger assure, par tous les temps, une ambiance gaie,
presque provençale, et les grands fauteuils installés récemment offrent un
confort idéal à ceux qui savourent les mets du chef tout en observant la vallée.
Un escalier à la belle rampe forgée et martelée conduit aux chambres, décorées
soigneusement dans un style moderne et dotées depuis peu d'une isolation phonique et thermique exceptionnelle. La vue est magnifique. Le jardin ombragé
s'abrite derrière un vieux mur. Un séduisant ensemble pour se mettre au vert
sans renoncer aux bienfaits de la modernité.

Accès (carte n° 26): à 56 km à l'ouest de Valence par D 533.

La Bastide du Soleil

07110 Vinezac (Ardèche)
Tél. 04 75 36 91 66 - Fax 04 75 36 91 59
Magali et Christophe Sepulcri
E-mail : bastidesoleil@wanadoo.fr

Fermeture de mi-novembre au 1er mars ; dimanche soir et lundi (sauf juillet-août) **Chambres** 5 avec tél, s.d.b., w.c., t.v. et minibar ; ascenseur **Prix** des chambres : 86 à 112 € (basse saison), 95 à 130 € (haute saison) - Petit déjeuner : 10 €, servi de 8 h 30 à 10 h - Demi-pension : à partir de 81 € **Cartes de crédit** acceptées **Divers** chiens admis (5 €) **Alentour** Balazuc ; gorges de l'Ardèche ; grotte Chauvet **Restaurant** service de 12 h 15 à 13 h 30, 19 h 30 à 21 h 15 - fermé à midi sauf le week-end - Menus : 30 et 45 € - Carte.

L égèrement en hauteur, Vinezac est un hameau médiéval solidement appareillé avec ce grès brun-rouge qui s'enflamme si bien au soleil couchant. Sur la petite place principale, fleurie de lauriers, géraniums, et autres romarins, l'hôtel occupe l'ancien château XVIIe. Rénovées de frais, calmes et confortables, parquetées de bois clair, les chambres jouissent souvent d'une très belle vue (même si certaines nécessitent quelques acrobaties pour en profiter…). Décoration jeune, colorée, mobilier de style Directoire en merisier spécialement exécuté par un ébéniste d'Aubenas. Le moins que l'on puisse dire est que l'on s'y sent bien. Ajoutez à cela un salon-bar avec son immense cheminée, une ravissante salle à manger aux vastes volumes dominés par un plafond à la française, un splendide escalier de pierre à balustre, et vous comprendrez pourquoi cet hôtel fait partie des adresses à découvrir en Ardèche.

Accès (carte n° 32) : à 13 km au sud d'Aubenas, sur la route d'Alès.

Domaine des Buis

Les Buis 26140 Albon (Drôme)
Tél. et Fax 04 75 03 14 14
Hélène et Didier Kirch
E-mail : info@domaine-des-buis.com - Web : domaine-des-buis.com

Ouverture toute l'année (sur réservation l'hiver) **Chambres** 5 et 3 suites, avec s.d.b., w.c. et t.v. **Prix** des chambres doubles : 79 à 99 € (basse saison), 89 à 119 € (haute saison) - Petit déjeuner : 10 €, servi toute la matinée **Carte de crédit** Visa **Divers** chiens non admis - Piscine - Garage **Alentour** palais du facteur Cheval à Hauterives ; musée de l'Alambic ; caves de côtes-du-rhône ; chemin de fer du Vivarais - Golf d'Albon à 900 mètres **Restaurant** en table d'hôtes pour les résidents : 32 €.

Cette grande maison XVIIIᵉ en galets du pays combine les qualités d'un hôtel et celles d'une maison d'hôtes. Un superbe escalier de bois ciré mène aux chambres, toutes irrésistibles avec leurs murs clairs, les sols en parquet ou en tomettes, les tissus aux couleurs élégantes, le mobilier souvent en pin anglais vieilli et ciré. A cette très belle rénovation s'ajoute des salles de bains impeccables, élégantes et parfois immenses. Hélène et Didier Kirch, dont c'est aussi la maison, sont attentifs au bien-être de leurs hôtes pour lesquels ils n'ont rien négligé. Réédition de modèles anciens, les tissus, dans des tonalités de rose, de gris et de jaune, caractérisent la décoration des pièces de réception, lumineuses et toujours très bien meublées. Le jardin est tout aussi soigné, à l'image de l'environnement, particulièrement verdoyant et harmonieux. Voici une très belle adresse pour un séjour reposant ou pour découvrir une région parfois délaissée au profit de la Drôme du sud. Un petit bémol sur la table d'hôtes qui bafouille et sur les petits déjeuners qui ne sont pas à la hauteur de ce lieu magique. Dommage ! Les propriétaires peuvent vous indiquer quelques bonnes tables situées à proximité.

Accès (carte n° 26) : à 40 km au nord de Valence par A 7, sortie Chanas, direction Valence sur N 7. A 500 m après le golf d'Albon, direction Saint-Martin-des-Rosiers.

La Treille Muscate

26270 Cliousclat (Drôme)
Tél. 04 75 63 13 10 - Fax 04 75 63 10 79 - Mme Delaitre
E-mail : latreillemuscate@wanadoo.fr - Web : latreillemuscate.com

Catégorie ★★★ **Fermeture** du 5 décembre au 12 février **Chambres** 12 avec tél., s.d.b. ou douche, w.c. et t.v. **Prix** des chambres doubles : 60 à 120 € - Petit déjeuner : 9 €, servi de 7 h 30 à 10 h **Carte de crédit** Visa **Divers** chiens admis - Parking fermé **Alentour** Mirmande ; Poët-Laval ; quartier des forts à Nyons - Golf 18 trous de la Valdaine **Restaurant** service de 12 h à 13 h 30, 19 h 45 à 21 h 30 - Fermé mercredi - Menus : 15 à 26 € - Carte - Cuisine de saison : pressé de poisson à la confiture d'oignons, fromage frais aux herbes ; carré d'agneau en croûte d'herbes et caramel d'épices.

Cliousclat est un de ces sympathiques petits villages de la Drôme avec ses ruelles irrégulières au détour desquelles on trouve quelques charmantes boutiques. L'hôtel est exactement tel qu'on le voudrait à cet endroit. Un bel enduit jaune ensoleille les pièces du rez-de-chaussée : la salle à manger au joli nappage provençal, le coin salon-bar et le petit salon-t.v. où l'on s'enfonce dans un confortable canapé vert. Quelques meubles régionaux, de grandes aquarelles, des jarres vernissées, de splendides plats réalisés par un artiste potier complètent le décor. Les petites chambres sont charmantes avec leurs dessus-de-lit en toile de Nîmes molletonnée, et les grandes, totalement irrésistibles avec leur enduit à l'éponge, leurs frises au pochoir reprenant le motif des rideaux, et leur mobilier toujours judicieusement choisi. Quatre disposent d'une terrasse ou d'un balcon. Jolie vue sur le village ou sur un superbe paysage. La cuisine de qualité privilégie les saveurs aromatiques et les produits locaux. Quand il fait beau, on en profite sur quelques tables côté village ou dans un petit jardin bordé de murets et ouvrant sur la campagne. Accueil amical et détendu.

Accès (carte n° 26) : à 16 km au nord de Montélimar par A 7, sortie Loriol, puis 5 km sur N 7, direction Loriol-Montélimar.

Au Clair de la Plume

26230 Grignan (Drôme) - Place du Mail
Tél. 04 75 91 81 30 - Fax 04 75 91 81 31 - Jean-Luc Valadeau
E-mail : plume2@wanadoo.fr - Web : clairplume.com

Catégorie ★ ★ ★ **Ouverture** toute l'année **Chambres** 10 climatisées avec tél., s.d.b., wifi, t.v. satellite et minibar **Prix** des chambres : 90 à 165 € - Petit déjeuner (10 €) servi de 8 h à 10 h 30 **Cartes de crédit** acceptées **Divers** chiens admis (7 €) - Parking privé gratuit à 300 m **Alentour** château de Mme de Sévigné et musée de la typographie, festival de la correspondance (1er week-end de juillet) ; quartier des forts à Nyons ; Poët-Laval ; Dieulefit ; arrière-pays drômois - Golfs 9 trous de Valaurie et 18 trous de Montélimar **Pas de restaurant** à l'hôtel mais salon de thé de 12 h à 19 h.

Située presque au pied de l'imposant château immortalisé par la marquise de Sévigné, cette élégante maison du XVIIIe cache de délicieuses chambres d'amis qui, toutes, donnent sur le jardin d'entrée. Ici, la verdure prend aisément de l'altitude, glycines, rosiers, vignes se partageant les treilles et les gloriettes pour former autant d'espaces ombragés. Le principal est aménagé avec des tables en faïence et sert de cadre aux petits déjeuners et à un salon de thé l'après-midi. A l'intérieur, les pièces ont conservé leurs proportions d'origine. Il y a le salon, la petite salle à manger, la grande cuisine… L'ensemble est décoré avec un goût juste et sobre, quelques meubles XIXe, un délicat assortiment de tissus, des gravures. On retrouve cette même élégante sobriété dans les chambres. Hautes de plafond au premier étage, plus intimes au second, elles sont soignées, confortables, avec toujours de beaux boutis provençaux en guise de couvre-lits, et de plaisantes salles de bains. Beaucoup de qualités donc pour ce petit hôtel récemment créé et qui devrait rapidement connaître un vif succès. Accueil jeune, amical et concerné. Pour dîner, nous vous recommandons *Le Poème*, *L'Eau à la Bouche* et, plus gastronomique, *La Roseraie*.

Accès (carte n° 33) : A 7, sortie Montélimar sud puis N 7 et D 133.

Le Domaine du Colombier

26780 Malataverne (Drôme)
Route de Donzère
Tél. 04 75 90 86 86 - Fax 04 75 90 79 40 - M. et Mme Chochois
E-mail : domainecolombier@voila.fr - Web : domainecolombier.com

Catégorie ★★★ **Fermeture** du 23 octobre au 7 novembre et du 15 février au 2 mars ; lundi de novembre à février **Chambres** 22 et 3 suites, climatisées, avec tél., s.d.b., w.c., t.v. et minibar **Prix** des chambres : 77 à 144 € ; triples et quadruples : 96 à 178 € ; suites : 195 à 210 € - Petit déjeuner : 12 €, servi de 7 h 30 à 10 h 30 - Demi-pension : + 43 € **Cartes de crédit** acceptées **Divers** chiens admis (8 €) - Piscine, boulodrome, vélos - Hélisurface - Parking **Alentour** Poët-Laval ; Nyons ; château et musée de Mme de Sévigné à Grignan ; villages de la Drôme ; gorges de l'Ardèche **Restaurant** service de 12 h à 13 h 15, 19 h 15 à 21 h 15 - Menus : 24 € boissons comprises (le midi sauf dimanche) ; 32 à 58 € - Carte - Spécialités : omelette aux truffes du Tricastin ; carré d'agneau de pays au romarin.

Comme en des temps plus reculés, cette ancienne abbaye du XIVe siècle persiste à accueillir les voyageurs et constitue une étape aussi pratique qu'agréable sur la route du Sud. Bien qu'à quelques minutes de l'autoroute, l'hôtel semble perdu en pleine campagne. Lorsqu'on pénètre dans le hall, on est surpris par le nombre de tissus et de meubles qui s'amoncellent dans cette entrée-boutique. Les chambres sont gaies, colorées et d'un très bon confort ; trois d'entre elles ont, en plus, des petites mezzanines idéales pour les familles. Le magnifique jardin, planté de grands buis taillés et entouré de prairies, est agrémenté d'une belle piscine au bord de laquelle la vie s'écoule, paisiblement. Le soir, il est encore possible de dîner ou de prendre un verre dans le patio, à moins que l'on ne préfère la salle à manger, son nappage fleuri et son mobilier bleu lavande, déjà très provençal. Accueil attentif et souriant.

Accès (carte n° 33) : à 9 km au sud de Montélimar sur N 7 et D 844a (2 km après Malataverne, direction Donzère) ; A 7 sortie Montélimar-sud, vers Malataverne.

La Capitelle

26270 Mirmande (Drôme) - Le Rempart
Tél. 04 75 63 02 72 - Fax 04 75 63 02 50 - MM. Staal et Côte
E-mail : capitelle@wanadoo.fr - Web : lacapitelle.com

Catégorie ★★ **Fermeture** du 1er décembre au 28 février **Chambres** 11 et 1 suite, avec tél., s.d.b., w.c. et t.v. satellite **Prix** des chambres : 79 à 145 € - Petit déjeuner : 12 €, servi de 7h30 à 10h30 - Demi-pension : 82 à 130 € (obligatoire en saison) **Cartes de crédit** Visa, Amex **Divers** chiens admis (8 à 10 €) - Parking (10 €) **Alentour** village de potiers de Cliousclat, gorges de l'Ardèche - Golf 18 trous de la Valdaine **Restaurant** service de 12 h à 14 h, 19 h 30 à 21 h 30 - Fermé mardi et mercredi midi - Menus : 19 à 38 € - Spécialité : suprême de canette frottée au cumin et aux mille fleurs, croustillant sur la peau.

Cette bâtisse en pierres, située au cœur du village médiéval de Mirmande, embrasse une vue exceptionnelle sur la campagne. L'hôtel repris en main l'an dernier, se distingue par ses architectures successives : fenêtres à meneaux pour la Renaissance, murs en pierres pour l'ancienne magnanerie du XIXᵉ, balcons début 1900. Longtemps à l'abandon, Mirmande est sorti de son sommeil dans les années 30, lorsque le peintre cubiste André Lhôte a élu domicile à *La Capitelle*. Aujourd'hui le village accueille de nombreux artistes, et l'hôtel est un authentique relais de charme. Dès le seuil franchi, l'escalier en pierres, les tableaux et les meubles d'époque font penser à une vieille demeure de famille. La salle à manger rustique teintée de provence est chaleureuse, comme sa cuisine goûteuse et généreuse. Le salon est cossu avec ses gracieux fauteuils en cuir très britanniques. Les chambres, restaurées au fur et à mesure, épousent un style plus moderne, souvent épuré : murs blancs, poutres noires et carrelage apparence pierres. Les murs dignes d'une forteresse et le silence de la campagne procurent calme et tranquillité. Accueil direct et très concerné.

Accès (carte n° 33) : A7, sortie n° 17, prendre N 7 direction Reys de Saulce, puis à droite D 204 direction Mirmande. Flèchage.

Une Autre Maison

26110 Nyons (Drôme) - Place de la République
Tél. 04 75 26 43 09 - Fax 04 75 26 93 69
Jean et Annie Ledieu
E-mail: nyons@uneautremaison.com - Web: uneautremaison.com

Fermeture du 1er novembre au 31 janvier **Chambres** 6 et 1 suite climatisées, avec tél., s.d.b., w.c. et t.v. satellite **Prix** des chambres doubles selon saison: 86 à 135 €; suite: 155 € - Petit déjeuner: 10 à 12 €, servi de 8 h 30 à 11 h - Demi-pension: 65 à 120 € **Cartes de crédit** Visa, Amex **Divers** animaux non admis - Piscine, hammam, jacuzzi - Parking (12 €) **Alentour** pays de Grignan; Vaison-la-Romaine; enclave des papes **Restaurant** service de 19 h 30 à 21 h - Menu-carte: 35 à 42 € - Spécialités: risotto aux petits-gris; jarret de veau au romarin.

Le charmant petit jardin teinté d'exotisme avec sa piscine lilliputienne vient buter sur un large escalier de pierre. Quelques marches plus haut, trois tables en fer forgé occupent la terrasse palière, apéritifs, toasts à la tapenade... Voici le lieu idéal pour profiter des derniers rayons du soleil avant de rejoindre la petite salle à manger (l'été quelques tables sont aussi disséminées dans le jardin). Auparavant, vous aurez traversé la cuisine avec ses meubles peints en gris, ses vitrines à épices, ses casseroles rutilantes. On y concocte des plats du marché, simples, goûteux et qui exhalent le Midi. A l'étage, les chambres ont sacrifié à la tendance provençale actuelle qui joue sur les enduits colorés artisanalement étalés. Sobrement aménagées, elles sont apaisantes et disposent toujours de très agréables salles de bains. Toutes ont vue sur le jardin mais celles en soupente sont surtout éclairées par un Velux, leur petite fenêtre étant au ras du sol. Accueil très sympathique, ambiance intime; une bien agréable petite adresse urbaine au rapport qualité-prix avantageux si l'on choisit la demi-pension.

Accès (carte n° 33): A 7 sortie Bollène ou Montélimar-sud puis route de Gap. A Nyons prendre rue du 4-Septembre ou rue Gambetta pour accéder à l'hôtel.

544

Les Hospitaliers

26160 Le Poët-Laval (Drôme) - Vieux village
Tél. 04 75 46 22 32 - Fax 04 75 46 49 99 - M. Morin
E-mail : contact@hotel-les-hospitaliers.com - Web : hotel-les-hospitaliers.com

Catégorie ★★★ Fermeture du 13 novembre au 17 mars **Chambres** 20 et 2 suites avec tél., s.d.b.,
w.c. et t.v. **Prix** des chambres : 65 à 135 € ; suites : 138 à 168 € - Petit déjeuner : 13 €, servi de 7 h 30
à 10 h - Demi-pension : + 33 € **Cartes de crédit** acceptées **Divers** chiens admis (7 €) - Piscine -
Parking **Alentour** Centre d'art Raymond Dupuy ; vieux villages - Golf 18 trous à 15 km **Restaurant**
service de 12 h 15 à 13 h 45, 19 h 30 à 21 h - Fermé le lundi et mardi hors saison (sauf pour les
résidents) - Menus : 25 à 53 € - Spécialités : cassolette de ravioles de Royans aux truffes.

Village médiéval accroché sur les premiers contreforts du Vercors, Le Poët-
Laval domine les plaines et les collines de la Drôme. Intégré au flanc sud
des remparts, l'hôtel occupe plusieurs bâtiments, certains construits avec de
vieux matériaux et en respectant scrupuleusement le style local, mais d'autres
rénovés de façon un peu trop fonctionnelle, (dans la grande et la petite annexe).
Traditionnellement aménagé, l'intérieur met en valeur quelques beaux meubles
anciens et des objets choisis (cuivres, étains, sculptures…). Vous apprécierez le
salon avec ses deux chesterfields bordés par une imposante cheminée de pierre,
la salle à manger de style Louis XIII (cuisine excellente et raffinée) et les
chambres, toutes différentes, aussi bien par la taille que par la décoration, et qui
viennent d'être rénovées. L'été, le centre de l'hôtel se transporte dehors, sur l'exceptionnelle terrasse fleurie bordée de murets et offrant une vue immense sur la
campagne. C'est ici que se prennent les repas alors que, quelques mètres plus
loin, la piscine mosaïquée, également panoramique, vous attend pour vous faire
oublier les fatigues de la route. Accueil très aimable et professionnel.

*Accès (carte n° 33) : A 7 sortie Montélimar, direction Dieulefit par D 540, le
village se trouve 5 km avant Dieulefit.*

Hôtel-Restaurant Michel Chabran

26600 Pont-de-l'Isère (Drôme)
29, avenue du 45ᵉ-parallèle (N 7)
Tél. 04 75 84 60 09 - Fax 04 75 84 59 65 - Michel et Rose-Marie Chabran
E-mail : chabran@michelchabran.fr - Web : michelchabran.fr

Catégorie ★★★ **Ouverture** toute l'année **Chambres** 12 climatisées, avec tél., s.d.b., w.c. et t.v. satellite **Prix** des chambres : 77 à 120 € - Petit déjeuner : 18 €, servi de 7 h 30 à 11 h - Demi-pension : à partir de 227 € (pour 2 pers.) **Cartes de crédit** acceptées **Divers** chiens admis - Parking privé **Alentour** vignobles de côtes-du-rhône ; le Vercors ; la Drôme - 2 Golf 18 trous à 25 km **Restaurant** service de 12 h à 14 h 30, 19 h 30 à 22 h 30 - Menus : 34 € (le midi) ; 48 à 155 € - Carte.

*C*habran, c'est d'abord l'histoire d'une famille, d'un immense verger exploité par Charles et Alphonse à la fin du XIXᵉ siècle, du *Café des Cerises*, petit restaurant routier sur la célèbre nationale 7, d'une tradition culinaire qui s'ancre peu à peu… La consécration viendra avec Michel, dont la réputation de chef n'est plus à faire mais qui n'en conserve pas moins intacte sa passion du métier. Au fil des saisons, avec cette simplicité d'élaboration qui est la marque des grands, il vous régalera des meilleurs produits régionaux (truffes de novembre à mars) dans l'élégance classique d'une salle de restaurant ouverte sur le jardin. A l'étage, les chambres sont petites ou grandes, soignées et toujours coquettes avec leurs tissus Pierre Frey et leur mobilier confortable (certaines conservent un ensemble en rotin laqué haut de gamme des années 80 qui, somme toute, tient bien le coup). La majorité donne sur le jardin et celles sur la nationale (peu fréquentée) sont hermétiquement insonorisées. Alléchant petit déjeuner avec confitures maison (et ça n'est pas peu dire) dans une salle décorée des photos sépia de l'auberge et traversée, dit-on, par le 45ᵉ parrallèle. Accueil familal, agréable et concerné.

Accès (carte n° 26) : A 7 sortie Valence nord. L'hôtel est à 5 km sur la N 7.

L'Orée du Parc

26150 Romans-sur-Isère (Drôme)
6, avenue Gambetta
Tél. 04 75 70 26 12 - Fax 04 75 05 08 23
Jean-Luc Séon
E-mail : hotoree-parc@wanadoo.fr - Web : hotel-oreeparc.com

Catégorie ★★★ **Fermeture** du 17 février au 5 mars **Chambres** 10 climatisées, non-fumeur, avec tél., s.d.b., w.c., t.v. câble, minibar et coffre-fort **Prix** des chambres simples et doubles : 77 à 111 € - Petit déjeuner (10 €), servi de 7 h 30 à 11 h **Carte de crédit** Visa **Divers** chiens admis - Piscine - Parking fermé **Alentour** musée international de la Chaussure ; palais idéal du facteur Cheval ; le Vercors ; la Drôme - 2 golfs 18 trous à 25 km **Pas de restaurant** à l'hôtel.

Au pied du Vercors et traversé par l'Isère, Romans doit plus sa notoriété à l'industrie de la chaussure de luxe qu'à son intérêt touristique. Pourtant cette petite ville du nord de la Drôme ne manque pas d'atout et permet de rayonner très facilement dans la vallée du Rhône, l'Ardèche, le massif du Vercors… Elégante maison de maître début XXᵉ, *L'Orée du Parc* se trouve tout près du centre-ville mais bénéficie d'un très grand jardin avec piscine qui la protège de l'agitation urbaine. Après une rénovation totale, l'hôtel s'est choisi un style contemporain fait de lignes pures, de couleurs franches, acidulées ou chaleureuses, et de petits accessoires design bien dans le goût du moment. Sobres et confortables, les chambres illustrent parfaitement ce parti pris décoratif, y compris dans leurs ravissantes salles de bains. Vous y serez au calme, même côté avenue, grâce à un efficace double vitrage ; mais pour la vue, nous vous recommandons évidemment plutôt celles qui ouvrent sur les grands arbres du jardin. Une agréable adresse d'étape.

Accès (carte n° 26) : l'hôtel est en centre-ville.

Le Hameau de la Valouse

Grange-Basse 26110 Valouse (Drôme)
Tél. 04 75 27 72 05 - Fax 04 75 27 75 61 - M. Eric Gaulard
E-mail : ericgaulard@wanadoo.fr - Web : hameau-de-valouse.com

Catégorie ★★★ **Fermeture** du 31 octobre au 31 mars **Chambres** 11 et 9 appartements, avec tél., s.d.b., w.c. et t.v. satellite **Prix** des chambres : 59 à 75 € ; appartements (2 à 6 pers.) : 63 à 123 € (possibité de location à la semaine) - Petit déjeuner : 8 €, servi de 8 h à 10 h - Demi-pension : 120 € (pour 2 pers.) **Carte de crédit** Visa **Divers** chiens admis (5 €) - Piscine chauffée - Parking **Alentour** quartier des forts à Nyons ; Poët-Laval ; Dieulefit - Golf 9 trous de Valaurie **Restaurant** service de 12 h à 13 h 30, 19 h à 20 h 30 - Fermé lundi soir et mardi hors saison - Menus : 17 à 30 €.

La route serpente au fond d'une petite gorge avant de rejoindre ce charmant hameau de la Drôme environné d'oliviers, de genêts et de champs de lavande. Les différents bâtiments qui le constituent sont accolés à une colline verdoyante en pleine nature. Une importante restauration a conservé et mis en valeur les différentes architectures en pierre de taille qui donnent d'intéressants volumes restructurés pour créer des chambres et quelques appartements loués à la semaine. Les pièces intérieures ne sont pas toujours très lumineuses, mais on aime finalement bien leur décor rétro (meubles chinés, murs blancs ou à pierres apparentes, parfois une cheminée) et la petite promenade dans les ruelles pour rejoindre chaque chambre. Que ce soit dans la vaste salle en soupente ou sur la terrasse, le restaurant s'ouvre sur les soixante hectares que compte la propriété (à noter, en contrebas, une grande piscine des plus agréables), on y goûte une cuisine simple et bonne dans une ambiance familiale. Une accueillante adresse hors des sentiers battus qui peut souffrir d'un certain manque de personnel, inconvénient largement compensé par la sagesse des prix pratiqués.

Accès (carte n° 33) : à 15 km au nord de Nyons. Prendre à Nyons D 94 vers Gap, puis à gauche vers le col de la Valouse.

Domaine des Séquoias

Ruy 38300 Bourgoin-Jallieu (Isère)
54, Vie de Boussieu
Tél. 04 74 93 78 00 - Fax 04 74 28 60 90 - M. Eric Jambon
E-mail : info@domaine-sequoias.com - Web : domaine-sequoias.com

Fermeture du 31 juillet au 31 août et du 23 décembre au 6 janvier **Chambres** 5 avec tél., s.d.b., w.c., t.v. et minibar **Prix** des chambres : 110 à 180 € - Petit déjeuner : 13 €, servi de 7 h à 10 h **Cartes de crédit** acceptées **Divers** chiens admis au restaurant uniquement - Piscine - Parking fermé **Restaurant** service de 12 h à 13 h 30, 19 h à 21 h 30 - Fermé dimanche soir, lundi, mardi midi - Menus : 28 € (à midi en semaine) ; 35 à 74 € - Spécialités : noix de Saint-Jacques aux tomates confites, sauce safranée.

Depuis cent cinquante ans, cette opulente maison, construite pour un industriel de la soie, s'élève au milieu d'un grand parc planté d'essences vénérables (cèdres, ginkgobiloba, séquoias…). Les volumes intérieurs sont étonnants, et l'on ne manquera pas d'admirer la superbe rampe en marbre gris de l'escalier qui mène aux chambres. Spacieuses, hautes de plafond, ces dernières affichent un luxe de bon ton et une décoration belle et classique où dominent le blanc et le bleu. Qu'il s'agisse des chambres ou des immenses suites, toutes sont très confortables. Leur nombre limité et la protection du parc leur assurent un excellent niveau de calme. Au rez-de-chaussée, se trouvent le bar anglais cosy à souhait et deux belles salles de restaurant en enfilade sur le parc. Leur décor mi-classique mi-moderne à dominante de bleu et d'orangé n'a pas autant de caractère que le reste mais qu'importe ! la cuisine d'Eric Jambon est à découvrir comme ce grenadin et ris de veau, pointes d'asperges sauce aux morilles ou ces fraises poêlées au muscat et poivre de Séchouan. Accueil aimable et attentif.

Accès (carte n° 26) : autoroute A 43, au niveau de Bourgoin-Jallieu, sortie "Le Rivet, Ruy-Montceau". Prendre à droite N 6 vers La Tour-du-Pin, au garage Nissan, prendre à droite, route de Boussieu, fléchage.

Domaine de Clairefontaine

38121 Chonas-l'Amballan (Isère)
Tél. 04 74 58 81 52 - Fax 04 74 58 80 93
M. Girardon
E-mail : domainedeclairefontaine@yahoo.fr - Web : domaine-de-clairefontaine.fr

Catégorie ★★ **Fermeture** du 19 décembre au 19 janvier **Chambres** 25 et 2 appartements (dont 18 climatisés), avec tél. s.d.b., w.c., t.v. et minibar ; 2 chambres handicapés **Prix** des chambres : 40 à 110 € - Petit déjeuner : 13 €, servi de 7 h 30 à 9 h (10 h en chambre) **Cartes de crédit** acceptées **Divers** chiens admis - Tennis - Garage et parking **Alentour** Vienne (Musée lapidaire) ; musée et site archéologique de Saint-Romain-en-Gal ; vignobles des Côtes du Rhône **Restaurant** service de 12 h à 13 h 45, 19 h à 21 h - Fermé lundi et mardi hors saison ; lundi et mardi midi en saison - Menus : 40 à 98 € - Carte - Spécialité : nénuphar de homard, mille-feuille de tomates et crémeux d'avocats.

Cette affaire de famille très connue pour sa cuisine, justement "étoilée", servie dans une ravissante salle à manger tout illuminée de jaune, est la promesse de moments magiques (jusqu'aux digestifs car il y a ici une cave époustouflante). A l'étage, les chambres ont un charme très provincial avec leur mobilier rétro, leurs parquets qui craquent et leurs vieux papiers peints. D'autres se trouvent dans un bâtiment plus récent noyé dans la verdure. Totalement confortables, elles sont d'une grande élégance avec leur mobilier de style Directoire, peint et vieilli, leur murs unis teintés de pigments naturels (avec, toujours, une citation littéraire sur le thème de l'eau), leurs beaux tissus coordonnés. S'y ajoutent de superbes salles de bains dignes d'un palais marocain et des loggias pour profiter du soleil. Une remarquable et très accueillante adresse que nous vous recommandons tout comme *Le Marais Saint-Jean*, l'autre hôtel de la famille, situé à proximité.

Accès (carte n° 26) : A 7 sortie Vienne, puis N 7 sur 10 km direction Le Péage-de-Roussillon, puis à droite vers Chonas-l'Amballan ; ou A 7 sortie Chanas, puis N 7, direction Vienne, 18 km, puis à gauche vers Chonas-l'Amballan.

Hôtel du Golf

Les Ritons 38250 Corrençon-en-Vercors (Isère)
Tél. 04 76 95 84 84 - Fax 04 76 95 82 85
M. Sauvajon
E-mail : hotel-du-golf@wanadoo.fr - Web : hotel-du-golf-vercors.fr

Catégorie ★ ★ ★ **Fermeture** du 21 mars au 1er mai et du 2 novembre au 18 décembre **Chambres** 8 et 4 duplex, avec tél., s.d.b., w.c., t.v. satellite et minibar **Prix** des chambres doubles : 98 à 145 € ; duplex (4 pers.) : 128 à 175 € - Petit déjeuner : 11 €, servi de 7 h 30 à 11 h - Demi-pension : 84 à 105 € **Cartes de crédit** acceptées **Divers** chiens admis - Piscine chauffée - Parking **Alentour** réserve naturelle des hauts plateaux du Vercors ; route des gorges de la Bourne ; grottes de Choranche - Ski à Corrençon et à Villard-de-Lans (5 km) - Golf 18 trous de Corrençon **Restaurant** service de 12 h 30 à 13 h 30, 19 h 30 à 21 h - Fermé le midi en semaine - Menus-carte : 30 à 40 €.

Inutile d'insister, la route ne va pas plus loin. Après l'hôtel, le parc naturel du Vercors s'étend à perte de vue, immense plateau aux formes douces, paradis des skieurs en hiver et des marcheurs le reste du temps. On y pratique aussi le golf, le parapente, le VTT... le tout à proximité immédiate de cet établissement familial où trois générations partagent le sens de l'accueil et des choses bien faites. Les chambres, certaines avec mezzanine, sont confortables et bien tenues, (la 2 est un peu petite). Récemment redécorées avec goût et simplicité, elles sont tout à fait agréables et viennent de s'agrandir de huit magnifiques chambres installées dans une extension bien intégrée. Au rez-de-chaussée un salon-bar agrémenté de confortables fauteuils en cuir beige permet de se détendre et de prendre un verre avant le dîner. La cuisine est alléchante, notamment en ce qui concerne les poissons, l'ancienne place du chef à *La Marée* (à Paris) n'y est, évidemment, pas pour rien. Copieux brunchs et bon rapport qualité-prix de la demi-pension.

Accès (carte n° 26) : à 40 km au sud-ouest de Grenoble, sortie Villard-de-Lans.

Hôtel Chalet Mounier

38860 Les Deux-Alpes (Isère) - 2, rue de la Chapelle
Tél. 04 76 80 56 90 - Fax 04 76 79 56 51 - M. et Mme Mounier
E-mail : doc@chalet-mounier.com - Web : chalet-mounier.com

Catégorie ★★★ **Fermeture** du 24 avril au 18 juin, du 28 août au 22 octobre et du 31 octobre au 17 décembre **Chambres** 47 avec tél., s.d.b., t.v., coffre-fort, 46 avec w.c. **Prix** des chambres doubles : 99 à 195 € - Petit déjeuner compris, servi de 7 h à 10 h 30 - Demi-pension : 78 à 132 € **Carte de crédit** Visa **Divers** chiens non admis - Piscine intérieure à remous et piscine extérieure chauffées, spa, aquagym, aquafitness (25 à 79 €), jacuzzi, sauna, hammam, health center, massage (79 €/heure), tennis (half court en été) **Alentour** village de Venosc ; vallée de la Bérarde, parc des Ecrins, massif de la Meije - Ski, à 100 m des pistes - Golf 9 trous à 300 m **Restaurant** service de 19 h 30 à 22 h - Fermé le midi (sauf dimanche et jours fériés) - Menus : 28 à 58 € - Carte.

Depuis 1933, cet hôtel n'a cessé de s'agrandir, de se moderniser, d'améliorer ses équipements de loisir et de porter sa gastronomie à des sommets récemment étoilés. Certes, ne lui demandez pas de vous aider à retrouver l'ambiance des chalets d'antan (l'architecture de la station ne prétend pas à autre chose qu'à la fonctionnalité…) et laissez-vous simplement gagner par la gaieté du lieu. Adepte des couleurs vives et des motifs mélangés, Mme Mounier a trouvé ici un vaste champ d'expression. Résultat très convivial, aussi bien du côté des chambres, toutes avec balcon et vue imprenable sur le cirque de montagnes, qu'en ce qui concerne les salons et le bar. Pour les repas, une grande salle (qui s'ouvre par des baies vitrées sur le jardin, la piscine et le front de neige en hiver) est réservée aux demi-pensionnaires. Une autre, petite et très coquette, accueille le restaurant gastronomique.

Accès (carte n° 27) : au sud-est de Grenoble (déviation de Grenoble par Pont-de-Claix) par N 85 jusqu'à Vizille, puis N 91 jusqu'au barrage du Chambon par Bourg-d'Oisans, puis D 213 jusqu'aux Deux-Alpes.

Château de la Commanderie

38320 Eybens (Isère)
17, avenue d'Echirolles
Tél. 04 76 25 34 58 - Fax 04 76 24 07 31
M. de Beaumont
E-mail : resa@commanderie.fr - Web : commanderie.fr

Catégorie ★★★ **Fermeture** du 25 décembre au 2 janvier et du 1er au 15 août **Chambres** 25 avec tél., s.d.b. ou douche, w.c., t.v. satellite, wifi et minibar **Prix** des chambres doubles : 98 à 164 € - Petit déjeuner-buffet : 12 €, servi de 7 h à 10 h **Cartes de crédit** acceptées **Divers** chiens admis sur demande - Piscine clôturée - Parking clos la nuit **Alentour** Grenoble (nombreux musées) ; massifs du Vercors - Golf 18 trous de Bresson-Eybens **Restaurant** service de 12 h à 13 h 15, 20 h à 21 h 15 - Fermé samedi midi, dimanche et lundi - Menus : 25 € (le midi) ; 36 à 64 € - Carte.

A cinq kilomètres du centre de Grenoble et à une demi-heure des premières pistes de ski, cette ancienne hospitalerie des chevaliers de Malte bénéficie d'un parc, clos de murs, planté d'arbres séculaires qui lui assure un bon niveau de calme. Dans les chambres, le confort moderne ne nuit pas au charme du lieu restitué, ici ou là, par un meuble ancien, une série d'aquarelles ou de gravures, et égayé par de jolis tissus. Chaque matin, le buffet du petit déjeuner est dressé dans un splendide salon aux boiseries XVIIIe décoré de meubles anciens, cheminée de marbre et portraits de famille. Juste à côté, en enfilade, se trouve l'immense salle à manger aux volumes rythmés par cinq hautes portes-fenêtres encadrant une paire de sculptures en bois doré et deux rares tapisseries d'Aubusson (XVIII e). C'est ici, ou dehors sous la pergola d'un jardin verdoyant, que l'on se régale de la cuisine limpide et subtile de Ruy Rouxinol. Bon rapport qualité-prix, accueil familial.

Accès (carte n° 26) : à 4 km à l'est de Grenoble par la rocade sud, sortie Eybens (route Napoléon) ; au centre du village.

2006

Auberge Les Forges de la Massotte

38480 Romagnieu (Isère)
Les Forges de la Massotte
Tél. 04 76 31 53 00 - Fax 04 76 31 53 02 - M. Gesset
E-mail : lesforgesdelamassotte@wanadoo.fr - Web : lesforgesdelamassotte.com

Fermeture dernière semaine d'août **Chambres** 5, avec s.d.b., w.c. et t.v. satellite **Prix** des chambres simples et doubles : 54 à 68 € (Lit suppl. + 17 €) - Petit déjeuner : 9 €, servi de 7 h à 9 h 30 - Demi-pension : 60 à 75 € (obligatoire en saison) **Carte de crédit** Visa **Divers** chiens non admis - Parking **Alentour** maison d'Izieux ; Musée gallo-romain d'Aoste ; château d'Avressieux ; lac de Paladru - Golf 18 trous d'Aix-les-Bains **Restaurant** service de 19 h à 20 h 30 - Fermé mercredi et dimanche (sauf pour les résidents) - Menu : 27 €.

En pleine campagne, cette petite auberge dauphinoise occupe les locaux d'un ancien moulin à forge. Le mécanisme et le bief ont disparu mais le cours d'eau qui l'alimentait continue de couler au creux d'un vallon en contrebas. D'une capacité volontairement réduite, cet hôtel s'affirme comme un lieu simple et familial, gourmand aussi pour ceux qui aiment la cuisine de terroir (ce qui n'exclut pas une certaine créativité). A l'étage, les cinq chambres à votre disposition ont en commun un sobre mobilier régional ancien, d'épaisses moquettes, une confortable literie habillée d'un élégant tissu bien au goût du jour et enfin une impeccable salle de bains. Belle réussite, surtout compte tenu de la douceur des tarifs pratiqués. Agréable petit salon lui aussi bien décoré et meublé d'ancien et grande salle à manger dont l'éclairage pourrait être plus chaleureux. Dehors, le jardin se prolonge par les herbages dévolus à l'âne et aux chevaux du domaine, on profite de ce spectacle bucolique depuis la terrasse en auvent où sont servis les repas aux beaux jours. Une accueillante adresse de charme.

Accès (carte n° 26) : A43 sortie n° 10 Les Abrets. Direction Pont-de-Beauvoisin (D 82) puis Grand-Fontaine (sur la droite). 1 km sur la gauche à l'intersection.

Hôtel Le Christiania

38250 Villard-de-Lans (Isère)
Tél. 04 76 95 12 51 - Fax 04 76 95 00 75
Claudia et André Buisson
E-mail : info@hotel-le-christiania.fr - Web : hotel-le-christiania.fr

Catégorie ★★★ **Fermeture** du 20 avril au 20 mai et de mi-septembre à mi-décembre **Chambres** 23, avec tél., s.d.b., w.c. et t.v. ; ascenseur **Prix** des chambres : 75 à 170 € - Petit déjeuner-buffet : 10 €, servi de 7 h 30 à 10 h - Demi-pension : 70 à 132 € **Cartes de crédit** acceptées **Divers** chiens admis en chambre uniquement (6,50 €) - 2 piscines (1 couverte avec fitness) **Alentour** gorges de la Bourne ; grottes de Choranche - Ski alpin et de fond - Golf 18 trous de Corrençon **Restaurant** service de 12 h 15 à 13 h 30, 19 h 15 à 20 h 30 - Menus-carte : 25 à 55 € - Spécialités : terrine de foie gras au vin de noix ; carré d'agneau ; chariot des desserts du chef.

Face aux premières pentes de Villard-de-Lans et à quelques installations sportives, ce gros chalet se trouve à la limite du village. Aménagé comme une maison privée par une famille aussi accueillante que motivée, il réussit parfaitement à mettre au goût du jour le meilleur de la tradition. Ce sont des tableaux, des objets et des meubles de famille sentant bon la cire qui ornent le petit salon à gauche et la salle à manger. De même, dans les confortables chambres, la plupart orientées vers le sud et la montagne, mobilier et tissus ont toujours été choisis avec soin (sauf pour quelques chambres au mobilier encore un peu suranné). André Buisson, qui a fait ses classes chez Georges Blanc à Vonnas, dirige l'établissement et officie en cuisine, entretenant l'excellente réputation d'une gastronomie délicate et savoureuse servie dehors dès les beaux jours. Signalons également le très convivial salon-bar où, en hiver, un feu est allumé chaque fin d'après midi et, juste à côté, la piscine couverte, chauffée et baignée de lumière naturelle.

Accès (carte n° 26) : à 35 km au sud-ouest de Grenoble.

Les Iris

42160 Andrézieux-Bouthéon (Loire)
32, avenue Jean-Martouret
Tél. 04 77 36 09 09 - Fax 04 77 36 09 00
M. Lionel Githenay

Catégorie ★★★ **Fermeture** 3 premières semaines de janvier **Chambres** 10 avec tél., s.d.b., w.c., minibar, t.v. Canal + et satellite **Prix** des chambres : 69 à 80 € - Petit déjeuner : 8 €, servi de 7 h à 10 h - Demi-pension : 79 € **Carte de crédit** Visa **Divers** chiens admis - Piscine - Parking **Alentour** musée d'Art moderne ; Saint-Victor-sur-Loire - Golf 18 trous de Saint-Etienne **Restaurant** service de 12 h à 13 h 30, 19 h 15 à 21 h 15 - Fermé samedi midi, dimanche soir et lundi - Menus : 23 à 62 € - Carte - Spécialité : demi-homard et son bouillon mousseux aux senteurs truffées, pot-au-feu de légumes.

C'est sur le terreau peu romantique de l'entrée de l'agglomération stéphanoise que *Les Iris* parviennent à pousser. A l'abri d'un grand jardin ombragé de cèdres, l'hôtel est très apprécié par une clientèle d'affaires attirée par la qualité de sa cuisine et par son petit côté "maison". Le restaurant ne manque pas d'élégance avec ses tables espacées, entourées de chaises Directoire, ses murs jaunes et ses vastes fenêtres sur la terrasse (où l'on sert en été). Les chambres sont plus décevantes : petites, elles sont tapissées de paille japonaise verte ou rose orangé et meublées de rotin laqué assorti. Elles occupent en revanche une aile indépendante ouverte sur la verdure et la piscine. L'une d'entre elles, équipée d'un lit à baldaquins, est plus romantique et vient d'être rénovée. Une accueillante adresse qui mérite le détour, ne serait-ce que pour goûter aux prouesses de Lionel Githenay qui signe une cuisine aérienne et subtile avec des alliances parfois très audacieuses mais toujours convaincantes. Une étape utile dans cette région où les hôtels de charme sont plus que rares.

Accès (carte n° 25) : A 72-E 70, sortie 8B vers Andrézieux centre. Au bourg, prendre direction "La gare" puis Saint-Just-bord-de-Loire.

Hôtel Troisgros

42300 Roanne (Loire) - Place Jean Troisgros
Tél. 04 77 71 66 97 - Fax 04 77 70 39 77
Marie-Pierre et Michel Troisgros
E-mail : info@troisgros.com - Web : troisgros.com

Catégorie ★★★★ **Fermeture** vacances de février et les 2 premières semaines d'août ; mardi et mercredi **Chambres** 18 climatisées avec tél., s.d.b., t.v. et minibar ; ascenseur **Prix** des chambres : 170 à 320 € ; suites : 380 à 480 € - Petit déjeuner : 25 € **Cartes de crédit** acceptées **Divers** chiens admis (avec suppl.) - Parking **Alentour** musée Déchelette ; vignoble de la côte roannaise ; églises romanes du brionnais ; les gorges de la Loire ; la plaine du Forez **Restaurant** *Michel Troisgros*, service de 12 h à 13 h 30, 20 h à 21 h 30 - Menus : 145 à 180 € - Carte.

Gourmandise oblige, la légendaire table de *Troisgros* suffirait déjà largement pour susciter le voyage… Une salle à manger chaleureuse, un service enjoué et une farandole de petites merveilles goûteuses et pétulantes qui se succèdent dans votre assiette. Mais c'est peut-être dans les chambres qu'opère la vraie surprise Meubles en wengé, beaux textiles : ici, grèges et là tons plus clairs, s'harmonisent à merveille dans des duplex raffinés dont les salles de bains-boudoir, parfois situés à l'étage, réinventent chaque fois une disposition nouvelle. Cette subtile palette habille également d'autres ravissantes chambres, moins spectaculaires mais aussi moins chères. Partout, les murs arborent une splendide collection d'oeuvres contemporaines, parfois d'artistes régionaux, qui dénote un vrai regard. Au *Central*, le restaurant qui diffuse la "petite ligne" Troisgros (délicieuse "cuisine de terroir"), l'ambiance "bistro" elle-même a été soigné par un décorateur. Une alternative de charme pour apprécier la gastronomie ainsi que l'accueil chaleureux de cette maison qui, malgré trente-six ans dans les étoiles, n'a toujours pas "la grosse tête"…

Accès (carte n° 25) : dans le centre-ville

Hôtellerie Beau Rivage

69420 Condrieu (Rhône)
2, rue du Beau-Rivage
Tél. 04 74 56 82 82 - Fax 04 74 59 59 36 - Mme Humann
E-mail : infos@hotel-beaurivage.com - Web : hotel-beaurivage.com

Catégorie ★ ★ ★ ★ **Ouverture** toute l'année **Chambres** 16 et 12 suites (25 climatisées), avec tél., s.d.b., douche, w.c., t.v. satellite et minibar **Prix** des chambres : 90 à 220 € - Petit déjeuner : 15 €, servi de 7 h 30 à 10 h **Cartes de crédit** acceptées **Divers** chiens admis (10 €) - Parking, garage (11 €) **Alentour** vignobles ; musée archéologique de Saint-Romain-en-Gal ; vestiges romains de Vienne **Restaurant** service de 12 h à 13 h 30, 19 h 30 à 21 h - Menus : 54 à 80 € - Carte.

Condrieu est un petit bourg tout en longueur, coincé entre les hauts vignobles des Côtes Rôties et les berges du Rhône. Vous trouverez l'hôtel juste au bord du fleuve et profiterez presque partout de ce voisinage nonchalant, à peine troublé par quelques cygnes ou par le passage d'une barque échappée du petit club nautique mitoyen. C'est depuis la salle à manger en demi-cercle et son prolongement en terrasse que l'on profite le mieux de cette superbe vue tout en se régalant d'une cuisine fine et savoureuse des plus convaincantes. Les chambres sont réparties entre la maison principale, qui vient d'être reconstruite entièrement à l'identique (le ciment a remplacé les murs en pisé et l'insonorisation est parfaite, mais son apparence est exactement la même), et une construction voisine, d'allure plus moderne. Elles sont toujours confortables, tendues de tissus souvent très élégants, et agrémentées d'un mobilier de style. Après ces importantes transformations, le *Beau Rivage* gagne encore en confort et en élégance, sans toutefois se départir du caractère classique et cossu qui en a fait le succès. Accueil aimable et service très professionnel.

Accès (carte n° 26) : A 7 sortie Condrieu (en venant du nord) ou Chanas (en venant du sud), puis direction Serrières, Annonay et N 86 jusqu'à Condrieu.

Hôtel des Artistes

69002 Lyon (Rhône)
8, rue Gaspard-André
Tél. 04 78 42 04 88 - Fax 04 78 42 93 76
Mme Durand
E-mail: hartiste@club-internet.fr - Web: hoteldesartistes.fr

Catégorie ★★★ **Ouverture** toute l'année **Chambres** 45 avec tél., s.d.b. ou douche, w.c., t.v. et minibar **Prix** des chambres simples et doubles: 75 à 115 € - Petit déjeuner: 9 €, servi de 7 h à 11 h **Cartes de crédit** acceptées **Divers** chiens non admis - Parking: place des Célestins **Alentour** hôtel de ville, musée des Beaux-Arts à Lyon; Yzeron; Mont-d'Or lyonnais; Trévoux; Pérouges - Golf 18 trous de Lyon-Verger, golf 9 trous de Lyon-Chassieux **Pas de restaurant** à l'hôtel.

L'*Hôtel des Artistes* se trouve dans cet agréable vieux quartier de Lyon situé entre les quais du Rhône et de la Saône, proche de la place Bellecour et du théâtre des Célestins. Bien insonorisées, confortables et pourvues d'agréables petites salles de bains, les chambres ont toutes un mobilier moderne assez standard à l'exception de celles des 4e et 5e étages, dotées de beaux tissus dans des tonalités écrues, cacao ou paille et d'un mobilier plus chic. Nos préférées donnent sur la façade du théâtre et sur la place (évitez celles qui "ouvrent" sur une minuscule cour). Les petits déjeuners, servis dans une agréable pièce animée d'une fresque "à la Cocteau", sont soignés. L'ambiance est fort sympathique. En ce qui concerne les restaurants, Lyon compte de nombreuses adresses qui méritent un pèlerinage. Il y en a aussi qui "montent" irrésistiblement, comme *Mathieu Vianney* (47, avenue Foch) ou l'excellent *Gourmet de Sèze* (129, rue de Sèze), sans oublier les incontournables bouchons qui ont fait la réputation de Lyon.

Accès (carte n° 26): dans le centre-ville, place des Célestins.

Collège Hôtel

69005 Lyon (Rhône)
5, place Saint-Paul
Tél. 04 72 10 05 05 - Fax 04 78 27 98 84 - M. Phelip
E-mail: contact@college-hotel.com - Web: college-hotel.com

Catégorie ★★★ **Ouverture** toute l'année **Chambres** 39, climatisées, avec tél., s.d.b. et t.v. câble; ascenseur; 2 chambres handicapés **Prix** des chambres simples et doubles: 105 à 135 € - Petit déjeuner: 11 €, servi de 7 h 30 à 11 h 30 **Cartes de crédit** Amex, Visa **Divers** chiens admis **Alentour** colline de fourvière (basilique, vestiges romains); presqu'île (musées des Beaux-Arts et musées des Tissus) - balades à vélo avec *Vélocity* **Pas de restaurant** à l'hôtel.

Il est rare qu'un établissement pousse aussi loin le respect d'un thème: en l'occurrence celui de l'école. Dans ce bel édifice Art déco en forme de proue de navire amarré dans l'agréable quartier Saint-Paul, au cœur du Lyon ancien, le *Collège Hotel* a su aller au bout de ses idées. Tout ici, rappelle l'école communale, et notamment vos chambres, qu'elles soient de premier, de deuxième ou de troisième… cycle. Blanches comme la craie, du plancher au plafond et de la couette aux rideaux, elles sont dotées de casiers de métal en guise d'armoires, de lampes de bureau pour éclairer votre chevet et de salles de bains impeccables, en faïence opalescente. Certaines disposent d'un petit balcon, face à la colline de Fourvière, toutes sont équipées de téléviseurs à écran plat et de literie de grande qualité. Au rez-de-chaussée, une pièce née des amours d'un réfectoire et d'une salle de classe accueille de plantureux petit déjeuners. Les grandes armoires aux portes vitrées chargées de gourmandises y côtoient longues tables de cantines, banquettes et petites dessertes façon bureaux d'écoliers, pour poser son café. Enfin, le soir, à l'heure de prendre un verre dans le bureau-bar du professeur, un étonnant jeu de lumières de couleurs vient égayer la façade de cette étonnant hôtel…

Accès (carte n° 26): dans le vieux Lyon.

Globe & Cécil Hôtel

69002 Lyon (Rhône)
21, rue Gasparin
Tél. 04 78 42 58 95 - Fax 04 72 41 99 06
Nicole Renart
E-mail: accueil@globeetcecilhotel.com - Web: globeetcecilhotel.com

Catégorie ★★★ **Ouverture** toute l'année **Chambres** 60 avec tél., s.d.b. ou douche, w.c. et t.v. satellite; ascenseur **Prix** des chambres simples et doubles: 118 à 145 € - Petit déjeuner offert, servi de 6 h à 10 h **Cartes de crédit** acceptées **Divers** chiens admis (10 €) - Parking à proximité **Alentour** quartier historique, musées des Beaux-Arts et des Tissus - Golf 18 trous de La Tour de Salvagny à 30 minutes **Pas de restaurant** à l'hôtel.

Remarquablement situé à deux pas de la place Bellecour et du vieux Lyon, cet hôtel réussit la prouesse de concilier une importante capacité d'hébergement et une ambiance totalement personnalisée. Ici, pas une chambre identique à sa voisine, les tissus de belle facture, les meubles de style (et parfois même authentiquement anciens), les lampes, les tableaux forment toujours un ensemble confortable, élégant, parfois enrichi d'une cheminée ou d'un plafond mouluré (celles se terminant par un 1 ou un 4 sont nos favorites mais toutes restent très recommandables). Servi au "saut du lit" ou dans une agréable salle à manger, le petit déjeuner est inclus dans le prix de la chambre. A côté, le vaste hall d'entrée est le royaume de Sandrine. Son sourire et sa disponibilité ajoutent un atout supplémentaire et non négligeable à ce bel hôtel. Pour dîner, les bons restaurants à proximité ne manquent pas, qu'il s'agisse du traditionnel bouchon lyonnais ou de la grande table gastronomique.

Accès (carte n° 26): dans le centre de Lyon, à proximité de la place Bellecour.

Hôtel Restaurant Million

73200 Albertville (Savoie)
8, place de la Liberté
Tél. 04 79 32 25 15 - Fax 04 79 32 25 36
M. José de Anacleto
E-mail : hotel.million@wanadoo.fr - Web : hotelmillion.com

Catégorie ★★★ **Ouverture** toute l'année **Chambres** 26 (12 climatisées) avec tél., s.d.b., w.c. et t.v. câble **Prix** des chambres : 70 à 130 € (basse saison), 110 à 206 € (haute saison) - Petit déjeuner : 11 €, servi de 7 h à 10 h **Cartes de crédit** acceptées **Divers** chiens admis (11 €) - Parking gardé (11 €) **Alentour** cité médiévale de Conflans ; Maison des jeux olympiques **Restaurant** service de 12 h à 13 h 30, 19 h 30 à 21 h 30 - Fermé du 1er au 15 mai et du 30 octobre au 13 novembre - Menus : 26 à 70 € - Carte - Spécialité : carré d'agneau rôti, fenouils et tomates confites, petite tartine de ricotta à l'ail nouveau.

L e relais de poste existait déjà sous Louis XV et les Million figurent parmi les plus anciennes familles d'hôteliers en France. Des générations d'hôtes de marque, deux étoiles Michelin entre 1982 et 1996, un style Million qui traverse les décennies… Ce n'est pas un hôtel, c'est une institution ! Le nouveau maître des lieux est presque de la famille, car José de Anacleto est entré ici comme apprenti avant de gravir les échelons et de lancer plusieurs restaurants aux USA puis de revenir pour répondre "présent" à l'offre que lui faisait son ancien patron. Une belle histoire pour ce bien bel hôtel urbain face à une esplanade et bordé par un agréable jardin. Nos chambres préférées sont les 3, 4, 14, 15 (très vaste), 17, 18 et 22. Très joliment rénovées, souvent parquetées et meublées d'ancien, elles sont particulièrement attrayantes. D'autres encore sont meublées de façon standard mais restent gaies et plaisantes. Excellente cuisine servie un peu cérémonieusement, belle suite de salons cosy et colorés, petits déjeuners raffinés. Une réussite !

Accès (carte n° 27) : A 43 sortie Albertville, fléchage dans le centre-ville sur le quai.

Atmosphères

2006

73370 Le-Bourget-du-Lac (Savoie)
618, route des Tournelles
Tél. 04 79 25 01 29 - Fax 04 79 25 26 19 - M. Perrillat Mercerot
E-mail : info@atmospheres-hotel.com - Web : atmospheres-hotel.com

Catégorie ★★★★ **Fermeture** fin février et vacances de Toussaint **Chambres** 4 avec s.d.b., w.c., t.v. et coffre-fort **Prix** des chambres : 85 à 100 € (Lit supp. + 15 €) - Petit déjeuner : 12 €, servi de 8 h à 9 h 30 **Cartes de crédit** Visa, Amex **Divers** chiens admis (2 €) - Parking **Alentour** abbaye de Hautecombe ; lac du Bourget - Sports nautiques - Golf d'Aix-les-Bains (18 trous) **Restaurant** service de 12 h 15 à 13 h 15, 19 h 45 à 21 h 15 - Fermé mardi et mercredi (ouvert le mercredi soir en été) - Menus : 33 à 56 €.

Accroché à la colline, ce gros chalet des années 70 offre sa façade triangulaire au soleil du midi et surplombe une pente verdoyante qui s'achève sur le lac du Bourget avec, en face, le massif des Bauges et le mont Revard. Un merveilleux panorama, mais les qualités de ce petit hôtel de charme ne s'arrêtent pas là, loin s'en faut ! Car vous êtes ici chez l'un des jeunes cuisiniers les plus prometteurs de la région, et ses créations, d'une remarquable subtilité, sont à découvrir absolument, d'autant que les tarifs pratiqués restent étonnamment raisonnables et que la vue est, répétons le, magnifique. Même réussite pour les quatre chambres nouvellement créées dans un esprit résolument contemporain : murs lisses en stuco sable, moquette chinée, mobilier design en bois sombre, couettes blanches, rideaux ourlés de velours brun. Souvent de belle taille, elles sont d'un confort maximum et cachent derrière la courbure d'un pan de pavés de verre d'irrésistibles salles de bains. Trois d'entre elles ont une vue directe sur le lac, la quatrième bénéficiant d'un grand balcon latéral et d'une agréable orientation au soleil couchant. Une très belle adresse de charme à l'ambiance jeune et intimiste qu'il vous faut découvrir sans tarder !

Accès (carte n° 27) : N 504 direction Belley. A l'aire de repos de Charpignat, tourner à gauche, route des Tournelles sur 800 m.

Château de Candie

73000 Chambéry-le-Vieux (Savoie) - Rue du Bois-de-Candie
Tél. 04 79 96 63 00 - Fax 04 79 96 63 10 - M. Lhostis
E-mail : candie@icor.fr - Web : chateaudecandie.com

Catégorie ★ ★ ★ ★ **Ouverture** toute l'année **Chambres** 15, 2 suites et 3 duplex avec tél., s.d.b., w.c., t.v. satellite, minibar et coffre-fort ; 1 chambre handicapés ; ascenseur **Prix** des chambres et suites : 110 à 220 € ; duplex (3 à 6 pers.) : 85 € par pers. (enfant moins de 12 ans : 45 €) - Petit déjeuner : 15 € **Cartes de crédit** Amex, Visa **Divers** chiens admis (15 €) - Piscine - Parking **Alentour** château de Miolans ; maison de Jean-Jacques-Rousseau ; massifs des bauges et de la Chartreuse ; lac du Bourget **Restaurant** service de 12 h 15 à 13 h 30, 19 h 30 à 21 h 30 - Fermé samedi midi, dimanche soir et lundi, de septembre à juin ; le midi (sauf dimanche) en juillet-août - Menus : 25 à 90 €.

Édifiée voici plus de quatre siècles pour surveiller la vallée, la maison forte de *Candie*, typiquement savoyarde, domine fièrement Chambéry. Il y a dix ans, elle eut la chance d'émouvoir un esthète collectionneur qui s'est entièrement consacré à elle, pour l'embellir et faire partager sa passion à ceux qui ont l'excellente idée de s'arrêter ici. Que ce soit dans les chambres, les salons et même les couloirs, le résultat est magnifique car, sans jamais rechercher l'effet "décoratif", il allie les plus grandes exigences du confort à la noblesse des très beaux meubles anciens, des tableaux, objets, lustres, étoffes, etc. Toutes les chambres sont donc des plus plaisantes, bien exposées (cinq d'entre elles n'excèdent pas 110 euros. Les repas sont servis dans une partie récemment construite, habillée extérieurement de trompe-l'œil dans le goût régional et intérieurement de boiseries anciennes, peintes en blanc ou cirées. Cuisinés par Boris (ex-second de cuisine chez Troisgros) et Cédric Campanella, ils mettent en scène avec esthétisme et talent la richesse des produits régionaux. Accueil particulièrement agréable, à l'image de ce lieu exceptionnel.

Accès (carte n° 27) : à 5 km de Chambéry.

La Tour de Pacoret

73460 Grésy-sur-Isère (Savoie)
Montailleur
Tél. 04 79 37 91 59 - Fax 04 79 37 93 84
M. Chardonnet
E-mail: info@hotel-pacoret-savoie.com - Web: hotel-pacoret-savoie.com

Catégorie ★★★ **Fermeture** du 3e dimanche d'octobre au 1er week-end de mai **Chambres** 10 avec tél., s.d.b. ou douche, w.c. et t.v. **Prix** des chambres: 65 à 110 € - Petit déjeuner: 11 €, servi de 8 h à 10 h - Demi-pension: 65 à 85 € **Carte de crédit** Visa **Divers** petits chiens admis (8 €) - Piscine - Parking **Alentour** Conflans; fort du Mont; château de Miolans - Golf 27 trous de Giez-Faverges **Restaurant** service de 12 h à 13 h 30, 19 h 30 à 21 h - Menus: 19 à 50 € - Carte.

En pleine campagne, au sommet d'une colline et au pied des Alpes, cette belle et pure tour de guet du XIVe siècle a été transformée en un charmant petit hôtel de campagne. Un étroit escalier à vis en pierre noire conduit aux chambres. Toutes différentes, elles ont été rénovées récemment et meublées simplement, avec un goût certain. La vue est superbe, le calme total. Au salon du rez-de-chaussée s'ajoute désormais une très vaste salle à manger moderne ouverte sur une grande terrasse où l'on sert en été. C'est ici désormais que l'on déguste une cuisine subtile et généreuse face au massif de Belledonne en surplomb de l'Isère. Une excellente table, une magnifique vue, un site paisible et verdoyant, d'agréables chambres: voici une adresse idéale pour venir en séjour.

Accès (carte n° 27): à 19 km au sud-ouest d'Albertville par N 90, direction Montmélian jusqu'à Grésy-sur-Isère, puis D 222 et D 201, direction Montailleur.

La Ferme du Chozal

73620 Hauteluce (Savoie)
Tél. 04 79 38 18 18 - Fax 04 79 38 87 20 - Anne-Christine Boulanger
E-mail: informations@lafermeduchozal.com - Web: lafermeduchozal.com

Catégorie ★★★ Fermeture de fin avril à fin mai et de fin octobre à début décembre **Chambres** 11 et 1 suite climatisées, avec tél., s.d.b. ou douche, w.c., t.v. satellite et coffre-fort; ascenseur; 1 chambre handicapés **Prix** des chambres: 78 à 195 €; suite (4 pers.): 150 à 280 € - Petit déjeuner: 11 €, servi de 8 h à 10 h - Demi-pension: 36 à 40 € **Cartes de crédit** acceptées **Divers** chiens admis (10 €) - Sauna - Parking gratuit - **Alentour** col du Joly; barrage de Roselend; fromagerie de Beaufort - GR; parapente - Golf 18 trous à Mégève **Restaurant** service de 12 h à 13 h 30, 19 h 30 à 21 h - Fermé lundi, (dimanche soir, mardi et mercredi midi en été) - Menus: 25 à 45 € - Carte - Spécialité: cochon fermier poché au lait en infusion d'herbes.

Ancienne ferme restaurée et agrandie par un chalet du même style, voici notre plus belle découverte montagnarde de l'an dernier. Chaque chambre joue sur la blancheur des couettes ou de certains pans de mur et les tonalités miel des bois naturel (jolis meubles parfois anciens, parois en planches de mélèze, parquets) et affiche une subtile harmonie sur laquelle tranchent de belles cotonnades en piqué et des tableaux bien choisis. Même souci du détail dans les salles de bains dotées de vasques et robinetteries contemporaines signées Philippe Stark. Il y a aussi l'élégant salon, confortablement tourné vers la cheminée, la lumineuse salle à manger aux volumes cathédrale et sa terrasse exterieure en bois donnant plein sud sur un splendide paysage (et bordée par une petite piste de ski). Cuisine de montagne allégée, bien au goût du jour, servie avec le sourire, ce qui ne nous étonnera pas compte tenu des qualités d'accueil de cet hôtel à découvrir sans tarder.

Accès (carte n° 27): A 43 sortie à Albertville direction Le Beaufortain (D 925) puis Hauteluce sur environ 9 km (D 218b), dans Hauteluce 1re à gauche au panneau "la Ferme du Chozal".

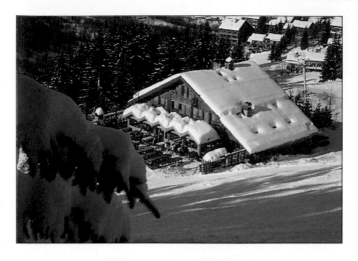

Hôtel Adray-Télébar

73550 Méribel-les-Allues (Savoie)
Tél. 04 79 08 60 26 - Fax 04 79 08 53 85
M. Bonnet
Web : telebar-hotel.com

Catégorie ★★ **Fermeture** du 25 avril au 19 décembre **Chambres** 24 avec tél., s.d.b. ou douche et w.c. **Prix** des chambres simples et doubles : 86 à 120 € - Petit déjeuner : 10 €, servi de 8 h à 11 h - Demi-pension : 110 à 130 € **Cartes de crédit** Visa, Amex **Divers** chiens admis **Alentour** ski au départ de l'hôtel ; domaine skiable des Trois-Vallées - Golf 9 trous de Courchevel et golf 18 trous de Méribel **Restaurant** service de 12 h à 16 h, 20 h à 22 h - Menu : 30 € - Carte - Spécialités : escalope à la crème ; steak au poivre ; tarte aux myrtilles ; fondue savoyarde ; raclette.

Si l'accès à l'*Adray-Télébar* est un peu acrobatique en hiver (garez votre voiture à Méribel 1600 puis contactez l'hôtel pour qu'il vous envoie une chenillette…), le lieu n'en est que plus magique : au milieu des pistes et près du départ du télésiège, avec une vue extraordinaire sur la vallée, les sapins et les montagnes. A l'heure du déjeuner, sa grande terrasse ensoleillée est prise d'assaut. Ambiance gaie, service attentionné, cuisine familiale de bonne qualité… Côté chambres, l'aménagement rustique et naturel (dessus-de-lit en piqué blanc, boiseries foncées) satisfera les amateurs d'authenticité, d'autant que le confort reste tout à fait satisfaisant. Côté salon, la déco commence à être un peu démodée, mais reprend des couleurs aussitôt le feu de cheminée allumé. Et le succès est là, fondé sur une recette simple faite de qualité et de décontraction. Une prouesse dans cette station à la mode où garder les pieds sur terre et ne pas succomber à la tentation de laisser flamber les prix témoignent d'une belle indépendance d'esprit.

Accès (carte n° 27) : à 39 km au sud d'Albertville par N 90 et D 95, puis D 90.

Le Yéti

73553 Méribel-les-Allues (Savoie)
Tél. 04 79 00 51 15 - Fax 04 79 00 51 73
M. et Mme Saint-Guilhem
E-mail : welcome@hotel-yeti.com - Web : hotel-yeti.com

Catégorie ★★★ **Fermeture** du 22 avril au 2 juillet et du 28 août au 10 décembre **Chambres** 32 avec tél., s.d.b., w.c., t.v. satellite et coffre-fort **Prix** de la demi-pension l'hiver : 121 à 188 €, l'été : 58 à 98 € **Carte de crédit** Visa **Divers** chiens non admis - Piscine, sauna **Alentour** ski au départ de l'hôtel ; domaine skiable des Trois-Vallées - Golf 9 trous de Courchevel, golf 18 trous de Méribel **Restaurant** service de 12 h à 14 h 30, 19 h 30 à 21 h 30 - Menus : 19 à 45 € - Carte gastronomique : 48 €.

Sophie et Frédéric Saint-Guilhem ont aménagé passionnément ce chalet-hôtel accroché au versant ouest de la station. L'ambiance intérieure s'en ressent : murs habillés de bois raboté et ciré à la main, jolis objets, kilims, confortables fauteuils rassemblés autour du coin-bar ou de la cheminée. Partout la vue est superbe et les chambres sont particulièrement confortables, décorées comme on les aime dans un chalet de montagne. Dans la continuité du salon, le restaurant panoramique se prolonge par une vaste terrasse plein sud accessible sans avoir à déchausser les skis. C'est ici que, lorsqu'il fait beau, chacun peut se régaler d'une cuisine légère et savoureuse, servie rapidement et avec efficacité. Enfin, lorsque vous partirez pour les sommets, Frédéric, qui est également guide de haute montagne, sera toujours là pour vous conseiller ou même partager avec vous cette aventure. A noter enfin qu'en janvier, avril et juillet, l'hôtel consent des tarifs-semaine intéressants.

Accès (carte n° 27) : à 39 km au sud d'Albertville par N 90 et D 95, puis D 90.

La Bouitte

73400 Saint-Martin-de-Belleville (Savoie)
Hameau de Saint-Marcel
Tél. 04 79 08 96 77 ou 06 08 02 83 18 - Fax 04 79 08 96 03 - M. et Mme Meilleur
E-mail : info@la-bouitte.com - Web : la-bouitte.com

Fermeture en mai-juin et septembre-octobre **Chambres** 4 et 1 suite, avec tél., s.d.b., w.c., minibar, coffre-fort et t.v. câble **Prix** des chambres doubles : 160 à 206 € ; suite : 292 à 320 € - Petit déjeuner compris, servi de 8 h à 10 h **Cartes de crédit** Visa, Amex **Divers** chiens admis - Garage et parking **Alentour** église baroque Notre-Dame-de-la-Vie - Ski de fond et de piste, raquettes, hors-piste **Restaurant** service à partir de 12 h 15 et 19 h 30 - Fermé le lundi en été - Menus : 45 à 138 €.

En patois local, la "bouitte" est une petite maison savoyarde ; de fait, les dimensions de ce mini-hôtel justifient tout à fait cette dénomination. Vous voici donc dans une atmosphère accueillante et totalement intimiste où la pierre et le bois se disputent la vedette. Il s'agit avant tout d'un remarquable restaurant, étoilé en 2003, où les produits locaux et les herbes de montagne sont transcendés par la maîtrise et la créativité de René Meilleur et de son fils Maxime. S'y ajoutent quelques petites chambres et suites qui répondent au doux noms d'Anaïs, Emilie, Aurélie… Couettes blanches rehaussées de coussins en velours coloré, murs de planches brutes parfois complétées par une portion en enduit naturel teinté et vieilli, meubles en pin taillé… On se croirait dans un charmant musée des arts et traditions populaires en même temps que dans le plus confortable des hôtels, au luxe bien réel mais toujours discrètement intégré. A un kilomètre des premières remontées mécaniques, sur la route des Menuires et de Val-Thorens, cette irrésistible adresse fera le bonheur des skieurs et des randonneurs.

Accès (carte n° 27) : A 43 jusqu'à Albertville et voie express jusqu'à Moûtiers. Départementale (sortie voie express n° 40). Vallée des Belleville jusqu'à Saint-Martin.

Hôtel Saint-Martin

73440 Saint-Martin-de-Belleville (Savoie)
Tél. 04 79 00 88 00 - Fax 04 79 00 88 39 - Mme Olive
E-mail : hotelsaintmartin@wanadoo.fr - Web : hotel-stmartin.com

Catégorie ★★★ **Fermeture** du 19 avril au 11 décembre **Chambres** 27 dont 8 suites pour 2 à 4 pers., avec s.d.b., w.c., t.v. satellite, minibar et coffre-fort **Prix** des chambres doubles en demi-pension : 96 à 190 € selon saison - Petit déjeuner compris **Cartes de crédit** acceptées **Divers** petits chiens admis (15 €) - Sauna, hammam, fitness - Garage couvert (15 €) **Alentour** église baroque Notre-Dame-de-la-Vie - Ski de fond et de piste, raquettes, hors-piste **Restaurants** *Le Grenier* : service de 12 h à 15 h, 19 h à 22 h et *La salle à manger* : service de 19 h à 21h (en demi-pension) - Carte.

Utilement relié à l'immense domaine des Trois-Vallées, Saint-Martin-de-Belleville est un véritable village de montagne encore riche de son patrimoine traditionnel. Récemment construit mais parfaitement intégré au site, cet hôtel est une vraie réussite car tout y a été prévu pour faire de chaque séjour un moment de bonheur. Harmonieux compromis entre la rusticité brute et belle des vieux matériaux de montagne et la modernité chaleureuse des tendances actuelles, la décoration intérieure est des plus agréables. Reconstitution d'une vieille grange, l'un des deux restaurants (excellents produits de montagne) se trouve au dernier étage… et sa terrasse ouvre directement sur les pistes. L'autre, plus spécialement destiné aux demi-pensionnaires occupe un bel espace intime en demi-niveaux, le plus élevé étant organisé autour d'une cheminée. Quant aux chambres, elles sont tout aussi séduisantes, certaines avec coin-salon ou mezzanine, et l'on appréciera les senteurs fleuries qui s'échappent des coupelles tout comme la qualité des produits d'accueil. Réservez très à l'avance cette adresse soignée jusqu'en ses moindres détails et vraiment très accueillante.

Accès (carte n° 27) : à Moûtiers, prendre route des Menuires puis de Val-Thorens.

Les Campanules

Le Rosset 73320 Tignes (Savoie)
Tél. 04 79 06 34 36 - Fax 04 79 09 83 93
Philippe et Thierry Reymond
E-mail : campanules@wanadoo.fr - Web : campanules.com

Catégorie ★★★ Fermeture de mai à juin et de septembre à octobre **Chambres** 33 et 10 suites, avec tél., s.d.b., w.c., t.v. satellite et coffre-fort ; ascenseur ; 1 chambre handicapés **Prix** des chambres doubles : 120 à 240 € ; suites : 150 à 290 € - Petit déjeuner compris, servi de 7 h 30 à 10 h 30 - Demi-pension : 90 à 175 € **Cartes de crédit** acceptées **Divers** chiens non admis - Sauna, hammam, jacuzzi, piscine extérieure chauffée, espace soins **Alentour** ski ; parc de la Vanoise **Restaurant** *Le Chalet*, service de 12 h 30 à 13 h 45, 19 h 30 à 21 h 45 - Menus : 25 à 50 € - Carte.

Soyons clairs : Tigne est une station surgie en pleine montagne et il est difficile de lui trouver un quelconque charme architectural. C'est aussi un fabuleux domaine skiable et *Les Campanules* constitue sans aucun doute l'hôtel idéal pour en profiter. Murs tapissés de bois blond, mobilier en pin d'inspiration savoyarde, ambiance chaleureuse : la famille Raymond a tout fait pour donner un peu d'âme au lieu et elle y parvient très bien, même si la déco des chambres n'est plus exactement ce que l'on cherche aujourd'hui. Très confortables, parfaitement insonorisées, elles sont néanmoins attrayantes et scrupuleusement tenues. On appréciera aussi ces petits suppléments de confort qui rendent les fins de journées si agréables : d'abord pouvoir ranger ses skis dans des casiers individuels, y faire sécher ses chaussures grâce à un système d'air chaud, pouvoir se faire un petit sauna… avant de rejoindre le restaurant où l'on goûte une cuisine régionale raffinée, y compris en demi-pension. Une sérieuse adresse, également très attachante par la qualité de l'accueil et la gentillesse des propriétaires.

Accès (carte n° 27) : à 85 km au sud-est d'Albertville, voie express jusqu'à Moûtiers, N 90 jusqu'à Bourg-Saint-Maurice et Tignes.

Le Clos des Sens

2006

74940 Annecy-le-Vieux (Haute Savoie)
13, rue Jean-Mermoz
Tél. 04 50 23 07 90 - Fax 04 50 66 56 54 - M. Laurent Petit
E-mail : artisanculinaire@closdessens.com - Web : closdessens.com

Catégorie ★★★★ **Fermeture** du 1er au 15 janvier et du 1er au 15 septembre **Chambres** 3 et 1 suite climatisées, avec s.d.b. ou douche, w.c., cheminée, t.v. câble, minibar et coffre-fort ; ascenseur **Prix** des chambres simples et doubles : 150 à 170 € ; suite : 200 € - Petit déjeuner : 15 €, servi de 8 h 30 à 11 h **Cartes de crédit** acceptées **Divers** chiens non admis - Parking **Alentour** lac d'Annecy ; stations de ski **Restaurant** service de 12 h à 13 h, 19 h 30 à 21 h - Menus : 40 à 90 € - Carte - Spécialités : foie gras de canard cuit au sel et féra fumée ; omble chevalier.

Le *Clos des sens* était déjà l'une des toutes premières tables de la région, c'est aussi désormais quatre chambres de rêve. Et le mot n'est pas trop fort pour décrire ces univers contemporains pour extrême cocooning. Plaisir des yeux avec l'harmonie ocre-rouge des murs et brun-cacao des parures de lit, la pureté des lignes et du mobilier design, l'esthétisme de la salle de bains en ardoise d'Italie et bois, la vue dominante sur Annecy depuis chaque terrasse individuelle ou encore celle, toute proche, des flammes qui dansent derrière les vitres de la cheminée. Plaisir du toucher avec le plancher brun lisse, l'étonnante douche "ciel de pluie" : 80 cm^2 de minuscules trous pour arroser nos réveils embrumés, la chaleur dynamique d'un jacuzzi (une baignoire ronde si élégante qu'elle s'intègre au mobilier de la chambre). Plaisir du goût, bien sûr, encore et toujours avec la brillante cuisine de Laurent Petit à déguster dans une superbe salle à manger ou sous les marronniers taillés de la terrasse panoramique. Une adresse intimiste et luxueuse pour hédonistes gourmands.

Accès (carte n° 27) : direction Annecy-le-Vieux puis fléchage dans le centre-bourg.

Les Servages d'Armelle

74300 Araches-les-Carroz (Haute-Savoie)
Tél. 04 50 90 01 62 - Fax 04 50 90 39 41
Armelle Linglin
E-mail : servages@wanadoo.fr - Web : lescarroz.com/servages/servages.htm

Ouverture toute l'année **Chambres** 5 avec tél., s.d.b., w.c., minibar et t.v. **Prix** des chambres : 160 à 220 € - Petit déjeuner : 15 €, servi de 7 h 30 à 10 h **Carte de crédit** Visa **Divers** animaux non admis - Parking **Alentour** ski ; raquettes ; VTT ; parapente - Golf 18 trous à Flaine **Restaurant** service à partir de 12 h et 19 h - Carte uniquement - Spécialités savoyardes : fricassée de caïon ; terrine de beaufort au jambon cru ; carpaccio de féra du Léman, fumé maison.

C'est presque sans déchausser les skis que l'on peut rejoindre ces deux mini-fermes d'alpages réalisés à l'ancienne à partir de bois de récupération. Adossés à la petite station savoyarde, ils surplombent la vallée et offrent au soleil leur façade à décrochement. Difficile d'imaginer plus réussies que ces chambres et suites familiales avec leurs parquets de chêne aux lattes inégales, leurs lits à couettes blanches, leurs éclairages délicats qui font ressortir le miel des boiseries et, pour certaines chambres, leurs cheminées vitrées où rougeoient quelques bûches. Réalisées en granit ou en marbre, les salles de bains leur ajoutent une petite touche contemporaine avec leurs baignoires jacuzzi et leurs cloisons où alternent le bois et le verre. Vous retrouverez cette même magie au restaurant, dans l'alliance brillante du contemporain et du rustique montagnard (très fine gastronomie du terroir avec quelques touches audacieuses, service agréable). Une très accueillante adresse que nous n'hésitons pas à vous recommander pour un séjour et quelle que soit la saison.

Accès (carte n° 27) : à 15 km de l'autoroute A 40 direction Flaine.

Les Grands Montets

Argentière 74400 Chamonix (Haute-Savoie)
340, chemin des Arberons
Tél. 04 50 54 06 66 - Fax 04 50 54 05 42 - Stella et Alain Blanc-Paque
E-mail : info@hotel-grands-montets.com - Web : hotel-grands-montets.com

Catégorie ★★★ **Fermeture** du 2 mai au 1er juillet et du 28 août au 17 décembre **Chambres** 45 et 3 suites avec s.d.b., w.c., t.v. satellite et minibar ; 2 chambres handicapés ; ascenseur **Prix** des chambres : 100 à 190 € (selon saison) ; suites : 200 à 250 € - Petit déjeuner inclus, servi de 7 h 30 à 10 h **Cartes de crédit** acceptées **Divers** chiens admis - Piscine intérieure, sauna, hammam, salle de musculation, salle de jeux **Alentour** Chamonix ; aiguille du Midi ; vallée Blanche ; mer de glace **Pas de restaurant** à l'hôtel.

Argentière se trouve au pied du principal domaine skiable de la vallée de Chamonix. C'est dans un site magnifique et ensoleillé que vous trouverez cet imposant chalet construit il y a une vingtaine d'années. Rénové à grand renfort de vieux bois, de terre cuite et de tissus chatoyants, le rez-de-chaussée aligne un salon organisé autour d'une cheminée centrale, le coin-bar et la salle des petits déjeuners (confitures artisanales). De grandes baies vitrées ouvrent sur une vaste terrasse plein sud dominée par la masse tutélaire du mont Blanc et la haute silhouette de l'aiguille du Midi. Murs blancs ou capitonnés de belles planches, tissus piqué très élégant bien dans le goût actuel, lampes assorties, les chambres sont gaies et agréables. Plusieurs ont des terrasses et certaines se combinent en duplex pour le plus grand bonheur des familles (amusants lits clos pour les 104 et 105) qui pourront faire dîner leurs enfants en table d'hôtes avant de rejoindre l'un des restaurants d'Argentière ou de Chamonix. Une très charmante adresse menée avec passion par un jeune couple bien décidé à faire des *Grand Montets* l'un des plus agréables hôtels de la vallée.

Accès (carte n° 27) : A chamonix suivre N 506 sur 8 km jusqu'à Argentière puis parking des Grands Montets.

574

Hôtel du Jeu de Paume

Le Lavancher 74400 Chamonix (Haute-Savoie)
705, route du Chapeau
Tél. 04 50 54 03 76 - Fax 04 50 54 10 75 - Mᵐᵉ Hericher
E-mail : jeudepaumechamonix@wanadoo.fr - Web : jeudepaumechamonix.com

Catégorie ★★★★ **Fermeture** du 10 mai au 10 juin **Chambres** 20, 4 suites et un chalet de 3 chambres, avec tél., s.d.b., w.c., t.v. et minibar **Prix** des chambres : 128 à 176 € ; suites : 224 € - Petit déjeuner : 12 €, servi de 7 h 15 à 10 h (en chambre à toute heure) - Demi-pension : 108 à 156 € **Cartes de crédit** acceptées **Divers** chiens admis dans les chambres uniquement (8 €) - Piscine, tennis, hammam, jacuzzi, sauna, soins de détente - Parking **Alentour** ski à Argentière 3 km (les Grands Montets) et à Chamonix ; excursions - Golf 18 trous des Praz **Restaurant** service de 12 h 15 à 14 h 15, 19 h 15 à 21 h 15 - Menus : 32 à 57 € - Carte.

A cinq kilomètres de Chamonix, Le Lavancher se cache en surplomb de la vallée d'Argentière et a su préserver son petit côté "village de montagne" qui en fait, aujourd'hui, un site résidentiel très recherché. Luxueux chalet-hôtel, le *Jeu de Paume* utilise abondamment le bois naturel et, sortant des poncifs montagnards, affiche une décoration très personnelle. Partout, des meubles anciens, des miroirs, des objets curieux, des tableaux achetés au hasard de coups de cœur chez les antiquaires participent à une ambiance raffinée, très confortable, où les styles se mélangent avec bonheur. Décorées dans des teintes claires, toutes les chambres sont très fonctionnelles, meublées avec goût et chaleur, la plupart disposant d'un balcon (pour la 15, il s'agit même d'une vraie terrasse). Cuisine à tendance gastronomique, traditionnelle et conviviale, réinventée au rythme des saisons. Service stylé et très bon accueil. Nouveau jacuzzi extérieur pour se détendre dans l'eau fumante face aux champs de neige. Possibilité de navette pour rejoindre le départ des pistes.

Accès (carte n° 27) : à 67 km au nord-est d'Albertville par N 212.

Le Montagny

Les Houches 74310 Chamonix (Haute-Savoie)
490, Le Pont
Tél. 04 50 54 57 37 - Fax 04 50 54 52 97
Mme Ravanel
E-mail : hotel.montagny@wanadoo.fr - Web : chamonix-hotel.com

Catégorie ★ ★ **Fermeture** du 2 octobre au 20 décembre et du 18 avril au 17 juin **Chambres** 8 avec tél., s.d.b., w.c. et t.v. **Prix** des chambres doubles : 76 € - Petit déjeuner : 8 €, servi de 8 h à 10 h **Carte de crédit** Visa **Divers** chiens non admis - Parking **Alentour** ski à 3 km des remontées mécaniques - Golf 18 trous des Praz à Chamonix (7 km) **Pas de restaurant** à l'hôtel.

Adossé à la pente en contrebas du dôme du Goûter, cet accueillant petit chalet-hôtel est tenu par l'une des plus anciennes familles de la vallée. Cet emplacement et le nombre restreint des chambres permettent d'associer au plus feutré des silences cet air cristallin pour lequel on est prêt à faire des kilomètres... D'entrée, on éprouve de la sympathie pour l'intérieur, avec son capitonnage de pin clair, le tissu écossais vert des banquettes de la salle des petits déjeuners (excellents) et celles du coin-salon (où brûle souvent un feu de bois inséparable des soirées montagnardes). Les chambres ne démentent pas cette agréable impression. Confortables et simplement aménagées, elles affichent de très jolis tissus à carreaux bleus et blancs, en parfait accord avec le miel des lambris, le beige des moquettes et la faïence des sanitaires. La 104 est idéale pour les familles et nos préférées sont celles du second étage, installées sous les volumes angulaires du toit (parfois dotées d'amusantes salles de bains en alcôve). Une précieuse adresse de charme à prix raisonnables.

Accès (carte n° 27) : par A 40, direction Chamonix (à 5 km avant Chamonix), quitter la voie rapide à la dernière sortie "Les Houches", 50 m sur D 243, puis première route à gauche "route du Pont" sur 500 m.

Les Chalets de la Serraz

74220 La Clusaz (Haute-Savoie)
Rue du Col-des-Aravis
Tél. 04 50 02 48 29 - Fax 04 50 02 64 12 - Mme M.-C. Gallay
E-mail : contact@laserraz.com - Web : laserraz.com

Catégorie ★ ★ ★ **Fermeture** mai et octobre **Chambres** 10 avec tél., s.d.b., w.c., t.v. satellite ; 1 chambre handicapés **Prix** des chambres simples et doubles : 105 à 160 € ; suites : 165 à 195 € - Petit déjeuner : 15 €, servi de 8 h 30 à 10 h 30 - Demi-pension : 85 à 160 € **Cartes de crédit** acceptées **Divers** chiens admis (10 à 14,50 €) - Piscine chauffée - Garage (15,50 €) **Alentour** ski ; lac d'Annecy **Restaurant** service de 12 h 15 à 13 h 30 (week-end uniquement), 19 h 30 à 21 h - Menus : 34 à 38 €.

À mi-chemin de La Clusaz et du col des Aravis, cet ensemble de chalets traditionnels se trouve en contrebas de la route pittoresque des alpages d'été. Le site, un vallon émaillé de sapins et traversé par une petite rivière, garantit à chaque chambre une agréable vue. Vous aurez le choix entre les petits "mazots" individuels équipés de kitchenettes et de mezzanines (parfaits pour les familles) et les élégantes chambres installées dans l'ancienne ferme savoyarde rénovée, couverte de "tavaillons" (tuiles en bois). Confortables et parfaitement tenues, elles marient un mobilier montagnard à de beaux tissus (piqué blanc, édredons à carreaux rouges assortis aux rideaux, coussins brodés). Presque toutes diposent maintenant de salles de bains relookées avec parquet en teck et vasque intégrée dans des buffets en bois décoré. Certaines bénéficient même de terrasses de plain-pied sur l'extérieur : la piscine et les prés en pente. Dîners dans la belle salle à manger sous charpente pour déguster agréablement quelques plats finement cuisinés et, une fois par semaine, des spécialités savoyardes servies en table d'hôtes. Accueil et ambiance très agréables. L'une de nos adresses favorites en montagne.

Accès (carte n° 27) : à 32 km d'Annecy par D 909.

Au Cœur des Prés

74920 Combloux (Haute-Savoie)
Tél. 04 50 93 36 55 - Fax 04 50 58 69 14
M. Paget
E-mail: hotelaucoeurdespres@wanadoo.fr - Web: hotelaucoeurdespres.com

Catégorie ★★★ **Fermeture** du 25 septembre au 15 décembre et du 5 avril au 29 mai **Chambres** 33 avec tél., s.d.b., w.c. et t.v. **Prix** des chambres simples et doubles: 70 à 130 € - Petit déjeuner: 11,50 €, servi à partir de 7 h 30 - Demi-pension: 70 à 95 € **Carte de crédit** Visa **Divers** chiens admis - Piscine chauffée, tennis, sauna, jacuzzi, billard - Parking et garage (5,50 €) **Alentour** Megève; Chamonix - Ski à 1 km des pistes - Golf 18 trous du mont d'Arbois à Megève **Restaurant** service de 12 h 30 à 14 h, 19 h 30 à 20 h 30 - Menus: 26 à 30 €.

A vec sa vue magnifique sur le mont Blanc et la chaîne des Aravis, ce gros chalet-hôtel jouit d'un très bel emplacement, son éloignement des piste étant compensé par la mise à disposition d'une navette qui dessert les domaines skiables alentour. La majorité des chambres donnent sur le mont Blanc et profitent d'un balcon. Confortables, toutes sont à présent rénovées grâce notamment à la pose de parois en planches sablées et au remplacement des tissus. Même volonté de rajeunissement dans la salle à manger, également capitonnée de bois et dotées de beaux rideaux oranges pour encadrer la vue panoramique. Reste le salon, toujours un peu suranné, mais non sans charme, où vous attendent de nombreux fauteuils moelleux face à la grande cheminée. Très fleuri et régulièrement primé pour cet effort, le très accueillant *Cœur des Prés* a su conserver ce caractère familial et bon enfant qui se fait de plus en plus rare à proximité de Megève ; souhaitons-lui de rester insensibles aux sirènes du luxemode et de maintenir ce cap qui nous plaît tant.

Accès (carte n° 27): à 36 km au nord-est d'Albertville par N 212 jusqu'à Combloux par Megève. Par A 40 sortie Sallanches.

L'Ancolie

Lac des Dronières 74350 Cruseilles (Haute-Savoie)
Tél. 04 50 44 28 98 - Fax 04 50 44 09 73 - M. Lefebvre
E-mail : info@lancolie.com - Web : lancolie.com

Catégorie ★★★ **Fermeture** vacances de la Toussaint et vacances scolaires de février (zone A) **Chambres** 10 avec tél., s.d.b., w.c. et t.v. satellite **Prix** des chambres : 74 à 106 € - Petit déjeuner : 11,50 €, servi de 7 h 30 à 10 h 30 - Demi-pension : 77 à 90 € **Cartes de crédit** acceptées **Divers** chiens admis dans les chambres (8 €) - Parking **Alentour** lac d'Annecy ; Semnoz par la route des Crêtes ; gorges du Fier - Golfs 18 trous de Bossey et d'Annecy-Talloires **Restaurant** service de 12 h à 14 h, 19 h 30 à 21 h - Fermé dimanche soir et lundi (sauf juillet-août), de septembre à juin - Menus : 26 à 64 € - Carte - Spécialité : gratin de queues d'écrevisses du lac Léman.

Face au mont Salève, les eaux d'un petit lac partiellement aménagé en base de loisirs servent de cadre à ce chalet-hôtel construit il y a une quinzaine d'années. Généreusement éclairé par une série de baies vitrées, l'intérieur se caractérise par une décoration où domine le pin blond des meubles et les tissus bleus et crème à motifs géometriques. Confortables et scrupuleusement tenues, les chambres disposent souvent d'une terrasse. Certaines sont idéales pour les familles, et nos préférées donnent, bien sûr, directement sur le lac. Un programme de rénovation progressive remet au goût du jour ce qui commencait à se démoder (textiles plus sophistiqués, remplacement des moquettes par du parquet). Yves Lefebvre dirige l'hôtel et la cuisine ; copieuse et basée sur de bons produits, la qualité de la table s'en ressent, tout comme l'accueil et le rapport qualité-prix, à notre avis irréprochables. Une très plaisante adresse, appréciée des randonneurs et des cueilleurs de champignons, mais aussi par ceux qui ont à faire à Annecy ou à Genève et qui ont bien raison de vouloir joindre l'utile à l'agréable.

Accès (carte n° 27) : à 20 km au nord d'Annecy.

Château des Avenières

Les Avenières 74350 Cruseilles (Haute-Savoie)
Tél. 04 50 44 02 23 - Fax 04 50 44 29 09
Laurence et Nicolas Odin
E-mail : chateau-des-avenieres@aic.fr - Web : chateau-des-avenieres.com

Catégorie ★★★★ **Fermeture** du 23 octobre au 24 novembre, du 18 au 28 décembre et 15 jours en février **Chambres** 12 avec tél., s.d.b., w.c., minibar et t.v. satellite **Prix** des chambres : 140 à 260 € – Petit déjeuner : 17 €, servi de 7 h 30 à 11 h – Demi-pension : 200 à 320 € (2 pers.) **Cartes de crédit** acceptées **Divers** chiens non admis - Hammam, sauna, tennis - Parking **Alentour** lac d'Annecy ; Semnoz par la route des Crêtes ; gorges du Fier - Golfs 18 trous de Bossey et de Talloires **Restaurant** service de 12 h à 14 h, 19 h 30 à 21 h 30 - Fermé les lundi et mardi - Menus : 36 à 105 € - Carte.

Extraordinaire ! Le mot n'est pas trop fort pour qualifier ce château construit en 1907 par une riche Américaine puis aménagé par le grand initié hindou qu'elle épousera un peu plus tard. De cette époque bohème où se mêlaient art, science et ésotérisme, il reste une étrange chapelle en mosaïques d'or dédiée aux religions, à la Kabbale, aux tarots… et, à l'étage, deux fabuleuses salles de bains en marqueterie de marbre. Puis ce fut l'abandon avant le rachat du lieu par Nicolas Odin qui a su admirablement "réveiller la belle endormie". Superbes chambres à thème où l'ancien côtoie l'exotique avec parfois de vastes bow-windows embrassant à l'infini un spectaculaire paysage de montagnes et de plaines s'achevant dans le lac d'Annecy (notez la chambre "Observatoire" et sa terrasse sur le toit). Escalier monumental dont les vastes espaces intègrent successivement le *Steinway* sur lequel Phil Collins a enregistré un de ses derniers albums, un bar dans une loggia et un salon. Nobles salles à manger aux lambris XVIIIᵉ en chêne naturel se prolongeant par une terrasse panoramique. Cuisine subtile. A découvrir !

Accès (carte nº 27) : à 20 km au nord d'Annecy. A 40 sortie Cruseilles, N 201.

La Marmotte

74260 Les Gets (Haute-Savoie)
Tél. 04 50 75 80 33 - Fax 04 50 75 83 26
Famille Mirigay
E-mail: info@hotel-marmotte.com - Web: hotel-marmotte.com

Catégorie ★ ★ ★ **Fermeture** du 9 avril au 1er juillet et du 3 septembre au 16 décembre **Chambres** 48 avec tél., s.d.b., w.c. et t.v. **Prix** des chambres: 92 à 330 € - Petit déjeuner: 10 €, servi de 7 h 30 à 10 h - Demi-pension: 70 à 216 € **Cartes de crédit** acceptées **Divers** chiens admis (8 €) - Piscine couverte, spa, fitness, club-enfants **Alentour** ski; parapente - Golf 18 trous à 3 km (green fee à 15 €) **Restaurant** service de 19 h 30 à 21 h 30 - Menu: 30 €.

L a Marmotte est née en 1936, l'année des premiers congés payés, au milieu d'une prairie en sortie de village. Depuis l'hôtel a grandi, le village s'est fortement construit, les prés ont été transformés en pistes de ski. Trois générations d'une même famille cohabitent sur place: il y a les grands-parents, les oncles, les frères, les cousins… et ce n'est pas un vain mot de dire que tous veillent sur l'ambiance de leur maison et sur la satisfaction des clients. En constante amélioration, La Marmotte accompagne les nouvelles exigences de la clientèle: ses salons viennent d'être chaleureusement redécorés, ses chambres sont confortables (nos préférées disposent de couettes blanches, les autres nous plaisent moins avec leurs coloris un peu démodés) et ses équipements de remise en forme, déjà impressionnants, se complètent désormais d'un spa, splendide, avec soins et massages. Chaque fin d'après-midi d'hiver, les clients déchaussent à la porte de l'hôtel, le ski est fini pour aujourd'hui, mais d'autres plaisirs les attendent: le vin chaud qui mitonne au bar, un passage au hammam, quelques brasses dans l'immense piscine couverte…

Accès (carte n° 27): A 40 sortie Cluses puis D 902 (à proximité de la télécabine des Chavannes).

Le Chalet des Troncs

74450 Le Grand-Bornand (Haute-Savoie)
Vallée du Bouchet
Tél. 04 50 02 28 50 - Fax 04 50 63 25 28 - Christine Charbonnier
E-mail : contact@chaletdestroncs.com - Web : chaletdestroncs.com

Ouverture toute l'année **Chambres** 4 avec s.d.b. et w.c. **Prix** des chambres : à partir de 115 € - Petit déjeuner : 12 €, servi de 8 h 30 à 10 h 30 - Demi-pension : à partir de 100 € **Cartes de crédit** Visa, Amex **Divers** chiens non admis - Parking **Alentour** vallée du Grand-Bornand ; lac d'Annecy ; Megève **Restaurant** service de 12 h 30 à 14 h, 19 h 30 à 21 h - Menu : 30 € - Spécialités : tarte soufflée au beaufort ; pot-au-feu au chaudron dans l'âtre ; baba au vieux rhum.

C'est le bout du bout du monde. D'ailleurs, la route s'arrête là, après, elle devient chemin et se perd entre les bois et les éboulis. Dans cette petite vallée, dominée par la chaîne des Aravis, les fermes ont facilement deux siècles et le tourisme n'a pas encore colonisé le site. Mi-hôtel, mi-maison d'hôtes, ce chalet XVIIIe occupe le flanc sud du coteau. En haut d'un escalier, le gargouillis de la fontaine aménagée dans un vieux tronc évidé souhaite la bienvenue aux hôtes de passage. A l'intérieur, chaque pièce conserve sa proportion d'origine. Partout, de vénérables planches capitonnent parois, sols et plafonds. Une paire de fauteuils club face à la cheminée, pas plus de deux ou trois tables par salle, quelques poteries et objets régionaux… Une merveille d'intérieur savoyard où l'on se régale d'une cuisine de pays, fine, créative et difficilement égalable. Quatre petites chambres seulement parfumées à l'essence de cèdre et d'un charme inouï, vous attendent. Vieux mobilier, superbes tissus de créateurs, irrésistibles salles de bains… On voudrait rester éternellement dans cet univers rare, accueillant et chaleureux ; à l'image de ses jeunes propriétaires.

Accès (carte n° 27) : A 40 sortie Bonneville puis direction Le Grand-Bornand. Au village, derrière l'église, prendre la vallée du Bouchet, aller tout au bout.

Hôtel des Cimes

Le Chinaillon 74450 Le Grand-Bornand (Haute-Savoie)
Tél. 04 50 27 00 38 - Fax 04 50 27 08 46
Marie-Christine et Jean Losserand
E-mail : info@hotel-les-cimes.com - Web : hotel-les-cimes.com

Catégorie ★★★ **Fermeture** du 22 avril au 1er juillet et du 27 août au 2 décembre **Chambres** 10 avec tél., s.d.b., w.c., t.v. satellite et minibar **Prix** des chambres : 65 à 145 € - Petit déjeuner : 10 €, servi de 8 h à 11 h - En janvier, semaine à partir de 670 € (par personne, demi-pension, forfait et matériel de ski compris) **Carte de crédit** Visa **Divers** petits chiens admis - Sauna - Parking et garage (2 places) **Alentour** La Clusaz ; col des Aravis ; gorges du Fier **Pas de restaurant** à l'hôtel, possibilité de demi-pension avec un restaurant voisin.

Le Grand-Bornand et la vallée de Manigod font partie des rares sites savoyards où l'on peut encore admirer quelques belles concentrations de chalets anciens. La commune compte 2 000 habitants, 2 000 vaches et ce petit hôtel tenu par Kiki et Jeannot. Très accueillants, ils tiennent également le magasin de sport contigu où se fait souvent l'accueil. Dès l'entrée, on est sous le charme, il y a quelques vieux meubles du coin, des objets, des bouquets de fleurs séchées et, dans le buffet, chaque petit pot en terre cuite cache la clé d'une chambre. Partout flotte une odeur de rose ou de muguet, les murs sont tapissés de larges planches en pin doré, meubles et portes sont habillés de frises ou de motifs peints par Kiki et une artiste amie. Nous adorons les chambres, leurs couettes à carreaux, leurs petites salles de bains et toujours une table pour accueillir les bons petits déjeuners ou le plateau-repas des dîners (la cuisine de la famille s'ouvre aussi parfois pour les hôtes en séjour…). L'une de nos plus charmantes adresses de montagne, à réserver sans tarder.

Accès (carte n° 27) : à 35 km à l'est d'Annecy. A 3, sortie Annecy-nord, direction Thônes et Saint-Jean-de-Six ; A 10, sortie Bonneville, direction Le Grand-Bornand.

Chalet-Hôtel Camille Bonaventure

74170 Les Contamines-Montjoie (Haute-Savoie)
135, chemin de Nivorin-d'en-Bas
Tél. 04 50 47 23 53 - Fax 04 50 47 14 62
Caroline Le Goff et Philippe Moustelou
E-mail : contact@camillebonaventure.com - Web : camillebonaventure.com

Catégorie ★★★ **Fermeture** du 30 avril au 15 juin et du 15 octobre au 15 décembre **Chambres** 12 et 2 suites avec s.d.b., w.c. et t.v. satellite **Prix** des chambres : 110 à 160 € - Petit déjeuner : 9 €, servi de 8 h à 10 h - Demi-pension : 90 à 110 € **Carte de crédit** Visa, Amex **Divers** chiens non admis- Sauna, spa - Parking **Alentour** ski aux Contamines ; Chamonix ; Megève **Pas de restaurant** à l'hôtel

Avec leur relief d'alpages, presque vierge de cailloux et de roches, Les Contamines ne sont pas seulement un superbe site, il s'agit aussi de l'un des plus beaux domaines skiables de Savoie, utilisable même en cas d'enneigement réduit. A flanc de coteau, en bordure de village, ce chalet-hôtel bénéficie d'une belle vue dégagée sur les maisons, la vieille église et les pentes boisées. Ses nombreuses autres qualités doivent beaucoup au charme, à la gentillesse et au goût de Caroline et de Philippe. Ce sont eux, aidés par quelques amis artisans, qui ont totalement rajeuni et réaménagé l'hôtel. Tout en restant simple, le résultat est une réussite. Les chambres capitonnées de bois ouvragé, parquetées, décorées de façon toujours différentes grâce à un beau choix de tissus et de tableaux, proposent toutes un excellent confort (literie à la fois ferme et moelleuse, salles de bains pimpantes, balcons…). Même soin pour le salon-bar du rez-de-chaussée et pour la jolie salle des petits déjeuners, utilisée parfois pour des dîners en table d'hôtes ; le reste du temps vous vous régalerez au *Savoisien* (à cinquante mètres). Une adresse "coup de cœur" à découvrir sans tarder.

Accès (carte n° 27) : traverser le centre des Contamines, prendre 1re route à droite au pont des Loyers puis tourner tout de suite à droite. Le chalet est à 100 m à gauche.

Les Chalets - Hôtel de La Croix-fry

74230 Manigod-Thônes (Haute-Savoie)
Tél. 04 50 44 90 16 - Fax 04 50 44 94 87
Mme Guelpa-Veyrat
E-mail : hotelcroixfry@wanadoo.fr - Web : hotelchaletcroixfry.com

Catégorie ★★★ **Fermeture** de mi-septembre à mi-décembre et de mi-avril à mi-juin **Chambres** 10 avec tél., s.d.b. (6 avec balnéo), w.c. et t.v. satellite **Prix** des chambres et suites : 150 à 410 € - Petit déjeuner : 18 €, servi de 8 h à 10 h 30 - Demi-pension : 120 à 200 € **Cartes de crédit** Amex, Visa **Divers** chiens admis (5 €) - Piscine chauffée - Parking privé **Alentour** domaine skiable de La Clusaz (navette privée gratuite jusqu'aux pistes) - Golf 18 trous d'Annecy-Talloires **Restaurant** menus : 26 à 76 € - Carte - Spécialités : champignons ; plantes et fruits sauvages ; poissons des lacs alpins.

Encore très riche en vieux chalets, la vallée de Manigod est une petite rareté. Juste avant sa jonction avec le col de la Croix-Fry, vous trouverez, accrochée à son flanc, cette ancienne ferme transformée en un irrésistible hôtel. Ici, les chambres ont fait l'objet de soins continuels. Le bois des poutres et celui des vieux meubles savoyards leur donnent un charme et un caractère montagnard égayé par de beaux couvre-lits en piqué rouge et vert. Celles situées plein sud font face à la vallée et jouissent d'une sublime vue ; balcons et mezzanines se répartissent équitablement et rattrapent l'exiguïté des salles de bains. Dans ce qui fut l'étable se trouvent un bar aux banquettes chaudement revêtues de peau de mouton et la salle de restaurant (prolongée par une vaste terrasse face au massif de la Tournette) ; l'ensemble décoré de cuivres, de vieilles poteries et d'objets traditionnels. Enfin, la cuisine célèbre avec génie l'authenticité des produits savoyards ; une table d'hôtes, installée dans un vieux chalet d'alpage, vous permettra d'apprécier en plus la convivialité de Marie-Ange et d'Isabelle Guelpa-Veyrat. Une merveilleuse et très accueillante adresse.

Accès (carte n° 27) : à Thônes, D 12 et D 16 jusqu'à Manigod, puis Croix-Fry.

585

Au Cœur de Megève

74120 Megève (Haute-Savoie)
44, avenue Charles-Feige
Tél. 04 50 21 25 30 - Fax 04 50 91 91 27 - Famille Giazzi
E-mail : infos@hotel-megeve.com - Web : hotel-megeve.com

Catégorie ★★★ **Ouverture** toute l'année **Chambres** 31 et 7 suites avec tél., s.d.b., w.c., t.v. satellite et coffre-fort ; 1 chambre handicapés **Prix** des chambres doubles : 82 à 97 € (basse saison), 92 à 171 € (haute saison) ; suites : 128 à 358 € - Petit déjeuner : 11,50 €, servi de 7 h 30 à 10 h - Demi-pension : 79 à 128,50 € **Cartes de crédit** Amex, Visa **Divers** chiens admis (9 à 14 €) **Alentour** tous sports d'hiver, canyoning, parapente, chiens de traîneau - Golf 18 trous du mont d'Arbois **Restaurant** service de 12 h à 14 h, 19 h à 22 h - Menus : 19 à 30 € - Spécialités : fondue savoyarde ; plat du montagnard.

Trois générations d'une même famille se sont succédé ici, au *Cœur de Megève*. Cet hôtel, l'un des plus anciens de la station, se situe face à une petite place piétonnière du centre-bourg, à deux pas de la télécabine du "Chamois". Il suffit de pénétrer dans le bar pour mesurer son intégration dans la vie locale, car le lieu est ouvert toute l'année et sa fréquentation ne se limite pas, loin s'en faut, aux touristes. Le reste du rez-de-chaussée est occupé par la salle de restaurant et par un beau salon avec cheminée et fauteuils clubs, ouvert à l'arrière sur un ruisseau enjambé par un vieux pont de pierre (chaleureux restaurant savoyard au sous-sol ouvert uniquement l'hiver). Les chambres sont plutôt petites mais bien agencées et très chaleureuses : parois de lambris vieilli, couettes aux tonalités écrues assorties aux rideaux, très agréable éclairage. La tenue générale est impeccable, quant aux prix, ils deviennent surtout intéressants lorsque l'on choisi la formule demi-pension. Malheureusement, n'ayant pas eu l'occasion de goûter la cuisine, nous ne pouvons, pour l'instant, vous en dire beaucoup plus.

Accès (carte n° 27) : à Albertville prendre N 508. A Ugine prendre N 212.

La Chaumine

Les Mouilles 74120 Megève (Haute-Savoie)
36, chemin des Bouleaux
Tél. 04 50 21 37 05 - Fax 04 50 21 37 21
M. et Mme Socquet

Catégorie ★ ★ **Fermeture** du 17 avril au 1er juillet et du 4 septembre au 17 décembre **Chambres** 11 avec tél, s.d.b., w.c., minibar et t.v. **Prix** des chambres : 65 à 99 € - Petit déjeuner : 8 € **Carte de crédit** Visa **Divers** parking (6 places) **Alentour** ski à 300 m ; vallée de Chamonix - Golf 18 trous du mont d'Arbois **Restaurant** petite carte l'hiver.

Voici un charmant petit hôtel de faible capacité qui répondra bien aux attentes de ceux qui recherchent calme, confidentialité et confort. Ses 11 chambres sont toutes aménagées dans le même esprit "chalet" avec leurs parois couvertes de bois blond, un joli couvre-lit en piqué blanc, des rideaux crème et toujours un petit meuble ancien. Agréablement aménagé autour d'un feu de cheminée, le petit salon beige et brun, décoré de quelques meubles anciens raffinés, s'ouvre sur la chaîne des Aravis et le Charvin. A côté se trouve la petite salle à manger nappée de bleu où l'on sert les petits déjeuners (vrai jus d'oranges) et des dîners légers (mini carte). A toutes ces qualités s'ajoutent la gentillesse et la bonne humeur de l'accueil qui font de *La Chaumine* une adresse de montagne plus proche de la maison d'amis que de l'hôtel. A noter cependant qu'il faut avoir ici une voiture, car l'hôtel se situe en hauteur, à trois cents mètres du centre de Megève, et il peut être nécessaire de ressortir le soir pour dîner. Quant au matériel de ski, tout est prévu : une consigne est à votre disposition en bas de la côte. Une mesure bienvenue pour ménager votre souffle.

Accès (carte n° 27) : A 40 sortie Sallanches. Dans Megève, direction centre-ville / mont d'Arbois puis, près de l'église prendre le chemin du Maz et ensuite le chemin des bouleaux.

Le Coin du Feu

74120 Megève (Haute-Savoie)
Route de Rochebrune
Tél. 04 50 21 04 94 - Fax 04 50 21 20 15 - M. et Mme Sibuet
E-mail : contact@coindufeu.com - Web : coindufeu.com

Catégorie ★★★ **Fermeture** du 6 avril au 12 juillet et du 1er septembre au 10 décembre **Chambres** 23 avec tél., s.d.b., w.c. et t.v. **Prix** des chambres (selon saison) : 195 à 325 € - Petit déjeuner : 13 € - Demi-pension (en hiver seulement) : 260 à 405 € (pour 2 pers.) **Cartes de crédit** acceptées **Divers** chiens admis (15 €) **Alentour** ski à 200 m des remontées mécaniques ; vallée de Chamonix - Golf 18 trous du mont d'Arbois **Restaurant** uniquement l'hiver, service de 19 h 30 à 22 h 30 - Menu : 40 €.

Voici le lieu connu depuis longtemps à Megève comme étant l'endroit sympathique où il faut descendre. Il compte en effet parmi nos préférés pour son intimité et son authentique patine… Jolis meubles en pin, boiseries, tissus fleuris et un irrésistible coin-cheminée en ont fait le succès. Toutes les chambres sont des merveilles de confort et de bon goût, et malgré cela on ne cesse de les rénover : habillage de parquet, révision des salles de bains avec un subtil mélange de bois et d'ardoise grise… Pour dîner, le restaurant accueille aussi bien les clients de l'hôtel que les habitués de la station qui en apprécient la cuisine servie dans un décor de voûtes en pierres, de nappes bleues et d'éclairages tamisés. Des plats très simples (terrines et charcuteries, viandes en cocottes) à choisir sur l'ardoise (et des prix qui sembleront élevés à ceux qui ne sont pas sensibles à l'irréprochable qualité des produits, la précision des cuissons, la saveur des sauces). Enfin, l'accueil souriant et particulièrement attentif d'un personnel concerné ajoute au *Coin du Feu* cette chaleur humaine sans laquelle un hôtel, même beau et confortable, ne peut prétendre avoir vraiment du charme.

Accès (carte n° 27) : à Mégève, sur la route de Rochebrune.

Le Fer à Cheval

74120 Megève (Haute-Savoie) - 36, route du Crêt-d'Arbois
Tél. 04 50 21 30 39 - Fax 04 50 93 07 60 - M. Sibuet
E-mail: FER-A-CHEVAL@wanadoo.fr - Web: feracheval-megeve.com

Catégorie ★★★★ **Fermeture** de début avril au 15 juin et du 15 septembre au 15 décembre **Chambres** 40 et 10 suites, avec tél., s.d.b., t.v. satellite, minibar et coffre-fort **Prix** des chambres doubles en demi-pension: 300 à 434 € (pour 2 pers.) - Petit déjeuner: 18 €, servi de 7 h 45 à 10 h 30 **Cartes de crédit** Amex, Visa **Divers** chiens admis (12 €) - Piscine, sauna, jacuzzi, hammam, health center - Parking et garage **Alentour** ski à 450 m des remontées mécaniques; vallée de Chamonix - Golf 18 trous du mont d'Arbois **Restaurant** *L'Alpage* (uniquement l'hiver): spécialités savoyardes, service de 12h30 à 14h, 19 h 30 à 21 h 30, et restaurant gastronomique (mêmes horaires).

Au centre de la station, le *Fer à Cheval* est une merveille d'hôtel, l'expression la plus aboutie du style montagnard chic où tout est admirablement réussi. Les volumes sont vastes mais intimes grâce à un savant jeu de décrochements et de demi-niveaux, la décoration extrêmement chaleureuse: magnifiques sols en parefeuilles rutilants de cire, beaux meubles savoyards anciens patinés, objets traditionnels et poteries vernissées chinés dans la vallée. Inutile de recommander telle ou telle chambre, elles sont toutes adorables. Leurs prix varient seulement en fonction de leur superficie. Selon la saison on prend les repas près du feu de cheminée (cuisine gastronomique) ou au bord de la piscine. Navette de l'hôtel en direction des pistes et, en été, possibilité d'aller passer une journée à l'alpage *Les Moliettes*, situé à 1560 mètres d'altitude (en 4x4 ou à pied), puis déjeuner et découverte de la faune et de la flore. Avec le *Coin du Feu*, les célèbres *Fermes de Marie* (tél: 04 50 93 03 10) et l'exceptionnel *Mont Blanc* (tél: 04 50 21 20 02), cet hôtel fait partie des quatre plus beaux établissements de Megève réalisés avec maestria par la famille Sibuet.

Accès (carte n° 27): au centre du bourg.

Hôtel Le Mégevan

74120 Megève (Haute-Savoie)
Route de Rochebrune
Tél. 04 50 21 08 98 - Fax 04 50 58 79 20
M. Demarta
E-mail : megevan@online.fr - Web : megevan.megeve.com

Catégorie ★ ★ **Fermeture** deux mois au printemps et deux mois en automne **Chambres** 10 avec tél., s.d.b., w.c., minibar et t.v. **Prix** des chambres : 69 à 130 € - Petit déjeuner compris, servi à partir de 7 h 30 **Cartes de crédit** Amex, Visa **Divers** chiens non admis - Piscine l'été à 50 m **Alentour** ski à 100 m - Golf 18 trous du mont d'Arbois **Pas de restaurant** à l'hôtel.

En contrebas de la route de Rochebrune, à cent mètres du téléphérique, ce petit hôtel sans prétention est très prisé par une clientèle d'habitués parmi laquelle on croise quelques célébrités attirées par son ambiance familiale et confidentielle. Vous y trouverez dix petites chambres au décor quelque peu suranné (ce qui n'est pas sans offrir quelques avantages, tels ces moelleux oreillers en plume qui se font de plus en plus rares ailleurs…), mais toujours parfaitement tenues et avec un petit balcon donnant sur les mélèzes. Tout en longueur, le petit salon-bar avec ses profonds canapés invite à la détente après-ski autour de la cheminée. C'est là que se dévoile l'ambiance "maison" qui fait le succès du *Mégevan*. Chaque matin, la table basse, le plateau du bar et les petits meubles sont débarrassés pour accueillir les tasses et les assiettes du petit déjeuner, puis les hôtes prennent place et l'on sympathise vite dans cette conviviale promiscuité. Réservez donc bien à l'avance, mais si l'hôtel est complet nous vous recommandons aussi *Le Week-End* (04 50 21 26 49), l'autre adresse de Megève qui a su conserver son caractère bon enfant et résister aux excès de la mode quitte à paraître, elle aussi, un peu surannée, mais oh combien sympathique !

Accès (carte n° 27) : à Mégève sur la route de Rochebrune.

La Bergerie

74110 Morzine (Haute-Savoie)
Rue du Téléphérique
Tél. 04 50 79 13 69 - Fax 04 50 75 95 71 - Mme Marullaz
E-mail: info@hotel-bergerie.com - Web: hotel-bergerie.com

Catégorie ★ ★ ★ **Fermeture** de mi-avril à fin juin et de mi-septembre au 20 décembre **Chambres** 27 (dont duplex et appart. 2 pièces) avec tél., s.d.b., t.v. et 21 avec kitchenette **Prix** des chambres et studios (1 à 4 pers.): 65 à 180 €; duplex et appartements: 130 à 230 € - Petit déjeuner: 12 € (enfant: 8 €), servi de 7 h à 11 h **Carte de crédit** Visa **Divers** chiens admis - Piscine chauffée, sauna, solarium, health center, salle de jeux - Garage **Alentour** Avoriaz; Evian - Ski à 50 m des remontées mécaniques - Golf 9 trous de Morzine, golfs 18 trous des Gets et du Royal-Hôtel à Evian **Table d'hôtes** une fois par semaine et table enfants.

L*a Bergerie* est une institution à Morzine grâce à la famille Marullaz qui réussit à maintenir de génération en génération une qualité égale et un accueil toujours parfait. Particulièrement bien conçu, l'hôtel comporte chambres, duplex et appartements (avec kitchenette en option). Gai et convivial, le salon et son agréable cheminée illustrent le chaleureux côté "maison" de *La Bergerie* ; dans son prolongement se trouve depuis l'an dernier un petit salon de thé avec son choix de parfums subtils et de pâtisseries délicates. Côté chambres, réservez en priorité celles donnant plein sud, sur le jardin et la piscine. Récemment rajeunies avec un très bel assortiment de tissus (rideaux, édredons, ciel de lit), elles sont impeccablement tenues et bénéficient souvent de balcons. Pour dîner, l'hôtel propose une petite carte et organise, chaque soir une table d'hôtes pour les enfants (et, pour les parents, une fois par semaine, une table savoyarde). En hiver, la piscine extérieure chauffée est accessible par un passage couvert.

Accès (carte n° 27): A 40, sortie Cluses, puis D 902 (l'hôtel est près de l'E.S.F.).

Chalet Philibert

480, route des Putheys - 74110 Morzine (Haute-Savoie)
Tél. 04 50 79 25 18 - Fax 04 50 79 25 81
Serge Pillot
E-mail: info@chalet-philibert.com - Web: chalet-philibert.com

Catégorie ★★★ **Fermeture** du 20 avril au 20 mai et du 20 novembre au 1ᵉʳ décembre **Chambres** 18 et 4 suites avec tél., s.d.b., w.c., t.v. satellite et coffre-fort **Prix** des chambres doubles: 80 à 110 € (basse saison), 85 à 200 € (haute saison); suites (2 à 4 pers.): 120 à 250 € - Petit déjeuner: 10 €, servi de 7 h 30 à 9 h 30 - Demi-pension (obligatoire en saison): + 20 € **Cartes de crédit** acceptées **Divers** chiens admis (5 €) - Piscine chauffée, sauna, jacuzzi - Parking **Alentour** Chamonix (mont Blanc, aiguille du Midi); lacs Léman et d'Annecy - Ski, parapente - Golf 18 trous des Gets **Restaurant** service de 19 h à 22 h - Menus: 30 à 45 € - Spécialité: tournedos de bœuf aux senteurs des sous-bois, chutney de pruneaux et sauce au pinot noir.

Presque au centre de Morzine, l'hôtel ne se trouve pas directement sur les pistes, mais une navette gratuite vous conduira en dix minutes au cœur du magnifique domaine skiable des "Portes du Soleil". Il s'agit d'un grand chalet rénové dans le plus pur respect de l'esprit savoyard et qui fait la part belle aux bois, ardoises, pierres, vieilles chaux, cheminées massives. Ce bel ensemble, réalisé avec le savoir-faire local et des méthodes ancestrales propose quelques très coquettes chambres décorées avec soin et sobriété: murs en chaux et bois, tissus en lin, soutien de têtes de lits en fer forgé, très agréables salles de bains sagement design… Une ambiance miel et beige, chaleureuse et confortable. L'autre point fort du chalet s'apprécie au restaurant avec la cuisine fine et créative d'Adrien Morales servie dans une belle et vaste pièce parquetée où la pierre et le bois blond restituent les fondamentaux de l'architecture montagnarde. Accueil agréable et très concerné.

Accès (carte n° 27): A 40 sortie Cluses puis D 902 jusqu'à Morzine.

La Griyotire

74120 Praz-sur-Arly (Haute-Savoie)
50, route de la Tonnaz
Tél. 04 50 21 86 36 - Fax 04 50 21 86 34 - M. et Mme Apertet
E-mail : hotel@griyotire.com - Web : griyotire.com

Catégorie ★★★ Fermeture de Pâques à mi-juin et de mi-septembre à mi-décembre **Chambres** 11 et 5 suites avec tél., s.d.b., w.c., t.v. **Prix** des chambres doubles : 90 à 100 € ; suites : 120 à 180 € - Petit déjeuner : 10 €, servi de 8 h à 10 h - Demi-pension : 80 à 90 € **Cartes de crédit** acceptées **Divers** chiens admis (8 €) - Piscine d'été, sauna, hammam, soins esthétiques, massages, cours de ski et de surf **Alentour** ski ; parapente ; équitation - Golf du mont d'Arbois à Megève **Restaurant** service de 19 h 30 à 21 h - Menu : 30 € - Carte - Spécialité : fondue aux cèpes.

Malgré la proximité immédiate de Mcgève, Praz-sur-Arly reste un vrai village de montagne. C'est en retrait de la route principale que se cache cet adorable chalet. Un petit hôtel comme on aimerait en trouver plus souvent et que Muriel et Dominique ont aménagé pour en faire un peu leur maison et beaucoup celle de leurs hôtes. Plafonds bas, parois de pin ou de pierre, vieux meubles alpins, objets traditionnels, coussins colorés et même poteries savoyardes réalisées par Muriel... voilà pour le salon et la salle à manger (où l'on sert une simple et alléchante cuisine). Très joliment décorées avec leurs murs pâles, teintés cirés, toujours complétés par une paroi en larges planches de pin chablis, les chambres respirent le confort avec leurs élégants édredons à motifs anciens et d'impeccables salles de bains. Quatorze d'entre elles profitent de balcons (dont cinq parfaites pour les familles). Enfin, il est peut-être utile de préciser que Dominique est aussi moniteur de ski et que les pistes sont à cinq minutes de cette accueillante adresse...

Accès (carte n° 27) : A 40 sortie Sallanches. Dans Praz, 1re route à droite après la pharmacie.

Chalet Hôtel L'Igloo

74170 Saint-Gervais (Haute-Savoie)
3120, route des Crêtes
Tél. 04 50 93 05 84 - Fax 04 50 21 02 74
M. Chapelland
E-mail : igloo2@wanadoo.fr - Web : ligloo.com

Catégorie ★ ★ ★ **Fermeture** du 20 avril au 20 juin et du 10 septembre au 20 décembre **Chambres** 12 avec tél., s.d.b., w.c., t.v. satellite, 9 avec minibar **Prix** des chambres doubles en demi-pension : 126 à 202 € (réduction en été) - Petit déjeuner : 12 €, servi de 8 h à 10 h **Cartes de crédit** Amex, Visa **Divers** chiens admis (8 €) - Piscine **Alentour** ski ; Chamonix ; Megève - Golf du mont d'Arbois à Megève, 5 km **Restaurant** service de 12 h à 15 h, 19 h à 20 h 30 - Menus-carte : à partir de 28 €.

Lorsque le soleil du soir dore les cimes et que les derniers skieurs disparaissent derrière les bosses pour plonger dans la vallée, qui n'a pas rêvé de rester seul avec la montagne ? Situé au sommet du mont d'Arbois, juste à l'arrivée de la télécabine (en effet, en hiver, l'accès ne peut se faire que par télécabine au départ de Megève), *L'Igloo* rend ce vœu accessible aux quelques privilégiés qui ont choisi de passer la nuit dans l'une de ses confortables chambres. Le contraste est saisissant entre l'agitation de la journée, avec les nombreux clients qui vont et viennent au restaurant, au self-service ou au bar, et la quiétude vespérale qui gagne le site passé 18 h. Chacun peut alors prendre un verre sur la terrasse, face au plus haut sommet d'Europe, avant de rejoindre la salle du restaurant pour goûter à une bonne et saine cuisine.

Accès (carte n° 27) : en hiver uniquement par les téléphériques du mont d'Arbois et de la Princesse au départ de Megève ; en été, par Saint-Gervais, Le Bettex en 4x4 et Megève-mont d'Arbois.

Chalet Rémy

Le Bettex 74170 Saint-Gervais (Haute-Savoie)
Tél. 04 50 93 11 85 - Fax 04 50 93 14 45
Mme Didier

Fermeture du 6 novembre au 20 décembre **Chambres** 19 avec lavabo (bains, douches et w.c. à l'étage) **Prix** des chambres doubles : 40 € - Petit déjeuner : 7 €, servi de 8 h à 10 h - Demi-pension (obligatoire en hiver) : 52 € **Carte de crédit** Visa **Divers** chiens admis **Alentour** ski à 300 m des remontées mécaniques ; Chamonix ; Megève - Golf du mont d'Arbois à Megève, 15 km **Restaurant** service de 12 h à 14 h, 19 h à 21 h - Menu : 22 € - Carte - Spécialités : cuisine familiale et régionale.

Amateurs d'ambiance rétro, voici votre hôtel ! Difficile en effet de trouver un équivalent à cette ancienne ferme du XVIIIe siècle dont le décor semble surgir d'un vieux film en noir et blanc. Toutes ses boiseries, panneaux, et plafonds lambrissés datent des années 40. De cette époque également, l'escalier qui occupe le centre du chalet et conduit à une vaste galerie rectangulaire rythmée d'un côté par les balustrades face aux portes des chambres. Pour le confort de ces dernières, soyez très très indulgents car elles sont petites, tout en bois, sommaires (mais avec de mignons couvre-lits), peu insonorisées… et pourtant on en redemande ! (malgré des sanitaires communs mais très propres). La cuisine aussi a ses adeptes. Traditionnelle et familiale, elle correspond bien à ce que l'on attend en montagne et l'on ne voudrait pas la déguster ailleurs que dans la grande salle à manger aux nombreuses petites tables éclairées par des chandelles. Un lieu accueillant, qu'il faut découvrir, tout là-haut, face au mont Blanc, à l'écart de Saint-Gervais, et souvent, au-dessus des nuages qui coiffent la vallée.

Accès (carte n° 27) : à 50 km au nord-est d'Albertville par N 212 et D 909 jusqu'à Robinson et Le Bettex. Par A 40, sortie Le Fayet-Passy.

Le Moulin du Bathieu

74340 Samoëns (Haute-Savoie)
Tél. 04 50 34 48 07 - Fax 04 40 34 43 25 - Charles pontet
E-mail: moulin.du.bathieu@wanadoo.fr - Web: bathieu.com

Catégorie ★★ **Fermeture** du 1er juin au 10 juillet et du 6 novembre au 18 décembre **Chambres** 6 et 1 suite, avec tél., s.d.b. ou douche, w.c., t.v. et coffre-fort **Prix** des chambres simples et doubles: 61 à 110 €; suite: 120 à 140 € - Petit déjeuner: 8,50 et 12 €, servi de 8 h à 9 h 30 - Demi-pension: 60 à 87 € **Cartes de crédit** Visa, Amex **Divers** chiens non admis - Parking **Alentour** Yvoire et le lac Léman; mont Blanc; Martigny et la fondation Gianadda - Ski, chiens de traineaux, montgolfière, GR 5 **Restaurant** pour les résidents uniquement, service à 19 h 30 - Menus: 25 et 38 € - Spécialités: "Péla et soupe chatrée"; poissons du Léman; foie gras chaud.

Samoëns occupe une large vallée verdoyante et ensoleillée. Village d'art et d'histoire, il fut notamment très connu pour ses tailleurs de pierre. Au début du siècle, l'un d'entre eux s'installa dans cet ancien moulin à huile de noix, et ce sont ses descendants qui tiennent aujourd'hui la maison. La situation est idéale: un peu à l'écart du bourg, sur le versant sud de la vallée et à proximité immédiate des remontées mécaniques. On aime sa façade fleurie à côté d'un mazot ancien, le ruisseau qui alimentait autrefois la roue du moulin, la vue, immense. Capitonné de bois blond (y compris sur certains plafonds), l'intérieur conserve une simplicité de bon aloi. Dans le salon, quelques meubles et éléments anciens (vieilles gravures de mode, poteries savoyardes, outils artisanaux) voisinent avec de confortables canapés plus récent. Vous y découvrirez aussi des chambres (et duplex familiaux) sobres, bien équipées et assez élégantes avec leurs couvre-lits en piqué blanc souvent surmontés d'une parure à carreaux. Partout l'ambiance est intime, chaleureuse, grâce à la disponibilité et à l'amabilité des propriétaires. Une charmante découverte séduisante en toute saison.

Accès (carte n° 27): A 10 sortie n° 18, puis D 4. Avant l'entrée à Samoëns prendre à droite la D 254 vers Samoëns 1600.

Hôtel Beau-Site

74290 Talloires (Haute-Savoie)
Tél. 04 50 60 71 04 - Fax 04 50 60 79 22 - Mmes Conan
E-mail : hotelbeausite@free.fr - Web : hotel-beausite-fr.com

Catégorie ★ ★ ★ **Fermeture** du 2 octobre au 20 mai **Chambres** 26 avec tél., s.d.b., w.c., t.v. (10 avec minibar) **Prix** des chambres : 60 à 144 € ; duplex : 138 à 180 € - Petit déjeuner : 12 à 12,50 € - Demi-pension : 68 à 126 € **Cartes de crédit** acceptées **Divers** chiens admis - Tennis, plage privée - Parking **Alentour** châteaux de Menthon, Thorens et Montrottier ; lac, vieille ville, musée et château à Annecy - Golf 18 trous de Talloires **Restaurant** service dans le jardin de 12 h 30 à 14 h 30, 19 h 30 à 21 h 30 - Menus : 27,50 à 45 € - Carte.

A vec son parc soigné qui s'achève dans les magnifiques eaux du lac d'Annecy, le *Beau-Site* a quelque chose de ses collègues des lacs italiens. Il s'agit d'une propriété familiale transformée en hôtel à la fin du siècle dernier. Avec son aspect suranné, celui-ci devrait facilement émouvoir les nostalgiques d'une époque qui n'a plus cours. Dominant le lac, la grande salle à manger monacale en est la meilleure illustration avec son carrelage, ses immenses fenêtres et ses vieux plats qui ressortent sur la blancheur des murs (honnête cuisine). A côté, le salon, meublé d'ancien, permet de prolonger la soirée autour d'une tisane ou d'un vieil alcool. Installées dans la maison principale ou dans l'annexe, les chambres donnent souvent sur le lac et profitent de terrasses. Certaines ont conservé quelques vieux meubles, d'autres, (de moins en moins nombreuses car les rénovations vont bon train) sont plus impersonnelles et pa fois franchement démodées. Mention particulière pour la gentillesse de cueil et pour les prix, raisonnables compte tenu d'une situation aussi ra

Accès (carte n° 27) : à Annecy, prendre rive est du lac, direction Thô Veyrier, puis direction Talloires.

Les Prés du Lac

74290 Talloires (Haute-Savoie)
Tél. 04 50 60 76 11 - Fax 04 50 60 73 42 - Mme Marie-Paule Conan
E-mail : les.pres.du.lac@wanadoo.fr - Web : lespresdulac.com

Catégorie ★★★★ Ouverture du 1er mai au 30 septembre **Chambres** 16 (6 climatisées) avec tél., s.d.b. et douche, w.c., t.v. et minibar **Prix** des chambres doubles : 155 à 275 € - Lit suppl. : 23 € - Petit déjeuner : 18 €, servi à partir de 7 h 30 **Cartes de crédit** acceptées **Divers** chiens tenus en laisse admis (23 €) - Plage privée, tennis - Parking privé **Alentour** Ermitage Saint-Germain ; col de la forclaz ; châteaux de Menthon-Saint-Bernard, Thorens et Montrottier ; lac, vieille ville, musée et château à Annecy - Golf 18 trous d'Annecy à Talloires et golf (9 et 18 trous) de Giez **Pas de restaurant** à l'hôtel (room-service).

Peu de chambres, une ambiance "maison", la proximité immédiate du lac (avec plage privée), un accueil charmant et un calme total… Voilà de quoi s'intéresser aux *Prés du Lac* et nous donner envie de vous détailler un peu ce lieu d'exception. Créé par Mme Conan et sa fille sur une parcelle de la propriété familiale, ce petit hôtel répartit ses chambres entre "La Maison principale", "Les Trémières" et "La Villa Caron". Presque toutes jouissent d'une superbe vue sur le lac avec une terrasse de plain-pied ou un balcon. Décoration claire, tissus sou- ~~~~~glais, gravures, tableaux, lits larges et très confortables, mobilier en rotin ~~~~~~~~~ remplacé par des meubles anciens), difficile de ne pas ~~~~~~~~~~~~~ ôtel encourage nos penchants les plus oisifs en ~~~~~~~~~~~~~ jeuner jusqu'à des heures très tardives. Vous lam- ~~~~~~~~~~~~ eur, dans la chambre, au coin-bar du salon ou sur ~~~~~~~~~~~~ geantes du lac et au château de Duingt qui se pro- ~~~~~~~~~~~~ dîner, le restaurant du *Beau-Site* est à quelques pas.

~~~~cy, prendre la rive est du lac, direction Thônes jusqu'à ~~~~ires.

INDEX

INDEX DES PETITS PRIX

A L S A C E – L O R R A I N E

A Q U I T A I N E

DORDOGNE

GIRONDE

LANDES

LOT-ET-GARONNE

PYRÉNÉES-ATLANTIQUES

A U V E R G N E - L I M O U S I N

ALLIER

CANTAL

CORRÈZE

CREUSE

HAUTE-LOIRE

PUY-DE-DÔME

B O U R G O G N E

CÔTE-D'OR

SAÔNE-ET-LOIRE

CENTRE - VAL DE LOIRE

CORSE

ILE-DE-FRANCE

YVELINES

LANGUEDOC-ROUSSILLON

AUDE

GARD

HÉRAULT

LOZÈRE

PYRÉNÉES-ORIENTALES

MIDI-PYRÉNÉES

ARIÈGE

AVEYRON

MAINE-ET-LOIRE

SARTHE

VENDÉE

P O I T O U - C H A R E N T E S

CHARENTE

CHARENTE-MARITIME

DEUX-SÈVRES

VIENNE

P R O V E N C E - C Ô T E   D' A Z U R

ALPES-DE-HAUTE-PROVENCE

INDEX ALPHABÉTIQUE
DU GUIDE
DES HÔTELS ET AUBERGES DE CHARME
EN FRANCE

A

B

C

G

H

M

U

V

W-Y

Z

Guide
de
Charme

DANS LA MÊME COLLECTION...

Hôtels et auberges
de charme en France

Maisons d'hôtes
de charme en France

Hôtels de charme à Paris

Villages de charme en France

Hôtels et maisons d'hôtes
de charme en Italie

Hôtels et maisons d'hôtes
de charme en Espagne

Hôtels et maisons d'hôtes
de charme au Portugal

Parcs et jardins
en France

Partez plus loin avec
www.guidesdecharme.com

' Réservez en temps réel votre séjour dans l'une de nos adresses sélectionnées.

' Visitez en ligne les sites web des hôtels et maisons d'hôtes de charme.

' Découvrez les centres d'intérêt autour de chaque adresse (événements, musées, …)

' Téléchargez les plans d'accès.

' Recevez la newsletter gratuite des Guides de charme.

• PLUS DE 3.000 ADRESSES EN LIGNE
(FRANCE, ITALIE, ESPAGNE, PORTUGAL)

• DES PROMOTIONS OFFERTES PAR
LES PROPRIÉTAIRES D'ADRESSES

• DES PROPOSITIONS DE SÉJOURS À THÈME

…

NOTES

NOTES

NOTES

NOTES

NOTES

NOTES

Achevé d'imprimer en France
par I.M.E, 25110 Baume-les-Dames
en novembre 2005

Dépôt légal : décembre 2005